AF239315

Johannes Günther

Die Unabhängigkeit des Abschlussprüfers
bei privaten Unternehmen in Deutschland

Studien zu Rechnungslegung, Steuerlehre und Controlling
Studies in financial, managerial and tax accounting

Herausgeber
Michael Ebert, Dirk Kiesewetter, Urska Kosi, Hansrudi Lenz,
Caren Sureth-Sloane und Andrea Szczesny

Band 3

Die Schriftenreihe Studien zu Rechnungslegung, Steuerlehre und Controlling bietet eine Plattform für herausragende Arbeiten aus diesen Themengebieten. Sie wird von den Professorinnen und Professoren der Lehrstühle für Rechnungslegung, Steuerlehre und Controlling der Julius-Maximilians-Universität Würzburg und der Universität Paderborn herausgegeben.

Johannes Günther

Die Unabhängigkeit des Abschlussprüfers bei privaten Unternehmen in Deutschland

Eine empirische Analyse im Kontext der Honorare für Prüfung und Beratung

Würzburg University Press

Dissertation, Julius-Maximilians-Universität Würzburg
Wirtschaftswissenschaftliche Fakultät, 2019
Gutachter: Prof. Dr. Hansrudi Lenz, Prof. Dr. Dirk Kiesewetter

Impressum

Julius-Maximilians-Universität Würzburg
Würzburg University Press
Universitätsbibliothek Würzburg
Am Hubland
D-97074 Würzburg
www.wup.uni-wuerzburg.de

© 2020 Würzburg University Press
Print on Demand

ISSN 2627-1281 (print)
ISSN 2627-129X (online)
ISBN: 978-3-95826-116-7 (print)
ISBN: 978-3-95826-117-4 (online)
DOI: 10.25972/WUP-978-3-95826-117-4
URN: urn:nbn:de:bvb:20-opus-185814

Vorwort

Ziel der Dissertation von Johannes Günther ist es, empirisch zu analysieren, ob bei Abschlussprüfern nicht kapitalmarktorientierter Unternehmen in Deutschland – nachfolgend private Unternehmen genannt – eine Gefährdung der Prüfungsqualität durch eine zu hohe Honorarabhängigkeit bestehen könnte. Als Indikator für Qualität einer Abschlussprüfung wird die Wahrscheinlichkeit eines Hinweises im Bestätigungsvermerk auf eine Gefährdung der Fortführungsannahme (Going-Concern-Modifikation, GCM) genutzt, weil unabhängigere Abschlussprüfer ceteris paribus strenger sein sollten. Für private Unternehmen in Deutschland gibt es hierzu bislang keine Erkenntnisse; die Studie füllt somit eine wichtige Forschungslücke. Die sehr sorgfältig bestimmte Untersuchungsgruppe besteht aus 245 GCM im Bestätigungsvermerk über den Zeitraum von 2009 bis 2012, die mit zwei unterschiedlich abgegrenzten vergleichbaren Kontrollgruppen ohne derartige Hinweise verglichen wird, um mit Hilfe logistischer Regressionsmodelle Einflussfaktoren auf das Bestehen einer GCM zu identifizieren.

Die Ergebnisse zeigen grundsätzlich einen signifikant positiven Zusammenhang zwischen Prüfungs- und Gesamthonoraren und der Wahrscheinlichkeit für die Erteilung einer GCM; weniger klar und abhängig von der Modellspezifikation ist der positive Zusammenhang für Nichtprüfungshonorare. Grundsätzlich gelten diese Ergebnisse auch bei Betrachtung abnormaler Honorare. Begründet werden kann dies mit einem erhöhten Prüfungsaufwand bei Unternehmen, die eine GCM erhalten oder mit erwarteten Reputations- und Haftungsrisiken, die bei diesen Unternehmen drohen. In Bezug auf Nichtprüfungshonorare können Knowledge Spillover-Effekte eine Rolle spielen. Eine ökonomische Abhängigkeit von Honoraren scheint somit grundsätzlich keinen negativen Einfluss auf die Erteilung einer GCM zu haben. Besonders interessant ist m.E., dass diese Ergebnisse im Wesentlichen von Non-Big Four Abschlussprüfern getrieben werden. Ein weiteres bemerkenswertes Resultat ist, dass in Zusatzanalysen für Unternehmen, die erstmalig eine GCM erhalten, gezeigt werden kann, dass steigende finanzielle Abhängigkeit zu einer geringeren Wahrscheinlichkeit für eine GCM führt, d.h. eine mögliche Unabhängigkeitsgefährdung vorliegt.

Die Dissertation von Johannes Günther liefert eine Fülle neuer und wertvoller Einsichten in die Struktur des Prüfungsmarktes und zur Abschlussprüfungsqualität bei privaten Unternehmen in Deutschland. Ich wünsche der Arbeit viele interessierte Leserinnen und Leser.

Würzburg, im März 2020

Hansrudi Lenz

Danksagung

Einen ganz besonderen Dank möchte ich meinem Doktorvater, Herrn Prof. Dr. Hansrudi Lenz, für die fortwährende Unterstützung aussprechen. Ohne seine zahlreichen fachlich hilfreichen Anmerkungen und das entgegengebrachte Vertrauen wäre diese Arbeit nicht möglich gewesen. Vielen Dank auch für die eingeräumten persönlichen Freiheiten am Lehrstuhl, die es mir ermöglichten, mich, neben der Promotion und über die Arbeit am Lehrstuhl hinaus, weiterzuentwickeln. Dank gilt auch Herrn Prof. Dr. Dirk Kiesewetter für die Übernahme der Rolle des Zweitgutachters.

Bei meinen ehemaligen Kollegen, insbesondere bei Philipp Joha, Sven Hörner, Ulf Völker, Reinhold Hegmann, Dominik Tschinkl, Johannes Manthey und Moritz Menzel, möchte ich mich ebenfalls sehr herzlich für die gemeinsame Zeit in Würzburg bedanken. Auch ein sehr herzliches Dankeschön an Frau Kunz für die Unterstützung am Lehrstuhl.

Ein besonderer Dank geht auch an meine Freundin Kristina für die besondere Unterstützung in der letzten Phase der Dissertation. Ihr habe ich den zeitnahen Abschluss maßgeblich zu verdanken.

Von ganzem Herzen möchte ich mich bei meinen Eltern bedanken, die mich seit Beginn meiner Schulzeit fortwährend auf meinem akademischen Weg unterstützt haben. Auch darüber hinaus konnte und kann ich mich ihrer uneingeschränkten Unterstützung in jeder Lebenssituation immer sicher sein. Als kritischer Diskussionspartner stand mein Vater während meiner Dissertation und auch schon in vorherigen Arbeiten jederzeit sehr gerne zur Verfügung. Einen sehr herzlichen Dank dafür.

München, August 2019

Johannes Günther

Inhaltsverzeichnis

Abkürzungsverzeichnis

A.F.	Alte Fassung
AAERs	Accounting and Auditing Enforcement Releases
Adj.	Adjustiert
AG	Aktiengesellschaft
AktG	Aktiengesetz
APAK	Abschlussprüferaufsichtskommission
APAReG	Abschlussprüferaufsichtsreformgesetz
APAS	Abschlussprüferaufsichtsstelle
AReG	Abschlussprüfungsreformgesetz
Art.	Artikel
BaFin	Bundesanstalt für Finanzdienstleistungsaufsicht
BGB	Bürgerliches Gesetzbuch
BGH	Bundesgerichtshof
BilKoG	Bilanzkontrollgesetz
BilMoG	Bilanzrechtsmodernisierungsgesetz
BilReG	Bilanzrechtsreformgesetz
BilRUG	Bilanzrichtlinie-Umsetzungsgesetz
BIP	Bruttoinlandsprodukt
BS	Berufssatzung
bspw.	beispielsweise
bzw.	beziehungsweise
c.p.	ceteris paribus
ca.	circa
CEO	Chief Executive Officer
d.h.	das heißt
DAX	Deutscher Aktienindex
DPR	Deutsche Prüfstelle für Rechnungslegung
DRS	Deutscher Rechnungslegungs Standard
EBIT	Earnings before Interest and Taxes
EDV	Elektronische Datenverarbeitung
EG	Europäische Gemeinschaft
EGHGB	Einführungsgesetz zum Handelsgesetzbuch
et al.	et alii (und andere)
EU	Europäische Union
EWR	Europäischer Wirtschaftsraum
EY	Ernst & Young
f.	folgende
ff.	fortfolgende
GAO	Government Accounting Office
GC	Going-Concern

GCM	Going-Concern-Modifikation/en
GEX	German Entrepreneurial Index
GmbH	Gesellschaft mit beschränkter Haftung
GmbHG	Gesetz betreffend die Gesellschaften mit beschränkter Haftung
GoB	Grundsätze ordnungsmäßiger Buchführung
GuV	Gewinn- und Verlustrechnung
GWB	Gesetz gegen Wettbewerbsbeschränkungen
H	Hypothese
HFA	Hauptfachausschuss
HGB	Handelsgesetzbuch
HHI	Hirschmann-Herfindahl-Index
Hrsg.	Herausgeber
i.d.F.	in der Fassung
i.H.v.	in Höhe von
i.S.	im Sinne
i.V.m.	in Verbindung mit
IAS	International Accounting Standards
IASB	International Accounting Standards Board
IDW	Institut der Wirtschaftsprüfer
IFAC	International Federation of Accountants
IFRS	International Financial Reporting Standards
InsO	Insolvenzordnung
KG	Kommanditgesellschaft
KGaA	Kommanditgesellschaft auf Aktien
KonTraG	Gesetz zur Kontrolle und Transparenz im Unternehmensbereich
KPMG	Klynveld, Peat, Marwick, Goerdeler
M&A	Mergers & Acquisitions
Max.	Maximum
MDAX	Mid-Cap-DAX
Med.	Median
MicroBilG	Kleinstkapitalgesellschaften-Bilanzrechtsänderungsgesetz
Min.	Minimum
Mio.	Millionen
Mrd.	Milliarden
Neg.	Negativ
No.	Number (Nummer)
Nr.	Nummer
ns.	nicht signifikant
OLS	Ordinary Least Squares
OWiG	Ordnungswidrigkeitengesetz
PCAOB	Public Company Accounting Oversight Board
PH	Prüfungshinweis
PIE	Public Interest Entities
pos.	positiv

PS	Prüfungsstandard
PublG	Publizitätsgesetz
PwC	PricewaterhouseCoopers
RH	Rechnungslegungshinweis
Rn.	Randnummer
S	Standard
S.	Satz
S.	Seite
SAS	Statements on Auditing Standards
SDAX	Small-Cap-DAX
SE	Societas Europaea (Europäische Gesellschaft)
SEC	United States Securities and Exchange Commission
SIC	Standard Industrial Classification
SOX	Sarbanes-Oxley-Act
TecDAX	Deutscher Technologieindex
u.a.	unter anderem
U.K.	United Kingdom (Vereinigtes Königreich)
UAbs	Unterabsatz
US	United States
US-GAAP	United States Generally Accepted Accounting Principles
USA	United States of America
VBP	Vereidigte Buchprüfer
Vgl.	Vergleiche
VIF	Varianzinflationsfaktor
VO	Verordnung
WP	Wirtschaftsprüfer
WpHG	Wertpapierhandelsgesetz
WPK	Wirtschaftsprüferkammer
WPO	Wirtschaftsprüferordnung
z.B.	zum Beispiel

Symbolverzeichnis

AbnormAuditFee	Abnormale Prüfungshonorare, berechnet über die Residuen aus dem Modell mit dem natürlichen Logarithmus der Prüfungshonorare als abhängige Variable
AbnormNonAudit	Abnormale Nichtprüfungshonorare, berechnet über die Residuen aus dem Modell mit den Nichtprüfungshonoraren als abhängige Variable
AbnormTotFee	Abnormale Gesamthonorare, berechnet über die Residuen aus dem Modell mit dem natürlichen Logarithmus des Gesamthonorars als abhängige Variable
AbsAuditFee	Absoluter Wert der Prüfungshonorare
AbsNonAudit	Absoluter Wert der Nichtprüfungshonorare
AbsSize	Absoluter Wert der Bilanzsumme
AbsTotFee	Absoluter Wert der Gesamthonorare
Age	Natürlicher Logarithmus des Unternehmensalters
AuditFee	Natürlicher Logarithmus der Prüfungshonorare
B	Beratungskosten
Big4	Dichotome belegt mit 1, wenn der Abschlussprüfer eine Big 4 Gesellschaft ist
BS	Bilanzsumme
B^S	Beratungskosten mit Synergieeffekten
$\sqrt{BS}$	Quadratwurzel aus der Bilanzsumme
b_α	Erstberatungskosten
b_α^S	Erstberatungskosten mit Synergieeffekten
BW	Beraterwechselkosten
BW(QR)	Barwert der Quasirente
$BW(QR)^{B^S}$	Barwert der Quasirente bei kombinierten Prüfungs- und Beratungshonoraren sowie einseitigen Synergieeffekten auf die Beratung
$BW(QR)^P$	Barwert der Quasirente bei reiner Prüfung im Modell von BECK/FRECKA/SOLOMON
$BW(QR)^{PB^S}$	Barwert der Quasirente bei Prüfung und Beratung und wiederkehrender Beratung
$BW(QR)^{P^S + B^S}$	Barwert der Quasirente bei kombiniertem Honorar aus Prüfung und Beratung mit wechselseitigen Synergieeffekten auf Prüfung und Beratung
CashFlow	Operativer Cashflow dividiert durch $(Bilanzsumme_t + Bilanzsumme_{t-1})/2$
Change	Dichotome belegt mit 1, wenn ein Prüferwechsel vorliegt

ChLev	Veränderung des Verschuldungsgrades = $Lev_{it} - Lev_{it-1}$
Constant	Konstante
CR(m)	Konzentrationsrate m; $\frac{\sum_{j=1}^{m} x_j}{x}$
CR(2)	Konzentrationsrate mit den zwei größten Wirtschaftsprüfungsgesellschaften
CR(2) Kap	Konzentrationsrate mit den zwei größten Wirtschaftsprüfungsgesellschaften bei kapitalmarktorientierten Unternehmen
CR(4)	Konzentrationsrate mit den vier größten Wirtschaftsprüfungsgesellschaften
CR(4) Kap	Konzentrationsrate mit den vier größten Wirtschaftsprüfungsgesellschaften bei kapitalmarktorientierten Unternehmen
CR(5)	Konzentrationsrate mit den fünf größten Wirtschaftsprüfungsgesellschaften
CR(5) Kap	Konzentrationsrate mit den fünf größten Wirtschaftsprüfungsgesellschaften bei kapitalmarktorientierten Unternehmen
CurRatio	Umlaufvermögen dividiert durch die kurzfristigen Verbindlichkeiten
DecCap	Dichotome belegt mit 1, wenn das Grundkapital von t-1 auf t um 10% oder mehr sinkt
DT	Dichotome belegt mit 1, wenn der Abschlussprüfer Deloitte ist
e	Exponentialfunktion
Employ	Natürlicher Logarithmus der Anzahl der Mitarbeiter
EY	Dichotome belegt mit 1, wenn der Abschlussprüfer EY ist
F	F-Statistik
FeeRatio	Nichtprüfungshonorare dividiert durch die Prüfungshonorare
G	Gini-Koeffizient; $\sum_{k=1}^{n} \frac{x_k}{x} \cdot \frac{2k-n-1}{n}$
GCM	Dichotome belegt mit 1, wenn im Bestätigungsvermerk eine Going-Concern-Modifikation enthalten ist
GWB	Gesetz gegen Wettbewerbsbeschränkungen
H	Honorar
HAT_AuditFee	Geschätzter Wert der Prüfungshonorare im mehrstufigen Modell
HAT_GCM	Geschätzter Wert der GCM im mehrstufigen Modell
HAT_NonAudit	Geschätzter Wert der Nichtprüfungshonorare im mehrstufigen Modell
HHI	Hirschmann-Herfindahl-Index; $\sum_{i=1}^{n} \left(\frac{x_i}{x}\right)^2$
H^{P+B^S}	Kombiniertes Honorar aus Prüfung und Beratung mit einseitigen Synergieeffekten auf die Beratung
$H^{P^S+B^S}$	Kombiniertes Honorar aus Prüfung und Beratung mit wechselseitigen Synergieeffekten auf Prüfung und Beratung
H^*	Maximales Honorar
H^{*P+B^S}	Maximales kombiniertes Honorar aus Prüfung und Beratung mit einseitigen Synergieeffekten auf die Beratung

$H^{*P^S + B^S}$	Maximales kombiniertes Honorar aus Prüfung und Beratung mit wechselseitigen Synergieeffekten auf Prüfung und Beratung
i	Sicherer Zins in den Quasirentenmodellen bzw. Merkmalsträger in der Konzentrationsanalyse
IFRS	Dichotome belegt mit 1, wenn das Unternehmen nach IFRS bilanziert
IncCap	Dichotome belegt mit 1, wenn das Grundkapital von t-1 auf t um 10% oder mehr steigt
Industry-specific effects	Kontrolle für fixe Brancheneffekte
InfluenceAuditFee	Prüfungshonorare eines Mandanten dividiert durch die gesamten Prüfungshonorare des Prüfers aus allen Mandanten in der Stichprobe
InfluenceFee	Gesamthonorar eines Mandanten dividiert durch die gesamten Honorare des Prüfers aus allen Mandanten in der Stichprobe
InfluenceNonAudit	Nichtprüfungshonorare eines Mandanten dividiert durch die gesamten Nichtprüfungshonorare des Prüfers aus allen Mandanten in der Stichprobe
InfluenceSale	Natürlicher Logarithmus der Umsatzerlöse eines Mandanten dividiert durch den natürlichen Logarithmus der Umsatzerlöse aller Mandanten mit verfügbaren Informationen in der Datenbank
Investments	(Zahlungsmittel und zahlungsmittelnahe Vermögensgegenstände) dividiert durch die Bilanzsumme
InvRec	(Vorräte + Forderungen) dividiert durch die Bilanzsumme
j	Merkmalsträger, absteigend geordnet
k	Merkmalsträger, aufsteigend geordnet
KPMG	Dichotome belegt mit 1, wenn der Abschlussprüfer KPMG ist
Lev	Verbindlichkeiten dividiert durch die Bilanzsumme
Loss	Dichotome belegt mit 1, wenn das EBIT negativ ist
m	Anzahl der m-größten Merkmalsträger
MA	Anzahl der Mandate
ModPY	Dichotome belegt mit 1, wenn im Bestätigungsvermerk des Vorjahres eine Modifikation enthalten ist
n	Anzahl aller Merkmalsträger in der Stichprobe
NewDebt	Dichotome belegt mit 1, wenn das Fremdkapital von t-1 auf t um 10% oder mehr steigt
NonAudit	Natürlicher Logarithmus der Nichtprüfungshonorare
NonTaxRatio	Natürlicher Logarithmus aus den Nichtprüfungshonoraren nach §§ 314 (1) Nr. 9 b) und d) HGB
P	Kosten der Prüfung
p-Wert	Irrtumswahrscheinlichkeit
P^S	Prüfungskosten mit Synergieeffekten
ProbBankz	Insolvenzwahrscheinlichkeit nach dem Modell von ZMIJEWSKI
PW	Prüferwechselkosten

PwC	Dichotome belegt mit 1, wenn der Abschlussprüfer PwC ist
p_α	Erstprüfungskosten
p_α^S	Erstprüfungskosten mit Synergieeffekten
Q1	25%-Quantil
Q3	75%-Quantil
R^2	Bestimmtheitsmaß
ReportLag	Anzahl der Tage zwischen Abschlussstichtag und Tag des Bestätigungsvermerkes
RoA	Jahresüberschuss dividiert durch (Bilanzsumme$_t$ + Bilanzsumme$_{t-1}$)/2
SellAssets	Dichotome belegt mit 1, wenn das Anlagevermögen von t-1 auf t um 10% oder mehr sinkt
Size	Natürlicher Logarithmus der Bilanzsumme
Subs	Natürlicher Logarithmus der Anzahl der Tochterunternehmen
t	Zeitpunkt
TaxFee	Natürlicher Logarithmus aus den Steuerberatungshonoraren
TaxRatio	Verhältnis der Steuerberatungshonorare zu den Gesamthonoraren
TotFee	Natürlicher Logarithmus der Gesamthonorare
T€	Tausend Euro
UE	Umsatzerlöse
$\sqrt{UE}$	Quadratwurzel aus den Umsatzerlösen
Variables of interest	Experimentalvariablen
x	Summe aller Merkmalsausprägungen; $x = \sum_{i=1}^{n} x_i$
x_i	Ausprägung des Merkmalsträgers i
x_j	Ausprägung des Merkmalsträgers j
x_k	Ausprägung des Merkmalsträgers k
YearEnd	Dichotome belegt mit 1, wenn das Geschäftsjahr am 31.12. endet
Year effects	Kontrolle für fixe Jahreseffekte
€	Euro
$	US-Dollar
ε	Beliebig kleine positive Zahl
§	Paragraph
>	Größer
≥	Größer gleich
<	Kleiner
≤	Kleiner gleich
≙	Entspricht
ϕ	Arithmetisches Mittel
Ø BS	Arithmetisches Mittel aus BS und $\sqrt{BS}$
Ø UE	Arithmetisches Mittel aus UE und $\sqrt{UE}$
σ	Standardabweichung
b_0	Konstante

b_e, b_k	Regressionskoeffizienten
ϵ_i	Störterm
%	Prozent
Σ	Summe
∞	Unendlich

Abbildungsverzeichnis

Tabellenverzeichnis

1 Einleitung

1.1 Motivation und Zielsetzung

Für die Abschlussprüfung ist die Unabhängigkeit eines der zentralen Elemente. Ganz gleich wie hoch die Kompetenz des Abschlussprüfers ist, ohne dessen Unabhängigkeit können sich die Adressaten nicht auf die in den Finanzberichten enthaltenen Informationen stützen.[1] Deshalb postuliert der Berufsstand: "Independence is the cornerstone of the accounting profession and one of its most precious assets."[2] Auch von institutioneller Seite wird mit „the independence of auditors should […] be the bedrock of the audit environment"[3] die besondere Bedeutung der Unabhängigkeit herausgestellt.

Dennoch wird die Unabhängigkeit immer wieder in Frage gestellt. Bedenken wecken, neben den Honoraren für Abschlussprüfungsleistungen, die im Laufe der Zeit gestiegenen Honorare für Nichtprüfungsleistungen. Dabei stehen sich zwei konträre Ansichten gegenüber. Während auf der einen Seite die Meinung vertreten wird, dass Prüfung und Beratung zwei nicht miteinander vereinbare Tätigkeiten sind,[4] vertritt die andere Seite die Ansicht, dass durch das gemeinsame Erbringen dieser Leistungen Synergieeffekte realisiert werden.[5] Die Vorbehalte sind nicht neu, sondern bestehen seit zusätzliche Leistungen durch den Abschlussprüfer erbracht werden.[6] Auch spielten die Bilanzskandale, wie die von Enron und Worldcom, bei denen fragwürdige Bilanzierungsmethoden nicht aufgedeckt oder nicht angezeigt wurden, eine wichtige Rolle.[7]

Trotz der von Vertretern des Berufsstandes lang betonten positiven Effekte durch die Erbringung beider Leistungen, die jedoch ohne Nachweis vorgetragen werden,[8] erfolgten als Reaktion auf die Skandale durch den Gesetzgeber regulierende Eingriffe in den Abschlussprüfermarkt.[9] Auch dies fand ohne einen stringenten Nachweis für den unabhängigkeitsgefährdenden Einfluss statt.[10] In den USA wurden durch den Sarbanes-Oxley Act (SOX) bestimmte Nichtprüfungsleistungen bei kapitalmarktorientierten Unternehmen verboten, wenn gleichzeitig die Prüfung durchgeführt wird.[11] In Deutschland wurde der Unabhängigkeitsgrundsatz durch das Bilanzrechtsreformgesetz (BilReG) in § 319 (2) HGB aufgenommen, der den Abschlussprüfer von der Prüfung ausschließt, wenn die Besorgnis

---

[1] Vgl. *Agacer/Doupnik*, Independence, 1991, S. 221; *EU*, Unabhängigkeit, 2002, S. 22.
[2] *Mednick*, Chair, 1997, zitiert nach *Blay/Geiger*, Independence, 2013, S. 579.
[3] Vgl. *EU*, Grünbuch, 2010, S. 3, zitiert nach *Ratzinger-Sakel*, Germany, 2013, S. 129.
[4] Vgl. *Mautz/Sharaf*, Philosophy, 1961, S. 223.
[5] Vgl. *Melancon*, Proposed, 2000, S. 27.
[6] Vgl. *Sharma*, Independence, 2014, S. 67.
[7] Vgl. *Lenz*, Beschränkung, 2004, S. 707. Vgl. zu deutschen Bilanzskandalen auch *Lenz*, Scandals, 2015, S. 185 - 210.
[8] Vgl. *Sharma*, Independence, 2014, S. 83.
[9] Vgl. *Lenz*, Beschränkung, 2004, S. 707.
[10] Vgl. *Sharma*, Independence, 2014, S. 85.
[11] Vgl. *Lenz*, Abschied, 2002, S. 2274 für eine Auflistung der verbotenen Nichtprüfungsleistungen.

der Befangenheit besteht.[12] Weiterhin wurden in § 319 (3) Nr. 3 HGB bestimmte Nichtprüfungsleistungen verboten und in § 319 (3) Nr. 5 HGB eine Umsatzgrenze eingeführt, ab der keine Prüfung mehr durchgeführt werden darf. Bei kapitalmarktorientierten Unternehmen wurden mit dem neu eingeführten § 319a HGB weitere Nichtprüfungsleistungen untersagt und in § 319a (1) Nr. 1 HGB die Umsatzgrenze verschärft. Durch die Verordnung 537/2014 des Europäischen Parlaments und des Rates vom 16.04.2014[13] sowie das in diesem Zusammenhang stehende Abschlussprüfungsreformgesetz (AReG) wurde in § 319a HGB die Liste der nicht zulässigen Nichtprüfungsleistungen erweitert und die Voraussetzungen für das Erbringen bestimmter Leistungen modifiziert. Neben der Veränderung der Umsatzgrenze, wurde die Höhe der Nichtprüfungsleistungen begrenzt.[14]

Auch auf Seiten der Forschung besteht ein anhaltendes Interesse, ob eine Gefährdung der Unabhängigkeit des Abschlussprüfers durch die Honorare besteht.[15] Für den Bereich der kapitalmarktorientierten Unternehmen sind umfangreiche empirische Forschungsarbeiten vorhanden.[16] Bei diesen kann zwischen wahrgenommener und tatsächlicher Unabhängigkeit differenziert werden. Aus der bisherigen Forschung zur wahrgenommenen Unabhängigkeit kann tendenziell abgeleitet werden, dass diese durch die Nichtprüfungsleistungen negativ beeinflusst werden kann. Eine Gefährdung der tatsächlichen Unabhängigkeit kann aus den Ergebnissen nicht geschlussfolgert werden.[17] Als eine Erklärung wird angeführt, dass die Gefahr einer Klage und das Risiko eines Reputationsverlustes der Unabhängigkeitsgefährdung entgegenwirken.[18] Andere Forschungsarbeiten beobachten sogar positive Effekte bei gleichzeitiger Erbringung von Prüfungs- und bestimmten Beratungsleistungen.[19]

Ein Teil der Forschung beschäftigt sich mit dem Einfluss der Honorare auf die Wahrscheinlichkeit einer Going-Concern-Modifikation (GCM) bei Unternehmen in finanziellen Schwierigkeiten.[20] Ein Vorteil der GCM als Surrogat ist, dass sie direkt vom Abschlussprüfer stammt. Sie spiegelt klar seine Entscheidung und seine Einschätzung wider und ist relativ eindeutig zu beobachten.[21] Da der Inhalt des Bestätigungsvermerks von der Formulierungsentscheidung des Prüfers abhängig ist, kann insbesondere die Unabhängigkeit analysiert werden.[22] Auch die steigende Anzahl an Unternehmensinsolvenzen im Zuge der Finanzkrise lenkte den Fokus auf die Rolle des Abschlussprüfers bei finanziell angeschlagenen Unternehmen.[23] So diskutierte das Public Company Accounting Oversight Board (PCAOB) für den US-amerikanischen Raum über die Verantwortung des Abschlussprüfers bei der

---

[12] Vgl. *Schmidt/Nagel*, BeckKommHGB, 2016, § 319 Rn. 3.
[13] Vgl. *EU*, 537/2014.
[14] Vgl. *EU*, 537/2014, Art. 4 (2), (3) und Art. 5 (1); § 319a (1) Nr. 2, 3 bzw. § 319a (1a) HGB i.d.F. AReG. Ausführlich dazu Kapitel 3.3.2.
[15] Vgl. *Ratzinger-Sakel*, Germany, 2013, S. 129.
[16] Vgl. beispielsweise die Übersichtsartikel von *Schneider/Church/Ely*, Non-Audit, 2006; *Pott/Mock/Watrin*, Review, 2009; *Sharma*, Independence, 2014.
[17] Vgl. *Pott/Mock/Watrin*, Review, 2009, S. 233.
[18] Vgl. *DeFond/Raghunandan/Subramanyam*, Fees, 2002, S. 1250.
[19] Vgl. *Robinson*, Tax, 2008, S. 42; *Lim/Tan*, Auditor Specialization, 2008, S. 214.
[20] Vgl. Kapitel 5.
[21] Vgl. *Robinson*, Tax, 2008, S. 32.
[22] Vgl. *Maccari-Peukert*, Externe, 2011, S. 100; *DeFond/Zhang*, Auditing, 2014, S. 287.
[23] Vgl. *Carson/Fargher/Geiger et al.*, Research Synthesis, 2013, S. 353.

Berichterstattung über die Unternehmensfortführung.[24] Im europäischen Raum beschäftigte sich die EU-Kommission mit der Frage, weshalb trotz der erheblichen Verluste in den Bilanzen von den Abschlussprüfern uneingeschränkte Bestätigungsvermerke erteilt wurden[25] und schlägt in diesem Zusammenhang ein vollständiges Verbot von Nichtprüfungsleistungen vor.[26]

Sowohl von Seiten der Regulierungsbehörden als auch von Seiten der Forschung liegt der Fokus auf den kapitalmarktorientierten Unternehmen. Bei privaten Unternehmen ist trotz ihres hohen Anteils an den Gesamtunternehmen und ihrer Bedeutung für die Wirtschaftsleistung ein geringer Kenntnisstand durch empirische Analysen im Bereich von Rechnungslegung und Prüfung vorhanden.[27] Insbesondere liegen bisher wenige Forschungsarbeiten zur Unabhängigkeit bei Honoraren vor.[28] Zwischen privaten und kapitalmarktorientierten Unternehmen gibt es Unterschiede, z.B. in der Eigentümerstruktur, der Bedeutung der Fremdfinanzierung, der Qualität der Rechnungslegung und den Gründen einer Nachfrage nach Abschlussprüfung.[29] Daher kann es fraglich sein, ob die erzielten Ergebnisse aus dem Bereich der kapitalmarktorientierten Unternehmen auf private Unternehmen übertragen werden können.[30]

Die Unabhängigkeit kann besonders gefährdet sein, wenn die Schutzmechanismen Haftung und Reputationsverlust schwächer ausgeprägt sind. Dies kann bei privaten Unternehmen in Deutschland der Fall sein, da zum einen das Haftungsrisiko für den Abschlussprüfer im Vergleich zu angelsächsischen Ländern geringer ist.[31] Zum anderen beobachten JOHNSTONE/ BEDARD und CLATWORTHY/PEEL, dass bei privaten Unternehmen das Risiko eines Reputationsverlustes für den Prüfer niedriger ist als bei kapitalmarktorientierten Unternehmen.[32] Damit kann die Analyse im Rahmen dieser Arbeit in einem Umfeld erfolgen, in dem die Unabhängigkeit im Vergleich zu bisherigen Studien besonders gefährdet sein kann.

Ziel der Arbeit ist es daher, die Fragestellung empirisch zu analysieren, ob für die Prüfer privater Unternehmen bei Honoraren für Prüfung und Beratung Indizien einer Gefährdung der Unabhängigkeit gefunden werden können. Eine gleichartige Analyse für private Unternehmen in Deutschland kann nicht gefunden werden.

---

[24] Vgl. *Blay/Geiger*, Independence, 2013, S. 579.
[25] Vgl. *EU*, Grünbuch, 2010, S. 3.
[26] Vgl. *EU*, Grünbuch, 2010, S. 14. Dieser Vorschlag wurde jedoch nicht umgesetzt.
[27] Vgl. *Francis/Khurana/Martin et al.*, Importance, 2011, S. 489.
[28] Vgl. *Svanström*, Quality, 2013, S. 337.
[29] Vgl. Kapitel 2.
[30] Vgl. *Langli/Svanström*, Private, 2014, S. 148; *Carson/Fargher/Geiger et al.*, Research Synthesis, 2013, S. 373.
[31] Vgl. *La Porta/Lopez-De-Silanes/Shleifer*, Laws, 2006, S. 16; *Ratzinger-Sakel*, Germany, 2013, S. 130; *Krauß/ Pronobis/Zülch*, Abnormal, 2015, S. 51.
[32] Vgl. *Johnstone/Bedard*, Portfolio, 2004, S. 663; *Clatworthy/Peel*, Effect, 2007, S. 197.

1.2 Aufbau der Arbeit

In Kapitel 2 werden private Unternehmen definiert und deren gesamtwirtschaftliche Bedeutung dargestellt. Anschließend werden private und kapitalmarktorientierte Unternehmen voneinander abgegrenzt und die Gründe bzw. die Relevanz von Abschlussprüfungen für private Unternehmen verdeutlicht. Es folgt die Beschreibung der Anbieter von Abschlussprüfungsleistungen. Darauf aufbauend, werden Angebot und Nachfrage zusammengeführt und eine Konzentrationsanalyse für private Unternehmen durchgeführt.

Kapitel 3 hat die Prüfungsqualität in Verbindung mit den Honoraren für Prüfungs- und Nichtprüfungsleistungen zum Gegenstand. Zunächst werden mit der Gegenüberstellung verschiedener Definitionen die theoretischen Grundlagen zur Prüfungsqualität gelegt. Anschließend werden differenzierte Möglichkeiten beschrieben, diese zu messen. Darauf aufbauend, wird mit der Unabhängigkeit der besonders für die Arbeit relevante Teil der Prüfungsqualität beleuchtet. Nach einer Beschreibung der verschiedenen Arten der Unabhängigkeit, werden die Chancen und Risiken von gleichzeitiger Prüfung und Beratung gegenübergestellt. Mit der Agency- und der Quasirenten-Theorie werden Erklärungsansätze für die Gefährdung der Unabhängigkeit beschrieben. Anschließend werden verschiedene Maßnahmen vorgestellt, die einer möglichen Gefährdung der Unabhängigkeit entgegenwirken sollen. Das Kapitel schließt mit empirischen Erkenntnissen zur wahrgenommen und tatsächlichen Unabhängigkeit in Deutschland.

Kapitel 4 beschäftigt sich mit der Going-Concern-Annahme. Es werden die Pflichten der gesetzlichen Vertreter im Rahmen der Abschlusserstellung und der Berichterstattung im Anhang und Lagebericht erörtert. Daran anschließend werden die Pflichten des Abschlussprüfers im Rahmen des Prüfungsprozesses und die Berichterstattungspflichten im Prüfungsbericht und im Bestätigungsvermerk analysiert. Es folgt eine deskriptive Analyse der modifizierten Vermerke, getrennt nach Hinweisen, Einschränkungen, Versagungen und weiteren Ergänzungen, wobei auch eine Abgrenzung der GCM vorgenommen wird. Weiterhin wird die Going-Concern-Annahme aus Sicht der Prüfungsforschung erläutert. Dazu wird das zugrunde liegende Forschungsdesign dargestellt und die verschiedenen Determinanten vorgestellt, welche die Wahrscheinlichkeit einer GCM beeinflussen können. Abschließend wird der Nutzen einer GCM für die Abschlussadressaten und den Abschlussprüfer sowie die Kosten für das geprüfte Unternehmen und den Prüfer beschrieben.

Kapitel 5 gibt einen Literaturüberblick über die bisherige Forschung im Bereich der GCM in Verbindung mit den Honoraren. Die Studien werden getrennt nach verschiedenen Ländern vorgestellt und die wesentlichen Ergebnisse beschrieben. Neben der Vielzahl an Analysen mit kapitalmarktorientierten Unternehmen, werden auch erste Erkenntnisse aus dem Bereich der privaten Unternehmen vorgestellt.

Kapitel 6 enthält die empirische Analyse der Wahrscheinlichkeit einer GCM bei Honoraren für Prüfung und Beratung. Zu Beginn werden die Hypothesen aus differenzierten theoretischen Überlegungen abgeleitet. Anschließend werden die Untersuchungsgruppe der Unternehmen mit GCM und unterschiedlich definierte Kontrollgruppen von Unternehmen in finanziellen Schwierigkeiten vorgestellt. Es folgt die Beschreibung des GCM-Modells. Da in der Analyse auch abnormale Honorare zur Anwendung kommen, werden verschiedene Honorarmodelle gezeigt. Einen ersten Überblick über die Untersuchungsgruppe und die Kontrollgruppen gibt die deskriptive Statistik. Anschließend werden die empirischen Erkenntnisse aus den Modellen dargestellt und diskutiert. Das Kapitel schließt mit verschiedenen Sensitivitätsanalysen und einer zusammenfassenden Darstellung.

Kapitel 7 enthält eine Zusammenfassung der wesentlichen Erkenntnisse der Arbeit. Es werden zudem die Grenzen der vorgenommenen Analyse und möglicher zukünftiger Forschungsbedarf aufgezeigt.

2 Abschlussprüfung bei privaten Unternehmen

2.1 Private Unternehmen

Untersuchungsgegenstand der Arbeit sind private Unternehmen. Sie werden definiert als Unternehmen, die keine Eigenkapital- oder Schuldtitel, wie Aktien und Anleihen, an einer öffentlichen Börse handeln.[33] Als Abgrenzung wird der Begriff der kapitalmarktorientierten Unternehmen verwendet. Darunter fallen die Unternehmen nach § 264d HGB, Unternehmen, die nach § 3 (2) AktG börsennotiert sind oder die im Freiverkehr gemäß § 48 BörsG vertreten sind.

Kapitalmarktorientiert nach § 264d HGB sind Kapitalgesellschaften, die mit ihren Wertpapieren nach § 2 (1) S. 1 WpHG einen organisierten Markt gemäß § 2 (5) WpHG in Anspruch nehmen oder die Zulassung beantragt haben. Als börsennotiert gelten nach § 3 (2) AktG „Gesellschaften, deren Aktien zu einem Markt zugelassen sind, der von staatlich anerkannten Stellen geregelt und überwacht wird, regelmäßig stattfindet und für das Publikum mittelbar oder unmittelbar zugänglich ist." Da von § 2 (5) WpHG der Kapitalmarkt außerhalb des EU/EWR-Raums nicht erfasst wird, ist eine AG, die ausschließlich Aktien an einer Börse außerhalb des EU/EWR-Raums notiert, nicht-kapitalmarktorientiert nach § 264d HGB, aber börsennotiert. Von beiden Begriffen wird der Freiverkehr nicht erfasst.[34] Hier erfolgt die Zulassung im Gegensatz zum regulierten Markt nicht durch ein öffentlich-rechtliches Verfahren, sondern auf privatrechtlicher Grundlage.[35] Die Zugangsvoraussetzungen sind in diesem Börsensegment am geringsten.[36]

Andere Arbeiten grenzen die beiden Gruppen in ähnlicher Weise ab. Im deutschsprachigen Raum nutzt VOLK „private Unternehmen" im Gegensatz zu „börsennotierten Unternehmen".[37] JOHA differenziert zwischen „börsennotierten Unternehmen" und „nicht börsennotierten Unternehmen".[38] In der englischsprachigen Literatur werden „Private Firms" den „Public Firms" gegenübergestellt.[39] Andere Autoren nutzen „Non-Listed" im Gegensatz zu „Listed".[40]

Die Bedeutung von privaten Unternehmen zeigt sich national anhand ihres Anteils an den Gesamtunternehmen. Laut dem Statistischen Bundesamt gab es 2012[41] in Deutschland

---

[33] Vgl. *Langli/Svanström*, Private, 2014, S. 156 für eine ähnliche Abgrenzung.

[34] Vgl. *Schmidt/Hoffmann*, BeckKommHGB, 2016, § 264d Rn. 2; Solveen, KommAktG, 2014, § 3 Rn. 6.

[35] Vgl. *Groß*, Kapitalmarktrecht, 2016, § 48 BörsG Rn. 3.

[36] Vgl. *Kuthe/Zipperle,* Emission, 2014, S. 18.

[37] Vgl. *Volk*, Eigentümerstruktur, 2013, S. 35.

[38] Vgl. *Joha*, Prüferwahl, 2016, S. 46.

[39] Vgl. *Hope/Langli*, Low Litigation, 2010, S. 575; *Minnis*, Value, 2011, S. 46; *Hope/Langli/Thomas*, Auditing, 2012, S. 501. Für Kritik vgl. *Nobes*, Researching, 2010, S. 214.

[40] Vgl. *Claessens/Tzioumis*, Ownership, 2006, S. 266.

[41] Das Jahr 2012 wurde gewählt, da die spätere empirische Untersuchung hier endet.

3.663.432 Unternehmen.[42] Die WPK ermittelte für das Jahr 2012 insgesamt 3.468 „dem Kapitalmarkt nahe stehende Unternehmen".[43] Nach diesen Zahlen sind mindestens 99,9% der Unternehmen privat.[44] Auch international sind sie von Bedeutung. So stellen über 99% der US-amerikanischen Unternehmen private dar und sind für über 50% des Bruttoinlandsproduktes (BIP) im privatwirtschaftlichen Bereich verantwortlich.[45]

2.2 Unterschiede zu kapitalmarktorientierten Unternehmen

Die Unterschiede zwischen privaten und kapitalmarktorientierten Unternehmen resultieren aus den spezifischen Eigentümer- und Finanzierungsstrukturen mit differenzierten Agency-Konflikten und Agency-Kosten. Bezüglich der Rechnungslegung, der Offenlegung und der Prüfung resultieren Unterschiede aus den gesetzlichen Vorgaben und aus den individuellen Merkmalen der beiden Unternehmensgruppen.[46]

2.2.1 Eigentümerstruktur und Agency-Konflikte

Die Eigentümerstruktur in privaten und kapitalmarktorientierten Unternehmen ist hinsichtlich des Trennungsgrades von Eigentum und Unternehmensführung, der Eigentümerkonzentration und der familiären Beziehungen unterschiedlich. Dies kann Auswirkungen auf die Agency-Kosten haben. Die Abbildung 1 verdeutlicht die nachfolgend dargestellten Wirkungszusammenhänge.

Die Trennung von Unternehmensführung und Eigentümer ist in privaten Unternehmen geringer als in kapitalmarktorientierten Unternehmen.[47] In der Analyse von LENNOX übersteigt bei mehr als der Hälfte der betrachteten privaten Unternehmen aus Großbritannien der Anteilsbesitz von Managern 50%.[48] HOPE/LANGLI/THOMAS ermitteln für Norwegen eine durchschnittliche Beteiligung der Manager von 49% an diesen Unternehmen.[49] Demgegenüber stellen GOTTI/HAN/HIGGS ET AL. und LILIENFELD-TOAL/RUENZI für US-amerikanische kapitalmarktorientierte Unternehmen eine durchschnittliche Beteiligung der Manager von 8% bzw. 7% fest.[50]

---

[42] Vgl. *Statistisches Bundesamt*, Unternehmensregister, 2014.

[43] Die WPK erfasst deutsche Unternehmen, die Wertpapiere nach § 2 (1) S. 1 WpHG an einem organisierten Markt nach § 2 (5) WpHG handeln oder deren Aktien im Freiverkehr verfügbar sind, Kreditinstitute, Finanzdienstleistungsinstitute und Versicherungen, die der Aufsicht durch die BaFin unterliegen. Vgl. *WPK*, Marktstruktur 2013, 2014, S. 7f.

[44] Der Anteil kann größer sein, da unter den Kreditinstituten, Finanzdienstleistungsinstituten und Versicherungen Unternehmen sein können, die unter die Definition von privaten Unternehmen fallen.

[45] Vgl. *Minnis*, Value, 2011, S. 465.

[46] Vgl. *Langli/Svanström*, Private, 2014, S. 148f.

[47] Vgl. *Chaney/Jeter/Shivakumar*, Selection, 2004, S. 52; *Brav*, Access, 2009, S. 266.

[48] Vgl. *Lennox*, Ownership, 2005, S. 208.

[49] Vgl. *Hope/Langli/Thomas*, Auditing, 2012, S. 505.

[50] Vgl. *Gotti/Han/Higgs et al.*, Stock, 2012, S. 423; *Lilienfeld-Toal/Ruenzi*, CEO Ownership, 2014, S. 1019f.

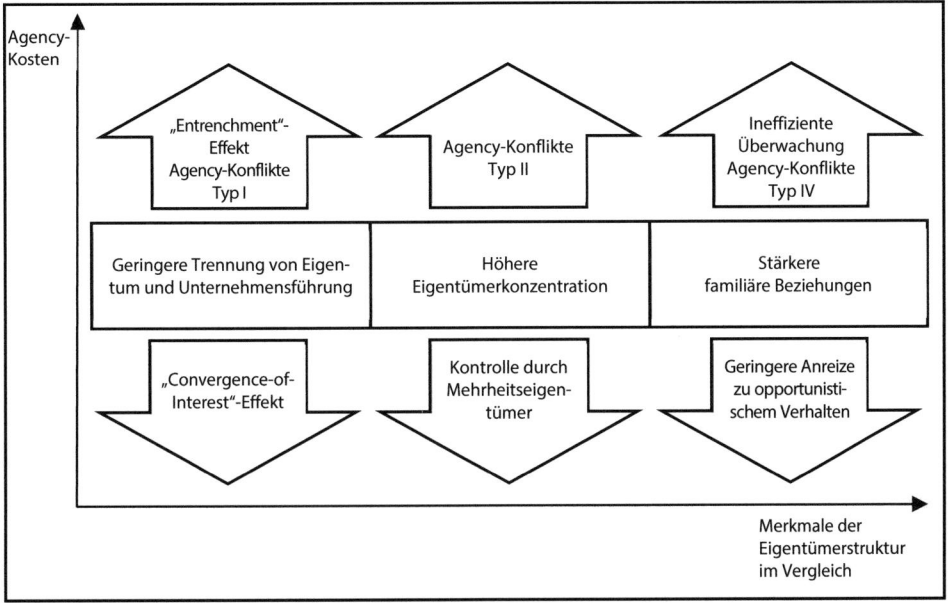

Abbildung 1: Eigentümerstruktur und Agency-Kosten.

Aus den Eigentumsverhältnissen resultieren differenzierte Agency-Konflikte. Die Agency-Theorie betrachtet die Vertragsbeziehungen zwischen Auftraggeber (Prinzipal) und Auftragnehmer (Agent), die durch asymmetrische Informationsverteilung, differenzierte Präferenzen und Unsicherheit gekennzeichnet sind.[51] Der Agent ist vor Vertragsabschluss in der Lage, seine Eigenschaften zu verbergen (hidden characteristics).[52] Nach Vertragsabschluss delegiert der Prinzipal Entscheidungsbefugnisse an den Agenten, dessen Erfolg vom Arbeitseinsatz und von unsicheren Umweltzuständen abhängig ist. Die Handlungen beeinflussen den Nutzen des Agenten und den des Prinzipals.[53] Annahmegemäß kann der Prinzipal die Handlungen des Agenten nicht kostenlos beobachten (hidden action) oder die beobachteten Handlungen nicht beurteilen (hidden information). Weiterhin sind Situationen möglich, in denen die Handlungen sichtbar sind, der Prinzipal die Absichten und Strategien des Agenten bzw. dessen Verhalten im Laufe der Beziehung ex ante nicht einschätzen kann (hidden intention).[54] Hieraus können Probleme[55] entstehen, da der Agent Spielräume hat, um seinen eigenen Nutzen zu maximieren und nicht im Sinne des Prinzipals zu handeln.[56]

---

[51] Vgl. *Herzig/Watrin*, Rotation, 1995, S. 785; *Marten/Quick/Ruhnke*, Wirtschaftsprüfung, 2015, S. 48.
[52] Vgl. *Spremann*, Information, 1990, S. 566; *Herzig/Watrin*, Rotation, 1995, S. 788.
[53] Vgl. *Marten/Quick/Ruhnke*, Wirtschaftsprüfung, 2015, S. 49.
[54] Vgl. *Spremann*, Information, 1990, S. 566.
[55] Vgl. *Herzig/Watrin*, Rotation, 1995, S. 788 - 793; *Göbel*, Institutionenökonomik, 2002, S. 100 - 103.
[56] Vgl. *Marten/Quick/Ruhnke*, Wirtschaftsprüfung, 2015, S. 49f.; *Fischer*, Agency, 1995, S. 320.

Agency-Konflikte Typ I[57] resultieren aus der Trennung von Eigentum und Unternehmensführung. Der Eigentümer (Prinzipal) überträgt die Leitung vertraglich auf das Management (Agent) mit der Aufgabe, das Unternehmen in seinem Sinne zu leiten.[58] Die Trennung erfolgt, da die Eigentümer nicht notwendigerweise die Qualifikation zur Unternehmensführung besitzen. Bei mehreren Eigentümern können bei gemeinsamer Unternehmensführung aufgrund der unterschiedlichen Interessen Konflikte auftreten, die Entscheidungen schwierig oder unmöglich machen. Eine Trennung von Eigentum und Unternehmensführung kann diesen Konflikten begegnen und die Beteiligung von mehreren Eigentümern ermöglichen. Als weiterer Vorteil wird es den Eigenkapitalgebern ermöglicht, das Risiko zu reduzieren, da das unternehmensspezifische Risiko geteilt wird und mit mehreren Unternehmensbeteiligungen das unsystematische Risiko vermindert wird.[59]

Nach Vertragsabschluss kann der Manager aufgrund von Informationsasymmetrien seine eigenen Ziele verfolgen und zu Lasten der Eigentümer seinen Nutzen optimieren.[60] Der Agency-Konflikt kann durch den Manager nicht gelöst werden, da er nicht glaubhaft die Unterlassung des schädigenden Handelns versichern kann.[61] Rationale neue Eigentümer werden den Konflikt antizipieren und dies beim Kauf ihrer Unternehmensanteile berücksichtigen. Letztendlich trägt der Manager die Agency-Kosten.[62]

Die geringere Trennung von Unternehmensführung und Eigentümern bei privaten Unternehmen beeinflusst die Agency-Kosten. Allgemein steigt mit dem Anteilsbesitz die Übereinstimmung der Interessen von Eignern und Unternehmensleitung.[63] Dies wird als „Convergence-of-Interest"-Effekt bezeichnet.[64] Aus dem Eigenkapital entstehen keine Agency-Kosten, wenn der Manager Alleineigentümer ist. Mit steigendem Anteilsbesitz kann jedoch der „Entrenchment"-Effekt eintreten, der zu steigenden Agency-Kosten führt. Die Begründung ist, dass bei mittlerem Anteilsbesitz zusätzliche Anteile mit größeren Möglichkeiten für opportunistisches Verhalten einhergehen können. Bei niedrigem Anteil resultieren keine zusätzlichen Handlungsalternativen, bei hohem Anteil besitzt der Manager bereits alle Möglichkeiten.[65] Die Grenzen für den „Entrenchment"-Effekt sind empirisch nicht einheitlich. Bei MORCK/SHLEIFER/VISHNY ist der Bereich für US-amerikanische Unternehmen

---

[57] Vgl. für die Einteilung in verschiedene Typen *Villalonga/Amit/Trujillo et al.*, Family, 2015, S. 637.
[58] Vgl. *Jensen/Meckling*, Theory, 1976, S. 309.
[59] Vgl. *Lenz*, Wahl, 1993, S. 112.
[60] Vgl. ausführlich *Lenz*, Wahl, 1993, S. 114 - 123. Die Möglichkeiten können sein: Konsum von nicht-pekuniären Vorteilen, Konsum von nicht-vertraglich vereinbarten pekuniären Vorteilen sowie managementbedingte Über- und Unterinvestitionen.
[61] Vgl. *Ewert/Stefani*, Wirtschaftsprüfung, 2001, S. 153.
[62] Vgl. *Jensen/Meckling*, Theory, 1976, S. 313. Bei der Argumentation wird von einem Manager ausgegangen, der zugleich Eigentümer ist. Vgl. *Jensen/Meckling*, Theory, 1976, S. 308. Diese umfassen Überwachungskosten, Selbstbindungskosten und den Residualverlust.
[63] Vgl. *Hope/Langli/Thomas*, Auditing, 2012, S. 505.
[64] Vgl. *Morck/Shleifer/Vishny*, Management, 1988, S. 293; *Lennox*, Ownership, 2005, S. 210, argumentiert in gegensätzlicher Weise und verwendet den „Divergence-of-Interest"-Effekt.
[65] Vgl. *Lennox*, Ownership, 2005, S. 209.

zwischen 5% und 25%.[66] In Großbritannien liegen die Grenzen in der Untersuchung von SHORT/KEASY bei 12% und 41%. Begründet werden die Differenzen mit institutionellen Unterschieden.[67]

Ein weiteres Merkmal privater Unternehmen ist, dass die Eigentümerstruktur relativ zu der von kapitalmarktorientierten Unternehmen konzentrierter ist.[68] Für mindestens 25% der norwegischen privaten Unternehmen stellen HOPE/LANGLI/THOMAS einen Alleineigentümer und einen durchschnittlichen Herfindahl-Index von 0,61 fest.[69] In einer von HOPE/THOMAS/VYAS durchgeführten internationalen Analyse privater Unternehmen aus 68 Ländern hält der größte Eigner im Durchschnitt 74%. Weiterhin weisen 69% der Unternehmen einen Eigner mit einem Anteil von über 50% aus.[70] Andere Autoren identifizierten bei 84% der privaten Unternehmen einen Anteilseigner mit über 50%, während dies bei kapitalmarktorientierten Unternehmen in 30% der Fall ist.[71] Allerdings zeigen BECHT/BÖHMER für Deutschland eine hohe Konzentration bei kapitalmarktorientierten Unternehmen. In ihrer Untersuchung hält der größte Anteilseigner durchschnittlich 59%.[72]

Die höhere Eigentümerkonzentration kann für sinkende oder steigende Agency-Kosten verantwortlich sein. Agency-Konflikten wird durch den Abbau von Informationsasymmetrien oder mit der Schaffung von Anreizen begegnet.[73] In privaten Unternehmen ist die Überwachung durch die Eigentümer eine Möglichkeit. Ist das Eigentum im Streubesitz, sinkt für den einzelnen Eigner der Anreiz, die Überwachungskosten aufzubringen, da er die gesamten Kosten trägt und nur einen Teil des Nutzens realisiert.[74] Mit höherer Eigentümerkonzentration steigen die Anreize, Informationen über das Management zu gewinnen.[75] Dies kann durch Routinebesprechungen mit dem Management oder einem Sitz im Aufsichtsrat erfolgen.[76] Weiterhin wird bei höherem Anteil ein stärkerer Druck durch die Androhung der Abwahl auf die Unternehmensleitung ausgeübt.[77]

Bei ungleicher Verteilung der Eigentumsverhältnisse kann es zu Agency-Konflikten Typ II, d.h. zu Konflikten zwischen Mehrheits- und Minderheitseigentümern, kommen.[78] Für den Mehrheitseigentümer kann der Anreiz entstehen, sich auf Kosten der Minderheiten zu bereichern.[79] Dies ist durch eine unvorteilhafte Vertragsgestaltung für die Minderheitsgesellschafter oder durch die Zweckentfremdung von Vermögensgegenständen möglich.[80]

---

[66] Vgl. *Morck/Shleifer/Vishny*, Management, 1988, S. 294f.
[67] Vgl. *Short/Keasey*, Evidence, 1999, S. 86f., 95.
[68] Vgl. *Burgstahler/Hail/Leuz*, Importance, 2006, S. 987; *Brav*, Access, 2009, S. 265f.
[69] Vgl. *Hope/Langli/Thomas*, Auditing, 2012, S. 510.
[70] Vgl. *Hope/Thomas/Vyas*, Credibility, 2011, S. 939.
[71] Vgl. *Claessens/Tzioumis*, Ownership, 2006, S. 269f.
[72] Vgl. *Becht/Böhmer*, Voting, 2003, S. 7.
[73] Vgl. *Jensen/Meckling*, Theory, 1976, S. 308; *Herzig/Watrin*, Rotation, 1995, S. 788; *Göbel*, Institutionenökonomik, 2002, S. 110, für eine Diskussion der verschiedenen Maßnahmen.
[74] Vgl. *Laeven/Levine*, Ownership, 2008, S. 581.
[75] Vgl. *Edmans/Manso*, Governance, 2011, S. 2395f.
[76] Vgl. *Hope/Langli/Thomas*, Auditing, 2012, S. 504.
[77] Vgl. *Shleifer/Vishny*, Corporate, 1997, S. 754.
[78] Vgl. *Villalonga/Amit/Trujillo et al.*, Family, 2015, S. 639.
[79] Vgl. *Hope/Thomas/Vyas*, Credibility, 2011, S. 936.
[80] Vgl. *Hope/Langli/Thomas*, Auditing, 2012, S. 504.

Weitere Merkmale von privaten Unternehmen sind, dass häufig familiäre Beziehungen zwischen der Unternehmensführung, den Eigentümern und den Kontrollorganen bestehen.[81] Für Norwegen stellen HOPE/LANGLI/THOMAS fest, dass in 71% der privaten Unternehmen die Familie mit dem größten Anteilsbesitz den CEO und die Mitglieder des Aufsichtsorgans stellt. In 15% der Unternehmen gehören die Mitglieder im Aufsichtsorgan zur Familie des CEOs.[82] Demgegenüber kommt in der Studie von MAURY mit westeuropäischen kapitalmarktorientierten Unternehmen in 33% der CEO und der Aufsichtsratsvorsitzende oder dessen Stellvertreter aus der im Mehrheitsbesitz stehenden Familie.[83]

Aus den verschiedenen Konstellationen resultieren steigende oder sinkende Agency-Kosten. Ein Argument für steigende Agency-Kosten ist, dass der Eigentümer nicht als unabhängiger Kontrolleur des Managements agiert. Nehmen Familieneigentümer Einfluss auf die Zusammensetzung des Aufsichtsrates,[84] kann eine ineffiziente Überwachung des Managements resultieren. Eine Folge kann die Bereicherung auf Kosten der Minderheiten sein. Auch können Agency-Konflikte Typ IV,[85] d.h. Konflikte zwischen den Familienangehörigen, entstehen. Werden bestimmte Personen innerhalb der Familie als Unternehmensnachfolger ernannt, können Interessenkonflikte und damit steigende Agency-Kosten die Folge sein.[86] Gegensätzlich wird argumentiert, dass von der Unternehmensleitung ein die Familie schädigendes Verhalten unterlassen wird und die Agency-Kosten sinken.[87]

Auch mit Hilfe des Kapitalmarktes ist es möglich, den Agency-Konflikten zu begegnen. Durch den Börsengang steigt der Bekanntheitsgrad des Unternehmens,[88] wodurch eine größere Anzahl von Personen die Bewertung des Unternehmens vornimmt. Werden Analysten aktiv, können die Informationsasymmetrien zwischen Management und Investoren abgebaut werden.[89] Bei Minderheitsaktionären kann eine erhöhte Nachfrage nach der Einschätzung von Analysten entstehen, wenn die Gefahr besteht, dass Mehrheitsaktionäre ihre Stellung ausnutzen.[90] Demgegenüber gibt es die Möglichkeit, dass Analysten irreführende Informationen verbreiten, um dies zur Erzielung von Gewinnen zu nutzen.[91] Auch der Handel von Anteilen kann zum Abbau von Informationsasymmetrien beitragen. EDMANS/MANSO argumentieren, dass durch den Kauf und Verkauf zwischen Großaktionären private Informationen im Anteilswert transportiert werden. Dies gibt den fundamentalen Wert der Anteile und die Leistung des Managers wieder und hält die Unternehmensleitung zu einem

---

[81] Vgl. *Hope/Langli/Thomas*, Auditing, 2012, S. 501.
[82] Vgl. *Hope/Langli/Thomas*, Auditing, 2012, S. 508.
[83] Vgl. *Maury*, Family, 2006, S. 326 - 329.
[84] Vgl. *Johannisson/Huse*, Recruiting, 2000, für eine ausführliche Beschreibung.
[85] Vgl. für Agency-Konflikte Typ III Kapitel 2.2.2.
[86] Vgl. *Villalonga/Amit/Trujillo et al.*, Family, 2015, S. 643f.
[87] Vgl. *Daily/Dollinger*, Empirical, 1992, S. 118.
[88] Vgl. *Pagano/Panetta/Zingales*, Public, 1998, S. 40.
[89] Vgl. *Frankel/Li*, Information, 2004, S. 236.
[90] Vgl. *Boubaker/Labégorre*, Analyst, 2008, S. 975.
[91] Vgl. *Frankel/Li*, Information, 2004, S. 236.

Verhalten im Sinne des Unternehmens an.[92] Ist bei ineffizient wirtschaftenden Unternehmen der Anreiz für Übernahmen gegeben[93] und wird angenommen, dass im Zuge der Übernahme die Manager entlassen werden, kann dies dem opportunistischen Verhalten entgegenwirken.[94]

2.2.2 Fremdkapital und Agency-Konflikte

Der Verschuldungsgrad zwischen privaten und kapitalmarktorientierten Unternehmen kann unterschiedlich sein. BRAV stellt für private Unternehmen aus Großbritannien einen um circa 50% höheren Verschuldungsgrad fest.[95] Im Gegensatz zu US-amerikanischen kapitalmarktorientierten Unternehmen, deren Anteil bei 46% liegt, finden HOPE/THOMAS/VYAS bei privaten Unternehmen einen Verschuldungsgrad von 54%.[96] Auf europäischer Ebene beobachten GIANNETTI und GOYAL/NOVA/ZANETTI für private Unternehmen einen signifikant höheren Verschuldungsgrad.[97] Für diese ermitteln BURGSTAHLER/HAIL/LEUZ in Deutschland einen Verschuldungsgrad von 53% und bei kapitalmarktorientierten Unternehmen von 50%.[98]

Bei der Fremdfinanzierung kann es zu Agency-Konflikten Typ III[99] kommen, die mit dem Verschuldungsgrad ansteigen.[100] Hierbei schließt der Kreditgeber (Prinzipal) mit den Eignern als Kreditnehmer (Agent) einen Kreditvertrag ab.[101] Es bestehen Interessenkonflikte, da die Eigner an der Maximierung des Marktwertes des Eigenkapitals und die Kreditgeber an den Zahlungen aus dem Kreditvertrag interessiert sind.[102] Diese sind an erster Stelle zu bedienen und auf die Höhe von Zins und Tilgung beschränkt.[103] Vor Vertragsabschluss liegen Informationsasymmetrien vor, da die Eigner bessere Informationen über die Entwicklung des Unternehmens besitzen. Für die Prüfung der Kreditwürdigkeit und der Kreditkonditionen hat der Agent den Anreiz, die wirtschaftliche Lage positiv darzustellen.[104] Nach der Kreditaufnahme bestehen aufgrund der eingeschränkten Überwachungsmöglichkeiten Informationsasymmetrien. Für die Eigner kann der Anreiz entstehen, eine

---

[92] Vgl. *Edmans/Manso*, Governance, 2011, S. 2396.
[93] Vgl. *Lennox*, Ownership, 2005, S. 205; *Hope/Langli/Thomas*, Auditing, 2012, S. 510.
[94] Vgl. *Holmström/Tirole*, Liquidity, 1993, S. 679.
[95] Vgl. *Brav*, Access, 2009, S. 264.
[96] Vgl. *Hope/Thomas/Vyas*, Quality, 2013, S. 1727.
[97] Vgl. *Giannetti*, Mitigate, 2003, S. 188, 198; *Goyal/Nova/Zanetti*, Capital, 2011, S. 155.
[98] Vgl. *Burgstahler/Hail/Leuz*, Importance, 2006, S. 996.
[99] Vgl. *Villalonga/Amit/Trujillo et al.*, Family, 2015, S. 642f.
[100] Vgl. *Jensen/Meckling*, Theory, 1976, S. 344.
[101] Vgl. *Ewert*, Wirtschaftsprüfung, 1990, S. 23. Es wird davon ausgegangen, dass zwischen Eigner und Manager gleichgerichtete Interessen bestehen.
[102] Vgl. *Hartmann-Wendels*, Rechnungslegung, 1991, S. 271.
[103] Vgl. *Ewert*, Wirtschaftsprüfung, 1990, S. 24.
[104] Vgl. *Ewert/Stefani*, Wirtschaftsprüfung, 2001, S. 150; *Stefani*, Prüfung, 2002, S. 213.

andere Unternehmensstrategie zu Lasten der Kreditgeber zu wählen.[105] Rationale Kreditgeber antizipieren die Effekte und passen das Kreditvolumen bzw. die Kreditkonditionen an. Die Agency-Kosten tragen letztendlich die Eigner.[106]

Analog zu eigenfinanzierungsbedingten Agency-Konflikten kann der Prinzipal den Problemen durch den Abbau von Informationsasymmetrien oder durch die Schaffung von Anreizen begegnen.[107] Es können Covenants in die Kreditverträge aufgenommen werden, bei deren Verletzung negative Folgen für das Unternehmen drohen. Hierdurch können die Handlungen des Managements begrenzt und eine die Fremdkapitalgeber schädigende Unternehmenspolitik eingeschränkt werden.[108] Eine Interessenharmonisierung findet stückweise statt, wenn die Manager aufgrund der vereinbarten Kreditsicherheiten aus dem gläubigerschädigenden Verhalten teilweise keinen Nutzen erzielen.[109] Weiterhin können Ausschüttungsrestriktionen installiert werden, um den Vermögensabfluss aus dem Unternehmen einzuschränken.[110]

Bei privaten Unternehmen nimmt die Fremdkapitalfinanzierung über Banken eine gewichtige Stellung ein.[111] Es wird davon ausgegangen, dass die Banken aufgrund der engen Beziehungen zu den Unternehmen und deren Eigentümern einen direkten Zugang zu internen Informationen besitzen.[112] Zudem sind Banken aufgrund der im Gegensatz zum öffentlichen Markt für Fremdkapitaltitel nicht vorhandenen Free-Rider Problematik in der Lage, eigene Unternehmensinformationen zu generieren.[113] Auch die höhere Eigentümerkonzentration kann den Agency-Problemen entgegenwirken, da Eigentümer über einen längeren Anlagehorizont verfügen, der den Fremdkapitalgebern als Sicherheit dient.[114]

Auf dem Kapitalmarkt sind komplexe Finanzierungsinstrumente eine Möglichkeit zur Abschwächung von Agency-Konflikten.[115] Modelltheoretisch zeigen GREEN bzw. LYANDRES/ ZHDANOV, dass durch wandelbare Schuldtitel fremdfinanzierungsbedingte Überinvestitionsprobleme bzw. Unterinvestitionsprobleme behoben werden.[116]

Bei privaten Unternehmen sind auf der einen Seite Mechanismen vorhanden, die im Vergleich zu kapitalmarktorientierten Unternehmen zu geringeren Agency-Konflikten Typ III führen können. Auf der anderen Seite fehlt jedoch die abschwächende Wirkung des Kapitalmarktes. Daher kann im Ergebnis keine Aussage getroffen werden, ob bei privaten oder bei kapitalmarktorientierten Unternehmen die Konflikte geringer ausfallen.

---

[105] Vgl. *Ewert/Stefani*, Wirtschaftsprüfung, 2001, S. 152f. Die Probleme können sein: liquidationsfinanzierte Ausschüttungen, fremdfinanzierte Ausschüttungen, Unterinvestitionen, Überinvestitionen und das Risikoanreizproblem. Vgl. ausführlich *Lenz*, Wahl, 1993, S. 8 - 15.

[106] Vgl. *Ewert/Stefani*, Wirtschaftsprüfung, 2001, S. 152f.

[107] Vgl. *Jensen/Meckling*, Theory, 1976, S. 308.

[108] Vgl. *Ewert*, Wirtschaftsprüfung, 1990, S. 30; *Lenz*, Wahl, 1993, S. 23.

[109] Vgl. *Göbel*, Institutionenökonomik, 2002, S. 277.

[110] Vgl. *Ewert*, Wirtschaftsprüfung, 1990, S. 30.

[111] Vgl. *Vander Bauwhede/Willekens*, Lack, 2004, S. 509.

[112] Vgl. *Ruhnke/Pronobis/Michel*, Bankenvertreter, 2013, S. 1078.

[113] Vgl. *Kim/Simunic/Stein et al.*, Korean, 2011, S. 589.

[114] Vgl. *Ellul/Guntay/Lel*, Agency, 2007, S. 5f.; *Hope/Thomas/Vyas*, Credibility, 2011, S. 939.

[115] Vgl. *Ewert*, Wirtschaftsprüfung, 1990, S. 29.

[116] Vgl. *Green*, Incentives, 1984, S. 116f.; *Lyandres/Zhdanov*, Convertible, 2014, S. 32.

2.2.3 Finanzierungskosten

Die Finanzierungskosten bestehen aus den Eigen- und den Fremdkapitalkosten.[117] Generell werden rationale Eigen- und Fremdkapitalgeber bei privaten und bei kapitalmarktorientierten Unternehmen die Agency-Probleme antizipieren und wertmindernd beim Kauf der Unternehmensanteile bzw. beim Kreditumfang oder den Kreditkonditionen berücksichtigen.[118] Zusätzlich kann bei privaten Unternehmen durch die Aufnahme von neuen Eigentümern die Gefahr eines Kontrollverlustes für die bestehenden Eigner entstehen. Daher wird davon ausgegangen, dass private Unternehmen in der Aufnahme neuer Eigentümer zurückhaltender sind bzw. die Eigner nur zu höheren Kosten bereit sind, ihre Stellung aufzugeben.[119] Bei den Fremdkapitalkosten besteht die Möglichkeit, dass die Banken bei privaten Unternehmen ihre Informationsvorteile nutzen und höhere Fremdkapitalkosten die Folge sind. Mit Kapitalmarktorientierung und der verbundenen Veröffentlichung von Informationen wird Wettbewerb unter den Kreditgebern möglich und durch mehrere Kreditangebote die Position des Unternehmens in den Verhandlungen mit den Kreditgebern gestärkt.[120]

Die relativen Finanzierungskosten von Eigen- zu Fremdkapital können in privaten Unternehmen höher sein. Die Finanzierungsstruktur kann mit der „Pecking-Order-Theory" erklärt werden.[121] Danach minimiert das Unternehmen die Kosten aus der asymmetrischen Information und zieht die Innen- der Außenfinanzierung vor. Da Eigenkapital gegenüber Fremdkapital nachrangig ist, hat das Eigenkapital eine höhere Informationssensibilität. Bei der externen Kapitalbeschaffung wird daher das Fremd- dem Eigenkapital vorgezogen.[122] Sind die Informationsasymmetrien zwischen den Mitgliedern des Unternehmens und den Externen in privaten Unternehmen höher, wird ein höherer Anteil an Fremdkapital erwartet.[123] Indiz hierfür kann der in empirischen Studien beobachtete höhere Verschuldungsgrad sein.[124]

2.2.4 Rechnungslegung und Offenlegung

Maßnahmen gegen Agency-Konflikte können an Größen aus dem Rechnungswesen anknüpfen.[125] Allerdings sind die institutionellen Vorgaben zwischen privaten und kapitalmarktorientierten Unternehmen unterschiedlich. Zusätzlich können unternehmensinterne Faktoren dazu beitragen, dass die Qualität der Rechnungslegung verschieden ist.

---

[117] Vgl. *Hutzschenreuter*, Betriebswirtschaftslehre, 2015, S. 168.
[118] Vgl. *Ewert/Stefani*, Wirtschaftsprüfung, 2001, S. 152.
[119] Vgl. *Brav*, Access, 2009, S. 265f.
[120] Vgl. *Pagano/Panetta/Zingales*, Public, 1998, S. 39.
[121] Vgl. *Myers/Majluf*, Corporate, 1984. Andere Theorien umfassen z.B. das Irrelevanztheorem der Finanzierung, die statische Trade-Off-Theorie und die Signaling-Theorie. Vgl. *Modigliani/Miller*, Cost, 1958; *Robichek/Myers*, Problem, 1966; *Ross*, Structure, 1977.
[122] Vgl. *Myers/Majluf*, Corporate, 1984, S. 219f.
[123] Vgl. *Brav*, Access, 2009, S. 268.
[124] Vgl. *Brav*, Access, 2009, S. 305.
[125] Vgl. *Ewert*, Wirtschaftsprüfung, 1990, S. 30.

Das HGB differenziert in den Aufstellungsvorschriften zwischen Personengesellschaften bzw. Einzelkaufleuten und Kapitalgesellschaften bzw. haftungsbeschränkte Personenhandelsgesellschaften nach § 264a HGB. Innerhalb der Kapitalgesellschaften nehmen die Pflichten mit steigender Größe, umschrieben in den Klassen nach §§ 267, 267a HGB, zu. Da kapitalmarktorientierte Kapitalgesellschaften im Sinne von § 264d HGB gemäß § 267 (3) S. 2 HGB als groß gelten, sind die Pflichten am umfassendsten. Sie sind nach § 264 (1) HGB verpflichtet, einen Jahresabschluss mit den Bestandteilen Bilanz, Gewinn- und Verlustrechnung (GuV) sowie Anhang aufzustellen. Ist kein Konzernabschluss zu erstellen, ist dieser um eine Kapitalflussrechnung und einen Eigenkapitalspiegel zu ergänzen. Weiterhin besteht die Pflicht zur Erstellung eines Lageberichtes und das Wahlrecht zur Segmentberichterstattung. Bei Personengesellschaften bzw. Einzelkaufleuten enthält der Jahresabschluss nach § 242 (3) HGB die Bilanz und die GuV.[126] Große Unternehmen[127] sind wegen ihrer wirtschaftlichen Bedeutung[128] nach § 5 (1) PublG zur Aufstellung eines Jahresabschlusses gemäß § 242 HGB verpflichtet.[129] Unternehmensformen, die keine Personengesellschaften oder Einzelkaufleute sind, müssen nach § 5 (2) PublG diesen um einen Anhang und Lagebericht erweitern.

Einen Konzernabschluss haben nach § 290 HGB inländische Kapitalgesellschaften und Gesellschaften gemäß § 264a HGB aufzustellen, wenn sie auf ein Tochterunternehmen einen beherrschenden Einfluss ausüben können. Aus den §§ 291, 292 HGB resultieren unter bestimmten Voraussetzungen[130] Befreiungen bei übergeordneten Mutterunternehmen. Dies gilt gemäß § 291 (3) Nr. 1 HGB bzw. § 292 (2) S. 2 HGB nicht für Mutterunternehmen, die mit ihren Wertpapieren an einem organisierten Markt teilnehmen. Die größenabhängigen Befreiungsvorschriften nach § 293 HGB sind gemäß § 293 (5) HGB für kapitalmarktorientierte Unternehmen nach § 264d HGB nicht anzuwenden. Gemäß § 11 (1) PublG sind Unternehmen[131] mit Sitz im Inland zur Aufstellung eines Konzernabschlusses verpflichtet, wenn sie einen beherrschenden Einfluss auf ein anderes Unternehmen ausüben können und sie die Größenkriterien nach § 11 (1) PublG überschreiten. Die Befreiungsvorschriften §§ 291, 292 und 296 HGB gelten auch für die nach dem PublG verpflichteten Unternehmen.[132]

Inhaltlich umfasst der Konzernabschluss nach § 297 (1) S. 1 HGB Konzernbilanz, Konzern-GuV, Konzernanhang, Kapitalflussrechnung und den Eigenkapitalspiegel. Es besteht gemäß § 290 (1) S. 1 HGB die Pflicht zur Erstellung eines Konzernlageberichts und nach § 297 (1) S. 2 HGB das Wahlrecht zur Segmentberichterstattung. Unterschiede zwischen privaten und kapitalmarktorientierten Unternehmen gibt es nicht. Als Rechnungslegungsnorm ist bei kapitalmarktorientierten Mutterunternehmen ab 2005 zwingend IFRS anzuwenden.[133] Nach § 315e (2) HGB reicht es aus, wenn die Zulassung der Wertpapiere gemäß § 2 (1) WpHG am geregelten Markt nach § 2 (5) WpHG beantragt worden ist. Private Unternehmen haben nach § 315e (3) HGB das Wahlrecht zur Anwendung von HGB oder der IFRS.

---

[126] Ausgenommen sind Einzelkaufleute, welche die Größenmerkmale des § 241a HGB unterschreiten.
[127] Vgl. bezüglich der Anforderungen § 1 PublG und § 3 (1) PublG.
[128] Vgl. *Baetge/Kirsch/Thiele*, Bilanzen, 2014, S. 52.
[129] Vgl. § 3 PublG für den Anwendungsbereich.
[130] Vgl. *Baetge/Kirsch/Thiele*, Bilanzen, 2014, S. 102 - 106.
[131] Vgl. § 11 (5) PublG für Mutterunternehmen, die ausgenommen sind.
[132] Vgl. § 11 (6) S. 1 Nr. 1 PublG.
[133] Vgl. *EU*, 1606/2002, Artikel 4.

Die Pflicht zur Offenlegung nach HGB ist für kapitalmarktorientierte Kapitalgesellschaften am umfassendsten. Nach § 325 (1) S. 1 - 3 HGB müssen diese folgende Berichtsbestandteile veröffentlichen: Jahresabschluss mit den beschriebenen Bestandteilen, Bestätigungs- bzw. Versagungsvermerk, Lagebericht, Bericht des Aufsichtsrats, die Erklärung nach § 161 AktG zum Corporate Governance Kodex und der Vorschlag und Beschluss für die Verwendung des Ergebnisses mit Angaben zum Jahresüberschuss bzw. –fehlbetrag, soweit dies dem Jahresabschluss nicht zu entnehmen ist. Danach erfolgen Erleichterungen in Abhängigkeit der Größe.[134] Kleinstkapitalgesellschaften können ihre Pflichten nach § 326 (2) HGB erfüllen, wenn sie die Bilanz beim Betreiber des Bundesanzeigers in elektronischer Form einreichen und einen Hinterlegungsauftrag erteilen. Hierdurch wird die Bekanntmachung nach § 325 (2) HGB vermieden.[135] Für private Kapitalgesellschaften beträgt die Einreichungsfrist nach § 325 (1a) HGB ein Jahr ab dem Bilanzstichtag. Bei kapitalmarktorientierten Kapitalgesellschaften verkürzt sie sich, vorbehaltlich für Gesellschaften nach § 327a HGB gemäß § 325 (4) HGB, auf längstens 4 Monate. Gemäß § 325 (3) HGB gelten die Vorschriften analog für den Konzernabschluss.[136] Auch das PublG verweist auf die Regelungen im HGB.[137]

Kapitalmarktorientierte Unternehmen haben zusätzliche Pflichten bei der Finanzberichterstattung. Sie umfassen u.a. den Halbjahresfinanzbericht nach § 37w WpHG und die Zwischenmitteilung nach § 37x WpHG. Weiterhin sind Insiderinformationen nach § 15 WpHG unverzüglich zu veröffentlichen. Neben weiteren Vorschriften im WpHG gelten für Unternehmen im Prime Standard zusätzliche Anforderungen.[138]

Eine zentrale Aufgabe der Rechnungslegung ist die Informationsfunktion,[139] die in die Rechenschafts- und in die Informationsfunktion im engeren Sinne gegliedert werden kann.[140] Die Rechenschaftsfunktion ermöglicht es den Eigen- und Fremdkapitalgebern zu beurteilen, ob das bereitgestellte Kapital in ihrem Sinne verwendet wurde.[141] Die Rechnungslegung kann auch als Basis für Anreizmechanismen dienen. Dies kann durch die Abhängigkeit der Managervergütung von den im Rechnungswesen ermittelten Erfolgsgrößen erreicht werden.[142] Bei fremdkapitalbedingten Agency-Konflikten können Covenants in Kreditverträgen an die Informationen aus dem Rechnungswesen anknüpfen.[143] Die Informationsfunktion im engeren Sinne hat das Ziel, entscheidungsnützliche Informationen zu

---

[134] Vgl. für eine ausführliche Übersicht *Baetge/Kirsch/Thiele*, Bilanzen, 2014, S. 49.

[135] Vgl. *Grottel*, BeckKommHGB, 2016, § 326 Rn. 40. Die Einsicht ist nicht über das Internet, sondern mittels Kopie nach Antragstellung möglich. Vgl. *Müller/Kreipl*, Neuregelung, 2013, S. 75.

[136] Vgl. *Grottel*, BeckKommHGB, 2016, § 325 Rn. 75 - 98 für Besonderheiten.

[137] Vgl. § 9 (1) PublG für den Einzel- und § 15 (1) PublG für den Konzernabschluss.

[138] Vgl. zur kapitalmarktorientierten Berichterstattung ausführlich *Coenenberg/Haller/Schultze*, Jahresabschluss, 2014, S. 955 - 976.

[139] Vgl. *Ballwieser*, Ergebnisse, 1985, S. 22.

[140] Vgl. *Busse von Colbe*, Informationsinstrument, 1993, S. 13f.; *Pellens/Fülbier/Gassen et al.*, Internationale, 2011, S. 13.

[141] Vgl. *Busse von Colbe*, Informationsinstrument, 1993, S. 13f.

[142] Vgl. *Hoffmann-Becking*, Anreizsysteme, 1999, S. 114f.

[143] Vgl. *Lenz*, Wahl, 1993, S. 23.

vermitteln. Sie soll die Kapitalgeber in die Lage versetzen, zielgerichtete Investitionsentscheidungen zu treffen.[144] Insbesondere beim Konzernabschluss steht diese Funktion im Mittelpunkt.[145]

Eine weitere Aufgabe ist die Zahlungsbemessungsfunktion mit den Bestandteilen Steuerbemessungs- und Ausschüttungsbemessungsfunktion.[146] Bei Erstgenannter steht die Ermittlung der Bemessungsgrundlage für die Besteuerung im Mittelpunkt.[147] Letztere begegnet fremdfinanzierungsbedingten Agency-Konflikten durch die Einführung von Ausschüttungsobergrenzen, die einen unkontrollierten Mittelabfluss zu Lasten der Gläubiger verhindern.[148] Bei eigenfinanzierungsbedingten Agency-Konflikten bieten sich Mindestausschüttungen an.[149] In Deutschland knüpft die Ermittlung des ausschüttbaren Gewinns und die Steuerbemessung an den Einzelabschluss an und nicht an die im Rahmen dieser Arbeit analysierten Konzernabschlüsse.[150]

Die Rechnungslegung kann die Funktionen nur wahrnehmen, wenn sie über eine hinreichend hohe Qualität verfügt.[151] Unterschiede in der Rechnungslegungsqualität zwischen kapitalmarktorientierten und privaten Unternehmen werden über deren differenzierte Nachfrage[152] und über Unterschiede im opportunistischen Verhalten der Manager erklärt.[153]

Die höhere Nachfrage nach Rechnungslegungsinformationen in kapitalmarktorientierten Unternehmen kann darin begründet sein, dass auf öffentlich verfügbare Informationen zurückgegriffen werden muss, um den Agency-Konflikten zu begegnen.[154] Da bei unzureichenden Informationen die Investoren weniger bereit sind, dem Unternehmen Kapital zur Verfügung zu stellen, besteht ein Anreiz für eine hohe Qualität in der Rechnungslegung. Zudem kann beim Börsengang eine Auslese stattfinden und nur Unternehmen mit hinreichend informativen Abschlüssen an der Börse notiert werden.[155]

Eine geringere Qualität kann resultieren, da die Manager in kapitalmarktorientierten Unternehmen, im Unterschied zu privaten Unternehmen, unter dem Erwartungsdruck des Marktes stehen. Daraus kann ein Anreiz zum Betreiben von Bilanzpolitik entstehen, um die Erwartungen zu erfüllen.[156] FISCHER/STOCKEN zeigen, dass die Prognosen von Analysten Anreize für Bilanzpolitik schaffen können.[157] BEATTY/KE/PETRONI argumentieren, dass kleine Investoren sich auf Heuristiken stützen und dadurch die Bilanzpolitik steigt.[158] Weitere Anreize entstehen, wenn das Vermögen bzw. die Vergütung der Manager vom Aktien-

---

[144] Vgl. *Wagenhofer/Ewert*, Externe, 2015, S. 5.

[145] Vgl. *Pellens/Fülbier/Gassen et al.*, Internationale, 2011, S. 13.

[146] Vgl. *Busse von Colbe*, Informationsinstrument, 1993, S. 14; *Ballwieser*, Ergebnisse, 1985, S. 22.

[147] Vgl. *Coenenberg/Haller/Schultze*, Jahresabschluss, 2014, S. 23.

[148] Vgl. *Lenz*, Wahl, 1993, S. 31f.

[149] Vgl. *Wagenhofer/Ewert*, Externe, 2015, S. 216.

[150] Vgl. *Pellens/Fülbier/Gassen et al.*, Internationale, 2011, S. 13.

[151] Vgl. *Szczesny*, Bilanzpolitik, 2007, S. 101.

[152] Vgl. *Ball/Shivakumar*, Quality, 2005, S. 96; *Burgstahler/Hail/Leuz*, Importance, 2006, S. 987.

[153] Vgl. *Hope/Thomas/Vyas*, Quality, 2013, S. 1717.

[154] Vgl. *Chaney/Jeter/Shivakumar*, Selection, 2004, S. 52.

[155] Vgl. *Burgstahler/Hail/Leuz*, Importance, 2006, S. 987.

[156] Vgl. *Healy/Wahlen*, Review, 1999, S. 371.

[157] Vgl. *Fischer/Stocken*, Investor, 2004, S. 863.

[158] Vgl. *Beatty/Ke/Petroni*, Banks, 2002, S. 548.

kurs des Unternehmens abhängig ist, Druck von Investoren ausgeübt wird, nicht erfolgreiche Manager zu ersetzen oder die Gefahr einer feindlichen Übernahme besteht.

Fremdkapitalgeber müssen bei kapitalmarktorientierten Unternehmen oftmals auf die Rechnungslegung zurückgreifen, da es von regulatorischer Seite Einschränkungen bei der direkten Informationsvermittlung gibt. Dies kann bei kapitalmarktorientierten Unternehmen den Anreiz für Bilanzpolitik verstärken.[159]

Auch bei privaten Unternehmen gibt es Situationen für opportunistisches Verhalten. So kann es bei finanziellen Schwierigkeiten den Anreiz geben, diese vor den Kreditgebern zu verbergen, um Interventionen zu vermeiden,[160] oder die Vergütung der Manager vom Unternehmenserfolg abhängig sein.[161] Weiterhin kann die geringere Nachfrage nach Informationen aus dem Rechnungswesen bei privaten Unternehmen daraus resultieren, dass eigenkapitalbedingte Agency-Konflikte aufgrund der Eigentümerstruktur auf privaten Informationswegen gelöst werden. Anstelle der Informationsvermittlung kann die Rechnungslegung dazu genutzt werden, um Steuerzahlungen zu minimieren oder Auszahlungen an die Eigentümer zu beeinflussen.[162] Auch bei fremdkapitalbedingten Agency-Konflikten wird davon ausgegangen, dass sie mit unternehmensinternen oder eigenen Informationen der Kapitalgeber gelöst werden.[163]

Für die höhere Nachfrage nach Rechnungslegungsinformationen bei privaten Unternehmen spricht, dass wenige Informationen neben denen der Rechnungslegung veröffentlicht werden. Fehlen bei diesen Unternehmen Markteinschätzungen oder Mechanismen gegen Agency-Konflikte, ist das Rechnungswesen besonders wichtig für die Beurteilung des Managements und für die Installation von Anreizsystemen.[164]

Aufgrund der unterschiedlichen theoretischen Begründungen und der gegenläufigen Effekte sind die empirischen Ergebnisse differenziert. BALL/SHIVAKUMAR stellen für private Unternehmen aus Großbritannien eine geringere Qualität der Finanzberichterstattung fest.[165] BURGSTAHLER/HAIL/LEUZ beobachten dies für 13 europäische Länder.[166] HOPE/THOMAS/VYAS kommen für US-amerikanische Unternehmen zum gleichen Ergebnis. In ihrer Analyse wird die höhere Qualität bei kapitalmarktorientierten Unternehmen gesenkt oder verschwindet, wenn die Unternehmen in Situationen sind, welche die Bilanzpolitik wahrscheinlicher machen.[167]

---

[159] Vgl. *Hope/Thomas/Vyas*, Quality, 2013, S. 1721.
[160] Vgl. *Burgstahler/Hail/Leuz*, Importance, 2006, S. 987.
[161] Vgl. *Hope/Thomas/Vyas*, Quality, 2013, S. 1719.
[162] Vgl. *Ball/Shivakumar*, Quality, 2005, S. 95. Dies gilt nicht für die im Rahmen dieser Arbeit analysierten Konzernabschlüsse. Diese erfüllen primär die Informationsfunktion. Vgl. *Pellens/Fülbier/Gassen et al.*, Internationale, 2011, S. 147.
[163] Vgl. Kapitel 2.2.2.
[164] Vgl. *Chaney/Jeter/Shivakumar*, Selection, 2004, S. 52; *Hope/Langli/Thomas*, Auditing, 2012, S. 502.
[165] Vgl. *Ball/Shivakumar*, Quality, 2005, S. 84.
[166] Vgl. *Burgstahler/Hail/Leuz*, Importance, 2006, S. 985.
[167] Vgl. *Hope/Thomas/Vyas*, Quality, 2013, S. 1716f.

Gegensätzlich finden GIVOLY/HAYN/KATZ für die USA bei Unternehmen eine höhere Qualität, die keine Eigenkapitaltitel, sondern Fremdkapital öffentlich handeln.[168] Bei privaten Banken beobachten BEATTY/KE/PETRONI eine höhere Qualität.[169]

2.3 Nachfrage nach Abschlussprüfung

Die Nachfrage nach Abschlussprüfungen entsteht zum einen aus der institutionell vorgegebenen Prüfungspflicht, zum anderen kann aus finanzierungsbedingten Agency-Konflikten eine freiwillige Nachfrage entstehen oder weitere Gründe ursächlich sein.

2.3.1 Institutionell bedingte Nachfrage

Nach § 316 (1) S. 1 HGB sind Kapitalgesellschaften handelsrechtlich prüfungspflichtig. Kleine private Kapitalgesellschaften sind gemäß § 267 (1) HGB befreit. Kapitalmarktorientierte Unternehmen, die einen organisierten Markt nach § 2 (5) WpHG beanspruchen, gelten nach § 267 (3) S. 2 HGB stets als große Kapitalgesellschaften. Für den Konzernabschluss entsteht die Prüfungspflicht aus § 316 (2) S. 1 HGB, vorbehaltlich der größenabhängigen Erleichterungen nach § 293 (1) und (4) HGB. Diese sind gemäß § 293 (5) HGB nur für private Konzerne anzuwenden. Die Bestellung des Abschlussprüfers erfolgt nach den Vorschriften des § 318 HGB. Die nach PublG zur Aufstellung eines Einzel- bzw. Konzernabschlusses verpflichteten Unternehmen müssen den Abschluss nach § 6 PublG bzw. § 14 (1) PublG[170] durch einen Wirtschaftsprüfer bzw. eine Wirtschaftsprüfungsgesellschaft prüfen lassen.

Für das Teilsegment der privaten Unternehmen kann die Anzahl der prüfungspflichtigen Unternehmen nur geschätzt werden.[171] Die WPK geht von 48.000 prüfungspflichtigen Unternehmen aus.[172] Das Statistische Bundesamt erfasst 44.807 Kapitalgesellschaften.[173] Die Datenbank DAFNE enthält für das Jahr 2012 insgesamt 34.263 Abschlüsse von Unternehmen mit Abschlussprüfern.[174]

Wird von diesen Werten, die von der WPK für 2012 ermittelte Anzahl der „dem Kapitalmarkt nahe stehenden Unternehmen"[175] in Höhe von 3.468 subtrahiert, resultiert eine Spanne von ca. 30.000 - 45.000 privaten Unternehmen.[176]

---

[168]   Vgl. *Givoly/Hayn/Katz*, Ownership, 2010, S. 195
[169]   Vgl. *Beatty/Ke/Petroni*, Banks, 2002, S. 568.
[170]   Vgl. für Besonderheiten bei Genossenschaften § 14 (2) PublG.
[171]   Vgl. *Marten*, Wechsel, 1993, S. 195.
[172]   Vgl. *WPK*, Stellungnahme, 2012, S. 13; *Lenz*, Spaltung, 2014, S. 314.
[173]   Vgl. *Statistisches Bundesamt*, Unternehmensregister, 2014.
[174]   Die Datenabfrage erfolgte am 26.03.2015.
[175]   *WPK*, Marktstruktur 2013, 2014, S. 8.
[176]   Die Werte wurden auf- bzw. abgerundet.

2.3.2 Finanzierungsbedingte Nachfrage

Die Nachfrage nach Abschlussprüfung ist nicht auf die Pflichtprüfungen beschränkt. Auch aus den finanzierungsbedingten Agency-Konflikten resultieren Gründe. Wie beschrieben, kann mit Hilfe des Rechnungswesens den Agency-Konflikten begegnet werden.[177] Die Erstellung der Finanzberichte wird regelmäßig vom Management durchgeführt.[178] Da die Abbildung der Vermögens-, Finanz- und Ertragslage durch die Eigner nicht überprüft werden kann, ist nicht sichergestellt, dass die ursprünglichen Vereinbarungen mit den Eignern eingehalten werden.[179] Der Gestaltungsspielraum wird zwar durch die Rechnungslegungsnormen eingeschränkt, dennoch bestehen Gestaltungsmöglichkeiten für abschlusspolitische Maßnahmen.[180] Es ist nur sinnvoll, auf Basis des externen Rechnungswesens Verträge abzuschließen, wenn die Informationen glaubwürdig sind. Der Abschlussprüfer hat die Aufgabe, die Konformität des Abschlusses mit den Standards zu beurteilen und die Glaubwürdigkeit zu erhöhen.[181] Nicht prüfungspflichtige Unternehmen, die eine hohe Qualität der Rechnungslegung besitzen, können diese durch eine freiwillige Prüfung signalisieren.[182]

Es wird zwischen der Ordnungsmäßigkeitsprüfung und der Lageprüfung unterschieden.[183] Im Rahmen der Ordnungsmäßigkeitsprüfung wird ermittelt, ob die gesetzlichen Normen für die Bestimmung des Unternehmenserfolgs der vergangenen Periode eingehalten wurden. Treten Agency-Konflikte nach Vertragsabschluss auf, kann diesen durch eine Entlohnung des Managements auf Basis der geprüften Werte begegnet werden. Bei der Lageprüfung stehen zukunftsrelevante Informationen im Mittelpunkt. Dadurch können vor Vertragsabschluss Informationsasymmetrien abgebaut werden.[184]

Die nachfolgende Auswahl (vgl. Tabelle 1) an Studien untersucht den Einfluss von finanzierungsbedingten Agency-Konflikten auf die Nachfrage nach externer Abschlussprüfung. Es werden empirische Studien für die freiwillige Wahl eines Abschlussprüfers und Studien für die Wahl eines Big N Abschlussprüfers, d.h. einer hohen Qualität der Abschlussprüfung,[185] vorgestellt.

CAREY/SIMNETT/TANEWSKI ermitteln für 1997 mit Hilfe eines Fragebogens die Nachfragedeterminanten nach interner und externer Prüfung von 186 Familienunternehmen in Australien.[186] Eine externe Prüfung beauftragen 86 Unternehmen, 110 fragen eine interne Prüfung nach und 63 Unternehmen beide Prüfungen.[187] Die Autoren zeigen mit steigendem Anteil von familienfremden Personen im Management und im Aufsichtsrat bzw. mit höherem Verschuldungsgrad eine steigende Wahrscheinlichkeit für eine externe Prüfung. Bei

---

[177] Vgl. ausführlich Kapitel 2.2.4.

[178] Vgl. *Ewert*, Wirtschaftsprüfung, 1990, S. 31.

[179] Vgl. *Ewert*, Wirtschaftsprüfung, 1990, S. 32.

[180] Vgl. *Wagenhofer/Ewert*, Externe, 2015, S. 265 - 272. Die Forderung nach einer Abschaffung greift zu kurz, da sie für die Adressaten informativ sein kann. Vgl. *Szczesny*, Bilanzpolitik, 2007, S. 102.

[181] Vgl. *Quick*, Prüfung, 2006, S. 42; *Ewert/Stefani*, Wirtschaftsprüfung, 2001, S. 148; *Hope/Langli/Thomas*, Auditing, 2012, S. 502.

[182] Vgl. *Hope/Thomas/Vyas*, Credibility, 2011, S. 936.

[183] Vgl. *Ewert/Stefani*, Wirtschaftsprüfung, 2001, S. 149f.

[184] Vgl. *Ewert/Stefani*, Wirtschaftsprüfung, 2001, S. 149f.

[185] Vgl. ausführlich Kapitel 3.1.

[186] Vgl. *Carey/Simnett/Tanewski*, Voluntary, 2000, S. 40 - 43.

[187] Vgl. *Carey/Simnett/Tanewski*, Voluntary, 2000, S. 45.

der internen Prüfung stellen sie keine signifikanten Beziehungen fest. Zusätzlich zeigen sie, dass interne und externe Prüfung als Substitute gesehen werden.[188]

DEDMAN/KAUSAR/LENNOX untersuchen in Großbritannien für den Zeitraum 2004 - 2006 die Nachfrage nach Prüfungen anhand von 15.103 Beobachtungen, davon 9.372 mit Prüfung.[189] Die Autoren beobachten mit zunehmender Streuung der Eigentumsanteile und der Größe des Aufsichtsrates eine größere Wahrscheinlichkeit für die Inanspruchnahme von Abschlussprüfungen.[190] Für den Verschuldungsgrad besteht kein signifikanter Einfluss. Als Erklärung wird angeführt, dass die Kapitalgeber aufgrund der engen Beziehung auf speziell für sie bereitgestellte Informationen oder auf Sicherheiten der Eigner zurückgreifen.[191]

LENNOX prüft den „Divergence-of-Interest"-Effekt und den „Entrenchment"-Effekt für das Jahr 2004 in Großbritannien anhand von 540 Unternehmen, von denen 211 Unternehmen einen Big 5 Prüfer in Anspruch nehmen.[192] Der Autor stellt bei niedrigem und bei hohem Anteilsbesitz einen negativen Zusammenhang für die Nachfrage nach hoher Prüfungsqualität fest („Divergence-of-Interest"-Effekt). Im mittleren Bereich beobachtet er einen positiven Zusammenhang. Hieraus schließt LENNOX auf den gegenläufigen „Entrenchment"-Effekt.[193]

KNECHEL/NIEMI/SUNDGREN analysieren Kleinstunternehmen in Finnland, die aus vier Gruppen von Prüfungsqualität wählen können (internationale und nationale First Tier, nationale Second Tier und nicht zertifizierte Abschlussprüfer). Kleine Unternehmen haben die Wahl zwischen First und Second Tier Abschlussprüfern.[194] Der Stichprobenumfang beträgt 512 bzw. 1.626 Beobachtungen im Zeitraum 1996 - 1999.[195] Die Ergebnisse zeigen, dass bei Kleinstunternehmen die Nachfrage von der Unternehmenskomplexität und Unternehmensgröße getrieben wird.[196] Bei kleinen Unternehmen wird die Nachfrage zusätzlich vom Verschuldungsgrad bestimmt. Hieraus schließen die Autoren, dass Kapitalgeber mit steigender Unternehmensgröße mehr auf Finanzberichte und weniger auf die Sicherheiten der Eigentümer vertrauen.[197]

NISKANEN/KARJALAINEN/NISKANEN differenzieren zwischen Big 4, zertifizierten und nicht zertifizierten Prüfern. Sie zeigen anhand von 1.781 Beobachtungen im Zeitraum von 2000 - 2006 in Finnland[198] bei steigendem Familienbesitz bzw. bei Familienkontrolle eine sinkende Wahrscheinlichkeit für die Inanspruchnahme von Big 4 Prüfern. Auf die Wahl zwischen zertifizierten und nicht zertifizierten Prüfern hat dies keinen Einfluss. Der Verschuldungsgrad ist nur innerhalb der Familienunternehmen signifikant.[199]

---

[188] Vgl. *Carey/Simnett/Tanewski*, Voluntary, 2000, S. 47.
[189] Vgl. *Dedman/Kausar/Lennox*, Evidence, 2014, S. 10, 15.
[190] Vgl. *Dedman/Kausar/Lennox*, Evidence, 2014, S. 15f. Die Eigentümeranzahl ist 2005 nicht signifikant.
[191] Vgl. *Dedman/Kausar/Lennox*, Evidence, 2014, S. 18. Der Verschuldungsgrad ist nur für das Jahr 2005 signifikant.
[192] Vgl. *Lennox*, Ownership, 2005, S. 216, 219.
[193] Vgl. *Lennox*, Ownership, 2005, S. 225.
[194] Vgl. *Knechel/Niemi/Sundgren*, Small, 2008, S. 67f.
[195] Vgl. *Knechel/Niemi/Sundgren*, Small, 2008, S. 73, 79.
[196] Vgl. *Knechel/Niemi/Sundgren*, Small, 2008, S. 77ff.
[197] Vgl. *Knechel/Niemi/Sundgren*, Small, 2008, S. 79ff.
[198] Vgl. *Niskanen/Karjalainen/Niskanen*, Family, 2010, S. 233ff.
[199] Vgl. *Niskanen/Karjalainen/Niskanen*, Family, 2010, S. 239ff.

Jahr	Autor(en)	Stichprobe	Hauptergebnisse
Freiwillige Bestellung eines Abschlussprüfers			
2000	CAREY/ SIMNETT/ TANEWSKI	186 Familienunternehmen (86 mit externer und 110 mit interner Prüfung, 63 mit beidem) aus Australien im Jahr 1997.	• Für externe Prüfung: positiver Zusammenhang mit dem Anteil von familienfremden Personen im Management bzw. Aufsichtsrat. Positiver Zusammenhang mit dem Verschuldungsgrad. • Für interne Prüfung: kein signifikanter Zusammenhang.
2014	DEDMAN/ KAUSAR/ LENNOX	15.103 Beobachtungen (9.372 mit Prüfung) im Zeitraum 2004 - 2006 aus Großbritannien.	• Positiver Zusammenhang für Streuung der Anteilsverhältnisse und Größe des Aufsichtsrates. • Der Verschuldungsgrad hat keinen Einfluss.
Bestellung eines Big N Abschlussprüfers			
2005	LENNOX	540 Unternehmen (211 mit Big 5 Prüfer) aus Großbritannien. Jahr der Untersuchung ist 2004.	• Negativer Zusammenhang bei hohem und niedrigem Anteilsbesitz durch die Manager. • Positiver Zusammenhang im mittleren Bereich.
2008	KNECHEL/ NIEMI/ SUNDGREN	512 bzw. 1.626 Beobachtungen von Kleinst- bzw. Kleinunternehmen (differenzierte Prüfer) im Zeitraum 1996 - 1999 in Finnland.	• Bei Kleinstunternehmen: kein Zusammenhang. Nur für Unternehmensgröße und -komplexität. • Bei Kleinunternehmen: positiver Einfluss des Verschuldungsgrades.
2010	NISKANEN/ KARJALAINEN/ NISKANEN	1.781 Beobachtungen (differenzierte Prüfer) aus Finnland im Zeitraum von 2000 - 2006.	• Negativer Einfluss von Familienbesitz bzw. bei Familienkontrolle. • Bei Familienunternehmen: Verschuldungsgrad hat einen positiven Einfluss auf die Wahl eines Big 4 und nicht zertifizierten Prüfers.
2011	NISKANEN/ KARJALAINEN/ NISKANEN	1.740 Beobachtungen (differenzierte Prüfer) aus Finnland im Zeitraum von 2000 - 2006.	• Negativer Einfluss des Anteilsbesitzes von Managern auf die Wahl eines Big 4 und eines First Tier Prüfers. • Bei Kleinstunternehmen: positiver Einfluss des Verschuldungsgrades.
2012	HOPE/LANGLI/ THOMAS	185.109 Beobachtungen (33.505 mit Big 4 Prüfer) im Zeitraum 2000 - 2007 in Norwegen.	• Negativer Einfluss von Eigentümerkonzentration, Anteilshöhe des zweitgrößten Eigentümers und Einfluss des Mehrheitseigentümers im Überwachungsorgan. Kein signifikanter Einfluss für Managervariablen.

Tabelle 1: Empirische Ergebnisse zur finanzierungsbedingten Nachfrage.

Steigt dieser an, erhöht sich sowohl die Wahrscheinlichkeit für einen Big 4 Prüfer als auch die für einen nicht zertifizierten Prüfer. Dieses widersprüchliche Resultat wird durch die unterschiedliche Herkunft des Kapitals erklärt. Stellen die Familienmitglieder das Kapital, ist die Qualität der Prüfung von geringerer Bedeutung. Sind die Kapitalgeber Finanzinstitute, hat die Qualität einen größeren Stellenwert.[200]

---

[200] Vgl. *Niskanen/Karjalainen/Niskanen*, Family, 2010, S. 241f.

NISKANEN/KARJALAINEN/NISKANEN wählen als Datengrundlage 1.740 Beobachtungen der Jahre 2000 - 2006 aus Finnland.[201] Die Studie differenziert in Big 4, zertifizierte First und Second Tier und nicht zertifizierte Prüfer. Die Autoren beobachten einen negativen Einfluss des Anteilsbesitzes der Unternehmensleitung auf die Wahl eines Big 4 und eines First Tier Prüfers. Bei Second Tier Gesellschaften besteht kein signifikanter Einfluss.[202] Im Gegensatz zu LENNOX[203] ist im mittleren Bereich ein negativer und im hohen Bereich ein positiver Zusammenhang vorhanden. Nur bei Kleinstunternehmen, die zwischen zertifizierten und nicht zertifizierten Prüfern wählen können, hat der Verschuldungsgrad einen positiven Einfluss.[204]

HOPE/LANGLI/THOMAS ziehen 185.109 Beobachtungen (33.505 mit Big 4 Prüfer) im Zeitraum 2000 - 2007 in Norwegen heran.[205] Es steigt die Wahrscheinlichkeit für einen Big 4 Prüfer, wenn die Eigentümerkonzentration, der Anteilsbesitz des zweitgrößten Anteilseigners und die familiären Beziehungen zwischen Aufsichtsorgan und dem Mehrheitseigentümer sinken.[206] Die Autoren schließen auf eine verstärkte Nachfrage bei hohen Agency-Konflikten.[207] Der Anteilsbesitz des Managers ist in der Sensitivitätsanalyse signifikant negativ. Keinen Einfluss haben die familiären Beziehungen des Managers. Dies wird durch den Konflikt zwischen dem Nutzen durch die höhere Glaubwürdigkeit auf der einen und den höheren Prüfungskosten und geringeren Möglichkeiten für opportunistisches Verhalten auf der anderen Seite erklärt.[208]

Zusammenfassend zeigen die Studien, welche die Determinanten für die freiwillige Bestellung eines Abschlussprüfers zum Gegenstand haben, bei eigenfinanzierungsbedingten Agency-Konflikten eine steigende Nachfrage nach Abschlussprüfung. Die analysierten Einflussfaktoren sind die Eigentümerkonzentration und die Familienbeziehungen. Für fremdfinanzierungsbedingte Agency-Konflikte sind die Ergebnisse uneinheitlich.[209]

Studien, deren Untersuchungsgegenstand die Nachfrage nach hoher Prüfungsqualität, approximierte über Big N Abschlussprüfer, ist, stellen bei Eigentümerstrukturen mit geringen Agency-Konflikten eine sinkende Wahrscheinlichkeit für diese Nachfrage fest. Das Resultat gilt in der Mehrzahl der Studien auch bei steigendem Anteilsbesitz durch den Manager.[210] Empirische Analysen beobachten hier einen nichtlinearen Zusammenhang.[211] Weitere Determinanten sind die Eigentümerkonzentration und -kontrolle sowie Familienbesitz

---

[201]   Vgl. *Niskanen/Karjalainen/Niskanen*, Demand, 2011, S. 50.
[202]   Vgl. *Niskanen/Karjalainen/Niskanen*, Demand, 2011, S. 55f.
[203]   Vgl. *Lennox*, Ownership, 2005, S. 225.
[204]   Vgl. *Niskanen/Karjalainen/Niskanen*, Demand, 2011, S. 55f.
[205]   Vgl. *Hope/Langli/Thomas*, Auditing, 2012, S. 508ff.
[206]   Vgl. *Hope/Langli/Thomas*, Auditing, 2012, S. 514.
[207]   Vgl. *Hope/Langli/Thomas*, Auditing, 2012, S. 501.
[208]   Vgl. *Hope/Langli/Thomas*, Auditing, 2012, S. 513f.
[209]   Vgl. *Carey/Simnett/Tanewski*, Voluntary, 2000, S. 47; *Dedman/Kausar/Lennox*, Evidence, 2014, S. 15 - 18.
[210]   Vgl. *Hope/Langli/Thomas*, Auditing, 2012, S. 513f., die nur in der Sensitivitätsanalyse einen Zusammenhang beobachten.
[211]   Vgl. *Lennox*, Ownership, 2005, S. 225; *Niskanen/Karjalainen/Niskanen*, Demand, 2011, S. 56.

bzw. -kontrolle.[212] Die Ergebnisse für fremdfinanzierungsbedingte Agency-Konflikte, abgebildet durch den Verschuldungsgrad, sind uneinheitlich.[213]

2.3.3 Weitere Gründe der Nachfrage

Unabhängig von finanzierungsbedingten Ursachen, gibt es weitere Gründe für die Nachfrage nach Abschlussprüfung bei privaten Unternehmen. LANGLI/SVANSTRÖM führen interne Kontrolldefizite und mangelnde unternehmensinterne Kompetenz an.[214]

ABDEL-KHALIK zeigt, begründet durch den internen Kontrollverlust, aufgrund zunehmender Hierarchiestufen im Unternehmen eine steigende Nachfrage nach freiwilliger Abschlussprüfung und prüferischer Assurance.[215] Weiterhin steigt mit zunehmender Unternehmensgröße der mögliche Vermögenstransfer und damit der Nutzen aus der Überwachung. Zusätzlich können mit zunehmender Unternehmensgröße Kostendegressionseffekte realisiert werden, welche die Nachfrage nach externer Abschlussprüfung erhöhen können.[216]

Fehlende unternehmensinterne Kompetenz kann durch Beratungsleistungen ausgeglichen werden.[217] DEDMAN/KAUSAR/LENNOX beobachten, dass private Unternehmen mit höherer Wahrscheinlichkeit eine freiwillige Abschlussprüfung durchführen, wenn bisher Nichtprüfungsleistungen in Anspruch genommen wurden.[218] SVANSTRÖM/SUNDGREN zeigen durch die Befragung privater Unternehmen in Schweden, dass Nichtprüfungsleistungen von Abschlussprüfern, insbesondere auf dem Gebiet der Steuern und des Rechnungswesens, nachgefragt werden.[219] Da private Unternehmen, im Vergleich zu kapitalmarktorientierten Unternehmen, in geringerem Ausmaß die mögliche Gefährdung der wahrgenommenen Unabhängigkeit berücksichtigen müssen, kann die Nachfrage nach Nichtprüfungsleistungen zusätzlich begünstigt werden.[220]

2.4 Relevanz der Abschlussprüfung

In Teilen der Literatur wird die Meinung vertreten, dass die Abschlussprüfung bei privaten Unternehmen weniger relevant für die Begegnung von finanzierungsbedingten Agency-Problemen ist.[221] Die Bedeutung ist eng mit der des Rechnungswesens verknüpft.[222] Die nachfolgenden Studien (vgl. Tabelle 2) führen empirische Untersuchungen zur Relevanz der Abschlussprüfung durch.

---

[212] Vgl. *Niskanen/Karjalainen/Niskanen*, Family, 2010, S. 239ff.; *Niskanen/Karjalainen/Niskanen*, Family, 2010, S. 241f.; *Hope/Langli/Thomas*, Auditing, 2012, S. 514.

[213] Vgl. *Knechel/Niemi/Sundgren*, Small, 2008, S. 79ff.; *Niskanen/Karjalainen/Niskanen*, Family, 2010, S. 241f.; *Niskanen/Karjalainen/Niskanen*, Demand, 2011, S. 55f.

[214] Vgl. *Langli/Svanström*, Private, 2014, S. 149. Für eine umfangreiche Übersicht über die Bestimmungsfaktoren vgl. *Hope/Langli/Thomas*, Auditing, 2012; *Dedman/Kausar/Lennox*, Evidence, 2014.

[215] Vgl. *Abdel-Khalik*, Demand, 1993, S. 43f.

[216] Vgl. *Chow*, Demand, 1982, S. 276.

[217] Vgl. auch Kapitel 3.2.2.

[218] Vgl. *Dedman/Kausar/Lennox*, Evidence, 2014, S. 9.

[219] Vgl. *Svanström/Sundgren*, Demand, 2012, S. 60f.

[220] Vgl. *Dedman/Kausar/Lennox*, Evidence, 2014, S. 21.

[221] Vgl. *Kim/Simunic/Stein et al.*, Korean, 2011, S. 589f.

[222] Vgl. *Watts/Zimmermann*, Positive, 1986, S. 312. Ausführlich dazu Kapitel 2.2.4.

Jahr	Autor(en)	Stichprobe	Hauptergebnisse
1998	BLACKWELL/ NOLAND/ WINTERS	212 US-amerikanische Unternehmen (78 mit freiwilliger Abschlussprüfung) aus dem Jahr 1988.	• Durchschnittlich um 25 Basispunkte geringerer Zinssatz bei freiwilliger Prüfung. • Zinsvorteil sinkt nichtlinear mit steigender Unternehmensgröße.
2011	MINNIS	14.952 Beobachtungen privater US-amerikanischer Unternehmen (3.676 mit Prüfung) im Zeitraum 2001 - 2007.	• Bei freiwilliger Prüfung im Durchschnitt um 69 Basispunkte geringerer Zinssatz. • Wert liegt in der höheren Validität der Informationen. • Accruals sagen zielgerichteter zukünftige Cashflows voraus.
2011	HOPE/ THOMAS/ VYAS	30.871 Beobachtungen (15.744 mit Prüfung) aus 68 Ländern im Zeitraum 2002 - 2005.	• Mit Prüfung geringere wahrgenommene Probleme beim Zugang zu Kapital und bei den Kapitalkosten als Wachstumshindernis. • Die Ergebnisse gelten insbesondere bei niedrigem Investorenschutz und kontrollierendem Eigentümer.
2011	KIM/SIMUNIC/ STEIN ET AL.	72.577 Beobachtungen (2.916 mit Prüfung, davon 987 mit Big 4 Prüfer) von privaten koreanischen Unternehmen im Zeitraum 1987 - 2002.	• Zinssatz ist bei freiwilliger Prüfung zwischen 16 und 124 Basispunkten geringer. • Big 4 Prüfer führt zu keiner zusätzlichen Zinssenkung. • Zinssenkung bei erstmaliger freiwilliger Prüfung größer als bei erstmaliger verpflichtender Prüfung.
2011	LENNOX/ PITTMAN	10.278 Beobachtungen von 5.139 Unternehmen (3.440 mit nachfolgend freiwilliger Prüfung) aus den Jahren 2003 und 2004.	• Wird nach einer Pflichtprüfung eine freiwillige Prüfung durchgeführt, steigt das Kreditrating. • Bei fehlender Prüfung nach einer Pflichtprüfung sinkt das Kreditrating.
2011	KARJALAINEN	10.799 Beobachtungen (2.620 mit Big 4 Prüfer und 1.023 mit Joint Audits) im Zeitraum 2000 - 2006 aus Finnland.	• Niedrigere Zinssätze für Unternehmen mit Big 4 Prüfern und bei Joint Audits.

Tabelle 2: Empirische Ergebnisse zur Relevanz der Abschlussprüfung.

BLACKWELL/NOLAND/WINTERS nutzen für ihre Analyse 212 US-amerikanische Unternehmen aus dem Jahr 1988, die mit revolvierenden Krediten finanziert sind. Davon führen 78 Unternehmen eine freiwillige Prüfung durch.[223] Im Ergebnis senkt die Prüfung den Zinssatz.[224] Der Effekt sinkt nichtlinear mit steigender Unternehmensgröße. Für Unternehmen mit einer Mio. US-$ Bilanzsumme wird eine Reduktion um 40 Basispunkte, bei fünf Mio. US-$ Bilanzsumme um 12 Basispunkte erreicht. Für eine über die Unternehmensgröße angeglichene Stichprobe beträgt die Zinssenkung 25 Basispunkte.[225]

---

[223] Vgl. *Blackwell/Noland/Winters*, Value, 1998, S. 62. Die Kontrollgruppe besteht aus Unternehmen mit Reviews, Zusammenstellungen durch den Abschluss ohne Bestätigung und Unternehmen ohne Kontakt mit einem Abschlussprüfer.

[224] Vgl. *Blackwell/Noland/Winters*, Value, 1998, S. 65.

[225] Vgl. *Blackwell/Noland/Winters*, Value, 1998, S. 63 - 67.

MINNIS untersucht im Zeitraum 2001 - 2007 den Einfluss einer freiwilligen Prüfung auf die Fremdkapitalkosten anhand von 14.952 Beobachtungen privater US-amerikanischer Unternehmen. In 3.676 Fällen wird eine Prüfung durchgeführt.[226] Der Autor beobachtet für geprüfte Unternehmen durchschnittlich einen um 69 Basispunkte niedrigeren Zinssatz.[227] Den Informationen aus den Abschlüssen wird ein höheres Gewicht bei der Festsetzung des Zinssatzes beigemessen.[228] MINNIS schließt daraus, dass der Wert in der steigenden Sicherheit der Informationen liegt. Dadurch erfolgt aus den Accruals eine bessere Vorhersage zukünftiger Cashflows.[229]

HOPE/THOMAS/VYAS stellen anhand von 30.871 Beobachtungen aus 68 Ländern im Zeitraum 2002 - 2005[230] fest, dass mit der Prüfung (15.774 Beobachtungen) die wahrgenommenen Probleme beim Zugang zu externem Kapital und bei den Kapitalkosten als Wachstumshindernis sinken.[231] Die Wahrnehmung wird anhand eines Fragebogens ermittelt.[232] Die Hauptanalyse umfasst Reviews, Pflicht- und freiwillige Prüfungen. Wird die Analyse auf Pflichtprüfungen beschränkt, sind die Schlussfolgerungen gleich. Die Ergebnisse gelten insbesondere für Länder mit einem schwachen Investorenschutz oder wenn das Unternehmen durch einen Eigentümer kontrolliert wird.[233]

KIM/SIMUNIC/STEIN ET AL. ziehen 72.577 Beobachtungen von privaten koreanischen Unternehmen (2.916 mit Prüfung, davon 987 von Big 4 Prüfern durchgeführt) im Zeitraum 1987 - 2002 heran.[234] Sie stellen fest, dass die Zinssätze von Unternehmen mit freiwilliger Prüfung zwischen 16 und 124 Basispunkte geringer sind. Die Bestellung eines Big 4 Abschlussprüfers führt zu keiner zusätzlichen Zinssenkung.[235] Die Autoren interpretieren, dass die Abschlussprüfung für sich und nicht die Differenzierung zwischen Big 4 und Non Big 4 Prüfern die Glaubwürdigkeit erhöht.[236] Weiterhin führt eine erstmalige freiwillige Prüfung zu einer höheren Zinssenkung als eine erstmalige verpflichtende Prüfung.[237]

LENNOX/PITTMAN wählen 5.139 Unternehmen, die vor dem 30.01.2004 prüfungspflichtig sind, die Prüfung jedoch aufgrund regulatorischer Änderungen in Großbritannien im nachfolgenden Geschäftsjahr entfällt.[238] 3.440 Unternehmen behalten die Prüfung freiwillig bei. Die Autoren zeigen, dass sich das Kreditrating von Unternehmen mit freiwilliger Prüfung positiv verändert. Für Unternehmen ohne Prüfung wird das Rating schlechter. Sie erklären die Veränderung durch die positive bzw. negative Signalwirkung und durch den Fortbestand bzw. Wegfall der Sicherheit aufgrund der durchgeführten bzw. fehlenden Prüfung.[239]

---

[226] Vgl. *Minnis*, Value, 2011, S. 467, 484.
[227] Vgl. *Minnis*, Value, 2011, S. 487. Die Höhe schwankt je nach Modell und Unternehmen zwischen 25 und 105 Basispunkte. Vgl. *Minnis*, Value, 2011, S. 497.
[228] Vgl. *Minnis*, Value, 2011, S. 486f.
[229] Vgl. *Minnis*, Value, 2011, S. 497.
[230] Vgl. *Hope/Thomas/Vyas*, Credibility, 2011, S. 941f.
[231] Vgl. *Hope/Thomas/Vyas*, Credibility, 2011, S. 946, 950.
[232] Vgl. *Hope/Thomas/Vyas*, Credibility, 2011, S. 956.
[233] Vgl. *Hope/Thomas/Vyas*, Credibility, 2011, S. 946, 950ff.
[234] Vgl. *Kim/Simunic/Stein et al.*, Korean, 2011, S. 591, 596.
[235] Vgl. *Kim/Simunic/Stein et al.*, Korean, 2011, S. 600 - 604.
[236] Vgl. *Kim/Simunic/Stein et al.*, Korean, 2011, S. 587, 612.
[237] Vgl. *Kim/Simunic/Stein et al.*, Korean, 2011, S. 607.
[238] Vgl. *Lennox/Pittman*, Voluntary, 2011, S. 1662.
[239] Vgl. *Lennox/Pittman*, Voluntary, 2011, S. 1667ff.

KARJALAINEN analysiert den Einfluss der Prüferwahl anhand von 3.890 privaten finnischen Unternehmen (10.799 Beobachtungen, davon 2.620 mit Big 4 Prüfer und 1.023 mit Joint Audits) im Zeitraum 2000 - 2006.[240] Im Ergebnis sind die Fremdkapitalkosten bei Unternehmen mit Big 4 Abschlussprüfern oder Joint Audits niedriger.[241] Ein modifizierter Bestätigungsvermerk oder eine niedrige Qualität der Rechnungslegung führen zu höheren Fremdkapitalkosten.[242]

Im Ergebnis beobachten alle angeführten Studien bei einer freiwilligen Abschlussprüfung positive Effekte für das geprüfte Unternehmen. Die Effekte reichen von niedrigeren Zinsen für Fremdkapital[243] über ein besseres Kreditrating[244] bis hin zu geringeren wahrgenommenen Problemen bei der Finanzierung.[245] Der Effekt von Big 4 Prüfern ist hingegen in den genannten Studien uneinheitlich. Während KARJALAINEN niedrigere Zinssätze feststellt,[246] beobachten KIM/SIMUNIC/STEIN ET AL. keinen zusätzlichen Effekt durch die Inanspruchnahme von Big 4 Abschlussprüfern.[247]

2.5 Angebot von Abschlussprüfung

Die in Deutschland nach dem HGB zugelassenen Anbieter von Abschlussprüfungen sind in § 319 (1) HGB definiert. Generell sind dies gemäß § 319 (1) S. 1 HGB Wirtschaftsprüfer und Wirtschaftsprüfungsgesellschaften. Bei mittelgroßen haftungsbeschränkten Gesellschaften nach § 267 (2) HGB und mittelgroßen Personenhandelsgesellschaften gemäß § 264a HGB können nach § 319 (1) S. 2 HGB vereidigte Buchprüfer und Buchprüfungsgesellschaften die Abschlussprüfer von Jahresabschlüssen und Lageberichten sein. Sie müssen nach § 319 (1) S. 3 HGB die Teilnahme an der Qualitätskontrolle nach § 57a WPO wirksam bescheinigen.[248] Auch kann die Wirtschaftsprüferkammer eine Ausnahmegenehmigung erteilen. Wirtschaftsprüfer sind gemäß § 1 (1) WPO Personen, die nach Nachweis der fachlichen und persönlichen Eignung öffentlich bestellt werden. Die Anerkennung einer Wirtschaftsprüfungsgesellschaft setzt nach § 1 (3) WPO voraus, dass die Gesellschaft von einem Wirtschaftsprüfer geführt wird.

Zum 31.12.2012 sind in Deutschland 14.345 Wirtschaftsprüfer und 3.365 vereidigte Buchprüfer tätig.[249] Die Anzahl der Prüferpraxen,[250] als wirtschaftliche Einheit, beträgt 13.197, von denen 30% zur Durchführung von gesetzlichen Abschlussprüfungen berechtigt sind. Folglich führen 70% keine gesetzlichen Abschlussprüfungen durch.[251] In Praxen, welche die

---

[240] Vgl. *Karjalainen*, Cost, 2011, S. 96.
[241] Vgl. *Karjalainen*, Cost, 2011, S. 100.
[242] Vgl. *Karjalainen*, Cost, 2011, S. 101.
[243] Vgl. *Blackwell/Noland/Winters*, Value, 1998; *Minnis*, Value, 2011; *Kim/Simunic/Stein et al.*, Korean, 2011.
[244] Vgl. *Lennox/Pittman*, Voluntary, 2011.
[245] Vgl. *Hope/Thomas/Vyas*, Credibility, 2011.
[246] Vgl. *Karjalainen*, Cost, 2011.
[247] Vgl. *Kim/Simunic/Stein et al.*, Korean, 2011.
[248] Im Zuge des APAReG wird es durch ein Anzeigeverfahren nach § 57a (1) WPO n.F. ersetzt.
[249] Vgl. *WPK*, Bericht, 2013, S. 54.
[250] Vgl. zum Begriff *WPK*, Anforderungen, 2006, Rn. 8.
[251] Vgl. *WPK*, Qualitätskontrolle, 2013, S. 5; *Lenz*, Spaltung, 2014, S. 314.

Voraussetzungen nach § 319 (1) S. 3 HGB erfüllen, sind 10.185 Wirtschafsprüfer und 142 vereidigte Buchprüfer tätig.[252] Der Berufsstand kann in vier Gruppen unterteilt werden. Diese sind die Big 4 Prüfer, die großen international ausgerichteten Second Tier Prüfungs-gesellschaften/Netzwerke, die ausschließlich national agierenden größeren bzw. mittleren Praxen und die kleinen Praxen bzw. Einzelpraxen.[253] Nach LENZ sind in den ersten beiden Gruppen 25% bzw. 11% und in den letzten beiden Gruppen 36% bzw. 28% der Wirtschafts-prüfer tätig.[254]

2.6 Die Konzentration auf dem Abschlussprüfermarkt bei privaten Unternehmen

Nach Angabe der WPK umfasst der Markt für Abschlussprüfungen nach § 319a HGB im Jahr 2012 insgesamt 777 Unternehmen, die von 99 Wirtschaftsprüferpraxen geprüft wer-den.[255] Die WPK ermittelt ein Honorarvolumen von ca. 770 Mio. €. Davon entfallen auf Abschlussprüfung 437 Mio. € und auf Nichtprüfungsleistungen (andere Bestätigungsleis-tungen, Steuerberatungsleistungen und sonstige Leistungen) 333 Mio. €. Die Big 4 Gesell-schaften und BDO beziehen 95,7% der Gesamthonorare, 94,4% der Honorare für Ab-schlussprüfungen und 97,4% der Honorare für Nichtprüfungsleistungen.[256] Der Markt der § 319a HGB Mandate kann als hoch konzentriert beschrieben werden.[257]

Im Zuge der Finanzkrise wurde die Rolle der Abschlussprüfung im „Grünbuch - Wei-teres Vorgehen im Bereich der Abschlussprüfung: Lehren aus der Krise" hinterfragt.[258] Es wurde festgestellt, dass die „derzeitige Konzentration auf dem Markt für Abschlussprüfungen großer Aktiengesellschaften […] eine Bedrohung für die Stabilität des Finanzsystems"[259] dar-stellt. Als Gefahr wird der hohe Marktanteil der Big 4 Abschlussprüfer bei börsennotierten Gesellschaften gesehen[260] und unterschiedliche Gegenmaßnahmen vorgeschlagen.[261]

Als Ergebnis des Reformprozesses wurde die „Richtlinie 2014/56/EU des Europäi-schen Parlaments und des Rates vom 16.04.2014 zur Änderung der Richtlinie 2006/43/EG über Abschlussprüfungen von Jahresabschlüssen und konsolidierten Abschlüssen"[262] (EU-VO 537/2014) sowie die „Verordnung 537/2014 des Europäischen Parlaments und des Rates vom 16.04.2014 über spezifische Anforderungen an die Abschlussprüfer bei Unter-nehmen von öffentlichem Interesse und zur Aufhebung des Beschlusses 2005/909/EG der

---

[252] Vgl. *WPK*, Bericht, 2013, S. 28.
[253] Vgl. *Lenz*, Spaltung, 2014, S. 316.
[254] Vgl. *Lenz*, Spaltung, 2014, S. 314.
[255] Vgl. *WPK*, Marktstruktur 2013, 2014, S. 8.
[256] Vgl. *WPK*, Marktstruktur 2013, 2014, S. 10f. Der Anteil der Nichtprüfungsleistungen wurde selbst ermittelt.
[257] Vgl. *Köhler/Marten/Ratzinger et al.*, Determinanten, 2010, S. 13ff.; *Wild/Scheithauer*, Einflüsse, 2012. S. 187.
[258] Vgl. *EU*, Grünbuch, 2010. Kritisch dazu *Lenz/Baldauf/Steller*, Grünbuch, 2012, S. 11 - 39.
[259] *EU*, Grünbuch, 2010, S. 4.
[260] Vgl. *EU*, Grünbuch, 2010, S. 17f.
[261] Vgl. *EU*, Grünbuch, 2010, S. 18f.; *Lenz*, Prüfung, 2016; *Quick*, Würdigung, 2016 für Einschätzung zu den end-gültigen Maßnahmen.
[262] *EU*, 2014/56/EU.

Kommission"[263] am 27.05.2014 im Amtsblatt der Europäischen Union veröffentlicht. Die Mitgliedstaaten sind verpflichtet, bis zum 17.06.2016 die Richtlinie umzusetzen und die erforderlichen Vorschriften zu veröffentlichen.[264]

Die Verordnung ist ab dem 17.06.2016 gültig.[265] Zur Umsetzung der Reform wurden das Abschlussprüfungsreformgesetz (AReG) und das Abschlussprüferaufsichtsreformgesetz (APAReG) verabschiedet.[266]

Teile der Reform, welche die Konzentration vermindern sollen, wie die verpflichtende Rotation oder Joint Audits, gelten nur für Unternehmen von öffentlichem Interesse.[267] Fraglich bleibt, ob das von der EU-Kommission gesehene Problem der hohen Konzentration auch auf dem Markt der Abschlussprüfung für private Unternehmen besteht. LENZ schätzt den Anteil der Mandate von Big 4 Abschlussprüfern bei Unternehmen, die nicht von öffentlichem Interesse sind, auf 43%, führt aber keine weiteren Analysen durch.[268] Im Folgenden wird eine Konzentrationsanalyse für den Markt der Abschlussprüfung bei privaten Konzernabschlüssen durchgeführt. Die verwendeten Maßgrößen und der bisherige Forschungsstand werden beschrieben. Es folgen die Auswahl der Stichprobe, die deskriptive Beschreibung der analysierten Unternehmen und die Darstellung der Ergebnisse.

2.6.1 Verwendete Maßgrößen

Konzentration kann als „die Zusammenballung der für eine bestimmte Variable beobachteten Merkmalswerte einer Gesamtheit auf eine kleine Anzahl oder einen kleinen Anteil der Merkmalsträger"[269] definiert werden. Im Bereich der Abschlussprüfung ist die Prüferpraxis der Merkmalsträger, wobei für die Messung der Konzentration die wirtschaftliche Einheit heranzuziehen ist.[270] Daher wird nicht die einzelne Prüferpraxis, sondern der Prüfungskonzern betrachtet. Für die Analyse werden die im jeweiligen Jahr angegebenen Tochtergesellschaften von PwC, KPMG, EY, Deloitte und BDO berücksichtigt, um die Marktanteile der größten fünf Wirtschaftsprüfungsgesellschaften nicht zu unterschätzen.[271] Weiterhin wer-

---

263 *EU*, 537/2014.
264 Vgl. *EU*, 2014/56/EU, Artikel 2 (1).
265 Vgl. *EU*, 537/2014, Artikel 44.
266 Vgl, *Deutscher Bundestag*, AReG, 2016; *Deutscher Bundestag*, APAReG, 2016.
267 Vgl. *EU*, 537/2014, Artikel 17 (1), (2) und § 318 (1a) HGB; § 340k (1) HGB; § 341k (1) HGB.
268 Vgl. *Lenz*, Regional, 2016, S. 25.
269 *Bleymüller/Gehlert*, Konzentrationsmessung, 1989, S. 378.
270 Vgl. *Grothe*, Branche, 2005, S. 36.
271 Vgl. *Wild/Scheithauer*, Einflüsse, 2012, S. 192 für das Vorgehen. Die Angaben wurden für PwC, EY, Deloitte und BDO aus den Angaben im Konzernabschluss nach § 313 (2) HGB entnommen. Da für KPMG teilweise keine detaillierten Angaben im Konzernabschluss enthalten sind, wurden die Angaben nach § 285 Nr. 11 HGB herangezogen.

den die drei größten Prüfernetzwerke Nexia Deutschland, Moore Stephens Deutschland und PKF Deutschland[272] als wirtschaftliche Einheit betrachtet.[273] Aus Vereinfachungsgründen muss die Prüfungsgesellschaft in der Datenbank mit dem Namen des Netzwerks auftreten.

Merkmal sind die Umsatzerlöse, d.h. das an die Wirtschaftsprüfungsgesellschaft entrichtete Honorar.[274] Für kapitalmarktorientierte Unternehmen besteht in Deutschland für nach dem 31.12.2004 beginnende (Rumpf-)Geschäftsjahre die Pflicht zur Veröffentlichung der Honorare.[275] Durch das BilMoG wurde die Verpflichtung für die nach dem 31.12.2008 beginnenden (Rumpf-)Geschäftsjahre,[276] vorbehaltlich von bestimmten Befreiungen, auf alle Kapital- und Personengesellschaften i.S.von § 264a HGB erweitert.[277] Die Honorare sind in Deutschland für private Unternehmen nicht in Form von Datenbankabfragen verfügbar, sondern müssen aus den Abschlüssen erhoben werden. Deshalb wird auf die in der Literatur entwickelten Surrogate zurückgegriffen.

In der Prüfungsforschung ist die Mandantengröße der bedeutendste Einflussfaktor auf die Prüfungshonorare.[278] Die Größe wird über die Bilanzsumme, die Umsatzerlöse, die Anzahl der Mitarbeiter[279] und den Marktwert des Unternehmens abgebildet.[280] Die Annahme eines linearen Zusammenhangs kann zu einer Überschätzung führen, da nicht notwendigerweise die Anzahl der Prüffelder, sondern deren Umfang steigt. Es können Skaleneffekte durch analytische Prüfungshandlungen, durch Prüfung des internen Kontrollsystems und durch Stichprobenprüfungen realisiert werden.[281] Diese werden im Wettbewerbsmarkt an das geprüfte Unternehmen weitergegeben.[282] In Konzentrationsstudien wird dies über die Quadratwurzel berücksichtigt. Die Schätzung wird stärker konservativ, wenn der Logarithmus verwendet wird, wobei die Ergebnisse als unrealistisch gesehen werden können.[283] Auch besteht die Möglichkeit, den Prüfungsaufwand zu unterschätzen. Daher kann angenommen werden, dass die Konzentration im Intervall von linearem und degressivem Zusammenhang liegt.[284] Für Kreditinstitute bilden LEIDNER/LENZ das arithmetische Mittel zwischen den beiden Varianten.[285] Trotzdem kann es zu Über- oder Unterschätzungen des Honorars kommen, da weitere Einflussfaktoren, wie die wirtschaftliche Lage oder ein Prüferwechsel, nicht berücksichtigt werden.[286]

---

[272] Vgl. *Lünendonk*, Führend, 2013.

[273] Der Begriff der wirtschaftlichen Einheit ist dabei nicht im Sinne eines Konzerns zu verstehen.

[274] Vgl. *Moizer/Turley*, Surrogates, 1987, S. 118; *Marten/Schultze*, Prüfungsmarkt, 1998, S. 361.

[275] Vgl. Art. 58 (3) S. 1 EGHGB.

[276] Vgl. Art. 66 (2) S. 1 EGHGB.

[277] Vgl. *Poelzig*, MüKommHGB, 2013, § 285 Rn. 309. Vgl. auch Kapitel 3.3.3.

[278] Vgl. *Hay/Knechel/Wong*, Audit Fees, 2006, S. 169.

[279] Vgl. *Fleischer/Göttsche*, Size, 2012, für die Mitarbeiteranzahl als Surrogat.

[280] Vgl. *Lenz*, Struktur, 1996, S. 273; *Hay/Knechel/Wong*, Audit Fees, 2006, S. 169.

[281] Vgl. *Lenz*, Struktur, 1996, S. 274.

[282] Vgl. *Butterworth/Houghton*, Switching, 1995, S. 328.

[283] Vgl. *Lenz*, Struktur, 1996, S. 275f.

[284] Vgl. *Moizer/Turley*, Surrogates, 1987, S. 120; *Lenz*, Struktur, 1996, S. 175; *Marten/Schultze*, Prüfungsmarkt, 1998, S. 362.

[285] Vgl. *Leidner/Lenz*, Kreditinstitute, 2013, S. 392.

[286] Vgl. *Lenz/Ostrowski*, Markt, 1999, S. 400; *Lenz*, Struktur, 1996, S. 273.

Für die Analyse werden die Surrogate Bilanzsumme, Umsatzerlöse und Anzahl der Prüfungsmandate verwendet.[287] Bilanzsumme und Umsatzerlöse werden untransformiert (BS und UE) und als Quadratwurzel ($\sqrt{BS}$ und $\sqrt{UE}$) betrachtet, um die Ober- bzw. Untergrenzen zu erkennen.[288] LEIDNER/LENZ folgend, wird das arithmetische Mittel berechnet (Ø BS und Ø UE).[289] Die Anzahl der Mandate (MA) als Surrogat nimmt an, dass alle Mandate gleich groß sind. Dies ist als kritisch zu betrachten.[290] Das Surrogat wird dennoch aufgenommen und als absolute Untergrenze gesehen.[291]

Bei der Messung ist zwischen absoluter und relativer Konzentration zu differenzieren.[292] Absolute Maße sind die Konzentrationsrate (CR(m)) und der Hirschmann-Herfindahl-Index (HHI). Als relatives Maß kommt der Gini-Koeffizient (G) zur Anwendung.[293] Zudem wird die Lorenzkurve dargestellt. Die Tabelle 3 stellt die verwendeten Maße dar.

Absolute Konzentration liegt vor, wenn ein hoher Marktanteil auf eine geringe Anzahl an Merkmalsträgern entfällt.[294] Die erste Maßgröße ist die Konzentrationsrate (CR). Sie berechnet sich als der Anteil der m-größten Merkmalsträger an der gesamten Merkmalssumme.[295] Die CR(m) gibt an, welchen Anteil die m-größten Merkmalsträger an der gesamten Merkmalssumme besitzen.[296] Entfällt diese auf einen Merkmalsträger, nimmt die CR(1) den Wert 1 an. Besitzen alle Merkmalsträger den gleichen Anteil, ist der Wert m/n.[297] Abgeleitet aus den Grenzen des § 18 (6) GWB für eine marktbeherrschende Stellung von Unternehmen, wird eine hohe Konzentration bei CR(2) $\geq$ 0,5 bzw. CR(4) $\geq$ 2/3 angenommen.[298] Die Vorteile der Konzentrationsrate liegen in der einfachen Berechnung und in der Verständlichkeit. Weiterhin sind mit den Merkmalsausprägungen der m-größten Merkmalsträger und der Summe der Merkmalsausprägungen wenige Daten erforderlich.[299] Ein Nachteil ist, dass nicht die gesamte Marktstruktur, sondern die der m-größten Merkmalsträger berücksichtigt wird. Daher sind nur Aussagen über den Marktanteil der einbezogenen Merkmalsträger möglich.[300] Problematisch ist die festzulegende Anzahl m der betrachteten Merkmalsträger, da Aussagen über Konzentrationsvergleiche von Märkten von der Anzahl m abhängig sein können.[301]

---

[287] Vgl. *Möller/Höllbacher*, Markt, 2009, S. 652f.; *Moizer/Turley*, Surrogates, 1987, S. 120f., die diese drei Surrogate betrachten.

[288] Auch *Wild/Scheithauer*, Einflüsse, 2012, S. 189; *Möller/Höllbacher*, Markt, 2009, S. 652f. verwenden die untransformierte Größe und die Quadratwurzel.

[289] Vgl. *Leidner/Lenz*, Kreditinstitute, 2013, S. 392.

[290] Vgl. *Moizer/Turley*, Surrogates, 1987, S. 120.

[291] Vgl. *Stefani*, Schweizer, 2006, S. 125; *Möller/Höllbacher*, Markt, 2009, S. 653.

[292] Vgl. *Olten*, Wettbewerbstheorie, 1995, S. 132.

[293] Vgl. *Lenz/Ostrowski*, Markt, 1999, S. 401; *Stefani*, Schweizer, 2006, S. 123f.; *Dobler/Fichtl*, Familienunternehmen, 2013, S. 165.

[294] Vgl. *Grothe*, Branche, 2005, S. 44.

[295] Vgl. *Bleymüller/Gehlert*, Konzentrationsmessung, 1989, S. 378; *Koecke*, Bedeutung, 2006, S. 63.

[296] Vgl. *Helmenstein*, Markt, 1996, S. 43.

[297] Nimmt die gesamte Anzahl an Merkmalsträgern zu, nähert sich der Wert 0 an.

[298] Vgl. *Möller/Höllbacher*, Markt, 2009, S. 654; *Dobler/Fichtl*, Familienunternehmen, 2013, S. 165. Für Kritik an der Verwendung von statischen Grenzen vgl. *Stefani*, Schweizer, 2006, S. 122f.

[299] Vgl. *Lenz/Ostrowski*, Markt, 1999, S. 401; *Grothe*, Branche, 2005, S. 46.

[300] Vgl. *Stefani*, Schweizer, 2006, S. 122; *Koecke*, Bedeutung, 2006, S. 64.

[301] Vgl. *Häni*, Messung, 1987, S. 74f.; *Bleymüller/Gehlert*, Konzentrationsmessung, 1989, S. 379.

	Absolute Konzentrationsmaße		Relative Konzentrationsmaße
	CR(m)	HHI	G
Berechnung:	$\frac{\sum_{j=1}^{m} x_j}{x}$	$\sum_{i=1}^{n} \left(\frac{x_i}{x}\right)^2$	$\sum_{k=1}^{n} \frac{x_k}{x} \cdot \frac{2k-n-1}{n}$
Wertebereich:	$[\frac{m}{n}; 1]$	$[\frac{1}{n}; 1]$	$[0; \frac{n-1}{n}]$
Geringe Konzentration:		HHI < 0,1	G ≤ 0,4
Mittlere Konzentration:		0,1 ≤ HHI ≤ 0,18	0,4 < G ≤ 0,6
Hohe Konzentration:	CR(2) ≥ 0,5 CR(4) ≥ 2/3	HHI > 0,18	G > 0,6

CR   ≙   Konzentrationsrate.
HHI ≙   Hirschmann-Herfindahl-Index.
G   ≙   Gini-Koeffizient.
i   ≙   Merkmalsträger.
j   ≙   Merkmalsträger, absteigend geordnet.
k   ≙   Merkmalsträger, aufsteigend geordnet.
m   ≙   Anzahl der m-größten Merkmalsträger.
n   ≙   Anzahl aller Merkmalsträger in der Stichprobe.
x   ≙   Summe aller Merkmalsausprägungen; $x = \sum_{i=1}^{n} x_i$.
x_i ≙   Ausprägung des Merkmalsträgers i.
x_j ≙   Ausprägung des Merkmalsträgers j.
x_k ≙   Ausprägung des Merkmalsträgers k.

Tabelle 3: Verwendete Konzentrationsmaße.
Quelle: Modifiziert übernommen aus LEIDNER/LENZ, Kreditinstitute, 2013, S. 385.

Der HHI berechnet sich durch Quadrierung und anschließender Aufsummierung der relativen Marktanteile.[302] Der Wertebereich des HHI reicht von 1/n bei gleichem Anteil aller Merkmalsträger bis 1 bei einem Merkmalsträger.[303] Von einer hohen Konzentration wird bei HHI > 0,18 ausgegangen. Bei 0,1 ≤ HHI ≤ 0,18 liegt eine mittlere Konzentration vor. Ist der HHI kleiner als 0,1, ist die Konzentration gering.[304] Ein Vorteil ist neben der einfachen Ermittlung, dass in die Berechnung alle Merkmalsträger eingehen, wodurch die Struktur des gesamten Marktes abgebildet wird.[305] Dazu wird von jedem Merkmalsträger die Merkmalsausprägung benötigt.[306] Durch das Quadrieren werden große Merkmalsträger stärker als kleine gewichtet. Daher reagiert der HHI sensibel auf diese Merkmalsträger.[307] Dies ist positiv, wenn der Fokus der Untersuchung auf große Merkmalsträger liegt und negativ im

---

[302]   Vgl. *Bleymüller/Gehlert*, Konzentrationsmessung, 1989, S. 380.
[303]   Vgl. *Koecke*, Bedeutung, 2006, S. 66.
[304]   Vgl. *Stefani*, Schweizer, 2006, S. 123f. Die Werte sind aus der US-Fusionsrichtlinie entnommen. Vgl. *Eckey/Kosfeld/Türck*, Statistik, 2008, S. 129.
[305]   Vgl. *Helmenstein*, Markt, 1996, S. 43; *Grothe*, Branche, 2005, S. 49.
[306]   Vgl. *Grothe*, Branche, 2005, S. 50.
[307]   Vgl. *Olten*, Wettbewerbstheorie, 1995, S. 134; *Sattler*, Vereinbarkeit, 2011, S. 302.

umgekehrten Fall.[308] Zur Veranschaulichung kann das Numbers-Equivalent durch den reziproken Wert des HHI gebildet werden.[309] Ist der HHI bei 100 Wirtschaftsprüferpraxen 0,2, nimmt das Numbers-Equivalent den Wert fünf an. Die Konzentration entspricht der gleichmäßigen Verteilung auf fünf Praxen.[310]

Die relative Konzentration ist hoch, wenn ein großer Anteil der Merkmalssumme auf einen geringen Anteil an Merkmalsträgern entfällt.[311] Sie wird über die Abweichung der Verteilung von der Gleichverteilung ausgedrückt.[312] Daher liegt bei einer Gleichverteilung auf zwei Merkmalsträger eine hohe absolute, aber keine relative Konzentration vor.[313]

Die Lorenzkurve ist eine grafische Veranschaulichung von Häufigkeitsverteilungen. Die Merkmalsträger werden der Größe nach aufsteigend geordnet und der kumulierte prozentuale Anteil auf der Abszisse abgetragen. Auf der Ordinate steht der kumulierte Anteil der Merkmalsträger an der Merkmalssumme in Prozent. Werden alle Merkmalsträger eingeordnet und verbunden, entsteht die Lorenzkurve. Da die Hauptdiagonale die Gleichverteilung abbildet, steigt mit zunehmender Abweichung der Lorenzkurve nach unten die relative Konzentration.[314] Vorteilhaft ist die anschauliche Darstellung und der damit verbundene hohe Informationsgehalt.[315] Ein Nachteil entsteht, wenn die Lorenzkurven sich schneiden und die höhere relative Konzentration nicht offensichtlich ist. Der Vergleich von Konzentrationen ist dann nur eingeschränkt möglich.[316]

Der Gini-Koeffizient ist das Verhältnis des Flächeninhaltes von der Hauptdiagonalen und der Lorenzkurve zur Fläche unter der Hauptdiagonalen.[317] Voraussetzung für die Anwendung sind ordinal skalierte Werte.[318] Bei Gleichverteilung ist der Gini-Koeffizient null. Entfällt der gesamte Marktanteil auf einen Merkmalsträger, beträgt er $(n-1)/n$.[319]

Ab $G > 0{,}6$ ist die Konzentration hoch, bei $0{,}4 < G \leq 0{,}6$ mittel und bei $G \leq 0{,}4$ gering.[320] Durch den Gini-Koeffizienten können die sich schneidenden Lorenzkurven verglichen werden. Ein Nachteil ist, dass nicht die absolute Anzahl an Merkmalsträgern berücksichtigt wird.[321]

2.6.2 Forschungsstand in Deutschland

Seit der ersten Konzentrationsanalyse für den deutschen Prüfungsmarkt durch SCHRUFF[322] erfolgten zahlreiche weitere Analysen. Viele der Studien betrachten kapitalmarktorientierte Unternehmen ohne Finanzunternehmen oder fokussieren sich auf Kreditinstitute bzw.

---

308 Vgl. *Grothe*, Branche, 2005, S. 49.
309 Vgl. *Adelman*, Comment, 1969, S. 100.
310 Vgl. *Olten*, Wettbewerbstheorie, 1995, S. 135; *Koecke*, Bedeutung, 2006, S. 67.
311 Vgl. *Bleymüller/Gehlert*, Konzentrationsmessung, 1989, S. 378.
312 Vgl. *Koecke*, Bedeutung, 2006, S. 67; *Grothe*, Branche, 2005, S. 51.
313 Vgl. *Lenz/Ostrowski*, Markt, 1999, S. 401.
314 Vgl. *Bleymüller/Gehlert*, Konzentrationsmessung, 1989, S. 381.
315 Vgl. *Grothe*, Branche, 2005, S. 53.
316 Vgl. *Grothe*, Branche, 2005, S. 53f.
317 Vgl. *Bleymüller/Gehlert*, Konzentrationsmessung, 1989, S. 382.
318 Vgl. *Marten/Schultze*, Prüfungsmarkt, 1998, S. 361.
319 Vgl. *Lenz/Ostrowski*, Markt, 1999, S. 402.
320 Vgl. *Stefani*, Schweizer, 2006, S. 124, die bei $G > 0{,}9$ von sehr starker Konzentration ausgeht.
321 Vgl. *Grothe*, Branche, 2005, S. 54f.
322 Vgl. *Schruff*, Marktstrukturuntersuchung, 1973.

Versicherungen.[323] Wenige Studien, die nachfolgend vorgestellt werden (vgl. Tabelle 4), beinhalten private Unternehmen.

HELMENSTEIN ermittelt für 1987 und 1991 Konzentrationsmaße mit den Surrogaten Mandatsanzahl und Bilanzsumme und stellt die Lorenz-Kurve dar. Datengrundlage sind 5.959 Jahresabschlüsse. Im Jahr 1991 beobachtet er eine CR(4) von 0,31 (Anzahl Mandate) bzw. 0,64 (Bilanzsumme).[324] Der HHI beträgt je nach Surrogat und Jahr 0,03 - 0,15. Der Gini-Koeffizient zeigt in beiden Jahren eine hohe relative Konzentration. Zusätzlich beobachtet HELMENSTEIN eine Zunahme der Konzentration von 1987 nach 1991.[325]

LENZ berechnet für das Jahr 1990 anhand von 1.843 Aktiengesellschaften[326] die Marktanteile der sieben größten Wirtschaftsprüfungsgesellschaften.[327] Surrogate sind die Bilanzsumme sowie die Quadratwurzel und der Logarithmus der Bilanzsumme. Die CR(2) weist Werte zwischen 0,36 (Log Bilanzsumme) und 0,70 (Bilanzsumme) auf. Bei der CR(4) liegen die Ergebnisse im Bereich von 0,47 (Log Bilanzsumme) und 0,82 (Bilanzsumme). Die Prüfungsgesellschaften KPMG und C&L Deutsche Revision besitzen den höchsten Anteil. LENZ stellt fest, dass die Schätzung mit dem Logarithmus der Bilanzsumme zu unrealistischen Ergebnissen führt.[328]

STRICKMANN ermittelt, getrennt nach Konzern- bzw. Einzelabschluss und Branche, Schätzfunktionen für die Prüfungshonorare mit der Wurzel der Bilanzsumme als erklärende Variable.[329] In der Konzentrationsanalyse kommen diese zur Anwendung, wenn keine Daten für die Prüfungshonorare vorliegen.[330] Anhand von 550 - 670 privaten Mandaten aus den Jahren 1989, 1993 und 1997 wird die Analyse durchgeführt.[331] Die CR(2), gemessen über die Wurzel der Bilanzsumme,[332] steigt von 0,41 im Jahr 1989 auf 0,54 im Jahr 1997. Gleiches gilt für die CR(4), die ausgehend von 0,55 im Jahr 1989 auf 0,68 im Jahr 1997 ansteigt. Der HHI erhöht sich von 0,10 auf 0,17. Für den Gini-Koeffizienten wird ein Anstieg von 0,81 auf 0,85 verzeichnet.[333]

---

[323] Vgl. für Kreditinstitute z.B. *Lenz*, Struktur, 1996, S. 313 - 316; *Leidner/Lenz*, Kreditinstitute, 2013. Für Versicherungen *Lenz*, Struktur, 1996, S. 316 - 318; *Völker*, Markt, 2017.

[324] Vgl. *Helmenstein*, Markt, 1996, S. 43. Die CR(8) beträgt 0,43 (Mandate) bzw. 0,64 (Bilanzsumme).

[325] Vgl. *Helmenstein*, Markt, 1996, S. 44, 46.

[326] Vgl. *Lenz*, Struktur, 1996, S. 276. Kreditinstitute und Versicherungen werden ausgeschlossen. Für eine getrennte Analyse vgl. *Lenz*, Struktur II, 1996.

[327] Vgl. *Lenz*, Struktur, 1996, S. 277ff.

[328] Vgl. *Lenz*, Struktur, 1996, S. 276f. Die Berechnung der CR erfolgt durch Addition.

[329] Vgl. *Strickmann*, Umbruch, 2000, S. 163 - 175, der die Honorare durch Befragung ermittelt.

[330] Vgl. *Strickmann*, Umbruch, 2000, S. 204 - 2011. Die Bilanzsummen werden nach Branchen gewichtet.

[331] Vgl. *Strickmann*, Umbruch, 2000, S. 213.

[332] Qualitativ gelten die Ausführungen auch für die Anzahl der Mandate. Vgl. Tabelle 4.

[333] Vgl. *Strickmann*, Umbruch, 2000, S. 232. Wird die Gründung von PwC im Jahr 1998 bereits im Jahr 1997 berücksichtigt, steigen die Konzentrationsmaße an.

Jahr	Autor(en)	Stichprobe	Basis der Ermittlung	Jahr	CR(2)	CR(4)	HHI	G
1996	HELMENSTEIN	5.959 Unternehmen für die Jahre 1987 und 1991.	Bilanzsumme	1987	-	-	0,12	0,96
				1991	-	0,64	0,15	0,96
			Anzahl Mandate	1987	-	-	0,03	0,78
				1991	-	0,31	0,04	0,81
1996	LENZ	1.842 Aktiengesellschaften im Jahr 1990.	Bilanzsumme	1990	0,70	0,82	-	-
			Wurzel Bilanzsumme		0,51	0,64	-	-
			Log Bilanzsumme		0,36	0,47	-	-
2000	STRICKMANN	1.348 - 1.517 private Mandate in den Jahren 1989, 1993 und 1997.	Schätzfunktion mit der Wurzel aus der Bilanzsumme	1989	0,41	0,55	0,10	0,81
				1993	0,51	0,66	0,15	0,85
				1997	0,54	0,68	0,17	0,85
			Anzahl Mandate	1989	0,35	0,48	0,08	0,70
				1993	0,44	0,58	0,12	0,75
				1997	0,47	0,66	0,13	0,77
2005	GROTHE	2.104 - 2.315 Unternehmen (mit Banken und Versicherungen) für die Jahre 1996, 1998 und 2000.	Bilanzsumme	1996	0,78	0,91	0,32	0,97
				1998	0,82	0,93	0,35	0,98
				2000	0,82	0,94	0,34	0,98
			Wurzel Bilanzsumme	1996	0,61	0,76	0,20	0,93
				1998	0,65	0,79	0,23	0,94
				2000	0,65	0,80	0,23	0,94
			Standardisierte Bilanzsumme	1996	0,58	0,68	0,18	0,94
				1998	0,63	0,74	0,21	0,95
				2000	0,56	0,71	0,18	0,94
			Wurzel standardisierte Bilanzsumme	1996	0,52	0,63	0,15	0,91
				1998	0,57	0,68	0,18	0,92
				2000	0,52	0,67	0,16	0,91
			Umsatzerlöse	1996	0,68	0,81	0,24	0,95
				1998	0,74	0,86	0,29	0,96
				2000	0,73	0,85	0,28	0,96
			Wurzel Umsatzerlöse	1996	0,57	0,71	0,18	0,91
				1998	0,62	0,76	0,21	0,92
				2000	0,61	0,75	0,21	0,92
			Anzahl Mandate	1996	0,50	0,63	0,14	0,87
				1998	0,53	0,67	0,16	0,87
				2000	0,54	0,67	0,16	0,88
2006	KOECKE	1.677 - 1.679 Prüfungsaufträge für Abschlüsse aus den Jahren 2000 - 2002.	Bilanzsumme	2000	0,75	0,89	0,31	0,97
				2001	0,74	0,92	0,32	0,98
				2002	0,72	0,91	0,30	0,97
			Wurzel Bilanzsumme	2000	0,26	0,38	0,05	0,69
				2001	0,28	0,41	0,05	0,71
				2002	0,27	0,41	0,05	0,70
			Umsatzerlöse	2000	0,72	0,90	0,29	0,97
				2001	0,71	0,91	0,28	0,97
				2002	0,72	0,91	0,28	0,97
			Wurzel Umsatzerlöse	2000	0,25	0,37	0,04	0,67
				2001	0,26	0,39	0,05	0,67
				2002	0,26	0,39	0,05	0,68
			Anzahl Mandate	2000	0,49	0,70	0,16	0,86
				2001	0,47	0,70	0,15	0,86
				2002	0,48	0,70	0,15	0,86
2013	DOBLER/ FICHTL	284 nicht-kapitalmarktorientierte Familienunternehmen mit Geschäftsjahr 2009 bzw. 2009/2010.	Gesamthonorare	2009/10	0,44	0,62	0,12	0,82
			Prüfungshonorare		0,40	0,58	0,11	0,78
			Nichtprüfungshonorare		0,50	0,68	0,15	0,89
			Bilanzsumme		0,42	0,64	0,13	0,82
			Umsatzerlöse		0,38	0,58	0,11	0,79
			Anzahl Mandate		0,31	0,44	0,07	0,56

Tabelle 4: Ergebnisse zu deutschen Konzentrationsstudien mit privaten Unternehmen.

GROTHE bildet die Konzentration in den Jahren 1996, 1998 und 2000 ab. Die Stichprobe umfasst 2.104 bis 2.315 Unternehmen.[334] Neben den üblichen Surrogaten wird die standardisierte Wurzel der Bilanzsumme verwendet.[335] Die CR(2) und CR(4) sind für nahezu alle Surrogate und Jahre über den Grenzen einer hohen Konzentration.[336] Auch der Grenzwert für den HHI mit 0,18 wird in den meisten Fällen überschritten.[337] Die relative Konzentration ist in allen Jahren hoch.[338]

KOECKE basiert ihre Analyse auf 1.677 - 1.679 Prüfungsaufträgen[339] aus den Jahren 2000 - 2002. Für die Bilanzsumme und die Umsatzerlöse liegt die CR(2) zwischen 0,71 - 0,75 und die CR(4) zwischen 0,89 - 0,91. Die hohe Konzentration bestätigt sich durch den HHI mit Werten von 0,28 bis 0,32. Die relative Konzentration ist mit einem Gini-Koeffizienten von 0,97 - 0,98 hoch. Bei der Wurzeltransformation beträgt die CR(2) 0,25 - 0,28 bzw. die CR(4) 0,37 - 0,41. Der HHI zeigt mit 0,04 - 0,05 keine hohe Konzentration an. Demgegenüber ist die relative Konzentration (Gini-Koeffizient) mit Werten von 0,67 - 0,71 hoch. Mit der Mandatsanzahl liegen die Ergebnisse zwischen den transformierten und untransformierten Surrogaten. Im Zeitablauf verändern sich die Maße uneinheitlich, sodass keine Aussagen über die Entwicklung der Konzentration möglich sind.[340]

DOBLER/FICHTL betrachten 284 Konzernabschlüsse von großen deutschen nicht-kapitalmarktorientierten Familienunternehmen aus den Geschäftsjahren 2009 bzw. 2009/10.[341] Getrennt nach den Honoraren für Abschlussprüfungsleistungen, Nichtprüfungsleistungen und den Gesamthonoraren stellen die Autoren eine CR(2) von 0,40 - 0,50 und eine CR(4) zwischen 0,58 - 0,68 fest. Der HHI schwankt zwischen 0,11 - 0,15. Der Gini-Koeffizient nimmt Werte von 0,78 bis 0,89 an. Anhand der Surrogate Mandatsanzahl, Bilanzsumme und Umsatzerlöse beträgt die CR(2) 0,31 - 0,42, die CR(4) 0,44 - 0,64 und der HHI 0,07 - 0,13. Der Gini-Koeffizient schwankt zwischen 0,56 und 0,82. Bei allen Surrogaten und bei den Abschlussprüfungshonoraren ist EY der Marktführer. Werden die Gesamthonorare und die Nichtprüfungshonorare betrachtet, ist dies KPMG.[342]

---

[334] Vgl. *Grothe*, Branche, 2005, S. 238, 260.

[335] Vgl. *Grothe*, Branche, 2005, S. 250. Durch Normierung der kumulierten Bilanzsumme einer Branche auf eins.

[336] Nur für 1996 bei Anzahl der Mandate und bei der CR(4), nicht für die Wurzel aus der standardisierten Bilanzsumme im Jahr 1996.

[337] Nicht für Mandatsanzahl, Wurzel Umsatzerlöse in 1996, Wurzel standardisierte Bilanzsumme in 2000.

[338] Vgl. *Grothe*, Branche, 2005, S. 262ff.

[339] Vgl. *Koecke*, Bedeutung, 2006, S. 108, die Kreditinstitute und Versicherungen ausschließt.

[340] Vgl. *Koecke*, Bedeutung, 2006, S. 147 - 156.

[341] Vgl. *Dobler/Fichtl*, Familienunternehmen, 2013, S. 164ff. Zusätzlich werden 65 kapitalmarktorientierte Familienunternehmen analysiert.

[342] Vgl. *Dobler/Fichtl*, Familienunternehmen, 2013, S. 169.

LOY[343] und DOBLER[344] führen keine explizite Konzentrationsstudie durch. Dennoch lassen sich aus ihren Analysen Konzentrationsmaße ableiten. Aus der Studie von LOY mit 36.863 Beobachtungen privater Einzelabschlüsse aus den Jahren 2005 bis 2008 wird auf Basis der Mandatsanzahl für PwC und KPMG eine CR(2) von 24,85% und für PwC, KPMG, EY und Deloitte eine CR (4) von 40,83% ermittelt.[345] DOBLER stellt auf Basis von 368 Familienunternehmen aus dem Jahr 2009, die zu 81,79% privat sind, einen Anteil der Big 4 von 49,46% fest.[346]

2.6.3 Auswahl der Stichprobe und deskriptive Statistik

Für die Analyse wird die Datenbank DAFNE verwendet. Zum Zeitpunkt der Abfrage[347] enthält diese 9.397 Unternehmen (vgl. Tabelle 5), für die ein Konzernabschluss vorhanden ist. Davon sind 8.372 private Unternehmen.[348] Aufgrund der abweichenden Stichprobengröße in den anderen Jahren beschränkt sich die Analyse auf den Zeitraum 2007 - 2012.

Die Datenbank enthält 21.972 Beobachtungen mit Informationen zum Abschlussprüfer. Die Anzahl der Beobachtungen mit Prüfer umfasst für die einzelnen Jahre 3.292 bis 3.890 Unternehmen. Für die Konzentrationsanalyse werden Informationen zum Abschlussprüfer, zur Bilanzsumme, zu den Umsatzerlösen und zur Branche benötigt. Bei 328 Beobachtungen stehen diese Informationen nicht zur Verfügung.

Unternehmen mit Konzernabschluss				9.397			
Private Unternehmen				8.372			
	2007	**2008**	**2009**	**2010**	**2011**	**2012**	**Summe**
Beobachtungen mit Abschlussprüfer	3.292	3.503	3.650	3.766	3.871	3.890	21.972
- keine Daten	48	44	93	52	42	49	328
- Banken/Versicherungen	170	185	198	198	202	199	1.152
Stichprobe	3.074	3.274	3.359	3.516	3.627	3.642	20.492
Anzahl Prüfer	784	796	837	825	845	838	

Tabelle 5: Herleitung der Stichprobe für die Konzentrationsanalyse.

Insgesamt werden 1.152 Beobachtungen von Banken und Versicherungen ausgeschlossen.[349] Der Stichprobenumfang beträgt je nach Untersuchungsjahr 3.074 - 3.642 Unternehmen (vgl. Tabelle 5). Im arithmetischen Mittel liegen 3.415 Beobachtungen vor. Insgesamt werden 20.492 Beobachtungen betrachtet. Die Mandate verteilen sich auf minimal 784 bis maximal 845 unterschiedliche Prüfer. Im arithmetischen Mittel sind 821 Prüfer und in der gesamten Stichprobe 1.836 differenzierte Prüfer enthalten.

---

[343]   Vgl. *Loy*, Audit, 2013.
[344]   Vgl. *Dobler*, Family, 2014.
[345]   Vgl. *Loy*, Audit, 2013, S. 329f. Die Berechnung erfolgt durch die Addition der Werte von *Loy*.
[346]   Vgl. *Dobler*, Family, 2014, S. 434, 438.
[347]   Die Abfrage erfolgt am 23.04.2015.
[348]   Der Ausschluss erfolgt anhand der bei privaten Unternehmen fehlenden ISIN Nummer. Betrachtet werden nur Unternehmen, bei denen dieser Datenpunkt „Nicht börsennotiert" aufweist.
[349]   Vgl. *Stefani*, Schweizer, 2006, S. 126.

Variable	ϕ	σ	Min.	Q1	Med.	Q3	Max.
Bilanzsumme (in Mrd. €)	0,368	1,759	<0,001	0,041	0,085	0,213	54,616
Wurzel Bilanzsumme (in T.€)	13,191	13,938	0,075	6,387	9,220	14,611	233,701
Umsatzerlöse (in Mrd. €)	0,437	1,765	<0,001	0,060	0,116	0,278	51,494
Wurzel Umsatzerlöse (in T.€)	14,970	14,576	0,013	7,776	10,759	16,687	226,923
Anzahl Mandate	11,16	93,99	1	1	3	6	2.288
Beobachtungen: 20.492							

ϕ	= Arithmetisches Mittel		Q1	= 25%-Quantil
σ	= Standardabweichung		Med.	= Median
Min.	= Minimum		Q3	= 75%-Quantil
Max.	= Maximum			

Tabelle 6: Verteilung der Surrogate in der Konzentrationsanalyse.

Die Bilanzsumme nimmt Werte zwischen 562.889 € und 54,616 Mrd. € an. Das arithmetische Mittel beträgt 0,368 Mrd. €. Aus dem Vergleich von Median (0,085 Mrd. €) und Mittelwert (0,368 Mrd. €) kann gefolgert werden, dass die Stichprobe durch große Unternehmen verzerrt ist. Die Umsatzerlöse variieren zwischen 168 € und 51,494 Mrd. €.[350] Der Median liegt mit 0,116 Mrd. € unter dem arithmetischen Mittel (0,437 Mrd. €). Im Mittelwert entfallen auf jeden Prüfer 11 Abschlüsse. In der Stichprobe sind 30,66% Prüfer mit einem Mandat vertreten.

2.6.4 Ergebnisse der Konzentrationsanalyse

Die Tabelle 7 zeigt die Anteile der zwei (CR(2)), vier (CR(4)) und fünf (CR(5)) größten Wirtschaftsprüfungsgesellschaften am jeweiligen Surrogat für die Jahre 2007 bis 2012. Zusätzlich wird die durchschnittliche Konzentration angegeben. Die untransformierten Werte werden als Obergrenze, die transformierten Werte als Untergrenze interpretiert. Die Mandatsanzahl wird als absolute Untergrenze gesehen.

Eine hohe Konzentration besteht bei CR(2) $\geq$ 0,5. Dies liegt auf Basis der Bilanzsumme und Umsatzerlöse für 2007 vor. Für die folgenden Jahre wird keine hohe Konzentration anhand der CR(2) beobachtet. Bei CR(4) $\geq$ 2/3 wird eine hohe Konzentration angenommen. Mit der Bilanzsumme wird der Wert in allen Jahren überschritten. Bei den Umsatzerlösen liegen für 2007 und 2008 die Werte über der Grenze. In den nachfolgenden Jahren wird die Grenze unterschritten. Die Konzentrationsuntergrenze ($\sqrt{BS}$, $\sqrt{UE}$ und MA) liegt für alle Jahre unter 2/3.

---

[350] 168 € Umsatzerlöse werden von der PÄX Food AG im Jahr 2012 erzielt.

Maßgröße	Surrogat	Ø	2007	2008	2009	2010	2011	2012
CR(2)	BS	0,4837	0,5110	0,4932	0,4759	0,4643	0,4861	0,4717
	$\sqrt{BS}$	0,3165	0,3448	0,3262	0,3063	0,3104	0,3106	0,3007
	Ø BS	0,4001	0,4279	0,4097	0,3911	0,3874	0,3983	0,3862
	UE	0,4667	0,5091	0,4778	0,4320	0,4641	0,4724	0,4448
	$\sqrt{UE}$	0,3051	0,3360	0,3144	0,2914	0,3004	0,2996	0,2886
	Ø UE	0,3859	0,4226	0,3961	0,3617	0,3823	0,386	0,3667
	MA	0,2223	0,2469	0,2361	0,2185	0,2164	0,2101	0,2057
CR(4)	BS	0,7196	0,7269	0,7293	0,7039	0,7110	0,7223	0,7241
	$\sqrt{BS}$	0,5135	0,5286	0,5197	0,5019	0,5168	0,5121	0,5019
	Ø BS	0,6165	0,6278	0,6245	0,6029	0,6139	0,6172	0,6130
	UE	0,6660	0,6793	0,6744	0,6449	0,6650	0,6664	0,6662
	$\sqrt{UE}$	0,4844	0,5023	0,4906	0,4715	0,4856	0,4821	0,4744
	Ø UE	0,5752	0,5908	0,5825	0,5582	0,5753	0,5742	0,5703
	MA	0,3644	0,3822	0,3729	0,3572	0,3638	0,3612	0,3490
CR(5)	BS	0,7565	0,7632	0,7538	0,7326	0,7505	0,7667	0,7723
	$\sqrt{BS}$	0,5592	0,5710	0,5600	0,5444	0,5654	0,5625	0,5522
	Ø BS	0,6579	0,6671	0,6569	0,6385	0,6579	0,6646	0,6623
	UE	0,7083	0,7084	0,699	0,6727	0,7182	0,7298	0,7219
	$\sqrt{UE}$	0,5297	0,5412	0,5293	0,5122	0,5364	0,5344	0,5248
	Ø UE	0,6190	0,6248	0,6142	0,5925	0,6273	0,6321	0,6234
	MA	0,4091	0,4258	0,4166	0,4010	0,4107	0,4072	0,3932

Tabelle 7: Konzentrationsraten für die Jahre 2007 bis 2012.

Um die Veränderung der Konzentrationsraten zu verdeutlichen, wird in nachfolgender Abbildung 2 die Entwicklung der Bilanzsumme (Obergrenze) und $\sqrt{BS}$ (Untergrenze) von 2007 bis 2012 abgetragen. Als Vergleich dienen die Konzentrationsraten (CR(2) Kap, CR(4) Kap und CR(5) Kap) von kapitalmarktorientierten Unternehmen. Diese wurden aus den Angaben von WILD/SCHEITHAUER berechnet,[351] die für die Jahre 2001 bis 2009 Unternehmen aus dem Prime Standard betrachten.[352]

---

[351] Vgl. *Wild/Scheithauer*, Einflüsse, 2012, S. 192.
[352] Vgl. *Wild/Scheithauer*, Einflüsse, 2012, S. 188f. für die Herleitung ihrer Stichprobe.

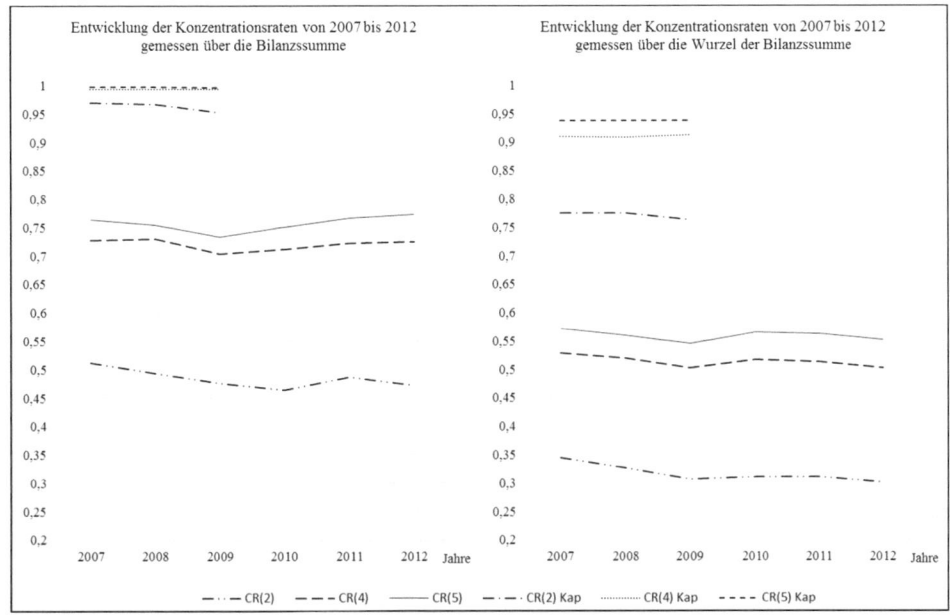

Abbildung 2: Entwicklung der Konzentrationsraten von 2007 bis 2012 und Vergleich mit den Konzentrationsraten von kapitalmarktorientierten Unternehmen.

Auf Basis der Bilanzsumme nimmt die CR(2) von 2007 bis 2012 um 7,68%[353] ab. Der Marktanteil der größten vier Wirtschaftsprüfungsgesellschaften sinkt im gleichen Zeitraum um 0,39%. Allerdings steigt die CR(5) im entsprechenden Zeitraum um 1,19% an.

Im Zeitablauf schwanken die Konzentrationsraten. Zunächst sinkt die CR(2) bis 2010. Im Jahr 2011 ist ein Anstieg festzustellen. Danach sinkt die CR(2) wieder. Die CR(4) steigt im Jahr 2008 an und sinkt danach einmalig im Jahr 2009, um danach weiter anzusteigen. Dies gilt auch für die CR(5), die, nachdem sie von 2007 bis zum Jahr 2009 gesunken ist, zum Jahr 2012 wieder ansteigt.

Auf Basis der Wurzel der Bilanzsumme sind in 2012 alle Konzentrationsraten im Vergleich zu 2007 geringer. Die CR(2) sinkt, bezogen auf 2007, um 12,79%, die CR(4) um 5,04% und die CR(5) um 3,29%. Wiederum schwanken die Konzentrationsraten im Zeitablauf. Zuerst sinken alle Konzentrationsraten einheitlich ab dem Jahr 2007 bis 2009. Danach steigt die CR(2) in den Jahren 2010 und 2011. In 2012 sinkt diese. Die CR(4) und CR(5) steigen einmalig im Jahr 2010 und sinken in den nachfolgenden zwei Jahren.

Im Vergleich zu den Konzentrationsraten von kapitalmarktorientierten Unternehmen sind Unterschiede festzustellen. Die CR(2) nimmt für den kapitalmarktorientierten Bereich bei der Bilanzsumme ($\sqrt{BS}$) im Jahr 2007 einen Wert von 96,89% (77,51%) an. Dieser ist um 45,79%-Punkte (43,03%-Punkte) höher als bei privaten Unternehmen. Da die Konzentrationsrate im Jahr 2008 im kapitalmarktorientierten Bereich mit einer CR(2) von 96,66% für die Bilanzsumme (77,40% für $\sqrt{BS}$) und einer CR(2) von 95,25% (76,23% für $\sqrt{BS}$) für 2009 zwar im Zeitablauf abnimmt, die Minderung jedoch nicht so stark ist wie im privaten

---

[353] Alle Berechnungen erfolgen auf Basis von nicht gerundeten Werten.

Bereich, steigt die Differenz im Jahr 2009 auf 47,66%-Punkte (45,60%-Punkte bei $\sqrt{BS}$) an. Auch bei der CR(4) gibt es Unterschiede. So nimmt die CR(4) im kapitalmarktorientierten Bereich im Jahr 2007 einen Wert von 99,33% (90,95% für $\sqrt{BS}$) an und ist um 26,64%-Punkte (38,09%-Punkte bei $\sqrt{BS}$) höher als für den privaten Bereich. Im Jahr 2009 ist die CR(4) auf 99,37% (91,2% für $\sqrt{BS}$) angestiegen. Die Differenz erhöht sich auf 28,98%-Punkte (41,01%-Punkte). Bei der CR(5) resultiert für das Jahr 2007 ein Wert von 99,68% (93,76% bei $\sqrt{BS}$), der in 2012 auf 99,57% (93,71% für $\sqrt{BS}$) sinkt. Die Differenz zum privaten Bereich steigt von 23,36%-Punkte (36,66%-Punkte für $\sqrt{BS}$) im Jahr 2007 auf 26,31%-Punkte (39,27%-Punkte für $\sqrt{BS}$) im Jahr 2012.

Als Überblick über die Verteilung innerhalb der CR(5) sind in der nachfolgenden Tabelle 8 die Marktanteile der größten fünf Wirtschaftsprüfungsgesellschaft dargestellt.

Gesellschaft	Surrogat	Ø	2007	2008	2009	2010	2011	2012
PwC	BS	30,16%	31,37%	30,85%	31,99%	29,11%	30,60%	27,04%
	$\sqrt{BS}$	16,96%	17,58%	16,94%	17,11%	17,26%	17,10%	15,75%
	MA	11,19%	11,81%	11,30%	11,25%	11,21%	10,92%	10,63%
EY	BS	18,21%	19,73%	18,47%	15,61%	17,33%	18,01%	20,13%
	$\sqrt{BS}$	14,69%	16,90%	15,67%	13,52%	13,78%	13,96%	14,32%
	MA	11,04%	12,88%	12,31%	10,60%	10,44%	10,09%	9,94%
KPMG	BS	15,89%	13,02%	16,02%	14,87%	16,20%	17,03%	18,22%
	$\sqrt{BS}$	12,42%	10,86%	12,28%	11,98%	13,17%	12,91%	13,33%
	MA	8,82%	8,30%	8,46%	8,40%	9,24%	9,40%	9,12%
Deloitte	BS	7,69%	8,57%	7,59%	7,92%	8,46%	6,60%	7,02%
	$\sqrt{BS}$	7,28%	7,52%	7,07%	7,58%	7,46%	7,23%	6,80%
	MA	5,39%	5,24%	5,22%	5,48%	5,49%	5,71%	5,22%
BDO	BS	3,69%	3,63%	2,45%	2,87%	3,95%	4,45%	4,82%
	$\sqrt{BS}$	4,58%	4,24%	4,02%	4,25%	4,86%	5,04%	5,03%
	MA	4,47%	4,36%	4,37%	4,38%	4,69%	4,60%	4,42%

Tabelle 8: Marktanteile der fünf größten Wirtschaftsprüfungsgesellschaften.

Mit einem durchschnittlichen Marktanteil von 30,16%, gemessen über die Bilanzsumme und 16,96% über die $\sqrt{BS}$, ist PwC der Marktführer. Der Unterschied zwischen Bilanzsumme und $\sqrt{BS}$ zeigt, dass PwC vor allem große Mandate betreut. Im Zeitverlauf verliert PwC Marktanteile. Den zweithöchsten Marktanteil hat EY mit einem Durchschnittswert von 18,21%, approximiert über die Bilanzsumme bzw. mit 14,69% über die $\sqrt{BS}$. Hinsichtlich der Mandatsanzahl sind die Werte von PwC mit 11,19% und EY mit 11,04% ähnlich. Dieses Ergebnis ist abweichend von bisherigen Konzentrationsanalysen zu kapitalmarktorientierten Unternehmen, die KPMG vor EY sehen.[354] Auch in der Analyse von LOY ist KPMG vor EY, wobei der Abstand 0,47%-Punkte beträgt.[355] Die ermittelten Werte stehen im Einklang mit der Studie von DOBLER/FICHTL, die auf Basis von Surrogaten für EY den höchsten Marktanteil identifizieren.[356]

Gefolgt wird EY von KPMG, die durchschnittlich 15,89% bzw. 12,42% Marktanteil, gemessen über die Bilanzsumme bzw. $\sqrt{BS}$, besitzen. Im Gegensatz zu PwC können diese beiden Gesellschaften ihren Marktanteil im Jahr 2012 gegenüber 2007 steigern. Es folgt Deloitte,[357] die einen durchschnittlichen Marktanteil von 7,69%, approximiert über die Bilanzsumme bzw. 7,28% über die $\sqrt{BS}$, erreichen. Im Vergleich von 2012 zu 2007 verliert Deloitte Marktanteile. Zuletzt kann BDO 3,69% (Bilanzsumme) bzw. 4,58% ($\sqrt{BS}$) des Marktes vereinnahmen, wobei der Marktanteil im Jahr 2012, verglichen mit 2007, ansteigt.

Die Tabelle 9 stellt als weiteres absolutes Konzentrationsmaß den HHI für die verschiedenen Surrogate dar. Beim HHI wird eine hohe Konzentration bei HHI > 0,18 angenommen.

Maßgröße	Surrogat	Ø	2007	2008	2009	2010	2011	2012
HHI	BS	0,1588	0,1638	0,1622	0,1573	0,1517	0,1628	0,1548
	$\sqrt{BS}$	0,0750	0,0800	0,0764	0,0711	0,0756	0,0748	0,0721
	Ø BS	0,1169	0,1219	0,1193	0,1142	0,1136	0,1188	0,1134
	UE	0,1369	0,1481	0,1393	0,1252	0,1372	0,1399	0,1314
	$\sqrt{UE}$	0,0678	0,0738	0,0695	0,0633	0,0682	0,0673	0,0649
	Ø UE	0,1023	0,1109	0,1044	0,0942	0,1027	0,1036	0,0982
	MA	0,0398	0,0438	0,0417	0,0380	0,0394	0,0388	0,0369

Tabelle 9: Der Hirschmann-Herfindahl-Index für die Jahre 2007 bis 2012.

Für kein Surrogat ist der Wert über 0,18. Der Markt wird daher nicht als hoch konzentriert eingestuft. Die Werte für die Bilanzsumme und Umsatzerlöse sind innerhalb der Bandbreite einer mittleren Konzentration von $0,1 \leq HHI \leq 0,18$. Bei einem $HHI < 0,1$ ist die Konzentration gering. Die transformierten Werte von Bilanzsumme, Umsatzerlöse und die Mandatsanzahl liegen unterhalb dieser Grenze. Die Ergebnisse können als Indiz interpretiert werden, dass auf dem betrachteten Markt höchstens eine mittlere Konzentration vorhanden ist. Die Entwicklung der Konzentration von 2007 bis 2012 ist uneinheitlich. Auf Basis der Bilanzsumme sinkt der HHI bis zum Jahr 2010, steigt im Jahr 2011 und sinkt anschließend wieder. Für die Surrogate $\sqrt{BS}$, $\sqrt{UE}$ und MA erfolgt die Absenkung bis 2009, ein einmaliger Anstieg in 2010 und eine Senkung in den folgenden Jahren. Werden die Umsatzerlöse betrachtet, sinkt die Konzentration im Jahr 2009, steigt in den Jahren 2010 und 2011 an und sinkt im Jahr 2012. Bei allen Surrogaten ist die Konzentration 2012 geringer

---

[354] Vgl. *Wild/Scheithauer*, Einflüsse, 2012, S. 192, die einen Marktanteil bei KPMG, gemessen über die Quadratwurzel der Bilanzsumme, von 43,23% und bei EY von 9,25% ermitteln.

[355] Vgl. *Loy*, Audit, 2013, S. 330.

[356] Vgl. *Dobler/Fichtl*, Familienunternehmen, 2013, S. 157.

[357] Vgl. *Dobler/Fichtl*, Familienunternehmen, 2013, S. 168, die auch zu diesem Ergebnis kommen.

als im Jahr 2007. Die Minderung beträgt je nach Surrogat, bezogen auf das Jahr 2007, zwischen 5,53% und 15,83%.

Nachfolgende Abbildung 3 stellt die Lorenzkurve, exemplarisch für das Surrogat der Wurzel der Bilanzsumme, getrennt für die Jahre 2012 und 2007, dar.

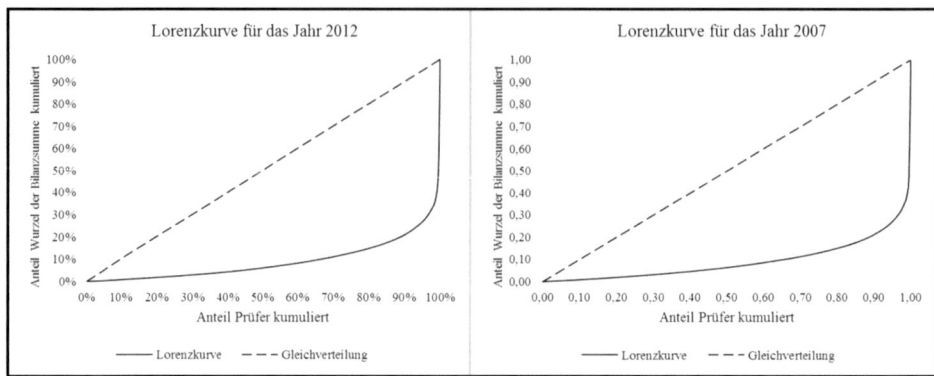

Abbildung 3: Die Lorenzkurve für 2012 und 2007 im Vergleich.

In beiden Jahren zeigen die Lorenzkurven eine Abweichung von der Gleichverteilung. Im Vergleich sind die Lorenzkurven für beide Jahre ähnlich. Ein aufgrund der geringen Aussagekraft nicht dargestellter genauer Vergleich zeigt, dass die beiden Kurven sich mehrfach schneiden. Aussagen über die Veränderung der relativen Konzentration anhand der Lorenzkurve sind daher eingeschränkt möglich.

Aus diesem Grund wird im Weiteren die relative Konzentration über den Gini-Koeffizienten abgebildet. Die ermittelten Werte für die Jahre 2007 bis 2012 sind in der Tabelle 10 dargestellt.

Maßgröße	Surrogat	Ø	2007	2008	2009	2010	2011	2012
Gini-Koeffizient	BS	0,9377	0,9375	0,9347	0,9320	0,9423	0,9414	0,9382
	$\sqrt{BS}$	0,8203	0,8169	0,8199	0,8121	0,8260	0,8250	0,8217
	Ø BS	0,8790	0,8772	0,8773	0,8720	0,8842	0,8832	0,8800
	UE	0,9199	0,9198	0,9187	0,9138	0,9246	0,9225	0,9198
	$\sqrt{UE}$	0,8010	0,7973	0,8013	0,7934	0,8067	0,8051	0,8023
	Ø UE	0,8604	0,8586	0,8600	0,8536	0,8656	0,8638	0,8611
	MA	0,6987	0,6907	0,6989	0,6904	0,7030	0,7066	0,7026

Tabelle 10: Der Gini-Koeffizienten für die Jahre 2007 bis 2012.

Eine hohe Konzentration wird für $G > 0,6$ angenommen. Die Werte für die Surrogate überschreiten im gesamten Zeitraum diese Grenze. Der Markt kann auf Basis dieser Ergebnisse als relativ hoch konzentriert klassifiziert werden. Für die Surrogate Bilanzsumme und Umsatzerlöse sinkt die Konzentration in den Jahren 2008 und 2009, steigt einmalig 2010 und sinkt danach weiter. Für die $\sqrt{BS}$ und $\sqrt{UE}$ erfolgt ein Anstieg in 2008 und 2010. In den anderen Jahren sinkt die Konzentration.

Bei der Mandatsanzahl erfolgen Anstiege in den Jahren 2008, 2010 und 2011 und Verringerungen in 2009 und 2012. Die relative Konzentration ist für alle Surrogate im Jahr 2012 um 0,002% - 1,69% höher als in 2007.[358]

2.6.5 Zusammenfassung und Fazit der Konzentrationsanalyse

Die Tabelle 11 stellt die Ergebnisse aus den verschiedenen Konzentrationsmaßen für die Bilanzsumme[359] (Obergrenze) und die $\sqrt{BS}$ (Untergrenze) in den Jahren 2007 und 2012 dar. Zudem wird die Veränderung im Vergleich zum Jahr 2007 verdeutlicht[360] und der Durchschnitt angegeben.

Maßgröße	Grenze	Konzentrationseinschätzung	Durchschnitt	Wert 2007	Wert 2012	Veränderung
CR(2)	Obergrenze	hohe/keine hohe Konzentration	0,4837	0,5110	0,4717	-7,68%
	Untergrenze	keine hohe Konzentration	0,3165	0,3448	0,3007	-12,79%
CR(4)	Obergrenze	hohe Konzentration	0,7196	0,7269	0,7241	-0,39%
	Untergrenze	keine hohe Konzentration	0,5135	0,5286	0,5019	-5,04%
HHI	Obergrenze	mittlere Konzentration	0,1588	0,1638	0,1548	-5,53%
	Untergrenze	geringe Konzentration	0,0750	0,0800	0,0721	-9,93%
Gini-Koeffizient	Obergrenze	hohe Konzentration	0,9377	0,9375	0,9382	0,08%
	Untergrenze	hohe Konzentration	0,8203	0,8169	0,8217	0,58%

Tabelle 11: Zusammenfassung der Ergebnisse der Konzentrationsanalyse.

Auf dem Markt für Konzernabschlussprüfungen bei privaten Unternehmen kann, im Gegensatz zu den empirischen Erkenntnissen für kapitalmarktorientierte Unternehmen, in der Mehrheit der Konzentrationsmaße keine hohe absolute Konzentration festgestellt werden. Ausnahmen bilden bei Betrachtung der Obergrenze die CR(2) im Jahr 2007 und die CR(4) im Jahr 2007 und 2012. Die absolute Konzentration sinkt von 2007 auf 2012. Ein anderes Bild zeigt die relative Konzentration. Auf Basis des Gini-Koeffizienten wird für die Ober- und Untergrenze eine hohe relative Konzentration ermittelt. Diese nimmt im Vergleich zum Jahr 2007 zu. Die Werte liegen in ähnlicher Höhe wie für kapitalmarktorientierte Unternehmen.[361]

Zu den Bedenken der EU-Kommission sind in der Literatur unterschiedliche Ansichten vorhanden. EWERT zieht den Schluss, dass eine hohe Konzentration nicht negativ auf die Prüfungsqualität wirken muss und kein Nachweis für einen eingeschränkten Wettbewerb innerhalb der Big 4 Abschlussprüfer vorhanden ist.[362] Auch KÖHLER/MARTEN/RATZINGER ET AL. stellen trotz hoher Konzentration keine Anzeichen für einen mangelnden Wettbewerb fest.[363] HUANG/CHANG/CHIOU zeigen einen positiven Einfluss der Konzentration auf

---

[358] 0,002% resultieren für UE. Aufgrund der Rundungen ist dies in der Tabelle nicht ersichtlich.

[359] Für die Umsatzerlöse gelten qualitativ dieselben Aussagen.

[360] Die Veränderung wurde mit nicht gerundeten Werten ermittelt. Daher ergeben sich marginale Abweichungen.

[361] Vgl. *Bigus/Zimmermann*, German, 2008, S. 172; *Möller/Höllbacher*, Markt, 2009, S. 659.

[362] Vgl. *Ewert*, Grünbuch, 2011, S. 204.

[363] Vgl. *Köhler/Marten/Ratzinger et al.*, Determinanten, 2010, S. 22f.

die Prüfungsqualität.[364] Allerdings wird auch die Meinung vertreten, dass die Big 4 Abschlussprüfer, ähnlich wie Banken, eine für den Markt kritische Größe erreicht haben.[365]

Die durchgeführte Konzentrationsanalyse unterliegt Einschränkungen. Da eine dynamische Stichprobe verwendet wird, kann nicht ausgeschlossen werden, dass sich die Konzentration aufgrund von Zu- bzw. Abgangseffekten ändert.[366] Aufgrund der Vielzahl an unterschiedlichen Prüfern werden nur für die Big 5 Wirtschaftsprüfungsgesellschaften die Tochtergesellschaften und nur die Zusammengehörigkeit der drei größten Netzwerke berücksichtigt. Joint Audits werden aufgrund der mangelnden Datenverfügbarkeit nicht beachtet. KOECKE zeigt jedoch, dass deren Anteil niedrig ist,[367] sodass von einer geringen Verzerrung durch dieses Problem ausgegangen werden kann. Weiterhin führen die genannten Probleme dazu, dass die als kritisch gesehene Konzentration der Big N Abschlussprüfer über- statt unterschätzt wird.

2.7 Zusammenfassung der Erkenntnisse aus Kapitel 2

Im zweiten Kapitel wurden private Unternehmen definiert, ausgewählte Merkmale vorgestellt und Unterschiede gegenüber kapitalmarktorientierten Unternehmen herausgearbeitet. Darauf aufbauend, wurden die Determinanten der Nachfrage und das Angebot von Abschlussprüfungsleistungen vorgestellt. Anschließend wurde eine Konzentrationsanalyse durchgeführt.

- Private Unternehmen werden definiert als Unternehmen, die keine Eigenkapital- oder Schuldtitel an einer öffentlichen Börse handeln. In Abgrenzung dazu sind kapitalmarktorientierte Unternehmen, die Unternehmen nach § 264d HGB, börsennotierte Unternehmen gemäß § 3 (2) AktG und im Freiverkehr nach § 48 BörsG vertretene Unternehmen. In Deutschland besitzen private Unternehmen mit einem Anteil an den Gesamtunternehmen von mindestens 99,9% eine hohe Bedeutung. Diese zeigt sich auch international.[368]

- In privaten Unternehmen ist die Eigentümerstruktur konzentrierter, die Trennung von Unternehmensführung und Eigentümern ist geringer und familiäre Beziehungen sind häufiger als in kapitalmarktorientierten Unternehmen. Im Vergleich zu diesen können daraus höhere oder niedrigere Agency-Konflikte resultieren.[369]

- Empirische Untersuchungen zeigen einen höheren Verschuldungsgrad bei privaten Unternehmen, wobei Banken eine gewichtige Rolle einnehmen. Diese können den Agency-Konflikten aufgrund der engen Beziehung zum Unternehmen durch den direkten Zugang zu Informationen und mit selbst generierten Informationen begegnen. Weiterhin wirkt der längere Anlagehorizont der Mehrheitseigentümer

---

[364] Vgl. *Huang/Chang/Chiou*, Concentration, 2016, S. 121.

[365] Vgl. *Fearnley*, 2015, zitiert nach *Lenz*, Prüfung, 2016, S. 877.

[366] Vgl. *Wild/Scheithauer*, Einflüsse, 2012, S. 189.

[367] Vgl. *Koecke*, Bedeutung, 2006, S. 141, bei welcher der Anteil an Joint Audits bei 0,84% für 2000 bzw. bei 0,96% für 2001 und 2002 liegt.

[368] Vgl. Kapitel 2.1.

[369] Vgl. Kapitel 2.2.1.

vertrauensbildend. Die Mechanismen des Kapitalmarktes gegen fremdfinanzierungsbedingte Agency-Konflikte stehen den Unternehmen nicht zur Verfügung.[370]

- Die eigen- und fremdfinanzierungsbedingten Agency-Konflikte spiegeln sich bei privaten und bei kapitalmarktorientierten Unternehmen in den Kapitalkosten wider. Die Eigenkapitalkosten können bei privaten Unternehmen zusätzlich steigen, wenn bestehende Eigner aufgrund des Kontrollverlustes nur zu höheren Kosten bereit sind, ihre Stellung aufzugeben. Nutzen die Banken ihren Informationsvorsprung aus und ist nur eingeschränkt Wettbewerb unter den Kreditgebern möglich, können höhere Fremdkapitalkosten die Folge sein. Da Eigenkapital sensibler auf Informationen reagiert, kann der höhere Verschuldungsgrad bei privaten Unternehmen durch die größere Informationsasymmetrie zwischen Mitgliedern des Unternehmens und Externen erklärt werden.[371]

- Die Rechnungslegung ist eine Grundlage, um den Agency-Problemen zu begegnen. Dafür ist eine hinreichend hohe Qualität erforderlich. Von institutioneller Seite werden an private Unternehmen geringere Anforderungen an die Rechnungslegung und die Publizität gestellt. Aus Unternehmenssicht wird die Qualität der Rechnungslegung von der Nachfrage der Adressaten und dem Verhalten der Manager bestimmt. Es wirken sowohl bei privaten als auch bei kapitalmarktorientierten Unternehmen differenzierte Effekte, sodass keine Aussage möglich ist, bei welchen Unternehmen die Qualität höher ist. Dies spiegelt sich auch in den differenzierten empirischen Ergebnissen wider.[372]

- Die Anzahl der prüfungspflichtigen privaten Unternehmen kann auf 30.000 - 45.000 geschätzt werden. Die Gesamtnachfrage nach Abschlussprüfung resultiert aus den gesetzlichen Vorgaben und der freiwilligen Nachfrage. Bei finanzierungsbedingten Agency-Konflikten zeigen empirische Studien in der Mehrzahl eine steigende Nachfrage nach Prüfung bzw. Prüfungsqualität. Weitere Gründe für die Nachfrage können in internen Kontrolldefiziten und mangelnder unternehmensinterner Kompetenz liegen.[373]

- Die Literatur wendet ein, dass die Prüfung in privaten Unternehmen von geringer Relevanz ist, wobei die Bedeutung eng mit der des Rechnungswesens verknüpft ist. Empirische Analysen zeigen jedoch positive Effekte einer freiwilligen Prüfung. Studien, die den Effekt einer hohen Prüfungsqualität bei privaten Unternehmen analysieren, erzielen uneinheitliche Ergebnisse.[374]

- Die Angebotsseite im Jahr 2012 umfasst 14.345 Wirtschaftsprüfer und 3.365 vereidigte Buchprüfer, die in 13.197 unterschiedlichen Praxen tätig sind. Von diesen sind 30% zur Durchführung von gesetzlichen Abschlussprüfungsleistungen berechtigt. Der Markt in Deutschland besteht aus vier Gruppen von Prüfern.[375] Diese

---

[370] Vgl. Kapitel 2.2.2.
[371] Vgl. Kapitel 2.2.3.
[372] Vgl. Kapitel 2.2.4.
[373] Vgl. Kapitel 2.3.
[374] Vgl. Kapitel 2.4
[375] Vgl. Kapitel 2.5.

sind die Big 4 Prüfer, die großen international ausgerichteten Second Tier Prüfungsgesellschaften/Netzwerke, die ausschließlich national agierenden größeren bzw. die mittleren Praxen und kleine Praxen bzw. die Einzelpraxen.

- Auf dem Markt der Abschlussprüfung von § 319a HGB Mandaten ist die Konzentration hoch. Die EU-Kommission sieht dies als problematisch an und eröffnet einen Reformprozess. Teile der Reform, wie die verpflichtende Rotation oder Joint Audits, sind auf Unternehmen von öffentlichem Interesse beschränkt. Fraglich ist, ob die hohe Konzentration auf die § 319a HGB Mandate beschränkt ist oder ob diese auch bei der Abschlussprüfung von privaten Unternehmen vorliegt.

- Für private Unternehmen sind Konzentrationsanalysen eingeschränkt vorhanden. Deshalb wird eine eigene Untersuchung durchgeführt.[376] Da die Honorare nicht in Form von Datenbankabfragen verfügbar sind, wird auf die Surrogate Bilanzsumme, Umsatzerlöse, Wurzel aus beiden Größen und die Mandatsanzahl zurückgegriffen. Es werden die Konzentrationsrate ($CR(m)$), der Hirschmann-Herfindahl-Index (HHI) und der Gini-Koeffizient (G) berechnet sowie die Lorenzkurve dargestellt. Die Stichprobe der privaten Konzernabschlüsse besteht aus 20.492 Beobachtungen im Zeitraum 2007 - 2012.

- Bei $CR(2) > 0,5$ wird von einer hohen absoluten Konzentration ausgegangen. Für die Surrogate Bilanzsumme und Umsatzerlöse übersteigt die $CR(2)$ mit 0,5110 bzw. 0,5091 nur im Jahr 2007 diese Grenze. Für die weiteren Surrogate sind die Werte unter 0,5. Die Konzentration, gemessen über die $CR(2)$, sinkt von 2007 auf 2012.

- Eine hohe absolute Konzentration liegt weiterhin bei $CR(4) \geq 2/3$ vor. Auf Basis der Bilanzsumme wird im gesamten Zeitraum dieser Wert überschritten. Bei den Umsatzerlösen liegt dies in den Jahren 2007 und 2008 vor. Die Ergebnisse für $\sqrt{BS}$, $\sqrt{UE}$ und Mandatsanzahl liegen unter 2/3. Auch die $CR(4)$ sinkt von 2007 auf 2012. Der Marktführer in der Stichprobe ist PwC, gefolgt von EY und KPMG. Mit Abstand folgen Deloitte und BDO. Für den HHI liegen die Werte unter der Grenze von 0,18 für eine hohe Konzentration.[377]

- Übersteigt der Gini-Koeffizient 0,6, liegt eine hohe relative Konzentration vor. Diese Grenze wird in allen Jahren mit Werten von bis zu 0,9414 (Surrogat Bilanzsumme im Jahr 2011) überschritten. Zudem steigt die relative Konzentration von 2007 auf 2012 an.[378]

Die hohe Konzentration auf dem Prüfungsmarkt kann kritisch gesehen werden. Negative Auswirkungen auf den Wettbewerb und die Prüfungsqualität werden jedoch nicht festgestellt. Neue empirische Erkenntnisse zeigen positive Einflüsse.[379] Nachdem in diesem Kapitel die privaten Unternehmen in den Kontext der Abschlussprüfung eingeordnet wurden, stellt Kapitel 3 „Prüfungsqualität bei Honoraren für Prüfung und Beratung" die theoretischen Grundlagen und die relevanten empirischen Vorarbeiten für den deutschen Raum vor.

---

[376] Vgl. Kapitel 2.6.1 und 2.6.3.
[377] Vgl. Kapitel 2.6.5.
[378] Vgl. Kapitel 2.6.5.
[379] Vgl. *Huang/Chang/Chiou*, Concentration, 2016, S. 121.

3 Prüfungsqualität bei Honoraren für Prüfung und Beratung

3.1 Theoretische Grundlagen zur Prüfungsqualität

Prüfungsqualität kann nicht im Vorhinein beobachtet werden[380] und ist von der Auffassung des Personenkreises abhängig. Regulatoren, Abschlussprüfer, Kapitalmarktteilnehmer und weitere Adressaten können unterschiedliche Ansichten über die Prüfungsqualität besitzen und andere Indikatoren heranziehen.[381] Auch in der Literatur gibt es differenzierte Definitionen.[382] Das nachfolgende Kapitel stellt ausgewählte Begriffsbestimmungen und input- bzw. outputbezogene Größen zur Messung vor.

3.1.1 Definition von Prüfungsqualität

DEANGELO definiert Prüfungsqualität als die vom Markt bewertete Wahrscheinlichkeit, dass der Prüfer einen Verstoß in der Rechnungslegung entdeckt und berichtet.[383] Die Aufdeckungswahrscheinlichkeit steht für die fachliche Kompetenz, die durch eine hohe Qualifikation in Form von Berufsexamina erreicht werden kann.[384] Die Wahrscheinlichkeit der Berichterstattung wird durch die kritische Grundhaltung und die Unabhängigkeit bestimmt.[385] Die Definition ist nicht frei von Kritik,[386] wird jedoch in Studien am häufigsten verwendet.[387] LEFFSON stellt an die Urteile aus der Prüfung die Anforderungen, dass sie Informationen bereitstellen oder das Vertrauen in die Verlässlichkeit von Informationen erhöhen.[388] Ähnlich zu DEANGELO ist Urteilsfähigkeit (fachliche Qualifikation[389]), Urteilsfreiheit (gleichgesehen mit Unabhängigkeit[390]) und die sachgerechte Urteilsbildung erforderlich.[391]

---

[380] Vgl. *Lenz*, Wahl, 1993, S. 213 - 217, der auch ex-post keine Möglichkeit sieht (Vertrauensgut). *Knechel/Krishnan/Pevzner et al.*, Quality, 2013, S. 387 führen an, dass Literaturmeinungen die Abschlussprüfung für ex-post beobachtbar halten (Erfahrungsgut).

[381] Vgl. *Knechel/Krishnan/Pevzner et al.*, Quality, 2013, S. 386; *Gaynor/Kelton/Mercer et al.*, Understanding, 2016, S. 6.

[382] Vgl. *Watkins/Hillison/Morecroft*, Quality, 2004; *Francis*, Quality, 2004; *Francis*, Framework, 2011; *Knechel/Krishnan/Pevzner et al.*, Quality, 2013; *DeFond/Zhang*, Auditing, 2014 zur Übersicht.

[383] Vgl. *DeAngelo*, Size, 1981, S. 186.

[384] Vgl. *Emmerich*, Grundlage, 1988, S. 645; *Craswell*, Independence, 1999, S. 31; §§ 1, 8, 9 WPO.

[385] Vgl. *Craswell*, Independence, 1999, S. 31f.

[386] Vgl. *Francis*, Framework, 2011, S. 127; *Knechel/Krishnan/Pevzner et al.*, Quality, 2013, S. 388. Es fehlt der Bezug zum Prüfungsrisikomodell, die Einschätzungen können fehlerhaft sein und es wird vielmehr ein Verstoß definiert.

[387] Vgl. *DeFond/Zhang*, Auditing, 2014, S. 280.

[388] Vgl. *Leffson*, Wirtschaftsprüfung, 1988, S. 61.

[389] Vgl. *Leffson*, Wirtschaftsprüfung, 1988, S. 66f.

[390] Vgl. *Leffson*, Wirtschaftsprüfung, 1988, S. 67ff.; *Lenz*, Wahl, 1993, S. 214.

[391] Vgl. *Leffson*, Wirtschaftsprüfung, 1988, S. 61.

Bei anderen Definitionen steht die Einhaltung von Normen im Mittelpunkt. Für COPLEY/DOUCET steht Prüfungsqualität im Zusammenhang mit der Einhaltung der Prüfungsnormen.[392] PALMROSE fokussiert sich auf die Rechnungslegungsnormen und umschreibt Prüfungsqualität mit der Wahrscheinlichkeit, dass im Abschluss keine zentralen Sachverhalte ausgelassen sind und er frei von wesentlich unzutreffenden Aussagen ist.[393] Auch KRISHNA/SCHAUER sehen Prüfungsqualität in Abhängigkeit von Rechnungslegungsnormen.[394] Prüfungs- und Rechnungslegungsnormen umfasst die Definition des Government Accountability Office (GAO). Es definiert Prüfungsqualität als die in Übereinstimmung mit den Prüfungsstandards, mit hinreichender Sicherheit gegebene Bestätigung über die Normkonformität von Abschlüssen und deren Freiheit von wesentlichen Fehlern aufgrund von Verstößen (Frauds) oder Unrichtigkeiten (Errors).[395]

DEFOND/ZHANG sehen Prüfungsqualität als „greater assurance that the financial statements faithfully reflect the firm's underlying economics, conditioned on its financial reporting system and innate characteristics."[396] Die Definition geht über das Erkennen von Fehlern im Abschluss hinaus. Die Autoren stellen fest, dass ihre Definition im Einklang mit den Prüfungsstandards aus den USA steht, die von den Abschlussprüfern über die Korrektheit des Abschlusses hinaus die Einschätzung hinsichtlich der Qualität fordern.[397] Auch die Definition von WALLACE geht über die Fehlererkennung hinaus. Prüfungsqualität ist für ihn ein Maß für die Fähigkeit des Prüfers, Störungen und Verzerrungen im Abschluss zu reduzieren und die Präzision und Aussagekraft zu erhöhen.[398]

Die Definition von GAYNOR/KELTON/MERCER ET AL. hat sowohl den Prüfungsprozess als auch das Ergebnis der Prüfung zum Gegenstand. Sie definieren hohe Prüfungsqualität als „one that provides a higher level of assurance that the auditor obtained sufficient appropriate evidence that the financial statements faithfully represent the firm's underlying economics."[399]

Zusammenfassend kommen die wissenschaftliche Literatur, die Standardsetter und die Regulatoren zu dem Ergebnis, dass keine eindeutige Definition von Prüfungsqualität vorhanden ist.[400] Zur Messung werden Surrogate herangezogen, die sich in inputbezogene, d.h. beobachtbare Eingangsgrößen in die Prüfung, und outputbezogene Größen, d.h. Surrogate basierend auf dem Ergebnis der Prüfung, unterscheiden lassen.[401]

---

[392] Vgl. *Copley/Doucet*, Impact, 1993, S. 90.

[393] Vgl. *Palmrose*, Litigation, 1988, S. 56.

[394] Vgl. *Krishnan/Schauer*, Sector, 2000, S. 10.

[395] Vgl. *Government Accounting Office*, Public Accounting, 2003, S. 13.

[396] *DeFond/Zhang*, Auditing, 2014, S. 276.

[397] Vgl. *DeFond/Zhang*, Auditing, 2014, S. 281.

[398] Vgl. *Wallace*, Role, 1980. Zitiert nach *Watkins/Hillison/Morecroft*, Quality, 2004, S. 153.

[399] *Gaynor/Kelton/Mercer et al.*, Understanding, 2016, S. 5.

[400] Vgl. für Standardsetter und Regulatoren, *Financial Reporting Council*, Promoting, 2006, S. 16; *International Organization of Securities Commissions*, Consultation, 2009, S. 3. Für die Forschung *Knechel/Krishnan/Pevzner et al.*, Quality, 2013, S. 388.

[401] Vgl. *DeFond/Zhang*, Auditing, 2014, S. 276.

3.1.2 Inputbezogene Messung von Prüfungsqualität

Die inputbezogenen Größen umfassen die Prüfungshonorare, welche die Vertragsbeziehungen zwischen Prüfer und Mandanten abbilden. Die charakteristischen Merkmale des Prüfers sind die Größe der Prüfungsgesellschaft bzw. die Branchenspezialisierung. Nach DEFOND/ZHANG messen diese Größen die tatsächliche Prüfungsqualität.[402]

Bei Prüfungshonoraren wird angenommen, dass mit hohen Honoraren ein hoher Aufwand verbunden ist, der in Bezug zur Prüfungsqualität steht.[403] Vorteile der Größe sind, dass aufgrund der kontinuierlichen Messung marginale Variationen in der Qualität abgebildet werden und die Honorarmodelle einen hohen Erklärungsgehalt besitzen. Die Prüfungshonorare bilden jedoch nicht ausschließlich den Aufwand ab. Der Anstieg kann auch auf Prämien für risikobehaftete Mandanten[404] und sinkende Prüfungshonorare auf Skaleneffekte[405] zurückzuführen sein. Zudem sind sie das Ergebnis von Angebot und Nachfrage. Somit kann der Aufwand und das Honorar nicht beliebig erhöht werden.[406]

Bei großen Wirtschaftsprüfungsgesellschaften (operationalisiert über die Big N) wird eine höhere tatsächliche Prüfungsqualität vermutet.[407] Dies wird mit der höheren Kompetenz begründet, da z.B. individuelle Fortbildungsmaßnahmen durchgeführt werden.[408] Weiterhin haben die Gesellschaften einen stärkeren Anreiz eine höhere Prüfungsqualität zu erbringen, da bei Bekanntwerden einer mangelhaften Prüfung die Gefahr eines Reputationsschadens besteht und dieser zu einer großen Anzahl an Mandatsverlusten führen kann.[409] Außerdem können hohe Schadensersatzforderungen die Folge sein.[410] Da die Größe mit anderen Maßen für die Prüfungsqualität in Verbindung steht, besitzt sie einen hohen Erklärungsgehalt. Kritisch ist, dass nur zwischen der Prüfungsqualität der Big N und der Non Big N Abschlussprüfer differenziert wird und die Qualität innerhalb der Gruppen als gleich angenommen wird.[411] So können Non Big N Prüfer auf bestimmte Marktsegmente spezialisiert sein und eine hohe Qualität erbringen.[412] Andere Autoren kritisieren die Vermutung der höheren Qualität bei großen Gesellschaften als theoretisch unzureichend fundiert.[413]

Die Branchenspezialisierung steht, analog zu oben, aufgrund der höheren Kompetenz und der stärkeren Anreize für eine höhere Prüfungsqualität.[414] Die Messung erfolgt über den Marktanteil einer Prüfungsgesellschaft innerhalb einer Branche oder über das Verhält-

---

[402] Vgl. *DeFond/Zhang*, Auditing, 2014, S. 285f., 289.

[403] Vgl. *Moizer*, Auditor, 1997, S. 72; *Jany*, Qualität, 2011, S. 33.

[404] Vgl. *DeFond/Zhang*, Auditing, 2014, S. 290.

[405] Vgl. *Simunic*, Pricing, 1980, S. 187f.

[406] Vgl. *DeFond/Zhang*, Auditing, 2014, S. 289f.

[407] Vgl. *DeAngelo*, Size, 1981, S. 184; *Stefani*, Abschlussprüfung, 2002, S. 117.

[408] Vgl. *Sundgren/Svanström*, Size, 2013, S. 37.

[409] Vgl. *DeAngelo*, Size, 1981, S. 193.

[410] Vgl. *Bigus*, Sorgfalt, 2007, S. 62.

[411] Vgl. *DeFond/Zhang*, Auditing, 2014, S. 289.

[412] Vgl. *Lenz*, Wahl, 1993, S. 272f.

[413] Vgl. *Bar-Yosef/Livnat*, Selection, 1984, S. 301.

[414] Vgl. *DeFond/Zhang*, Auditing, 2014, S. 289.

nis der Erlöse des Prüfers in einer Branche zu den Gesamterlösen der Prüfungsgesellschaft.[415] Durch das Maß können Qualitätsunterschiede innerhalb der Differenzierung zwischen Big N und Non Big N Abschlussprüfer, wenn auch wiederum dichotom, analysiert werden.[416] Kritisch ist, dass keine Einigkeit über die Messung besteht und die Forschungsergebnisse damit eingeschränkt vergleichbar sein können.[417]

3.1.3 Outputbezogene Messung von Prüfungsqualität

Outputbezogene Größen messen die Qualität über das Prüfungsergebnis. Die tatsächliche Prüfungsqualität wird über wesentliche Falschaussagen, Haftungsfälle, die Qualität der Finanzberichterstattung und Surrogate, die am Testat anknüpfen, gemessen. Weiterhin sind Surrogate für die wahrgenommene Prüfungsqualität vorhanden.[418]

Bei wesentlichen Falschaussagen im Abschluss wird von einer geringeren Prüfungsqualität ausgegangen. Die Messung erfolgt über Restatements oder Accounting and Auditing Enforcement Releases (AAERs).[419] Bei einem Restatement revidiert das Unternehmen freiwillig oder initiiert durch Aufsichtsbehörden bzw. durch den Abschlussprüfer Informationen im veröffentlichten Abschluss.[420] Wird gegen Normen verstoßen, leitet die SEC ein Verfahren ein und verhängt Sanktionen in Form von AAERs.[421] Vorteile sind die direkte Messung und der geringe Messfehler, da direkt Bezug auf die fehlerhaften Veröffentlichungen genommen wird.[422] Für STANLEY/DEZOORT spiegeln Restatements das tatsächliche Scheitern des Abschlussprüfers wider.[423] Auch auf Seiten der Aufsichtsbehörden werden Restatements als Fehler des Abschlussprüfers gewertet.[424] Für LARCKER/RICHARDSON können Restatements eine Folge von extensiver Bilanzpolitik sein, gegen die der Prüfer nicht eingeschritten ist. Einschränkend können sie auch die Konsequenz eines Abschlussprüfers sein, der seine Ansichten gegenüber dem Unternehmen durchsetzt.[425] Damit kann bei Bekanntwerden des Fehlers nicht automatisch auf eine niedrige Prüfungsqualität geschlossen werden.[426] Zudem können versteckte Betrugsfälle auch nicht mit einer hohen Prüfungsqualität aufgedeckt werden.[427] Weiterhin stellen Restatements und AAERs ein relativ seltenes Ereignis dar, wodurch die allgemeine Übertragbarkeit fraglich ist.[428]

Ein weiteres Surrogat sind Haftungsfälle aufgrund von fehlerhaften Prüfungen. Vorteilhaft an dieser Größe ist, dass eine hohe Messgenauigkeit erzielt wird.[429] Problematisch ist,

---

[415] Vgl. *Neal/Riley*, Specialist, 2004, S. 170.
[416] Vgl. *DeFond/Zhang*, Auditing, 2014, S. 289.
[417] Vgl. *Neal/Riley*, Specialist, 2004, S. 169.
[418] Vgl. *DeFond/Zhang*, Auditing, 2014, S. 285.
[419] Vgl. *DeFond/Zhang*, Auditing, 2014, S. 284.
[420] Vgl. *Mande/Son*, Restatements, 2013, S. 121.
[421] Vgl. *Jany*, Qualität, 2011, S. 119.
[422] Vgl. *DeFond/Zhang*, Auditing, 2014, S. 284.
[423] Vgl. *Stanley/DeZoort*, Effects, 2007, S. 133.
[424] Vgl. *Turner*, Speech, 1999.
[425] Vgl. *Larcker/Richardson*, Choices, 2004, S. 629.
[426] Vgl. *Quick*, Prüfung, 2006, S. 52.
[427] Vgl. *DeFond/Zhang*, Auditing, 2014, S. 284.
[428] Vgl. *Knechel/Krishnan/Pevzner et al.*, Quality, 2013, S. 400f.
[429] Vgl. *Francis*, Quality, 2004, S. 347.

dass nur wenige Haftungsfälle zu beobachten sind. Für den US-amerikanischen Raum stellt PALMROSE 472 Klagen in den Jahren 1960 - 1985 fest.[430] SUNDERDIEK ermittelt für 1954 - 2002 in Deutschland 24 rechtskräftige Urteile aufgrund von Klagen Dritter gegen den Abschlussprüfer, wovon drei zu Schadensersatzzahlungen führten. Klagen des geprüften Unternehmens gegen den Wirtschaftsprüfer traten in weiteren 10 Fällen auf. Eine Verurteilung zu Schadensersatz erfolgte nicht.[431] Aufgrund der geringen Anzahl sind Untersuchungen mit Hilfe dieses Surrogates nur eingeschränkt möglich.[432]

Analysen, die Prüfungsqualität über die Qualität der Finanzberichterstattung messen, nehmen an, dass eine qualitativ hochwertige Abschlussprüfung der Bilanzpolitik entgegen wirkt.[433] Bilanzpolitik ist das „gezielte Ergreifen von Maßnahmen, die Auswirkungen auf den Jahresabschluss haben, um damit die Bilanzadressaten oder Rechtsfolgen zu beeinflussen",[434] wobei innerhalb des rechtlichen Rahmens agiert wird.[435] Die Messung kann durch die Höhe der diskretionären Periodenabgrenzung erfolgen. Regressionsmodelle[436] teilen die gesamte Periodenabgrenzung in einen diskretionären und einen nicht-diskretionären Teil. Es kommen Modelle, wie das Jones-Modell,[437] das Modified-Jones-Modell,[438] das Forward-Looking-Modified-Jones-Modell[439] und die Performance-Adjusted-Jones-Modelle,[440] zur Anwendung. Andere Methoden beinhalten die Qualität der Periodenabgrenzung,[441] das Erreichen von Schwellenwerten,[442] die Ergebnisvolatilität[443] und die konservative Rechnungslegung.[444] Das Surrogat ist geeignet für Analysen, die Prüfungsqualität als die höhere Sicherheit, dass die Unternehmen im Abschluss ein wahrheitsgetreues Bild über die der Vermögens-, Finanz- und Ertragslage vermitteln, interpretieren. Die Möglichkeit der Anwendung auf relativ kleine Stichproben, eine stetige Messung und die Abbildung von Qualitätsunterschieden innerhalb der zulässigen Bilanzierung sind weitere Vorteile. Problematisch ist die ungenaue und verzerrte Messung der Qualität der Finanzberichterstattung.[445]

Über Modifizierungen im Testat kann die Prüfungsqualität abgebildet werden, wobei Studien zwischen allgemeinen Modifikationen und GCM differenzieren. Mit GCM sind Kosten für das Unternehmen verbunden.[446] Daher besitzen die Manager einen Anreiz, den

---

[430] Vgl. *Palmrose*, Litigation, 1988, S. 62.
[431] Vgl. *Sunderdiek*, Regulierung, 2006, S. 107ff.
[432] Vgl. *Jany*, Qualität, 2011, S. 31; *Knechel/Krishnan/Pevzner et al.*, Quality, 2013, S. 398.
[433] Vgl. *DeFond/Zhang*, Auditing, 2014, S. 287.
[434] *Wagenhofer/Ewert*, Externe, 2015, S. 265.
[435] Vgl. *Fischer/Klöpfer*, Bilanzpolitik, 2006, S. 709.
[436] Vgl. daneben auch das Modell von *Healy*, Bonus, 1985, das Random-Walk-Modell von *DeAngelo*, Numbers, 1986 und das Branchenmodell von *Dechow/Sloan/Sweeney*, Detecting, 1995.
[437] Vgl. *Jones*, Management, 1991.
[438] Vgl. *Dechow/Sloan/Sweeney*, Detecting, 1995.
[439] Vgl. *Dechow/Richardson/Tuna*, Examination, 2003.
[440] Die Autoren berücksichtigen die Finanz- und Vermögenslage. Vgl. bspw. *Larcker/Richardson*, Choices, 2004; *Pae*, Accrual, 2005; *Kothari/Leone/Wasley*, Performance, 2005.
[441] Vgl. *Dechow/Dichev*, Quality, 2002.
[442] Vgl. *Burgstahler/Hail/Leuz*, Importance, 2006.
[443] Vgl. *Ahmed/Neel/Wang*, Mandatory, 2013.
[444] Vgl. für einen Überblick *Watts*, Conservatism Part I, 2003; *Watts*, Conservatism Part II, 2003.
[445] Vgl. *DeFond/Zhang*, Auditing, 2014, S. 287f.
[446] Vgl. Kapitel 4.5.2.

Abschlussprüfer anzuhalten einen Bestätigungsvermerk ohne GCM auszustellen. Gibt der Prüfer nach, kann dies eine Gefahr für die Unabhängigkeit und ein Indiz für eine geringe Prüfungsqualität sein.[447] Der Bestätigungsvermerk fällt unmittelbar in den Verantwortungsbereich des Prüfers und ist ein direktes Kommunikationsmittel mit den Abschlussadressaten. Er beinhaltet die Entscheidung des Prüfers und wird eindeutig beobachtet. Ist dieser nicht korrekt, kann direkt auf einen Fehler des Abschlussprüfers geschlossen werden. Daher kann die Prüfungsqualität relativ genau gemessen werden.[448] Da der Inhalt des Bestätigungsvermerks von der Formulierungsentscheidung des Prüfers abhängig ist, kann insbesondere die Unabhängigkeit analysiert werden.[449] Nachteile ergeben sich, da GCM größere Einschränkungen sind und subtilere Variationen in der Prüfungsqualität nicht abgebildet werden. Da GCM nicht in großem Umfang vorhanden sind, können statistische Probleme resultieren, wenn wenige Unternehmen mit GCM einer hohen Anzahl an Unternehmen ohne GCM gegenübergestellt werden. Weiterhin sind GCM nur bei Unternehmen in finanziellen Schwierigkeiten relevant, sodass die allgemeine Übertragbarkeit eingeschränkt ist.[450] Auch Ungenauigkeiten im Bestätigungsvermerk in Form von Typ I und Typ II Fehlern verzerren die Aussagekraft.[451] Typ I Fehler treten auf, wenn der Abschlussprüfer eine GCM erteilt, das Unternehmen jedoch keine Insolvenz anmeldet. Erteilt der Prüfer keine GCM und das Unternehmen meldet Insolvenz an, liegt ein Typ II Fehler vor.[452] Andere Studien werten die Genauigkeit als ein weiteres Maß für eine höhere Prüfungsqualität bei geringeren Fehlerraten.[453]

Ein allgemeines Problem der Messgrößen ist, dass sie an der Finanzberichterstattung anknüpfen. Die Qualität des Abschlusses nach der Prüfung wird von der Prüfungsqualität und von der Qualität des Abschlusses vor der Prüfung bestimmt. Diese ist determiniert durch unternehmensspezifische Eigenschaften, dem Umfeld und dem Rechnungswesen.[454] Wird angenommen, dass die Qualität des Rechnungswesens in zwei Unternehmen gleich ist, es jedoch aufgrund von unternehmensspezifischen Eigenschaften in einem Unternehmen komplexer ist die wirtschaftlichen Verhältnisse abzubilden, kann daraus eine geringere Qualität des ungeprüften Abschlusses resultieren. Bietet der Abschlussprüfer in beiden Unternehmen die gleich hohe Prüfungsqualität an, ist die Wahrscheinlichkeit für ein Restatement bei Unternehmen mit schwierigen unternehmensspezifischen Eigenschaften höher. Die Ursache liegt jedoch nicht in der niedrigen Prüfungsqualität, sondern an den unternehmensspezifischen Eigenschaften.[455]

---

[447] Vgl. *Barkess/Simnett*, Other Services, 1994, S. 101; *DeFond/Zhang*, Auditing, 2014, S. 286f.

[448] Vgl. *Robinson*, Tax, 2008, S. 32; *DeFond/Raghunandan/Subramanyam*, Fees, 2002, S. 1248; *DeFond/Zhang*, Auditing, 2014, S. 287.

[449] Vgl. *Maccari-Peukert*, Externe, 2011, S. 100; *DeFond/Zhang*, Auditing, 2014, S. 287.

[450] Vgl. *DeFond/Zhang*, Auditing, 2014, S. 287.

[451] Vgl. *Maccari-Peukert*, Externe, 2011, S. 102.

[452] Vgl. *Carson/Fargher/Geiger et al.*, Research Synthesis, 2013, S. 366.

[453] Vgl. *Knechel/Krishnan/Pevzner et al.*, Quality, 2013, S. 398f.

[454] Vgl. *Gaynor/Kelton/Mercer et al.*, Understanding, 2016, S. 7.

[455] Vgl. *DeFond/Zhang*, Auditing, 2014, S. 281 - 283.

Ein weiteres Problem der Größen ist, dass die Vorsicht des Prüfers als ein Maß für höhere Qualität gesehen wird. Es besteht jedoch die Möglichkeit, dass diese übermäßig ausfällt und die Qualität gering ist.[456]

Für die Messung der wahrgenommenen Prüfungsqualität nutzt die Literatur Surrogate, wie die Kapitalmarktreaktion, die Abstimmungen bei der Prüferwahl oder die Kapitalkosten. Ein Vorteil ist, dass ein umfassendes Spektrum von Prüfungsqualität abgebildet werden kann. Ein gewichtiger Nachteil ist die indirekte Messung.[457]

3.2 Die Unabhängigkeit bei Abschlussprüfung und Beratung

Wird der Definition von DEANGELO gefolgt, sind die Kompetenz und die Unabhängigkeit die zwei bestimmenden Komponenten der Prüfungsqualität.[458] Im nachfolgenden Abschnitt wird zuerst die Unabhängigkeit definiert. Anschließend werden allgemeine Risiken von gleichzeitiger Prüfung und Beratung aufgezeigt. Mit den Ansätzen aus der Agency- und der Quasirenten-Theorie werden Erklärungsansätze für die Unabhängigkeitsgefährdung vorgestellt. Abschließend werden Maßnahmen erläutert, welche die Unabhängigkeit sichern sollen und empirische Erkenntnisse zur wahrgenommenen und tatsächlichen Unabhängigkeit in Deutschland vorgestellt.

3.2.1 Definition von Unabhängigkeit

Es wird zwischen tatsächlicher (Independence in fact), wobei von Regulatoren synonym der Begriff der inneren Unabhängigkeit (Independence in mind) verwendet wird,[459] und wahrgenommener Unabhängigkeit (Independence in appearance) differenziert.[460] Die IFAC sieht die beiden Komponenten als Grundlage für ein Urteil des Prüfers an, das frei von Verzerrungen, Einflüssen und Interessenkonflikten ist und das von den Adressaten auch als solches empfunden wird.[461]

Independence in fact/mind liegt vor, wenn die innere Einstellung des Wirtschaftsprüfers „ausschließlich die zur Erfüllung vorliegenden auftragsrelevanten Aspekte in Betracht zieht."[462] Die innere Überzeugung und das Prüfungsurteil stimmen überein. Der Abschlussprüfer ist in der Lage, die Prüfung objektiv und mit der erforderlichen kritischen Grundhaltung und Integrität durchzuführen und ein fachgerechtes Urteil, das frei von Einflüssen ist, zu fällen.[463] Die WPK greift diesen Aspekt der Unabhängigkeit in § 2 (1) BS WP/vBP

---

[456] Vgl. *DeFond/Zhang*, Auditing, 2014, S. 287.

[457] Vgl. *DeFond/Zhang*, Auditing, 2014, S. 288.

[458] Vgl. *DeAngelo*, Size, 1981, S. 186.

[459] Vgl. *SEC*, Final Rule, 2001; *EU*, Unabhängigkeit, 2002, S. 34.

[460] Vgl. *Pott/Mock/Watrin*, Review, 2009, S. 212. Für einen Überblick über die verschiedenen Definitionen aus regulatorischer Sicht vgl. *Bauer*, Unabhängigkeit, 2004, S. 41; *Sattler*, Vereinbarkeit, 2011, S. 42f.

[461] Vgl. *IFAC*, Ethics, 2015, Rn. 280.2.

[462] *EU*, Unabhängigkeit, 2002, S. 34.

[463] Vgl. *IFAC*, Ethics, 2015, Rn. 290.6 (a).

auf. Danach dürfen Prüfer Bindungen, „die ihre berufliche Entscheidungsfreiheit beeinträchtigen oder beeinträchtigen können", nicht eingehen. Allerdings ist es nicht ausreichend, dass der Abschlussprüfer unabhängig ist. Er muss auch unabhängig erscheinen.[464]

Independence in appearance setzt voraus, dass Umstände und Tatsachen, „die so schwer ins Gewicht fallen, dass ein sachverständiger und informierter Dritter die Fähigkeit des Abschlussprüfers zur objektiven Wahrnehmung seiner Aufgaben in Zweifel ziehen würde"[465], vermieden werden. Das HGB erfasst diesen Sachverhalt in § 319 (2) HGB unter der „Besorgnis der Befangenheit". Auch die WPK stellt im Einklang mit der Definition der EU-Kommission fest, dass die Besorgnis vorliegt, wenn Umstände einen sachverständigen Dritten an der sachgemäßen Urteilsbildung zweifeln lassen.[466]

3.2.2 Risiken und Chancen bei gleichzeitiger Prüfung und Beratung

Risiken für die Unabhängigkeit sind die Parteilichkeit, die Selbstprüfung, die persönliche Vertrautheit, die Gefahr des Eigeninteresses und die Gefahr der Einschüchterung.[467] Für die Vereinbarkeit von Prüfung und Beratung sprechen geringere Transaktionskosten und Synergieeffekte durch Knowledge Spillovers.[468] Um die Problematik der Unabhängigkeit angemessen zu beurteilen, muss zwischen der Ebene des individuellen Prüfers, des Prüfungsteams, der Niederlassung, der nationalen Gesellschaft und des Prüfungs- und Beratungsverbundes unterschieden werden. So kann die Niederlassung von einem Mandanten finanziell abhängig sein, die nationale Gesellschaft jedoch nicht.[469]

Parteilichkeit (Advocacy Threat) kann durch die Identifikation mit den Interessen des Managements entstehen. Das dem Beratungsauftrag zugrunde liegende Vertrauensverhältnis und die damit verbundene Übernahme von Einstellungen, Zielen und Werten des Managements können zu einer höheren Kompromissbereitschaft führen als bei einem reinen Prüfungsauftrag. Damit kann die objektive Bewertung der Sachverhalte eingeschränkt sein.[470] Für den Prüfer entsteht ein Problem durch „Serving Two Masters",[471] denn er ist durch Prüfung und Beratung sowohl dem jeweiligen Kontrollorgan und der Öffentlichkeit als auch dem Management verpflichtet.[472]

Mit der Selbstprüfung (Self-Review Threat) wird die Situation beschrieben, in welcher der Prüfer Sachverhalte beurteilt, auf die er beratend Einfluss genommen hat.[473] Dies kann auf den Abschlussprüfer psychologische und wirtschaftliche Auswirkungen haben. Der psychologische Effekt kann im Vermeiden von kognitiven Dissonanzen bestehen. Erkenntnisse

---

[464] Vgl. *Wines*, Note, 1994, S. 76; *Quick/Warming-Rasmussen*, Unabhängigkeit, 2007, S. 1008.

[465] *EU*, Unabhängigkeit, 2002, S. 34. In ähnlicher Weise *IFAC*, Ethics, 2015, Rn. 290.6 (b).

[466] Vgl. § 29 (3) S. 1 BS WP/vBP.

[467] Vgl. *EU*, Unabhängigkeit, 2002, S. 37; *Deutscher Bundestag*, Gesetzentwurf BilReG, 2004, S. 38; *IFAC*, Code of Ethics, 2015, Rn. 100.12; §§ 32 - 36 BS WP/vBP.

[468] Vgl. *Barkess/Simnett*, Other Services, 1994, S. 101; *Nguyen*, Sicht, 2005, S. 17; *Svanström/Sundgren*, Demand, 2012, S. 55.

[469] Vgl. *Reynolds/Francis*, Size, 2000, S. 378f.; *Lenz/Bauer/Auerbacher*, Unabhängigkeit, 2006, S. 181.

[470] Vgl. *Fleischer*, Doppelmandat, 1996, S. 760.

[471] *Levitt*, Renewing, 2000.

[472] Vgl. *Bormann*, Aufgabe, 2002, S. 193.

[473] Vgl. *IFAC*, Code of Ethics, 2015, Rn. 100.12 (b); § 33 (1) BS WP/vBP.

aus der Prüfung werden unbewusst unterdrückt, wenn sie im Gegensatz zu den Empfehlungen der Beratung stehen.[474] Wirtschaftlich kann das Eingestehen von Beratungsfehlern zu einem Reputationsverlust und zum Verlust von Folgeaufträgen führen.[475] Weiterhin können Ansprüche des Mandanten aus der im Rahmen der Prüfung aufgedeckten fehlerhaften Beratung resultieren, die der Abschlussprüfer vermeiden möchte.[476]

Die persönliche Vertrautheit (Familiarity Threat) liegt vor, wenn „enge persönliche Beziehungen zu dem zu prüfenden, zu begutachtenden oder den Auftrag erteilenden Unternehmen, den Mitgliedern der Unternehmensleitung oder Personen, die auf den Prüfungsgegenstand Einfluss haben",[477] bestehen. Für eine erfolgreiche Beratungstätigkeit ist es erforderlich, sich intensiv mit den Werten des Managements auseinanderzusetzen. Es kann ein Vertrauensverhältnis entstehen, das die Objektivität und die kritische Grundhaltung zu Gunsten des Mandanten verzerrt.[478] Auch freundschaftliche bzw. verwandtschaftliche Verhältnisse, oder wenn andere Mandanten des Prüfers im Aufsichtsrat des Unternehmens sitzen, können diese Gefahr begründen.[479]

Ein Eigeninteresse (Self-Interest Threat) kann aus finanziellen Interessenskonflikten entstehen, wenn aus der Prüfung und Beratung bedeutsame Einnahmen erzielt werden.[480] Werden Prüfungsleistungen unter den Selbstkosten angeboten, wird davon ausgegangen, dass mit einer Kompensation durch zukünftige Prüfungs- und Beratungsleistungen gerechnet wird. Aufgrund des drohenden Umsatzverlustes und dem Erfordernis, zukünftige Erträge erzielen zu müssen, besteht für den Prüfer der Anreiz, im Sinne der Unternehmensführung zu handeln.[481] Wird der Prüfer durch den Mandanten unter Druck gesetzt, indem mit dem Entzug von Aufträgen gedroht wird, besteht die Gefahr der Einschüchterung (Intimidation Threat).[482] Weitere Konflikte können aus der Beteiligungen des Prüfers am Unternehmen mit Aktien oder Anleihen und dem damit einhergehenden Interesse am wirtschaftlichen Erfolg des Mandanten[483] oder aufgrund von ausstehenden Honoraren aus vorangehenden Prüfungen entstehen.[484]

Als Vorteil sinken die Transaktionskosten, da beim Abschlussprüfer und beim Mandanten geringere Suchkosten anfallen. Durch den Mandanten kann die Qualität der Nichtprüfungsleistungen eingeschränkt beurteilt werden.[485] Eine zusätzliche Schwierigkeit ist, dass es für den Beruf des Beraters keine normierten Anforderungen gibt.[486] Für die Abschlussprüfung gelten hohe Zugangsvoraussetzungen, wie Berufsexamina und Praxiserfahrung.[487] Daher kann auf die gleichen Qualitätsmerkmale, die bei der Auswahl des Abschlussprüfers

---

[474] Vgl. *Richter*, Inkompatibilität, 1977, S. 24; *Lenz/Bauer/Auerbacher*, Unabhängigkeit, 2006, S. 180.

[475] Vgl. *Lenz/Bauer/Auerbacher*, Unabhängigkeit, 2006, S. 192.

[476] Vgl. *Richter*, Inkompatibilität, 1977, S. 27.

[477] § 35 BS WP/vBP.

[478] Vgl. *Richter*, Inkompatibilität, 1977, S. 25; *Röhricht*, Unabhängigkeit, 2001, S. S80.

[479] Vgl. *Bormann*, Aufgabe, 2002, S. 194.

[480] Vgl. *Wines*, Note, 1994, S. 76; *EU*, Unabhängigkeit, 2002, S. 37.

[481] Vgl. *Bormann*, Aufgabe, 2002, S. 192.

[482] Vgl. *Umlauf*, Prüfung, 2013, S. 59.

[483] Vgl. *IFAC*, Code of Ethics, 2015, Rn. 340.1.

[484] Vgl. § 32 (2) Nr. 2 BS WP/vBP.

[485] Vgl. *Svanström/Sundgren*, Demand, 2012, S. 55.

[486] Vgl. *Steiner*, Controller, 1991, S. 475.

[487] Vgl. *Emmerich*, Grundlage, 1988, S. 645; §§ 1, 8, 9 WPO.

herangezogen wurden und auf die bei der Abschlussprüfung gemachten Erfahrungen, zurückgegriffen werden.[488] Folglich sinken die Gesamtkosten beim Erwerb beider Leistungen[489] und es besteht eine geringere Unsicherheit als bei anderen Beratern.[490]

Synergieeffekte durch Knowledge Spillovers entstehen, da die Prüfung und die Beratung auf eine überschneidende Informationsgrundlage zurückgreifen und gleichartige Qualifikationen benötigt werden.[491] Beispielsweise sind die Informationen zur Prüfung des internen Kontrollsystems mit denen ähnlich, die zur Verbesserung oder Installation des Systems erforderlich sind.[492] Bei langfristigen strategischen Entscheidungen ist die Gesamtsituation des Unternehmens, auch im Vergleich zu anderen Unternehmen, einzuschätzen. Durch die Tätigkeit bei verschiedenen Unternehmen können Vorteile beim Abschlussprüfer vorliegen. Unternehmen in finanziellen Schwierigkeiten können auf die Erfahrung bei der Krisenbewältigung zurückgreifen.[493] Die Kosten für die Nichtprüfungsleistungen sinken beim Abschlussprüfer, da vorhandene Informationen nicht neu beschafft werden müssen. Wird ein Wettbewerbsmarkt vorausgesetzt, werden Teile der Kostenersparnis auf den Mandanten übertragen.[494] Es können auch positive Effekte auf die Prüfung entstehen, wenn die erlangten Kenntnisse bei der Beratung zu einer zielgerichteten Prüfung führen.[495]

3.2.3 Erklärungen aus der Agency-Theorie zur Unabhängigkeitsgefährdung

Durch die Bestellung eines Abschlussprüfers können die Informationsasymmetrien und die damit einhergehenden Agency-Kosten verringert und die Glaubwürdigkeit der Informationen erhöht werden.[496] Es besteht jedoch auch zwischen Abschlussprüfer und Eigner eine Prinzipal-Agenten-Beziehung.[497]

Die Eigner (Prinzipal) bestellen den Prüfer (Agent) und beauftragt ihn, ein Testat über den Abschluss auszustellen. Vor Vertragsabschluss kann der Prüfer seine Eigenschaften hinsichtlich der Qualifikation, Befangenheit bzw. personelle oder finanzielle Verflechtungen mit dem Unternehmen verbergen (hidden characteristics).[498] Nach Vertragsabschluss hat der Prüfer durch seine Tätigkeit einen besseren Einblick in das Unternehmen als die Anteilseigner. Ist der Prüfer opportunistisch und nutzt seine Informationsvorteile gegenüber den Anteilseignern aus, kann er den Prüfungsaufwand reduzieren oder eine unzureichende Prüfung durchführen, ohne dass die Eigner dies erkennen (hidden action).[499] Ein

---

[488] Vgl. *Steiner*, Controller, 1991, S. 475.

[489] Vgl. *Arrunada*, Provision, 1999, S. 514.

[490] Vgl. *Emmerich*, Grundlage, 1988, S. 638; *Svanström/Sundgren*, Demand, 2012, S. 55.

[491] Vgl. *Steiner*, Controller, 1991, S. 476.

[492] Vgl. *Emmerich*, Grundlage, 1988, S. 640; *Arrunada*, Provision, 1999, S. 514.

[493] Vgl. *Emmerich*, Grundlage, 1988, S. 641ff.

[494] Vgl. *Svanström/Sundgren*, Demand, 2012, S. 59.

[495] Vgl. *Steiner*, Controller, 1991, S. 477.

[496] Vgl. Kapitel 2.3.2.

[497] Vgl. *Antle*, Economic Agent, 1982, S. 503f.

[498] Vgl. *Herzig/Watrin*, Rotation, 1995, S. 785.

[499] Vgl. *Herzig/Watrin*, Rotation, 1995, S. 790f.; *Quick/Sattler*, Agency Kosten, 2009, S. 219; *Quick/Sattler*, Beratungsleistungen, 2011, S. 312.

weiteres Problem ist, dass die Eigentümer im Vorhinein nicht wissen, wie sich der Abschlussprüfer im Laufe der Leistungsbeziehung verhält und durch unumkehrbare Investitionen ein Abhängigkeitsverhältnis entstehen kann (hidden intention).[500]

ANTLE berücksichtigt in seinem Modell zur Unabhängigkeit sowohl die Prinzipal-Agenten-Beziehung zwischen Eigner und Manager als auch die zwischen Eigner und Abschlussprüfer.[501] Zuerst legt der Eigner die Verträge für die Entlohnung und damit die Anreize für den Manager und den Abschlussprüfer fest. Anschließend entscheiden die beiden Agenten gleichzeitig über ihren Arbeitseinsatz und die Art des Berichts an den Prinzipal. Im Rahmen dieses Teilspiels wählen der Manager und der Abschlussprüfer ihre Strategie unter Berücksichtigung der jeweils erwarteten Strategie des anderen. Hierbei resultieren mehrere Nash-Gleichgewichte. Um zwischen den Gleichgewichten zu wählen, führt ANTLE die Unabhängigkeit in drei Stufen ein. Starke Unabhängigkeit liegt vor, wenn der Abschlussprüfer das vom Eigner bevorzugte Gleichgewicht auswählt. In Abstufung dazu wählt ein unabhängiger Abschlussprüfer das Gleichgewicht erst unter Berücksichtigung seines Nutzens und beachtet anschließend den Nutzen des Eigners. Der Abschlussprüfer ist hingegen nicht unabhängig bei Annahme von Zahlungen des Managements und dem Verschweigen von Unregelmäßigkeiten bei der Abschlussprüfung.[502] Diese Zahlungen können die Vergabe von Nichtprüfungsleistungen durch das Management an den Prüfer darstellen.[503] Gehen die Eigner von einem stark unabhängigen Prüfer aus, zeigt ANTLE, dass der Prüfer seinen Nutzen steigern kann, indem er unabhängig, statt stark unabhängig ist.[504] Eine weitere Nutzensteigerung erzielt der Prüfer durch die Aufgabe der Unabhängigkeit und der Annahme von Seitenzahlungen, wenn dies von den Eignern nicht antizipiert wird.[505] Grundsätzlich zeigt der Autor, dass der Abschlussprüfer seinen Nutzen steigert, wenn er von der Unabhängigkeitserwartung abweicht. Daraus kann ein Verbot von Nichtprüfungsleistungen abgeleitet werden, um die Nebenzahlungen zu verhindern.[506]

Einschränkend merkt ANTLE an, dass die Eigner den Prüfer nur wählen, wenn dieser zumindest unabhängig im Sinne des Modells handelt.[507] Durch die einperiodische Betrachtungsweise wird vernachlässigt, dass der Prüfer auch in zukünftigen Perioden Verträge abschließen muss. Reputationsverluste, drohende Sanktionen und die erschwerten Bedingungen bei zukünftigen Vertragsabschlüssen stärken die Unabhängigkeit.[508]

Entscheidend ist, dass das Fehlverhalten erkannt und beanstandet wird.[509] Ein Anhaltspunkt sind die finanziellen Beziehungen zwischen den Beteiligten. Aus diesem Grund ist es erforderlich, dass die Prüfungs- und Beratungshonorare veröffentlicht werden.[510]

---

[500] Vgl. *Herzig/Watrin*, Rotation, 1995, S. 791f. Diese Gefahr kann auch auf Seiten des Prüfers bestehen. Vgl. hierzu Low-Balling in Kapitel 3.2.4.
[501] Vgl. *Antle*, Independence, 1984, S. 2.
[502] Vgl. *Wiemann*, Prüfungsqualität, 2011, S. 162.
[503] Vgl. *Antle*, Independence, 1984, S. 16.
[504] Vgl. *Antle*, Independence, 1984, S. 13f.
[505] Vgl. *Antle*, Independence, 1984, S. 14ff.
[506] Vgl. *Lange*, Beratung, 1994, S. 88f.
[507] Vgl. *Antle*, Independence, 1984, S. 15.
[508] Vgl. *Antle*, Independence, 1984, S. 16f.
[509] Vgl. *Lange*, Beratung, 1994, S. 88.
[510] Vgl. *Quick*, Abschlussprüfung, 2002, S. 630.

3.2.4 Erklärungen aus der Quasirenten-Theorie zur Unabhängig-keitsgefährdung

DEANGELO führt an, dass die Bedenken von Regulatoren über den negativen Einfluss von Low-Balling, d.h. das Honorar für Erstprüfungen liegt unter den Kosten, auf die Unabhängigkeit ohne Kenntnis der Zusammenhänge geäußert werden.[511] Die nachfolgenden modelltheoretischen Analysen versuchen, diese herzustellen.

Im Modell von DEANGELO besitzen alle Prüfer annahmegemäß in der ersten Periode die gleichen Eigenschaften[512] und stehen sich auf dem Wettbewerbsmarkt gegenüber. Das Modell betrachtet unendlich viele Perioden ($t = 1, 2,\ldots, \infty$). Die Kosten der Prüfung (P_t) und das Honorar (H_t) ist ab der zweiten Periode konstant ($H_2 = H_3 = \ldots = H_\infty = H$) bzw. ($P_2 = P_3 = \ldots = P_\infty = P$). Für Erstprüfungen fallen zusätzliche Kosten (P_α) an.[513] Diese können den Aufwand durch die Einarbeitung in die unternehmensspezifischen Gegebenheiten widerspiegeln.[514] Der Prüfer kann jedes Jahr neu bestimmt werden.[515] Wechselt das Unternehmen den Prüfer, fallen Kosten (PW) an, die vom Mandanten getragen werden.[516]

Im Modell wird erst das Honorar für die Folgeprüfungen bestimmt. Deckt das Honorar nicht die Kosten, wird der Prüfer das Folgemandat nicht annehmen. Die Honorarunter-grenze sind daher die Kosten der Folgeprüfung. Die Kosten der Erstprüfung sind für die Entscheidung nicht relevant (versunkene Kosten).[517] Die Honorarobergrenze resultiert aus den Prüferwechselkosten und den Kosten der Erstprüfung.

Ist der Barwert der Honorare des amtierenden Prüfers kleiner als der Barwert der Prüfungskosten von anderen Prüfern zuzüglich der Prüferwechselkosten, erfolgt kein Wechsel. Durch den Wettbewerb wird sichergestellt, dass keine Gewinne erzielt werden. Es gilt:[518]

$$H + \frac{H}{i} < P + \frac{P}{i} + PW + p_\alpha, \text{ mit i als sicherem Zins.}$$

Nach Umstellung ergibt sich als maximales Honorar (H^*), das den Prüferwechsel verhindert:[519]

$$H^* = P + \frac{i(PW + p_\alpha)}{1 + i} - \varepsilon, \text{ mit } \varepsilon \text{ als beliebig kleine positive Zahl.}$$

Sind PW und P_α größer Null, besteht eine Quasirente in Höhe der Differenz zwischen Honorar und den Kosten der Folgeprüfung. Der Barwert dieser Quasirente (BW(QR)) ist in der ersten Periode:[520]

---

[511]   Vgl. *DeAngelo*, Low-Balling, 1981, S. 113f. Für die Notation vgl. *Lenz*, Wahl, 1993, S. 237 - 240.

[512]   Vgl. *Lenz*, Low-Balling, 1991, S. 181; *Stefani*, Abschlussprüfung, 2002, S. 110f.

[513]   Vgl. *DeAngelo*, Low-Balling, 1981, S. 119f.

[514]   Vgl. *Lenz*, Wahl, 1993, S. 237.

[515]   Vgl. *Ostrowski/Söder*, Beratungsaufträgen, 1999, S. 556.

[516]   Vgl. *DeAngelo*, Low-Balling, 1981, S. 120.

[517]   Vgl. *Lenz*, Wahl, 1993, S. 238.

[518]   Vgl. *Lenz*, Wahl, 1993, S. 238.

[519]   Vgl. *Lenz*, Wahl, 1993, S. 239; *Bauer*, Unabhängigkeit, 2004, S. 133; *Sattler*, Vereinbarkeit, 2011, S. 141.

[520]   Vgl. *Ostrowski/Söder*, Beratungsaufträgen, 1999, S. 557. Bei den Autoren entfällt ε, da sie davon ausgehen, dass der Mandant z.B. aufgrund von Treue auch bei Gleichheit den Prüfer nicht wechselt. Vgl. *Bauer*, Unabhängigkeit, 2004, S. 133; *Sattler*, Vereinbarkeit, 2011, S. 142.

$$BW(QR) = \frac{H^* - P}{i} = \frac{PW + p_\alpha}{1 + i} - \frac{\varepsilon}{i}$$

Diese wird im Wettbewerb um Erstprüfungen eingesetzt und das Honorar ist in t = 1 um den Wert geringer als die Erstprüfungskosten.[521] Ab der zweiten Periode kann das Unternehmen mit der Beendigung des Mandats und dem Entzug der Quasirente drohen. Dies kann eine Gefahr für die Unabhängigkeit darstellen. Low-Balling ist das Ergebnis aus der Annahme des vollkommenen Wettbewerbs.[522]

OSTROWSKI/SÖDER erweitern das Modell um Beratungsleistungen, die durch den amtierenden Prüfer oder einen externen Berater erbracht werden. Die Autoren erwarten Synergieeffekte aus der Prüfung für die Kosten der Beratung. Daher liegen die Beratungskosten (B^S) unter denen von externen Beratern (B). Da für die Realisierung der Effekte zumindest eine Abschlussprüfung erforderlich ist, stellen sich die Synergien ab t = 2 ein. Sind externe Berater länger als eine Periode im Unternehmen tätig, können auch diese Kostenvorteile realisieren.[523] Synergieeffekte der Beratung auf die Prüfung werden nicht betrachtet. Wie bei DEANGELO nehmen die Autoren unendlich wiederholende Beratungsleistungen an.[524] Das kombinierte Honorar aus Prüfung und Beratung ($H^{P + B^S}$) ergibt sich aus:[525]

$$H^{P + B^S} + \frac{H^{P + B^S}}{i} < P + \frac{P}{i} + PW + p_\alpha + B + \frac{B^S}{i}$$

Der Prüfer kann einen Wechsel verhindern, wenn der Barwert kleiner ist als die Summe aus dem Barwert der Prüfungskosten anderer Prüfer, dem Barwert der Kosten externer Berater und den Prüferwechselkosten. Damit gilt für das maximale kombinierte Honorar $H^{*P + B^S}$:[526]

$$H^{*P + B^S} = P + \frac{i \cdot (p_\alpha + PW)}{1 + i} + \frac{B \cdot i + B^S}{1 + i} - \varepsilon, \text{ mit } \varepsilon \text{ als beliebig kleine positive Zahl.}$$

Die Quasirente ist die Differenz aus kombiniertem Prüfungs- und Beratungshonorar und den Kosten der Prüfung und Beratung unter Berücksichtigung von Synergieeffekten. Der Barwert ($BW(QR)^{B^S}$) beträgt in t = 1:[527]

$$BW(QR)^{B^S} = \frac{H^{*P + B^S} - P - B^S}{i} = \frac{p_\alpha + PW}{1 + i} + \frac{B - B^S}{1 + i} - \frac{\varepsilon}{i}$$

Der Barwert steigt im Vergleich zum Ausgangsmodell von DEANGELO um den diskontierten Wert des Beratungsvorteils an. Dies ermöglicht es, dem Prüfer sein Honorar für

[521] Vgl. *Lenz*, Wahl, 1993, S. 239; *Stefani*, Abschlussprüfung, 2002, S. 114.
[522] Vgl. *Ostrowski/Söder*, Beratungsaufträgen, 1999, S. 558; *Stefani*, Abschlussprüfung, 2002, S. 115; *Bauer*, Unabhängigkeit, 2004, S. 134.
[523] Vgl. *Bauer*, Unabhängigkeit, 2004, S. 133.
[524] Vgl. *Ostrowski/Söder*, Beratungsaufträgen, 1999, S. 559f. In einer Modellvariation wird von den Autoren auch ein Zeitraum von zwei Perioden analysiert.
[525] Vgl. *Ostrowski/Söder*, Beratungsaufträgen, 1999, S. 561, wobei die Autoren die Honorare für Prüfung und Beratung getrennt angeben; *Sattler*, Vereinbarkeit, 2011, S. 149.
[526] Vgl. *Ostrowski/Söder*, Beratungsaufträgen, 1999, S. 561.
[527] Vgl. *Ostrowski/Söder*, Beratungsaufträgen, 1999, S. 561.

Erstleistungen zu senken.[528] Wird die mandantenspezifische Quasirente betrachtet, steigt das Drohpotenzial für das Management und damit die mögliche Gefährdung der Unabhängigkeit.[529]

BAUER führt in die Modellstruktur wechselseitige Synergieeffekte zwischen Prüfung und Beratung ein. Die nach der Erstprüfung bzw. Erstberatung realisierten niedrigen Prüfungskosten werden mit P^s bezeichnet. In analoger Weise resultiert das kombinierte Honorar aus Prüfung und Beratung bei zweiseitigen Synergieeffekten ($H^{P^S + B^S}$) als Preisobergrenze, welche die Konkurrenten nicht unterbieten können:[530]

$$H^{P^S + B^S} + \frac{H^{P^S + B^S}}{i} < P + \frac{P^S}{i} + PW + p_\alpha + B + \frac{B^s}{i}$$

Analog ergibt sich durch Umformung das maximale kombinierte Honorar ($H^{*P^S + B^S}$) und der Barwert der Quasirente ($BW(QR)^{P^S + B^S}$) wie folgt:[531]

$$H^{*P^S + B^S} = \frac{i \cdot (p_\alpha + PW)}{1 + i} + \frac{P \cdot i + P^S}{1 + i} + \frac{B \cdot i + B^S}{1 + i} - \varepsilon$$

$$BW(QR)^{P^S + B^S} = \frac{H^{P^S + B^S} - P^S - B^S}{i} = \frac{p_\alpha + PW}{1 + i} + \frac{B - B^S}{1 + i} + \frac{P - P^S}{1 + i} - \frac{\varepsilon}{i}$$

Der Barwert der Quasirente ist um den diskontierten Prüfungskostenvorteil des amtierenden Prüfers größer als der Wert bei einseitigen Synergieeffekten. Der Low-Balling Effekt nimmt weiter zu.[532]

BECK/FRECKA/SOLOMON differenzieren zwischen wiederkehrenden und einmaligen Beratungsleistungen, jeweils mit und ohne Spillovereffekten. Im Modell entstehen Erstberatungskosten (b_α) und Kosten des Beraterwechsels (BW). Die Spillovereffekte sind wechselseitig und schlagen sich in den laufenden Prüfungskosten (P), der Beratung (B) oder in den Erstkosten (p_α, b_α) nieder. Daher muss jede der Kostenkomponenten mit Spillovereffekten (p_α^S, b_α^S, P^S, B^S) gleich hoch wie die jeweilige Kostenkomponente ohne Spillovereffekte und zumindest eine der Komponenten strikt kleiner sein.[533] Im Weiteren entspricht die Grundstruktur dem Modell von DEANGELO.[534]

---

[528]   Vgl. *Ostrowski/Söder*, Beratungsaufträgen, 1999, S. 561.
[529]   Vgl. *Bauer*, Unabhängigkeit, 2004, S. 139; *Sattler*, Vereinbarkeit, 2011, S. 150.
[530]   Vgl. *Bauer*, Unabhängigkeit, 2004, S. 140.
[531]   Vgl. *Bauer*, Unabhängigkeit, 2004, S. 140f.
[532]   Vgl. *Bauer*, Unabhängigkeit, 2004, S. 142; *Sattler*, Vereinbarkeit, 2011, S. 151.
[533]   Vgl. *Beck/Frecka/Solomon*, Knowledge, 1988, S. 53.
[534]   Vgl. *Lenz*, Wahl, 1993, S. 247.

Mit der gleichen Vorgehensweise wie im Modell von DEANGELO ermitteln die Autoren für die jeweiligen Fälle die folgenden Barwerte (vgl. Tabelle 12) der Quasirenten:

	Grundfall Ohne Beratung	Fall 1 Ohne Spillovereffekte	Fall 2 Mit Spillovereffekte
Barwert der Quasirente	$\dfrac{p_\alpha + PW - \varepsilon}{1 + i}$	$\dfrac{p_\alpha + b_\alpha + PW + BW - \varepsilon}{1 + i}$	$\dfrac{p_\alpha^S + b_\alpha^S + PW + BW - \varepsilon}{1 + i}$

Tabelle 12: Barwerte der Quasirenten nach BECK/FRECKA/SOLOMON bei wiederkehrender Beratung.

Bei wiederkehrenden Beratungsleistungen ohne Spillovereffekte steigt der Barwert der Quasirente und der Low-Balling Effekt im Vergleich zum Fall ohne Beratung an, wenn Erstberatungskosten oder Beraterwechselkosten vorhanden sind (vgl. Fall 1 und Grundfall).[535] Mit Spillovereffekten ist der Barwert geringer als ohne Spillovereffekte, da $p_\alpha^S + b_\alpha^S < p_\alpha + b_\alpha$ gilt (vgl. Fall 2 und Fall 1). Die Auswirkungen von Spillovereffekten auf den Barwert gegenüber dem Szenario bei ausschließlicher Abschlussprüfung resultieren durch den Vergleich von Fall 2 und dem Grundfall. Die Veränderung ist die Differenz von Barwert der Quasirente mit Spillovereffekte $BW(QR)^{PB^S}$ und dem Barwert bei reiner Prüfung $BW(QR)^P$:[536]

$$BW(QR)^{PB^S} - BW(QR)^P = \frac{p_\alpha^S + b_\alpha^S + PW + BW - \varepsilon}{1 + i} - \frac{p_\alpha + PW - \varepsilon}{1 + i} = \frac{p_\alpha^S - p_\alpha + b_\alpha^S + BW}{1 + i}$$

Ist die Differenz aus den Erstprüfungskosten ohne und mit Spillovereffekte größer als die Erstberatungskosten mit Kostenvorteilen und den Kosten eines Beraterwechsels $(p_\alpha - p_\alpha^S > b_\alpha^S + BW)$, ist die Quasirente kleiner als bei ausschließlicher Abschlussprüfung. Liegt der umgekehrte Fall vor $(p_\alpha - p_\alpha^S < b_\alpha^S + BW)$, steigt die Quasirente an.[537]

Als weitere Variante betrachten die Autoren den Fall, dass die Beratungsleistungen einmalig in der ersten Periode erbracht werden (vgl. Tabelle 13). Innerhalb dieser Abwandlung wird unterschieden, ob die Spillovereffekte auf die zukünftigen Prüfungskosten oder nur auf die Erstprüfungskosten wirken.[538]

---

[535] Vgl. *Beck/Frecka/Solomon*, Knowledge, 1988, S. 56.

[536] Vgl. *Beck/Frecka/Solomon*, Knowledge, 1988, S. 58.

[537] Vgl. *Beck/Frecka/Solomon*, Knowledge, 1988, S. 58.

[538] Vgl. *Beck/Frecka/Solomon*, Knowledge, 1988, S. 59; *Lenz*, Wahl, 1993, S. 248 hat Zweifel an der Relevanz, da nicht ersichtlich ist, weshalb einmalige Beratungsleistungen zu dauerhaften Kostenvorteilen in der Prüfung führen sollen.

	Grundfall Ohne Beratung	Fall 3 Spillovereffekte nur bei Erstprüfung	Fall 4 Spillovereffekte bei zukünftigen laufenden Prüfungskosten
Barwert der Quasirente	$\dfrac{p_\alpha + PW - \varepsilon}{1 + i}$	$\dfrac{p_\alpha + PW - \varepsilon}{1 + i}$	$\dfrac{p_\alpha + \dfrac{(P - P^S)(1 + i)}{i} + PW - \varepsilon}{1 + i}$

Tabelle 13: Barwerte der Quasirenten nach BECK/FRECKA/SOLOMON bei einmaliger Beratung.

Bei Spillovereffekten, die auf die laufenden zukünftigen Prüfungskosten wirken (Fall 4), steigt der Barwert der Quasirente an. Wirken die Effekte nur auf die Erstprüfungskosten, (Fall 3) resultiert, da $P - P^S = 0$ gilt, die gleiche Höhe des Barwertes wie ohne zusätzliche Beratung (Grundfall).[539]

Ausgehend von DEANGELO, zeigt die Erweiterung von OSTROWSKI/SÖDER, dass bei Spillovereffekten von Prüfung auf Beratung der Barwert der Quasirente ansteigt (vgl. Tabelle 14). Sind diese wechselseitig, erhöhen diese sich nach BAUER weiter. BECK/FRECKA/SOLOMON ermitteln differenziertere Ergebnisse. Bei wiederkehrenden Beratungsleistungen ohne Spillovereffekte (Fall 1) steigt der Barwert mit vorhandenen Erstberatungskosten oder Kosten des Beraterwechsels an. Mit Spillovereffekte ist ein Anstieg oder eine Verringerung möglich (Fall 2). Werden Beratungsleistungen einmalig erbracht und liegen Spillovereffekte nur bei den Erstprüfungskosten vor, bleibt der Barwert unverändert (Fall 3). Gehen von den einmaligen Beratungsleitungen Spillovereffekte auf zukünftige laufende Prüfungskosten aus, steigt der Barwert an (Fall 4).

Kritisch ist, dass nur die Quasirente eines Mandanten betrachtet wird. Gibt der Prüfer seine Unabhängigkeit auf, muss er den Erhalt des einen Mandats gegen den möglichen Verlust der anderen Mandate abwägen. Andere Quasirenten stärken daher die Unabhängigkeit.[540] Sind alle Quasirenten gleich, ist die Anzahl der Mandate relevant. Bei unterschiedlicher Höhe der Quasirenten ist das Verhältnis der Quasirente eines Mandanten zur Quasirente aller Mandanten ausschlaggebend.[541] Werden im theoretischen Fall bei allen Mandanten Beratungsleistungen erbracht, die zu einem proportionalen Anstieg der Renten führen, sind Beratungsleistungen für das Verhältnis nicht relevant. Entscheidend ist wiederum die Anzahl der Mandate.[542]

In der Gruppe der privaten Unternehmen liegen regelmäßig kleine Unternehmen vor. Für die Honorare aus Abschlussprüfung und Beratung kann daher angenommen werden, dass diese geringer ausfallen als bei kapitalmarktorientierten Unternehmen. Daher kann von einem geringeren Einfluss auf die gesamten Erlöse und einer eingeschränkteren ökonomischen Abhängigkeit als bei kapitalmarktorientierten Unternehmen ausgegangen werden.[543] Auch muss für die Gesamtbeurteilung die Wechselbeziehungen zu anderen Mandanten berücksichtigt werden. Werden bei einem Mandat Beratungsleistungen erbracht,

539 Vgl. *Beck/Frecka/Solomon*, Knowledge, 1988, S. 60f.
540 Vgl. *Stefani*, Abschlussprüfung, 2002, S. 116.
541 Vgl. *DeAngelo*, Size, 1981, S. 190ff.
542 Vgl. *Ewert/Wagenhofer*, Unabhängigkeit, 2003, S. 616f.
543 Vgl. *Langli/Svanström*, Private, 2014, S. 151.

steigt bei ihm die Relation und die mögliche Gefährdung der Unabhängigkeit an. Gleichzeitig sinkt für die anderen Mandate die Relation und die Gefahr für die Unabhängigkeit. Daher ist der Effekt nicht eindeutig.[544]

Autor	Barwert der Quasirente	Veränderung des Barwerts bei Beratung
DEANGELO	$\dfrac{p_\alpha + PW}{1+i} - \dfrac{\varepsilon}{i}$	-
OSTROWSKI/SÖDER	$\dfrac{p_\alpha + PW}{1+i} + \dfrac{B - B^S}{1+i} - \dfrac{\varepsilon}{i}$	$\dfrac{B - B^S}{1+i}$
BAUER	$\dfrac{p_\alpha + PW}{1+i} + \dfrac{B - B^S}{1+i} + \dfrac{P - P^S}{1+i} - \dfrac{\varepsilon}{i}$	$\dfrac{B - B^S}{1+i} + \dfrac{P - P^S}{1+i}$
BECK/FRECKA/SOLOMON (Grundfall, ohne Beratung)	$\dfrac{p_\alpha + PW - \varepsilon}{1+i}$	-
BECK/FRECKA/SOLOMON (Fall 1, ohne Spillovereffekte bei wiederkehrender Beratung)	$\dfrac{p_\alpha + b_\alpha + PW + BW - \varepsilon}{1+i}$	$\dfrac{b_\alpha + BW}{1+i}$
BECK/FRECKA/SOLOMON (Fall 2, mit Spillovereffekte bei wiederkehrender Beratung)	$\dfrac{p_\alpha^S + b_\alpha^S + PW + BW - \varepsilon}{1+i}$	$\dfrac{p_\alpha^S - p_\alpha + b_\alpha^S + BW}{1+i}$
BECK/FRECKA/SOLOMON (Fall 3, Spillovereffekte nur bei Erstprüfung und einmaliger Beratung)	$\dfrac{p_\alpha + PW - \varepsilon}{1+i}$	0
BECK/FRECKA/SOLOMON (Fall 4, Spillovereffekte bei zukünftigen Kosten und einmaliger Beratung)	$\dfrac{p_\alpha + \dfrac{(P - P^S)\,(1+i)}{i} + PW - \varepsilon}{1+i}$	$\dfrac{(P - P^S)\,(1+i)}{i}$

Tabelle 14: Zusammenfassung der Erkenntnisse aus der Quasirenten-Theorie.

---

[544] Vgl. *Lenz/Bauer/Auerbacher*, Unabhängigkeit, 2006, S. 192.

3.3 Maßnahmen zur Sicherung der Unabhängigkeit

Aus den Überlegungen zur Quasirenten-Theorie wird deutlich, dass die Aussagen widersprüchlich interpretiert werden können. Als Maßnahmen, um die Unabhängigkeit zu stärken, werden im nachfolgenden Kapitel die Prüferwahl und der Prüferwechsel, die Beschränkung der Honorare aus Prüfung und Beratung, die Honorarveröffentlichung, Enforcement- und Qualitätssicherungseinrichtungen, Konsequenzen bei Normverstößen und die Funktionsweise der Reputation vorgestellt.

3.3.1 Prüferwahl und Prüferwechsel

Auf Vorschlag des Aufsichtsrats wählt die Hauptversammlung den Prüfer bei der AG nach § 119 (1) Nr. 4 AktG mit einfacher Stimmenmehrheit, wobei abweichende Vereinbarungen zulässig sind.[545] Das Recht kann nicht übertragen oder beschränkt werden.[546] Der Vorschlag ist für die Anteilseigner nicht bindend.[547] Bei kapitalmarktorientierten Unternehmen nach § 264d HGB muss sich gemäß § 124 (3) S. 2 AktG der Vorschlag auf die Empfehlung des Prüfungsausschusses stützen. Vor Abgabe des Vorschlags sind die Voraussetzungen für die Bestellung insbesondere die Unabhängigkeit und die Unbefangenheit[548] zu prüfen. Nach § 285 (1) AktG gilt gleiches für die KGaA. Persönlich haftende Gesellschafter sind nach § 285 (1) S. 2 Nr. 6 AktG ausgeschlossen. Dadurch wird eine Einflussnahme der Abschlussersteller verhindert.[549] Für die Europäische Gesellschaft (SE) sind die Normen des AktG maßgebend.[550]

Bei der GmbH übernehmen nach §§ 46 Nr. 6, 48 (1) GmbHG die Gesellschafter die Wahl. Die Zuständigkeit kann auf andere Organe übertragen werden.[551] Trotz Unabhängigkeitsproblemen ist die überwiegende Literatur der Meinung, dass Gesellschafter-Geschäftsführer nicht ausgeschlossen sind.[552] Es ist nach § 47 (1) GmbHG die einfache Mehrheit der Stimmen erforderlich, wobei abweichende Regelungen zulässig sind.[553]

Für haftungsbeschränkte Personengesellschaften nach § 264a HGB gelten die Ausführungen zur GmbH.[554] Bei den nach dem PublG zur Prüfung verpflichteten Personenhandelsgesellschaften wählen die Gesellschafter, vorbehaltlich von anderen Vereinbarungen,

---

[545] Vgl. § 133 (1) AktG; *Schmidt/Heinz*, BeckKommHGB, 2016, § 318 Rn. 4.

[546] Vgl. *ADS*, Kommentar, 2000, § 318 Rn. 104.

[547] Vgl. *Schmidt/Heinz*, BeckKommHGB, 2016, § 318 Rn. 4.

[548] Vgl. *ADS*, Kommentar, 2000, § 318 Rn. 106.

[549] Vgl. *ADS*, Kommentar, 2000, § 318 Rn. 112. Auch eine Übertragung des Stimmrechts ist nicht zulässig. *Baetge/Thiele*, HdR, 2010, § 318 Rn. 12.

[550] Vgl. *EU*, 2157/2001, Art. 52 S. 2 i.V.m. § 119 (1) Nr. 4 AktG; *Kubis*, MüKommAktG, 2012, Art. 52 Rn. 19.

[551] Vgl. § 318 (1) S. 1, 2 HGB.

[552] Befürwortend vgl. *ADS*, Kommentar, 2000, § 318 Rn. 118; *Baetge/Thiele*, HdR, 2010, § 318 Rn. 31; *Schmidt/Heinz*, BeckKommHGB, 2016, § 318 Rn. 6. Für eine ablehnende Meinung vgl. *Ebke*, MüKommHGB, 2013, § 318 Rn. 6.

[553] Vgl. *ADS*, Kommentar, 2000, § 318 Rn. 117.

[554] Vgl. *Ebke*, MüKommHGB, 2013, § 318 Rn. 7.

nach § 6 (3) S. 1 PublG den Prüfer. Bei der KG müssen auch die Kommanditisten wahlberechtigt sein.[555] Unabhängigkeitsprobleme können bei kontrollierenden Gesellschaftern bestehen. Ein Einzelkaufmann führt gemäß § 6 (3) S. 2 PublG die Bestellung selbst durch. Für den Konzernabschluss gilt das Wahlverfahren analog zum Jahresabschluss des Mutterunternehmens. Wird kein Konzernabschlussprüfer gesondert gewählt, gilt nach § 318 (2) S. 1 HGB der Prüfer des Mutterunternehmens als bestellter Prüfer.

Die Auftragserteilung führt nach § 111 (2) S. 3 AktG, § 318 (1) S. 4 HGB bei der AG und der KGaA der Aufsichtsrat durch. Dadurch wird die Unabhängigkeit des Prüfers von der Unternehmensleitung betont.[556] Bei anderen Unternehmen bestellen ihn nach § 318 (1) S. 4 HGB die gesetzlichen Vertreter.[557] Der Prüfer ist nicht verpflichtet, den Auftrag anzunehmen. Es ist zu prüfen, ob das Berufsrecht eine Annahme erlaubt und die erforderliche Erfahrung und die Kenntnisse vorhanden sind. Ausschlussgründe resultieren insbesondere aus den §§ 49, 53 WPO, §§ 20 ff. BS WP/vBP und den §§ 319, 319a, 319b HGB.[558]

Neben der Prüferwahl können Regelungen zum Prüferwechsel die Unabhängigkeit stärken, indem die Entlassung eines unangenehmen Prüfers erschwert wird. Weiterhin werden mit einem (verpflichtenden) Wechsel langfristige Prüfer-Mandanten-Beziehungen verhindert. Es steigt für den Prüfer der Anreiz, dem Einfluss durch das Management zu widerstehen, da die ökonomischen Vorteile sinken.[559] Den positiven Wirkungen stehen negative Effekte, wie der Verlust von mandantenspezifischem Wissen, von erzielten Lerneffekten und Erfahrungen sowie steigenden Wechselkosten, gegenüber.[560]

Nach § 318 (6) S. 1 HGB kann der Prüfer bei rechtskräftigem Mandat aus wichtigem Grund kündigen. Er hat dies schriftlich zu begründen und über das bisherige Ergebnis seiner Prüfung zu berichten.[561] Meinungsverschiedenheiten über Inhalt und Art des Bestätigungsvermerks gelten nicht als wichtiger Grund.[562] In Frage kommen tiefgreifende persönliche Verwerfungen mit den Geschäftsorganen, umfangreiche Behinderungen bzw. Nötigung oder der Widerruf der Bestellung zum Abschlussprüfer.[563] Weiterhin kann nach § 318 (1) S. 5 HGB i.V.m. § 318 (3) HGB der Auftrag widerrufen werden, wenn auf Antrag des Mandanten ein Gericht einen anderen Prüfer bestellt hat. Als Grund kommt insbesondere das nachträgliche Bekanntwerden der Besorgnis der Befangenheit in Betracht.[564]

---

[555] Vgl. *Baetge/Thiele*, HdR, 2010, § 318 Rn. 19; *ADS*, Kommentar, 2000, § 318 Rn. 132.

[556] Vgl. *Deutscher Bundestag*, Entwurf KonTraG, 1998, S. 16; *ADS*, Kommentar, 2000, § 318 Rn. 14.

[557] Vgl. *Marten/Quick/Ruhnke*, Wirtschaftsprüfung, 2015, S. 269.

[558] Vgl. *IDW PS 220*, Beauftragung, Rn. 11.

[559] Vgl. *Catanach/Walker*, Framework, 1999, S. 44.

[560] Vgl. *Lennox*, Auditor, 2014, S. 96f.; *Cameran/Prencipe/Trombetta*, Mandatory, 2016, S. 39; *Quick*, Würdigung, 2016, S. 1206.

[561] Vgl. § 318 (6) S. 3, 4 HGB.

[562] Vgl. § 318 (6) S. 2 HGB; *Lenz*, Low-Balling, 1991, S. 184.

[563] Vgl. *Baetge/Thiele*, HdR, 2010, § 318 Rn. 150.

[564] Vgl. *Ebke*, MüKommHGB, 2013, § 318 Rn. 54.

Ist der Prüfer bei kapitalmarktorientierten Mandanten für sieben oder mehr Prüfungen verantwortlich, ohne dazwischen nicht an zwei oder mehr Prüfungen beteiligt zu sein, hat nach § 319a (1) S. 1 Nr. 4 HGB i.d.F. vor AReG ein Wechsel zu erfolgen. Während für Einzelprüfer dies die Beendigung des Mandats bedeutet, können Prüfungsgesellschaften die Voraussetzung mit interner Rotation erfüllen.[565]

Durch die EU-VO 537/2014[566] wurde für Abschlussprüfer von Unternehmen von öffentlichem Interesse eine externe Pflichtrotation implementiert. Danach darf das Mandat eine Höchstlaufzeit von 10 Jahren nicht überschreiten.[567] Nach § 318 (1a) HGB wird in Deutschland vom Wahlrecht nach Art. 17 (4) EU-VO 537/2014 Gebrauch gemacht, die Zeit auf 20 bzw. 24 Jahre zu verlängern, wenn ein öffentliches Ausschreibungsverfahren[568] bzw. ein Joint-Audit durchgeführt wird.[569]

Empirisch zeigen KIM/YI für Korea eine höhere Prüfungsqualität nach einem durch die Regulatoren initiierten Prüferwechsel.[570] Für China beobachten FIRTH/RUI/WU in bestimmten Konstellationen positive Effekte eines verpflichtenden Wechsels des Prüferpartners. Wechselt die Prüfungsgesellschaft, wird dies nicht festgestellt.[571] Im europäischen Kontext finden RUIZ-BARBADILLO/GÓMEZ-AGUILAR/CARRERA in Spanien keinen Hinweis auf eine höhere Prüfungsqualität.[572] CAMERAN/FRANCIS/MARRA ET AL. zeigen für Italien in den ersten drei Jahren nach der Pflichtrotation eine geringere Prüfungsqualität im Vergleich zu den folgenden Jahren.[573] CAMERAN/PRENCIPE/TROMBETTA stellen eine höhere tatsächliche und wahrgenommene Prüfungsqualität ein Jahr vor der Pflichtrotation im Vergleich zu den Jahren davor fest.[574] Insgesamt lässt sich aus der bisherigen empirischen Literatur keine eindeutige Wirkung eines Prüferwechsels auf die Prüfungsqualität ableiten.[575]

3.3.2 Beschränkung der Honorare aus Prüfung und Beratung

Ziel der Norm ist es, den Prüfer auszuschließen, wenn Umstände vorliegen, die als unabhängigkeitsgefährdend gesehen werden. Wird von den Quasirenten auf das Drohpotenzial des Managements und damit auf die Gefährdung der Unabhängigkeit geschlossen, wird dieses durch das Verbot von Nichtprüfungsleistungen verringert.[576] Stellen die Gesamteinnahmen einen Proxy für die Höhe der Quasirenten dar, werden diese durch die Beschränkung der Gesamteinnahmen verringert und die Unabhängigkeit gestärkt.[577]

---

[565] Vgl. *Marten/Quick/Ruhnke*, Wirtschaftsprüfung, 2015, S. 182.
[566] Vgl. *EU*, 537/2014.
[567] Vgl. *EU*, 537/2014, Art. 17 (1).
[568] Vgl. hierzu *EU*, 537/2014, Art. 16 (2) - (5).
[569] Dies gilt nach §§ 340k (1), 341k (1) S. 2 HGB nicht für Kreditinstitute und Versicherungen.
[570] Vgl. *Kim/Yi*, Korea, 2009, S. 207. In Korea sind Unternehmen mit einem hohen Anreiz für Bilanzmanipulationen hierzu verpflichtet. Dies schränkt die Übertragbarkeit ein. Vgl. *Kim/Yi*, Korea, 2009, S. 227.
[571] Vgl. *Firth/Rui/Wu*, Rotation, 2012, S. 109f.
[572] Vgl. *Ruiz-Barbadillo/Gómez-Aguilar/Carrera*, Spain, 2009, S. 113.
[573] Vgl. *Cameran/Francis/Marra et al.*, Evidence, 2015, S. 21.
[574] Vgl. *Cameran/Prencipe/Trombetta*, Mandatory, 2016, S. 55.
[575] Vgl. *Lennox*, Auditor, 2014, S. 104.
[576] Vgl. einschränkend das Modell von *Beck/Frecka/Solomon*, Knowledge, 1988, bei dem die Höhe der Quasirente bei Nichtprüfungsleistungen auch sinken kann.
[577] Vgl. *Stefani*, Abschlussprüfung, 2002, S. 127.

Für die Prüfer von privaten und kapitalmarktorientierten Unternehmen gilt der Ausschluss nach § 319 HGB. Die Norm ist die Konsequenz aus der 8. EU-Richtlinie und kam durch das Bilanzrechtsreformgesetz (BilReG) ab dem 10.12.2004 zur Anwendung.[578] Nach § 319 (2) HGB wird der Prüfer wegen der „Besorgnis der Befangenheit" ausgeschlossen, wenn Gründe „insbesondere Beziehungen geschäftlicher, finanzieller oder persönlicher Art vorliegen." Für die Beurteilung ist nicht ausreichend, ob der Prüfer tatsächlich unbefangen ist oder er sich für unbefangen hält. Es ist die Sicht eines sachverständigen und vernünftigen Dritten ausschlaggebend.[579] In anderen nicht von § 319 (3) HGB und § 319a HGB (nur für kapitalmarktorientierte Unternehmen) erfassten Fällen, kann der Prüfer Schutzmaßnahmen ergreifen.[580] Diese umfassen u.a. Besprechungen mit Aufsichtsorganen, Transparenzgestaltungen oder die Abstimmung mit erfahrenen Kollegen.[581]

In § 319 (3) HGB werden Tatbestände aufgelistet, welche die Besorgnis der Befangenheit unwiderlegbar vermuten.[582] So dürfen nach § 319 (3) Nr. 3 HGB bestimmte Beratungsleistungen, die nicht von untergeordneter Bedeutung sind, nicht erbracht werden. Dies gilt auch bei Beratungsleistung, die ein Unternehmen erbringt, in dem der Prüfer Aufsichtsratsmitglied, Arbeitnehmer, gesetzlicher Vertreter oder Gesellschafter mit einem Stimmrechtsanteil von größer als 20% ist.[583] Auch dürfen nach § 319 (3) Nr. 4 HGB vom Prüfer keine Personen beschäftigt werden, welche die verbotenen Nichtprüfungsleistungen erbringen. Zudem darf gemäß § 319 (3) S. 2 HGB der Ehegatte bzw. der Lebenspartner diese nicht leisten. Aus Gründen der Umsatzabhängigkeit ist der Prüfer gemäß § 319 (3) Nr. 5 HGB ausgeschlossen, wenn in den letzten fünf Jahren und erwartungsgemäß im aktuellen Jahr mehr als 30% der Gesamteinnahmen von dem zu prüfenden Unternehmen und dessen Beteiligungen von größer als 20% bezogen werden.

In § 319a HGB werden zusätzliche Ausschlustatbestände genannt. Im Zuge des AReG wurde die Vorschrift neu gefasst.[584] Es wird im Folgenden zwischen der Fassung vor (a.F.) und nach AReG unterschieden. Der Anwendungsbereich ist nach § 319a (1) S. 1 HGB a.F. auf die Prüfung von kapitalmarktorientierten Unternehmen nach § 264d HGB beschränkt. Inhaltlich wird die Einnahmengrenze nach § 319a (1) S. 1 Nr. 1 HGB a.F. von 30% auf 15% abgesenkt. Gemäß § 319a (1) S. 1 Nr. 3 HGB dürfen weitere Beratungsleistungen nicht erbracht werden. Wiederrum gelten nach § 319a (1) S. 2 HGB a.F. die Beschränkungen auch bei den indirekten Mitwirkungen nach § 319 (3) S. 1 Nr. 3, S. 2 und (4) HGB a.F. Die Einschränkungen nach § 319a S. 1 Nr. 1 - 3 HGB a.F. gelten gemäß § 319a (1) S. 3 HGB a.F. auch für Personen mit denen der Beruf gemeinsam ausgeübt wird.

In Art. 5 (1) EU-VO 537/2014 wird eine über die Verbote des § 319a (1) HGB a.F. hinausgehende Liste an Nichtprüfungsleistungen genannt. Die Mitgliedstaaten können nach Art. 5 (2) EU-VO 537/2014 Verschärfungen und für bestimmte Leistungen nach Art. 5 (3) EU-VO 537/2014 Erleichterungen erlassen. Andere als die in Art. 5 (1) EU-VO 537/2014

---

[578] Vgl. *Deutscher Bundestag*, Gesetzentwurf BilReG, 2004, S. 1.
[579] Vgl. *Deutscher Bundestag*, Gesetzentwurf BilReG, 2004, S. 38.
[580] Vgl. *Schmidt/Nagel*, BeckKommHGB, 2016, § 319 Rn. 28.
[581] Vgl. § 30 (1) BS WP/vBP.
[582] Vgl. *Deutscher Bundestag*, Gesetzentwurf BilReG, 2004, S. 38.
[583] Vgl. § 319 (3) Nr. 1 - 3 HGB.
[584] Vgl. für eine umfassende Kritik an der Regelung *Lenz*, Honorare, 2016, S. 2555 - 2560. Da in der Arbeit der Fokus auf privaten Unternehmen liegt, wird auf eine eigene Kritik verzichtet.

genannten Nichtprüfungsleistungen können unter den Voraussetzungen des Art. 5 (4) EU-VO 537/2014 erbracht werden. Strengere Regelungen sind durch die Mitgliedstaaten möglich.[585] Für diese Leistungen ist zusätzlich die Honorargrenze nach Art. 4 (2) EU-VO 537/2014 zu beachten. Danach erfolgt die Begrenzung des Gesamthonorars dieser Nichtprüfungsleistungen auf maximal 70% des durchschnittlich bezahlten Prüfungshonorars der letzten drei Jahre, wenn die Leistungen in drei oder mehr Geschäftsjahren erbracht werden. Die Mitgliedstaaten können dem Prüfer für maximal zwei Jahre eine Ausnahmegenehmigung erteilen. Übersteigen die Honorare eines geprüften Unternehmens 15% der Gesamthonorare aller Mandate an jedem der letzten drei aufeinanderfolgenden Geschäftsjahre, ist der Prüfungsausschuss des Unternehmens zu informieren. Mit ihm sind die Gefahren für die Unabhängigkeit und die Schutzmaßnahmen abzustimmen. Liegen die Honorare weiterhin über 15%, kann das Prüfungsmandat für maximal zwei Jahre verlängert werden.[586]

Das AReG erweitert den Anwendungsbereich des § 319a HGB um Kreditinstitute und Versicherungen. Die in § 319a (1) S. 1 Nr. 1 HGB a.F. genannte 15%-Grenze der Gesamtumsätze ist aufgrund der Regelungen in Art. 4 (3) EU-VO 537/2014 entfallen. In den Vorschriften der §§ 319a (1) S. 1 Nr. 2, 3 HGB werden die Mitgliedstaatenwahlrechte dahingehend ausgeübt, dass Steuerberatungsleistungen nach Art. 5 (1) UAbs. 2 a) Nr. i, iv - vii EU-VO 537/2014 und Bewertungsleistungen nach Art. 5 (1) UAbs. 2 f) EU-VO 537/2014 nur ausgeschlossen werden, wenn sie sich einzeln oder zusammen wesentlich auf den Jahresabschluss auswirken. Der Prüfer muss bei der Erbringung der genannten Steuerberatungs- und Bewertungsleistungen diese nach § 319a (1) S. 3 HGB im Prüfungsbericht erläutern und darstellen. Bei Steuerberatungsleistungen ist gemäß § 319a (3) HGB die Zustimmung des Prüfungsausschusses oder falls nicht vorhanden die des Aufsichtsrats oder Verwaltungsrats erforderlich. Als weiteres Wahlrecht wird nach § 319a (1a) HGB bestimmt, dass der Prüfer für höchstens ein Geschäftsjahr von der 70%-Grenze ausgenommen ist. Dies gilt bis zu einer Grenze von maximal 140%.

Wirken Personen bei der Verfolgung gemeinsamer wirtschaftlicher Interessen für eine gewisse Zeit zusammen, liegt nach § 319b (1) S. 2 HGB ein Netzwerk vor. Kann der Prüfer nicht nachweisen, dass das Netzwerkmitglied auf das Ergebnis der Prüfung keinen Einfluss nehmen kann, ist der Prüfer nach § 319b (1) HGB und i.V.m. § 319b (2) HGB für den Konzern ausgeschlossen, wenn ein Netzwerkmitglied die Ausschlussgründe nach §§ 319 (2), (3) S. 1 Nr. 1, 2, 4, (3) S. 2 oder (4) HGB erfüllt.

Empirisch sind die Ergebnisse zum Einfluss der Nichtprüfungsleistungen auf die Unabhängigkeit nicht einheitlich. Während die Forschungsergebnisse zur tatsächlichen Unabhängigkeit überwiegend kein Verbot von Nichtprüfungsleistungen rechtfertigen, zeigen Analysen zur wahrgenommenen Unabhängigkeit negative Auswirkungen dieser Leistungen.[587]

---

[585] Vgl. *EU*, 537/2014, Art. 5 (4).

[586] Vgl. *EU*, 537/2014, Art. 4 (3).

[587] Vgl. *Sharma*, Independence, 2014, S. 82f.; *Quick*, Würdigung, 2016, S. 1209; *Gaynor/Kelton/Mercer et al.*, Understanding, 2016, S. 12.

3.3.3 Transparenz durch Honorarveröffentlichung

Durch die Veröffentlichung soll es den Adressaten möglich sein, eine Einschätzung vorzunehmen, ob Prüfungs- und Nichtprüfungshonorare in einem angemessenen Verhältnis zueinander stehen.[588] Dadurch soll eine mögliche Abhängigkeit von Mandanten erkennbar werden.[589] Auch kann die Veröffentlichung präventiv wirken, wenn der Prüfer aufgrund des möglicherweise entstehenden Vertrauensverlustes den Umfang der Leistungen auf ein von den Adressaten als unbedenklich empfundenes Maß einschränkt.[590] Kritisch an der Offenlegung merken PFITZER/ORTH/HETTICH an, dass die Öffentlichkeit in Richtung der Befangenheitsvermutung beeinflusst wird.[591] Auch kann ein ungewollter Rückgang der Nichtprüfungsleistungen die Folge sein.[592] Das IDW sieht bei gerechtfertigten Honoraren keinen Anlass, die Unabhängigkeit in Frage zu stellen.[593]

Mit dem BilReG wird im Jahresabschluss nach § 285 S. 1 Nr. 17 HGB a.F. (für diesen Abschnitt das HGB in der Fassung des BilReG) bzw. gemäß § 314 (1) Nr. 9 HGB a.F. für den Konzernabschluss die Offenlegung der Honorare für kapitalmarktorientierte Unternehmen, die einen organisierten Markt nach § 2 (5) WpHG in Anspruch nehmen, implementiert.[594] Dies gilt auch für einen Abschluss nach IFRS.[595] Nach teleologischer Auslegung kann für Unternehmen, die vor dem 01.01.2007 einen befreienden Konzernabschluss nach § 292a HGB a.F. i.V.m. Art. 58 (5) S. 2 EGHGB a.F. aufstellen, die Angabe erforderlich sein.[596]

Die Pflicht beginnt gemäß Art. 58 (3) S. 1 EGHGB a.F. für die nach dem 31.12.2004 beginnenden (Rumpf-) Geschäftsjahre. Größenabhängige Erleichterungen kommen aufgrund von § 267 (3) HGB i.V.m. § 288 (1) HGB a.F. nicht zur Anwendung.[597]

Für die in dieser Arbeit untersuchten privaten Unternehmen sind die Regelungen des BilMoG relevant.[598] Dieses erweitert die Angabepflicht auf alle Kapital- und Personengesellschaften nach § 264a HGB. Zusätzlich wurde nach § 285 Nr. 17 HGB eine zusammenfassende Angabe der Honorare von Tochter- und Gemeinschaftsunternehmen[599] auf Ebene des Konzernabschlusses eingeführt. Eine Angabe im Einzelabschluss entfällt.[600] Auf Ebene

---

[588] Vgl. *EU*, 2002/590/EG, S. 41.

[589] Vgl. *Röhricht*, Unabhängigkeit, 2001, S. S89; *Lenz*, Beschränkung, 2004, S. 711.

[590] Vgl. *Kitschler*, Interessenkonflikt, 2004, S. 150.

[591] Vgl. *Pfitzer/Orth/Hettich*, Stärkung, 2004, S. 332.

[592] Vgl. *Scheiner*, Client, 1984, S. 790, der anführt, dass die SEC deshalb die Veröffentlichung zurückgenommen hat. Empirisch stellt er keinen Rückgang fest. Vgl. *Scheiner*, Client, 1984, S. 794ff.

[593] Vgl. *IDW*, Kontrolle, 2004, S. 144.

[594] Vgl. *Bischof*, Honorare, 2006, S. 705f. Ausschlaggebend ist die Zulassung am Bilanzstichtag. Vgl. *Lenz/Möller/Höhn*, Abschlussprüferleistungen, 2006, S. 1787.

[595] Vgl. § 325 (2a) a.F.; § 315a (1) HGB a.F.

[596] Vgl. *Lenz/Möller/Höhn*, Abschlussprüferleistungen, 2006, S. 1788.

[597] Vgl. *Bischof*, Honorare, 2006, S. 707. Der Autor geht von einem Versehen aus.

[598] Die empirische Auswertung erstreckt sich über den Zeitraum 2009 - 2012. Von Seiten des IDWs sind daher *IDW RH HFA 1.006* und *IDW RS HFA 36* relevant. Abweichungen zu *IDW RS HFA 36 n.F.*, der für nach dem 31.12.2016 beginnende Abschlüsse anzuwenden ist, werden in den Fußnoten erwähnt. Der Text bezieht sich auf die Fassungen im Untersuchungszeitraum.

[599] Vgl. *IDW PH 9.200.2*, Pflichten, Rn. 2; *IDW RS HFA 36*, Anhangsangaben, Rn. 22.

[600] Vgl. *Kling*, Anhangangaben, 2011, S. 211.

des Teilkonzernabschlusses ist die Regelung nicht anzuwenden.[601] Für kleine private Gesellschaften nach § 267 (1) HGB sind die Angaben nach § 288 (1) HGB nicht erforderlich. Dies gilt auch für mittelgroße private Gesellschaften nach § 267 (2) HGB i.V.m. § 288 (2) HGB. Allerdings besteht die Pflicht nach § 288 (2) S. 2 HGB, die Angaben auf schriftliche Anfrage der Wirtschaftsprüferkammer zu übermitteln. Die Anwendung beginnt nach Art. 66 (2) S. 1 EGHGB für (Rumpf-) Geschäftsjahre nach dem 31.12.2008.

Der Begriff des Abschlussprüfers umfasst die in VO/1/2006[602] umschriebene (Konzern-) Wirtschaftsprüferpraxis. Daraus kann gefolgert werden, dass die von dem Prüfer nahestehenden oder verbundenen Unternehmen erbrachten Leistungen nicht zu berücksichtigen sind. Sinn und Zweck des Gesetzes ist es, dem Bilanzleser eine Einschätzung über die Besorgnis der Befangenheit zu ermöglichen. Da ein Zusammenhang zu den §§ 319, 319a HGB besteht, sind insoweit die mit dem Prüfer nach § 271 (2) HGB verbundenen Unternehmen einzubeziehen,[603] um eine Umgehung der Regelung durch die Verlagerung der Leistungen zu verhindern.[604] Angaben zu Verbünden und Netzwerken sind aufgrund ihrer selbständigen rechtlichen Stellung in Frage zu stellen.[605] Erfolgt eine freiwillige Angabe, ist dies durch einen Davon-Vermerk kenntlich zu machen.[606]

Die Gesetzgebung stellt mit dem BilMoG klar, dass beim Ausweis der Honorare für andere Leistungen als Abschlussprüfungsleistungen verbundene Unternehmen und Netzwerkmitglieder nicht einzubeziehen sind.[607] Dies kann auf eine Hinzurechnung bei Abschlussprüfungsleistungen hindeuten. Das IDW schlägt, um den Sinn und Zweck des Gesetzes zu berücksichtigen, bei nach § 271 (2) HGB mit dem Abschlussprüfer verbundenen Unternehmen eine freiwillige Angabe vor.[608]

Nach BilReG beinhaltet das Honorar für Abschlussprüfungsleistungen den Aufwand im Geschäftsjahr. Es werden damit die Honorare nach der Periodisierungsregel des § 252 (1) Nr. 5 HGB erfasst. Die weiteren Leistungen sind im Zeitpunkt der Leistungserbringung zu berücksichtigen.[609] Dies kann Verzerrungen im Ausweis zur Folge haben. Bei Gemeinschaftsprüfungen sind aufgrund der sonst nicht möglichen Einschätzung getrennte Angaben erforderlich.[610] Im Konzernabschluss sind die Honorare des Konzernabschlussprüfers an das Mutterunternehmen und an vollkonsolidierte Tochterunternehmen zu erfassen. Nicht zu berücksichtigen sind nicht konsolidierte Unternehmen nach § 296 HGB, quotal erfasste und assoziierte Unternehmen.[611] Im mehrstufigen Konzern ist für die Beurteilungen der jeweilige (Teil-) Konzernabschluss maßgebend.[612] Nach dem BilMoG erfolgt

---

601 Vgl. *Wollmert/Oser/Graupe*, Anhangsangaben, 2010, S. 125; *IDW RS HFA 36*, Anhangsangaben, Rn. 23.
602 Vgl. *IDW RS HFA 36*, Anhangsangaben, Rn. 6; VO 1/2006 ist nicht mehr in Kraft.
603 Vgl. *IDW RH HFA 1.006*, Anhangsangaben, Rn. 6; *IDW RS HFA 36*, Anhangsangaben, Rn. 7. *IDW RS HFA 36 n.F.*, Anhangsangaben, Rn. 7 empfiehlt eine Davon-Angabe.
604 Vgl. *Lenz/Möller/Höhn*, Abschlussprüferleistungen, 2006, S. 1788.
605 Vgl. *IDW RH HFA 1.006*, Anhangsangaben, Rn. 5.
606 Vgl. *IDW RS HFA 36*, Anhangsangaben, Rn. 6.
607 Vgl. *Deutscher Bundestag*, BilMoG, 2008, S. 70.
608 Vgl. *IDW RS HFA 36*, Anhangsangaben, Rn. 6.
609 Vgl. *Deutscher Bundestag*, Beschlussempfehlung BilReG, 2004, S. 37.
610 Vgl. *IDW RH HFA 1.006*, Anhangsangaben, Rn. 8.
611 Vgl. *Bischof*, Honorare, 2006, S. 712.
612 Vgl. *Bischof*, Honorare, 2006, S. 713.

ein einheitlicher Ausweis der berechneten Honorare für das berichtete Geschäftsjahr.[613] Im Konzernabschluss können auch die Honorare der quotal konsolidierten Gemeinschaftsunternehmen einbezogen werden.[614]

Bei der Veröffentlichung wird nach BilReG gemäß § 285 S. 1 Nr. 17 HGB a.F. bzw. § 314 (1) Nr. 9 HGB a.F. zwischen dem Honorar für „a) die Abschlussprüfung, b) sonstige Bestätigungs- oder Bewertungsleistungen, c) Steuerberatungsleistungen, d) sonstige Leistungen" unterschieden. Das BilMoG differenziert zwischen „a) Abschlussprüfungsleistungen, b) anderen Bestätigungsleistungen, c) Steuerberatungsleistungen, d) sonstigen Leistungen"[615]. Unter Buchstabe a) werden Honorare für die Prüfung des Jahresabschlusses oder für sonstige gesetzliche Prüfungen erfasst.[616] Kategorie b) beinhaltet berufstypische Leistungen, die zusammen oder in Ergänzung zur Abschlussprüfung erbracht werden.[617] Steuerberatungsleistungen (c) sind Leistungen für Fragestellungen im Rahmen von Steuerausweis und Steuergestaltung.[618] In den sonstigen Leistungen (d) werden als Auffangkategorie weitere zulässige Beratungs- und Bewertungsleistungen erfasst.[619]

Kritisch an den Regelungen des BilReGs ist die zeitliche Verzerrung in der Erfassung von Prüfungs- und Nichtprüfungsleistungen. Durch gestalterische Maßnahmen kann die Vermutung der Befangenheit umgangen werden.[620] Da sowohl nach BilReG als auch nach BilMoG Verbunds- und Netzwerkmitglieder nicht beim Honorarausweis berücksichtigt werden, kann dies zu weiteren Verzerrungen führen.[621]

Für die im Rahmen dieser Arbeit untersuchten privaten Konzernabschlüsse sind ausschließlich die Regelungen des BilMoG relevant. Ein verzerrter Honorarausweis erfolgt damit nicht. MERKL stellt in Frage, ob die Honorare im Konzernabschluss für die Prüfungsforschung herangezogen werden können, da die in die Regressionsgleichung eingehenden unabhängigen Variablen eine konzernweite Dimension aufweisen. Bei den Honoraren besteht die Möglichkeit, dass dies nicht der Fall ist.[622] Dem kann entgegnet werden, dass nach § 317 (3) S. 2 HGB der Prüfer die Arbeit eines anderen Prüfers zu prüfen hat, bevor er sie verwendet. Darunter fallen auch die Mitglieder des Netzwerks.[623] Daher weisen die Honorare auch Komponenten für den Gesamtkonzern auf.[624]

---

[613] Vgl. *Kling*, Anhangsangaben, 2011, S. 211.

[614] Vgl. *Poelzig*, MüKommHGB, 2013, § 314 Rn. 71; *IDW RS HFA 36*, Anhangsangaben, Rn. 19 empfiehlt bei quotal konsolidierten Unternehmen die Berücksichtigung der Honorare entsprechend der Beteiligungsquote. *IDW RS HFA 36 n.F.*, Anhangsangaben, Rn. 19 schreibt dies fest vor.

[615] § 285 S. 1 Nr. 17 HGB bzw. § 314 (1) Nr. 9 HGB.

[616] Vgl. *IDW RH HFA 1.006*, Anhangsangaben, Rn. 9; *IDW RS HFA 36*, Anhangsangaben, Rn. 12. Durch *IDW RS HFA 36 n.F.*, Anhangsangaben, erfolgt generell eine Ausweitung des Begriffs der Abschlussprüfungsleistungen. Neu ist die Anlage zu *IDW RS HFA 36 n.F.*, Anhangsangaben, die Beispiele für die einzelnen Kategorien enthält.

[617] Vgl. *IDW RH HFA 1.006*, Anhangsangaben, Rn. 10; *IDW RS HFA 36*, Anhangsangaben, Rn. 13.

[618] Vgl. *Bischof*, Honorare, 2006, S. 711; *IDW RS HFA 36*, Anhangsangaben, Rn. 14.

[619] Vgl. *Bischof*, Honorare, 2006, S. 712; *IDW RS HFA 36*, Anhangsangaben, Rn. 15.

[620] Vgl. *Zimmermann*, Gestaltungsspielräume, 2006, S. 274.

[621] Vgl. *Merkl*, Faktoren, 2011, S. 1006.

[622] Vgl. *Merkl*, Faktoren, 2011, S. 1006.

[623] Vgl. IDW PS 320 n.F., Konzern, Rn. 5.

[624] Vgl. *Köhler/Marten/Ratzinger et al.*, Replik, 2011, S. 1032.

Empirisch beobachten FRANCIS/KE, dass im Zuge der verpflichtenden Veröffentlichung der Honorare die Adressaten die Unabhängigkeit bei hohen Nichtprüfungshonoraren als niedrig einschätzen.[625] BECK/FULLER/MURIEL ET AL. zeigen, dass Investoren die Unabhängigkeit als hoch, durchschnittlich oder niedrig in Abhängigkeit von niedrigen, durchschnittlichen oder hohen Prüfungshonoraren (im Vergleich zum Durchschnitt der Industrie) einschätzen, wenn zusätzlich die Information über diesen Durchschnitt bereitgestellt wird. Ohne diese zusätzliche Information wird die Unabhängigkeit grundsätzlich als gering beurteilt.[626] Die Autoren schließen daraus, dass bei der gegenwärtigen Veröffentlichung ohne Benchmark die Investoren kritisch bleiben.[627]

3.3.4 Enforcement und Qualitätssicherung

Ein Ziel von Enforcement ist es, präventiv gegen Unregelmäßigkeiten in den Unternehmensveröffentlichungen zu wirken bzw. (zusätzliche) Anreize für eine fehlerfreie Darstellung zu schaffen. Ein weiteres Ziel ist es, Unregelmäßigkeiten aufzudecken und diese durch Information der Adressaten zu sanktionieren.[628] Hierdurch wird das Vertrauen der Anleger an der Korrektheit der Informationen gestärkt.[629] Weiterhin wird mit den Informationen aus dem Enforcement die Qualität der Rechnungslegungsstandards und der Rechnungslegung verbessert.[630]

Für Unternehmen, deren Wertpapiere i.S.d § 2 (1) WpHG im regulierten Markt an einer inländischen Börse zugelassen sind, besteht nach § 342b (2) S. 2 HGB seit dem Jahr 2004 mit Einführung des Bilanzkontrollgesetzes (BilKoG) mit der Deutschen Prüfstelle für Rechnungslegung (DPR) und der Bundesanstalt für Finanzdienstleistungsaufsicht (BaFin) ein zweistufiges Enforcementsystem. Ab 01.01.2016 ist die Prüfung auf Emittenten aus Deutschland beschränkt.[631] Private Unternehmen werden nicht erfasst.

Auf der ersten Ebene ist die Tätigkeit der DPR angesiedelt. Gegenstand der Prüfung sind, unter freiwilliger Mitwirkung der Unternehmen, gemäß § 342b (2) S. 1 HGB die letzten Abschlüsse bzw. Berichte. Die Prüfung erstreckt sich nach § 342b (2) S. 1 HGB auf die Einhaltung der Rechnungslegungsvorschriften und den Grundsätzen ordnungsmäßiger Buchführung (GoB).[632] Nach § 342b (2) S. 3 Nr. 1 - 3 HGB erfolgt die Prüfung bei konkretem Anlass und auf Verlangen der BaFin stichprobenartig ohne besonderen Anlass. Wirkt das Unternehmen nicht mit oder sind Verstöße vorhanden, greift in zweiter Stufe die BaFin ein. Diese setzt mit hoheitlichen Mitteln die Prüfung durch bzw. kann die Veröffentlichung des Verstoßes im elektronischen Bundesanzeiger veranlassen. Durch die Veröffentlichung trifft das Unternehmen eine negative Publizität.[633]

---

[625] Vgl. *Francis/Ke*, Disclosure, 2006, S. 520.
[626] Vgl. *Beck/Fuller/Muriel et al.*, Perception, 2013, S. 88ff.
[627] Vgl. *Beck/Fuller/Muriel et al.*, Perception, 2013, S. 91.
[628] Vgl. *Deutscher Bundestag*, Entwurf BilKoG, 2004, S. 11.
[629] Vgl. *Deutscher Bundestag*, Entwurf BilKoG, 2004, S. 13.
[630] Vgl. *DPR*, Tätigkeitsbericht, 2016, S. 9, 15.
[631] Vgl. *Grottel*, BeckKommHGB, 2016, § 342b Rn. 13.
[632] Vgl. *Grottel*, BeckKommHGB, 2016, § 342b Rn. 17.
[633] Vgl. *Strohmenger*, Releases, 2014, S. 275.

Im Ländervergleich beobachten BURGSTAHLER/HAIL/LEUZ bei privaten und kapitalmarktorientierten Unternehmen, dass Bilanzpolitik in Ländern mit schwachem Enforcement ausgeprägter ist.[634] HOPE zeigt einen positiven Zusammenhang zwischen Stärke des Enforcements und der Genauigkeit von Analystenvorhersagen.[635] Für Deutschland finden ERNSTBERGER/STICH/VOGLER mit Einschränkungen einen negativen Zusammenhang von Bilanzpolitik und Enforcementsystem.[636] BÖCKING/GROS/WORRET stellen fest, dass das deutsche Enforcementsystem effektiv Bilanzpolitik entdeckt, jedoch nur eingeschränkt verhindert.[637] Auch STROHMENGER beobachtet für Unternehmen, die einem Enforcement unterzogen werden, eine geringere Qualität der Rechnungslegung.[638]

Neben dem Enforcementsystem gibt es Qualitätssicherungsmaßnahmen für die Prüfung. Die Qualitätssicherung kann intern oder extern erfolgen. Intern wird sichergestellt, dass die Praxis ihre Pflichten erfüllt und ihrer Verantwortung gegenüber den Mandanten gerecht wird. Das interne Kontrollsystem hat umfangreiche Anforderungen zu erfüllen.[639] Die externe Qualitätssicherung ist in die externe Qualitätskontrolle und weitere Prüfungen aufgeteilt. Das APAReG ändert die Berufsaufsicht für Prüfer von Unternehmen von öffentlichem Interesse. Sie wird durch die Abschlussprüferaufsichtsstelle (APAS) durchgeführt, welche die bisherige Abschlussprüferaufsichtskommission (APAK) ablöst.[640] Neben der Berufsaufsicht wird die Qualitätssicherung geändert. Die folgenden Ausführungen beziehen sich auf den Rechtsstand nach dem APAReG.

Abschlussprüfer von privaten Unternehmen, die Prüfungen nach § 316 HGB durchführen, sind nach § 57a (1) S. 1 WPO verpflichtet, eine Qualitätskontrolle durchzuführen und anzuzeigen. Verantwortlich ist nach § 57e (1) S. 1 WPO die Kommission für Qualitätskontrolle. Prüfer ist ein anderer Berufsangehöriger (peer review), der nicht Mitglied der Prüferpraxis ist und die Anforderungen nach § 57a (3), (4) WPO erfüllt. Die Auswahl erfolgt unter Berücksichtigung des Verfahrens nach § 57a (6) WPO. Sie erstreckt sich nach § 57a (2) S. 2 WPO auf gesetzliche Abschlussprüfungen nach § 316 HGB und auf Prüfungen im Auftrag der BaFin. Gemäß § 57a (2) S. 3 WPO umfasst die Kontrolle das Qualitätssicherungssystem und insbesondere die Vergütung,[641] die Unabhängigkeit, das Personal, die eingesetzten Mittel und die Berufsausübungsregeln. Das Ergebnis ist nach § 57a (5) WPO in einem Qualitätskontrollbericht zusammenzufassen, der bei wesentlichen Mängeln einzuschränken oder zu versagen ist. Die Kontrolle ist nach § 57a (2) S. 4 WPO auf Basis einer Risikoanalyse mindestens alle sechs Jahre durchzuführen.

Für Abschlussprüfer von Unternehmen von öffentlichem Interesse gelten grundsätzlich die Ausführungen von oben. Sie sind zusätzlich nach § 62b WPO verpflichtet, sich einer

---

[634] Vgl. *Burgstahler/Hail/Leuz*, Importance, 2006, S. 1013.

[635] Vgl. *Hope*, Disclosure, 2003, S. 235.

[636] Vgl. *Ernstberger/Stich/Vogler*, Economic, 2012, S. 245f. Die Studie analysiert verschiedene zeitgleich eingeführte Maßnahmen. Der Effekt kann nicht eindeutig dem Enforcement zugeschrieben werden.

[637] Vgl. *Böcking/Gros/Worret*, Enforcement, 2015, S. 435, 482.

[638] Vgl. *Strohmenger*, Releases, 2014, S. 273.

[639] Vgl. hierzu und für eine umfangreiche Beschreibung *Marten/Quick/Ruhnke*, Wirtschaftsprüfung, 2015, S. 587 - 598. Für Neuerungen vgl. *Farr*, Neuerungen, 2016.

[640] Vgl. *Farr*, Neuerungen, 2016, S. 188; *Lenz*, Prüfung, 2016, S. 875; *Kelm/Schneiß/Schmitz-Herkendell*, Gesetz, 2016, S. 60f. Ausführlich dazu *Lenz*, Organisation, 2015, S. 213 - 218.

[641] Vgl. *Farr*, Neuerungen, 2016, S. 190. Es ist zu beurteilen, ob die Prüfungshonorare angemessen sind.

Inspektion durch die APAS zu unterziehen. Die Ergebnisse der Inspektion sind nach § 57a (5a) WPO bei der Qualitätskontrolle zu berücksichtigen. Um eine Doppelprüfung zu vermeiden, umfasst die Qualitätskontrolle keine Mandate von Unternehmen von öffentlichem Interesse.[642] Die Qualitätskontrolle beurteilt gemäß § 57a (5a) S. 3 WPO, auf Basis des Berichts der Inspektoren, die Wirksamkeit der Qualitätssicherungssysteme bei gesetzlichen Abschlussprüfungen von Unternehmen, die nicht von öffentlichem Interesse sind bzw. bei von der BaFin beauftragten Prüfungen. Es erfolgt nach § 57a (5a) S. 4 WPO die Weiterleitung an die APAS.

Empirisch zeigen GIROUX/DEIS/BRYAN, dass Unternehmen, die freiwillig an Peer-Reviews teilnehmen, eine höhere tatsächliche Prüfungsqualität besitzen.[643] CASTERELLA/JENSEN/KNECHEL kommen für die USA zu dem Schluss, dass die Ergebnisse von Peer-Reviews ein verlässliches Signal für die tatsächliche Prüfungsqualität sind.[644] Im Experiment von GRANT/BRICKER/SHIPTSOVA setzen Qualitätssicherungen den Anreiz für eine höhere Prüfungsqualität.[645] Für Deutschland zeigt MACCARI-PEUKERT eine höhere Prüfungsqualität, wenn die Abschlussprüfer einem Peer-Review unterliegen.[646] Für die wahrgenommene Qualität beobachten SCHNEIDER/RAMSAY einen positiven Effekt.[647]

Nach Inspektionen betreiben die Unternehmen in der US-amerikanischen Studie von CARCELLO/HOLLINGSWORTH/MASTROLIA in geringerem Umfang Bilanzpolitik.[648] GRAMLING/KRISHNAN/ZHANG beobachten nach Inspektionen eine höhere Wahrscheinlichkeit für eine GCM als davor.[649] Für Deutschland stellt MACCARI-PEUKERT nach der Einführung von anlassunabhängigen Sonderkontrollen anhand von GCM eine höhere Prüfungsqualität fest.[650] Für die wahrgenommene Qualität finden ROBERTSON/HOUSTON nach einer Inspektion positive Auswirkungen auf die Glaubwürdigkeit des Testats.[651] Insgesamt kann von positiven Effekten eines Qualitätssicherungssystems ausgegangen werden.[652]

3.3.5 Institutionelle Konsequenzen bei Normverstößen

Die institutionellen Konsequenzen werden in die zivilrechtliche Haftung, die berufsrechtliche Ahndung, strafrechtliche Folgen und die ordnungsrechtliche Inanspruchnahme unterteilt.[653] Die höhere Prüfungsqualität wird im Zuge der Haftung erreicht, da der Prüfer aufgrund des möglichen Schadenersatzes einen höheren Anreiz erhält, diese zu erbringen (Präventivfunktion). Weiterhin hat die Haftung im Rahmen der Restitutionsfunktion die Aufgabe, nicht verhinderte Schäden auszugleichen.[654]

---

642   Vgl. *Farr*, Neuerungen, 2016, S. 193.
643   Vgl. *Giroux/Deis/Bryan*, Effect, 1995, S. 77.
644   Vgl. *Casterella/Jensen/Knechel*, Peer, 2009, S. 732.
645   Vgl. *Grant/Bricker/Shiptsova*, Dilemma, 1996, S. 153.
646   Vgl. *Maccari-Peukert*, Externe, 2011, S. 279.
647   Vgl. *Schneider/Ramsay*, Quality, 2000, S. 34.
648   Vgl. *Carcello/Hollingsworth/Mastrolia*, Inspections, 2011, S. 94.
649   Vgl. *Gramling/Krishnan/Zhang*, Change, 2011, S. 77.
650   Vgl. *Maccari-Peukert*, Externe, 2011, S. 279f.
651   Vgl. *Robertson/Houston*, Credibility, 2010, S. 53.
652   Vgl. *Offermanns/Vanstraelen*, Inspection, 2014, S. 182.
653   Vgl. *Marten/Quick/Ruhnke*, Wirtschaftsprüfung, 2015, S. 205.
654   Vgl. *Jany*, Qualität, 2011, S. 119f.

Ein Teil der zivilrechtlichen Haftung ist die Auftraggeberhaftung nach § 323 (1) HGB, wobei der Anwendungsbereich auf Pflichtprüfungen beschränkt ist.[655] Danach haftet „der Abschlussprüfer, seine Gehilfen und die bei der Prüfung mitwirkenden gesetzlichen Vertreter seiner Prüfungsgesellschaft" für den Schaden aus einer vorsätzlichen oder fahrlässigen Pflichtverletzung. Es muss Kausalität zwischen Schaden und Pflichtverletzung vorliegen.[656] Die Pflichten umfassen alle Anforderungen, die nach Sinn und Zweck der Prüfung an die Beteiligten zu richten sind.[657] Hinsichtlich der Darlegungs- und Beweislast sind im Schrifttum differenzierte Ansichten vorhanden.[658] Nach § 323 (2) S. 1 HGB beträgt die Haftung bei fahrlässigem Verhalten eine Mio. €.

Sie steigt gemäß § 323 (2) S. 2 HGB bei Aktiengesellschaften mit Zulassung der Anteile zum regulierten Markt auf vier Mio. €. Die Haftung kann nach § 323 (4) HGB weder ausgeschlossen noch beschränkt werden.[659] Nach § 16 BS WP/vBP bzw. § 18 BS WP/vBP n.F. kann die Haftsumme nicht erhöht werden. Bei Vorsatz greift die Haftungsbeschränkung nach § 276 (3) BGB nicht.

Die deliktische Dritthaftung erfolgt nach § 823 (2) BGB, wenn eine Norm, die den Schutz Dritter zum Inhalt hat, mit Vorsatz verletzt wird. Da Vorsatz in der Regel nicht vorhanden oder nicht nachgewiesen werden kann, ist die Anspruchsgrundlage von geringer Bedeutung.[660] Die Haftung nach § 826 BGB kommt zur Anwendung, wenn „in einer gegen die guten Sitten verstoßenden Weise einem anderen vorsätzlich Schaden zugefügt" worden ist. Die Anspruchsgrundlage ist von Bedeutung, da die Rechtsprechung die Voraussetzungen gesenkt hat. Beispiele für sittenwidriges Verhalten sind die Erteilung eines Bestätigungsvermerks ohne Prüfung oder der bewusste Verzicht auf eigene Prüfungen, wenn diese unerlässlich sind.[661] Hält der Prüfer den Schaden für möglich oder nimmt ihn billigend in Kauf, ist dies für den Vorsatz ausreichend.[662]

Der Vertrag mit Schutzwirkung zugunsten Dritter ist eine Grundlage für die schuldrechtliche Dritthaftung. Für die Haftung müssen Leistungsnähe des Dritten, Schutzpflicht des Gläubigers, Erkennbarkeit für den Schuldner und Einbeziehungsinteresse vorliegen. In Frage kommen Verträge über freiwillige Jahresabschlussprüfungen oder Beratungsaufträge. Unter strengen Anforderungen kann auch die gesetzliche Abschlussprüfung in Betracht kommen.[663] Im Rahmen eines ausdrücklich oder konkludent geschlossenen Auskunftsvertrags zwischen Auskunftsgeber und Empfänger haftet der Abschlussprüfer für die Vollständigkeit und Richtigkeit einer Bescheinigung. Liegt ein solcher Vertag vor, besteht die Haf-

---

[655] Vgl. *Ebke*, MüKommHGB, 2013, § 323 Rn. 15. Vgl. auch zur Haftung *Lenz*, Haftungsregelungen, 2010, S. I.

[656] Vgl. *Quick/Solmecke*, Implikationen, 2007, S. 140; *Ebke*, MüKommHGB, 2013, § 323 Rn. 69. Ein rechtmäßiges Alternativhandeln kann zum Ausschluss der Haftung führen.

[657] Vgl. *Naumann*, Wirtschaftsprüfer, 2017, Rn. A 307.

[658] Vgl. *Schmidt/Feldmüller*, BeckKommHGB, 2016, § 323 Rn. 106.

[659] Vgl. § 134 BGB der Rechtsgeschäfte, die gegen gesetzliche Verbote verstoßen, für nichtig erklärt.

[660] Vgl. *Quick/Solmecke*, Implikationen, 2007, S. 141.

[661] Vgl. *Ebke*, MüKommHGB, 2013, § 323 Rn. 104f.

[662] Vgl. *Quick*, Haftungsrisiken, 2000, S. 64.

[663] Vgl. *Naumann*, Wirtschaftsprüfer, 2017, Rn. A 333f.

tung nach § 280 BGB wegen schuldhafter Pflichtverletzung. Haftungsbeschränkungen bestehen bei wirksamer Vereinbarung. Dies wird regelmäßig bei konkludent geschlossenen Verträgen nicht der Fall sein.[664]

Bei der bürgerlich-rechtlichen Prospekthaftung[665] nimmt der Prüfer aufgrund des ihm entgegengebrachten besonderen Vertrauens eine Garantenstellung für die mit seinem Wissen und Wollen aufgenommenen, nach außen erkennbaren Arbeitsergebnisse ein. Die Haftung ist auf seine Aussagen beschränkt.[666] Nimmt der Prüfer besonderen Einfluss und ist daher mitverantwortlich, kann eine Haftung als sog. „Hintermann" resultieren.[667] Allgemein kann eine Haftung aus Mängeln im Prospekt entstehen. Voraussetzung ist jedoch ein persönlicher Kontakt zum Prüfer, der regelmäßig nicht vorhanden ist.[668]

Berufsaufsichtsrechtliche Maßnahmen können bei Pflichtverletzungen verhängt werden. Die Maßnahmen reichen von einer Rüge über Geldbußen bis hin zum Ausschluss aus dem Beruf.[669] Bei der Beurteilung sind alle Umstände, wie die Schwere der Pflichtverletzungen, die Schuld, die Finanzkraft oder frühere Verstöße, zu berücksichtigen.[670] Bei der Entscheidung werden nach § 68 (2) S. 2 WPO alle bis zu diesem Zeitpunkt bekannten Pflichtverletzungen einbezogen. Wird die Maßnahme verhängt, während das pflichtwidrige Verhalten andauert, kann nach § 68a S. 1 WPO eine Untersagung ausgesprochen werden. Dies gilt gemäß § 68a S. 2 WPO auch für zukünftige gleichartige Pflichtverletzungen. Wird gegen das Berufs- bzw. Tätigkeitsverbot verstoßen, können Geldbußen bis zu 100.000 € erhoben werden.[671]

Die strafrechtliche Inanspruchnahme des Abschlussprüfers und seiner Gehilfen[672] erfolgt nach § 332 (1) HGB, wenn sie mit Vorsatz[673] unrichtig berichten, erhebliche Umstände im Prüfungsbericht verschweigen bzw. den Bestätigungsvermerk unrichtig erteilen. Freiwillige Prüfungen werden nicht erfasst.[674] Nach § 333 (1) HGB ist das vorsätzliche unbefugte Offenbaren und gemäß § 333 (2) HGB das unbefugte Verwerten von Geheimnissen aus Informationen von im HGB vorgeschriebenen Prüfungen[675] strafbar. Die Höhe der Strafe reicht von einer Geldstrafe bis zu einer Freiheitsstrafe von maximal drei Jahren.[676] Wird gegen Entgelt oder in bereichernder oder schädigender Absicht gehandelt, steigt die Freiheitsstrafe nach § 332 (2) HGB bzw. § 333 (2) HGB auf bis zu fünf Jahre. Dies gilt auch bei unbefugter Verwertung eines Geheimnisses.

---

[664] Vgl. *Naumann*, Wirtschaftsprüfer, 2017, Rn. A 346.

[665] Vgl. *Naumann*, Wirtschaftsprüfer, 2017, Rn. A 347. Bei spezialgesetzlicher Prospekthaftung, z.B. aus §§ 21ff. WpHG, erfolgt regelmäßig keine Inanspruchnahme. Vgl. *Schmidt/Feldmüller*, BeckKommHGB, 2016, § 323 Rn. 232.

[666] Vgl. *Schmidt/Feldmüller*, BeckKommHGB, 2016, § 323 Rn. 232.

[667] Vgl. *Naumann*, Wirtschaftsprüfer, 2017, Rn. A 349.

[668] Vgl. *Schmidt/Feldmüller*, BeckKommHGB, 2016, § 323 Rn. 234.

[669] Vgl. § 68 (1) WPO.

[670] Vgl. § 68 (3) S. 1, 2 WPO.

[671] Vgl. § 68c WPO.

[672] Vgl. *Grottel/Hoffmann*, BeckKommHGB, 2016, § 332 Rn. 30.

[673] Vgl. *Marten/Quick/Ruhnke*, Wirtschaftsprüfung, 2015, S. 222f.

[674] Vgl. *Grottel/Hoffmann*, BeckKommHGB, 2016, § 332 Rn. 2. Für sonstige Prüfungen bestehen weitere Anspruchsgrundlagen. Vgl. auch *Grottel/Hoffmann*, BeckKommHGB, 2016, § 333 Rn. 3.

[675] Vgl. *Grottel/Hoffmann*, BeckKommHGB, 2016, § 332 Rn. 1 - 3. Wiederum ergeben sich weitere Anspruchsgrundlagen.

[676] Vgl. § 332 (1) HGB bzw. § 333 (1) HGB.

Eine Ordnungswidrigkeit nach § 334 (2) HGB liegt vor, wenn bei einem Abschluss ein Bestätigungsvermerk erteilt wird, obwohl der Abschlussprüfer nach den §§ 319, 319a, 319b HGB nicht tätig sein darf. Die maximale Höhe der Geldbuße beträgt nach § 334 (3) HGB 50.000 €. Da die Geldbuße höher sein soll als der wirtschaftliche Vorteil aus dem Vergehen, kann der Betrag nach § 17 (4) OWiG höher sein. Nach § 17 (1) OWiG ist der Mindestbetrag fünf €.

Weitere Haftungsgrundlagen sind § 51 WPO bei nicht rechtzeitiger Ablehnung eines Auftrags, § 824 BGB bei Kreditgefährdung,[677] die Drittschadensliquidation[678] und die Haftung des gesetzlichen Sachverständigen gemäß § 839a BGB oder § 311 BGB.[679] Nach § 831 BGB haftet dieser auch für Verrichtungsgehilfen.[680]

Das Haftungsrisiko kann in Deutschland aufgrund der Haftungsbegrenzung bei fahrlässigem Handeln im internationalen Vergleich als gering gesehen werden. Nach dem „Liability Standard Index" von LA PORTA/LOPEZ-DE-SILANES/SHLEIFER ist eine Klage gegen den Abschlussprüfer in Deutschland am schwierigsten.[681]

Modelltheoretische Analysen kommen für verschiedene Aspekte der Haftung zu differenzierten Ergebnissen.[682] Für die Schadenszuteilung, d.h. proportionale oder gesamtschuldnerische Haftung, zeigt NARAYANAN für zahlungsfähige Unternehmen bei proportionaler Haftung eine höhere Prüfungsqualität.[683] Zu gegenteiligen Ergebnissen kommen CHAN/PAE.[684] Andere stellen die Gefährdungshaftung der Verschuldenshaftung gegenüber. BALACHANDRAN/NAGARAJAN kommen zu dem Ergebnis, dass die Verschuldenshaftung der Gefährdungshaftung überlegen sein kann.[685] Bei EWERT/FEESS/NELL ist die Gefährdungshaftung mit Versicherung vorteilhaft.[686] Für die Haftungsbeschränkung kommt DYE zu dem Ergebnis, dass eine unendlich hohe Haftsumme optimal ist.[687] Auch im Folgemodell von DYE führt die Haftungsbeschränkung zu einer niedrigen Prüfungsqualität. Dies ist jedoch von Vorteil, da sie zuvor aus gesamtgesellschaftlicher Sicht zu hoch war.[688] Im Modell von BIGUS ist eine beschränkte Haftung unter bestimmten Voraussetzungen unproblematisch.[689] Die unterschiedlichen Ergebnisse können auf die Modellannahmen zurückzuführen sein.[690]

[677] Vgl. *Schmidt/Feldmüller*, BeckKommHGB, 2016, § 323 Rn. 181f.
[678] Vgl. *Naumann*, Wirtschaftsprüfer, 2017, Rn. A 342, der die Anwendung in der Praxis für selten hält.
[679] Vgl. *Schmidt/Feldmüller*, BeckKommHGB, 2016, § 323 Rn. 220 in Ausnahmefällen.
[680] Vgl. § 831 (1) S. 2 BGB für die Exkulpationsmöglichkeiten.
[681] Vgl. *La Porta/Lopez-De-Silanes/Shleifer*, Laws, 2006, S. 16.
[682] Vgl. *Quick/Solmecke*, Implikationen, 2007 für die detaillierte Darstellung der nachfolgenden Studien.
[683] Vgl. *Narayanan*, Liability, 1994, S. 52.
[684] Vgl. *Chan/Pae*, Rule, 1998, S. 474. Allerdings kann die Gesamtwohlfahrt steigen.
[685] Vgl. *Balachandran/Nagarajan*, Imperfect, 1987, S. 283.
[686] Vgl. *Ewert/Feess/Nell*, Dritthaftung, 2000, S. 572.
[687] Vgl. *Dye*, Wealth, 1993, S. 894.
[688] Vgl. *Dye*, Incorporation, 1995, S. 105f.
[689] Vgl. *Bigus*, Sorgfalt, 2007, S. 83f.
[690] Vgl. *Quick/Solmecke*, Implikationen, 2007, S. 174 - 178 für eine ausführliche Diskussion.

Empirisch zeigt die Untersuchung von LEE/MANDE/SON nach Absenkung des Haftungsrisikos durch den „Private Securities Litigation Reform Act" eine geringere Prüfungsqualität bei Big 6 Prüfern.[691] VENKATARAMAN/WEBER/WILLENBORG beobachten anhand von Unternehmen mit einem Börsengang und des damit steigenden Haftungsrisikos eine höhere Prüfungsqualität und höhere Prüfungshonorare.[692] Gegensätzlich dazu finden TEOH/WONG/RAO im Jahr des Börsengangs Indizien für Bilanzpolitik.[693]

3.3.6 Reputation

Reputation ist die Wahrnehmung Dritter über die Kompetenz und die Unabhängigkeit des Prüfers.[694] Sie hat auf dem Prüfermarkt einen Wert, da es für den Mandanten nicht möglich ist, die Qualität im Vorhinein einzuschätzen.[695] Daher werden die Erfahrungen von anderen Mandanten des Prüfers herangezogen. Durch eine hohe Prüfungsqualität wird die Reputation aufgebaut. Werden berechtigt Testate verweigert, kann es zu kurzfristigen Mandatsverlusten kommen. Daher ist die Investition in die Reputation nur sinnvoll, wenn der Barwert der erwarteten zukünftigen Zahlungen größer ist als die Kosten des Reputationsaufbaus.[696] Dies kann der Fall sein, da die Mandanten bei hoher Reputation eher bereit sind, den Prüfer zu beauftragen bzw. ein höheres Honorar zu bezahlen.[697]

Für das geprüfte Unternehmen kann die Reputation von Vorteil sein, da sich für den Prüfer, abseits der Haftung, Anreize für eine höhere Prüfungsqualität ergeben.[698] Andere Vorteile können geringere Finanzierungskosten und eine niedrigere Wahrscheinlichkeit von Klagen gegen die Unternehmensorgane sein.[699]

Theoretisch kann die Wirkung der Reputation durch das Modell von DEANGELO analysiert werden. Wie beschrieben, entstehen im Modell Quasirenten. Bei niedriger Prüfungsqualität bei einem Mandanten besteht die Gefahr, dass aufgrund der geringeren Einschätzung durch andere Mandanten zusätzliche Quasirenten entfallen. Aufgrund der höheren Anzahl der Mandate bei diesen Gesellschaften sind die negativen Folgen aus dem Reputationsverlust größer. Dies kann als Begründung für die höhere Prüfungsqualität von großen Prüfungsgesellschaften herangezogen werden.[700]

Empirisch zeigen CHANE/PHILIPICH im Rahmen des Bilanzskandals bei Enron signifikant negative Kapitalmarktreaktionen anderer Mandate von Arthur Anderson.[701] Anhand

---

[691] Vgl. *Lee/Mande/Son*, Litigation Reform, 2009, S. 93.
[692] Vgl. *Venkataraman/Weber/Willenborg*, Litigation, 2008, S. 1316.
[693] Vgl. *Teoh/Wong/Roa*, Offerings, 1998, S. 175.
[694] Vgl. *Francis*, Size, 1984, S. 134; *Watkins/Hillison/Morecroft*, Quality, 2004, S. 155.
[695] Vgl. *Lenz*, Wahl, 1993, S. 213 - 217, der auch ex-post keine Möglichkeit sieht (Vertrauensgut).
[696] Vgl. *Bigus*, Reputation, 2006, S. 22.
[697] Vgl. *Mandler*, Theorie, 1995, S. 35ff.
[698] Vgl. *Datar/Alles*, Formation, 1999, S. 402.
[699] Vgl. *Bigus*, Reputation, 2006, S. 22.
[700] Vgl. *DeAngelo*, Size, 1981, S. 185.
[701] Vgl. *Chaney/Philipich*, Shredded, 2002, S. 1244.

des Bilanzskandals bei der ComROAD AG finden WEBER/WILLENBORG/ZHANG eine negative Kursreaktion und eine höhere Wahrscheinlichkeit für einen Prüferwechsel bei KPMG-Mandanten.[702]

Abschlussprüfer von privaten Unternehmen können im Vergleich zu Prüfern von kapitalmarktorientierten Unternehmen einem geringeren Reputationsrisiko ausgesetzt sein.[703] Dies wird durch die höhere Aufmerksamkeit, die kapitalmarktorientierten Unternehmen zuteil wird, begründet.[704] Im Abschluss enthaltene Fehler können dadurch weniger stark bekannt werden.[705] JOHNSTONE/BEDARD analysieren die Mandantenzusammensetzung einer Prüfungsgesellschaft. Sie beobachten, dass im Rahmen des Risikomanagements das Mandat bei kapitalmarktorientierten Unternehmen mit höherer Wahrscheinlichkeit nicht fortgesetzt wird. Neue Mandanten sind mit geringerer Wahrscheinlichkeit kapitalmarktorientierte Unternehmen.[706] CLATWORTHY/PEEL zeigen, dass bei privaten Unternehmen im Vergleich zu kapitalmarktorientierten Unternehmen geringere Prüfungshonorare erhoben werden. Sie schreiben diesen Effekt teilweise dem geringeren Reputationsrisiko zu.[707]

3.4 Empirische Erkenntnisse zur Unabhängigkeit in Deutschland

Nachfolgend werden ausgewählte empirische Erkenntnisse zur wahrgenommenen und zur tatsächlichen Unabhängigkeit in Deutschland dargestellt. Die Hauptergebnisse können der Tabelle 15 und der Tabelle 16 entnommen werden.

3.4.1 Erkenntnisse zur wahrgenommenen Unabhängigkeit

RICHTER beobachtet im Jahr 1975 auf Basis eines Fragebogens an Wirtschaftsjournalisten die Beeinträchtigung der wahrgenommenen Unabhängigkeit. Bei Beratungsleistungen für die Unternehmenskonzeption/Geschäftspolitik und bei der Finanz- und Ergebnisplanung sind die Bedenken am höchsten.[708] Zudem befürworten 73,2% engere Grenzen der Zulässigkeit von Prüfung und Beratung. Hiervon sehen 44% ein Verbot der Beratung als geeignet an.[709] Wirtschaftsprüfer betrachten Beratungsleistungen nicht als gefährdend.[710] Ihrer Meinung nach sollten die Grenzen der Zulässigkeit unverändert bleiben.[711]

---

[702] Vgl. *Weber/Willenborg/Zhang*, Germany, 2008, S. 943, 963f.

[703] Vgl. *Hope/Langli*, Low Litigation, 2010, S. 578.

[704] Vgl. *Clatworthy/Peel*, Effect, 2007, S. 173.

[705] Vgl. *Cano-Rodríguez*, Private, 2010, S. 137.

[706] Vgl. *Johnstone/Bedard*, Portfolio, 2004, S. 663.

[707] Vgl. *Clatworthy/Peel*, Effect, 2007, S. 197.

[708] Vgl. *Richter*, Inkompatibilität, 1977, S. 33f. So sehen 74% die Unabhängigkeit als beeinträchtigt. Die Bereiche der Beratung umfassen: Unternehmensführung, Personalwesen, Rechnungswesen, Absatz, Fertigung und Lagerwirtschaft.

[709] Vgl. *Richter*, Inkompatibilität, 1977, S. 35f.

[710] Vgl. *Richter*, Inkompatibilität, 1977, S. 33. Von den Befragten gehen 16,9% von der Stärkung der Unabhängigkeit aus.

[711] Vgl. *Richter*, Inkompatibilität, 1977, S. 35.

DYKXHOORN/SINNING stellen 1977 im Rahmen eines Fragebogens an deutsche Wirtschaftsprüfer zehn Prüfer-Mandanten-Beziehungen vor. Die Beratungsleistungen umfassen die Buchführung und die EDV-Dienstleistung. Nur bei Leistungen im Bereich der Buchhaltung mit engem Bezug zur Abschlusserstellung wird die Unabhängigkeit von der Mehrzahl (58,3%) der Teilnehmer als gefährdet wahrgenommen.[712] Durch den Vergleich der Antworten aus den jeweiligen Szenarien, mit der Einschätzung der SEC bezüglich der Unabhängigkeitsgefährdung, stellen die Autoren bei den Wirtschaftsprüfern eine liberalere Haltung fest.[713]

DYKXHOORN/SINNING befragen Kreditsachbearbeiter und Finanzanalysten zur wahrgenommenen Unabhängigkeit in 27 Prüfer-Mandanten-Beziehungen, wobei Buchführung und EDV-Dienstleistungen betrachtet werden.[714] Im Ergebnis sehen Kreditsachbearbeiter bei Beratungsleistungen die Unabhängigkeit als nicht eingeschränkt. Finanzanalysten nehmen nur bei Leistungen im Bereich der Buchführung in enger Verbindung zur Abschlusserstellung eine eingeschränkte Unabhängigkeit wahr. Die Unabhängigkeitswahrnehmung beeinflusst die Kreditvergabe- und die Investitionsentscheidung.[715]

AGACER/DOUPNIK führen ein Experiment durch, in dem Informationen über erbrachte oder nicht erbrachte Beratungsleistungen mit weiteren Merkmalen,[716] welche die Unabhängigkeit gefährden können, kombiniert werden.[717] Durch den Vergleich der Antworten von Wirtschaftsprüfern aus den USA, den Philippinen und aus Deutschland stellen sie fest, dass Prüfer aus Deutschland und den USA die Unabhängigkeit durch Nichtprüfungsleistungen stärker gefährdet wahrnehmen als Prüfer aus den Philippinen. Insgesamt sind Wirtschaftsprüfer aus Deutschland am konservativsten und Prüfer aus den Philippinen am liberalsten zur möglichen Gefährdung der Unabhängigkeit eingestellt.[718]

DYKXHOORN/SINNING/WIESE stellen durch Befragung von Kreditsachbearbeitern im Ergebnis einen nahezu neutralen Einfluss von Steuerberatung und allgemeiner Unternehmensberatung durch Wirtschaftsprüfer auf die Glaubwürdigkeit des Jahresabschlusses fest. Für Steuerberatungsleistungen von vereidigten Buchprüfern werden gleichgerichtete Ergebnisse erzielt.[719] Da die Antworten im Durchschnitt leicht positiv ausfallen, interpretieren QUICK/WARMING-RASMUSSEN, dass von den Leistungen ein schwach positiver Einfluss ausgeht.[720]

---

[712] Vgl. *Dykxhoorn/Sinning*, Wirtschaftsprüfer, 1981, S. 99f. Es werden finanzielle, familiäre, geschäftliche und andere Beziehungen abgedeckt.

[713] Vgl. *Dykxhoorn/Sinning*, Wirtschaftsprüfer, 1981, S. 103ff.

[714] Vgl. *Dykxhoorn/Sinning*, Perceptions, 1982, S. 339.

[715] Vgl. *Dykxhoorn/Sinning*, Perceptions, 1982, S. 341ff. Hinsichtlich aller Szenarien wird die Kreditvergabeentscheidung in 26 von 27 Fällen und die Investitionsentscheidung in 20 von 27 Fällen beeinflusst.

[716] Diese sind die Mandantengröße, ausstehende Honorare aus vorangegangenen Jahren und das Bestehen von Heiratsverhältnissen zwischen den Beschäftigten des Mandanten und des Prüfers.

[717] Vgl. *Agacer/Doupnik*, Independence, 1991, S. 228.

[718] Vgl. *Agacer/Doupnik*, Independence, 1991, S. 233f.

[719] Vgl. *Dykxhoorn/Sinning/Wiese*, Banken, 1996, S. 2033.

[720] Vgl. *Quick/Warming-Rasmussen*, Unabhängigkeit, 2007, S. 1014.

Jahr	Autor(en)	Teilnehmer	Art der Beratung	Hauptergebnisse
1977	RICHTER	Wirtschafts-journalisten, Wirtschaftsprüfer	Unternehmensführung, Personalwesen, Rechnungswesen, Absatz, Fertigung, Lager	• Bei Wirtschaftsjournalisten: negativer Einfluss, der im Bereich der Unternehmenskonzeption/Geschäftspolitik am größten ist. • Bei Wirtschaftsprüfern: kein Einfluss.
1981	DYKXHOORN/ SINNING	Wirtschaftsprüfer	Buchführung, EDV-Dienstleistungen	• Negativer Einfluss bei Leistungen im Bereich der Buchführung mit engem Bezug zur Abschlusserstellung.
1982	DYKXHOORN/ SINNING	Kreditsach-bearbeiter, Finanzanalysten	Buchführung, EDV-Dienstleistungen	• Bei Kreditsachbearbeitern: kein negativer Einfluss. • Bei Analysten: negativ bei Buchführungsleistungen mit Bezug zur Abschlusserstellung.
1991	AGACER/ DOUPNIK	Wirtschaftsprüfer	Allgemeine Beratung	• Wirtschaftsprüfer aus Deutschland und den USA nehmen die Gefährdung der Unabhängigkeit stärker wahr als Prüfer aus den Philippinen.
1996	DYKXHOORN/ SINNING/ WIESE	Kreditsachbearbeiter	Steuerberatung und allgemeine Beratung	• Autoren stellen nahezu neutralen Einfluss fest. Kann auch als leicht positiv interpretiert werden.
2004	ZAPF	Vorstände Aufsichtsräte	25 Beratungsleistungen und acht Prüfungs- bzw. Assuranceleistungen	• Insgesamt kein negativer Einfluss.
2007	QUICK/ WARMING-RASMUSSEN	Kleinaktionäre	19 Leistungen	• Negativer Einfluss für 17 Beratungsleistungen. Höhe der negativen Wahrnehmung variiert mit Art der Beratungsleistung.
2009	MEUWISSEN/ QUICK	Aufsichtsräte	Steuerberatung, Personalberatung und Beratung im Bereich des Rechnungswesens	• Negativer Einfluss von allen untersuchten Beratungsleistungen. Steuerberatung wird am wenigsten, Personalberatung am stärksten negativ wahrgenommen.
2015	QUICK/ WARMING-RASMUSSEN	Privatinvestoren	Steuerberatung, M&A-Beratung, Beratung für das interne Kontrollsystem	• Insgesamt negativer Einfluss, wobei die Wahrnehmung von der Art der Beratung abhängig ist. • Negative Wahrnehmung bei Beratung für internes Kontrollsystem und hohem Nichtprüfungsanteil. • 70%-Grenze der EU kann zu hoch sein.

Tabelle 15: Empirische Erkenntnisse zur wahrgenommenen Unabhängigkeit in Deutschland.[721]

ZAPF befragt für das Jahr 2002 insgesamt 86 Vorstände und 45 Aufsichtsräte aus den 500 umsatzstärksten deutschen Unternehmen[722] zur Unabhängigkeitswahrnehmung bei einer Vielzahl an Prüfungs- und Beratungsleistungen.[723] Der Autor stellt insgesamt für beide

---

[721] Vgl. in Anlehnung an *Quick/Warming-Rasmussen*, Unabhängigkeit, 2007, S. 1014.

[722] Vgl. *Zapf*, Dienstleistungsangebot, 2004, S. 164 - 167.

[723] Vgl. *Zapf*, Dienstleistungsangebot, 2004, S. 163. Insgesamt werden 25 Beratungsleistungen und acht Prüfungs- und Assuranceleistungen betrachtet.

Gruppen keine Beeinträchtigung in der Wahrnehmung durch Prüfungs- und Beratungsleistungen fest. Werden die beiden Gruppen getrennt betrachtet, sehen Aufsichtsräte bestimmte Dienstleistungen bei der Durchführung von Bewertungen und bei Beratung im Bereich von Unternehmensverkäufen sowie Vorstände bei Beratungen in Unternehmenskrisen die Unabhängigkeit mehrheitlich als beeinträchtigt an.[724] Die Gefährdung der Unabhängigkeit wird von Vorständen der SEC gelisteten Unternehmen kritischer beurteilt als von Vorständen anderer börsennotierter Unternehmen.[725]

QUICK/WARMING-RASMUSSEN zeigen mit Hilfe eines Fragebogens an Kleinaktionäre, dass 65,3% der Befragten eine allgemeine Gefährdung der Unabhängigkeit durch Beratung wahrnehmen.[726] Differenziert nach 19 Leistungen beobachten die Autoren bei der überwiegenden Mehrheit einen signifikant negativen Einfluss. Bei Beratung im Bereich der Finanzinformationssysteme und bei forensischen Dienstleistungen liegt dieser nicht vor.[727] Die Unabhängigkeitswahrnehmung differenziert nach Art der Beratungsleistung,[728] wobei die negative Wirkung mit zunehmendem Honorar der Beratungsleistung ansteigt.[729] Die personelle Trennung von Prüfung und Beratung stärkt das Vertrauen in die Prüfung.[730]

MEUWISSEN/QUICK differenzieren nach den besonders umstrittenen Leistungen Steuerberatung, Personalberatung und rechnungslegungsnaher Beratung. Das Experiment umfasst eine Fallstudie, die von 110 Aufsichtsratsmitgliedern von Unternehmen aus dem DAX30, MDAX, SDAX und TecDAX bearbeitet wird.[731] Die Autoren beobachten allgemein und differenziert nach den drei Arten an Beratungsleistungen einen negativen Einfluss auf die wahrgenommene Unabhängigkeit. Steuerberatungsleistungen werden am wenigsten negativ, Personalberatungsleistungen am stärksten negativ wahrgenommen. Je größer das Ausmaß an Beratung ist, desto beeinträchtigter wird die Unabhängigkeit gesehen.[732]

---

[724] Vgl. *Zapf*, Dienstleistungsangebot, 2004, S. 214. Der Autor verwendet eine Skala von eins (vollkommene Zustimmung) bis vier (trifft überhaupt nicht zu). Bei den genannten Leistungen liegt der Durchschnitt der Antworten knapp unter der neutralen Einschätzung von 2,5.

[725] Vgl. *Zapf*, Dienstleistungsangebot, 2004, S. 216. Der Autor merkt an, dass dieses Ergebnis mit Vorsicht zu interpretieren ist, da vier SEC gelistete Unternehmen mit 22 in Deutschland notierten Unternehmen verglichen werden.

[726] Vgl. *Quick/Warming-Rasmussen*, Unabhängigkeit, 2007, S. 1016. Weiterhin nehmen 25,5% der Befragten keine Beeinträchtigung wahr. Weiterhin sind 9,2% indifferent.

[727] Vgl. *Quick/Warming-Rasmussen*, Unabhängigkeit, 2007, S. 1018. Nur bei Beratung für Finanzinformationssysteme und forensische Dienstleitung besteht ein signifikanter Zusammenhang.

[728] Vgl. *Quick/Warming-Rasmussen*, Unabhängigkeit, 2007, S. 1020f.

[729] Vgl. *Quick/Warming-Rasmussen*, Unabhängigkeit, 2007, S. 1025.

[730] Vgl. *Quick/Warming-Rasmussen*, Unabhängigkeit, 2007, S. 1022.

[731] Vgl. *Meuwissen/Quick*, Beratung, 2009, S. 394ff.

[732] Vgl. *Meuwissen/Quick*, Beratung, 2009, S. 399f. Für die multivariate Analyse S. 403f.

QUICK/WARMING-RASSMUSSEN beobachten für 2015 bei deutschen Privatinvestoren den negativen Einfluss von Nichtprüfungshonoraren auf die Unabhängigkeitswahrnehmung, der mit zunehmendem Anteil an den Gesamthonoraren zunimmt.[733] Weitere Analysen zeigen, dass die Wahrnehmung von der Art der Beratungsleistungen abhängig ist. Bei Steuerberatungsleistungen und bei M&A-Beratungen wird kein negativer Einfluss beobachtet. Beratungsleistungen für das interne Kontrollsystem haben nur einen negativen Einfluss, wenn der Anteil der Nichtprüfungshonorare hoch ist.[734]

Im arithmetischen Mittel wird ein Anteil von 28,4% der Nichtprüfungshonorare an den Gesamthonoraren als kritische Grenze wahrgenommen. Die Autoren schließen daraus, dass die 70%-Grenze der Europäischen Union zu hoch angesetzt sein kann.[735]

Zusammenfassend sind die Ergebnisse zur wahrgenommenen Unabhängigkeit in Deutschland unterschiedlich. Dies kann darauf zurückzuführen sein, dass in den Studien unterschiedliche Beratungsleistungen betrachtet werden.[736] Die neueren Studien von QUICK/ WARMING-RASMUSSEN und MEUWISSEN/QUICK zeigen die unterschiedliche Wahrnehmung in Abhängigkeit der Beratungsleistung.[737] Auch sind die Ergebnisse von den Teilnehmern abhängig, deren Interessen unterschiedlich und teilweise gegensätzlich sind.[738] So wird bei Wirtschaftsprüfern die Beeinträchtigung nicht[739] oder nur für einzelne Beratungsleistungen festgestellt.[740] Bei anderen Teilnehmern sind die Ergebnisse uneinheitlich. Während ZAPF für Aufsichtsräte überwiegend keine Beeinträchtigung beobachtet,[741] schätzen Aufsichtsräte in der Studie von MEUWISSEN/QUICK die Unabhängigkeit als gefährdet ein.[742] Als mögliche Erklärung kann neben dem unterschiedlichen Untersuchungsdesign angeführt werden, dass das Bewusstsein über die Unabhängigkeitsproblematik über den Zeitablauf gestiegen ist.[743]

3.4.2 Erkenntnisse zur tatsächlichen Unabhängigkeit

Tabelle 16 fasst die Ergebnisse der deutschen Studien zur Unabhängigkeit in Verbindung mit Honoraren für Prüfungs- und Nichtprüfungsleistungen zusammen. Zusätzlich wird die Studie von RATZINGER-SAKEL[744] aufgenommen, die in Kapitel 5 erläutert wird.

---

[733] Vgl. *Quick/Warming-Rasmussen*, Union, 2015, S. 164, 170.

[734] Vgl. *Quick/Warming-Rasmussen*, Union, 2015, S. 169ff.

[735] Vgl. *Quick/Warming-Rasmussen*, Union, 2015, S. 177. Die 70%-Grenze der EU des Anteils der Beratungshonorare an den Prüfungshonoraren entspricht ca. 41% des Anteils der Beratungsleistungen am Gesamthonorar.

[736] Vgl. *Meuwissen/Quick*, Beratung, 2009, S. 392.

[737] Vgl. *Quick/Warming-Rasmussen*, Unabhängigkeit, 2007, S. 1020f.; *Meuwissen/Quick*, Beratung, 2009, S. 399f.; *Quick/Warming-Rasmussen*, Union, 2015, S. 169.

[738] Vgl. *Meuwissen/Quick*, Beratung, 2009, S. 392.

[739] Vgl. *Richter*, Inkompatibilität, 1977, S. 33.

[740] Vgl. *Dykxhoorn/Sinning*, Wirtschaftsprüfer, 1981, S. 100.

[741] Vgl. *Zapf*, Dienstleistungsangebot, 2004, S. 214.

[742] Vgl. *Meuwissen/Quick*, Beratung, 2009, S. 399. Für die multivariate Analyse S. 403f.

[743] Vgl. *Quick/Warming-Rasmussen*, Union, 2015, S. 156.

[744] Vgl. *Ratzinger-Sakel*, Germany, 2013.

Jahr	Autor(en)	Stichprobe	Surrogat	Hauptergebnisse
2004	BAUER	Beobachtungen von Unternehmen aus dem DAX30, MDAX, SDAX und TecDAX für die Jahre 2001 und 2002.	Agency-Kosten	• Keine Indizien, die auf eine Beeinträchtigung der Unabhängigkeit durch Nichtprüfungshonorare schließen lassen.
2008	ZIMMERMANN	102 Unternehmen, die zum 31.12.2005 börsennotiert (DAX30, MDAX, SDAX, TecDAX und GEX) sind.	Bilanzpolitik	• Kein signifikanter Zusammenhang, der eine Beeinträchtigung der Unabhängigkeit bei Nichtprüfungshonoraren und Mandantenwichtigkeit zeigt.
2011	QUICK/ SATTLER	341 Beobachtungen von börsennotierten Unternehmen (DAX30, MDAX, SDAX und TecDAX).	Bilanzpolitik	• Kein Zusammenhang bei Nichtprüfungshonoraren im Allgemeinen, anderen Bestätigungsleistungen und bei Steuerberatungsleistungen. • Sonstige Leistungen gefährden die Unabhängigkeit.
2013	RATZINGER-SAKEL	Zwei Stichproben von kapitalmarktorientierten Unternehmen im Zeitraum 2005 - 2009.	GCM	• Die Wahrscheinlichkeit für eine GCM ist bei Big 4 Prüfern mit steigendem Anteil an Nichtprüfungshonoraren geringer als bei den Non Big 4 Prüfern.
2014	KRAUß/ QUOSIGK/ ZÜLCH	991 Beobachtungen von börsennotierten Unternehmen (DAX30, MDAX, SDAX und TecDAX) im Zeitraum 2005 - 2011.	Bilanzpolitik	• Kein negativer Einfluss von Fee Cutting auf die Unabhängigkeit.
2015	KRAUß/ PRONOBIS/ ZÜLCH	2.334 Beobachtungen von 537 börsennotierten Unternehmen im Zeitraum 2005 - 2010.	Bilanzpolitik Restatements Analystenprognosen	• Positive abnormale Prüfungshonorare gefährden die Unabhängigkeit. • Für negative abnormale Prüfungshonorare uneinheitliche Ergebnisse. • Effekt gilt nicht für die Jahre 2008 - 2010.
2015	LOPATTA/ KASPEREIT/ CANITZ ET AL.	840 Beobachtungen von börsennotierten Unternehmen (DAX30, MDAX, SDAX und TecDAX) für die Jahre 2005 - 2011.	Bilanzpolitik	• Bei ergebniserhöhender Bilanzpolitik Gefährdung der Unabhängigkeit durch Nichtprüfungsleistungen und Mandantenabhängigkeit. • Bei ergebnismindernder Bilanzpolitik und Bilanzpolitik im Allgemeinen kein Zusammenhang.

Tabelle 16: Empirische Erkenntnisse zur tatsächlichen Unabhängigkeit in Deutschland.

BAUER untersucht den Zusammenhang von Nichtprüfungshonoraren und den Agency-Kosten. Datengrundlage sind Beobachtungen der Jahre 2001 und 2002 aus dem DAX30, MDAX, SDAX und TecDAX.[745] Die Unabhängigkeitsgefährdung wird durch das Beratungshonorar im Verhältnis zu den Prüfungshonoraren, zu den Gesamthonoraren eines Mandanten und zu den gesamten Honoraren aus allen betrachteten Prüfungen abgebildet.[746] Die Surrogate für Agency-Konflikte sind der Verschuldungsgrad im Vorjahr und der Anteil im Streubesitz.[747] Im Ergebnis besteht in der multivariaten Analyse für keine der Variablen ein signifikant negativer Zusammenhang.[748]

---

[745] Vgl. *Bauer*, Unabhängigkeit, 2004, S. 319f.
[746] Vgl. *Bauer*, Unabhängigkeit, 2004, S. 365.
[747] Vgl. *Bauer*, Unabhängigkeit, 2004, S. 360, 364.
[748] Vgl. *Bauer*, Unabhängigkeit, 2004, S. 365.

ZIMMERMANN analysiert den Einfluss der Nichtprüfungshonorare und der Mandanten-bedeutung auf die Bilanzpolitik. Datenbasis sind 102 Unternehmen, die zum 31.12.2005 im DAX30, MDAX, SDAX, TecDAX oder GEX gelistet sind.[749] Die Bilanzpolitik wird über die Modelle von DEANGELO[750] und HEALY[751] gemessen. Die Unabhängigkeitsgefährdung durch Nichtprüfungsleistungen wird durch das Verhältnis von Nichtprüfungshonoraren zu den Gesamthonoraren, zu den Prüfungshonoraren, zur Bilanzsumme und durch den Logarith-mus der Nichtprüfungshonorare abgebildet.[752] Die Mandantenbedeutung wird über das Verhältnis der Honorare eines Mandanten zur Summe der Honorare aller Mandanten in der Stichprobe und zum im Geschäftsbericht ausgewiesenen Gesamtumsatz approximiert.[753] In der multivariaten Regression liegt für keine der Variablen zur Unabhängigkeit bei Nichtprü-fungsleistungen ein signifikanter Zusammenhang vor. Auch bei der getrennten Analyse für ergebnismindernde und ergebniserhöhende Bilanzpolitik, für die Mandantenwichtigkeit und für alternative Messungen für Bilanzpolitik zeigt sich kein Zusammenhang.[754]

QUICK/SATTLER[755] führen mit 341 Beobachtungen aus dem DAX30, MDAX, SDAX oder TecDAX für die Jahre 2005 - 2007 ihre Analyse zur Bilanzpolitik durch.[756] Aufgrund von Knowledge Spillovers vermuten sie für die Kategorie der anderen Bestätigungsleistungen einen negativen Zusammenhang. Bei Steuerberatungsleistungen und sonstigen Leistungen gehen sie wegen des fehlenden Zusammenhangs zur Prüfung von einer positiven Beziehung aus.[757] Im Ergebnis besteht für den gesamten Anteil der Nichtprüfungshonorare an den Ge-samthonoraren und für den Anteil der anderen Bestätigungsleistungen an den Gesamtho-noraren kein signifikanter Zusammenhang.[758] Bei dem Anteil der Steuerberatungshonorare besteht bei ergebnissteigernder Bilanzpolitik ein signifikant positiver Zusammenhang. Nach weiteren Analysen[759] leiten sie aus den Nichtprüfungsleistungen im Allgemeinen, den anderen Bestätigungsleistungen und den Steuerberatungsleistungen keine Gefahren für die tatsächliche Unabhängigkeit ab.[760] Für den Honoraranteil der sonstigen Leistungen resul-tiert ein positiver Zusammenhang mit der generellen Bilanzpolitik und mit der ergebnis-mindernden Bilanzpolitik. QUICK/SATTLER sehen darin einen Hinweis für die Gefährdung der Unabhängigkeit.[761]

---

[749] Vgl. *Zimmermann*, Bilanzpolitik, 2008, S. 179.
[750] Vgl. *DeAngelo*, Numbers, 1986.
[751] Vgl. *Healy*, Bonus, 1985.
[752] Vgl. *Zimmermann*, Bilanzpolitik, 2008, S. 185f.
[753] Vgl. *Zimmermann*, Bilanzpolitik, 2008, S. 219f. Es gehen die Gesellschaften BDO, EY, Deloitte, PwC und KPMG ein.
[754] Vgl. *Zimmermann*, Bilanzpolitik, 2008, S. 191 - 227.
[755] Vgl. für Kritik an diesem Beitrag *Lenz*, Anmerkung, 2012, S. 262 - 270.
[756] Vgl. *Quick/Sattler*, Beratungsleistungen, 2011, S. 319f. Die Bilanzpolitik wird über die diskretionären Perio-denabgrenzungen mit dem Performance-Adjusted-Jones-Modell gemessen. Für eine Diskussion des Mo-dells vgl. *Kothari/Leone/Wasley*, Performance, 2005.
[757] Vgl. *Quick/Sattler*, Beratungsleistungen, 2011, S. 317.
[758] Vgl. *Quick/Sattler*, Beratungsleistungen, 2011, S. 326 - 328.
[759] Vgl. *Quick/Sattler*, Beratungsleistungen, 2011, S. 335.
[760] Vgl. *Quick/Sattler*, Beratungsleistungen, 2011, S. 310.
[761] Vgl. *Quick/Sattler*, Beratungsleistungen, 2011, S. 330ff.

KRAUß/QUOSIGK/ZÜLCH analysieren Fee Cutting anhand von 992 Beobachtungen im Zeitraum von 2005 - 2011 aus den Indizes DAX30, MDAX, SDAX und TecDAX.[762] Sie beobachten für Erstprüfungen ein signifikant geringeres Honorar und für die Jahre zwei bis vier nach dem Prüferwechsel keine signifikante Honorarreduktion.[763] Anschließend wird der Einfluss von Fee Cutting auf die Prüfungsqualität, gemessen über die diskretionären Periodenabgrenzungen nach BALL/SHIVAKUMAR,[764] untersucht. Es werden normale Prüfungshonorare unabhängig vom Prüferwechsel bestimmt und durch Vergleich mit den ausgewiesenen Honoraren die abnormalen Prüfungshonorare ermittelt. Bei absoluten und positiven Periodenabgrenzungen beobachten die Autoren keinen Effekt. Bei negativer Periodenabgrenzung stellen sie mit schwacher Signifikanz fest, dass Honorarabschläge ergebnismindernde Bilanzpolitik einschränken.[765] Dies bestätigt sich bei alternativer Bestimmung der Periodenabgrenzung.[766] Aus der Summe der Ergebnisse sehen die Autoren keinen negativen Einfluss von Fee Cutting auf die Unabhängigkeit.[767]

Auch KRAUß/PRONOBIS/ZÜLCH beschäftigen sich mit abnormalen Prüfungshonoraren. Die Stichprobe umfasst 2.334 Beobachtungen von 537 kapitalmarktorientierten Unternehmen im Zeitraum 2005 - 2010.[768] Die Prüfungsqualität wird über die Bilanzpolitik (abgebildet durch das Modell von BALL/SHIVAKUMAR[769] und das Modified-Jones-Modell[770]) approximiert.[771] Die Autoren beobachten, dass positive abnormale Prüfungshonorare zur Beeinträchtigung der Prüfungsqualität führen.[772] Die Beeinträchtigung bestätigt sich, wenn alternativ Restatements oder Analystenprognosen betrachtet werden. Zusätzlich resultiert ein negativer Einfluss bei negativen abnormalen Prüfungshonoraren. In weiteren Analysen ist der Effekt für 2008 - 2010 jedoch nicht vorhanden. Für abnormale Gesamthonorare bzw. Nichtprüfungshonorare werden uneinheitliche bzw. nicht signifikante Ergebnisse erzielt.[773]

LOPATTA/KASPEREIT/CANITZ ET AL. ziehen 840 Beobachtungen von kapitalmarktorientierten Unternehmen (DAX30, MDAX, SDAX und TecDAX) aus den Jahren 2005 - 2011 heran.[774] Die Bilanzpolitik wird über Working Capital Accruals gemessen.[775] Im Ergebnis kommen die Autoren zu dem Schluss, dass zwischen ergebniserhöhender Bilanzpolitik und Umsatzabhängigkeit (gemessen über den Anteil der Honorare aus einem Mandanten zu den Gesamthonoraren des Prüfers aus allen Mandanten) bzw. dem Beratungsanteil (Anteil der Nichtprüfungsleistungen an den Gesamthonoraren bei einem Mandanten) ein positiver

---

[762] Vgl. *Krauß/Quosigk/Zülch*, Quality, 2014, S. 43.
[763] Für das gepoolte Modell 13%, beim Change-Modell 1%, im Fixed-Effects-Modell 6%. Vgl. *Krauß/Quosigk/Zülch*, Quality, 2014, S. 48f. Dies gilt auch, wenn die endogene Prüferwahl berücksichtigt wird. Vgl. *Krauß/Quosigk/Zülch*, Quality, 2014, S. 51.
[764] Vgl. *Ball/Shivakumar*, Accruals, 2006.
[765] Vgl. *Krauß/Quosigk/Zülch*, Quality, 2014, S. 49f.
[766] Vgl. *Dechow/Sloan/Sweeney*, Detecting, 1995. Es kommt das Modified-Jones-Modell zur Anwendung.
[767] Vgl. *Krauß/Quosigk/Zülch*, Quality, 2014, S. 51.
[768] Vgl. *Krauß/Pronobis/Zülch*, Abnormal, 2015, S. 59f.
[769] Vgl. *Ball/Shivakumar*, Accruals, 2006.
[770] Vgl. *Dechow/Sloan/Sweeney*, Detecting, 1995.
[771] Vgl. *Krauß/Pronobis/Zülch*, Abnormal, 2015, S. 59f.
[772] Vgl. *Krauß/Pronobis/Zülch*, Abnormal, 2015, S. 69f.
[773] Vgl. *Krauß/Pronobis/Zülch*, Abnormal, 2015, S. 75ff.
[774] Vgl. *Lopatta/Kaspereit/Canitz et al.*, Abhängigkeit, 2015, S. 572f.
[775] Vgl. *Lopatta/Kaspereit/Canitz et al.*, Abhängigkeit, 2015, S. 574, 580.

Zusammenhang besteht. Dies wird als Beeinträchtigung der Unabhängigkeit gewertet.[776] Für ergebnismindernde Bilanzpolitik und Bilanzpolitik im Allgemeinen besteht dieser Zusammenhang nicht.[777]

Zusammenfassend sind die Ergebnisse zur tatsächlichen Unabhängigkeit in Deutschland differenziert. Während ältere Studien keinen signifikanten Zusammenhang von Nichtprüfungsleistungen und Unabhängigkeit herstellen,[778] gelingt dies neueren Untersuchungen. Allerdings mit unterschiedlichen Ergebnissen. QUICK/SATTLER beobachten nur für bestimmte Nichtprüfungsleistungen einen gefährdenden Einfluss auf die Unabhängigkeit. Nicht für die Beratungsleistungen im Allgemeinen.[779] Demgegenüber finden LOPATTA/KASPEREIT/CANITZ ET AL. einen positiven Zusammenhang zwischen den Nichtprüfungsleistungen und ergebniserhöhender Bilanzpolitik. Zusätzlich zeigen sie die negative Auswirkung des Gesamthonorars auf die Unabhängigkeit.[780] RATZINGER-SAKEL findet Indizien, dass die Wahrscheinlichkeit für eine GCM bei Big 4 Prüfern mit steigendem Anteil der Nichtprüfungshonorare geringer ist als bei den Non Big 4 Prüfern.[781] Bezogen auf Prüfungshonorare sehen KRAUß/QUOSIGK/ZÜLCH keinen negativen Einfluss von Fee Cutting auf die Unabhängigkeit.[782] KRAUß/PRONOBIS/ZÜLCH beobachten für positive abnormale Prüfungshonorare eine Beeinträchtigung der Prüfungsqualität bei ergebniserhöhender Bilanzpolitik. Bei negativen abnormalen Prüfungshonoraren sind die Ergebnisse uneinheitlich.[783] RATZINGER-SAKEL findet hingegen keinen robusten Einfluss von Prüfungshonoraren.[784]

3.5 Zusammenfassung der Erkenntnisse aus Kapitel 3

In Kapitel 3 wurden verschiedene Begriffsbestimmungen von Prüfungsqualität und Möglichkeiten für deren Messung vorgestellt. Anschließend wurde mit der Unabhängigkeit eine wesentliche Komponente definiert und im Kontext von Honoraren für Prüfung und Beratung theoretisch analysiert. Darauf folgend wurden verschiedene Maßnahmen beschrieben, welche die Unabhängigkeit sichern sollen. Empirische Erkenntnisse zur Unabhängigkeit in Deutschland bildeten den Abschluss von Kapitel 3.

- „Despite more than two decades of research, there remains little consensus about how to define, let alone measure, audit quality."[785] Deshalb knüpfen die Definitionen, je nach Adressat, an unterschiedliche Bereiche an. Bei der Messung von Prüfungsqualität wird zwischen input- und outputbezogenen Größen differenziert.[786]

---

[776] Vgl. *Lopatta/Kaspereit/Canitz et al.*, Abhängigkeit, 2015, S. 577, 581.
[777] Vgl. *Lopatta/Kaspereit/Canitz et al.*, Abhängigkeit, 2015, S. 584ff.
[778] Vgl. *Bauer*, Unabhängigkeit, 2004, S. 365; *Zimmermann*, Bilanzpolitik, 2008, S. 191 - 227.
[779] Vgl. *Quick/Sattler*, Beratungsleistungen, 2011, S. 330ff.
[780] Vgl. *Lopatta/Kaspereit/Canitz et al.*, Abhängigkeit, 2015, S. 577, 581.
[781] Vgl. *Ratzinger-Sakel*, Germany, 2013, S. 130.
[782] Vgl. *Krauß/Quosigk/Zülch*, Quality, 2014, S. 51.
[783] Vgl. *Krauß/Pronobis/Zülch*, Abnormal, 2015, S. 69f., 75.
[784] Vgl. *Ratzinger-Sakel*, Germany, 2013, S. 130.
[785] *Knechel/Krishnan/Pevzner et al.*, Quality, 2013, S. 385.
[786] Vgl. Kapitel 3.1.

- Abgeleitet aus der Definition von DEANGELO sind die Kompetenz und die Unabhängigkeit die Determinanten von Prüfungsqualität. Es wird zwischen tatsächlicher (Independence in fact bzw. mind) und wahrgenommener Unabhängigkeit (Independence in appearance) unterschieden.[787]

- Risiken für die Unabhängigkeit bei gleichzeitiger Prüfung und Beratung können die Parteilichkeit, die Selbstprüfung, die persönliche Vertrautheit, die Gefahr des Eigeninteresses und mögliche Einschüchterungen sein. Für die Vereinbarkeit sprechen geringere Transaktionskosten und Synergieeffekte durch Knowledge Spillovers.[788]

- Theoretisch kann die Unabhängigkeitsgefährdung durch die Agency-Theorie und die Quasirenten-Theorie untersucht werden. Im Modell von ANTLE sind Situationen vorhanden, in denen der Prüfer seinen Nutzen steigern kann, indem er seine Unabhängigkeit aufgibt. Nichtprüfungshonorare stellen Seitenzahlungen durch das Management dar. Kritisch ist die einperiodische Betrachtungsweise, welche die negativen Folgen der fehlenden Unabhängigkeit für zukünftige Mandate nicht berücksichtigt.[789]

- Im Modell von DEANGELO entstehen Quasirenten, die im Wettbewerb um Erstprüfungsmandate eingesetzt werden. Das Management kann mit dem Entzug der Quasirenten drohen. Hierdurch kann eine Gefahr für die Unabhängigkeit entstehen. Mit Nichtprüfungshonoraren können grundsätzlich die Quasirenten und das Drohpotential des Managements ansteigen. Kritisch an dieser Betrachtung ist, dass der Prüfer den Verlust von anderen Quasirenten berücksichtigen muss. Dies kann der Gefährdung der Unabhängigkeit entgegenwirken.[790]

- Die Prüferwahl und der Prüferwechsel sind Instrumente, mit denen der Gefährdung begegnet werden kann. Die Prüferwahl erfolgt grundsätzlich durch die Eigentümer. Eine Gefährdung der Unabhängigkeit kann bei der GmbH oder der Personenhandelsgesellschaft entstehen, wenn die Gesellschafter-Geschäftsführer wahlberechtigt sind. Der Abschlussprüfer darf den Auftrag nicht annehmen, wenn seine Unabhängigkeit gefährdet ist oder gefährdet erscheint.[791]

- Mit einem Prüferwechsel werden langfristige Beziehungen vermieden. Durch die sinkenden ökonomischen Vorteile kann der Anreiz steigen, den Ansprüchen des Managements zu widerstehen. Negative Effekte können aus dem Verlust von mandantenspezifischem Wissen resultieren. Handelsrechtlich kann der Prüferwechsel bei rechtsgültigem Mandat durch Kündigung des Abschlussprüfers oder durch Widerruf eines Gerichts bei Bestellung eines anderen Prüfers erfolgen. Für Unternehmen von öffentlichem Interesse ist zudem eine Mandatshöchstlaufzeit vorgesehen. Empirisch lässt sich kein eindeutiger Effekt der Mandatsdauer auf die Prüfungsqualität beobachten.[792]

---

[787] Vgl. Kapitel 3.2.1.
[788] Vgl. Kapitel 3.2.2.
[789] Vgl. Kapitel 3.2.3.
[790] Vgl. Kapitel 3.2.4.
[791] Vgl. Kapitel 3.2.1.
[792] Vgl. Kapitel 3.3.1.

- Eine weitere Möglichkeit ist die Einschränkung von Nichtprüfungsleistungen. Bei privaten Unternehmen ist der Prüfer nach § 319 (2) HGB ausgeschlossen, wenn die „Besorgnis der Befangenheit" besteht. Durch § 319 (3) HGB werden bestimmte Nichtprüfungsleistungen ausgeschlossen und mit § 319 (5) HGB die Gesamteinnahmen beschränkt. Für kapitalmarktorientierte Unternehmen bestehen nach § 319a HGB strengere Anforderungen an die erlaubten Nichtprüfungsleistungen und die Einnahmengrenze. Nach dem AReG ist der Anwendungsbereich des § 319a HGB erweitert. Es werden weitere Nichtprüfungsleistungen ausgeschlossen und die Einnahmengrenze modifiziert. Aus den empirischen Forschungsarbeiten zur tatsächlichen Unabhängigkeit kann kein Verbot der Nichtprüfungsleistungen abgeleitet werden. Auf die wahrgenommene Unabhängigkeit werden negative Auswirkungen gezeigt.[793]

- Mit der verpflichtenden Veröffentlichung der Honorare sollen die Adressaten in die Lage versetzt werden, einschätzen zu können, ob die Prüfungs- und Nichtprüfungshonorare in einem angemessenen Verhältnis zueinander stehen. Dies ermöglicht die Beurteilung der Abhängigkeit. Auch kann die Veröffentlichung präventiv auf die Höhe der Nichtprüfungshonorare wirken. Durch das BilMoG besteht die Pflicht bei privaten Unternehmen für nach dem 31.12.2008 beginnende (Rumpf-) Geschäftsjahre. Empirisch wird beobachtet, dass die Unabhängigkeit bei hohen Nichtprüfungshonoraren als niedrig eingeschätzt wird. Weitere Erkenntnisse stellen fest, dass für die Einschätzung eine Benchmark erforderlich ist.[794]

- Durch das Enforcement soll präventiv der Anreiz für eine hohe Qualität der Rechnungslegung geschaffen werden. Die gewonnenen Informationen sollen die Qualität der Rechnungslegungsstandards und Rechnungslegung verbessern. In Deutschland ist ein zweistufiges Enforcementsystem, mit der DPR auf erster und der BaFin auf zweiter Stufe, vorhanden. Private Unternehmen werden durch das System nicht erfasst. Empirisch kann die positive Wirkung eines Enforcementsystems beobachtet werden.[795]

- Die interne Qualitätssicherung kann bei Abschlussprüfern durch ein internes Kontrollsystem erfolgen. Abschlussprüfer von privaten Unternehmen unterliegen mindestens alle sechs Jahre einer externen Qualitätskontrolle durch einen anderen Berufsangehörigen, wobei auch die Unabhängigkeit geprüft wird. Abschlussprüfer von Unternehmen von öffentlichem Interesse sind zusätzlich verpflichtet, sich einer Inspektion durch die APAS zu unterziehen. Empirische Studien beobachten einen positiven Effekt der Qualitätssicherung auf die Prüfungsqualität.[796]

- Besteht für den Abschlussprüfer ein Haftungsrisiko, kann der Anreiz vorhanden sein, eine höhere Prüfungsqualität zu erbringen. In Deutschland liegen Anspruchsgrundlagen aus dem Zivil-, Berufs- und Strafrecht vor. Zudem ist eine ordnungsrechtliche Inanspruchnahme möglich. Insgesamt kann das Haftungsrisiko in

---

[793] Vgl. Kapitel 3.3.2.
[794] Vgl. Kapitel 3.3.3.
[795] Vgl. Kapitel 3.3.4.
[796] Vgl. Kapitel 3.3.4.

Deutschland im Vergleich zu angelsächsischen Ländern als geringer gesehen werden. Empirisch kann mit steigendem Haftungsrisiko eine höhere Prüfungsqualität beobachtet werden.[797]

- Die Reputation ist die Wahrnehmung Dritter über die Kompetenz und die Unabhängigkeit des Prüfers. Sie wird durch eine hohe Prüfungsqualität aufgebaut. Wird ein Fehlverhalten des Prüfers bekannt, kann die Reputation beeinträchtigt werden und negative Konsequenzen die Folge sein. Im Vergleich zu kapitalmarktorientierten Unternehmen kann bei privaten Unternehmen das Reputationsrisiko für den Prüfer geringer sein. Dies beobachten auch empirische Analysen.[798]

- Die empirischen Erkenntnisse zur wahrgenommenen Unabhängigkeit bei Honoraren in Deutschland sind unterschiedlich. Die Ergebnisse können von der Art der Nichtprüfungsleistung, den Teilnehmern und dem Zeitpunkt der Untersuchung abhängig sein.[799]

- Studien für Deutschland erzielen für die tatsächliche Unabhängigkeit differenzierte Ergebnisse. Während einige Studien keinen Einfluss beobachten können, zeigen andere Analysen den negativen Einfluss von Prüfungs- und Nichtprüfungshonoraren. Weitere Studien können nur für bestimmte Nichtprüfungsleistungen den Einfluss beobachten.[800]

Die bisherigen empirischen Studien in Deutschland zur tatsächlichen Unabhängigkeit weisen ein differenziertes Bild aus und beziehen sich auf kapitalmarktorientierte Unternehmen. In fast allen Studien werden Maßgrößen für die Bilanzpolitik als Surrogat verwendet. Dies wird in der Literatur kritisch gesehen.[801] Daher werden im Rahmen dieser Studie GCM herangezogen. Sie werden im nächsten Kapitel aus Sicht der Abschlussersteller, der Abschlussprüfer und aus Sicht der Forschung analysiert.

---

[797] Vgl. Kapitel 3.3.5.
[798] Vgl. Kapitel 3.3.6.
[799] Vgl. Kapitel 3.4.1.
[800] Vgl. Kapitel 3.4.2.
[801] Vgl. *DeFond/Zhang*, Auditing, 2014, S. 288.

4 Der Untersuchungsgegenstand Going-Concern-Annahme

4.1 Die Going-Concern-Annahme bei der Abschlusserstellung

Im Folgenden wird die Annahme der Unternehmensfortführung aus Sicht der Abschlussersteller erläutert. Anschließend werden mit dem Anhang und dem Lagebericht Möglichkeiten beschrieben, über die Einschätzung zu berichten.

4.1.1 Die Beurteilung bei der Abschlusserstellung

Das Going-Concern-Prinzip ist eines der zentralen Grundsätze ordnungsmäßiger Buchführung und Bilanzierung.[802] National ist es in § 252 (1) Nr. 2 HGB kodifiziert. Darin heißt es: „Bei der Bewertung ist von der Fortführung der Unternehmenstätigkeit auszugehen, sofern dem nicht tatsächliche oder rechtliche Gegebenheiten entgegenstehen." Nach § 298 HGB gilt dies auch für den Konzernabschluss. Going-Concern bedeutet, dass es weder beabsichtigt noch notwendig ist, in naher Zukunft die Liquidation oder eine wesentliche Einschränkung der Unternehmenstätigkeit vorzunehmen.[803] Da weitere Bewertungsregeln, wie das Anschaffungskostenprinzip, auf dieser Prämisse aufbauen, erfolgt die Überprüfung der Going-Concern-Annahme zeitlich davor. Sie ist eine der bedeutendsten Handlungen der Abschlussersteller.[804] Aus der Gesetzesformulierung abgeleitet, ist die Unternehmensfortführung der Regelfall, die Abkehr der Sonderfall.[805]

Die Einschätzung nehmen die gesetzlichen Vertreter für das Unternehmen als Ganzes vor.[806] Da Erwartungen über zukünftige Entwicklungen getroffen werden, ist sie mit Unsicherheit behaftet. Bei der Beurteilung ist ein objektiver Maßstab anzulegen. Nicht ausschlaggebend ist die subjektive Meinung.[807] Die Gegebenheiten für eine Abkehr müssen hinreichend konkret, schwerwiegend und überwiegend wahrscheinlich sein. Besteht nur die Möglichkeit, begründet dies keine Abkehr von der Unternehmensfortführung.[808] Es müssen

---

[802] Vgl. *Kaiser*, Crux, 2012, S. 2478; *Tiedchen*, MüKommBR, 2013, § 252 Rn. 16; *Ruhnke/Frey*, Finanzkrise, 2015, S. 328.

[803] Vgl. *ADS*, Kommentar, 1995, § 252 Rn. 24; *Lück*, Fortführung, 2001, S. 1945.

[804] Vgl. *Lück*, Fortführung, 2001, S. 1946; *Ruhnke/Frey*, Finanzkrise, 2015, S. 328.

[805] Vgl. *ADS*, Kommentar, 1995, § 252 Rn. 23; *Kaiser*, Crux, 2012, S. 2482; *Ballwieser*, MüKommHGB, 2013, § 252 Rn. 9; *Winkeljohann/Büssow*, BeckKommHGB, 2016, § 252 Rn. 9.

[806] Vgl. *Tiedchen*, MüKommBR, 2013, § 252 Rn. 22. Teilliquidationen müssen nicht die Abkehr von der Unternehmensfortführung zur Folge haben.

[807] Vgl. *Groß*, Teil 1, 2004, S. 1369; *Winkeljohann/Büssow*, BeckKommHGB, 2016, § 252 Rn. 14; *Tiedchen*, MüKommBR, 2013, § 252 Rn. 23, wobei angemerkt wird, dass Subjektivität wegen der Erfordernis einer Prognose nicht ausgeschlossen werden kann.

[808] Vgl. *Kaiser*, Crux, 2012, S. 2483; *Winkeljohann/Büssow*, BeckKommHGB, 2016, § 252 Rn. 14.

die Gründe und alle relevanten Umstände, die für und gegen eine Going-Concern-Annahme sprechen, zusammengetragen und beurteilt werden. An diese Fortführungsprognose sind zahlreiche Anforderungen zu stellen.[809] Müssen Unternehmen[810] nach § 91 (2) AktG ein System zur frühzeitigen Erkennung von bestandsgefährdenden Risiken einrichten, können die gewonnenen Informationen die Grundlage für die Prognose bilden.[811]

Uneinigkeit herrscht in der Literatur, ob das in §§ 252 (1) Nr. 3, 4 HGB verankerte Stichtagsprinzip und damit die Differenzierung zwischen wertaufhellenden und wertbeeinflussenden Tatsachen anzuwenden ist. Auf der einen Seite wird angeführt, dass neue Erkenntnisse nach dem Bilanzstichtag zu berücksichtigen sind,[812] da sonst, obwohl an der Unternehmensfortführung nicht festgehalten wird, Ausschüttungen bzw. Entnahmen möglich sind.[813] Auch können bei einem nachträglichen Wegfall der Annahme der Unternehmensfortführung mit Erläuterung im Lagebericht und einer entgegenstehenden Bilanzierung unter der Fortführungsannahme Missverständnisse bei den Adressaten entstehen.[814] Auf der anderen Seite wird die Meinung vertreten, dass am Stichtagsprinzip festzuhalten ist. Ausschüttungsproblemen werden durch gesellschaftsrechtliche Begrenzungen begegnet.[815]

Die gesetzlichen Vertreter können grundsätzlich von der Fortführung ausgehen, wenn nachhaltige Gewinne erzielt werden, das Unternehmen einen leichten Zugang zu finanziellen Mitteln hat und keine Anzeichen für eine Überschuldung vorliegen (implizite Fortführungsprognose).[816] Sind diese Voraussetzungen nicht erfüllt und liegen nicht in ausreichendem Maß stille Reserven vor, ist die Going-Concern-Annahme detailliert zu untersuchen (explizite Fortführungsprognose).[817]

Der Prognosezeitraum beträgt, ausgehend vom Bilanzstichtag, mindestens ein Jahr.[818] Einzelfälle, wie lang andauernde Produktzyklen, begründen einen längeren Zeitraum.[819] Auch eine Spanne von wenigen Monaten, die hinreichend sicher zu beurteilen ist, wird in der Literatur angeführt.[820]

---

[809] Vgl. *Groß*, Teil 1, 2004, S. 1370 - 1374 für eine ausführliche Darstellung der Anforderungen.

[810] Gesetzlich normiert ist die Vorschrift für die AG und die KGaA nach § 278 (3) AktG. Der Gesetzgeber geht von einer Ausstrahlungswirkung auf andere Gesellschaftsformen insbesondere der GmbH aus. Vgl. *Deutscher Bundestag*, Entwurf KonTraG, 1998, S. 15.

[811] Vgl. *Fülbier/Kuschel/Selchert*, HdR, 2010, § 252 Rn. 45; *Lilienbecker/Link/Rabenhorst*, Beurteilung, 2009, S. 263.

[812] Vgl. *IDW PS 270*, Fortführung, Rn. 48.

[813] Vgl. *Schindler*, Prüfungstechnik, 2012, R 54f.

[814] Vgl. *Winkeljohann/Büssow*, BeckKommHGB, 2016, § 252 Rn. 12.

[815] Vgl. *Tiedchen*, MüKommBR, 2013, § 252 Rn. 21.

[816] Vgl. *Lilienbecker/Link/Rabenhorst*, Beurteilung, 2009, S. 263; *IDW PS 270*, Fortführung, Rn. 9.

[817] Vgl. *Lilienbecker/Link/Rabenhorst*, Beurteilung, 2009, S. 264; *Winkeljohann/Büssow*, BeckKommHGB, 2016, § 252 Rn. 10; *IDW PS 270*, Fortführung, Rn. 10.

[818] Vgl. *Winkeljohann/Büssow*, BeckKommHGB, 2016, § 252 Rn. 11.

[819] Vgl. *Lilienbecker/Link/Rabenhorst*, Beurteilung, 2009, S. 263; *Tiedchen*, MüKommBR, 2013, § 252 Rn. 24; *Ballwieser*, MüKommHGB, 2013, § 252 Rn. 10; *IDW PS 270*, Fortführung, Rn. 8.

[820] Vgl. *ADS*, Kommentar, 1995, § 252 Rn. 24; *Winkeljohann/Büssow*, BeckKommHGB, 2016, § 252 Rn. 11 halten dies nur bei Messung ab dem Zeitpunkt der Bilanzerstellung für vertretbar.

Tatsächliche Gegebenheiten sind Gründe für die Abkehr vom Going-Concern-Prinzip. Hierunter fallen vor allem vom Unternehmen oder vom allgemeinen wirtschaftlichen Umfeld verursachte, unüberwindbare ökonomische Schwierigkeiten. Beispiele sind eine verschärfte Konkurrenzsituation, Finanzierungsschwierigkeiten oder der Ausfall von wesentlichen Aufträgen.[821] Auch die freiwillige Aufgabe der Geschäftstätigkeit ist eine tatsächliche Gegebenheit.[822]

Rechtliche Gegebenheiten, die der Going-Concern-Annahme entgegenstehen, sind Umstände, die nach dem Gesetz oder der Unternehmenssatzung zur Liquidation des Unternehmens führen.[823] Die Eröffnung eines Insolvenzverfahrens kann eine entgegenstehende Gegebenheit sein, wenn die Absicht besteht, das Unternehmen zu liquidieren. Die Eröffnung eines Insolvenzverfahrens mit der Absicht, das Unternehmen weiterzuführen, reicht für die Abkehr nicht aus.[824] Anzumerken ist, dass die Anforderungen nach § 252 (1) Nr. 2 HGB nicht deckungsgleich zu denen in den §§ 17 ff. InsO sind. So hat die Insolvenz des Rechtsträgers, die sich nicht auf die Unternehmenstätigkeit auswirkt, keine Folgen für die Beurteilung nach § 252 (1) Nr. 2 HGB.[825] Ursachen für die Eröffnung des Insolvenzverfahrens sind die Zahlungsunfähigkeit, die drohende Zahlungsunfähigkeit und die Überschuldung.[826]

Nach § 17 InsO können Schuldner und Gläubiger bei Zahlungsunfähigkeit einen Insolvenzantrag stellen.[827] Nach § 17 (2) S. 1 InsO liegt Zahlungsunfähigkeit vor, wenn der Schuldner nicht in der Lage ist, seinen fälligen Zahlungspflichten nachzukommen. Nach der BGH-Rechtsprechung ist von der Zahlungsfähigkeit regelmäßig auszugehen, wenn am Stichtag mehr als 90% der fälligen Gesamtverbindlichkeiten durch liquide Mittel gedeckt werden. Weiterhin darf die Liquiditätslücke den Wert von 10% in den folgenden drei Wochen nicht überschreiten.[828] Eine Ausnahme besteht, wenn nahezu mit Sicherheit davon auszugehen ist, dass die Liquiditätslücke (fast) geschlossen wird und den Gläubigern das Warten zugemutet werden kann.[829]

Bei drohender Zahlungsunfähigkeit wird nach § 18 (1) InsO das Insolvenzverfahren durch Eigenantrag eröffnet. Gemäß § 18 (2) InsO droht Zahlungsunfähigkeit, wenn der Schuldner seinen Zahlungsverpflichtungen zum Fälligkeitszeitpunkt voraussichtlich nicht nachkommen kann. Dies ist vom Schuldner zu belegen, wobei der Eintritt der Zahlungsunfähigkeit wahrscheinlicher sein muss als deren Abwendung.[830] Mit einer Liquiditätsplanung, die künftig fällige Verbindlichkeiten den künftigen liquiden Mitteln gegenüberstellt, kann dies ermittelt werden.[831] Missbrauchsgefahren resultieren, wenn Konsequenzen aus

---

[821] Vgl. *Lück*, Fortführung, 2001, S. 1947; *Groß*, Teil 1, 2004, S. 1361f.; *Winkeljohann/Büssow*, BeckKommHGB, 2016, § 252 Rn. 15; *Ballwieser*, MüKommHGB, 2013, § 252 Rn. 11.

[822] Vgl. *Tiedchen*, MüKommBR, 2013, § 252 Rn. 25.

[823] Vgl. *ADS*, Kommentar, 1995, § 252 Rn. 29; *Ballwieser*, MüKommHGB, 2013, § 252 Rn. 13.

[824] Vgl. *Groß*, Teil 1, 2004, S. 1362; *Lilienbecker/Link/Rabenhorst*, Beurteilung, 2009, S. 262.

[825] Vgl. *Kaiser*, Crux, 2012, S. 2486; *Winkeljohann/Büssow*, BeckKommHGB, 2016, § 252 Rn. 14.

[826] Vgl. §§ 17 - 19 InsO.

[827] Vgl. *Bußhardt*, KommInsO, 2014, § 17 Rn. 1.

[828] Vgl. *Eilenberger*, MüKommInsO, 2013, § 17 Rn. 15 - 23a für eine ausführliche Ermittlung.

[829] Vgl. *BGH*, IX ZR 123/04, 2006, S. 15; Nach *IDW S 6*, Beurteilung, Rn. 16 kann dies drei bis sechs Monate betragen.

[830] Vgl. *Drukarczyk*, MüKommInsO, 2013, § 18 Rn. 20f.

[831] Vgl. *Drukarczyk*, MüKommInsO, 2013, § 18 Rn. 22.

der Verschleppung einer Insolvenz aus Gründen der Überschuldung umgangen oder Gläubiger, die zeitnah im Vertrauen auf die Liquidität Geschäftsbeziehungen eingegangen sind, durch den Antrag unverhältnismäßig benachteiligt werden.[832]

Der Überschuldungsbegriff nach § 19 InsO wurde durch den Gesetzgeber mit der Finanzmarktkrise zu Gunsten des Schuldners verändert. Nach § 19 (2) S. 1 InsO liegt Überschuldung vor, „wenn das Vermögen des Schuldners die bestehenden Verbindlichkeiten nicht mehr deckt." Dies gilt nicht, wenn die Unternehmensfortführung überwiegend wahrscheinlich ist. Es ist von der Fortführung auszugehen, wenn anhand eines Finanzplans gezeigt wird, dass die finanzielle Stabilität gesichert oder wieder erreicht wird.[833]

Bei der Beurteilung der tatsächlichen und rechtlichen Gegebenheiten sind mitigierende Faktoren zu berücksichtigen, die der Bestandsgefährdung entgegenwirken.[834] Hierzu zählen Sanierungsmaßnahmen, wie die Schließung bestimmter Bereiche oder die Einführung einer effizienteren Organisation.[835]

Für die Beurteilung ist auch die Bereitschaft von Gläubigern und Anteilseignern, einen Beitrag zur Verbesserung der Unternehmenslage zu leisten, relevant.[836] Beispiele sind Gesellschafterdarlehen, Rangrücktrittsvereinbarungen oder Einlagen.[837]

Wird von der Going-Concern-Annahme ausgegangen, ist bei der Bewertung der Vermögensgegenstände den allgemeinen Bewertungsvorschriften zu folgen. Im HGB sind insbesondere die §§ 253 - 256a HGB zu berücksichtigen.[838] Bei Ablehnung der Going-Concern-Prämisse ist zu einer Rechnungslegung überzugehen, die sich an der Veräußerung bzw. Liquidation des Unternehmens orientiert.[839]

Auch in der internationalen Rechnungslegung ist das Going-Concern-Prinzip eine grundlegende Annahme.[840] Bei der Erstellung des Jahresabschlusses ist in der Regel von der Fortführung auszugehen, wobei auf einen absehbaren Zeitraum abgestellt wird.[841] Auch nach IFRS hat das Management die Einschätzung vorzunehmen.[842] Es sind alle verfügbaren Informationen zu berücksichtigen. Die Unterscheidung zwischen wertaufhellenden und wertbegründenden Informationen erfolgt nicht.[843] Der Prognosezeitraum umfasst mindestens 12 Monate nach dem Bilanzstichtag.[844] Es ist solange von der Going-Concern-Annahme auszugehen, bis unüberwindbare Ereignisse dies nicht mehr ermöglichen. Nach

---

[832] Vgl. *Leithaus*, KommInsO, 2014, § 18 Rn. 7.

[833] Vgl. *Bußhardt*, KommInsO, 2014, § 19 Rn. 14.

[834] Vgl. *ADS*, Kommentar, 1995, § 252 Rn. 25.

[835] Vgl. *Groß*, Teil 1, 2004, S. 1365.

[836] Vgl. *Lück*, Fortführung, 2001, S. 1946.

[837] Vgl. *ADS*, Kommentar, 1995, § 252 Rn. 25; *Groß*, Teil 1, 2004, S. 1365.

[838] Vgl. *ADS*, Kommentar, 1995, § 252 Rn. 23; *Ballwieser*, MüKommHGB, 2013, § 252 Rn. 9; *Winkeljohann/Büssow*, BeckKommHGB, 2016, § 252 Rn. 17.

[839] Vgl. *Lück*, Fortführung, 2001, S. 1946f.; *Winkeljohann/Büssow*, BeckKommHGB, 2016, § 252 Rn. 18 - 21; *IDW PS 270*, Fortführung, Rn. 6.

[840] Vgl. *Ruhnke/Frey*, Finanzkrise, 2015, S. 330.

[841] Vgl. *IASB*, Conceptual Framework 4.1.

[842] Vgl. IAS 1.25.

[843] Vgl. IAS 10.14f.

[844] Vgl. IAS 1.26.

IFRS ist damit länger an der Going-Concern-Annahme festzuhalten als nach HGB.[845] Zweifelt das Management an der Unternehmensfortführung, hat es dies anzugeben. Bei Abweichungen von der Going-Concern-Prämisse, ist die Ursache zu nennen.[846]

Es können Probleme entstehen, wenn die gesetzlichen Vertreter von existenzbedrohten Unternehmen, möglicherweise unterstützt von Gläubigern, an der Unternehmensfortführung festhalten und die Einschätzungen stark optimistisch sind.[847] Weiterhin stellen die tatsächlichen Verhältnisse am Bilanzstichtag Hinweise für oder gegen den Unternehmensfortbestand dar. Da die Einschätzung von Maßnahmen für die Krisenbewältigung Spielräume eröffnet, sind bei der Beurteilung Ermessensspielräume möglich.[848]

4.1.2 Berichterstattung im Anhang und Lagebericht

Im (Konzern-)Anhang[849] werden den Adressaten zusätzliche und ergänzende Informationen zur Bilanz zur Verfügung gestellt.[850] Für die Going-Concern-Annahme ist im Konzernanhang neben der Angabe der angewendeten Bilanzierungs- und Bewertungsmethoden nach § 313 (1) S. 3 Nr. 1 HGB die Angabe und Begründung von Abweichungen gemäß § 313 (1) S. 3 Nr. 2 HGB relevant. Für den Einzelabschluss gelten analog die Vorschriften der §§ 284 (2) S. 1 Nr. 1, 2 HGB. Kann die Annahme der Unternehmensfortführung nicht gehalten werden, sind weitere Angaben erforderlich.[851]

Aufstellungspflichtige Unternehmen[852] haben zum Zweck der Informationsvermittlung einen (Konzern-)Lagebericht zu erstellen.[853] Die Regelungen für den Konzernlagebericht nach § 315 HGB entsprechen weitgehend denen für den Einzelabschluss nach § 289 HGB. Konkretisiert werden die Anforderungen durch DRS 20.[854] Nach § 315 (1) S. 1 HGB hat die Darstellung des Geschäftsverlaufes und des Geschäftsergebnisses ein Bild über die tatsächlichen Verhältnisse zu vermitteln. Über die Lage einzelner Tochtergesellschaften, darunter fallen auch nicht einbezogene, ist zu berichten, wenn dies Auswirkung auf die Lage des Konzerns hat.[855] Durch das Bilanzrichtlinie-Umsetzungsgesetz (BilRUG) entfällt die Berichterstattung über bedeutsame Vorgänge zwischen dem Abschluss des Geschäftsjahres und der Bilanzerstellung (Nachtragsbericht) nach § 315 (2) Nr. 1 HGB i.d.F. vor BilRUG.[856]

---

[845] Vgl. *Kaiser*, Crux, 2012, S. 2483.

[846] Vgl. IAS 1.25.

[847] Vgl. *Groß*, Teil 1, 2004, S. 1369; *Winkeljohann/Büssow*, BeckKommHGB, 2016, § 252 Rn. 14.

[848] Vgl. *Lück*, Fortführung, 2001, S. 1947.

[849] Die Ausführungen im Kapitel beziehen sich aufgrund der Bedeutung für die Arbeit auf den Konzernabschluss und stellen ausgewählte Berichtsteile mit Bezug zur Unternehmensfortführung vor.

[850] Vgl. *Grottel*, BeckKommHGB, 2016, § 284 Rn. 7.

[851] Vgl. *Adam/Quick*, Prinzip, 2010, S. 249.

[852] Vgl. Kapitel 2.2.4.

[853] Vgl. *Baetge/Kirsch/Thiele*, Konzern, 2015, S. 554.

[854] Vgl. *Grottel*, BeckKommHGB, 2016, § 315 Rn. 2, 6. DRS 20 ist für nach dem 31.12.2012 beginnende Geschäftsjahre anzuwenden. Vgl. DRS 20.236.

[855] Vgl. *Baetge/Kirsch/Thiele*, Konzern, 2015, S. 558f.

[856] Vgl. *Fülbier/Pellens*, MüKommHGB, 2013, § 315 Rn. 49.

Dies umfasst für diesen Zeitraum auch Vorgänge mit Risiken für den Unternehmensfortbestand.[857] Zweck der Vorschrift war es, die Aktualisierung bzw. die Korrektur der Lage des Konzerns zu ermöglichen.[858]

Nach § 315 (1) S. 5 HGB ist „die voraussichtliche Entwicklung mit ihren wesentlichen Chancen und Risiken zu beurteilen und zu erläutern." Es ist ein Bericht über die Chancen (Chancenbericht), über die Risiken (Risikobericht) und über die voraussichtliche Entwicklung (Prognosebericht) zu verfassen. Die Chancen und die Risiken können getrennt oder gemeinsam beschrieben werden. Weiterhin können sie Bestandteil des Prognoseberichts sein oder einzeln behandelt werden.[859] Die getroffenen Annahmen sind zu nennen.[860]

DRS 20.11 versteht unter Risiken bzw. Chancen zukünftige Ereignisse oder Entwicklungen, die zu negativen bzw. positiven Abweichungen in der Prognose und den Zielen führen. Insbesondere Risiken, die den Fortbestand des Unternehmens gefährden, gehören dazu.[861] Bei der Gefährdung oder der Abkehr von der Unternehmensfortführung ist dies nach DRS 20.148 im Lagebericht zu benennen. Der Zeitraum für die Beurteilung der bestandsgefährdenden Risiken beträgt ab dem Abschlussstichtag mindestens ein Jahr.[862]

4.2 Die Going-Concern-Annahme bei der Abschlussprüfung

Das nachfolgende Teilkapitel beurteilt die Going-Concern-Annahme aus Sicht des Prüfers. Im ersten Schritt wird der Gegenstand der Abschlussprüfung dargestellt. Anschließend wird die Durchführung der Prüfung beschrieben, wobei der Fokus auf der Unternehmensfortführung liegt. Das Teilkapitel schließt mit der Darstellung von Prüfungsbericht und Bestätigungsvermerk, in denen das Ergebnis der Einschätzung zum Ausdruck kommt.

4.2.1 Gegenstand der Abschlussprüfung

Bei prüfungspflichtigen Unternehmen ist der Jahres- und Konzernabschluss sowie der (Konzern-)Lagebericht Gegenstand der Prüfung. Nach § 317 (4) HGB ist das Risikofrüherkennungssystem gemäß § 91 (2) AktG Prüfungsbestandteil für aufstellungspflichtige Unternehmen. Die Prüfung erstreckt sich nach § 317 (1) S. 2 HGB auf die Einhaltung der gesetzlichen Vorschriften und der Bestimmungen des Gesellschaftsvertrags oder der Satzung.

Die Prüfung ist gemäß § 317 (1) S. 3 HGB so anzulegen, dass Unrichtigkeiten oder Verstöße, die sich auf die „Vermögens-, Finanz- und Ertragslage des Unternehmens wesentlich auswirken, bei gewissenhafter Berufsausübung erkannt werden." Der Lagebericht muss gemäß § 317 (2) S. 1 HGB mit den aus der Prüfung gewonnenen Erkenntnissen in Einklang

---

[857] Vgl. *Adam/Quick*, Prinzip, 2010, S. 254.
[858] Vgl. *Senger/Brune*, MüKommBR, 2013, § 315 Rn. 31. Die Vorgänge können im Lagebericht nach § 314 (1) Nr. 25 HGB erfasst werden.
[859] Vgl. DRS 20.117.
[860] Vgl. DRS 20.120.
[861] Vgl. *Grottel*, BeckKommHGB, 2016, § 315 Rn. 149. Vgl. für eine Analyse unter Berücksichtigung von DRS 5 *Lenz/Diehm*, Einfluss, 2010, S. 385 - 394.
[862] Vgl. DRS 20.156.

stehen und ein zutreffendes Bild der Vermögens-, Finanz- und Ertragslage sowie die Chancen und Risiken der zukünftigen Entwicklung wiedergeben.

4.2.2 Durchführung der Abschlussprüfung

Für die Durchführung der Prüfung ist ein risikoorientierter Ansatz zu wählen.[863] Um die Prüfungsaussagen mit hinreichender Sicherheit zu treffen, muss das Prüfungsrisiko, d.h. die Wahrscheinlichkeit der Erteilung eines positiven Urteils über ein fehlerhaftes Prüffeld, auf ein vertretbares Maß gesenkt werden.[864] Das Prüfungsrisiko ist wie folgt zusammengesetzt:[865]

$$Prüfungsrisiko = Fehlerrisiko \times Entdeckungsrisiko$$

Das Fehlerrisiko bildet die Wahrscheinlichkeit ab, dass in dem Prüffeld vor Durchführung der Prüfung ein Fehler vorliegt.[866] Es ermittelt sich multiplikativ aus inhärentem Risiko und Kontrollrisiko. Die multiplikative Verknüpfung ist modellspezifisch und lässt sich nicht aus den jeweiligen Prüfungsstandards des IDW ableiten.[867] Das inhärente Risiko ist die Wahrscheinlichkeit für Fehler im Prüffeld, die isoliert oder zusammen mit Fehlern aus anderen Feldern wesentlich sind. Das interne Kontrollsystem wird nicht berücksichtigt.[868] Die Wahrscheinlichkeit, dass Fehler nicht durch das interne Kontrollsystem verhindert bzw. aufgedeckt und korrigiert werden, beinhaltet das Kontrollrisiko.

Das Entdeckungsrisiko umfasst die Wahrscheinlichkeit, dass ein danach bestehender Fehler vom Prüfer nicht aufgedeckt wird.[869] Es wird nach folgender Beziehung durch den Prüfer beeinflusst:[870]

$$Entdeckungsrisiko = \frac{Prüfungsrisiko}{Fehlerrisiko}$$

Für geeignete Prüfungshandlungen werden das Prüfungsrisiko bestimmt und das Fehlerrisiko eingeschätzt. In Abhängigkeit des resultierenden Entdeckungsrisikos sind passende Prüfungsmaßnahmen zu wählen.[871]

---

[863] Vgl. *IDW PS 261*, Risiko, Rn. 10 - 12.

[864] Vgl. *Johnstone/Gramling/Rittenberg*, Risk, 2014, S. 292; *IDW PS 261*, Risiko, Rn. 5.

[865] Vgl. *Wiedmann*, Modell, 1993, S. 17; *Ruhnke*, Risiko, 2002, S. 437f. Für Kritik am Modell vgl. *Ruhnke*, Risiko, 2002, S. 438.

[866] Vgl. *Wiedmann*, Modell, 1993, S. 17.

[867] Vgl. *IDW PS 261*, Risiko, Rn. 5f.

[868] Vgl. *IDW PS 261*, Risiko, Rn. 6; *Knechel/Salterio/Ballou*, Risk, 2007, S. 80.

[869] Vgl. *Knechel/Salterio/Ballou*, Risk, 2007, S. 81; *Johnstone/Gramling/Rittenberg*, Risk, 2014, S. 292; *IDW PS 261*, Risiko, Rn. 6.

[870] Vgl. *Wiedmann*, Modell, 1993, S. 22.

[871] Vgl. *Wiedmann*, Modell, 1993, S. 19; *Marten/Quick/Ruhnke*, Wirtschaftsprüfung, 2015, S. 234.

Im Rahmen der prüferischen Ansätze ist der geschäftsrisikoorientierte Prüfungsansatz eine Variante.[872] Durch den ganzheitlichen Überblick über die Geschäftsrisiken können die Risiken zielgerichtet beurteilt und ihnen begegnet werden. Das Unternehmen ist nicht isoliert, sondern in Verbindung mit dem Geschäftsumfeld zu analysieren.[873] Die Abbildung 4 verdeutlicht den Zusammenhang zwischen bestandsgefährdenden Risiken und dem Prüfungsrisikomodell.

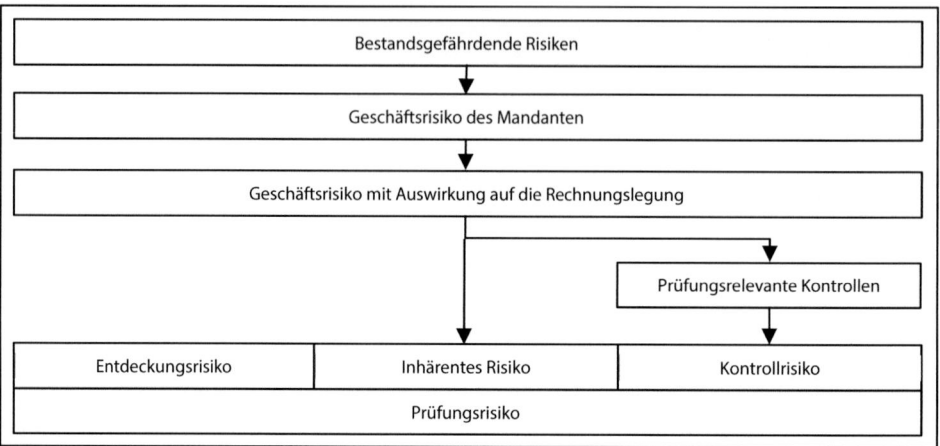

Abbildung 4: Zusammenhang von bestandsgefährdenden Risiken und Prüfungsrisiko.
Quelle: Modifiziert übernommen aus LINK, Geschäftsrisiko, 2006, S. 117.

Bestandsgefährdende Risiken betreffen das Geschäftsrisiko des Mandanten[874] und können negative Auswirkungen auf den Abschluss haben. Es wird gezeigt, dass die Abschlüsse von Unternehmen mit anhaltenden Schwierigkeiten beabsichtigte und unbeabsichtigte Fehler enthalten.[875] Dadurch können wirtschaftliche Schwierigkeiten verschleiert werden.[876] Werden Unternehmen mit und ohne Fehler in der Rechnungslegung verglichen, zeigen erstere einen höheren Anteil an Fremdkapital, eine geringere Profitabilität[877] und eine höhere Wahrscheinlichkeit, Kreditvereinbarungen nicht einzuhalten.[878]

Die Analyse des Geschäftsrisikos umfasst verschiedene Schritte. In der strategischen Analyse wird ein Gesamtüberblick über die Ziele des Unternehmens gewonnen. Der Prüfer analysiert die Operationalisierung und die unter Berücksichtigung der strategischen Kontrollen entstehenden strategischen Risiken.[879] Auf Grundlage der erkannten Risiken wird in der Prozessanalyse ein Verständnis erlangt, wie der Mandant besonders prüfungssensitive Vorgänge behandelt und wie unter Einbezug der Prozesskontrollen die Prozessrisiken be-

---

[872] Vgl. *Marten/Quick/Ruhnke*, Wirtschaftsprüfung, 2015, S. 374f. für weitere Ansätze.

[873] Vgl. *Ruhnke*, Audits, 2006, S. 193.

[874] Vgl. *Marten/Quick/Ruhnke*, Wirtschaftsprüfung, 2015, S. 482.

[875] Vgl. *Ettredge/Scholz/Smith et al.*, Begin, 2010, S. 531.

[876] Vgl. *Dechow/Ge/Larson et al.*, Accounting, 2011, S. 77.

[877] Vgl. *Kinney/McDaniel*, Firms, 1989, S. 91.

[878] Vgl. *Dechow/Sloan/Sweeney*, Causes, 1996, S. 21.

[879] Vgl. *Ruhnke*, Audits, 2006, S. 193; *Knechel/Salterio/Ballou*, Risk, 2007, S. 149.

handelt werden. Bei den internen Kontrollen sind insbesondere hoch angesiedelte Mechanismen relevant.[880] Für die verbleibenden Risiken ist zu beurteilen, welche für den Abschluss irrelevant sind oder durch prüfungsrelevante Kontrollen beseitigt wurden, um anschließend aussagebezogene Prüfungshandlungen zu planen.[881]

Die Pflicht zur Beurteilung der Going-Concern-Annahme besteht nach nationalen und internationalen Prüfungsnormen.[882] Diese soll einen Beitrag dazu leisten, dass insbesondere Unternehmen in finanziellen Schwierigkeiten die Chancen, Risiken und die Schwere der Bestandsgefährdung zutreffend darstellen. Aufgrund der Bedeutung der Going-Concern-Annahme hat der Prüfer auf die kritische Grundhaltung zu achten.[883] Die Einschätzung über die Unternehmensfortführung ist eine der schwierigsten im Rahmen des Prüfungsprozesses.[884]

Die Vorgehensweise kann in drei Schritte unterteilt werden (vgl. Abbildung 5). Während Schritt 1 grundsätzlich durchzuführen ist, folgt Schritt 2 in Abhängigkeit der Ergebnisse aus dem ersten Schritt. Anschließend können besondere Berichterstattungspflichten in Schritt 3 entstehen.[885]

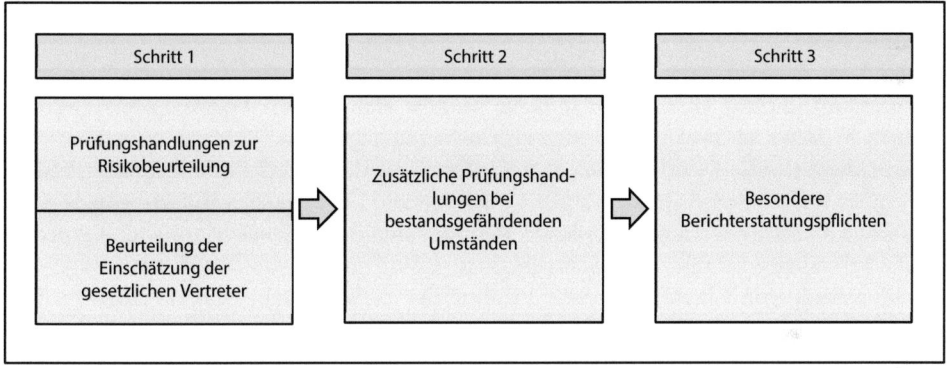

Abbildung 5: Prüfungshandlungen und Berichterstattungspflichten beim Going-Concern-Prinzip. In Anlehnung an LILIENBECKER/LINK/RABENHORST, Beurteilung, 2009, S. 262.

Schon bei der Prüfungsplanung (Schritt 1) muss der Prüfer beurteilen, ob Umstände vorliegen, die ihn an der Fortführung des Unternehmens erheblich zweifeln lassen, um eine angemessene Prüfungsstrategie zu entwickeln.[886] In Anlehnung an die Verantwortung der gesetzlichen Vertreter kann zwischen finanziellen, betrieblichen und sonstigen Umständen differenziert werden,[887] wobei alle Informationen über die Prüfung bis zum Zeitpunkt des Vermerks zu berücksichtigen sind.[888] Das Risikofrüherkennungssystem nach § 91 (2) AktG

---

[880] Vgl. *Ruhnke*, Risiko, 2002, S. 440.
[881] Vgl. *Knechel/Salterio/Ballou*, Risk, 2007, S. 150.
[882] Vgl. *IDW PS 270*, Fortführung; *ISA 570*, Going.
[883] Vgl. *Groß*, Teil 2, 2004, S. 1434.
[884] Vgl. *Knechel/Salterio/Ballou*, Risk, 2007, S. 634.
[885] Vgl. *Lilienbecker/Link/Rabenhorst*, Beurteilung, 2009, S. 262.
[886] Vgl. *IDW PS 270*, Fortführung, Rn. 15.
[887] Vgl. *IDW PS 270*, Fortführung, Rn. 11.
[888] Vgl. *IDW PS 203*, Ereignisse, Rn. 8f.

ist ein weiterer Anhaltspunkt. Es ist vom Prüfer einzuschätzen, ob dieses angemessen implementiert wurde. Zweifel an der Eignung entstehen, wenn voraussehbare Risiken durch das System nicht erkannt werden.[889]

Die Einschätzung der gesetzlichen Vertreter ist ebenfalls zu beurteilen. Umfasst diese einen Zeitraum von weniger als 12 Monate, hat der Prüfer sie anzuhalten, die Prognose auf mindestens 12 Monate zu erweitern.[890] Ereignisse nach dem Prognosezeitraum sind zu beachten, wobei aufgrund der zunehmenden Unsicherheit bei längeren Prognosen deutliche Anzeichen vorliegen müssen.[891] Können die gesetzlichen Vertreter von der Unternehmensfortführung ausgehen, kann sich der Prüfer regelmäßig anschließen.[892] Die Umstände müssen geprüft werden und es dürfen keine weiteren Risiken für die Unternehmensfortführung vorliegen.

Sind die Voraussetzungen nicht erfüllt, ist anhand interner Planungsunterlagen die Unternehmensfortführung kritisch zu bewerten.[893] Es sind die Prognoseverfahren, die getroffenen Annahmen, der Prognosezeitraum und die Pläne zu beurteilen.[894] Treten wesentliche Unsicherheiten auf, ist dies zu einem frühen Zeitpunkt mit den gesetzlichen Vertretern zu diskutieren.[895]

Sind bei der Prüfungsplanung oder Durchführung wesentliche Zweifel an der Unternehmensfortführung vorhanden, müssen weitere Handlungen vorgenommen werden (Schritt 2). Dabei ist das Unternehmen als Ganzes zu beurteilen.[896] Um einordnen zu können, ob diese realisiert sind und zu einer Verbesserung der Unternehmenssituation beitragen, müssen die bestandsgefährdenden Umstände und die Pläne des Unternehmens einer kritischen Analyse unterzogen werden.[897] Beispiele sind die Durchsicht von Sitzungsprotokollen auf Indizien für finanzielle Schwierigkeiten, die Sichtung von Darlehensverträgen auf die Einhaltung von Klauseln oder die Prüfung der Zielerreichung von vergangenen Plänen.[898] Die Prüfungshandlungen können an das identifizierte Krisenstadium angepasst werden.[899] Aufgrund des Gestaltungsspielraums der gesetzlichen Vertreter sind an die Unterlagen besonders hohe Anforderungen zu stellen.[900] Im Anschluss folgen in Abhängigkeit von der Bestandsgefährdung und der Einschätzung differenzierte Berichterstattungspflichten (Schritt 3).[901]

---

[889] Vgl. *Lilienbecker/Link/Rabenhorst*, Beurteilung, 2009, S. 263.

[890] Vgl. *IDW PS 270*, Fortführung, Rn. 20a.

[891] Vgl. *ADS*, Kommentar, 2000, § 322 Rn. 184; *IDW PS 270*, Fortführung, Rn. 23f.

[892] Vgl. *IDW PS 270*, Fortführung, Rn. 16.

[893] Vgl. *Lilienbecker/Link/Rabenhorst*, Beurteilung, 2009, S. 263f.

[894] Vgl. *IDW PS 270*, Fortführung, Rn. 19.

[895] Vgl. *Knechel/Salterio/Ballou*, Risk, 2007, S. 636; *Lilienbecker/Link/Rabenhorst*, Beurteilung, 2009, S. 264.

[896] Vgl. *Lück*, Fortführung, 2001, S. 1947.

[897] Vgl. *Knechel/Salterio/Ballou*, Risk, 2007, S. 637; *Groß*, Teil 2, 2004, S. 1435.

[898] Vgl. *IDW PS 270*, Fortführung, Rn. 29f.

[899] Vgl. *Groß*, Teil 2, 2004, S. 1436 - 1438 für eine ausführliche Darstellung.

[900] Vgl. *Lilienbecker/Link/Rabenhorst*, Beurteilung, 2009, S. 264.

[901] Vgl. *IDW PS 270*, Fortführung, Rn. 33.

4.2.3 Die Berichterstattung im Rahmen des Prüfungsberichts

Nach EU-Verordnung 537/2014 enthält der Prüfungsbericht für PIE-Unternehmen die Mindestangaben nach Art. 11 (2) EU-VO 537/2014. Im Vergleich zu § 321 HGB resultieren wenige Änderungen. Beispielsweise sind die Kommunikation mit dem Aufsichtsrat bzw. dem Prüfungsausschuss darzustellen und die Wesentlichkeitsgrenze in quantitativer Form zu beschreiben.[902]

Bei privaten Unternehmen sind für den Prüfungsbericht die Regelungen des AReG relevant. Erteilt der Aufsichtsrat den Prüfungsauftrag, ist der Bericht nach § 321 (5) S. 2 HGB dem Prüfungsausschuss zur Verfügung zu stellen. Anschließend hat nach § 321 (5) S. 3 HGB die Unternehmensleitung Stellung zu nehmen. Bisher konnte die Geschäftsführung davor ihre Ansichten mitteilen. Im Weiteren ist die Regelung unverändert.[903]

Nach § 321 (1) S. 1 HGB hat der Prüfer über Art, Umfang und Prüfungsergebnis schriftlich zu berichten. Da der Prüfungsbericht vertrauliche Unternehmensinformationen enthält, ist der Adressatenkreis beschränkt. Er soll über den Verlauf und das Ergebnis der Prüfung informiert und bei der Wahrnehmung seiner Aufgaben unterstützt werden.[904] So kann dem Aufsichtsrat durch Informationen aus der Prüfung bei seinen Überwachungspflichten geholfen werden. Die gesetzlichen Vertreter können aufgrund dieser Informationen das Risikofrüherkennungssystem oder die Rechnungslegung verbessern.[905]

Die Gliederung umfasst nach § 321 HGB eine „Vorweg"-Stellungnahme, einen Hauptteil und einen besonderen Teil. Das IDW empfiehlt, in Anlehnung an die gesetzlichen Vorgaben, den Prüfungsbericht in die Bestandteile „Prüfungsauftrag, grundsätzliche Feststellungen, Gegenstand, Art und Umfang der Prüfung, Feststellungen und Erläuterungen zur Rechnungslegung, Feststellungen zum Risikofrüherkennungssystem, Feststellungen aus Erweiterungen des Prüfungsauftrags, Bestätigungsvermerk"[906] zu gliedern. Der Prüfer hat wahrheitsgetreu, vollständig, unparteiisch und mit der gebotenen Klarheit zu berichten.[907]

In der vorangestellten Berichterstattung hat der Prüfer nach § 321 (1) S. 2 HGB zur Beurteilung der Lage durch die gesetzlichen Vertreter, insbesondere zum Fortbestand und zur zukünftigen Entwicklung, Stellung zu nehmen, soweit dies aus dem Lagebericht möglich ist. Durch die Platzierung in der „Vorweg"-Stellungnahme wird die Aufmerksamkeit der Adressaten auf diese grundlegenden Informationen gelenkt.[908] Eine Berichterstattungspflicht resultiert insbesondere, wenn Unsicherheit über die Bestandsgefährdung besteht und der Abschluss unter Annahme der Unternehmensfortführung aufgestellt wird.[909] Eine

---

[902] Vgl. *Quick*, Würdigung, 2016, S. 1210.

[903] Vgl. *Quick*, Würdigung, 2016, S. 1211.

[904] Vgl. *ADS*, Kommentar, 2000, § 322 Rn. 17.

[905] Vgl. *Plendl*, Prüfungsergebnis, 2017, M 48, 56.

[906] *IDW PS 450*, Berichterstattung, Rn. 12.

[907] Vgl. *Schmidt/Poullie*, BeckKommHGB, 2016, § 321 Rn. 8 - 14.

[908] Vgl. *Plendl*, Prüfungsergebnis, 2017, M 178.

[909] Vgl. *Schmidt/Poullie*, BeckKommHGB, 2016, § 321 Rn. 19.

Begründung und eine Darlegung der alternativen Einschätzung sind beizufügen.[910] Kommen Abschlussersteller und Prüfer einheitlich zu einer positiven Beurteilung, reicht eine knappe Feststellung aus.[911]

Wird im Zuge der Prüfung eine wesentliche Bestandsgefährdung und Entwicklungsbeeinträchtigung bekannt, besteht nach § 321 (1) S. 3 HGB eine explizite Redepflicht. Die Berichterstattung ist unabhängig davon, ob die Information im Lagebericht enthalten ist.[912] Aus der Formulierung ergibt sich, dass vorbeugend, d.h. wenn die Möglichkeit des Eintritts besteht, zu berichten ist. Durch die frühzeitige Berichterstattung wird dem Unternehmen die Möglichkeit gegeben, durch Maßnahmen gegenzusteuern, bevor wesentliche Vertrauensverluste eintreten.[913] Dies kann als internes Frühwarnsystem gewertet werden.[914] Sind Maßnahmen durch die Unternehmensführung eingeleitet, kann bei überwiegenden Erfolgsaussichten auf die Berichterstattung verzichtet werden.[915]

4.2.4 Die Berichterstattung im Bestätigungsvermerk

Im Bestätigungsvermerk ist nach § 322 (1) S. 1 HGB ein Gesamturteil über die Prüfung abzugeben.[916] Es werden die Adressaten, die keinen direkten Zugang zum Prüfungsbericht haben, wie Aktionäre, Gläubiger oder die Öffentlichkeit, über das Ergebnis der Prüfung informiert.[917] Durch das Gesetz zur Kontrolle und Transparenz im Unternehmensbereich (KonTraG) wurde der Prüfer verpflichtet, auf Risiken, die den Unternehmensfortbestand betreffen, einzugehen.[918]

Für die Prüfung von PIE-Unternehmen resultieren durch die Verordnung 537/2014 folgende zusätzliche Angabepflichten:[919]

- Angabe, wer den Prüfer bestellt hat,
- Angabe des Bestellungszeitpunkts und der gesamten durchgängigen Mandatsdauer, einschließlich von Verlängerungen und Wiederbestellungen,
- Beschreibung bzw. Darstellung bedeutsamer Risiken für wesentliche Falschdarstellungen bzw. Betrug, inklusive der Reaktion des Prüfers und bedeutsamer Feststellung bezüglich der Risiken,
- Eignung der Prüfung für die Aufdeckung von Unregelmäßigkeiten und Betrug,
- Bestätigung über den Einklang von Prüfurteil mit dem Bericht an den Prüfungsausschuss,

---

[910] Vgl. *ADS*, Kommentar, 2000, § 321 Rn. 60.
[911] Vgl. *ADS*, Kommentar, 2000, § 321 Rn. 59.
[912] Vgl. *Lilienbecker/Link/Rabenhorst*, Beurteilung, 2009, S. 266.
[913] Vgl. *Plendl*, Prüfungsergebnis, 2017, M 213 - 217.
[914] Vgl. *Schmidt/Poullie*, BeckKommHGB, 2016, § 321 Rn. 20.
[915] Vgl. *Plendl*, Prüfungsergebnis, 2017, M 215.
[916] Vgl. *IDW PS 400*, Grundsätze, Rn. 8.
[917] Vgl. *ADS*, Kommentar, 2000, § 322 Rn. 17; *Plendl*, Prüfungsergebnis, 2017, M 683; *Schmidt/Küster*, BeckKommHGB, 2016, § 322 Rn. 6.
[918] Vgl. *Deutscher Bundestag*, Entwurf KonTraG, 1998, S. 8.
[919] Vgl. *EU*, 537/2014, Art. 10 (2) a) - g); *Quick*, Würdigung, 2016, S. 1210. Vgl. auch zum neuen Bestätigungsvermerk *Lenz*, Vermerk, 2017, S. I.

- Erklärung, dass keine verbotenen Nichtprüfungsleistungen erbracht wurden und Bestätigung der Unabhängigkeit sowie
- Angabe von erbrachten und erlaubten Nichtprüfungsleistungen.

Für private Unternehmen wurde durch das AReG die Vorschrift zum Bestätigungsvermerk modifiziert. Sie ist für Prüfungen, deren Geschäftsjahre nach dem 16.06.2016 beginnen, anzuwenden.[920] Ein Großteil der Änderungen ist bereits durch die alte Fassung des § 322 HGB erfasst. Die Regelung nach § 322 (1a) HGB zur Anwendung von internationalen Prüfungsstandards greift bislang nicht, da eine Annahme aussteht.[921] Nachfolgende Ausführungen beziehen sich auf die Fassung des AReG.

Die Mindestbestandteile des Bestätigungsvermerks sind die Darstellung von Gegenstand, Art und Umfang der Prüfung, die verwendeten Rechnungslegungsnormen und Prüfungsgrundsätze, das Urteil zum Abschluss und Lagebericht und ein Hinweis zur Bestandsgefährdung.[922] Angaben zur Formulierung macht das Gesetz nicht. Der § 322 (2) S. 1 HGB differenziert zwischen dem uneingeschränkten und dem eingeschränkten Bestätigungsvermerk. Zudem kann ein Versagungsvermerk ausgesprochen werden. Die Art des Vermerks muss zweifelsfrei ersichtlich sein.[923] Nach § 322 (2) S. 3 HGB ist auf Risiken, die den Fortbestand des Unternehmens betreffen, gesondert einzugehen. Bei Tochterunternehmen, die für die Vermittlung eines den tatsächlichen Verhältnissen entsprechenden Bildes der Vermögens-, Finanz- und Ertragslage von untergeordneter Bedeutung sind, kann gemäß § 322 (2) S. 4 HGB im Konzernabschluss des Mutterunternehmens auf den Hinweis verzichtet werden.

In Abhängigkeit der Going-Concern-Annahme durch die gesetzlichen Vertreter und der Abbildung im Jahresabschluss resultieren die nachfolgenden Arten an Vermerken.[924]

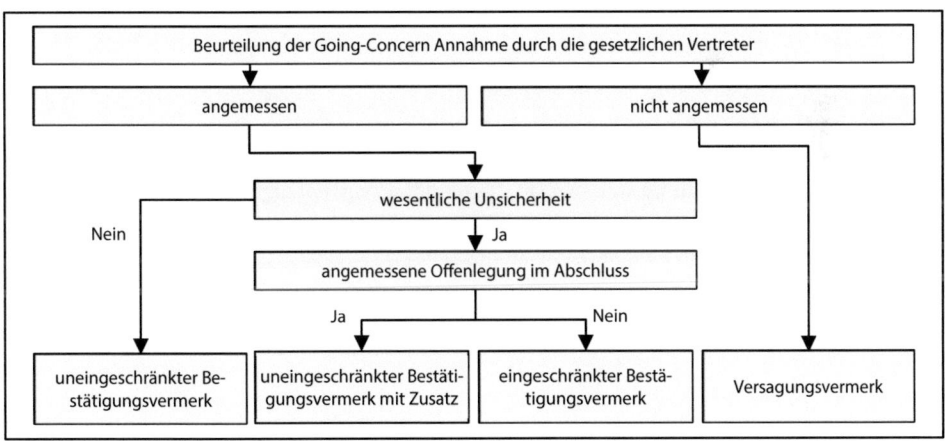

Abbildung 6: Bestätigungsvermerk in Abhängigkeit der Going-Concern-Beurteilung.
MARTEN/QUICK/RUHNKE, Wirtschaftsprüfung, 2015, S. 491.

---

[920] Vgl. *Deutscher Bundestag*, AReG, 2016, Art. 15 (1).
[921] Vgl. *Quick*, Würdigung, 2016, S. 1210f.
[922] Vgl. *Schmidt/Küster*, BeckKommHGB, 2016, § 322 Rn. 17.
[923] Vgl. § 322 (2) HGB.
[924] Vgl. *Lilienbecker/Link/Rabenhorst*, Beurteilung, 2009, S. 264 für eine andere Darstellung.

Im uneingeschränkten Bestätigungsvermerk erklärt der Prüfer nach § 322 (3) S. 1 HGB, dass keine Einwendungen gefunden wurden und der Abschluss seiner Beurteilung nach den gesetzlichen Vorschriften entspricht. Weiterhin stellt er fest, dass der Abschluss unter Berücksichtigung der Grundsätze ordnungsmäßiger Buchführung sowie weiterer maßgeblicher Rechnungslegungsgrundsätze ein den tatsächlichen Verhältnissen entsprechendes Bild der Vermögens-, Finanz- und Ertragslage vermittelt. Der Lagebericht steht im Einklang mit dem Abschluss, vermittelt ein zutreffendes Bild der Unternehmenslage und stellt die Risiken der zukünftigen Entwicklung zutreffend dar.[925] Die positive Gesamtaussage umfasst auch die Einhaltung der für die Rechnungslegung geltenden Vorschriften des Gesellschaftsvertrags oder der Satzung.[926]

Im Zusammenhang mit der Going-Concern-Annahme ist, wenn die Beurteilung angemessen erfolgt und die bestehenden wesentlichen Unsicherheiten zutreffend im Abschluss offengelegt werden, ein uneingeschränkter Bestätigungsvermerk mit einem Zusatz nach § 322 (2) S. 3 HGB zu erteilen.[927]

Das IDW empfiehlt die folgenden Formulierungen:

- „Meine / Unsere Prüfung hat zu keinen Einwendungen geführt.
- Nach meiner / unserer Beurteilung aufgrund der bei der Prüfung gewonnenen Erkenntnisse entspricht der Jahresabschluss den gesetzlichen Vorschriften [und den ergänzenden Bestimmungen des Gesellschaftsvertrags / der Satzung] und vermittelt unter Beachtung der Grundsätze ordnungsmäßiger Buchführung ein den tatsächlichen Verhältnissen entsprechendes Bild der Vermögens-, Finanz- und Ertragslage der Gesellschaft. Der Lagebericht steht in Einklang mit dem Jahresabschluss, vermittelt insgesamt ein zutreffendes Bild von der Lage der Gesellschaft und stellt die Chancen und Risiken der zukünftigen Entwicklung zutreffend dar."[928]

In diesem Zusatz, der in einem eigenen Abschnitt des Bestätigungsvermerkes aufgenommen wird, müssen die Risiken nicht ausführlich dargestellt werden. Es ist ausreichend, auf die Art der Gefährdung und die Darstellung im Lagebericht zu verweisen.[929] Der Hinweis ist keine Einschränkung und ersetzt diese oder einen Versagungsvermerk nicht.[930] Ist das Unternehmen zur Aufstellung eines Lageberichtes nicht gesetzlich verpflichtet, muss der Prüfer keinen Hinweis auf das bestandsgefährdende Risiko geben.[931] Beispiele für die Formulierung sind:

---

[925] Vgl. *IDW PS 400*, Grundsätze, Rn. 42. Bei kleinen Kapitalgesellschaften, die nach § 264 (1) HGB keinen Lagebericht aufstellen, entfallen die Angaben zum Lagebericht. Vgl. *IDW PS 400*, Grundsätze, Rn. 43.

[926] Vgl. *IDW PS 400*, Grundsätze, Rn. 44.

[927] Vgl. *Plendl*, Prüfungsergebnis, 2017, M 898f.; *Ruhnke/Frey*, Finanzkrise, 2015, S. 331; *IDW PS 400*, Grundsätze, Rn. 77.

[928] *IDW PS 400*, Grundsätze, Rn. 46.

[929] Vgl. *Plendl*, Prüfungsergebnis, 2017, M 895.

[930] Vgl. *ADS*, Kommentar, 2000, § 322 Rn. 189; *Plendl*, Prüfungsergebnis, 2017, M 901.

[931] Vgl. *IDW PS 400*, Grundsätze, Rn. 79.

- „Ohne diese Beurteilung einzuschränken, weise ich / weisen wir auf die Ausführungen im Lagebericht hin. Dort ist in Abschnitt ... ausgeführt, dass der Fortbestand der Gesellschaft aufgrund angespannter Liquidität bedroht ist."[932]
- „Pflichtgemäß weisen wir darauf hin, dass der Bestand der Gesellschaft durch Risiken bedroht ist, die in Abschnitt... des Lageberichts dargestellt sind."[933]

Auch bei einer korrekten Aufstellung des Jahresabschlusses unter Abkehr von der Unternehmensfortführung ist ein uneingeschränkter Bestätigungsvermerk mit Hinweis auf die fehlende Going-Concern-Annahme zu erteilen.[934]

Führt die Prüfung zu Einwendungen, d.h. zu wesentlichen Beanstandungen, die bis zum Ende der Prüfung andauern, ist ein eingeschränkter Bestätigungsvermerk die Folge.[935] Diese liegen vor, wenn aus der Gesamtbetrachtung der Umstände wesentliche Auswirkungen auf die Vermögens-, Finanz- und Ertragslage resultieren (quantitative Komponente).[936] Auch Beanstandungen einzelner Vorschriften, wie fehlende wesentliche Mindestangaben im Lagebericht, können die Einwendung begründen (qualitative Komponente).[937] Zudem führen Prüfungshemmnisse, die es nicht ermöglichen Teilbereiche in der Rechnungslegung mit hinreichender Sicherheit zu beurteilen, zu einem eingeschränkten Bestätigungsvermerk.[938] Dieser darf nach § 322 (4) S. 4 HGB dann erteilt werden, wenn der Abschluss im Wesentlichen ein den tatsächlichen Verhältnissen entsprechendes Bild der Vermögens-, Finanz- und Ertragslage vermittelt, jedoch für Teilbereiche keine positive Beurteilung möglich ist.[939] Nach § 322 (4) S. 3 HGB ist eine Begründung abzugeben, in der die Tragweite zu erkennen ist.[940]

Sind die wesentlichen Risiken der Unternehmensfortführung zutreffend beurteilt, aber nicht angemessen im Abschluss offengelegt, ist der Bestätigungsvermerk einzuschränken.[941] Es muss ausdrücklich das Wort „Einschränkung" verwendet werden.[942] Da bei einem eingeschränkten Testat die Gründe erkennbar sind, muss kein gesonderter Hinweis für die Going-Concern-Annahme aufgenommen werden.[943] In Abhängigkeit der Ursache für die Einschränkung werden die folgenden Formulierungen vorgeschlagen:

---

[932] *IDW PS 400*, Grundsätze, Rn. 77.

[933] *Schmidt/Küster*, BeckKommHGB, 2016, § 322 Rn. 38.

[934] Vgl. *IDW PS 270*, Fortführung, Rn. 33.

[935] Vgl. *Plendl*, Prüfungsergebnis, 2017, M 816.

[936] Vgl. *Plendl*, Prüfungsergebnis, 2017, M 827. Es ist zu beachten, ob für sich genommene unwesentliche Beanstandungen in Summe wesentlich sind.

[937] Vgl. *Schmidt/Küster*, BeckKommHGB, 2016, § 322 Rn. 41 - 43; *Plendl*, Prüfungsergebnis, 2017, M 828.

[938] Vgl. *IDW PS 400*, Grundsätze, Rn. 50.

[939] Vgl. *ADS*, Kommentar, 2000, § 322 Rn. 227.

[940] Nicht zulässig ist es, wenn die verletzte Gesetzesbestimmung angegeben, auf den Prüfungsbericht verwiesen wird bzw. Teile des Bestätigungsvermerkes weggelassen werden. Vgl. *Schmidt/Küster*, BeckKommHGB, 2016, § 322 Rn. 52.

[941] Vgl. *ADS*, Kommentar, 2000, § 322 Rn. 193f.; *Ruhnke/Frey*, Finanzkrise, 2015, S. 331.

[942] Vgl. *IDW PS 400*, Grundsätze, Rn. 59.

[943] Vgl. *Lilienbecker/Link/Rabenhorst*, Beurteilung, 2009, S. 265.

- „Meine / Unsere Prüfung hat mit Ausnahme der folgenden Einschränkung zu keinen Einwendungen geführt:
- ...entspricht der Jahresabschluss mit der genannten Einschränkung den gesetzlichen Vorschriften...
- Mit dieser Einschränkung entspricht der Jahresabschluss nach meiner / unserer Beurteilung...
- Mit der genannten Einschränkung steht der Lagebericht in Einklang mit...“[944]

Für Einschränkungen aufgrund von Prüfungshemmnissen werden die folgenden Formulierungen vom IDW verwendet:

- „...alternative Prüfungshandlungen keine hinreichende Sicherheit...
- ...Mit Ausnahme des im folgenden Absatz dargestellten Prüfungshemmnisses habe ich meine / haben wir unsere...“[945]

Ein Versagungsvermerk ist bei wesentlichen Beanstandungen, die eine insgesamt positive Beurteilung nicht ermöglichen, zu erteilen.[946] Ist der Prüfer nicht in der Lage ein Prüfurteil abzugeben, führt dies ebenfalls zu einem Versagungsvermerk. Der Vermerk darf nicht Bestätigungsvermerk genannt werden. Der Versagungsvermerk ist zu begründen. Der Prüfer muss darlegen, dass er den Prüfungsauftrag erhalten hat, diesen aber nicht ausführen konnte. Bei der Unternehmensfortführung resultiert eine Versagung, wenn der Abschluss unter der Fortführungsannahme aufgestellt wurde und der Prüfer zu der Einschätzung kommt, dass diese nicht gegeben ist. Eine Versagung ist auch die Folge, wenn keine Einschätzung durch die Vertreter erfolgt oder kein angemessener Zeitraum abgedeckt wird und der Prüfer darin ein Prüfungshemmnis sieht.[947] Es fällt nicht in den Aufgabenbereich des Prüfers, die Einschätzung zu ersetzen.[948] Bei der Versagung können als Formulierungen verwendet werden:

- „(...) Der Jahresabschluss wurde unzulässiger Weise unter der Annahme der Fortführung der Unternehmenstätigkeit aufgestellt, obwohl wegen der ungesicherten Liquiditätsausstattung der Gesellschaft hiervon nicht ausgegangen werden kann. Aufgrund der Bedeutung dieser Einwendung versage ich / versagen wir den Bestätigungsvermerk.
- (...) Aufgrund der Bedeutung des dargestellten Prüfungshemmnisses versage ich / versagen wir den Bestätigungsvermerk.“[949]

Als Sonderfall kann der Bestätigungsvermerk unter der Erfüllung von Bedingungen erteilt werden. Dies ist möglich, wenn der Inhalt der Bedingung feststeht, für die Realisierung ein formeller Akt notwendig ist und die Erfüllung (nahezu) sicher ist.[950] Ist die Fortführung von Voraussetzungen abhängig, die bis zum Tag des Bestätigungsvermerks nicht eintreten,

[944] IDW PS 400, Grundsätze, Rn. 59, 61a, 62, 63.
[945] Vgl. IDW PS 400, Grundsätze, Rn. 61.
[946] Vgl. ADS, Kommentar, 2000, § 322 Rn. 227.
[947] Vgl. Ruhnke/Frey, Finanzkrise, 2015, S. 331; IDW PS 270, Fortführung, Rn. 42.
[948] Vgl. IDW PS 270, Fortführung, Rn. 43.
[949] IDW PS 400, Grundsätze, Rn. 69.
[950] Vgl. ADS, Kommentar, 2000, § 322 Rn. 53ff.; IDW PS 400, Grundsätze, Rn. 99.

darf kein bedingter Vermerk erteilt werden. Ausnahmsweise kann dieser gegeben werden, wenn z.B. Sanierungsmaßnahmen inhaltlich bestimmt sind und die Umsetzung von formalen Kriterien abhängig ist.[951] Bis zum Eintritt der Bedingung gilt der Bestätigungsvermerk als nicht erteilt.[952] Formuliert werden kann dies wie folgt:

- „Unter der Bedingung, dass die beschlossene (…)"

Ein weiterer Sonderfall sind Nachtragsprüfungen, wenn diese nach § 316 (3) HGB erforderlich sind. Haben Änderungen des Jahresabschlusses Auswirkungen auf den erteilten Bestätigungsvermerk, ist das Prüfurteil neu zu formulieren. Die Veränderung ist in einem getrennten Absatz kenntlich zu machen.[953] Die Nachtragsprüfung kann durch folgende Formulierung kenntlich gemacht werden:

- „Diese Bestätigung erteile ich / erteilen wir aufgrund meiner / unserer pflichtgemäßen, am … [Datum] abgeschlossenen Abschlussprüfung und meiner / unserer Nachtragsprüfung, die sich auf die Änderung des / der … [geänderte Posten bzw. Angaben] bezog. Auf die Begründung der Änderung durch die Gesellschaft im geänderten Anhang, Abschnitt … wird verwiesen. Die Nachtragsprüfung hat zu keinen Einwendungen geführt."[954]

Ein Widerruf des Bestätigungsvermerks erfolgt, wenn aufgrund von nachträglichen Erkenntnissen der Prüfer zum Ergebnis kommt, dass die Erfordernisse für den Bestätigungsvermerk nicht mehr vorhanden sind und die gesetzlichen Vertreter zu keiner Anpassung bereit sind. Kann der falsche Eindruck der Adressaten über das Ergebnis der Prüfung durch eine zeitnahe Korrektur vermieden werden, muss der Bestätigungsvermerk nicht widerrufen werden.[955] Die rechtliche Gültigkeit des festgestellten Abschlusses wird vom Widerruf nicht beeinträchtigt, außer der Grund des Widerrufes führt zur Nichtigkeit des Abschlusses.

Ein Widerruf vor Feststellung des Abschlusses ist gleichzusetzen mit einer nicht abgeschlossenen Prüfung. Der Widerruf hat in Schriftform zu erfolgen, ist zu begründen und darf nicht verwendet werden.[956]

Nach § 316 (1) S. 2 HGB kann der Jahresabschluss ohne Prüfung nicht festgestellt bzw. der Konzernabschluss gemäß § 316 (2) S. 2 HGB nicht gebilligt werden.[957] Eine Prüfung im Sinne der Norm liegt vor, wenn der Vermerk und der Prüfungsbericht vorhanden sind. Nicht relevant ist, ob dieser uneingeschränkt oder eingeschränkt ist bzw. ein Versagungsvermerk erteilt wurde.[958]

---

[951] Vgl. *IDW PS 400*, Grundsätze, Rn. 103.

[952] Vgl. *ADS*, Kommentar, 2000, § 322 Rn. 51; *IDW PS 400*, Grundsätze, Rn. 100.

[953] Vgl. *IDW PS 400*, Grundsätze, Rn. 109.

[954] *IDW PS 400*, Grundsätze, Rn. 108.

[955] Vgl. *Kompenhans*, Pflichten, 2017, N 58 - 71.

[956] Vgl. *Kompenhans*, Pflichten, 2017, N 73f.

[957] Vgl. *Ebke*, MüKommHGB, 2013, § 316 Rn. 10, 15 für weitere Rechtsfolgen einer unterlassenen Prüfung.

[958] Vgl. *Schmidt/Küster*, BeckKommHGB, 2016, § 316 Rn. 10.

4.3 Deskriptive Untersuchung der Bestätigungsvermerke

Nachfolgend werden die modifizierten Bestätigungsvermerke deskriptiv untersucht. Zunächst wird die Auswahl der Unternehmen beschrieben. Die Untersuchung erfolgt differenziert nach Hinweisen, Einschränkungen und Versagungen. Bedingte Bestätigungsvermerke und Nachtragsprüfungen werden gemeinsam als weitere Ergänzungen erläutert. Ziel des Kapitels ist es, einen Überblick über die in Kapitel 6 verwendeten Modifikationen zu geben. Interpretationen sollen in diesem Kapitel, da ausschließlich Verläufe und Veränderungen Bestandteil sind, nur geringfügig vorgenommen werden. Umfassende Interpretationen sind in Kapitel 6 enthalten.

4.3.1 Auswahl der Unternehmen

Datenquelle zur Identifikation der Unternehmen mit modifizierten Bestätigungsvermerken ist die von GENIOS bereitgestellte Datenbank des Bundesanzeigers. Zum Zeitpunkt der Abfrage[959] beinhaltete die Datenbank 30.655 Konzernabschlüsse. Das Portal ermöglicht die Volltextsuche in den Abschlüssen. Für eine möglichst umfangreiche Ausgangsbasis wurden die von der WPK in den Anlagen zu den Berichten über die Berufsaufsicht zusammengestellten Bestätigungsvermerke aus den Jahren 2003 - 2013 durchgesehen.[960] Die deskriptive Beschreibung dient als Basis für die Analyse der Unabhängigkeit i.V.m. Honoraren für Prüfungs- und Nichtprüfungsleistungen bei privaten Unternehmen. Für diese sind die Honorare erst ab 2009 in den Abschlüssen verfügbar. Daher ist die Analyse auf den Zeitraum 2009 - 2012 beschränkt.

---

[959] Diese erfolgte am 17.02.2015.
[960] Vgl. *WPK*, Anlage 2013, 2014; *WPK*, Anlage 2012, 2013; *WPK*, Anlage 2011, 2012; *WPK*, Anlage 2010, 2011; *WPK*, Anlage 2009, 2010; *WPK*, Anlage 2008, 2009; *WPK*, Anlage 2007, 2008; *WPK*, Anlage 2006, 2007; *WPK*, Anlage 2005, 2006; *WPK*, Anlage 2004, 2005; *WPK*, Anlage 2003, 2004.

4.3.2 Deskriptive Analyse zu Hinweisen in Bestätigungsvermerken

Für die Identifikation der Hinweise werden die nachfolgenden Formulierungen in den Bestätigungsvermerken der Konzernabschlüssen, die nach der WPK „ergänzte Bestätigungsvermerke" darstellen, gesucht.[961]

Formulierung	Anzahl
Ergänzend weisen wir	21
Haben wir unter dem Vorbehalt	1
Im Zeitpunkt der Beendigung unserer Prüfung	9
Nachtragsprüfung	181
Ohne den Bestätigungsvermerk einzuschränken	26
Ohne die Beurteilung einzuschränken	25
Ohne die vorstehende Beurteilung	1
Ohne diese Bestätigung einzuschränken	3
Ohne diese Beurteilung einzuschränken	1.100
Ohne diese Beurteilung weiter einzuschränken	34
Ohne diesen Bestätigungsvermerk einzuschränken	2
Ohne dieses Prüfungsurteil einzuschränken	2
Ohne dieses Urteil einzuschränken	5
Ohne unser Prüfungsurteil einzuschränken	19
Ohne unsere Beurteilung einzuschränken	53
Ohne unsere Beurteilung weiter einzuschränken	2
Ohne unseren Bestätigungsvermerk einzuschränken	8
Pflichtgemäß weisen wir	112
Unter dem Vorbehalt, dass	2
Unter der aufschiebenden Bedingung	2
Unter der Bedingung, dass	56
Unter der Voraussetzung, dass	7
Wir machen auf die Ausführungen unter	1
Wir weisen darauf hin	25

Tabelle 17: Formulierungen zu Hinweisen in den Bestätigungsvermerken.

Die Formulierung „Ohne diese Beurteilung einzuschränken" wird mit 1.100 Fällen am häufigsten verwendet. Die Ausdrücke „Nachtragsprüfung" werden in 181 Abschlüssen und „Pflichtgemäß weisen wir" werden in 112 Abschlüssen gefunden. Am wenigsten werden die Formulierungen „Haben wir unter dem Vorbehalt", „Ohne die vorstehende Beurteilung" und „Wir machen auf die Ausführungen unter" mit jeweils einem Abschluss verwendet.

Die Formulierungen enthalten 1.697 Abschlüsse, wobei 155 Abschlüsse doppelt vorliegen. Da die Analyse auf deutsche Unternehmen beschränkt ist, werden 21 Abschlüsse nicht betrachtet. Durch die Beschränkung auf den Betrachtungszeitraum 2009 - 2012 werden 465 Beobachtungen ausgeschlossen. In 21 Abschlüssen sind die Formulierungen nicht im Bestätigungsvermerk, sondern im übrigen Abschluss enthalten oder unvollständig. Durch die-

---

[961] Zusätzlich wird in den Formulierungen die „ich"-Form verwendet.

ses Vorgehen werden 1.035 Bestätigungsvermerke identifiziert. Teilweise enthalten die Abschlüsse der Unternehmen in mehreren Geschäftsjahren Hinweise. Daher werden für die identifizierten Unternehmen alle in der GENIOS-Datenbank enthaltenen Abschlüsse erhoben und die Bestätigungsvermerke durchgesehen. Dies führt zu 55 zusätzlichen Abschlüssen. Im späteren Verlauf der Arbeit werden zwei verschiedene Kontrollgruppen identifiziert.[962] Die Durchsicht der Bestätigungsvermerke dieser Unternehmen ergibt 21 zusätzliche Konzernabschlüsse. Nachtragsprüfungen und bedingte Bestätigungsvermerke werden ausgeschlossen und getrennt unter den weiteren Ergänzungen beschrieben.[963]

Ergänzte Bestätigungsvermerke nach den Formulierungen der WPK	1.697
- Doppelte Abschlüsse	155
- Beschränkung auf Deutschland	21
- Beschränkung auf die Jahre 2009 - 2012	465
- Kein bzw. unvollständiger Hinweis	21
= Bestätigungsvermerke aus der Durchsuchung mit den Formulierungen	1.035
+ Bestätigungsvermerke aus weiteren Abschlüssen	55
+ Bestätigungsvermerke aus den Kontrollgruppen	21
= Zwischensumme	1.111
- Bedingte Bestätigungsvermerke	29
- Nachtragsprüfungen	80
= Bestätigungsvermerke mit Hinweisen	1.002

Tabelle 18: Herleitung der Stichprobe für die deskriptive Analyse der Hinweise.

Das Vorgehen führt zu 1.002 Bestätigungsvermerken von 570 differenzierten Unternehmen. 49 Unternehmen erhalten in jedem Jahr einen Hinweis. Bei 73 Unternehmen liegt in drei von vier Jahren ein Hinweis vor und bei 139 Unternehmen in zwei von vier Jahren. Einen Hinweis erhalten 309 Unternehmen.

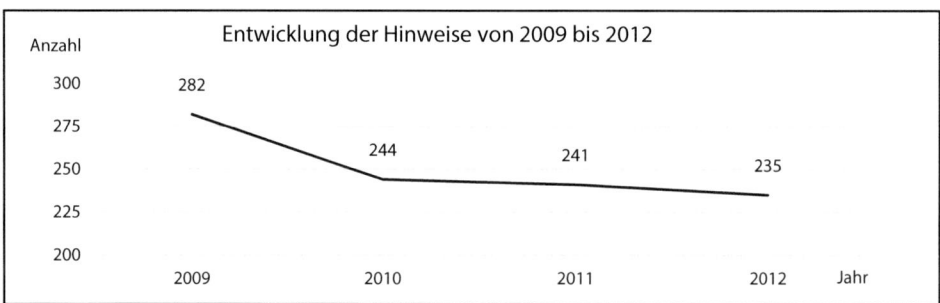

Abbildung 7: Entwicklung der Hinweise von 2009 bis 2012.

Die Abbildung 7 zeigt die Verteilung der Hinweise. Im Jahr 2009 ist die Anzahl der Hinweise mit 282 am höchsten. Danach sinkt sie kontinuierlich mit 244 Hinweisen in 2010, mit

---

[962] Vgl. Kapitel 6.
[963] Vgl. *IDW PS 400*, Grundsätze, Rn. 98 - 110, der die beiden Formen unter den Sonderfällen behandelt.

241 Hinweisen in 2011, auf 235 Hinweise in 2012. Insgesamt sinkt die Anzahl, ausgehend vom Jahr 2009, um 47 Hinweise bzw. um 16,67%. Eine mögliche Erklärung für den sinkenden Verlauf kann in der Verbesserung der wirtschaftlichen Lage nach der Finanzkrise sein. Dies kann für die Hinweise gelten, da bei diesen der Anteil an GCM im Vergleich zu den anderen Modifikationen höher ist.[964] Auch RUHNKE/FREY finden ab dem Jahr 2008 eine sinkende Anzahl an GCM und begründen dies mit der besseren wirtschaftlichen Lage.[965]

In der folgenden Abbildung 8 erfolgt die Trennung in private und kapitalmarktorientierte Unternehmen. Die verwendeten Informationen stammen von DAFNE. Für 34 Unternehmen sind diese nicht vorhanden. Damit sinkt die Anzahl auf 955 Hinweise bei 537 unterschiedlichen Unternehmen.

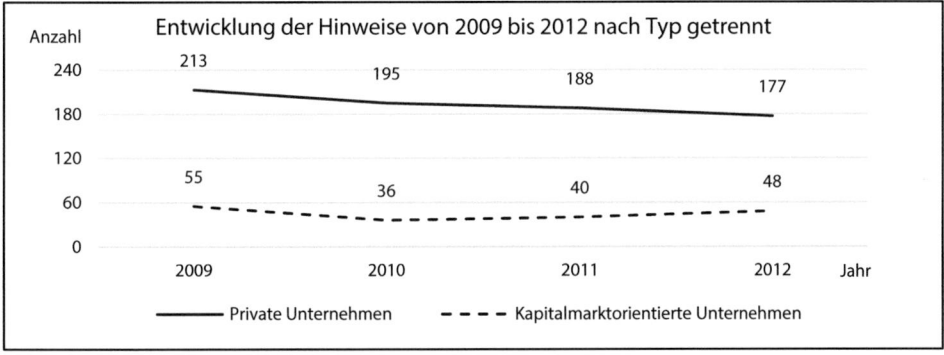

Abbildung 8: Entwicklung der Hinweise von 2009 bis 2012, getrennt nach Unternehmenstyp.

Für private Unternehmen resultiert ausgehend vom Jahr 2009 mit 213 Hinweisen ein über die Jahre abnehmender Verlauf auf 177 im Jahr 2012. Dies entspricht einer Reduktion von 36 Hinweisen bzw. 16,90%. Für kapitalmarktorientierte Unternehmen ergibt sich von 55 im Jahr 2009 eine Verminderung auf 36 im Jahr 2010, ein Anstieg auf 40 Hinweise im Jahr 2011 und auf 48 Hinweise in 2012. Insgesamt sinkt die Anzahl der Hinweise um sieben. Dies entspricht 12,78%.

Von besonderer Bedeutung für die Arbeit sind Bestätigungsvermerke, die einen Bezug zur Going-Concern-Annahme enthalten. Als GCM wird gewertet, wenn die Bestandsgefährdung explizit im Bestätigungsvermerk enthalten ist. Hierzu zählen Ausführungen, dass die Fortführung bedroht ist, Verweise zu den Erläuterungen der Unternehmensführung hinsichtlich der Bestandsgefährdung oder Hinweise, dass die Unternehmensfortführung von bestimmten Voraussetzungen abhängig ist. Weiterhin werden Hinweise, die eine Gefährdung der Zahlungsfähigkeit anzeigen bzw. die Zahlungsfähigkeit vom Eintritt bestimmter Ereignisse abhängig ist und Hinweise auf eine bestehende Überschuldung als GCM gewertet.[966] Bei Finanzierungsrisiken wird eine Differenzierung vorgenommen. Zukünftige Risiken werden als GCM klassifiziert, wenn aus dem Bestätigungsvermerk hervorgeht, dass

---

[964] Vgl. Abbildung 9.
[965] Vgl. *Ruhnke/Frey*, Finanzkrise 2015, S. 229.
[966] Vgl. auch *Maccari-Peukert*, Externe, 2011, S. 110.

das Unternehmen von der Finanzierung abhängig ist bzw. der Eintritt von bestimmten Ereignissen notwendig ist, um die Finanzierung des Unternehmens zu sichern.

Ausführungen zur angespannten Liquiditätslage und Hinweise auf Risiken für die zukünftige Entwicklung werden nicht als GCM gewertet. Dies gilt auch für allgemeine Hinweise, die nicht auf Risiken für die Unternehmensfortführung eingehen.[967]

Ausgehend von den 1.002 Hinweisen werden Unternehmen ausgeschlossen, die unter Abkehr von der Unternehmensfortführung bilanzieren. Hinweise im Bestätigungsvermerk, die sich auf bereits bestehende Insolvenzverfahren beziehen, werden nicht betrachtet. Mit der Klassifikation von GCM verbleiben 429 Unternehmen mit 749 GCM. Es erhalten 233 Unternehmen eine GCM, 107 erhalten zwei und 54 Unternehmen drei GCM. In allen vier Jahren werden bei 35 Unternehmen eine GCM erteilt.

Bestätigungsvermerke mit Hinweisen	1.002
- Bilanzierung unter Abkehr von der Unternehmensfortführung	11
- Hinweis auf Insolvenz	11
- Hinweise ohne GCM	231
= Anzahl der Hinweise mit GC-Bezug	749

Tabelle 19: Herleitung der Stichprobe für die deskriptive Analyse der Hinweise mit GC-Bezug.

Die Anzahl der GC-Hinweise sinkt von 2009 - 2012 um 27 Hinweise bzw. um 12,86% (vgl. Abbildung 9). Der Wert resultiert, nachdem, ausgehend vom Jahr 2009 mit 210 GC-Hinweisen, eine Absenkung auf 176 GC-Hinweisen in 2010 und anschließend ein Anstieg auf 180 in 2011 und auf 183 Hinweise im Jahr 2012 erfolgt. Bei den GC-Hinweisen resultiert, möglicherweise begründet durch die bessere wirtschaftliche Lage, ein hoher zahlenmäßiger Rückgang von 2009 auf 2010. Anschließend steigt die Zahl der GC-Hinweise an.

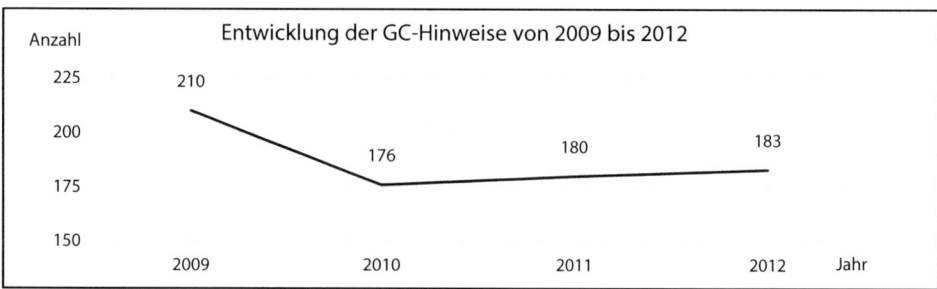

Abbildung 9: Entwicklung der GC-Hinweise von 2009 bis 2012.

Bei der Trennung in private und kapitalmarktorientierte Unternehmen werden 18 Unternehmen aufgrund von fehlenden Informationen nicht berücksichtigt, sodass 411 Unternehmen mit 717 GCM betrachtet werden.

---

[967] Vgl. in ähnlicher Weise *Ratzinger-Sakel*, Germany, 2013, S. 135. Vgl. auch den Anhang für Beispiele von Formulierungen, die als GCM gewertet werden. Auch sind Formulierungsbeispiele enthalten, die nicht als GCM klassifiziert werden.

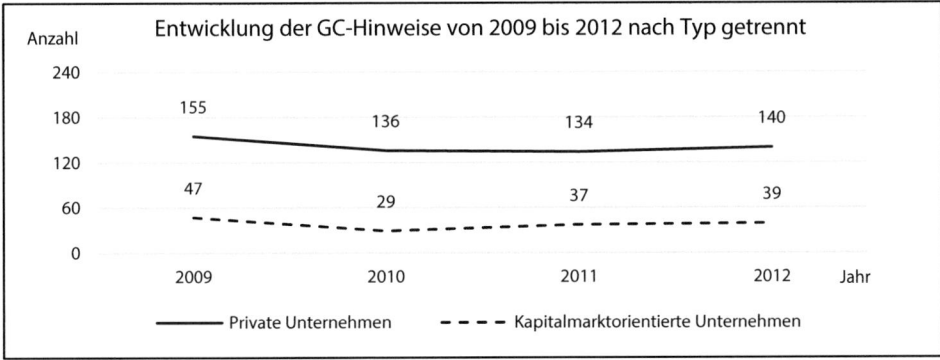

Abbildung 10: Entwicklung der GC-Hinweise von 2009 bis 2012, getrennt nach Unternehmenstyp.

Bei privaten und kapitalmarktorientierten Unternehmen sinkt die Anzahl der GC-Hinweise von 155 bzw. 47 im Jahr 2009 auf 136 bzw. 29 im Jahr 2010. Für private Unternehmen erfolgt eine Senkung auf 134 in 2011. Bei kapitalmarktorientierten Unternehmen steigt die Anzahl auf 37. Anschließend steigt die Anzahl in beiden Gruppen auf 140 bzw. 39 im Jahr 2012. Die Verläufe in beiden Gruppen an Unternehmen sind gleichartig.

4.3.3 Deskriptive Analyse zu eingeschränkten Bestätigungsvermerken

Mit den folgenden Formulierungen wird in den Bestätigungsvermerken der Konzernabschlüsse nach Einschränkungen gesucht:[968]

Formulierung	Anzahl
bis auf die folgende Ausnahme zu keinen Einwendungen	3
keinen Einwendungen geführt mit der Einschränkung	1
mit Ausnahme der Einschränkung	8
mit Ausnahme der folgenden Einschränkung	743
mit Ausnahme der folgenden Einschränkungen	140
mit Ausnahme der im nachfolgenden Absatz	2
mit den folgenden Einschränkungen zu keinen Einwendungen	1
mit der Ausnahme der im nachfolgenden Absatz	6
mit der folgenden Einschränkung zu keinen Einwendungen	7

Tabelle 20: Formulierungen zu Einschränkungen in den Bestätigungsvermerken.

Die Formulierung „mit Ausnahme der folgenden Einschränkung" wird mit 743 Treffern am häufigsten verwendet. Es folgt mit 140 Beobachtungen die Formulierung „mit Ausnahme der folgenden Einschränkungen". Am wenigsten werden die Ausdrücke „keinen Einwendungen geführt mit der Einschränkung" und „mit der folgenden Einschränkung zu keinen Einwendungen" genutzt.

---

[968] Auch wird zusätzlich das Pronomen „wir" durch „ich" ausgetauscht.

Eingeschränkte Bestätigungsvermerke nach den Formulierungen der WPK	911
- Doppelte Abschlüsse	58
- Beschränkung auf die Jahre 2009 - 2012	213
- Keine bzw. unvollständige Einschränkung	1
=Bestätigungsvermerke aus der Durchsuchung mit den Formulierungen	639
+Bestätigungsvermerke aus weiteren Abschlüssen	26
+Bestätigungsvermerke aus den Kontrollgruppen	16
=Zwischensumme	681
- Bedingte Bestätigungsvermerke	3
- Nachtragsprüfungen	5
=Bestätigungsvermerke mit Einschränkungen	673

Tabelle 21: Herleitung der Stichprobe für die deskriptive Analyse der Einschränkungen.

Mit den Formulierungen werden 911 Abschlüsse gefunden. Alle Unternehmen stammen aus Deutschland. In 58 Fällen liegen die Abschlüsse doppelt vor. Aufgrund der Beschränkung auf die Jahre 2009 - 2012 entfallen 213 Beobachtungen. Ein Vermerk ist eine Versagung. Teilweise erhalten die Unternehmen über mehrere Jahre Einschränkungen. Daher werden für die Unternehmen alle in der GENIOS-Datenbank enthaltenen Abschlüsse erhoben und nach den Formulierungen durchsucht. Hierdurch werden weitere 26 Bestätigungsvermerke identifiziert. Aus den Kontrollgruppen der späteren Analyse resultieren weitere 16 Vermerke. Bedingte Bestätigungsvermerke und Nachtragsprüfungen werden ausgeschlossen und getrennt behandelt.

Das Vorgehen führt zu 673 Bestätigungsvermerken von 290 verschiedenen Unternehmen. Bei 119 Unternehmen liegt im Zeitraum eine Einschränkung, bei 42 Unternehmen sind zwei vorhanden und bei 46 Unternehmen wird der Bestätigungsvermerk dreimal eingeschränkt. Zu jedem Zeitpunkt erhalten 83 Unternehmen eine Einschränkung.

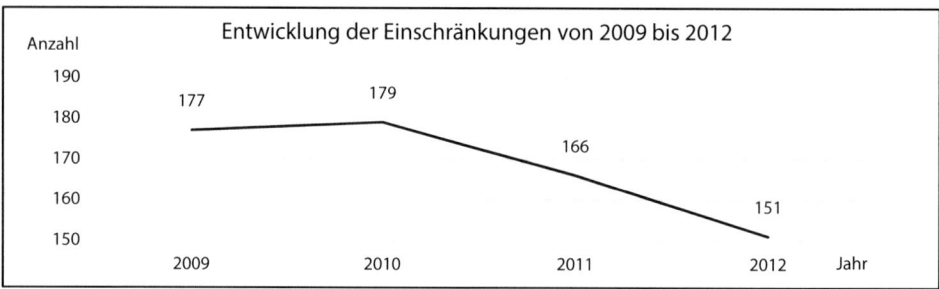

Abbildung 11: Entwicklung der Einschränkungen von 2009 bis 2012.

Insgesamt ist bei den Einschränkungen ein Rückgang zu beobachten. Nach einem Anstieg im Jahr 2010 um zwei Einschränkungen auf 179 Einschränkungen, sinkt die Anzahl auf 166 im Jahr 2011 und auf 151 in 2012. Dies entspricht einer Reduktion um 26 bzw. von 14,69% im Vergleich zum Jahr 2009. Auch für diesen Rückgang kann die verbesserte wirtschaftliche Lage angeführt werden. Da, wie auf nachfolgender Seite beschrieben, die Anzahl der GC-Einschränkungen gering ist, sind andere Gründe für die Einschränkungen ursächlich. Dies können z.B. bilanzielle Darstellungen sein. Der Verlauf gibt einen Hinweis darauf, dass diese Verzerrungen erst zeitlich verzögert zur wirtschaftlichen Lage in den Abschlüssen behoben werden.

In der Analyse nach privaten und kapitalmarktorientierten Unternehmen werden fünf Unternehmen wegen fehlender Informationen in DAFNE nicht betrachtet. Es werden 663 Einschränkungen von 285 differenzierten Unternehmen analysiert.

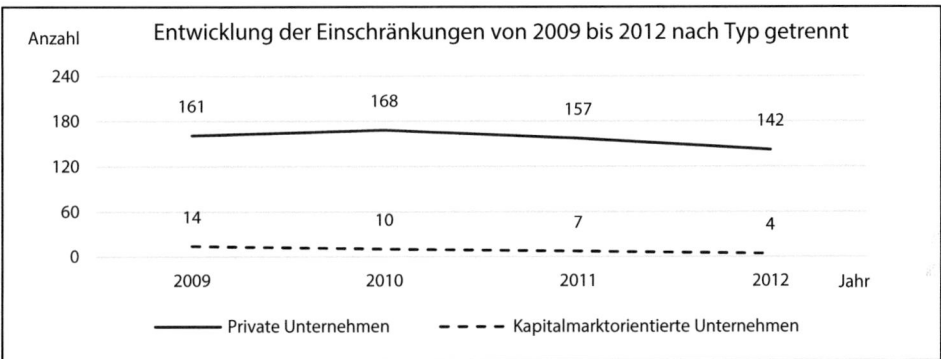

Abbildung 12: Entwicklung der Hinweise von 2009 bis 2012, getrennt nach Unternehmenstyp.

Bei den privaten Unternehmen steigt die Anzahl von 161 im Jahr 2009 auf 168 im Jahr 2010. Danach sinkt sie auf 157 im Jahr 2011 und auf 142 im Jahr 2012. Dies ist eine Verminderung um 19 Einschränkungen bzw. um 11,80% gegenüber 2009. Bei den kapitalmarktorientierten Unternehmen wird in 2009 mit 14 Einschränkungen der höchste Wert erreicht. Danach sinkt die Anzahl der Einschränkungen auf 10 in 2010, weiter auf sieben in 2011 und auf vier im Jahr 2012. Die Reduktion beträgt 10 Einschränkungen bzw. 71,43%.

Eine Einschränkung mit Bezug zur Unternehmensfortführung wird in fünf Bestätigungsvermerken erteilt. Ein Unternehmen ist im Insolvenzverfahren. Die restlichen vier Unternehmen sind private Unternehmen. Eine GC-Einschränkung erfolgt jeweils in den Jahren 2009 und 2012. Im Jahr 2011 sind zwei GC-Einschränkungen vorhanden. Aufgrund der geringen Anzahl wird auf die grafische Darstellung verzichtet.

4.3.4 Deskriptive Analyse zu Versagungsvermerken

Nachfolgend werden die Versagungsvermerke dargestellt. Um diese zu identifizieren, wird nach den folgenden, in den WPK-Berichten genannten Formulierungen gesucht:[969]

Formulierung	Anzahl
Versagungsvermerk	23
Als Ergebnis unserer Prüfung stellen wir fest, dass wir nach Ausschöpfung	17
Versagen wir den Bestätigungsvermerk	23

Tabelle 22: Formulierungen zu Versagungsvermerken.

---

[969] Wiederum wird auch die „ich"-Form verwendet.

Bei den Versagungsvermerken werden mit den Formulierungen „Versagungsvermerk" und „Versagen wir den Bestätigungsvermerk" die meisten Beobachtungen erzielt. Der Ausdruck „Als Ergebnis unserer Prüfung stellen wir fest, dass wir nach Ausschöpfung" wird am wenigsten verwendet. Insgesamt werden 63 Beobachtungen gefunden.

Versagungen nach den Formulierungen der WPK	63
- Doppelte Abschlüsse	39
- Beschränkung auf die Jahre 2009 - 2012	8
=Versagungsvermerke	16

Tabelle 23: Herleitung der Stichprobe für die deskriptive Analyse der Versagungen.

Mit dem beschriebenen Vorgehen werden weitere Vermerke erhoben. Zusätzliche Versagungsvermerke resultieren nicht. Werden doppelte Unternehmen ausgeschlossen und der Betrachtungszeitraum auf 2009 - 2012 beschränkt, verbleiben 16 Versagungen von 13 verschiedenen Unternehmen. Davon erhält ein Unternehmen drei Versagungsvermerke und ein Unternehmen zwei Versagungsvermerke. Bei 11 Unternehmen liegt eine Versagung vor. Für alle Unternehmen sind die erforderlichen Daten für die Trennung in private und kapitalmarktorientierte Unternehmen in DAFNE enthalten. Die Abbildung 13 stellt die Verteilung dar.

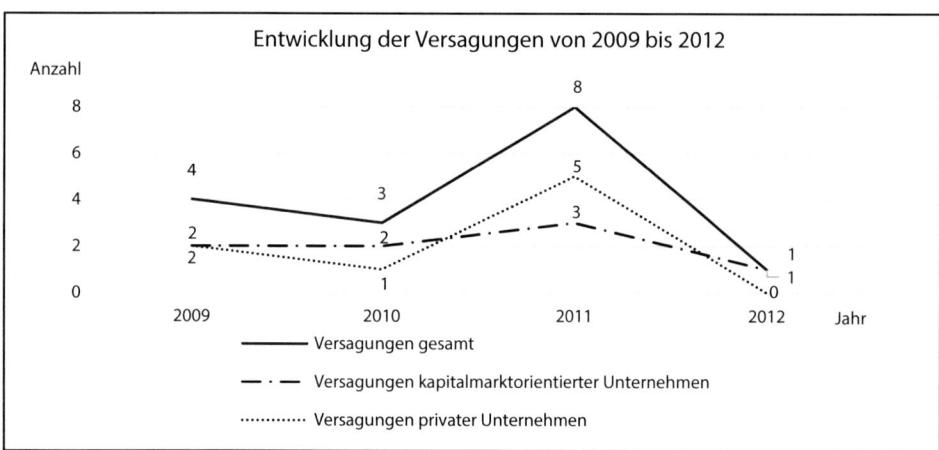

Abbildung 13: Entwicklung der Versagungen von 2009 bis 2012.

Es wird ersichtlich, dass die Anzahl der Versagungen uneinheitlich verläuft und ein Trend nicht zu erkennen ist. Zudem sind zu wenige Fälle vorhanden, um aussagekräftige Tendenzen zu erhalten. Im Jahr 2011 werden mit acht die meisten und in 2012 mit einer Versagung die wenigsten erteilt. Eine Durchsicht der Versagungsvermerke ergibt 10 GC-Versagungen. Die Verteilung über die Jahre wird nachfolgend in Abbildung 14 dargestellt.

Wiederum ist kein Trend ersichtlich. Auch bei den GC-Versagungen sind im Jahr 2011 mit vier Versagungen die meisten und im Jahr 2012 mit null Versagungen die geringste Anzahl vorhanden.

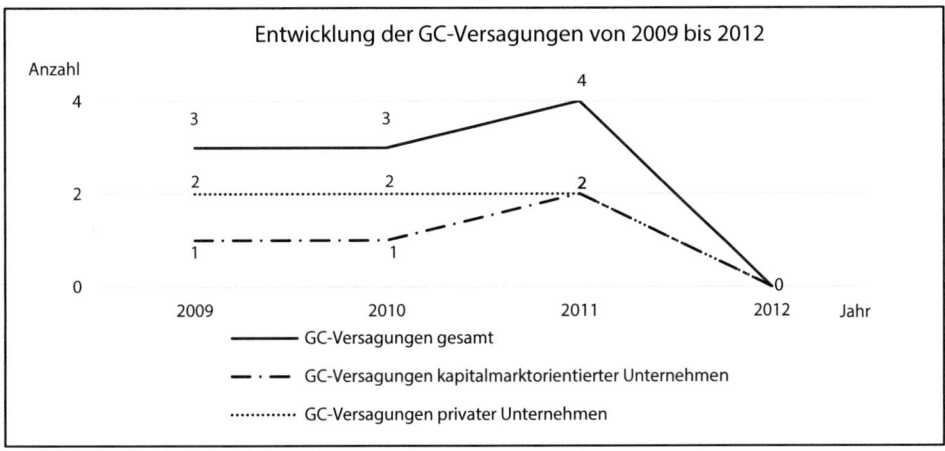

Abbildung 14: Entwicklung der GC-Versagungen von 2009 bis 2012.

4.3.5 Deskriptive Analyse zu weiteren Ergänzungen

Mit den bedingten Vermerken und den Nachtragsprüfungen werden zwei Sonderfälle der Ergänzungen dargestellt. Es werden die folgenden Formulierungen verwendet:

Formulierung	Anzahl
Bedingte Vermerke	
Unter dem Vorbehalt, dass	2
Unter der aufschiebenden Bedingung	2
Unter der Bedingung, dass	58
Unter der Voraussetzung, dass	8
Nachtragsprüfungen	
Nachtragsprüfung	181

Tabelle 24: Formulierungen zu Versagungen, Nachtragsprüfungen und bedingten Vermerken.

Bei den bedingten Vermerken ist der häufigste Ausdruck „Unter der Bedingung, dass" mit 58 Beobachtungen. Die Formulierungen „Unter dem Vorbehalt, dass" und „Unter der aufschiebenden Bedingung" kommen am wenigsten zur Anwendung.

Bedingte Vermerke nach den Formulierungen der WPK	70
- Doppelte Abschlüsse	23
- Beschränkung auf die Jahre 2009 - 2012	17
= Bedingte Vermerke	30

Tabelle 25: Herleitung der Stichprobe für die deskriptive Analyse der bedingten Vermerke.

Nach dem Ausschluss von doppelten Beobachtungen, Abschlüssen, bei denen die Formulierung nicht im Bestätigungsvermerk enthalten ist und der Beschränkung auf die Jahre

2009 bis 2012 resultieren 30 Beobachtungen von 23 differenzierten Unternehmen. Ein Unternehmen erhält zwei bedingte und drei Unternehmen erhalten drei bedingte Vermerke. Bei 19 Unternehmen liegt ein bedingter Bestätigungsvermerk vor.

Nachtragsprüfungen nach den Formulierungen der WPK	181
- Doppelte Abschlüsse	33
- Beschränkung auf die Jahre 2009 - 2012	68
=Nachtragsprüfungen	80

Tabelle 26: Herleitung der Stichprobe für die deskriptive Analyse der Nachtragsprüfungen.

Das Wort „Nachtragsprüfung" kommt in 181 Abschlüssen vor. Werden Duplikate bzw. Abschlüsse, in denen die Nachtragsprüfung sich nicht auf den aktuellen Bestätigungsvermerk bezieht, ausgeschlossen und die Untersuchung auf die Jahre 2009 bis 2012 beschränkt, sinkt die Stichprobe auf 80 Beobachtungen von 71 differenzierten Unternehmen. In 64 Fällen erfolgt eine, in fünf Fällen zwei und in drei Fällen werden drei Nachtragsprüfungen durchgeführt.

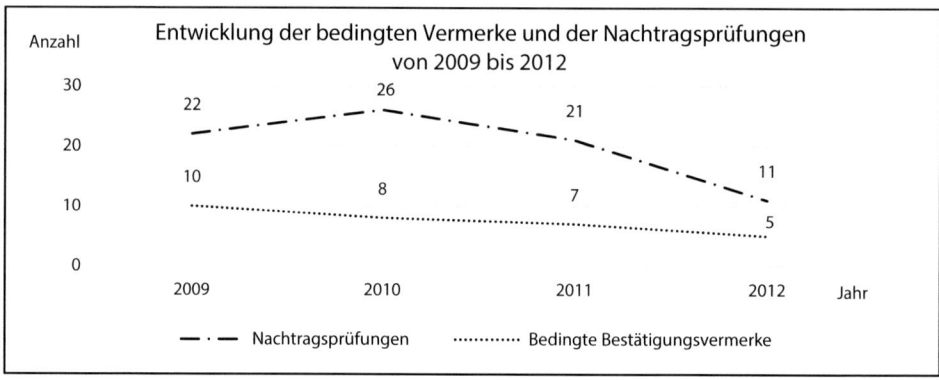

Abbildung 15: Entwicklung der bedingten Vermerke und der Nachtragsprüfungen von 2009 bis 2012.

Die Anzahl der Nachtragsprüfungen steigt ausgehend von 22 im Jahr 2009 auf 26 in 2010 (vgl. Abbildung 15). Danach sinkt die Anzahl auf 21 Beobachtungen in 2011 bzw. auf 11 Beobachtungen in 2012. Dies entspricht einer Absenkung im Zeitraum um 11 Beobachtungen bzw. um 50%. Bei den bedingten Bestätigungsvermerken erfolgt eine Absenkung von 10 Beobachtungen im Jahr 2009 auf acht in 2010. Danach sinken die bedingten Bestätigungsvermerke weiter auf sieben in 2011 und auf fünf im Jahr 2012.

Wird jeweils für die Nachtragsprüfungen und die bedingten Vermerke eine Differenzierung nach privaten und kapitalmarktorientierten Unternehmen vorgenommen, resultiert die nachfolgende Verteilung in Abbildung 16 (bei den bedingten Vermerken liegen die Informationen für die Trennung für zwei Beobachtungen und bei den Nachtragsprüfungen für eine Beobachtung nicht vor). Die Anzahl der Nachtragsprüfungen bei privaten Unternehmen sinkt nach einem Anstieg von 16 in 2009 auf 24 in 2010 bis zum Jahr 2012 auf 11. Die Anzahl der bedingten Vermerke von privaten Unternehmen sinkt über den gesamten Betrachtungszeitraum. Die Nachtragsprüfungen bei kapitalmarktorientierten Unternehmen sinken von fünf in 2009 auf null in 2012. Weiterhin ist ein bedingter Vermerk bei kapitalmarkt-orientierten Unternehmen in 2011 vorhanden.

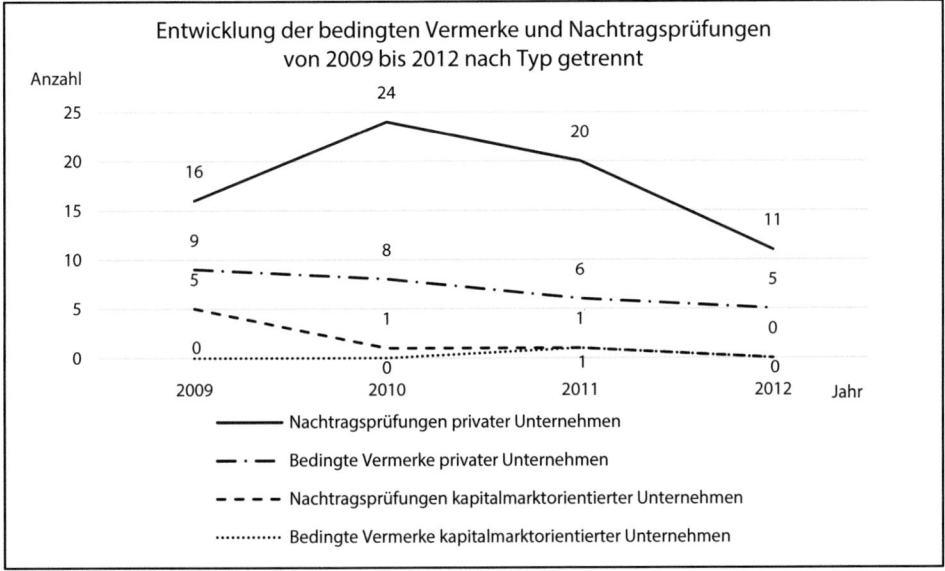

Abbildung 16: Entwicklung der bedingten Vermerke und der Nachtragsprüfungen von 2009 bis 2012, getrennt nach Unternehmenstyp.

4.3.6 Zusammenfassung der deskriptiven Analyse

Nachfolgende Tabelle 27 stellt die Ergebnisse der deskriptiven Analyse zusammenfassend dar. Es wird die Verteilung der Hinweise, Einschränkungen und Versagungen insgesamt und differenziert nach privaten und kapitalmarktorientierten Unternehmen veranschaulicht. Gleiches gilt auch für die Teilmenge der GC-modifizierten Vermerke. Bedingte Bestätigungsvermerke und Nachtragsprüfungen sind als Spezialfälle enthalten, werden aber aufgrund der untergeordneten Bedeutung für die Arbeit nicht weiter analysiert.

Insgesamt liegen 1.002 Hinweise, 673 Einschränkungen und 16 Versagungen vor. Die Anzahl der modifizierten Vermerke beträgt damit 1.691. Davon sind 763 GC-Vermerke, die in 749 GC-Hinweise, vier GC-Einschränkungen und 10 GC-Versagungen differenziert werden können. Die Anzahl der modifizierten Bestätigungsvermerke sinkt von 463 in 2009 auf 387 in 2012 um 16,41%. Dies gilt auch für die von privaten Unternehmen mit 15,16% (von 376 in 2009 auf 319 in 2012). Bei kapitalmarktorientierten Unternehmen liegt die Anzahl in 2012 mit 53 um 25,35% unter der in 2009 mit 71.

	2009	2010	2011	2012	Summe
Hinweise	282	244	241	235	1.002
davon private Unternehmen	213	195	188	177	773
davon kapitalmarktorientierte Unternehmen	55	36	40	48	179
fehlende Daten	14	13	13	10	50
Einschränkungen	177	179	166	151	673
davon private Unternehmen	161	168	157	142	628
davon kapitalmarktorientierte Unternehmen	14	10	7	4	35
fehlende Daten	2	1	2	5	10
Versagungen	4	3	8	1	16
davon private Unternehmen	2	1	5	0	8
davon kapitalmarktorientierte Unternehmen	2	2	3	1	8
fehlende Daten	0	0	0	0	0
Modifizierte Bestätigungsvermerke	463	426	415	387	1.691
davon private Unternehmen	376	364	350	319	1.409
davon kapitalmarktorientierte Unternehmen	71	48	50	53	222
fehlende Daten	16	14	15	15	60
Going-Concern-Hinweise	210	176	180	183	749
davon private Unternehmen	155	136	134	140	565
davon kapitalmarktorientierte Unternehmen	47	29	37	39	152
fehlende Daten	8	11	9	4	32
Going-Concern-Einschränkungen	1	0	2	1	4
davon private Unternehmen	1	0	2	1	4
davon kapitalmarktorientierte Unternehmen	0	0	0	0	0
fehlende Daten	0	0	0	0	0
Going-Concern-Versagungen	3	3	4	0	10
davon private Unternehmen	1	1	2	0	4
davon kapitalmarktorientierte Unternehmen	2	2	2	0	6
fehlende Daten	0	0	0	0	0
Going-Concern-Bestätigungsvermerke	214	179	186	184	763
davon private Unternehmen	157	137	138	141	573
davon kapitalmarktorientierte Unternehmen	49	31	39	39	158
fehlende Daten	8	11	9	4	32
Bedingte Bestätigungsvermerke	10	8	7	5	30
davon private Unternehmen	9	8	6	5	28
davon kapitalmarktorientierte Unternehmen	0	0	1	0	1
fehlende Daten	1	0	0	0	1
Nachtragsprüfungen	22	26	21	11	80
davon private Unternehmen	16	24	20	11	71
davon kapitalmarktorientierte Unternehmen	5	1	1	0	7
fehlende Daten	1	1	0	0	2

Tabelle 27: Zusammenfassung der deskriptiven Analyse der Bestätigungsvermerke.

Im Zeitverlauf liegen Schwankungen vor. Die Anzahl der Hinweise sinkt über den gesamten Zeitraum um 16,67% (von 282 in 2009 auf 235 in 2012) bzw. für private Unternehmen um 16,90% (von 213 in 2009 auf 177 in 2012). Auch für kapitalmarktorientierte Unternehmen ist die Anzahl mit 12,78% geringer (von 55 in 2009 auf 48 in 2012). Es sind wiederum Schwankungen vorhanden. Die Anzahl der Einschränkungen sinkt nach einem Anstieg in 2010 im Zeitraum um 14,69% (von 177 in 2009 auf 151 in 2012). Die von privaten Unternehmen sinkt um 11,80% (von 161 in 2009 auf 142 in 2012). Die Anzahl der Einschränkungen von kapitalmarktorientierten Unternehmen sinkt um 71,43% (von 14 in 2009 auf vier in 2012). Versagungen unterliegen insgesamt und differenziert nach privaten und kapitalmarktorientierten Unternehmen Schwankungen.

Die Anzahl der GC-Modifikationen sinkt um 14,02% (von 214 in 2009 auf 184 in 2012). Bei privaten Unternehmen beträgt die Reduktion 10,19% (von 157 in 2009 auf 141 in 2012) und bei kapitalmarktorientierten Unternehmen 20,41% (von 49 in 2009 auf 39 in 2012). Die Anzahl unterliegt in beiden Gruppen Schwankungen. GC-Hinweise sinken um 12,86% (von 210 in 2009 auf 183 in 2012), bei privaten Unternehmen um 9,67% (von 155 in 2009 auf 140 in 2012) und bei kapitalmarktorientierten Unternehmen um 17,02% (von 47 in 2009 auf 39 in 2012). Im Zeitablauf schwankt die Anzahl. Bei GC-Einschränkungen und GC-Versagungen sind Aussagen über den Verlauf aufgrund der geringen Anzahl nur eingeschränkt möglich.

Die Mehrzahl der Modifikationen stammt mit 59,25% aus den Hinweisen. Über die Jahre schwankt der Anteil zwischen 57,28% und 60,91%. Es folgen die Einschränkungen mit einem Anteil von 39,80%, wobei deren Anteil auf Jahresbasis zwischen 38,23% und 42,02% liegt. Versagungen nehmen mit 0,95% bzw. auf Jahresbasis zwischen 0,26% bis 1,93% eine untergeordnete Rolle ein. Bei privaten Unternehmen nimmt der Anteil der Hinweise einen Wert von 54,86% an, der über die Jahre zwischen 53,57% und 56,65% schwankt. Einschränkungen besitzen einen Anteil von 44,57% bzw. eine Spannbreite von 42,82% bis 46,15%. Versagungen liegen in 0,57% der Fälle bzw. in 0% - 1,43% je nach betrachtetem Jahr vor. Bei kapitalmarktorientierten Unternehmen ist der Anteil der Hinweise mit 80,63% bzw. mit Jahreswerten von 75% bis 90,57% höher. Es folgen Einschränkungen mit 15,76% bzw. auf Jahresbasis zwischen 7,55% - 20,83% und Versagungen mit 5,26% bzw. 1,89% - 6% bei jährlicher Betrachtung.

Der Anteil der GCM an den Modifikationen beträgt 45,12% und schwankt zwischen 42,02% - 47,55%. Der Anteil der GC-Hinweise an den Hinweisen ist mit 74,75% (Jahreswerte: 72,13% - 77,87%) höher. Für die GC-Einschränkungen, bezogen auf alle Einschränkungen, ist der Anteil 0,59% bzw. auf Jahresbasis 0% - 1,21%. Bei Versagungen beträgt der Anteil der GC-Versagungen 62,5%, wobei auf Jahresbasis sowohl alle Versagungen als auch keine Versagung einen GC-Bezug haben kann.

Innerhalb der Gruppe der privaten Unternehmen ist der Anteil der GCM an den Modifikationen 40,67% (Jahreswerte: 37,64% - 44,20%), der Anteil der GC-Hinweise an den Hinweisen 73,10% (Jahreswerte: 69,74% - 79,10%), der Anteil der GC-Einschränkungen an den Einschränkungen 0,64% (Jahreswerte: 0% - 1,27%) und der Anteil der GC-Versagungen an den Versagungen 50% (Jahreswerte: 40% - 100%). Innerhalb der kapitalmarktorientierten Unternehmen beträgt der Anteil der GC-Modifikationen an den Modifikationen 71,17% (Jahreswerte: 64,58% - 78%), der Anteil der GC-Hinweise an den Hinweisen 84,92% (Jahreswerte: 80,56% - 92,50%), der Anteil der GC-Einschränkungen an den Einschränkungen 0% und der Anteil der GC-Versagungen an den Versagungen 75% (Jahreswerte: 0% - 100%).

Von den GCM stammen 98,17% aus Hinweisen, 0,52% aus Einschränkungen und 1,31% aus Versagungen. Auf Jahresbasis beträgt die Spanne bei den Hinweisen 98,13% - 99,46%, bei den Einschränkungen 0% - 1,08% und bei den Versagungen 0% - 2,15%. Bei privaten Unternehmen beträgt der Anteil der GC-Hinweise an den GCM 98,60% bzw. 97,10% - 99,29% auf Jahresbasis. Einschränkungen und Versagungen sind mit einem gesamten Anteil von 0,70% bzw. auf Jahresbasis von 0% - 1,45% von untergeordneter Bedeutung. Auch bei kapitalmarktorientierten Unternehmen besitzen die Hinweise mit 96,20% bzw. 94,87% - 100% auf Jahresbasis den höchsten Anteil. GC-Einschränkungen liegen bei kapitalmarktorientierten Unternehmen nicht vor. Versagungen mit GC-Bezug machen einen Anteil von 3,80% bzw. von 0% - 6,45% auf Jahresbasis aus.

Eine mögliche Erklärung, insbesondere bei den GCM, für den sinkenden Verlauf der Anzahl an Modifikationen kann die verbesserte wirtschaftliche Lage nach der Finanzkrise sein. Der damit verbundene positive Ausblick kann für den Abschlussprüfer eine Ursache sein, in geringerem Ausmaß GCM zu erteilen.[970]

4.4 Die Going-Concern-Annahme in der Prüfungsforschung

Das nachfolgende Kapitel stellt mögliche Konzeptionen von empirischen Studien dar. Daran anschließend werden Determinanten, die einen Einfluss auf die Wahrscheinlichkeit einer GCM haben können, beschrieben. Die Einteilung in unternehmensbezogene bzw. abschlussprüferbezogene Determinanten und Einflussgrößen aus der Prüfer-Mandanten-Beziehung bzw. dem Umfeld orientiert sich an CARSON/FARGHER/GEIGER ET AL.[971]

4.4.1 Empirisches Forschungsdesign

Die Beurteilung der Unternehmensfortführung kann in mehrere Schritte unterteilt werden. Nachdem die finanziellen Schwierigkeiten identifiziert wurden, können weitere Prüfungshandlungen durchgeführt und abschließend die Entscheidung über die GCM getroffen werden.[972] Angenommen wird, dass der Prüfer in der Lage ist, Unternehmen in finanziellen Schwierigkeiten zu identifizieren. Davon getrennt ist seine Entscheidung, die GCM zu erteilen.[973] In der Literatur finden sich Hinweise, dass der Prüfer im Allgemeinen keine GCM bei den Unternehmen ausstellt, die sich nicht in finanziellen Schwierigkeiten befinden und überraschend Insolvenz anmelden. Daher ist es erforderlich, dass „investigations of auditors' going-concern opinion decisions should be conducted on samples that have been par-

---

[970] Vgl. so auch *Ruhnke/Frey*, Finanzkrise 2015, S. 229.
[971] Vgl. *Carson/Fargher/Geiger et al.*, Research Synthesis, 2013.
[972] Vgl. Kapitel 4.2.2.
[973] Vgl. *Maccari-Peukert*, Externe, 2011, S. 114.

titioned into stressed and nonstressed categories."[974] So kann eine Gegenüberstellung zu Unternehmen erfolgen, die für eine GCM in Frage kommen, diese jedoch nicht erhalten haben.[975]

Ältere Studien berücksichtigen diese Stichprobenauswahl nicht.[976] Auch bei neueren Analysen ist die Vorgehensweise für die Abgrenzung der Stichprobe unterschiedlich. Ein Teil der Studien grenzt die Unternehmen in finanziellen Schwierigkeiten ab und differenziert innerhalb der Gruppe zwischen Unternehmen mit und ohne GCM.[977] Andere Studien identifizieren Unternehmen mit einer GCM, die per Definition als in finanziellen Schwierigkeiten gelten.[978] Diesen werden Unternehmen in finanziellen Schwierigkeiten ohne GCM gegenübergestellt.[979] Andere Autoren wählen Unternehmen mit einer GCM und ordnen nach verschiedenen Kriterien eine gleich große Kontrollgruppe zu[980] oder beschränkten sich auf insolvente bzw. liquidierte Unternehmen.[981]

Auch wird die Gruppe der Unternehmen in finanziellen Schwierigkeiten differenziert abgegrenzt. Nachfolgende Tabelle 28 stellt die in Studien, welche die Unabhängigkeit bei Prüfungs- und Nichtprüfungsleistungen adressieren, verwendeten Abgrenzungskriterien für Unternehmen in finanziellen Schwierigkeiten dar.

Die am häufigsten verwendeten Kriterien sind ein negativer Jahresüberschuss oder ein negativer operativer Cashflow und die Insolvenz. Für SHARMA/SIDHU sind insolvente Unternehmen die zutreffendste Untersuchungsgrundlage. Sie argumentieren, dass besonders bei diesen Unternehmen andere Gründe, wie eine mangelnde Kompetenz, mitigierende Faktoren und mögliche Bedenken aufgrund der „Self-Fulfilling Prophecy" entkräftet werden und die Gefährdung der Unabhängigkeit als Ursache besonders in Frage kommt.[982] HOPE/LANGLI schließen Unternehmen mit hohen finanziellen Schwierigkeiten aus, da aufgrund der hohen Klagewahrscheinlichkeit und dem Wegfall von zukünftigen Prüfungshonoraren im Fall einer Insolvenz für den Prüfer geringere Anreize bestehen, dem Management nachzugeben.[983] BLAY/GEIGER und aufbauend RATZINGER-SAKEL untersuchen mit den Kriterien negativer Jahresüberschuss und negativer operativer Cashflow Unternehmen mit hohen finanziellen Schwierigkeiten.[984] Sie gehen davon aus, dass bei diesen Unternehmen mit hoher Wahrscheinlichkeit eine GCM vorliegen müsste, jedoch ein uneingeschränkter Bestätigungsvermerk vorhanden ist.[985]

---

974 *Hopwood/McKeown/Mutchler*, Reexamination, 1994, S. 412.

975 Vgl. *Craswell*, Independence, 1999, S. 38.

976 Vgl. *Craswell*, Independence, 1999, S. 35, 38.

977 Vgl. *Reynolds/Francis*, Size, 2000, S. 390; *DeFond/Raghunandan/Subramanyam*, Fees, 2002, S. 1255; *Lim/Tan*, Auditor Specialization, 2008, S. 206; *Li*, Office, 2009, S. 208; *Hope/Langli*, Low Litigation, 2010, S. 580ff.; *Ye/Carson/Simnett*, Impact, 2011, S. 140; *Kao/Li/Zhang*, SOX Influence, 2014, S. 169.

978 Vgl. *Herbohn/Ragunathan/Garsden*, Revisiting, 2007, S. 478.

979 Vgl. *Basioudis/Papakonstantinou/Geiger*, Kingdom, 2008, S. 292; *Blay/Geiger*, Independence, 2013, S. 585f.; *Ratzinger-Sakel*, Germany, 2013, S. 137f.

980 Vgl. *Geiger/Rama*, Stressed, 2003, S. 59f.

981 Vgl. *Sharma/Sidhu*, Audit, 2001, S. 606f.; *Sharma*, Propensity, 2001, S. 146f.; *Robinson*, Tax, 2008, S. 34; *Callaghan/Parkash/Singhal*, Bankrupt, 2009, S. 160.

982 Vgl. *Sharma/Sidhu*, Audit, 2001, S. 598ff.

983 Vgl. *Hope/Langli*, Low Litigation, 2010, S. 580.

984 Vgl. *Blay/Geiger*, Independence, 2013, S. 585; *Ratzinger-Sakel*, Germany, 2013, S. 137f.

985 Vgl. *Blay/Geiger*, Independence, 2013, S. 581.

Kriterien	Beispielhafte Verwendung
Negativer Jahresüberschuss oder negativer operativer Cashflow.	REYNOLDS/FRANCIS, Size, 2000. DEFOND/RAGHUNANDAN/SUBRAMANYAM, Fees, 2002. LIM/TAN, Auditor Specialization, 2008. LI, Office, 2009. YE/CARSON/SIMNETT, Impact, 2011. KAO/LI/ZHANG, SOX Influence, 2014.
Negativer Jahresüberschuss oder negative Gewinnrücklagen oder negatives Working Capital.	GEIGER/RAMA, Stressed, 2003.
Negativer Jahresüberschuss oder negative Gewinnrücklagen.	BASIOUDIS/PAPAKONSTANTINOU/GEIGER, Kingdom, 2008.
Unternehmen, die nach OHLSON[986] zwischen dem 60. und 95. Perzentil liegen und nicht in den nächsten zwei Jahren insolvent werden.	HOPE/LANGLI, Low Litigation, 2010.
Negatives operatives Ergebnis oder negativer Jahresüberschuss oder negative Gewinnrücklagen im aktuellen bzw. den beiden vorherigen Jahren oder negatives Working Capital in den beiden vorherigen Jahren.	VANSTRAELEN, Economic, 2002.
Negatives Eigenkapital oder negativer operativer Cashflow oder negatives Working Capital oder negatives EBIT im Vorjahr oder negatives Ergebnis im Vorjahr.	RATZINGER-SAKEL, Germany, 2013.
Negativer Jahresüberschuss und negativer operativer Cashflow.	BLAY/GEIGER, Independence, 2013. RATZINGER-SAKEL, Germany, 2013.
Insolvenz.	SHARMA/SIDHU, Audit, 2001. SHARMA, Propensity, 2001. VANSTRAELEN, Economic, 2002. ROBINSON, Tax, 2008. CALLAGHAN/PARKASH/SINGHAL, Bankrupt, 2009.

Tabelle 28: Abgrenzungen der Unternehmen in finanziellen Schwierigkeiten.

---

986   Vgl. *Ohlson*, Ratios, 1980.

Empirisch wird der Einfluss verschiedener Determinanten auf die Wahrscheinlichkeit für eine GCM durch Regressionsmodelle operationalisiert, die zumeist den nachfolgenden Aufbau haben:[987]

$$GCM_i = b_0 + \sum b_e\, Experimentalvariable_{ei} + \sum b_k\, Kontrollvariable_{ki} + \epsilon_i$$

mit: GCM_i Dichotome belegt mit 1, wenn der Bestätigungsvermerk für das Unternehmen i eine Going-Concern-Modifikation enthält.

        b_0 Konstante

        b_e, b_k Regressionskoeffizienten

        ϵ_i Störterm

Methodisch wird die Regression mithilfe eines Logit- oder eines Probit-Modells geschätzt. Die Vorzeichen, Signifikanzen und Schätzungen der Wahrscheinlichkeiten sind in beiden Modellen ähnlich. Da das Probit-Modell eine Normalverteilung und das Logit-Modell eine logistische Verteilung des Störterms annimmt, können sich die Koeffizienten beider Modelle unterscheiden. Um die Koeffizienten von Logit- und Probit-Modell zu vergleichen, können die Koeffizienten des Logit-Modells mit Werten von 1,6 bis 1,8 multipliziert werden.[988] Probleme können bei kleinen Stichproben entstehen. Generelle Aussagen über die erforderliche Größe der Stichprobe und der darin enthaltenen GCM können nicht gemacht werden. Eine Vielzahl an Determinanten, eine hohe Kollinearität zwischen den unabhängigen Variablen und eine geringe Anzahl an GCM benötigen eine höhere Anzahl an Beobachtungen.[989]

Neben der (Gruppe an) Experimentalvariable(n) werden Kontrollvariablen aufgenommen, für die in vorherigen Arbeiten ein Zusammenhang beobachtet wurde. Sie lassen sich nach verschiedenen Gruppen klassifizieren. Die Aufteilung orientiert sich an dem Übersichtsartikel von CARSON/FARGHER/GEIGER ET AL.[990] Nachfolgend werden häufig verwendete Einflussfaktoren beschrieben und aufgezeigt, mit welchen Variablen sie operationalisiert werden. Für private Unternehmen sind nur wenige Studien zu GCM vorhanden.[991] Daher werden zumeist Determinanten von kapitalmarktorientierten Unternehmen angeführt. „It remains an empirical issue whether the results [...] carry over to smaller public companies and private companies."[992] Kapitel 6 enthält hierzu erste Hinweise.

---

[987] Vgl. *DeFond/Zhang*, Auditing, 2014, S. 290f.

[988] Vgl. *Long*, Regression, 1997, S. 48.

[989] Vgl. *Long*, Regression, 1997, S. 54.

[990] Vgl. *Carson/Fargher/Geiger et al.*, Research Synthesis, 2013, S. 357 - 366.

[991] Vgl. den Literaturüberblick in Kapitel 5.

[992] *Carson/Fargher/Geiger et al.*, Research Synthesis, 2013, S. 373.

4.4.2 Unternehmensbezogene Determinanten

Die Größe des Unternehmens ist eine Determinante, bei der ein negativer Zusammenhang vermutet wird. Dies wird damit begründet, dass große Unternehmen verstärkt am Kapitalmarkt aktiver und belastbarer gegenüber finanziellen Problemen sind.[993] Auch kann die Unabhängigkeit des Prüfers durch dessen ökonomische Abhängigkeit gefährdet sein und eine geringere Wahrscheinlichkeit für eine GCM die Folge sein.[994] Agiert der Prüfer konservativer, da für ihn bei einer Insolvenz des Mandanten höhere Kosten entstehen, besteht ein positiver Zusammenhang.[995] Empirische Studien bilden die Unternehmensgröße über den Logarithmus der Bilanzsumme,[996] die logarithmierten Umsatzerlöse[997] oder über die Unternehmensgröße anzeigende Dummy-Variablen ab.[998]

Die Kapitalstruktur ist ein weiterer Einflussfaktor. Mit steigendem Verschuldungsgrad sinkt die Krisenfestigkeit des Unternehmens und die Wahrscheinlichkeit des Eintritts einer Insolvenz steigt. Zusätzlich wird es für das Unternehmen schwieriger, Fremdkapital aufzunehmen und die Abhängigkeit von Kreditinstituten nimmt zu.[999]

Auch kann ein hoher Verschuldungsgrad bzw. dessen Erhöhung auf eine drohende Verletzung von Covenants in Kreditvereinbarungen hinweisen.[1000] Daher nehmen Studien einen positiven Zusammenhang für den Anteil des Fremdkapitals an der Bilanzsumme[1001] bzw. mit der Veränderung des Verschuldungsgrades[1002] an.

Da der Abschlussprüfer bei rentablen Unternehmen mit höherer Wahrscheinlichkeit vom Fortbestand des Unternehmens ausgeht,[1003] wird mit der operativen Performance ein

---

[993] Vgl. *Carcello/Hermanson/Huss*, Temporal, 1995, S. 136; *Sharma/Sidhu*, Audit, 2001, S. 605f.; *Pryor/Terza*, Prophecy, 2002, S. 99.

[994] Vgl. *McKeown/Mutchler/Hopwood*, Towards, 1991, S. 4.

[995] Vgl. *Frost*, Future, 1994, S. 31; *Craswell/Stokes/Laughton*, Fee Dependence, 2002, S. 260f.

[996] Vgl. *Craswell*, Independence, 1999, S. 33; *Sharma/Sidhu*, Audit, 2001, S. 607; *Sharma*, Propensity, 2001, S. 145; *Firth*, Consultancy, 2002, S. 675; *DeFond/Raghunandan/Subramanyam*, Fees, 2002, S. 1256; *Craswell/Stokes/Laughton*, Fee Dependence, 2002, S. 259; *Geiger/Rama*, Stressed, 2003, S. 58; *Basioudis/Papakonstantinou/Geiger*, Kingdom, 2008, S. 293; *Robinson*, Tax, 2008, S. 35; *Lim/Tan*, Auditor Specialization, 2008, S. 210; *Hope/Langli*, Low Litigation, 2010, S. 582; *Ye/Carson/Simnett*, Impact, 2011, S. 130; *Ratzinger-Sakel*, Germany, 2013, S. 139.

[997] Vgl. *Barkess/Simnett*, Other Services, 1994, S. 102; *Reynolds/Francis*, Size, 2000, S. 392; *Knechel/Vanstraelen*, Implied, 2007, S. 119; *Li*, Office, 2009, S. 209.

[998] Vgl. *Wines*, Note, 1994, S. 81; *Ratzinger-Sakel*, Germany, 2013, S. 140.

[999] Vgl. *Küting/Weber*, Bilanzanalyse, 2015, S. 139.

[1000] Vgl. *Beneish/Press*, Costs, 1993, S. 238f.; *DeFond/Raghunandan/Subramanyam*, Fees, 2002, S. 1257.

[1001] Vgl. *Craswell*, Independence, 1999, S. 33; *DeFond/Raghunandan/Subramanyam*, Fees, 2002, S. 1256; *Craswell/Stokes/Laughton*, Fee Dependence, 2002, S. 261; *Firth*, Consultancy, 2002, S. 675; *DeFond/Raghunandan/Subramanyam*, Fees, 2002, S. 1256; *Robinson*, Tax, 2008, S. 35; *Lim/Tan*, Auditor Specialization, 2008, S. 210; *Callaghan/Parkash/Singhal*, Bankrupt, 2009, S. 159; *Li*, Office, 2009, S. 209; *Hope/Langli*, Low Litigation, 2010, S. 584; *DeFond/Lennox*, Small, 2011, S. 33; *Ye/Carson/Simnett*, Impact, 2011, S. 131; *Blay/Geiger*, Independence, 2013, S. 587.

[1002] Vgl. *Reynolds/Francis*, Size, 2000, S. 392; *DeFond/Raghunandan/Subramanyam*, Fees, 2002, S. 1256; *Robinson*, Tax, 2008, S. 35; *Lim/Tan*, Auditor Specialization, 2008, S. 210; *Callaghan/Parkash/Singhal*, Bankrupt, 2009, S. 159; *Li*, Office, 2009, S. 209; *Hope/Langli*, Low Litigation, 2010, S. 584; *Ye/Carson/Simnett*, Impact, 2011, S. 131.

[1003] Vgl. *Maccari-Peukert*, Externe, 2011, S. 156.

negativer Zusammenhang erwartet.[1004] Eine verwendete Größe ist die Gesamtkapitalrentabilität,[1005] die den Rückfluss an die Eigen- bzw. Fremdkapitalgeber abbildet. Fließt in das Verhältnis das EBIT ein, werden Finanzierungseffekte berücksichtigt.[1006] Eine weitere Abbildung erfolgt durch eine Dummy-Variable, die einen Verlust im aktuellen Jahr oder im Vorjahr anzeigt.[1007] Zusätzlich verwenden Studien das Verhältnis von operativem Cashflow zur Bilanzsumme.[1008] Ein Vorteil dieser Größe ist, dass mögliche, durch das Management genutzte, bilanzielle Spielräume in den Aufwendungen und Erträgen das Verhältnis nicht beeinflussen.[1009] Nach DEFOND/RAGHUNANDAN/SUBRAMANYAM wird mit der Größe berücksichtigt, dass ein geringer operativer Cashflow mit einer erhöhten Wahrscheinlichkeit für eine Insolvenz in Verbindung steht.[1010]

Bei marktorientierten Variablen wird vermutet, dass diese Informationen enthalten, die über die bilanziellen Größen hinausgehen und denen des Prüfers entsprechen können. Weiterhin kann der Prüfer aus den Informationen im Marktpreis Rückschlüsse für die Beurteilung der Unternehmensfortführung ziehen. Zusätzlich spiegeln die Variablen das Klagerisiko des Prüfers wider. Dieses ist nach einem Kursverlust erhöht.[1011] Verwendete Einflussgrößen sind die Aktienrendite und das systematische Betarisiko, bei denen ein negativer Zusammenhang vermutet wird.[1012] Auch wird die Volatilität der Gewinne betrachtet, bei der aufgrund der höheren Wahrscheinlichkeit für sinkende Kurse eine positive Beziehung erwartet wird.[1013]

Ist das Unternehmen liquide, kann es jederzeit seinen Zahlungsverpflichtungen nachkommen. Durch Liquiditätskennzahlen kann der Grad der Zahlungsfähigkeit und das finanzielle Risiko ermittelt werden. Für die Berechnung wird das Verhältnis aus unterschied-

---

[1004] Vgl. *Blay/Geiger*, Independence, 2013, S. 588.

[1005] Vgl. *Craswell*, Independence, 1999, S. 33; *Craswell/Stokes/Laughton*, Fee Dependence, 2002, S. 259; *Robinson*, Tax, 2008, S. 35; *Callaghan/Parkash/Singhal*, Bankrupt, 2009, S. 159; *Li*, Office, 2009, S. 209; *Hope/Langli*, Low Litigation, 2010, S. 584; *Blay/Geiger*, Independence, 2013, S. 587.

[1006] Vgl. *Coenenberg/Haller/Schultze*, Jahresabschluss, 2014, S. 1049.

[1007] Vgl. *Craswell*, Independence, 1999, S. 33; *Reynolds/Francis*, Size, 2000, S. 392; *DeFond/Raghunandan/Subramanyam*, Fees, 2002, S. 1256; *Firth*, Consultancy, 2002, S. 675; *Craswell/Stokes/Laughton*, Fee Dependence, 2002, S. 259; *Lim/Tan*, Auditor Specialization, 2008, S. 210; *Callaghan/Parkash/Singhal*, Bankrupt, 2009, S. 159; *Li*, Office, 2009, S. 209; *DeFond/Lennox*, Small, 2011, S. 33; *Hope/Langli*, Low Litigation, 2010, S. 584; *Ye/Carson/Simnett*, Impact, 2011, S. 131; *Blay/Geiger*, Independence, 2013, S. 587.

[1008] Vgl. *DeFond/Raghunandan/Subramanyam*, Fees, 2002, S. 1256; *Robinson*, Tax, 2008, S. 35; *Lim/Tan*, Auditor Specialization, 2008, S. 210; *Callaghan/Parkash/Singhal*, Bankrupt, 2009, S. 159; *Hope/Langli*, Low Litigation, 2010, S. 584; *Ye/Carson/Simnett*, Impact, 2011, S. 131; *Ratzinger-Sakel*, Germany, 2013, S. 139; *Blay/Geiger*, Independence, 2013, S. 587.

[1009] Vgl. *Barber/Lyon*, Detecting, 1996, S. 393.

[1010] Vgl. *DeFond/Raghunandan/Subramanyam*, Fees, 2002, S. 1257.

[1011] Vgl. *Dopuch/Holthausen/Leftwich*, Predicting, 1987, S. 437.

[1012] Vgl. *DeFond/Raghunandan/Subramanyam*, Fees, 2002, S. 1256; *Firth*, Consultancy, 2002, S. 674; *Robinson*, Tax, 2008, S. 35; *Lim/Tan*, Auditor Specialization, 2008, S. 209f.; *Callaghan/Parkash/Singhal*, Bankrupt, 2009, S. 159; *Blay/Geiger*, Independence, 2013, S. 586f.

[1013] Vgl. *DeFond/Raghunandan/Subramanyam*, Fees, 2002, S. 1256; *Firth*, Consultancy, 2002, S. 675; *Robinson*, Tax, 2008, S. 35; *Lim/Tan*, Auditor Specialization, 2008, S. 210; *Callaghan/Parkash/Singhal*, Bankrupt, 2009, S. 159; *Blay/Geiger*, Independence, 2013, S. 587.

lichen Arten von kurzfristigen Vermögensgegenständen zu den kurzfristigen Verbindlichkeiten gebildet.[1014] Es wird ein negatives Vorzeichen erwartet.[1015] Weitere Studien setzen Zahlungsmittel und zahlungsmittelnahe Vermögensgegenstände ins Verhältnis zur Bilanzsumme.[1016] Damit wird die Fähigkeit des Unternehmens erfasst, schnell Zahlungsmittel zu generieren. Unternehmen mit einem hohen Bestand an diesen Mitteln besitzen mehr Ressourcen, um in Schwierigkeiten eine Insolvenz abzuwenden. Daher wird ein negativer Zusammenhang vermutet.[1017] Es werden auch Indikatorvariablen betrachtet, die anzeigen, ob das Unternehmen seinen Verpflichtungen aus Kreditvereinbarungen nicht nachkommen kann[1018] bzw. ob Liquiditätsrisiken im Risikobericht genannt werden.[1019]

Mit der gesamten finanziellen Lage des Unternehmens wird ein negatives Vorzeichen erwartet, da die Entscheidung für eine GCM von der Wahrscheinlichkeit einer Trendwende und von der Ernsthaftigkeit der Schwierigkeiten des Unternehmens abhängig ist.[1020] Der Prüfer schätzt bei geringen Problemen das für ihn entstehende Risiko niedriger ein und kann geneigt sein, dem Management nachzugeben.[1021] Finanzielle Schwierigkeiten können durch die Kennzahlensysteme von ALTMAN,[1022] ZMIJEWSKI,[1023] OHLSON[1024] und HOPWOOD/ MCKEOWN/MUTCHLER,[1025] die zur Insolvenzprognose entwickelt wurden, approximiert werden.[1026]

Mitigierende Faktoren wirken den bestandsgefährdenden Risiken entgegen.[1027] Auch IDW PS 270 verlangt vom Prüfer, bei der Beurteilung abmildernde Maßnahmen der bestandsgefährdenden Probleme zu berücksichtigen.[1028] Studien nehmen Variablen auf, die Restrukturierungs- und Refinanzierungspläne berücksichtigen.[1029] Gelingt es dem Unternehmen neues Eigenkapital zu beschaffen oder zusätzliches Fremdkapital aufzunehmen

---

[1014] Vgl. *Coenenberg/Haller/Schultze*, Jahresabschluss, 2014, S. 1078, 1082.

[1015] Vgl. *Craswell*, Independence, 1999, S. 33; *Craswell/Stokes/Laughton*, Fee Dependence, 2002, S. 259; *Li*, Office, 2009, S. 210; *DeFond/Lennox*, Small, 2011, S. 33ff.

[1016] Vgl. *DeFond/Raghunandan/Subramanyam*, Fees, 2002, S. 1256; *Firth*, Consultancy, 2002, S. 674; *Robinson*, Tax, 2008, S. 35; *Lim/Tan*, Auditor Specialization, 2008, S. 210; *Callaghan/Parkash/Singhal*, Bankrupt, 2009, S. 159; *Hope/Langli*, Low Litigation, 2010, S. 584; *Ye/Carson/Simnett*, Impact, 2011, S. 131; *Ratzinger-Sakel*, Germany, 2013, S. 139; *Blay/Geiger*, Independence, 2013, S. 587.

[1017] Vgl. *DeFond/Raghunandan/Subramanyam*, Fees, 2002, S. 1258.

[1018] Vgl. *Chen/Church*, Debt, 1992, S. 31; *Carcello/Neal*, Committee, 2000, S. 455; *Geiger/Rama*, Stressed, 2003, S. 58; *Robinson*, Tax, 2008, S. 36; *Basioudis/Papakonstantinou/Geiger*, Kingdom, 2008, S. 293; *Callaghan/Parkash/Singhal*, Bankrupt, 2009, S. 159; *Blay/Geiger*, Independence, 2013, S. 587.

[1019] Vgl. *Ratzinger-Sakel*, Germany, 2013, S. 139.

[1020] Vgl. *Sharma/Sidhu*, Audit, 2001, S. 602.

[1021] Vgl. *Knapp*, Conflict, 1985, S. 207.

[1022] Vgl. *Altman*, Bankruptcy, 1968.

[1023] Vgl. *Zmijewski*, Distress, 1984.

[1024] Vgl. *Ohlson*, Ratios, 1980.

[1025] Vgl. *Hopwood/McKeown/Mutchler*, Reexamination, 1994.

[1026] Vgl. *Reynolds/Francis*, Size, 2000, S. 392; *Carcello/Neal*, Committee, 2000, S. 456; *DeFond/Raghunandan/Subramanyam*, Fees, 2002, S. 1256; *Geiger/Rama*, Stressed, 2003, S. 58; *Basioudis/Papakonstantinou/Geiger*, Kingdom, 2008, S. 293; *Robinson*, Tax, 2008, S. 35; *Lim/Tan*, Auditor Specialization, 2008, S. 209; *Hope/Langli*, Low Litigation, 2010, S. 582; *Ye/Carson/Simnett*, Impact, 2011, S. 131; *Ratzinger-Sakel*, Germany, 2013, S. 139; *Blay/Geiger*, Independence, 2013, S. 586.

[1027] Vgl. *Sharma/Sidhu*, Audit, 2001, S. 603f.

[1028] Vgl. *IDW PS 270*, Fortführung, Rn. 31.

[1029] Vgl. *Sharma/Sidhu*, Audit, 2001, S. 607; *Sharma*, Propensity, 2001, S. 145.

bzw. werden Pläne des Managements hierzu bekannt, kann dies als ein Signal für die Bestandsfähigkeit des Unternehmens sein und die Wahrscheinlichkeit für eine GCM sinken. Gleiches gilt, wenn das Unternehmen nicht wesentliche Vermögensgegenstände erfolgreich verkauft, um z.B. kurzfristige Verbindlichkeiten zu bedienen oder nicht notwendige Ausgaben gekürzt werden. Durch diese Maßnahmen können jedoch auch die finanziellen Schwierigkeiten offengelegt und als negatives Signal interpretiert werden.[1030]

In Studien werden die Unternehmensveröffentlichungen entweder nach Plänen untersucht[1031] oder die mitigierenden Faktoren über die Veränderung von Positionen im Jahresabschluss approximiert und als Indikatorvariablen bzw. als Score aufgenommen.[1032]

Ist die Qualität des Rechnungswesens niedrig, kann dies zu einer höheren Wahrscheinlichkeit für eine GCM führen.[1033] Dies wird daraus abgeleitet, dass bei niedriger Qualität die Gefahren für den Unternehmensfortbestand weniger präzise erkannt werden und der Prüfer eine konservativere Haltung einnimmt.[1034] Einschränkend ist anzumerken, dass der Prüfer dazu verpflichtet ist, bei bestandsgefährdenden Risiken die GCM auszustellen, nicht bei einer niedrigen Qualität des Rechnungswesens. Es wird gezeigt, dass die Beziehung von hohen negativen Accurals bestimmt wird, die nicht die niedrige Qualität, sondern finanzielle Schwierigkeiten abbilden.[1035]

Eine Determinante, bei der ein negativer Zusammenhang vermutet wird, ist der Zeitraum des Unternehmensbestehens. Mit zunehmendem Alter sind Investoren mit dem Unternehmen vertraut, sodass die Wahrscheinlichkeit für Klagen geringer ist.[1036] Zudem haben lang bestehende Unternehmen ihre Krisenfestigkeit gezeigt, geraten weniger in finanzielle Schwierigkeiten[1037] und sind erfahrener in der Rechnungslegung.[1038] Die Messung erfolgt über das Unternehmensalter,[1039] den Logarithmus aus dem Unternehmensalter,[1040] die logarithmierte Dauer der Börsennotierung[1041] oder eine Dummy-Variable, die eine bestimmte

---

[1030] Vgl. *Behn/Kaplan/Krumwiede*, Plans, 2001, S. 16f.

[1031] Vgl. *Sharma/Sidhu*, Audit, 2001, S. 607; *Sharma*, Propensity, 2001, S. 145; *Behn/Kaplan/Krumwiede*, Plans, 2001, S. 26; *Ratzinger-Sakel*, Germany, 2013, S. 140.

[1032] Vgl. *Reynolds/Francis*, Size, 2000, S. 392; *DeFond/Raghunandan/Subramanyam*, Fees, 2002, S. 1256; *Geiger/Rama*, Stressed, 2003, S. 58; *Basioudis/Papakonstantinou/Geiger*, Kingdom, 2008, S. 293; *Robinson*, Tax, 2008, S. 35; *Lim/Tan*, Auditor Specialization, 2008, S. 210; *Callaghan/Parkash/Singhal*, Bankrupt, 2009, S. 159; *Li*, Office, 2009, S. 209; *Blay/Geiger*, Independence, 2013, S. 588; *Hope/Langli*, Low Litigation, 2010, S. 584, 599 - 602.

[1033] Vgl. *Carson/Fargher/Geiger et al.*, Research Synthesis, 2013, S. 359.

[1034] Vgl. *Ajona/Dallo/Alegría*, Failing, 2008, S. 662.

[1035] Vgl. *Butler/Leone/Willenborg*, Abnormal, 2004, S. 141, 158.

[1036] Vgl. *Firth*, Consultancy, 2002, S. 675.

[1037] Vgl. *Dopuch/Holthausen/Leftwich*, Predicting, 1987, S. 437; *Knechel/Vanstraelen*, Implied, 2007, S. 119.

[1038] Vgl. *Hope/Langli*, Low Litigation, 2010, S. 584.

[1039] Vgl. *Ratzinger-Sakel*, Germany, 2013, S. 139.

[1040] Vgl. *Lim/Tan*, Auditor Specialization, 2008, S. 210; *Hope/Langli*, Low Litigation, 2010, S. 584.

[1041] Vgl. *DeFond/Raghunandan/Subramanyam*, Fees, 2002, S. 1256; *Ye/Carson/Simnett*, Impact, 2011, S. 131; *Callaghan/Parkash/Singhal*, Bankrupt, 2009, S. 159; *Blay/Geiger*, Independence, 2013, S. 586.

Dauer der Börsennotierung anzeigt.[1042] Ein weiterer Einflussfaktor kann die Art der Rechnungslegungsnormen, wie US-GAAP, IFRS oder die nationalen Normen, sein.[1043] Die Analyse erfolgt über eine dichotome Variable.[1044] In Abhängigkeit der Branchenzugehörigkeit können sich Unterschiede in der Wahrscheinlichkeit einer GCM ergeben. Dies wird über Branchen-Dummys berücksichtigt.[1045] Die Stärke der Corporate Governance kann einen Einfluss haben. So kann ein Prüfungsausschuss[1046] bzw. ein unabhängiger Prüfungsausschuss den durch das Management ausgeübten Druck mindern[1047] bzw. die Entlassung des Prüfers nach einer GCM verhindern.[1048] Das mit der GCM verbundene Warnsignal ist für die Adressaten zur Abschätzung ihrer Erfüllungsansprüche von Bedeutung, da bei einer Insolvenz die Liquidationswerte unter den Buchwerten liegen können. Aus einer steigenden Differenz zwischen Buch- und Liquidationswerten kann eine höhere Wahrscheinlichkeit für eine GCM abgeleitet werden.[1049] Auch der Zeitraum bis zum Eintritt der Insolvenz kann ein Einflussfaktor sein. Je länger es dem Unternehmen gelingt, eine Insolvenz abzuwenden, desto geringer kann die Wahrscheinlichkeit für eine GCM sein. Operationalisiert wird dieser Einfluss über die Anzahl der Tage zwischen Bestätigungsvermerk und Insolvenz.[1050]

4.4.3 Abschlussprüferbezogene Determinanten

Es wird angenommen, dass große Prüfungsgesellschaften eine höhere Kompetenz und größere Anreize für eine hohe Prüfungsqualität besitzen.[1051] Dies begründet einen positiven Zusammenhang. Für eine geringere Wahrscheinlichkeit spricht, dass kleine Prüfer gerade wegen der geringeren Kompetenz eine konservativere Haltung besitzen.[1052] Weiterhin sind große Unternehmen zumeist die Mandanten von großen Prüfern[1053] oder große Prüfungsgesellschaften sind weniger bereit, Unternehmen in finanziellen Schwierigkeiten als Mandanten zu behalten, sodass ein Wechsel zu kleinen Prüfern erfolgt.[1054] In Studien wird

---

[1042] Vgl. *Firth*, Consultancy, 2002, S. 674.

[1043] Vgl. *Ding/Hope/Jeanjean*, Differences, 2007, S. 9 für eine Übersicht.

[1044] Vgl. *Maccari-Peukert*, Externe, 2011, S. 158, 180. Die Autorin stellt keine Signifikanz fest. Vgl. *Maccari-Peukert*, Externe, 2011, S. 181 - 266; *Maccari-Peukert*, Peer, 2011, S. 1136f.

[1045] Vgl. *Wines*, Note, 1994, S. 81; *Sharma*, Propensity, 2001, S. 145; *Craswell/Stokes/Laughton*, Fee Dependence, 2002, S. 261; *Hope/Langli*, Low Litigation, 2010, S. 584; *Maccari-Peukert*, Externe, 2011, S. 168f.

[1046] Vgl. *Ratzinger-Sakel*, Germany, 2013, S. 140.

[1047] Vgl. *Carcello/Neal*, Committee, 2000, S. 455, 465; *Geiger/Rama*, Stressed, 2003, S. 58.

[1048] Vgl. *Carcello/Neal*, Dismissals, 2003, S. 108f.

[1049] Vgl. *Lennox*, zitiert nach *Carson/Fargher/Geiger et al.*, Research Synthesis, 2013, S. 359f.

[1050] Vgl. *Mutchler/Hopwood/McKeown*, Contrary, 1997, S. 299; *Robinson*, Tax, 2008, S. 35; *Callaghan/Parkash/Singhal*, Bankrupt, 2009, S. 160.

[1051] Vgl. *DeAngelo*, Size, 1981, S. 193; *Bigus*, Sorgfalt, 2007, S. 62; *Sundgren/Svanström*, Size, 2013, S. 37.

[1052] Vgl. *Craswell/Stokes/Laughton*, Fee Dependence, 2002, S. 261.

[1053] Vgl. *Mutchler*, Empirical, 1986, S. 154.

[1054] Vgl. *Kaplan/Williams*, Reporting, 2012, S. 322.

dies durch eine Dummy-Variable berücksichtigt, welche die Zugehörigkeit zu den Big N Prüfern anzeigt[1055] oder Auskunft über die Anzahl der im Jahr durchgeführten Prüfungen gibt.[1056]

Ist der Prüfer Branchenspezialist, wird von einer höheren Wahrscheinlichkeit für eine GCM ausgegangen.[1057] Die Abbildung erfolgt über eine dichotome Variable.[1058] Kritisch ist, dass der Einfluss auch auf die Eigenschaften der Unternehmen zurückgeführt werden kann, die einen Spezialisten als Prüfer bestellen.[1059] Weiterhin gibt es empirische Erkenntnisse, dass die Spezialisierung nur in bestimmten Situationen, z.B. wenn der Branchenspezialist Nichtprüfungsleistungen erbringt und besonders von den Spillovereffekten für die Prüfung profitiert, zu einer höheren Wahrscheinlichkeit für eine GCM führt.[1060]

Eine weitere Determinante kann die Gesellschaftsform des Prüfers sein. Liegt eine unbeschränkte Haftung vor, kann dies zu einem konservativeren Verhalten und damit zu einer höheren Wahrscheinlichkeit für eine GCM, im Vergleich zu Gesellschaften mit beschränkter Haftung, führen.[1061] Auch für die Art der Vergütung, d.h. ob die Entlohnung des Partners von den Erlösen der Niederlassung oder der gesamten Gesellschaft abhängig ist, wird ein Einfluss vermutet.[1062] Studien zeigen weiterhin den Einfluss von Vorstellungen, Erwartungen und gemachten Erfahrungen.[1063]

4.4.4 Determinanten aus der Prüfer-Mandanten-Beziehung

Die Länge der Prüfer-Mandanten-Beziehung kann in einem positiven Zusammenhang stehen, wenn zusätzliches mandantenspezifisches Wissen bzw. Erfahrungen gewonnen und zielgerichteter bestandsgefährdende Risiken erkannt werden.[1064] Ein negativer Zusammenhang besteht, wenn mit zunehmender Mandatsdauer der Prüfer oberflächlicher und die Probleme für die Unabhängigkeit stärker werden.[1065] Wird angenommen, dass Unterneh-

---

[1055] Vgl. *Wines*, Note, 1994, S. 81; *Craswell*, Independence, 1999, S. 33; *Sharma/Sidhu*, Audit, 2001, S. 607; *Sharma*, Propensity, 2001, S. 145; *DeFond/Raghunandan/Subramanyam*, Fees, 2002, S. 1256; *Firth*, Consultancy, 2002, S. 675; *Craswell/Stokes/Laughton*, Fee Dependence, 2002, S. 259; *Geiger/Rama*, Stressed, 2003, S. 58; *Basioudis/Papakonstantinou/Geiger*, Kingdom, 2008, S. 293; *Robinson*, Tax, 2008, S. 35; *Li*, Office, 2009, S. 209; *Hope/Langli*, Low Litigation, 2010, S. 584; *Ye/Carson/Simnett*, Impact, 2011, S. 131; *Ratzinger-Sakel*, Germany, 2013, S. 140; *Blay/Geiger*, Independence, 2013, S. 587.

[1056] Vgl. *DeFond/Lennox*, Small, 2011, S. 33.

[1057] Vgl. *Reichelt/Wang*, National, 2010, S. 683 und Kapitel 3.1.3.

[1058] Vgl. *Lim/Tan*, Auditor Specialization, 2008, S. 210.

[1059] Vgl. *Minutti-Meza*, Improve, 2013, S. 803, 813.

[1060] Vgl. *Lim/Tan*, Auditor Specialization, 2008, S. 214.

[1061] Vgl. *Firth/Mo/Wong*, China, 2012, S. 84. Im Gegensatz dazu finden *Lennox/Li*, Liability, 2012, S. 171 keinen Zusammenhang. Für Kritik an der Studie von *Firth/Mo/Wong*, China, 2012 vgl. *Carson/Fargher/Geiger et al.*, Research Synthesis, 2013, S. 362.

[1062] Vgl. *Carcello/Hermanson/Huss*, Plans, 2000, S. 75 finden keinen signifikanten Zusammenhang.

[1063] Vgl. neben weiteren *Kida*, Judgments, 1980; *Tan*, Prior, 1995; *Lehmann/Norman*, Effects, 2006; *Joe*, Press, 2003.

[1064] Vgl. *Carson/Fargher/Geiger et al.*, Research Synthesis, 2013, S. 363.

[1065] Vgl. *Craswell/Stokes/Laughton*, Fee Dependence, 2002, S. 262; *Knechel/Vanstraelen*, Implied, 2007, S. 115.

men in finanziellen Schwierigkeiten den Prüfer wechseln, kann aus dieser geringeren Mandatsdauer eine höhere Wahrscheinlichkeit für eine GCM abgeleitet werden.[1066] Die empirische Analyse erfolgt mit der absoluten Anzahl der Jahre[1067] oder einer Dummy-Variable, die eine bestimmte Dauer der Prüfer-Mandanten-Beziehung anzeigt.[1068]

Mit dem Prüferwechsel kann „Opinion Shopping" betrieben werden. Hiermit wird umschrieben, dass das Unternehmen einen Prüfer bestellt, der keine Modifikation vornimmt.[1069] Daraus resultiert ein negativer Zusammenhang. Allerdings kann der neue Prüfer dies antizipieren und sich konservativer verhalten. Dies begründet ein positives Vorzeichen.[1070] Weiterhin wird gezeigt, dass der Prüfer im Jahr vor dem Wechsel mit größerer Wahrscheinlichkeit eine GCM ausstellt.[1071] Die Abbildung erfolgt über Dummy-Variablen, die das letzte Prüfungsjahr bzw. den Prüferwechsel anzeigen.[1072]

Der Zeitraum bis zur Ausstellung des Testats (Report Lag) ist ein weiterer Einflussfaktor. Nach IDW PS 270.27ff. sind zusätzliche Prüfungshandlungen bei Unternehmen in finanziellen Schwierigkeiten erforderlich. Der längere Zeitraum kann die Vorbehalte des Prüfers über den Abschluss und die Prüfungsintensität widerspiegeln.[1073] Es werden z.B. vermehrt Belege und Sicherheiten nachgefragt bzw. Diskussionen mit dem Management geführt.[1074] Auch kann mit zunehmendem Report Lag der Prüfer auf bestandsgefährdende Risiken aufmerksam werden und daraus eine höhere Wahrscheinlichkeit für eine GCM resultieren.[1075] Eine weitere Erklärung ist, dass die Prüfung in der Erwartung auf den Wegfall der Bestandsgefährdung hinausgezögert wird.[1076] Operationalisiert wird der Report Lag über den Zeitraum zwischen Abschlussstichtag und dem Tag des Bestätigungsvermerks[1077] bzw. dem Tag der Ergebnisbekanntgabe.[1078]

Da die Bestandsgefährdung über ein Jahr andauern kann, wird von einem positiven Zusammenhang von GCM im Vorjahr und GCM im aktuellen Jahr ausgegangen.[1079] Eine Aufhebung der GCM signalisiert eine Veränderung in der Unternehmenssituation. Besteht die GCM im Vorjahr, muss eine signifikante Verbesserung in der finanziellen Situation vorhanden sein, bevor der Prüfer im Bestätigungsvermerk von einer GCM zu einem Vermerk

[1066] Vgl. *Carson/Fargher/Geiger et al.*, Research Synthesis, 2013, S. 363.
[1067] Vgl. *Craswell/Stokes/Laughton*, Fee Dependence, 2002, S. 262; *Vanstraelen*, Economic, 2002, S. 179; *Ratzinger-Sakel*, Germany, 2013, S. 139.
[1068] Vgl. *Knechel/Vanstraelen*, Implied, 2007, S. 119; *Ratzinger-Sakel*, Germany, 2013, S. 139.
[1069] Vgl. *Chow/Rice*, Qualified, 1982, S. 327.
[1070] Vgl. *DeFond/Lennox*, Small, 2011, S. 34.
[1071] Vgl. *DeFond/Lennox*, Small, 2011, S. 36.
[1072] Vgl. *Vanstraelen*, Economic, 2002. S. 179; *Hope/Langli*, Low Litigation, 2010, S. 584.
[1073] Vgl. *Maccari-Peukert*, Externe, 2011, S. 160.
[1074] Vgl. *Mutchler/Hopwood/McKeown*, Contrary, 1997, S. 298; *Carcello/Hermanson/Huss*, Temporal, 1995, S. 136; *Sharma/Sidhu*, Audit, 2001, S. 603.
[1075] Vgl. *Carson/Fargher/Geiger et al.*, Research Synthesis, 2013, S. 364.
[1076] Vgl. *Carcello/Hermanson/Huss*, Temporal, 1995, S. 136.
[1077] Vgl. *Mutchler/Hopwood/McKeown*, Contrary, 1997, S. 298; *Geiger/Rama*, Stressed, 2003, S. 58; *Basioudis/Papakonstantinou/Geiger*, Kingdom, 2008, S. 293; *Lim/Tan*, Auditor Specialization, 2008, S. 210; *Li*, Office, 2009, S. 209; *DeFond/Lennox*, Small, 2011, S. 33; *Ratzinger-Sakel*, Germany, 2013, S. 140.
[1078] Vgl. *DeFond/Raghunandan/Subramanyam*, Fees, 2002, S. 1256; *Robinson*, Tax, 2008, S. 36.
[1079] Vgl. *Monroe/Teh*, Predicting, 1993, S. 87; *Hope/Langli*, Low Litigation, 2010, S. 584.

ohne Modifikation wechselt.[1080] Teilweise entfällt in Studien diese Variable, da erstmalige GCM betrachtet werden.[1081] Bei mehreren GCM berücksichtigen die Analysen dies durch eine Dummy-Variable.[1082]

Bestehen persönliche Beziehungen zwischen Prüfer und Mandant, wird ein negativer Zusammenhang erwartet. Die Darstellung kann über Dummy-Variablen erfolgen, die anzeigen, ob ein Mitarbeiter von der Prüfungsgesellschaft zum Mandanten wechselt oder ob die Prüfungsgesellschaft bestellt wird, in welcher der Prüfer gearbeitet hat.[1083] Auch wird der negative Einfluss für Unternehmen mit einem hohen Anteil an Nichtprüfungshonoraren und einem Alumni im Vorstand gezeigt.[1084]

4.4.5 Determinanten aus dem Umfeld

Mit verschärften (schwächeren) regulatorischen Rahmenbedingungen wird eine stärker (schwächer) konservative Haltung des Prüfers und eine höhere (niedrigere) Wahrscheinlichkeit für eine GCM erwartet.[1085] Analysen ziehen Veränderungen im regulatorischen Umfeld heran, wie den Private Securities Litigation Reform Act of 1995, der die Rahmenbedingungen für Prüfer verbessert,[1086] oder SOX, der verschärfte Vorschriften implementiert.[1087] Die konservativere Haltung kann insbesondere für große Prüfer gelten.[1088] Da die Haltung eine kurzfristige Reaktion darstellen kann, ist zusätzlich die langfristige Entwicklung zu betrachten.[1089] Aus den Veränderungen in der Berufsaufsicht können Effekte resultieren.[1090] Für Deutschland zeigt MACCARI-PEUKERT eine höhere Wahrscheinlichkeit für die Erteilung einer GCM nach Einführung der externen Qualitätskontrolle und anlassunabhängigen Sonderuntersuchungen.[1091]

Makroökonomische Faktoren können die Wahrscheinlichkeit für eine GCM beeinflussen.[1092] Die Einschätzung des Prüfers über die Bestandsgefährdung kann je nach gesamtwirtschaftlicher Lage unterschiedlich sein. Bei allgemein angespannter Wirtschaftslage können sich die Schwierigkeiten des Unternehmens zu Risiken für den Unternehmensfortbe-

---

[1080] Vgl. *Nogler*, Opinions, 1995, S. 61f.

[1081] Vgl. *DeFond/Raghunandan/Subramanyam*, Fees, 2002, S. 1255.

[1082] Vgl. *Reynolds/Francis*, Size, 2000, S. 392; *Carcello/Neal*, Committee, 2000, S. 456; *Craswell/Stokes/Laughton*, Fee Dependence, 2002, S. 259; *Basioudis/Papakonstantinou/Geiger*, Kingdom, 2008, S. 293; *Hope/Langli*, Low Litigation, 2010, S. 584.

[1083] Vgl. *Lennox*, Affiliations, 2005, S. 228.

[1084] Vgl. *Ye/Carson/Simnett*, Impact, 2011, S. 143.

[1085] Vgl. *Geiger/Raghunandan*, Bankruptcies, 2001, S. 189; *Geiger/Raghunandan*, New, 2002, S. 24; *Nogler*, CPA, 2008, S. 55; *Fargher/Jiang*, Changes, 2008, S. 57; *Callaghan/Parkash/Singhal*, Bankrupt, 2009, S. 160.

[1086] Vgl. *Geiger/Raghunandan*, Bankruptcies, 2001, S. 187.

[1087] Vgl. *Feldmann/Read*, Conservatism, 2010, S. 267.

[1088] Vgl. *Geiger/Raghunandan/Rama*, Litigation, 2006, S. 347ff.

[1089] Vgl. *Feldmann/Read*, Conservatism, 2010, S. 277.

[1090] Vgl. *Carson/Fargher/Geiger et al.*, Research Synthesis, 2013, S. 365.

[1091] Vgl. *Maccari-Peukert*, Peer, 2011, S. 1137.

[1092] Vgl. *Raghunandan/Rama*, Before, 1995, S. 60.

stand entwickeln.[1093] RUHNKE/FREY zeigen jedoch für Deutschland, dass in der Finanzkrise keine zusätzliche Neigung der Prüfer besteht, eine GCM zu erteilen.[1094] Die Lage wird über die Veränderung des BIP, die Veränderung der Insolvenzraten[1095] oder über Dummy-Variablen abgebildet.[1096]

Weitere Determinanten resultieren aus der Marktstruktur und dem bestehenden Wettbewerb auf dem Prüfermarkt. Es wird gezeigt, dass die Wahrscheinlichkeit für eine GCM steigt, wenn die Anzahl der Marktteilnehmer sinkt.[1097] Befindet sich der Prüfer in einem starken Wettbewerb, sinkt die Wahrscheinlichkeit einer GCM.[1098] Wird durch die Änderung der Prüfungsstandards die Verantwortung für die Beurteilung des Unternehmensfortbestands erhöht und der strafende Charakter einer GCM abgeschwächt, kann die Wahrscheinlichkeit für eine GCM sinken.[1099] Studien, die den Wechsel von SAS No. 34 zu SAS No. 59 untersuchen, erzielen differenzierte Ergebnisse.[1100] Besitzen Prüfungsstandards weniger Ermessensspielräume, sondern sind stärker regelgestützt, kann dies die Wahrscheinlichkeit für eine GCM erhöhen.[1101]

4.5 Nutzen und Kosten der Going-Concern-Modifikation

Die GCM kann für die Adressaten des Abschlusses nützlich und mit Kosten für das geprüfte Unternehmen verbunden sein. Für den Abschlussprüfer können sich sowohl Nutzen als auch Kosten ergeben. Diese werden im Folgenden beschrieben.

4.5.1 Nutzen für die Adressaten

Informationen sind für die Adressaten entscheidungsnützlich, „wenn sie in der Lage sind, Erwartungen über künftige Zustände bzw. Überschüsse zu ändern, so dass daraus wiederum andere Entscheidungen der Nutzer folgen."[1102] Für den Nutzen einer GCM spricht, dass der Prüfer Zugang zu internen Informationen, wie den aktuellen und zukünftigen Plänen des Unternehmens, hat.[1103] Für den US-amerikanischen Markt fordert SAS No. 59, dass der Prüfer bei der Einschätzung der Unternehmensfortführung neben dem Abschluss weitere

---

[1093] Vgl. *Maccari-Peukert*, Externe, 2011, S. 165f.

[1094] Vgl. *Ruhnke/Frey*, Finanzkrise, 2015, S. 345.

[1095] Vgl. *Gassen/Skaife*, Information, 2009, S. 879; *Maccari-Peukert*, Externe, 2011, S. 165; *Maccari-Peukert*, Peer, 2011, S. 1136.

[1096] Vgl. *Ruhnke/Frey*, Finanzkrise, 2015, S. 342.

[1097] Vgl. *DeFond/Lennox*, Small, 2011, S. 39.

[1098] Vgl. *Numan/Willekens*, Competitive, 2012, S. 28.

[1099] Vgl. *Carson/Fargher/Geiger et al.*, Research Synthesis, 2013, S. 362.

[1100] Vgl. *Raghunandan/Rama*, Before, 1995, S. 62 für einen negativen Einfluss. Vgl. *Carcello/Hermanson/Huss*, Temporal, 1995, S. 141, die keinen Einfluss feststellen. *Carcello/Hermanson/Huss*, Transition, 1997, S. 123 führen an, dass die unterschiedlichen Ergebnisse sich darauf zurückführen lassen, ob das Jahr 1988 mitbetrachtet wird.

[1101] Vgl. *Carcello/Vanstraelen/Willenborg*, Rules, 2009, S. 1409ff.

[1102] *Wagenhofer/Ewert*, Externe, 2015, 117f. Um eine Erwartungsänderung herbeizuführen, sind Relevanz und Zuverlässigkeit der Information Voraussetzung.

[1103] Vgl. *Menon/Schwartz*, Presence, 1987, S. 303.

unternehmensinterne Informationen heranzuziehen hat.[1104] Für Deutschland verweist IDW PS 270 auf Informationen, die nicht öffentlich verfügbar sind, wie Sitzungsprotokolle der Gesellschafterversammlung oder die Bereitschaft Dritter, finanzielle Mittel bereitzustellen.[1105] Dies kann den Prüfer in die Lage versetzen, zielgerichteter und genauer den Unternehmensfortbestand einzuschätzen als dies für Investoren möglich ist.[1106] Dagegen wird angeführt, dass der Abschlussprüfer zwar Fachwissen über die Prüfung von Unternehmen besitzt, aber nicht notwendigerweise Wissen über zukünftige finanzielle Entwicklungen. Zudem können Investoren mit Hilfe einer Vielzahl von Informationen eigene Einschätzungen treffen, sodass die GCM bereits bekannte Informationen vermittelt.[1107]

Die Relevanz einer GCM für die Entscheidungen der Kapitalmarktteilnehmer wird mit Ereignisstudien untersucht. Sind Informationen im Bestätigungsvermerk enthalten, wird eine Reaktion des Kapitalmarktes auf die GCM erwartet.[1108] Besteht eine negative (positive) Erwartung über den Unternehmensfortbestand oder antizipiert der Markt eine (keine) GCM, ist der Bestätigungsvermerk mit (ohne) GCM in der Marktbewertung berücksichtigt.[1109] Geht der Markt von einer positiven Unternehmensentwicklung bzw. von einem uneingeschränkten Bestätigungsvermerk aus, ist die GCM eine unerwartete neue Information, bei der eine negative Reaktion die Folge sein kann. Schätzt der Markt die zukünftige Unternehmensentwicklung negativ ein und erwartet demzufolge eine GCM, wird bei einem Bestätigungsvermerk ohne Modifikation eine positive Reaktion erwartet.[1110] Daher wird in einigen Studien die GCM in einen erwarteten und einen unerwarteten Teil getrennt.[1111] Die im Folgenden ausgewählten Studien (vgl. Tabelle 29) untersuchen den Einfluss der GCM auf die Kapitalmarktreaktion.

In einer frühen Studie[1112] beobachtet FIRTH bei einer GCM eine signifikant negative Kapitalmarktreaktion.[1113] Im Gegensatz dazu findet ELLIOT für Unternehmen mit einer GCM keine signifikante Marktreaktion.[1114] Auch die Ergebnisse von DODD/DOPUCH/HOLTHAUSEN ET AL. bestätigen das Resultat nicht.[1115]

[1104] Vgl. *SAS 59*, Going, § 341.03f.

[1105] Vgl. *IDW PS 270*, Fortführung, Rn. 29.

[1106] Vgl. *Jones*, Evaluation, 1996, S. 4; *Menon/Williams*, Reaction, 2010, S. 2077.

[1107] Vgl. *Mutchler*, Multivariate, 1985, S. 668; *Menon/Williams*, Reaction, 2010, S. 2077.

[1108] Vgl. *Jones*, Evaluation, 1996, S. 3; *Carson/Fargher/Geiger et al.*, Research Synthesis, 2013, S. 369.

[1109] Vgl. *Blay/Geiger*, Expectations, 2001, S. 211.

[1110] Vgl. *Fleak/Wilson*, Incremental, 1994, S. 150; *Jones*, Evaluation, 1996, S. 5; *Blay/Geiger*, Expectations, 2001, S. 211.

[1111] Vgl. *Fleak/Wilson*, Incremental, 1994; *Jones*, Evaluation, 1996; *Blay/Geiger*, Expectations, 2001.

[1112] Für weitere Studien, die nicht explizit GCM ausweisen, vgl. *Davis*, Empirical, 1982; *Chow/Rice*, Qualified, 1982; *Dopuch/Holthausen/Leftwich*, Media, 1986.

[1113] Vgl. *Firth*, Impact, 1978, S. 648.

[1114] Vgl. *Elliott*, Subject, 1982, S. 630f.

[1115] Vgl. *Dodd/Dopuch/Holthausen et al.*, Content, 1984, S. 23. Für den Zeitraum bis zur GCM werden signifikant negative Renditen festgestellt.

Jahr	Autor(en)	Stichprobe	Hauptergebnisse
1994	FLEAK/ WILSON	478 US-amerikanische Unternehmen (153 mit einer GCM) aus den Jahren 1979 - 1986.	• Eine unerwartete GCM führt zu einer negativen abnormalen Rendite. • Ein unerwarteter Bestätigungsvermerk ohne GCM führt zu keiner signifikanten Reaktion.
1996	JONES	68 US-amerikanische Unternehmen mit einer GCM und Kontrollgruppe aus 86 Unternehmen in finanziellen Schwierigkeiten in den Jahren 1979 - 1988.	• Unternehmen mit (ohne) GCM erzielen eine negative (positive) abnormale Rendite. • Die Höhe der abnormalen Rendite hängt von der Erwartung ab.
2000	HOLDER-WEBB/ WILKINS	217 US-amerikanische Unternehmen (107 mit einer GCM) zwischen 1975 und 1996.	• Der Effekt einer Insolvenz bei vorheriger GCM unter SAS No. 59 ist kleiner als bei keiner GCM mit Insolvenz und bei nicht modifizierten Vermerken nach SAS No. 34. • Die Differenz zwischen dem Effekt einer überraschenden Insolvenz bei GCM und keiner GCM ist bei SAS No. 59 höher als bei SAS No. 34.
2001	BLAY/GEIGER	121 US-amerikanische Unternehmen (28 mit Insolvenz innerhalb der nächsten zwei Jahre) mit einer GCM im Zeitraum von 1990 - 1992.	• Für alle Unternehmen kein signifikanter Einfluss einer GCM. • Negativere abnormale Rendite für fortbestehende Unternehmen im Vergleich zu nachfolgend insolvent werdenden Unternehmen.
2007	HERBOHN/ RAGUNATHAN/ GARSDEN	229 australische Unternehmen mit einer GCM in den Jahren 1999 - 2003.	• Kurzfristig keine signifikante Marktreaktion. • Mittelfristig resultiert vor der Veröffentlichung eine signifikant negative Markreaktion.
2010	MENON/ WILLIAMS	1.194 US-amerikanische Unternehmen mit einer GCM in den Jahren 1995 - 2006.	• Signifikant negative Reaktion auf eine GCM. • Reaktion ist höher bei Finanzierungsproblemen in der GCM. • Reaktion ist höher, wenn aufgrund der GCM Kreditvereinbarungen verletzt werden. • Ergebnisse werden von institutionellen Anlegern bestimmt.
2011	BLAY/ GEIGER/ NORTH	431 Unternehmen mit einer GCM und 431 Kontrollunternehmen in finanziellen Schwierigkeiten aus den Jahren 1989 - 2006.	• Negative Kapitalmarktreaktion bei einer GCM. • Bei GCM-Unternehmen stärkere Fokussierung auf Bilanzwerte im Vergleich zu vorherigen Jahren und im Vergleich zu Unternehmen ohne GCM. • GuV wird geringer gewichtet.
2014	AMIN/ KRISHNAN/ YANG	5.343 US-amerikanische Beob-achtungen, davon 114 mit GCM (2000 - 2010) und weitere gematchte Stichprobe mit 106 GCM (2000 - 2010).	• Modellabhängig 2,0% - 6,5% höhere Eigenkapitalkosten. • 3,3% - 5,7% steigende Eigenkapitalkosten bei Wechsel von Bestätigungsvermerk ohne Modifikation zu einer GCM. • Im umgekehrten Fall keine Senkung.

Tabelle 29: Zusammenfassung der Studien zur Reaktion des Kapitalmarktes auf GCM.

FLEAK/WILSON analysieren 478 US-amerikanische Unternehmen mit finanziellen Schwierigkeiten, davon 153 Unternehmen mit einer GCM aus den Jahren 1979 - 1986.[1116] Sie beobachten bei einer unerwarteten GCM eine negative abnormale Rendite. Bei einem unerwarteten Bestätigungsvermerk ohne GCM erfolgt keine signifikante Marktreaktion.[1117] Die Autoren erklären diesen Effekt damit, dass bei der Nichtbeachtung eines negativen Signals höhere Kosten entstehen als bei der Nichtbeachtung eines positiven Signals.[1118]

JONES untersucht 68 US-amerikanische Unternehmen mit GCM im Zeitraum von 1979 - 1988. Zum Vergleich werden 86 Unternehmen in finanziellen Schwierigkeiten ohne GCM herangezogen.[1119] Der Autor stellt für Unternehmen mit (ohne) GCM eine durchschnittlich negative (positive) abnormale Rendite fest.[1120] Im multivariaten Modell sind die abnormalen Renditen bei einer GCM signifikant geringer. Die Stärke der Reaktion hängt davon ab, ob die Art des Bestätigungsvermerkes unerwartet ist.[1121]

HOLDER-WEBB/WILKINS analysieren, ob die erweiterten Anforderungen von SAS No. 59 gegenüber SAS No. 34 eine exaktere Einschätzung des Eintritts einer Insolvenz ermöglichen. Sie beobachten 217 Insolvenzen in den USA, davon 107 Unternehmen mit einer GCM, im Zeitraum 1975 bis 1996.[1122] Der Effekt aus einer überraschenden Insolvenz bei einer vorherigen GCM unter SAS No. 59 ist signifikant kleiner als bei keiner GCM mit anschließender Insolvenz und bei nicht modifizierten Vermerken nach SAS No. 34. Die Differenz zwischen dem Effekt einer überraschenden Insolvenz bei GCM und keiner GCM ist bei SAS No. 59 höher als bei SAS No. 34.[1123]

BLAY/GEIGER verwenden als Maß für die Erwartungshaltung den aktuellen Status des Unternehmens, d.h. insolvent oder fortbestehend.[1124] Die Stichprobe besteht aus 121 Unternehmen aus den USA im Zeitraum von 1990 bis 1992, die erstmalig eine GCM erhalten. Davon werden 28 Unternehmen in den nächsten beiden Jahren insolvent. Bei allen Unternehmen wird kein signifikanter Einfluss einer GCM beobachtet.[1125] Die multivariaten Ergebnisse zeigen, dass die GCM bei weiterbestehenden Unternehmen negativer eingestuft wird als bei nachfolgend insolvent werdenden Unternehmen. Dies wird damit begründet, dass der Markt bei diesen Unternehmen seine Einschätzung nach unten korrigiert.[1126]

HERBOHN/RAGUNATHAN/GARSDEN differenzieren anhand von 229 australischen Unternehmen, die erstmalig eine GCM in den Jahren 1999 - 2003 aufweisen, zwischen kurzfristiger und mittelfristiger Kapitalmarktreaktion.[1127] Kurzfristig stellen sie keine signifikante Marktreaktion fest. Ihre Erklärung ist, dass der Markt vorkonditioniert ist. Mittelfristig resultiert vor

---

[1116] Vgl. *Fleak/Wilson*, Incremental, 1994, S. 155ff.
[1117] Vgl. *Fleak/Wilson*, Incremental, 1994, S. 163. Bei eintägigem Betrachtungszeitraum beobachten sie einen signifikant positiven Zusammenhang.
[1118] Vgl. *Fleak/Wilson*, Incremental, 1994, S. 150.
[1119] Vgl. *Jones*, Evaluation, 1996, S. 6 - 10.
[1120] Vgl. *Jones*, Evaluation, 1996, S. 20.
[1121] Vgl. *Jones*, Evaluation, 1996, S. 21ff.
[1122] Vgl. *Holder-Webb/Wilkins*, Incremental, 2000, S. 209ff.
[1123] Vgl. *Holder-Webb/Wilkins*, Incremental, 2000, S. 215 - 218.
[1124] Vgl. *Blay/Geiger*, Expectations, 2001, S. 211.
[1125] Vgl. *Blay/Geiger*, Expectations, 2001, S. 217f.
[1126] Vgl. *Blay/Geiger*, Expectations, 2001, S. 222ff.
[1127] Vgl. *Herbohn/Ragunathan/Garsden*, Revisiting, 2007, S. 478.

dem Veröffentlichungszeitpunkt eine signifikant negative Kapitalmarktreaktion. Nach Veröffentlichung besteht die negative Kapitalmarktreaktion nicht weiter.[1128]

MENON/WILLIAMS untersuchen die Reaktion auf eine GCM, die Ursache und welche Investoren sensibel auf eine GCM reagieren.[1129] In die Analyse gehen 1.194 US-amerikanische Unternehmen aus den Jahren 1995 bis 2006 ein.[1130] Im Ergebnis beobachten sie eine signifikant negative Reaktion. Diese ist höher bei Hinweisen auf Finanzierungsprobleme oder wenn aufgrund der GCM Kreditvereinbarungen verletzt werden.[1131] Die Ergebnisse werden von institutionellen Anlegern bestimmt.[1132]

BLAY/GEIGER/NORTH analysieren im Zeitraum von 1989 bis 2006 insgesamt 431 Unternehmen in finanziellen Schwierigkeiten und eine Vergleichsgruppe mit GCM.[1133] Generell beobachten sie eine negative Kapitalmarktreaktion. Die Ergebnisse zeigen eine stärkere Fokussierung auf die Bilanz bei den Unternehmen mit GCM im Vergleich zu vorherigen Jahren ohne GCM. Der gleiche Effekt wird im Vergleich zu Unternehmen in finanziellen Schwierigkeiten ohne GCM beobachtet. Die GuV wird in beiden Fällen geringer gewichtet.[1134] Dies wird mit der niedrigeren Wahrscheinlichkeit von zukünftigen Überschüssen erklärt.[1135]

AMIN/KRISHNAN/YANG begründen den Zusammenhang zwischen der GCM und den Eigenkapitalkosten mit dem systematischen Risiko, der geringeren Informationsqualität bzw. höherer Unsicherheit und der steigenden Volatilität.[1136] Die gematchte Stichprobe besteht im Zeitraum 2000 - 2010 aus 106 US-amerikanischen Unternehmen mit und ohne GCM. Ohne Matching werden 5.343 Beobachtungen analysiert, wobei 114 Beobachtungen eine GCM aufweisen.[1137] Je nach Modell beobachten sie um 2,0% - 6,5% höhere Eigenkapitalkosten.[1138] Bei einem Wechsel von einem uneingeschränkten Bestätigungsvermerk zu einer GCM stellen sie steigende Eigenkapitalkosten von 3,3% - 5,7% fest. Im umgekehrten Fall resultiert keine Senkung.[1139]

[1128] Vgl. *Herbohn/Ragunathan/Garsden*, Revisiting, 2007, S. 484f.

[1129] Vgl. *Menon/Williams*, Reaction, 2010, S. 2076.

[1130] Vgl. *Menon/Williams*, Reaction, 2010, S. 2080.

[1131] Vgl. *Menon/Williams*, Reaction, 2010, S. 2092.

[1132] Vgl. *Menon/Williams*, Reaction, 2010, S. 2097ff.

[1133] Vgl. *Blay/Geiger/North*, Risk, 2011, S. 81f.

[1134] Vgl. *Blay/Geiger/North*, Risk, 2011, S. 93.

[1135] Vgl. *Blay/Geiger/North*, Risk, 2011, S. 80.

[1136] Vgl. *Amin/Krishnan/Yang*, Equity, 2014, S. 6f.

[1137] Vgl. *Amin/Krishnan/Yang*, Equity, 2014, S. 9.

[1138] Vgl. *Amin/Krishnan/Yang*, Equity, 2014, S. 19f.

[1139] Vgl. *Amin/Krishnan/Yang*, Equity, 2014, S. 29.

Zusammenfassend zeigt die Mehrzahl der dargestellten Studien den Nutzen einer GCM für die Kapitalmarktteilnehmer. Dieser kann von den Erwartungen abhängig sein.[1140] Darüber hinaus können Prüfungsstandards,[1141] der betrachtete Zeithorizont[1142] und die im Rahmen der GCM angesprochenen Probleme[1143] Einfluss auf das Ergebnis nehmen. BLAY/GEIGER/NORTH zeigen, dass die Ergebnisse auch von der Art der Investoren abhängig sein können.[1144]

4.5.2 Kosten für das geprüfte Unternehmen

Eine Aufgabe der GCM ist die frühzeitige Information der Adressaten über potentiell bestehende finanzielle Schwierigkeiten.[1145] Dies ermöglicht ihnen eine Neubewertung ihrer Entscheidungen.[1146] Es kann jedoch der Effekt der selbsterfüllenden Prophezeiung („Self-Fulfilling Prophecy Effect") eintreten. Dieser liegt vor, „wenn erst das Bekanntwerden einer Voraussage dazu führt, dass das angekündigte Ereignis eintritt."[1147] Durch die Kenntnis der negativen Unternehmenssituation können weitere negative Folgen, wie die Einstellung von Geschäftsbeziehungen oder Schwierigkeiten bei der Unternehmensfinanzierung, eintreten. Von der deutschsprachigen Literatur wird der Abschnitt zur Bestandsbeurteilung bei der Einführung durch das KonTraG kritisch gesehen.[1148] DÖRNER schlägt vor, diesem negativen Signal eine gleichzeitige Berichterstattung über die Chancen des Unternehmens als positive Maßnahme entgegenzusetzen.[1149]

Gegen die „Self-Fulfilling Prophecy" kann die „Self-Defeating Prophecy", d.h. eine Vorhersage, die selber verhindert, dass sie eintritt, wirken. Die GCM kann Anlass sein, um durch gezielte Maßnahmen den Fortbestand des Unternehmens zu sichern. Dies kann dazu führen, dass die Maßnahmen den negativen Folgen einer GCM entgegenstehen.[1150]

Nachfolgende Tabelle 30 stellt eine Auswahl an empirischen Erkenntnissen über den „Self-Fulfilling Prophecy Effect" vor.

[1140] Vgl. *Fleak/Wilson*, Incremental, 1994; *Jones*, Evaluation, 1996; *Blay/Geiger*, Expectations, 2001.
[1141] Vgl. *Holder-Webb/Wilkins*, Incremental, 2000.
[1142] Vgl. *Herbohn/Ragunathan/Garsden*, Revisiting, 2007.
[1143] Vgl. *Menon/Williams*, Reaction, 2010.
[1144] Vgl. *Blay/Geiger/North*, Risk, 2011.
[1145] Vgl. *Garsombke/Choi*, Failures, 1992, S. 46.
[1146] Vgl. *Groß*, Teil 1, 2004, S. 1369.
[1147] *Ruhnke/Frey*, Finanzkrise, 2015, S. 332.
[1148] Vgl. *Marten/Quick/Ruhnke*, Wirtschaftsprüfung, 2015, S. 492.
[1149] Vgl. *Dörner*, Anforderungen, 1998, S. 4f.
[1150] Vgl. *Ruhnke*, Nutzen, 2003, S. 263.

Jahr	Autor(en)	Stichprobe	Hauptergebnisse
1992	GARSOMBKE/ CHOI	130 US-amerikanische Beobachtungen mit einer GCM und 53 ohne Prüfurteil bei der GCM im Zeitraum 1982 - 1985. Gematchte Kontrollgruppe.	• Höhere Ausfallrate bei einer GCM mit Einschränkung. • Rate nochmals höher bei einer GCM ohne Prüfurteil.
1999	LOUWERS/ MESSINA/ RICHARD	231 US-amerikanische Unternehmen mit einer GCM aus den Jahren 1984 - 1991.	• Insolvenzrate von 27% im ersten Jahr nach einer GCM. • Insolvenzrate von 18% der verbleibenden Unternehmen im zweiten Jahr nach einer GCM. • Signifikant geringere Insolvenzraten in den Jahren drei bis acht nach einer GCM.
2001	CITRON/ TAFFLER	99 Unternehmen (17 insolvent) aus Großbritannien mit einer GCM in den Jahren 1987 - 1994.	• Kein signifikanter Zusammenhang. • Maßgebender Bestimmungsfaktor ist der Grad an finanziellen Schwierigkeiten.
2002	PRYOR/ TERZA	264 US-amerikanische Unternehmen in finanziellen Schwierigkeiten (64 mit GCM und 128 mit Insolvenz) im Zeitraum von 1989 - 1993.	• Steigende Insolvenzwahrscheinlichkeit bei einer GCM und damit Indizien für den Self-Fulfilling Prophecy Effect. • Effekt steigt mit der Unternehmensgröße.
2003	VANSTRAELEN	1.176 belgische Unternehmen im Zeitraum 1992 - 1996.	• Höhere Insolvenzwahrscheinlichkeit bei erstmaligen oder wiederkehrenden GCM. • Höhere Wahrscheinlichkeit für einen Prüferwechsel, wenn eine GCM im dritten Jahr, d.h. im Jahr direkt vor der möglichen Mandatsverlängerung ausgestellt wird.
2003	GAEREMYNCK/ WILLEKENS	114 insolvente oder freiwillig liquidierte belgische Unternehmen mit gleich großer Kontrollgruppe (49 mit GCM) aus den Jahren 1995 und 1996.	• Bei nachfolgend insolventen Unternehmen vergrößert die GCM die finanziellen Schwierigkeiten. • Für freiwillig liquidierte Unternehmen kein signifikanter Zusammenhang.
2008	CAREY/ GEIGER/ O´CONNELL	68 australische Unternehmen mit GCM und Kontrollgruppe mit Unternehmen in finanziellen Schwierigkeiten aus den Jahren 1994 - 1997.	• Keine Evidenz für die Self-Fulfilling Prophecy.

Tabelle 30: Zusammenfassung der Studien zu den Kosten für das geprüfte Unternehmen.

GARSOMBKE/CHOI differenzieren anhand von US-amerikanischen Unternehmen im Zeitraum 1982 - 1985 zwischen GCM mit Einschränkungen (130 Beobachtungen) und GCM, in denen der Prüfer kein Urteil abgibt (53 Beobachtungen).[1151] Die Ausfallrate für Unternehmen ohne GCM ist geringer als für Unternehmen mit einer GCM mit Einschränkung. Am höchsten ist die Ausfallrate für GCM, bei denen der Prüfer kein Urteil abgibt. Dies

---

[1151] Vgl. *Garsombke/Choi*, Failures, 1992, S. 55.

gilt auch bei einer gematchten Stichprobe.[1152] Sie führen dies auf das mandantenspezifische Wissen des Abschlussprüfers zurück. Sie können allerdings nicht ausschließen, dass die GCM ursächlich für den Ausfall des Unternehmens ist (Self-Fulfilling Prophecy Effekt).[1153]

LOUWERS/MESSINA/RICHARD betrachten anhand von 231 US-amerikanischen Unternehmen mit erstmaligen GCM den Verlauf von Insolvenzen in den Jahren 1984 - 1991.[1154] Im ersten Jahr nach einer GCM melden 27% der Unternehmen Insolvenz an. Von den verbleibenden Unternehmen im zweiten Jahr nochmals 18%. Im Vergleich dazu sinken die Insolvenzraten für die Jahre drei bis acht signifikant. Die Autoren sehen dies als Evidenz für den „Self-Fulfilling Prophecy Effect", da das Risiko der Insolvenz im ersten Jahr nach der GCM am höchsten ist.[1155]

CITRON/TAFFLER wählen 99 Unternehmen (davon 17 mit Insolvenz) aus Großbritannien, die von 1987 bis 1994 eine GCM erhalten. Diesen ordnen sie nach Jahr, Börsennotierung, Branche, Größe und Höhe der finanziellen Schwierigkeiten Kontrollunternehmen zu.[1156] Sie beobachten keinen signifikanten Zusammenhang zwischen einer GCM und einer Insolvenz im folgenden Jahr.[1157] Nach weiteren Analysen schließen sie, dass nicht die GCM, sondern die finanzielle Situation zur Insolvenz führt.[1158]

PRYOR/TERZA untersuchen 264 US-amerikanische Unternehmen in finanziellen Schwierigkeiten (davon 64 mit GCM und 128 mit Insolvenz) im Zeitraum von 1989 - 1993.[1159] Im Ergebnis beobachten sie einen positiven Zusammenhang zwischen GCM und einer nachfolgend eintretenden Insolvenz. Die Wahrscheinlichkeit einer Insolvenz steigt mit der Unternehmensgröße.[1160] Sie begründen dies mit der Überraschung der Adressaten über die GCM.[1161]

VANSTRAELEN analysiert 1.176 Unternehmen (davon 392 Insolvenzen, 392 in finanziellen Schwierigkeiten, aber nicht insolvent, 392 ohne finanzielle Schwierigkeiten und nicht insolvent).[1162] Untersuchungszeitraum sind die Jahre 1992 - 1996. Bei erstmaligen und wiederkehrenden GCM ist die Wahrscheinlichkeit für eine Insolvenz höher.[1163] Weiterhin wird eine höhere Wahrscheinlichkeit für einen Prüferwechsel festgestellt, wenn eine GCM im dritten Jahr, d.h. im Jahr direkt vor der möglichen Mandatsverlängerung,[1164] ausgestellt wird. Eine GCM im ersten oder zweiten Jahr hat darauf keinen signifikanten Einfluss.[1165]

[1152] Vgl. *Garsombke/Choi*, Failures, 1992, S. 57.
[1153] Vgl. *Garsombke/Choi*, Failures, 1992, S. 56.
[1154] Vgl. *Louwers/Messina/Richard*, Survival, 1999, S. 810f. Die Autoren verstehen unter dem Begriff Insolvenzen, Übernahmen oder sonstiges Verschwinden.
[1155] Vgl. *Louwers/Messina/Richard*, Survival, 1999, S. 812f. Für die Jahre neun und zehn erfolgt keine signifikante Reduktion.
[1156] Vgl. *Citron/Taffler*, Behaviour, 2001, S. 357.
[1157] Vgl. *Citron/Taffler*, Behaviour, 2001, S. 358.
[1158] Vgl. *Citron/Taffler*, Behaviour, 2001, S. 360. Vgl. *Citron/Taffler*, Empirical, 1992 für eine weitere frühere Studie ohne signifikanten Zusammenhang.
[1159] Vgl. *Pryor/Terza*, Prophecy, 2002, S. 101ff.
[1160] Vgl. *Pryor/Terza*, Prophecy, 2002, S. 106f.
[1161] Vgl. *Pryor/Terza*, Prophecy, 2002, S. 99.
[1162] Vgl. *Vanstraelen*, Belgium, 2003, S. 237f.
[1163] Vgl. *Vanstraelen*, Belgium, 2003, S. 247.
[1164] Vgl. *Vanstraelen*, Belgium, 2003, S. 231. Die Prüfer müssen für einen dreijährigen Zeitraum gewählt werden.
[1165] Vgl. *Vanstraelen*, Belgium, 2003, S. 250.

GAEREMYNCK/WILLEKENS ziehen 114 Insolvenzen bzw. freiwillige Aufgaben von priva-ten Unternehmen in Belgien für die Jahre 1995 und 1996 und eine gleich große Kontroll-gruppe (28 mit GCM, 24 sonstige Modifikationen, 21 mit beidem) heran.[1166] Für insolvente Unternehmen vergrößert die Modifikation die finanziellen Schwierigkeiten. Bei freiwilligen Unternehmensaufgaben finden sie keine Hinweise.[1167] Big 6 Prüfer stellen im Jahr vor der freiwilligen Aufgabe mit höherer Wahrscheinlichkeit einen modifizierten Bestätigungsver-merk aus.[1168]

CAREY/GEIGER/O´CONNELL ordnen den 68 australischen Unternehmen mit GCM im Zeitraum 1994 - 1997 eine gleich große Kontrollgruppe an Unternehmen in finanziellen Schwierigkeiten ohne GCM zu.[1169] Neben dem Prüferwechsel und dem Honorarverlust auf-grund der GCM wird auch der „Self-Fulfilling Prophecy Effect" untersucht. Nach Durch-führung einer logistischen Regression finden die Autoren keine Evidenz.[1170]

Zusammenfassend sind die empirischen Ergebnisse für die „Self-Fulfilling Prophecy" nicht einheitlich. Abschließend kann diese nicht gezeigt werden. Allerdings kann die Bildung des Prüfungsurteils beeinflusst sein.[1171] Der Effekt kann von der mit der GCM verbundenen Art des Vermerks[1172] und von der Unternehmensgröße abhängig sein.[1173] Die Analyse von GAEREMYNCK/WILLEKENS zeigt bei freiwilligen Unternehmensliquidationen keinen Effekt.[1174]

4.5.3 Nutzen für den Abschlussprüfer

Stützen die Adressaten ihre Investitions- bzw. Kreditvergabeentscheidungen auf den ge-prüften Abschluss und erleiden sie nachfolgend aufgrund einer Insolvenz des Unterneh-mens einen Schaden, können sie den Prüfer in der Verantwortung sehen.[1175] Es wird gezeigt, dass die Abschlüsse von Unternehmen in andauernden Schwierigkeiten beabsichtigte und unbeabsichtigte Fehler enthalten.[1176] Dadurch können wirtschaftliche Schwierigkeiten ver-schleiert werden.[1177] Aber auch ohne unterstellten Prüfungsfehler kann aufgrund der „Deep Pockets" der Prüfer Beteiligter in Verfahren werden.[1178] Die Erteilung einer GCM bei Un-ternehmen in finanziellen Schwierigkeiten kann für den Prüfer eine Möglichkeit sein, um sich vor Klagen zu schützen.[1179] Nachfolgende Tabelle 31 stellt ausgewählte empirische Er-kenntnisse dar.

[1166] Vgl. *Gaeremynck/Willekens*, Endogenous, 2003, S. 72. Die Ergebnisse gelten auch für GCM.

[1167] Vgl. *Gaeremynck/Willekens*, Endogenous, 2003, S. 76f.

[1168] Vgl. *Gaeremynck/Willekens*, Endogenous, 2003, S. 66.

[1169] Vgl. *Carey/Geiger/O´Connell*, Costs, 2008, S. 68.

[1170] Vgl. *Carey/Geiger/O´Connell*, Costs, 2008, S. 75.

[1171] Vgl. *Ruhnke/Frey*, Finanzkrise, 2015, S. 332.

[1172] Vgl. *Garsombke/Choi*, Failures, 1992.

[1173] Vgl. *Pryor/Terza*, Prophecy, 2002.

[1174] Vgl. *Gaeremynck/Willekens*, Endogenous, 2003.

[1175] Vgl. *Stice*, Lawsuits, 1991, S. 518.

[1176] Vgl. *Ettredge/Scholz/Smith et al.*, Begin, 2010, S. 531.

[1177] Vgl. *Dechow/Ge/Larson et al.*, Accounting, 2011, S. 77.

[1178] Vgl. *Stice*, Lawsuits, 1991, S. 519.

[1179] Vgl. *Carcello/Palmrose*, Litigation, 1994, S. 2.

Jahr	Autor(en)	Stichprobe	Hauptergebnisse
1994	CARCELLO/ PALMROSE	655 US-amerikanische kapital-marktorientierte Unternehmen (118 Klagen, 344 Modifikationen, davon 175 GCM) mit Insolvenz im Zeitraum 1972 - 1992.	• Kein signifikanter Einfluss einer Modifikation auf die Klagewahrscheinlichkeit.
1994	LYS/ WATTS	153 US-amerikanische Unternehmen mit Klagen gegen den Prüfer zwischen 1955 und 1994 und eine gleich große Kontrollgruppe (93 allgemeine Modifikationen).	• Schwach signifikanter negativer Einfluss einer Modifikation auf die Klagewahrscheinlichkeit.
1997	BLACCONIERE/ DEFOND	24 ausgefallene US-amerikanische Bausparkassen (7 Klagen, fünf mit GCM) im Zeitraum 1982 bis 1989.	• Erteilung einer GCM schützt nicht vor einer Klage.
2013	KAPLAN/ WILLIAMS	147 US-amerikanische Unternehmen in finanziellen Schwierigkeiten mit einer Klage zwischen 1986 und 2009 und eine gleich große Kontrollgruppe (insgesamt 94 GCM).	• GCM verringert die Wahrscheinlichkeit einer Klage. • In Gerichtsprozessen sinkt bei vorheriger GCM die Wahrscheinlichkeit für hohe Zahlungen.

Tabelle 31: Empirische Erkenntnisse für den Zusammenhang von GCM und Klage.

CARCELLO/PALMROSE untersuchen, ob durch modifizierte Bestätigungsvermerke die rechtlichen Folgen abgemildert werden.[1180] Sie verwenden 655 kapitalmarktorientierte US-amerikanische Unternehmen (118 mit Klagen, 344 Modifikationen, davon 175 GCM), die zwischen 1972 und 1992 Insolvenz anmelden.[1181] Im Ergebnis der multivariaten Analyse stellen sie keinen signifikanten Zusammenhang zwischen einem modifizierten Bestätigungsvermerk und der Wahrscheinlichkeit einer Klage fest.[1182]

LYS/WATTS beziehen ihre Untersuchung auf 153 Unternehmen aus den USA, deren Prüfer zwischen 1955 und 1994 verklagt wird. Die Kontrollgruppe besteht aus 153 Unternehmen ohne Klagen.[1183] In der Stichprobe sind 93 allgemeine Modifikationen enthalten.[1184] Die multivariate Analyse zeigt mit schwacher Signifikanz einen negativen Zusammenhang von Modifikation und Klagewahrscheinlichkeit.[1185]

BLACCONIERE/DEFOND beziehen sich auf 24 ausgefallene US-amerikanische Bausparkassen im Zeitraum 1982 bis 1989. In sieben Fällen liegt eine Klage gegen den Prüfer vor. Bei fünf Unternehmen wird eine GCM erteilt.[1186] Sie kommen zu dem Ergebnis, dass eine

[1180] Vgl. *Carcello/Palmrose*, Litigation, 1994, S. 1.
[1181] Vgl. *Carcello/Palmrose*, Litigation, 1994, S. 8f., 13.
[1182] Vgl. *Carcello/Palmrose*, Litigation, 1994, S. 14.
[1183] Vgl. *Lys/Watts*, Lawsuits, 1994, S. 65, 86.
[1184] Vgl. *Lys/Watts*, Lawsuits, 1994, S. 83.
[1185] Vgl. *Lys/Watts*, Lawsuits, 1994, S. 86.
[1186] Vgl. *Blacconiere/DeFond*, Investigation, 1997, S. 427, 444.

GCM den Prüfer nicht vor einer Klage schützt.[1187] Weiterhin stellt der Prüfer vermehrt eine Modifikation für die Bausparkassen aus, die nachfolgend scheitern.[1188]

KAPLAN/WILLIAMS berücksichtigen, dass das Klagerisiko die Entscheidung für eine GCM und gleichzeitig eine GCM das Klagerisiko beeinflusst.[1189] Datengrundlage sind 147 US-amerikanische Unternehmen in finanziellen Schwierigkeiten mit einer Klage zwischen 1986 und 2009 und eine gleich große Kontrollgruppe.[1190] Die Stichprobe enthält 94 Unternehmen mit einer GCM.[1191] Eine GCM verringert im Ergebnis die Wahrscheinlichkeit einer Klage.[1192] Wird der Prüfer im Prozess belangt, sinkt mit einer GCM die Wahrscheinlichkeit für hohe finanzielle Leistungen.[1193]

Zusammenfassend sind die Ergebnisse uneinheitlich. Frühere Studien finden keine[1194] oder nur eine schwache Evidenz[1195] für die Schutzwirkung einer GCM. Wird die Endogenität zwischen GCM und Klagerisiko berücksichtigt, verringert eine GCM die Wahrscheinlichkeit einer Klage signifikant.[1196]

4.5.4 Kosten für den Abschlussprüfer

Kosten für den Prüfer aus einer GCM resultieren, wenn das geprüfte Unternehmen aufgrund der GCM den Abschlussprüfer wechselt. Eine Erklärung für ein solches Vorgehen kann die Annahme des Managements sein, dass der nachfolgende Prüfer nachgiebiger ist („Opinion Shopping"). Die Entlassung kann auch eine Bestrafung durch das Management sein oder die Prüfer-Mandanten-Beziehung ist durch die GCM nachhaltig gestört.[1197] Nachfolgende Tabelle 32 stellt ausgewählte empirische Ergebnisse dar.

CHOW/RICE ziehen 564 an der SEC registrierte Unternehmen (je 141 mit (un)eingeschränktem Bestätigungsvermerk mit bzw. ohne Prüferwechsel) heran.[1198] Sie finden Indizien für einen häufigeren Prüferwechsel nach einem modifizierten Bestätigungsvermerk.[1199] Hinweise für einen Wechsel hin zu einem Prüfer mit prozentual geringeren Modifikationen beobachten sie nicht. Außerdem finden sie Anzeichen, dass nach dem Prüferwechsel das Unternehmen mehr modifizierte Bestätigungsvermerke erhält.[1200]

[1187] Vgl. *Blacconiere/DeFond*, Investigation, 1997, S. 446.
[1188] Vgl. *Blacconiere/DeFond*, Investigation, 1997, S. 449.
[1189] Vgl. *Kaplan/Williams*, Equations, 2013, S. 200.
[1190] Vgl. *Kaplan/Williams*, Equations, 2013, S. 207 - 210.
[1191] Vgl. *Kaplan/Williams*, Equations, 2013, S. 211.
[1192] Vgl. *Kaplan/Williams*, Equations, 2013, S. 219ff.
[1193] Vgl. *Kaplan/Williams*, Equations, 2013, S. 223.
[1194] Vgl. *Carcello/Palmrose*, Litigation, 1994, S. 14; *Blacconiere/DeFond*, Investigation, 1997, S. 446.
[1195] Vgl. *Lys/Watts*, Lawsuits, 1994, S. 86.
[1196] Vgl. *Kaplan/Williams*, Equations, 2013, S. 219ff.
[1197] Vgl. *Carcello/Neal*, Dismissals, 2003, S. 97.
[1198] Vgl. *Chow/Rice*, Qualified, 1982, S. 331.
[1199] Vgl. *Chow/Rice*, Qualified, 1982, S. 330.
[1200] Vgl. *Chow/Rice*, Qualified, 1982, S. 333f. Auch *Krishnan/Stephens*, Evidence, 1995, S. 195 - 198; *Smith*, Changes, 1986, S. 101 finden keine Evidenz für „Opinion Shopping".

Jahr	Autor(en)	Stichprobe	Hauptergebnisse
1982	CHOW/RICE	Jeweils 141 Unternehmen mit (un)eingeschränktem Bestätigungsvermerk mit bzw. ohne Prüferwechsel.	• Signifikant häufigere Prüferwechsel nach einem modifizierten Bestätigungsvermerk. • Keine Evidenz für einen Wechsel zu einem Prüfer, der prozentual weniger Modifikationen ausstellt. • Mehr Modifikationen nach einem Prüferwechsel.
2000	LENNOX	5.441 Beobachtungen von börsennotierten Unternehmen aus Großbritannien im Zeitraum 1988 bis 1994 (105 Modifikationen, davon 103 GCM, 194 Prüferwechsel).	• Höhere Wahrscheinlichkeit für einen Prüferwechsel nach einer Modifikation. • Ein Prüferwechsel erhöht die Wahrscheinlichkeit für einen Wechsel im Bestätigungsvermerk.
2003	CARCELLO/NEAL	374 US-amerikanische Unternehmen (124 mit GCM, 187 Prüferwechsel) im Zeitraum 1988 bis 1999.	• Bei unabhängigen Prüfungsausschüssen bzw. größerer Führungserfahrung und geringem Aktienbesitz geringere Wahrscheinlichkeit für eine Entlassung nach einer GCM. • Bei einem abhängigen Prüfungsausschuss größere Wahrscheinlichkeit für ein erfolgreiches „Opinion Shopping".
2006	CHAN/LIN/MO	6.229 Beobachtungen (895 mit Modifikationen, 468 Prüferwechsel) von chinesischen kapitalmarktorientierten Unternehmen in den Jahren 1996 - 2002.	• Nach einer Modifikation erfolgt mit höherer Wahrscheinlichkeit ein Prüferwechsel. • Hinweise für „Opinion Shopping" bei Unternehmen in Staatsbesitz und lokalem Prüfer.

Tabelle 32: Empirische Erkenntnisse für den Zusammenhang von GCM und Klage.

LENNOX nutzt 5.441 Beobachtungen von börsennotierten Unternehmen aus Großbritannien (davon 105 Beobachtungen mit modifizierten Bestätigungsvermerken, 103 GCM und 194 Beobachtungen mit einem Prüferwechsel) im Zeitraum 1988 - 1994.[1201] Es wird ein Modell zur Vorhersage des Bestätigungsvermerkes bei umgekehrtem Wechselverhalten entwickelt.[1202] LENNOX beobachtet eine höhere Wahrscheinlichkeit für einen Prüferwechsel, nachdem ein modifizierter Bestätigungsvermerk erteilt wird.[1203] Auch erhöht der Prüferwechsel die Wahrscheinlichkeit für einen Wechsel im Bestätigungsvermerk, woraus „Opinion Shopping" abgeleitet wird.[1204]

CARCELLO/NEAL analysieren 374 US-amerikanische Unternehmen, davon 124 mit GCM und 187 mit Prüferwechsel im Zeitraum 1988 bis 1999.[1205] Prüfungsausschüsse mit einer höheren Unabhängigkeit, größerer Führungserfahrung und geringerem Aktienbesitz schützen den Prüfer nach einer erstmaligen GCM vor der Entlassung.[1206] Unternehmen mit

---

[1201] Vgl. *Lennox*, Engage, 2000, S. 328f.
[1202] Vgl. *Lennox*, Engage, 2000, S. 323 - 327.
[1203] Vgl. *Lennox*, Engage, 2000, S. 333.
[1204] Vgl. *Lennox*, Engage, 2000, S. 336.
[1205] Vgl. *Carcello/Neal*, Dismissals, 2003, S. 102.
[1206] Vgl. *Carcello/Neal*, Dismissals, 2003, S. 108f.

einem hohen Anteil an Mitgliedern im Prüfungsausschuss, die stark persönlich oder finanziell mit dem Unternehmen verbunden sind, besitzen eine höhere Wahrscheinlichkeit für ein erfolgreiches „Opinion Shopping".[1207]

CHAN/LIN/MO zeigen anhand von 6.229 Beobachtungen (895 mit Modifikationen, 468 Prüferwechsel) von kapitalmarktorientierten Unternehmen aus China in den Jahren 1996 - 2002, dass lokale, ökonomisch abhängige Prüfer mit höherer Wahrscheinlichkeit einen uneingeschränkten Bestätigungsvermerk erteilen.[1208] Zudem beobachten sie nach einer Modifikation eine höhere Wechselwahrscheinlichkeit von einem globalen Prüfer hin zu einem lokalen.[1209] Im Vergleich zu globalen Prüfern stellen lokale Prüfer bei lokalen Unternehmen im Staatsbesitz, die Modifikationen erhalten haben und zu ihnen gewechselt sind, mit höherer Wahrscheinlichkeit einen uneingeschränkten Bestätigungsvermerk aus.[1210]

Bei der Fragestellung, ob aus dem Wechsel ein erfolgreiches „Opinion Shopping" resultiert, sind die Ergebnisse differenziert. Während LENNOX Hinweise für den Wechsel in der Art des Bestätigungsvermerks nach einem Prüferwechsel findet,[1211] stellen CHOW/RICE mehr Modifikationen nach einem Prüferwechsel fest.[1212] Auch kann ein erfolgreiches „Opinion Shopping" von der Unabhängigkeit des Prüfungsausschusses abhängig sein[1213] oder nur bei bestimmten Unternehmen vorliegen.[1214] Die erhöhte Wahrscheinlichkeit für einen Prüferwechsel nach einer GCM zeigen die Studien.[1215] Unabhängige Prüfungsausschüsse können dies verhindern.[1216]

4.6 Zusammenfassung der Erkenntnisse aus Kapitel 4

Zusammenfassend wurde in Kapitel 4 die Going-Concern-Annahme aus Sicht der Abschlussersteller, des Abschlussprüfers und aus Sicht der Prüfungsforschung beleuchtet. Es folgte eine deskriptive Analyse von modifizierten Bestätigungsvermerken, getrennt nach Hinweisen, Einschränkungen und Versagungen. Anschließend wurde der Nutzen für die Adressaten herausgestellt und mögliche Kosten für das Unternehmen aus einer GCM beschrieben. Das Kapitel schloss mit der Gegenüberstellung von Nutzen und Kosten einer GCM für den Abschlussprüfer.

- Das in § 252 (1) Nr. 2 HGB kodifizierte Going-Concern-Prinzip ist eines der zentralen Grundsätze ordnungsmäßiger Buchführung und Bilanzierung. Die Abschlussersteller müssen beurteilen, ob tatsächliche oder rechtliche Gegebenheiten der Unternehmensfortführungsannahme entgegenstehen. Die Einschätzung ist

---

[1207] Vgl. *Carcello/Neal*, Dismissals, 2003, S. 113.
[1208] Vgl. *Chan/Lin/Mo*, Reporting, 2006, S. 31, 36f.
[1209] Vgl. *Chan/Lin/Mo*, Reporting, 2006, S. 38.
[1210] Vgl. *Chan/Lin/Mo*, Reporting, 2006, S. 40f.
[1211] Vgl. *Lennox*, Engage, 2000, S. 333.
[1212] Vgl. *Chow/Rice*, Qualified, 1982, S. 333f.
[1213] Vgl. *Carcello/Neal*, Dismissals, 2003, S. 113.
[1214] Vgl. *Chan/Lin/Mo*, Reporting, 2006, S. 40f.
[1215] Vgl. *Chow/Rice*, Qualified, 1982, S. 330; *Lennox*, Engage, 2000, S. 333; *Chan/Lin/Mo*, Reporting, 2006, S. 38.
[1216] Vgl. *Carcello/Neal*, Dismissals, 2003, S. 108f.

eine der bedeutendsten Handlungen der Abschlussersteller und ist mit Spielräumen behaftet. Auch bei einer Bilanzierung nach IFRS hat eine Beurteilung zu erfolgen.[1217]

- Die Berichterstattung findet neben dem Anhang im Lagebericht statt. Hierbei ist insbesondere ein Chancen-, Risiko- und Prognosebericht zu erstellen. Eine Gefährdung oder die Abkehr von der Going-Concern-Annahme sind deutlich zu benennen.[1218]

- Gegenstand der Abschlussprüfung ist der Jahres- und Konzernabschluss sowie der (Konzern-) Lagebericht und das Risikofrüherkennungssystem bei aufstellungspflichtigen Unternehmen. Die Prüfung umfasst die Einhaltung der gesetzlichen Vorschriften und der Bestimmungen im Gesellschaftsvertrag oder der Satzung.[1219]

- Die Prüfung kann mit einem geschäftsrisikoorientierten Prüfungsansatz durchgeführt werden. Nach nationalen und nach internationalen Prüfungsstandards ist die Annahme der Unternehmensfortführung Gegenstand der Prüfung. Sie ist eine der schwierigsten Handlungen des Prüfers. Es sind Prüfungshandlungen zur Risikobeurteilung notwendig und die Einschätzung der gesetzlichen Vertreter ist zu beurteilen. Bei Hinweisen auf bestandsgefährdende Risiken sind zusätzliche Prüfungshandlungen erforderlich.[1220]

- In Abhängigkeit von bestandsgefährdenden Risiken und der Abbildung durch die gesetzlichen Vertreter resultieren neben dem Prüfungsbericht besondere Berichterstattungspflichten im Bestätigungsvermerk. Ist die Beurteilung durch die gesetzlichen Vertreter angemessen und sind die bestehenden wesentlichen Unsicherheiten zutreffend im Abschluss offengelegt, ist ein uneingeschränkter Bestätigungsvermerk mit einem Zusatz nach § 322 (2) S. 3 HGB zu erteilen. Ist die Beurteilung, aber nicht die Offenlegung angemessen, muss der Bestätigungsvermerk eingeschränkt werden. Eine Versagung erfolgt, wenn die Bilanzierung unter der Fortführungsannahme der Einschätzung des Prüfers entgegensteht, die Beurteilung durch die Vertreter nicht erfolgt oder nicht zutreffend ist und der Prüfer darin ein Prüfhemmnis sieht.[1221]

- Für eine deskriptive Beschreibung der Modifikationen wurde die GENIOS-Datenbank nach den Formulierungen aus den Anlagen der WPK-Berichte durchsucht und 1.002 Hinweise, 673 Einschränkungen und 16 Versagungen gefunden. Davon entfallen 733 Hinweise, 628 Einschränkungen und acht Versagungen auf private Unternehmen. Bei diesen Unternehmen sinkt von 2009 bis 2012 die Anzahl der Hinweise und Einschränkungen. Bei Versagungen sind aufgrund der geringen Anzahl nur eingeschränkt Aussagen möglich.[1222]

- Nach bestimmten Kriterien werden 749 GC-Hinweise, vier GC-Einschränkungen und 10 GC-Versagungen abgegrenzt. Damit stammt die Mehrzahl der GCM aus den Hinweisen. Auf private Unternehmen entfallen 565 GC-Hinweise, vier GC-

---

[1217] Vgl. Kapitel 4.1.1.
[1218] Vgl. Kapitel 4.1.2.
[1219] Vgl. Kapitel 4.2.1.
[1220] Vgl. Kapitel 4.2.2.
[1221] Vgl. Kapitel 4.2.3; Kapitel 4.2.4.
[1222] Vgl. Kapitel 4.3.

Einschränkungen und vier GC-Versagungen. Die Anzahl der GC-Hinweise ist 2012 geringer als 2009, wobei im Jahr 2012 ein Anstieg zu verzeichnen ist.[1223]

- Studien sollen den Unternehmen mit GCM eine Kontrollgruppe mit Unternehmen in finanziellen Schwierigkeiten ohne GCM gegenüberstellen. So kann ein Vergleich zu Unternehmen erfolgen, die für eine GCM in Frage kommen, diese jedoch nicht erhalten haben. Die genaue Stichprobenabgrenzung ist in der Empirie differenziert. Auch die Kriterien für finanzielle Schwierigkeiten sind unterschiedlich.[1224]

- Einfluss auf die GCM haben unternehmensbezogene Determinanten, wie die Unternehmensgröße, die Kapitalstruktur, die operative Performance, die Liquidität, die finanzielle Gesamtsituation, mitigierende Faktoren oder die Qualität des Rechnungswesens. Aber auch abschlussprüferbezogene Determinanten, wie die Größe des Prüfers oder die Branchenspezialisierung, haben einen Einfluss. Weitere Determinanten finden sich in der Prüfer-Mandanten-Beziehung und im Umfeld. Die Faktoren werden unterschiedlich operationalisiert und als Kontrollvariablen in die Regressionsgleichungen aufgenommen.[1225]

- Informationen sind entscheidungsnützlich, wenn sie die zukünftigen Erwartungen ändern und daraus andere Entscheidungen der Nutzer resultieren. Empirisch wird dies mit Ereignisstudien analysiert. Die Auswertung der Literatur zeigt, dass die Mehrzahl der Studien den Nutzen einer GCM beobachten. Die Ergebnisse können von den Erwartungen, den Prüfungsstandards, dem Zeithorizont, den angesprochenen Problemen und der Art der Anteilseigner abhängig sein.[1226]

- Durch eine GCM sollen die Adressaten frühzeitig über finanzielle Schwierigkeiten informiert werden. Diese kann jedoch zu einer „Self-Fulfilling Prophecy" werden. Dem kann die „Self-Defeating Prophecy" entgegenstehen, wenn aufgrund der GCM Maßnahmen ergriffen werden, die den Fortbestand sichern. Die empirischen Ergebnisse sind uneinheitlich.[1227]

- Der Prüfer kann von den Nutzern des geprüften Abschlusses für Schäden aus einer Insolvenz zur Verantwortung gezogen werden. Auch ohne Fehler kann für den Prüfer aufgrund der „Deep Pockets" ein Risiko für Klagen entstehen. Die GCM kann eine Möglichkeit sein, dem entgegenzuwirken. Empirische Studien finden überwiegend keine Evidenz. Wird die Endogenität zwischen GCM und Klagewahrscheinlichkeit berücksichtigt, wird die schützende Wirkung einer GCM beobachtet.[1228]

[1223] Vgl. Kapitel 4.3.
[1224] Vgl. Kapitel 4.4.1.
[1225] Vgl. Kapitel 4.4.2 - Kapitel 4.4.5.
[1226] Vgl. Kapitel 4.5.1.
[1227] Vgl. Kapitel 4.5.2.
[1228] Vgl. Kapitel 4.5.3.

- Durch eine GCM können für den Prüfer Kosten durch eine höhere Wahrscheinlichkeit für einen Prüferwechsel entstehen. Dies kann durch empirische Analysen gezeigt werden. Gründe können ein gestörtes Prüfer-Mandanten-Verhältnis oder eine Bestrafung durch das Management sein. Als andere Ursache kommt das „Opinion Shopping" in Frage. Die empirischen Ergebnisse hierzu sind nicht einheitlich.[1229]

Eine weitere Determinante für die Wahrscheinlichkeit einer GCM können die in Kapitel 3 vorgestellten Honorare für Prüfungs- und Nichtprüfungsleistungen sein. Das folgende Kapitel stellt, getrennt nach verschiedenen Ländern, die bisher erzielten empirischen Erkenntnisse vor. Ziel des nachfolgenden Kapitels ist es auch, die bisherigen honorarbasierten Einflussfaktoren vorzustellen. Da nur wenige empirische Analysen über den Zusammenhang von Honoraren und GCM bei privaten Unternehmen vorhanden sind, muss hauptsächlich auf die empirische Literatur zu kapitalmarktorientierten Unternehmen zurückgegriffen werden.

[1229] Vgl. Kapitel 4.5.4.

5 Literaturüberblick über den Zusammenhang zwischen GCM und Unabhängigkeit

5.1 Australische Studien

Das nachfolgende Teilkapitel beinhaltet Studien aus Australien. Die Tabelle 33 stellt die behandelten Forschungsarbeiten im Überblick dar.

Die Studie von WINES (1994)

WINES untersucht den Zusammenhang zwischen dem Anteil der Nichtprüfungshonorare an den Gesamthonoraren und der Wahrscheinlichkeit für einen modifizierten Bestätigungsvermerk anhand von 76 Unternehmen (38 mit einer Modifikation), die im Zeitraum von 1980 bis 1989 an der australischen Börse gelistet sind.[1230] Den beobachteten signifikant negativen Zusammenhang interpretiert der Autor als ein Indiz für die Gefährdung der Unabhängigkeit. Die Interaktion mit der Unternehmensgröße zeigt, dass das Ergebnis von der Unternehmensgröße bestimmt wird.[1231]

Kritisch an WINES ist, dass wenige Kontrollvariablen im Modell enthalten sind. Insbesondere erfolgt keine Kontrolle auf finanzielle Schwierigkeiten.[1232] Zudem wird ein zufällig gepoolter Datensatz genutzt, ohne die einzelnen Jahre zu berücksichtigen. Implizit wird daher angenommen, dass keine Zeiteffekte vorliegen. Da die 1980er Jahre mit Veränderungen für die Prüfer verbunden waren, ist die Annahme fraglich.[1233]

Die Studie von BARKESS/SIMNETT (1994)

Datengrundlage der Untersuchung von BARKESS/SIMNETT sind 2.049 Bestätigungsvermerke (308 Modifikationen) der 500 größten Unternehmen Australiens nach Marktkapitalisierung für den Zeitraum von 1986 bis 1990.[1234] Das Modell für die Nichtprüfungshonorare zeigt keinen signifikanten Zusammenhang mit den modifizierten Bestätigungsvermerken.[1235] Zusätzlich vergleichen sie auf Jahresbasis die Höhe der Nichtprüfungshonorare der Unternehmen mit sowie der Unternehmen ohne einen modifizierten Bestätigungsvermerk. Ein t-Test stellt keinen signifikanten Unterschied zwischen den beiden Gruppen fest.[1236]

[1230] Vgl. *Wines*, Note, 1994, S. 76 - 79.
[1231] Vgl. *Wines*, Note, 1994, S. 82f.
[1232] Vgl. *Lennox*, Disclosure, 1999, S. 240.
[1233] Vgl. *Craswell*, Independence, 1999, S. 32; *Craswell/Stokes/Laughton*, Fee Dependence, 2002, S. 258.
[1234] Vgl. *Barkess/Simnett*, Other Services, 1994, S. 102, 106.
[1235] Vgl. *Barkess/Simnett*, Other Services, 1994, S. 104.
[1236] Vgl. *Barkess/Simnett*, Other Services, 1994, S. 105f.

Da BARKESS/SIMNETT als Stichprobe die 500 größten gelisteten Unternehmen wählen, kann das Ergebnis durch einen Größeneffekt verzerrt sein. Große Unternehmen können ein besseres Kontrollsystem besitzen und weniger qualifizierte Bestätigungsvermerke die Folge sein.[1237]

Jahr	Autor(en)	Stichprobe	Hauptergebnisse
1994	WINES	76 börsennotierte Unternehmen (38 mit einer Modifikation) im Zeitraum von 1980 bis 1989.	• Signifikant negativer Zusammenhang für Nichtprüfungshonorare dividiert durch die Gesamthonorare. • Ergebnis wird von der Unternehmensgröße bestimmt. • **Insgesamt** Indizien für die Unabhängigkeitsgefährdung.
1994	BARKESS/ SIMNETT	2.049 Beobachtungen von börsennotierten Unternehmen (308 mit einer Modifikation) im Zeitraum von 1986 bis 1990.	• Kein signifikanter Zusammenhang mit den Nichtprüfungshonoraren. • **Insgesamt** keine Indizien für die Unabhängigkeitsgefährdung.
1999	CRASWELL	888 börsennotierte Unternehmen (122 Modifikationen) für 1984, 1.477 (194 Modifikationen) für 1987 und 1.079 (140 Modifikationen) für 1994.	• Kein signifikanter Zusammenhang für Variablen mit Nichtprüfungshonoraren. • **Insgesamt** keine Indizien für die Unabhängigkeitsgefährdung.
2001	SHARMA/ SIDHU	49 Unternehmen (25 mit GCM), die wegen Insolvenz bzw. Liquidation zwischen 1989 und 1996 von der Börse genommen wurden.	• Signifikant negativer Zusammenhang für Nichtprüfungshonorare dividiert durch die Gesamthonorare. • **Insgesamt** Indizien für die Unabhängigkeitsgefährdung.
2001	SHARMA	49 Unternehmen (25 mit GCM), die wegen Insolvenz bzw. Liquidation zwischen 1989 und 1996 von der Börse genommen wurden.	• Signifikant negativer Zusammenhang für Nichtprüfungshonorare dividiert durch die Gesamthonorare. • Keine Signifikanzen für weitere Honorarvariablen. • **Insgesamt** Indizien für die Unabhängigkeitsgefährdung.
2002	CRASWELL/ STOKES/ LAUGHTON	833 börsennotierte Unternehmen (83 Modifikationen) im Jahr 1994 und 943 Unternehmen (85 Modifikationen) im Jahr 1996.	• Keine Signifikanzen für eine Vielzahl an Honorarvariablen. • **Insgesamt** keine Indizien für die Unabhängigkeitsgefährdung.
2011	YE/CARSON/ SIMNETT	626 im Jahr 2002 börsennotierte Unternehmen mit negativem Jahresüberschuss oder negativem operativem Cashflow (139 GCM).	• Negative Signifikanz für Nichtprüfungshonorare dividiert durch die Gesamthonorare. • Geringere Wahrscheinlichkeit für eine GCM bei hohem Anteil der Nichtprüfungshonorare und Alumni im Vorstand. • **Insgesamt** Indizien für die Unabhängigkeitsgefährdung.

Tabelle 33: Australische Studien zur Unabhängigkeit in Verbindung mit der GCM.

[1237] Vgl. *Craswell*, Independence, 1999, S. 32.

Die Studie von CRASWELL (1999)

CRASWELL greift die unterschiedlichen Ergebnisse von WINES[1238] und BARKESS/SIMNETT[1239] auf. Da die beiden Studien wegen des differenzierten methodischen Vorgehens nur eingeschränkt vergleichbar sind, wird mit einer größeren Datengrundlage und umfangreicherer Berücksichtigung von Kontrollvariablen die Fragestellung nochmals betrachtet.[1240] Für die Untersuchung werden 888 Unternehmen (122 Modifikationen) im Jahr 1984, weitere 1.477 Unternehmen (194 Modifikationen) im Jahr 1987 und abschließend 1.079 Unternehmen (140 Modifikationen) im Jahr 1994 herangezogen.[1241] Die Abhängigkeit wird durch das Verhältnis der Nichtprüfungshonorare zu den Gesamthonoraren und in einer weiteren Variante durch die Gesamthonorare abgebildet. Die logistische Regression wird separat für die Jahre 1984, 1987 und 1994 geschätzt. Das Ergebnis zeigt in keinem Jahr und bei keiner Modellspezifikation einen signifikanten Zusammenhang. Auch mit einer anderen Abgrenzung der Stichprobe werden keine Hinweise für die Gefährdung der Unabhängigkeit gefunden.[1242]

Die Studie von SHARMA/SIDHU (2001)

SHARMA/SIDHU kritisieren die Vorgehensweise der vorangehenden Arbeiten. Um vom Bestätigungsvermerk auf Unabhängigkeitsprobleme zu schließen, muss die Korrektheit des Bestätigungsvermerkes eingeschätzt werden. Dies ist problematisch, da neben den Nichtprüfungshonoraren berechtigte andere Gründe gegen eine GCM vorliegen können.[1243]

Für SHARMA/SIDHU sind insolvente Unternehmen eine zutreffende Datengrundlage, da weniger Gründe gegen eine GCM vorliegen. Sie stellen dar, dass die mangelnde Kompetenz des Prüfers, mitigierende Faktoren und Bedenken wegen der „Self-Fulfilling Prophecy" keine Einwände gegen die GCM sind. SHARMA/SIDHU sehen die Gefahr, dass der Prüfer die GCM nicht ausstellt, um die Möglichkeit zu erhalten, das Unternehmen durch zusätzliche Nichtprüfungsleistungen zu stabilisieren. Dadurch werden spätere Prüfungs- und Nichtprüfungshonorare gesichert.[1244]

Sie identifizieren 49 Unternehmen, die wegen Insolvenz oder Liquidation zwischen 1989 und 1996 von der Börse genommen wurden. Davon haben 25 eine GCM im Vorjahr erhalten.[1245] Im Logit-Modell zeigt das Verhältnis von Nichtprüfungshonoraren zu den Gesamthonoraren einen signifikant negativen Einfluss. Die Autoren interpretieren dies als ein Indiz für die Unabhängigkeitsgefährdung.[1246] Die Ergebnisse sind robust gegenüber der möglichen fehlenden Normalverteilung der Variablen, den Effekten von Ausreißern, den Problemen aufgrund von Kollinearität und der kleinen Stichprobe. Weiterhin schätzen die Autoren die Modelle von WINES, BARKESS/SIMNETT und CRASWELL[1247] für ihre Stichprobe.

[1238] Vgl. *Wines*, Note, 1994.

[1239] Vgl. *Barkess/Simnett*, Other Services, 1994.

[1240] Vgl. *Craswell*, Independence, 1999, S. 30ff.

[1241] Vgl. *Craswell*, Independence, 1999, S. 35, 38.

[1242] Vgl. *Craswell*, Independence, 1999, S. 36ff.

[1243] Vgl. *Sharma/Sidhu*, Audit, 2001, S. 597.

[1244] Vgl. *Sharma/Sidhu*, Audit, 2001, S. 598ff.

[1245] Vgl. *Sharma/Sidhu*, Audit, 2001, S. 606ff.

[1246] Vgl. *Sharma/Sidhu*, Audit, 2001, S. 612.

[1247] Vgl. *Wines*, Note, 1994; *Barkess/Simnett*, Other Services, 1994; *Craswell*, Independence, 1999.

In allen Modellen ist die Variable für die Nichtprüfungshonorare signifikant negativ.[1248] Die differenzierten Ergebnisse zu BARKESS/SIMNETT und CRASWELL[1249] werden dem Untersuchungsdesign und den unterschiedlichen Modellen zugeschrieben.[1250]

Die Studie von SHARMA (2001)

SHARMA wählt analog zu SHARMA/SIDHU 49 Unternehmen (25 mit GCM), die aufgrund von Insolvenz oder Liquidation im Zeitraum zwischen 1989 bis 1996 von der Börse genommen wurden.[1251] Mit dem Verhältnis der Nichtprüfungshonorare zu den Gesamthonoraren wird die ökonomische Abhängigkeit im Einklang mit SHARMA/SIDHU[1252] gemessen. Zusätzlich wird das Prüfungshonorarmodell für kleine Unternehmen von FRANCIS[1253] angewendet, um die abnormalen Prüfungshonorare zu bestimmen.[1254] In weiteren Analysen werden das Verhältnis der Prüfungshonorare zur Bilanzsumme und die Relation der Gesamthonorare zur Bilanzsumme verwendet.[1255] Im Ergebnis resultiert der negative Zusammenhang nur für das Verhältnis der Nichtprüfungshonorare zu den Gesamthonoraren. Die anderen Variablen bleiben ohne Signifikanz.[1256]

Die Studie von CRASWELL/STOKES/LAUGHTON (2002)

CRASWELL/STOKES/LAUGHTON rücken die Prüfungshonorare in den Mittelpunkt, wobei zwischen der Ebene der Prüfungsgesellschaft und der Ebene der Niederlassung differenziert wird. Um den Effekt des Zusammenschlusses der Prüfer zu den Big 6 zu untersuchen, werden die Jahre 1994 und 1996 betrachtet.[1257]

In der logistischen Regression wird die Abhängigkeit durch das Verhältnis von Prüfungshonoraren zu den Gesamthonoraren der Gesellschaft oder der Niederlassung abgebildet.[1258] Die Stichprobe besteht aus 833 kapitalmarktorientierten Unternehmen (83 Modifikationen) für 1994 und 943 Unternehmen (85 Modifikationen) für 1996.[1259] Das Ergebnis zeigt in beiden Jahren keinen signifikanten Zusammenhang. Auch für die Analyse mit „serious" Modifikationen, bei denen der Druck auf den Prüfer als besonders hoch gesehen wird,[1260] besteht für die Höhe der Nichtprüfungshonorare im Verhältnis zu den Gesamthonoraren auf der jeweiligen Ebene keine Signifikanz. Dies gilt auch für die Beschränkung auf erstmalige GCM, für Unternehmen ohne Big 6 Prüfer und für Unternehmen in kleinen Städten. Werden Unternehmen mit einem Prüferwechsel ausgeschlossen, resultiert für das

---

[1248] Vgl. *Sharma/Sidhu*, Audit, 2001, S. 618.
[1249] Vgl. *Barkess/Simnett*, Other Services, 1994; *Craswell*, Independence, 1999.
[1250] Vgl. *Sharma/Sidhu*, Audit, 2001, S. 612f.
[1251] Vgl. *Sharma*, Propensity, 2001, S. 146f.
[1252] Vgl. *Sharma/Sidhu*, Audit, 2001.
[1253] Vgl. *Francis*, Size, 1984.
[1254] Vgl. *Sharma*, Propensity, 2001, S. 145.
[1255] Vgl. *Sharma*, Propensity, 2001, S. 146.
[1256] Vgl. *Sharma*, Propensity, 2001, S. 146, 152.
[1257] Vgl. *Craswell/Stokes/Laughton*, Fee Dependence, 2002, S. 254f.
[1258] Vgl. *Craswell/Stokes/Laughton*, Fee Dependence, 2002, S. 259.
[1259] Vgl. *Craswell/Stokes/Laughton*, Fee Dependence, 2002, S. 266.
[1260] Vgl. *Craswell/Stokes/Laughton*, Fee Dependence, 2002, S. 254f.

Jahr 1996 ein signifikant positiver Zusammenhang.[1261] Insgesamt sehen die Autoren keine Indizien für die eingeschränkte Unabhängigkeit.[1262]

Die Studie von YE/CARSON/SIMNETT (2011)

YE/CARSON/SIMNETT untersuchen, welche Faktoren die Nachfrage nach Nichtprüfungsleistungen bestimmen sowie die Auswirkungen von ökonomischen und sozialen Bindungen auf die Unabhängigkeit.[1263] Bei den sozialen Bindungen wird die Prüfer-Mandanten-Beziehung auf Ebene der Prüfungsgesellschaft und auf Partnerebene analysiert. Soziale Bindungen liegen vor, wenn der Lead Engagement Partner und die Mehrheit des Vorstandes seit mehr als vier Jahren zusammenarbeiten bzw. wenn ein Mitglied des Vorstands ein Alumni der Prüfungsgesellschaft ist. Die Bindungen werden einzeln und in Verbindung mit der ökonomischen Abhängigkeit, abgebildet durch das Verhältnis von Nichtprüfungshonoraren zu den Gesamthonoraren, analysiert.[1264] Die Untersuchung der GCM basiert auf 626 an der australischen Börse gelisteten Unternehmen, die im Jahr 2002 entweder einen negativen Jahresüberschuss oder einen negativen operative Cashflow ausweisen. Von diesen Unternehmen besitzen 139 eine GCM.[1265]

Es zeigt sich, dass mit steigender ökonomischer Abhängigkeit die Wahrscheinlichkeit für eine GCM sinkt. Für die Einschränkung der Unabhängigkeit bei langen Prüfer-Mandanten-Beziehungen in Verbindung mit einem hohen Nichtprüfungsanteil auf Gesellschaftsebene liegt kein Hinweis vor. Die Dauer der Prüfer-Mandanten-Beziehung auf Partnerebene ist signifikant negativ. Bei Unternehmen, die einen hohen Anteil an Nichtprüfungshonoraren besitzen und ein Alumni im Vorstand des Unternehmens sitzt, ist die Wahrscheinlichkeit für eine GCM geringer. Die weiteren sozialen Bindungen haben keinen signifikanten Einfluss.[1266]

5.2 US-amerikanische Studien

Nachfolgend werden Studien aus dem US-amerikanischen Raum vorgestellt. Die Tabelle 34 gibt einen Überblick über die Forschungsarbeiten.

Die Studie von REYNOLDS/FRANCIS (2000)

REYNOLDS/FRANCIS untersuchen die Abhängigkeit von Big 5 Prüfern auf Niederlassungsebene. Sie argumentieren, dass diese Ebene relevant ist, da hier Verträge mit den Mandanten ausgehandelt, die Prüfung durchgeführt, der Bestätigungsvermerk ausgestellt wird und das Risiko eines Reputationsverlustes bzw. von Klagen besteht. Surrogate für die Prüfungsqualität sind Accruals und GCM.[1267] Die Analyse mit GCM beinhaltet 2.439 Unternehmen

---

[1261] Vgl. *Craswell/Stokes/Laughton*, Fee Dependence, 2002, S. 265 - 271.

[1262] Vgl. *Craswell/Stokes/Laughton*, Fee Dependence, 2002, S. 273.

[1263] Vgl. *Ye/Carson/Simnett*, Impact, 2011, S. 122.

[1264] Vgl. *Ye/Carson/Simnett*, Impact, 2011, S. 131f.

[1265] Vgl. *Ye/Carson/Simnett*, Impact, 2011, S. 140.

[1266] Vgl. *Ye/Carson/Simnett*, Impact, 2011, S. 141 - 144.

[1267] Vgl. *Reynolds/Francis*, Size, 2000, S. 378f.

mit Big 5 Prüfern aus dem Jahr 1996, die einen negativen Jahresüberschuss oder einen negativen operativen Cashflow ausweisen, wobei 224 eine GCM besitzen.[1268] Die Abhängigkeit wird durch das Verhältnis der Umsatzerlöse eines Mandanten zur Summe der Umsatzerlöse aller Mandanten gemessen.[1269]

Die Untersuchungsvariable ist signifikant positiv. Die Ergebnisse sind robust gegenüber der Schätzung der Wichtigkeit eines Mandanten auf nationaler Ebene und dem Ausschluss von Prüfern mit vielen bzw. wenigen Mandanten. Auch die differenzierte Betrachtung der Mandantengröße bestätigt die Ergebnisse qualitativ. Weitere Analysen zeigen die positive Beziehung insbesondere bei Unternehmen, die in starken finanziellen Schwierigkeiten sind.[1270] Auch bei Accruals liegt kein Hinweis für die Einschränkung der Unabhängigkeit vor. Sie interpretieren die Gesamtergebnisse als Hinweis, dass die Gefahren von Reputationsverlusten oder Klagen überwiegen.[1271]

Die Studie von DEFOND/RAGHUNANDAN/SUBRAMANYAM (2002)

Anstoß für die Untersuchung von DEFOND/RAGHUNANDAN/SUBRAMANYAM sind die Bedenken der Regulatoren bei den Nichtprüfungsleistungen.[1272] Datengrundlage sind 1.158 Unternehmen aus dem Jahr 2000, die entweder einen negativen Jahresüberschuss oder einen negativen operativen Cashflow ausweisen. Davon besitzen 96 eine erstmalige GCM.[1273] In die Analyse gehen die Prüfungshonorare, die Nichtprüfungshonorare, die Gesamthonorare und das Verhältnis der Nichtprüfungshonorare zu den Gesamthonoraren ein. Die Autoren finden für keine Variable einen signifikanten Zusammenhang.[1274]

Abnormale Honorare können beeinflussend wirken. Daher schätzen die Autoren Modelle für die genannten Variablen, um den unerwarteten Teil zu bestimmen. Sie beobachten jedoch keine Signifikanz.[1275] Auch wenn die mögliche Endogenität von Prüfungs- und Nichtprüfungshonoraren bzw. der GCM berücksichtigt wird, resultiert kein signifikanter Zusammenhang. In weiteren Varianten schätzen die Autoren die vorherigen Modelle mit mehrfachen GCM, allen verfügbaren Unternehmen mit mehrfachen GCM bzw. erstmaliger GCM, approximieren die Abhängigkeit durch das Verhältnis von Prüfungs-, Nichtprüfungs- und Gesamthonoraren eines Mandanten zu den Gesamthonoraren aus allen Mandanten und betrachten mit Typ I- bzw. Typ II-Fehlern ein weiteres Maß für die Prüfungsqualität. Für keine der Varianten wird eine Signifikanz beobachtet.[1276]

Wie REYNOLDS/FRANCIS[1277] führen sie als Erklärung Risiken durch Reputationsverluste und Klagen an.[1278] Kritisch ist, dass die Autoren aufgrund der Größe ihrer Stichprobe miti-

---

[1268] Vgl. *Reynolds/Francis*, Size, 2000, S. 390.
[1269] Vgl. *Reynolds/Francis*, Size, 2000, S. 381.
[1270] Vgl. *Reynolds/Francis*, Size, 2000, S. 394ff.
[1271] Vgl. *Reynolds/Francis*, Size, 2000, S. 396f.
[1272] Vgl. *DeFond/Raghunandan/Subramanyam*, Fees, 2002, S. 1248.
[1273] Vgl. *DeFond/Raghunandan/Subramanyam*, Fees, 2002, S. 1255.
[1274] Vgl. *DeFond/Raghunandan/Subramanyam*, Fees, 2002, S. 1263f.
[1275] Vgl. *DeFond/Raghunandan/Subramanyam*, Fees, 2002, S. 1267.
[1276] Vgl. *DeFond/Raghunandan/Subramanyam*, Fees, 2002, S. 1269ff.
[1277] Vgl. *Reynolds/Francis*, Size, 2000, S. 396f.
[1278] Vgl. *DeFond/Raghunandan/Subramanyam*, Fees, 2002, S. 1271f.

gierende Einflussfaktoren, wie die Pläne des Managements oder die Fähigkeit zusätzliche Finanzierungsmöglichkeiten zu erschließen, nicht berücksichtigen.[1279]

Die Studie von GEIGER/RAMA (2003)

Anlass der Studie von GEIGER/RAMA ist das anhaltende Interesse über den Einfluss von Honoraren auf den Einschätzungsprozess von Prüfern und dem Verhalten des Prüfers bei der Ausstellung von GCM bei Unternehmen in finanziellen Schwierigkeiten. Zudem wurden im Jahr 2002 bestimmte Nichtprüfungsleistungen verboten und der verpflichtende Ausweis von Honoraren bei kapitalmarktorientierten Unternehmen implementiert.[1280]

Im Gegensatz zu DEFOND/RAGHUNANDAN/SUBRAMANYAM[1281] nutzen die Autoren eine gematchte Stichprobe. Die Gruppe der Unternehmen mit erstmaliger GCM besteht aus 66 produzierenden Unternehmen (SIC-Code 20 - 39), die zwischen dem 30.9.2000 und dem 28.02.2001 den Abschluss veröffentlichten. Die Kontrollgruppe enthält Unternehmen in finanziellen Schwierigkeiten, definiert über ein negatives Working Capital, negative Gewinnrücklagen oder einen negativen Jahresüberschuss. Zu jedem der 66 Unternehmen wird anhand der Wahrscheinlichkeit der Insolvenz nach HOPWOOD/MCKEOWN/MUTCHLER,[1282] den Nettoumsatzerlösen und dem SIC-Code ein Kontrollunternehmen ohne GCM zugeordnet.[1283]

Die Logit-Regression zeigt für die Nichtprüfungshonorare und für das Verhältnis von Nichtprüfungs- zu Prüfungshonoraren keine Signifikanz.[1284] Die Prüfungshonorare stehen in einem signifikant positiven Zusammenhang. Die getrennte Betrachtung für Big 5 Prüfer ergibt qualitativ die gleichen Ergebnisse. Auch die Analysen von fünf Stichproben bei denen jeweils ein Big 5 Prüfer nicht betrachtet wird, der Ausschluss von Unternehmen in extremen finanziellen Schwierigkeiten, die Berücksichtigung von Endogenität und die Variationen der Variablen zur Messung von Größe, Honorar und finanzieller Schwierigkeit führen zu gleichen Ergebnissen. Beide Honorarvariablen sind insignifikant bei Unternehmen, die Nichtprüfungshonorare über dem Median besitzen. Auch die Interaktion von Nichtprüfungshonoraren mit ausgewählten Kontrollvariablen führt zu insignifikanten Resultaten.[1285]

Die Analyse bestärkt mit einem differenzierten Ansatz die Ergebnisse von DEFOND/RAGHUNANDAN/SUBRAMANYAM.[1286] Den positiven Zusammenhang bei Prüfungshonoraren erklären die Autoren durch den höheren Prüfungsaufwand. Die Tatsache, dass DEFOND/RAGHUNANDAN/SUBRAMANYAM keinen Zusammenhang feststellen, führen sie auf die unterschiedliche Stichprobenauswahl und die Kontrollvariablen zurück.[1287]

[1279] Vgl. *Basioudis/Papakonstantinou/Geiger*, Kingdom, 2008, S. 288.
[1280] Vgl. *Geiger/Rama*, Stressed, 2003, S. 53f.
[1281] Vgl. *DeFond/Raghunandan/Subramanyam*, Fees, 2002.
[1282] Vgl. *Hopwood/McKeown/Mutchler*, Reexamination, 1994. Die Anwendung des Modells von *Zmijewski*, Distress, 1984 führt zu gleichen Ergebnissen.
[1283] Vgl. *Geiger/Rama*, Stressed, 2003, S. 59f.
[1284] Vgl. *Geiger/Rama*, Stressed, 2003, S. 65.
[1285] Vgl. *Geiger/Rama*, Stressed, 2003, S. 62 - 65.
[1286] Vgl. *DeFond/Raghunandan/Subramanyam*, Fees, 2002, S. 1270f.
[1287] Vgl. *Geiger/Rama*, Stressed, 2003, S. 66.

Jahr	Autor(en)	Stichprobe	Hauptergebnisse
2000	REYNOLDS/ FRANCIS	2.439 Unternehmen aus dem Jahr 2006 mit einem Big 5 Prüfer (224 mit GCM) mit negativem Jahresüberschuss oder negativem operativem Cashflow.	• Positiver Zusammenhang für das Verhältnis der Umsatzerlöse eines Mandanten zu den Umsatzerlösen aller Mandanten. • Ergebnis gilt auf Ebene der Niederlassung und auf Ebene der Prüfungsgesellschaft. • **Insgesamt** keine Indizien für die Unabhängigkeitsgefährdung.
2002	DEFOND/ RAGHUNANDAN/ SUBRAMANYAM	1.158 Unternehmen (96 mit erstmaliger GCM) aus dem Jahr 2000 mit negativem Jahresüberschuss oder negativem operativem Cashflow.	• Keine Signifikanz für eine Vielzahl an Honorarvariablen. • **Insgesamt** keine Indizien für die Unabhängigkeitsgefährdung.
2003	GEIGER/RAMA	66 Unternehmen mit erstmaliger GCM und 66 Unternehmen mit negativem Working Capital, negativen Gewinnrücklagen oder negativem Jahresüberschuss.	• Signifikant positiver Zusammenhang mit den Prüfungshonoraren. • **Insgesamt** keine Indizien für die Unabhängigkeitsgefährdung.
2008	ROBINSON	209 nach Chapter 11 insolvente Unternehmen aus den Jahren 2001 - 2004. 153 erhalten vor der Insolvenz eine GCM.	• Positive Signifikanz bei Steuerberatungshonoraren und bei Steuerberatungshonoraren dividiert durch die Gesamthonorare. • Abnormale Honorare bestätigen die Zusammenhänge. • **Insgesamt** keine Indizien für die Unabhängigkeitsgefährdung.
2008	LIM/TAN	1.692 Beobachtungen (120 mit erstmaliger GCM) aus den Jahren 2000 und 2001 mit negativem Jahresüberschuss oder negativem operativem Cashflow.	• Ohne Spezialisierung: Positive Signifikanz bei den Gesamthonoraren. • Bei Branchenspezialisten: positive Signifikanz bei Nichtprüfungshonoraren, Gesamthonoraren und Nichtprüfungshonoraren dividiert durch die Gesamthonorare aller Mandanten. • **Insgesamt** höhere Prüfungsqualität beim Branchenspezialisten.
2009	LI	1.681 Unternehmen für 2001 (124 mit erstmaliger GCM) und 1.780 Unternehmen für 2003 (108 mit erstmaliger GCM) mit negativem Jahresüberschuss oder negativem operativem Cashflow.	• Positiver Zusammenhang für Prüfungshonorare dividiert durch Gesamtumsatz und Gesamthonorare dividiert durch Gesamthonorare auf Niederlassungsebene im Jahr 2003. • Keine Signifikanz für das Jahr 2001. • **Insgesamt** keine Indizien für die Unabhängigkeitsgefährdung.
2009	CALLAGHAN/ PARKASH/ SINGHAL	92 zwischen dem 01.01.2001 und dem 16.03.2005 nach Chapter 11 insolvente Unternehmen (42 mit GCM vor der Insolvenz).	• Keine Signifikanz für eine Vielzahl an Honorarvariablen. • **Insgesamt** keine Indizien für die Unabhängigkeitsgefährdung.

2013	BLAY/GEIGER	180 Unternehmen mit erstmaliger GCM. Kontrollgruppe aus 1.299 Beobachtungen mit negativem Jahresüberschuss und negativem operativem Cashflow für die Jahre 2004 - 2006.	• Negativer Zusammenhang mit den zukünftigen Gesamthonoraren. • Negative Signifikanz bei Nichtprüfungshonoraren und beim Verhältnis von Nichtprüfungshonoraren zu den Gesamthonoraren. • **Insgesamt** Indizien für die Unabhängigkeitsgefährdung.
2014	KAO/LI/ ZHANG	17.154 Beobachtungen (1.213 mit GCM) im Zeitraum 2001 - 2011.	• Positiver Zusammenhang für Gesamthonorare dividiert durch Gesamthonorare aller Mandanten auf Niederlassungsebene im Jahr 2003. • Keine Signifikanz für 2002 und 2004 - 2006, 2008 - 2011. • Ergebnisse sind von den Modellspezifikationen abhängig. • **Insgesamt** ist die konservative Haltung ein kurzfristiger Effekt.

Tabelle 34: US-amerikanische Studien zur Unabhängigkeit in Verbindung mit der GCM.

Die Studie von ROBINSON (2008)

Durch die aggregierte Betrachtung der Nichtprüfungshonorare wird ein gleichgerichteter Einfluss aller Leistungen impliziert. Da frühere Forschungen positive Spillovereffekte von Steuerberatung auf die Prüfung zeigen,[1288] trennt ROBINSON in Steuerberatungshonorare und weitere Nichtprüfungshonorare.[1289] Die Stichprobe besteht aus 209 nach Chapter 11 insolventen Unternehmen im Zeitraum 2001 - 2004, wovon 153 vor der Insolvenz eine GCM erhalten. Aufgrund der Berichterstattung über Insolvenzen ohne GCM wird bei diesen Unternehmen die Unabhängigkeit besonders hinterfragt.[1290]

Untersuchungsvariablen sind die Steuerberatungshonorare, deren Verhältnis zu den Gesamthonoraren, die sonstigen Nichtprüfungshonorare, das Verhältnis von sonstigen Nichtprüfungshonoraren zu den Gesamthonoraren, die gesamten Nichtprüfungshonorare und die Prüfungshonorare. Im Logit-Modell werden für die Steuerberatungsvariablen positive Zusammenhänge gezeigt,[1291] woraus ROBINSON die höhere Prüfungsqualität bei Steuerberatungsleistungen ableitet. Keine andere Untersuchungsvariable ist signifikant.[1292]

Die Ergebnisse für die abnormalen Honorare unterscheiden sich qualitativ nicht von der Hauptanalyse. Auch die Berücksichtigung von Endogenität bestätigt die Ergebnisse. Zusätzlich sind die Prüfungshonorare signifikant positiv.[1293] Um die stärker konservative Haltung des Prüfers als Ursache auszuschließen, ordnet ROBINSON eine Kontrollgruppe mit fortbestehenden Unternehmen zu. Die Koeffizienten der Steuervariablen sind positiv, kleiner und nicht signifikant. Auch die Analyse für erstmalige GCM zeigt signifikant positive

---

[1288] Vgl. *Simunic*, Consulting, 1984 für ein theoretisches Modell. Für empirische Resultate bei Restatements vgl. *Kinney/Palmrose/Scholz*, Restatements, 2004.

[1289] Vgl. *Robinson*, Tax, 2008, S. 32f.

[1290] Vgl. *Robinson*, Tax, 2008, S. 32, 34.

[1291] Vgl. *Robinson*, Tax, 2008, S. 45f.

[1292] Vgl. *Robinson*, Tax, 2008, S. 42.

[1293] Vgl. *Robinson*, Tax, 2008, S. 47ff.

Koeffizienten bei den Steuerberatungsvariablen. Da die verpflichtende Offenlegung der Honorare in 2003 erfolgt, können die Ergebnisse verzerrt sein. Die getrennte Analyse für die Zeiträume mit verpflichtender und freiwilliger Offenlegung führt qualitativ zu keiner Änderung. Auch der Ausschluss von Unternehmen mit hohen Steuerberatungshonoraren ändert die Ergebnisse nicht.[1294]

Die Studie von LIM/TAN (2008)

LIM/TAN untersuchen die Abhängigkeit im Kontext der Branchenspezialisierung. Die Prüfungsqualität wird über die GCM, die diskretionären Periodenabgrenzungen und der Genauigkeit von Analystenprognosen gemessen. Die wahrgenommene Prüfungsqualität wird über die Marktreaktion auf unerwartete Gewinne abgebildet.[1295]

Für die GCM-Untersuchung werden 1.692 Beobachtungen mit Big 5 Prüfern für die Jahre 2000 und 2001 mit einem negativen Jahresüberschuss oder einem negativen operativen Cashflow betrachtet. Eine erstmalige GCM erhalten 120 Unternehmen.[1296] In der logistischen Regression wird die Abhängigkeit durch die Nichtprüfungshonorare, durch die Gesamthonorare und durch das Verhältnis der Nichtprüfungshonorare eines Mandanten zu den Gesamthonoraren aller Mandanten, aufsteigend nach Perzentilen geordnet, abgebildet. Branchenspezialist ist in der Hauptanalyse der Prüfer mit den Mandanten, die in der Summe die höchsten prozentualen Umsatzerlöse in einer Branche innerhalb eines Jahres besitzen.[1297]

Ohne Berücksichtigung der Branchenspezialisierung finden LIM/TAN keine Signifikanz für die Nichtprüfungshonorare. Die Gesamthonorare haben einen signifikant positiven Einfluss. Beim Branchenspezialisten besitzen alle drei Honorarvariablen einen signifikant positiven Zusammenhang. Ökonomisch steigt die Wahrscheinlichkeit für die GCM von 7% auf 10% - 24%. Zusätzlich modifizieren die Autoren die Abgrenzung der finanziellen Schwierigkeiten (negatives Working Capital, negative Gewinnrücklagen oder einen Verlust). Die Ergebnisse ändern sich nicht.[1298]

Die Studie von LI (2009)

Wie REYNOLDS/FRANCIS[1299] untersucht LI die Unabhängigkeit auf Niederlassungsebene. Surrogate sind die Prüfungs- und Nichtprüfungshonorare sowie die Gesamthonorare eines Mandanten im Verhältnis zu den Gesamthonoraren der Niederlassung.[1300] Die getrennte Analyse für das Jahr 2001 und 2003 ermöglicht es, den Einfluss des gestiegenen Risikos durch den Sarbanes-Oxley Act zu untersuchen.[1301] Datengrundlage sind Unternehmen mit

---

[1294] Vgl. *Robinson*, Tax, 2008, S. 50f.
[1295] Vgl. *Lim/Tan*, Auditor Specialization, 2008, S. 200f.
[1296] Vgl. *Lim/Tan*, Auditor Specialization, 2008, S. 206.
[1297] Vgl. *Lim/Tan*, Auditor Specialization, 2008, S. 206 - 209.
[1298] Vgl. *Lim/Tan*, Auditor Specialization, 2008, S. 214.
[1299] Vgl. *Reynolds/Francis*, Size, 2000.
[1300] Vgl. *Li*, Office, 2009, S. 209.
[1301] Vgl. *Li*, Office, 2009, S. 207f.

einem negativen Jahresüberschuss oder einem negativen operativen Cashflow. Es werden 1.681 Unternehmen für das Jahr 2001 (124 erstmalige GCM) und 1.780 Unternehmen für das Jahr 2003 (108 erstmalige GCM) betrachtet.[1302]

Im Jahr 2001 ist keine der Untersuchungsvariablen signifikant. Für 2003 wird bei den Prüfungshonoraren und für die Gesamthonorare ein positiver Effekt festgestellt. Die Nichtprüfungshonorare bleiben insignifikant. Die Ergebnisse implizieren, dass der Prüfer bei wichtigen Unternehmen in finanziellen Schwierigkeiten konservativer handelt. Die Differenzierung in Big N und Non Big N Prüfer bestätigt die Ergebnisse. In Bezug auf die Wirkung des Sarbanes-Oxley Acts zeigt die Analyse eine höhere Wahrscheinlichkeit für Big N Prüfer, im Jahr 2003 eine GCM auszustellen.[1303]

Da neben der konservativeren Haltung auch der höhere Prüfungsaufwand oder die Risikoprämie Erklärungen sein können, werden weitere Analysen durchgeführt. Hinweise für die alternativen Erklärungsansätze werden nicht gefunden.[1304] Kleine Prüfungsgesellschaften besitzen regelmäßig wenige kapitalmarktorientierte Mandate, die aber einen hohen Anteil an den Honoraren ausmachen. Daher kann die Größe der Niederlassung die Ergebnisse beeinflussen. Evidenz hierfür wird nicht gefunden. Vorherige Forschungsarbeiten zeigen, dass nach SOX risikobehaftete Unternehmen von Big 4 zu Non Big 4 Prüfern wechseln. Aufgrund niedriger Honorare für Erstprüfungen und der Dominanz von risikobehafteten Mandanten bei Non Big 4 Prüfern können die Ergebnisse verzerrt sein. Der Ausschluss von Unternehmen mit einem Prüferwechsel im aktuellen bzw. im vorherigen Jahr bestätigt die erzielten Ergebnisse. Um eine andere Abgrenzung von Unternehmen in finanziellen Schwierigkeiten vorzunehmen, wird das Drittel an Unternehmen mit dem längsten Report Lag betrachtet. Signifikanzen resultieren für die Honorarvariablen nicht. Andere Abgrenzungen der Mandatswichtigkeit bestätigen die erzielten Ergebnisse.[1305]

Die Studie von CALLAGHAN/PARKASH/SINGHAL (2009)

CALLAGHAN/PARKASH/SINGHAL stellen die Literatur zur GCM aus verschiedenen Ländern gegenüber und finden differenzierte Ergebnisse zwischen Australien und den USA. Die Ursache kann in länderspezifischen Besonderheiten[1306] und in der unterschiedlichen Auswahl der Stichproben liegen. Die Autoren führen an, dass US-amerikanische Studien sich überwiegend[1307] auf Unternehmen in finanziellen Schwierigkeiten beziehen. SHARMA[1308] und SHARMA/SIDHU[1309] betrachten für Australien insolvente Unternehmen.[1310] Die Autoren untersuchen die Übertragbarkeit anhand von 92 Unternehmen mit einer Insolvenz nach

---

[1302] Vgl. *Li*, Office, 2009, S. 208.

[1303] Vgl. *Li*, Office, 2009, S. 217 - 220.

[1304] Vgl. *Li*, Office, 2009, S. 220.

[1305] Vgl. *Li*, Office, 2009, S. 223ff.

[1306] Vgl. *Callaghan/Parkash/Singhal*, Bankrupt, 2009, S. 157f. für die Beschreibung.

[1307] Vgl. *DeFond/Raghunandan/Subramanyam*, Fees, 2002; *Geiger/Rama*, Stressed, 2003; *Lim/Tan*, Auditor Specialization, 2008; *Li*, Office, 2009. Für eine Untersuchung mit insolventen Unternehmen vgl. *Robinson*, Tax, 2008.

[1308] Vgl. *Sharma*, Propensity, 2001.

[1309] Vgl. *Sharma/Sidhu*, Professionalism, 2001.

[1310] Vgl. *Callaghan/Parkash/Singhal*, Bankrupt, 2009, S. 154f.

Chapter 11 zwischen dem 01.01.2001 und dem 16.03.2005, wobei 42 im Jahr vor der Insolvenz eine GCM erhalten.[1311] Die Abhängigkeit wird durch die Nichtprüfungshonorare, dem Verhältnis der Nichtprüfungshonorare zu den Gesamthonoraren, den Gesamthonoraren und der Höhe der Prüfungshonorare abgebildet.[1312]

In keiner Modellspezifikation besteht eine Signifikanz. Dies gilt auch bei der Schätzung eines ähnlichen Modells wie SHARMA/SIDHU, bei abnormalen Honoraren und bei Berücksichtigung der Mandantenwichtigkeit auf nationaler Ebene bzw. Branchenebene.[1313]

Die Studie von BLAY/GEIGER (2013)

BLAY/GEIGER erweitern die bisherigen Studien um zukünftige Honorare. Sie begründen dies mit Bezug auf die theoretischen Modelle von DEANGELO[1314] und BECK/FRECKA/SOLOMON,[1315] die zukünftige Honorare als Gefahr für die Unabhängigkeit identifizieren.[1316] Datengrundlage sind alle Unternehmen in Audit Analytics mit erstmaliger GCM zwischen 2004 und 2006. Die Kontrollgruppe sind produzierende Unternehmen (SIC-Code 20 - 39) mit einem negativen Jahresüberschuss und einem negativen operativen Cashflow.[1317] Ziel der strengen Abgrenzung ist es, Unternehmen zu identifizieren, die mit hoher Wahrscheinlichkeit für eine GCM in Betracht kommen und bei denen der Prüfer die Bewertung der Fortführung treffen muss. Das Vorgehen führt zu 1.479 Beobachtungen (davon 180 mit GCM).[1318] Durch die Gesamthonorare der nächsten beiden folgenden Jahre, die gegenwärtigen Prüfungs- und Nichtprüfungshonorare sowie das Verhältnis der Nichtprüfungshonorare zu den Gesamthonoraren wird die Abhängigkeit abgebildet.[1319]

Das Ergebnis zeigt eine signifikant negative Beziehung für die zukünftigen Gesamthonorare. Zur Validierung verändern die Autoren die Zeitspanne auf ein, drei, vier und alle verfügbaren Jahre bis 2010. Zudem wird der Barwert der zukünftigen Honorare mit dem Diskontierungszins von 10% gebildet. Alle Analysen führen qualitativ zu den gleichen Resultaten. Die Analyse für zukünftige Prüfungs- und Nichtprüfungsleistungen zeigt keine Signifikanz.[1320] Dies gilt auch für die aktuellen Gesamthonorare und die aktuellen Prüfungshonorare. Bei den gegenwärtigen Nichtprüfungshonoraren und beim Verhältnis von Nichtprüfungshonoraren zu den Gesamthonoraren wird eine negative Beziehung beobachtet.[1321]

[1311] Vgl. *Callaghan/Parkash/Singhal*, Bankrupt, 2009, S. 160.

[1312] Vgl. *Callaghan/Parkash/Singhal*, Bankrupt, 2009, S. 165.

[1313] Vgl. *Callaghan/Parkash/Singhal*, Bankrupt, 2009, S. 164ff.

[1314] Vgl. *DeAngelo*, Low-Balling, 1981.

[1315] Vgl. *Beck/Frecka/Solomon*, Knowledge, 1988.

[1316] Vgl. *Blay/Geiger*, Independence, 2013, S. 582.

[1317] Im Gegensatz dazu identifizieren z.B. *DeFond/Raghunandan/Subramanyam*, Fees, 2002; *Reynolds/Francis*, Size, 2000; *Lim/Tan*, Auditor Specialization, 2008; Unternehmen, die entweder ein negatives Ergebnis oder einen negativen operative Cashflow ausweisen.

[1318] Vgl. *Blay/Geiger*, Auditor Independence, 2013, S. 585f. Für die Analyse von zukünftigen Honoraren fallen aufgrund von fehlenden Daten 10 Unternehmen (zwei mit GCM und acht ohne GCM) weg.

[1319] Vgl. *Blay/Geiger*, Independence, 2013, S. 587.

[1320] Vgl. *Blay/Geiger*, Independence, 2013, S. 592, 598.

[1321] Vgl. *Blay/Geiger*, Independence, 2013, S. 592 - 598.

Die Betrachtung von abnormalen Honorarkomponenten, die Berücksichtigung von Endogenität und eine gematchte Stichprobe bestätigen die Ergebnisse. Allerdings gilt die Evidenz nur für den Zeitraum 2004 - 2006. Die Resultate werden nicht von Unternehmen beeinflusst, die im Beobachtungsjahr eine hohe Steigerung der Nichtprüfungshonorare ausweisen oder nachfolgend Insolvenz anmelden.[1322]

Die Studie von KAO/LI/ZHANG (2014)

Gegenstand der Studie von KAO/LI/ZHANG ist die Auswirkung von SOX auf die Wahrscheinlichkeit für eine GCM. Studien vor SOX schließen auf keine Unabhängigkeitsprobleme. Dies gilt auch für die Studie von LI.[1323] Für 2003 stellt die Autorin einen signifikant positiven Zusammenhang fest, woraus sie die konservativere Haltung des Prüfers nach SOX schlussfolgert.[1324] FELDMANN/READ zeigen mit insolventen Unternehmen in den Perioden um Enron, dass die Wahrscheinlichkeit für eine GCM langfristig (2006 - 2007) geringer ist als kurzfristig (2002 - 2003).[1325] Daraus abgeleitet stellen die Autoren die Frage, ob das Ergebnis von LI eine kurzfristige Reaktion darstellt oder ob eine generelle Verhaltensänderung vorhanden ist.[1326]

Für die multivariate Analyse wird die Spezifikation von LI herangezogen und auf Jahresbasis für 2001 und 2003 - 2011 Regressionen durchgeführt. Die Autoren replizieren die Ergebnisse von LI für das Jahr 2001 und 2003 in ihrer Stichprobe, die aus 17.154 Beobachtungen mit 1.213 GCM besteht.[1327] Für die Jahre 2004 bis 2011 zeigt sich, vorbehaltlich dem Jahr 2007, für das ein schwach positiver Effekt festgestellt wird, keine Signifikanz. Zusätzlich wird das Modell von LI erweitert und für die Verletzung von Kreditverträgen kontrolliert. Es werden qualitativ die gleichen Ergebnisse erzielt.[1328] Bei Verwendung des Modells von DEFOND/RAGHUNANDAN/SUBRAMANYAM[1329] resultiert in keinem Jahr eine Signifikanz.[1330] Zudem wird eine getrennte Analyse für Unternehmen durchgeführt, die in den nachfolgenden zwei Jahren Insolvenz anmelden und den fortgeführten Unternehmen. Bei solventen Unternehmen werden die Ergebnisse aus der Hauptanalyse bestätigt. Für die insolventen Unternehmen werden keine signifikanten Zeiteffekte gefunden.[1331] Zusammenfassend schließen die Autoren, dass das Ergebnis in 2003 eine kurzfristige Reaktion war.[1332]

[1322] Vgl. *Blay/Geiger*, Independence, 2013, S. 601.

[1323] Vgl. *Li*, Office, 2009.

[1324] Vgl. *Kao/Li/Zhang*, SOX Influence, 2014, S. 165f.

[1325] Vgl. *Feldmann/Read*, Auditor Conservatism, 2010, S. 277.

[1326] Vgl. *Kao/Li/Zhang*, SOX Influence, 2014, S. 166ff.

[1327] Vgl. *Kao/Li/Zhang*, SOX Influence, 2014, S. 170, 175.

[1328] Vgl. *Kao/Li/Zhang*, SOX Influence, 2014, S. 174. Wegen mangelnder Datenverfügbarkeit werden im erweiterten Modell nur die Jahre 2001, 2003 - 2007 untersucht.

[1329] Vgl. *DeFond/Raghunandan/Subramanyam*, Fees, 2002.

[1330] Vgl. *Kao/Li/Zhang*, SOX Influence, 2014, S. 179. Die Autoren weisen darauf hin, dass ein Modellvergleich zwischen *DeFond/Raghunandan/Subramanyam*, Fees, 2002 und der ursprünglichen Analyse von *Li*, Office, 2009 aufgrund von unterschiedlichen Stichproben schwierig ist. Es kann daher nicht auf eine unzureichende Spezifikation bei *Li*, Office, 2009 geschlossen werden.

[1331] Vgl. *Kao/Li/Zhang*, SOX Influence, 2014, S. 180.

[1332] Vgl. *Kao/Li/Zhang*, SOX Influence, 2014, S. 183.

5.3 Studien aus Großbritannien

Anschließend erfolgt die Beschreibung von Studien aus Großbritannien, die in nachfolgender Tabelle 35 zusammenfassend dargestellt sind.

Jahr	Autor(en)	Stichprobe	Hauptergebnisse
1999	LENNOX	2.244 Beobachtungen (76 mit Modifikationen, davon 50 mit GCM) im Zeitraum 1988 bis 1994.	• Positiver Zusammenhang für Nichtprüfungshonorare dividiert durch die Gesamthonorare bei allgemeinen Modifikationen. • Keine Signifikanz von Honorarvariablen bei einer GCM. • **Insgesamt** keine Indizien für die Unabhängigkeitsgefährdung.
2002	FIRTH	1.112 kapitalmarktorientierte Unternehmen (27 mit „fundamental"-Modifikation und 22 mit „material"-Modifikation) aus dem Jahr 1996.	• Negative Signifikanz für die Nichtprüfungshonorare dividiert durch die Bilanzsumme. • Negativer Zusammenhang von Gesamthonorare eines Mandanten dividiert durch die Gesamthonorare der Prüfungsgesellschaft, wenn alle Modifikationen betrachtet werden. • **Insgesamt** Indizien für die Unabhängigkeitsgefährdung.
2008	BASIOUDIS/ PAPAKONSTAN-TINOU/GEIGER	Stichprobe aus 29 Unternehmen mit GCM und 29 Kontrollunternehmen mit negativem Working Capital oder negativem Ergebnis.	• Negativer Zusammenhang bei Nichtprüfungshonoraren. • Positiver Zusammenhang bei Prüfungshonoraren. • **Insgesamt** Indizien für die Unabhängigkeitsgefährdung.

Tabelle 35: Studien aus Großbritannien zur Unabhängigkeit in Verbindung mit der GCM.

Die Studie von LENNOX (1999)

LENNOX analysiert durch ein Logit-Modell, in das die Höhe der Nichtprüfungshonorare und das Verhältnis der Nichtprüfungshonorare zu den Gesamthonoraren eingehen, die Unabhängigkeitsgefährdung. Generelle Modifikationen und GCM werden als abhängige Variablen betrachtet. Die Studie basiert auf 2.244 Beobachtungen (76 mit Modifikationen, davon 50 mit GCM) im Zeitraum von 1988 bis 1994.[1333] Für das Verhältnis der Nichtprüfungshonorare zu den Gesamthonoraren wird bei generellen Modifikationen ein signifikant positiver Zusammenhang beobachtet. Die anderen Modellvarianten bleiben ohne Signifikanz. Der Argumentation, dass Nichtprüfungsleistungen die Prüfungsqualität vermindern, wird sich nicht angeschlossen.[1334] Kritisch ist, dass LENNOX nicht den gemeinsamen Effekt von Prüfungs- und Nichtprüfungsleistungen berücksichtigt. Auch werden zusätzliche unternehmensspezifische Faktoren, die in vorherigen Forschungsarbeiten identifiziert wurden, nicht aufgenommen.[1335]

[1333] Vgl. *Lennox*, Disclosure, 1999, S. 246, 249.
[1334] Vgl. *Lennox*, Disclosure, 1999, S. 248ff.
[1335] Vgl. Basioudis/Papakonstantinou/Geiger, Kingdom, 2008, S. 289.

Die Studie von FIRTH (2002)

Neben dem Einfluss der Nichtprüfungshonorare auf Prüfungshonorare[1336] wird in der Studie von FIRTH die Unabhängigkeit beleuchtet.[1337] Beim Bestätigungsvermerk wird zwischen den Kategorien „fundamental" und „material" differenziert. Umstände sind „material", wenn sie die Entscheidungen der Adressaten beeinflussen. In der Kategorie „fundamental" liegt dem Abschluss eine Falschauslegung zugrunde.[1338] Die Abhängigkeit wird durch das Verhältnis der Prüfungs- bzw. Nichtprüfungshonorare zur Bilanzsumme und durch den Anteil der Gesamthonorare eines Mandanten an den Gesamthonoraren der jeweiligen Prüfungsgesellschaft in der Stichprobe gemessen.[1339] Die Datengrundlage sind 1.112 börsennotierte Unternehmen aus dem Jahr 1996. Davon besitzen 27 eine „fundamental"- und 22 eine „material"-Modifikation.[1340]

In allen Modellspezifikationen besteht für die Nichtprüfungshonorare ein signifikant negativer Zusammenhang. Werden die beiden Kategorien zusammen betrachtet, sind die Gesamthonorare signifikant negativ. Die Prüfungshonorare sind nicht signifikant.[1341] Eine Erklärung kann die Gefährdung der Unabhängigkeit sein, alternativ wird durch die Nichtprüfungsleistungen die Unternehmenssituation verbessert und die Wahrscheinlichkeit für den uneingeschränkten Bestätigungsvermerk erhöht.[1342]

Die Studie von BASIOUDIS/PAPAKONSTANTINOU/GEIGER (2008)

Im Gegensatz zu den vorherigen Studien aus Großbritannien beziehen BASIOUDIS/PAPAKONSTANTINOU/GEIGER die Untersuchung auf Unternehmen in finanziellen Schwierigkeiten. Sie stellen fest, dass vorangehende Studien die GCM nicht getrennt betrachten und nicht den gleichzeitigen Effekt von Prüfungs- und Nichtprüfungsleitungen berücksichtigen.[1343] Grundlage sind Unternehmen, die an der Londoner Börse im Jahr 2003 gelistet sind, wovon 29 Unternehmen eine GCM besitzen. Als Kontrollgruppe dienen Unternehmen mit einem negativen Working Capital oder einem negativen Jahresüberschuss. Für alle Unternehmen wird die Insolvenzwahrscheinlichkeit nach HOPWOOD/MCKEOWN/MUTCHLER[1344] berechnet. Anschließend ordnen sie, basierend auf der berechneten Wahrscheinlichkeit, den Nettoumsatzerlösen und den U.K.-SIC-Codes, jedem Unternehmen mit einer GCM ein Kontrollunternehmen zu.[1345]

Das Ergebnis zeigt, dass mit steigenden Nichtprüfungshonoraren die Wahrscheinlichkeit für eine GCM sinkt und mit steigenden Prüfungshonoraren ihre Wahrscheinlichkeit steigt.[1346] Werden die Prüfungshonorare ausgeschlossen, sind die Nichtprüfungshonorare

---

[1336] Vgl. Firth, Consultancy, 2002, S. 680, 686f.

[1337] Vgl. Firth, Consultancy, 2002, S. 661.

[1338] Vgl. SAS 600.

[1339] Vgl. Firth, Consultancy, 2002, S. 674ff.

[1340] Vgl. Firth, Consultancy, 2002, S. 676.

[1341] Vgl. Firth, Consultancy, 2002, S. 684.

[1342] Vgl. Firth, Consultancy, 2002, S. 687f.

[1343] Vgl. Basioudis/Papakonstantinou/Geiger, Kingdom, 2008, S. 285f.

[1344] Vgl. Hopwood/McKeown/Mutchler, Reexamination, 1994.

[1345] Vgl. *Basioudis/Papakonstantinou/Geiger*, Kingdom, 2008, S. 291ff. Es werden mehrfache GCM betrachtet, da sich die Stichprobe sonst stark verkleinert. Für GCM im vorherigen Jahr wird kontrolliert.

[1346] Vgl. *Basioudis/Papakonstantinou/Geiger*, Kingdom, 2008, S. 299f.

nicht signifikant. Hieraus schließen die Autoren, dass es wichtig ist, die Prüfungs- und Nichtprüfungsleistungen gemeinsam zu berücksichtigen. Sie zeigen, dass die Ergebnisse nicht von Ausreißern, anderen Spezifikationen für die mitigierenden Faktoren und von Big 4 Prüfern beeinflusst werden. Alternativ wird das Verhältnis von Nichtprüfungshonoraren zu Prüfungshonoraren, das Verhältnis von Nichtprüfungshonoraren zu den Gesamthonoraren gebildet und die Mandantenwichtigkeit auf Niederlassungsebene berücksichtigt,[1347] aber keine signifikanten Ergebnisse erzielt.[1348]

5.4 Studien aus weiteren Ländern

Abschließend werden ausgewählte Forschungsarbeiten aus weiteren Ländern zur Unabhängigkeit in Verbindung mit GCM vorgestellt. Nachfolgende Tabelle 36 gibt einen Überblick.

Jahr	Autor(en)	Stichprobe	Hauptergebnisse
2002	VANSTRAELEN	287 im Zeitraum 1992 - 1996 insolvente Unternehmen, 272 Unternehmen in finanziellen Schwierigkeiten und 306 Unternehmen ohne finanzielle Schwierigkeiten.	• Negativer Zusammenhang für den Proxy der Prüfungshonorare (logarithmierte Summe aus operativem und finanziellem Ergebnis). • **Insgesamt** Indizien für die Unabhängigkeitsgefährdung.
2010	HOPE/LANGLI	42.296 Beobachtungen im Zeitraum 1997 - 2002 und 17.390 Beobachtungen im Zeitraum 2001 -2002 von Unternehmen in moderaten finanziellen Schwierigkeiten.	• Positiver Zusammenhang für Prüfungshonorare, Nichtprüfungshonorare und Gesamthonorare im Zeitraum 1997 -2002. • **Insgesamt** keine Indizien für die Unabhängigkeitsgefährdung.
2013	RATZINGER-SAKEL	60 Unternehmen mit GCM und zwei Kontrollgruppen mit 648 bzw. 107 Unternehmen in finanziellen Schwierigkeiten.	• Keine Signifikanz für Prüfungs- und Nichtprüfungshonorare. • **Insgesamt** sinkende Wahrscheinlichkeit für eine GCM bei Big 4 Prüfern mit steigendem Anteil an Nichtprüfungshonoraren im Vergleich zu Non Big 4 Prüfern.

Tabelle 36: Studien aus weiteren Ländern zur Unabhängigkeit in Verbindung mit der GCM.

Die Studie von VANSTRAELEN (2002)

VANSTRAELEN untersucht den Einfluss in Belgien, einem Umfeld mit einem geringen Klagerisiko für den Prüfer.[1349] Es werden im Zeitraum 1992 bis 1996 insolvente Unternehmen herangezogen. Aus zwei Kontrollgruppen werden Unternehmen nach Jahr, Branche und Unternehmensgröße ausgewählt.[1350] Die erste Gruppe besteht aus großen Unternehmen,

---

[1347] Wie bei *Reynolds/Francis*, Size, 2000, erfolgt die Ermittlung durch das Verhältnis der Umsatzerlöse eines Mandanten zur Summe der Umsatzerlöse aller Mandanten.

[1348] Vgl. *Basioudis/Papakonstantinou/Geiger*, Kingdom, 2008, S. 301ff.

[1349] Vgl. *Vanstraelen*, Economic, 2002, S. 171.

[1350] Vgl. *Vanstraelen*, Economic, 2002, S. 175.

die in finanziellen Schwierigkeiten sind. Die Kriterien sind: ein negatives operatives Ergebnis, ein negativer Jahresüberschuss, negative Gewinnrücklagen im aktuellen oder in den beiden zurückliegenden Geschäftsjahren bzw. ein negatives Working Capital in den beiden zurückliegenden Geschäftsjahren. Die zweite Kontrollgruppe sind Unternehmen ohne finanzielle Schwierigkeiten. Die Stichprobe für die multivariate Analyse besteht aus 287 insolventen Unternehmen, 272 Unternehmen in finanziellen Schwierigkeiten und 306 Unternehmen ohne finanzielle Schwierigkeiten.[1351]

Da die Prüfungshonorare nicht öffentlich verfügbar sind, werden sie mit der logarithmierten Summe aus operativem und finanziellem Ergebnis approximiert.[1352] Das Ergebnis zeigt mit steigenden Prüfungshonoraren eine sinkende Wahrscheinlichkeit für eine GCM.[1353]

Die Studie von HOPE/LANGLI (2010)

Die Autoren untersuchen private Unternehmen in Norwegen. Maßnahmen zur Sicherung der Unabhängigkeit sind in diesem Umfeld in geringerem Umfang vorhanden, da Prüfer von privaten Unternehmen im Vergleich zu kapitalmarktorientierten einem geringeren Risiko für einen Reputationsverlust ausgesetzt sind.[1354] Zudem ist Norwegen, im Vergleich zu den USA, ein Land mit einem geringeren Klagerisiko.[1355] Bei einer hohen Insolvenzwahrscheinlichkeit besteht für den Prüfer aufgrund der externen Aufmerksamkeit kein Anreiz für die Einschränkung der Unabhängigkeit. Daher werden 5% der Unternehmen mit der höchsten Insolvenzwahrscheinlichkeit nach OHLSON[1356] und Unternehmen, die in den folgenden zwei Jahren insolvent werden, nicht betrachtet. Da keine Probleme für die Unternehmensfortführung bestehen, werden 60% der Unternehmen mit der geringsten Insolvenzwahrscheinlichkeit ebenfalls ausgeschlossen.[1357] Die Grundgesamtheit umfasst alle Unternehmen mit beschränkter Haftung im Zeitraum von 1996 bis 2005.[1358] Es werden zwei Teilstichproben gebildet, da für frühere Jahre Daten für Kontrollvariablen fehlen. Die erste Stichprobe umfasst den Zeitraum von 1997 - 2002 mit 42.296 Beobachtungen, die zweite die Jahre 2001 - 2002 mit 17.390 Beobachtungen.[1359]

Die Untersuchung erfolgt mit Prüfungs-, Nichtprüfungs- und Gesamthonoraren. Weiterhin werden abnormale Prüfungs-, Nichtprüfungs- und Gesamthonorare einbezogen.[1360] Das Ergebnis zeigt für die Honorarvariablen im Zeitraum zwischen 1997 - 2002 einen signifikant positiven Zusammenhang. Mit weiteren Kontrollvariablen bestätigt sich dieser für

---

[1351] Vgl. *Vanstraelen*, Economic, 2002, S. 176.
[1352] Vgl. *Vanstraelen*, Economic, 2002, S. 177. Die Approximation beruht auf der Untersuchung des Belgian Institute of Auditors.
[1353] Vgl. *Vanstraelen*, Economic, 2002, S. 184.
[1354] Vgl. auch *Bell/Bedard/Johnstone et al.*, Risk, 2002; *Johnstone/Bedard*, Acceptance, 2003.
[1355] Vgl. *Hope/Langli*, Low Litigation, 2010, S. 578f.
[1356] Vgl. *Ohlson*, Ratios, 1980.
[1357] Vgl. *Hope/Langli*, Low Litigation, 2010, S. 581f.
[1358] Vgl. *Hope/Langli*, Low Litigation, 2010, S. 580. Die Jahre 2003 - 2005 können nur für die Gesamthonorare betrachtet werden, da keine Daten, getrennt nach Prüfungs- und Nichtprüfungsleistungen, vorhanden sind.
[1359] Vgl. *Hope/Langli*, Low Litigation, 2010, S. 580ff.
[1360] Vgl. *Hope/Langli*, Low Litigation, 2010, S. 582.

den Zeitraum 2001 - 2002 nicht. In keinem der Modelle wird ein signifikanter Zusammenhang mit abnormalen Honorarvariablen festgestellt. Dies gilt auch für weitere Modellvarianten.[1361] Zusammenfassend wird festgehalten, dass, obwohl im Untersuchungsumfeld die Möglichkeiten für eine Gefährdung gegeben sind, keine Hinweise für eine Unabhängigkeitsproblematik vorhanden sind.[1362]

Die Studie von RATZINGER-SAKEL (2013)

RATZINGER-SAKEL untersucht die Unabhängigkeitsgefährdung in Deutschland. Durch das niedrigere Haftungs- und Klagerisiko sieht die Autorin Gefahren für die Unabhängigkeit. Weiterhin werden mit dem Lage- und Risikobericht spezifische Anforderungen an die Unternehmen gestellt, welche die Übertragbarkeit von anderen Studien einschränkt.[1363]

Aus 2.145 kapitalmarktorientierten Unternehmen werden für den Zeitraum 2005 - 2009 insgesamt 60 Unternehmen mit einer erstmaligen GCM identifiziert. Es werden zwei Kontrollgruppen mit Unternehmen in finanziellen Schwierigkeiten gegenübergestellt. Die erste Gruppe beinhaltet 648 Unternehmen, die eines der folgenden Kriterien erfüllen: negatives Eigenkapital, negativer operativer Cashflow, negatives Working Capital, negatives EBIT im Vorjahr, negativer Jahresüberschuss im Vorjahr. Die zweite Kontrollgruppe umfasst 107 Unternehmen, die einen negativen Jahresüberschuss und einen negativen operative Cashflow im Vorjahr besitzen (strenge Kontrollgruppe).[1364]

In beiden Gruppen sind die Prüfungs- und Nichtprüfungshonorare nicht signifikant. Für die Interaktion aus Big 4 und Nichtprüfungshonorare wird in der strengen Kontrollgruppe ein signifikant negativer Koeffizient beobachtet, der mit einem differenzierten Ansatz nicht bestätigt wird.[1365] Die erwartete Insignifikanz von Nichtprüfungs- und Prüfungshonoraren bei langen Prüfer-Mandanten-Beziehungen wird beobachtet und mit einem unterschiedlichen Vorgehen validiert. Die Wahrscheinlichkeit für eine GCM ist bei Big 4 Prüfern mit steigendem Anteil der Nichtprüfungshonorare geringer als bei den Non Big 4 Prüfern. Die Interaktion mit den Prüfungshonoraren ist signifikant positiv, wird jedoch bei alternativen Ansätzen nicht gezeigt.[1366] Abnormale Prüfungs- und Nichtprüfungshonorare sind in keinem der Modelle signifikant.[1367] Wird die Endogenität zwischen Nichtprüfungs- und Prüfungshonoraren sowie der GCM berücksichtigt, sind die Nichtprüfungshonorare signifikant positiv.[1368]

[1361]   Vgl. *Hope/Langli*, Low Litigation, 2010, S. 590 - 593.

[1362]   Vgl. *Hope/Langli*, Low Litigation, 2010, S. 599.

[1363]   Vgl. *Ratzinger-Sakel*, Germany, 2013, S. 130.

[1364]   Vgl. *Ratzinger-Sakel*, Germany, 2013, S. 137f.

[1365]   Vgl. *Norton/Wang/Ai*, Computing, 2004, die zeigen, dass die statistische Signifikanz nicht aus der z-Statistik abgeleitet werden kann.

[1366]   Vgl. *Ratzinger-Sakel*, Germany, 2013, S. 144 - 150.

[1367]   Vgl. *Ratzinger-Sakel*, Germany, 2013, S. 152.

[1368]   Vgl. *Ratzinger-Sakel*, Germany, 2013, S. 153.

5.5 Zusammenfassung der Erkenntnisse aus Kapitel 5

Zusammenfassend wurden in Kapitel 5 verschiedene Studien, welche die Unabhängigkeit des Abschlussprüfers bei Honoraren für Prüfungs- und Nichtprüfungsleistungen zum Gegenstand haben, vorgestellt. Die Studien wurden chronologisch, getrennt nach Ländern, beschrieben. Die verwendeten Variablen und die in den empirischen Studien gefundenen Zusammenhänge werden in Tabelle 37 und Tabelle 38 dargestellt.

- Für die Prüfungshonorare wird überwiegend kein signifikanter Zusammenhang beobachtet. HOPE/LANGLI, GEIGER/RAMA und BASIOUDIS/PAPAKONSTANTINOU/GEIGER stellen auch einen positiven Einfluss fest. Keine der Studien beobachtet einen negativen Einfluss. VANSTRAELEN, die als Surrogat für die Prüfungshonorare die Summe aus operativem und finanziellem Ergebnis verwendet, beobachtet einen negativen Einfluss. Auch für die Nichtprüfungshonorare sind die Ergebnisse nicht einheitlich. Indizien für die Gefährdung der Unabhängigkeit können BLAY/GEIGER und BASIOUDIS/PAPAKONSTANTINOU/GEIGER beobachten. Bei Verwendung der Gesamthonorare in den Analysen wird entweder kein oder ein positiver Einfluss festgestellt.
- Die am häufigsten verwendete relative Honorargröße ist der Anteil der Nichtprüfungshonorare an den Gesamthonoraren. Auch hier wird zumeist kein Einfluss beobachtet. Fünf der vorgestellten Analysen stellen einen negativen Zusammenhang fest. Im Gegensatz dazu wird von ROBINSON und LENNOX in Teilen ihrer Analyse auch ein positiver Einfluss beobachtet. Eine Studie verwendet den Anteil der Prüfungshonorare an den Gesamthonoraren. In dieser besteht kein signifikanter Einfluss. Auch aus dem Anteil der Nichtprüfungshonorare an den Prüfungshonoraren können keine Indizien für die Gefährdung der Unabhängigkeit abgeleitet werden.
- Werden abnormale Prüfungs-, Nichtprüfungs- und Gesamthonorare betrachtet, stellen fast alle beschriebenen Studien keinen signifikanten Einfluss fest. Lediglich ROBINSON stellt für die abnormalen Nichtprüfungshonorare einen positiven Einfluss fest. Auch bei abnormalen relativen Honoraren wird kein oder ein positiver Einfluss beobachtet.
- BLAY/GEIGER erweitern den Betrachtungszeitraum auf zukünftige Perioden. Für die zukünftigen Prüfungs- und Nichtprüfungshonorare stellen sie keinen signifikanten Einfluss fest. Die zukünftigen Gesamthonorare zeigen in Teilen der Analyse einen signifikant negativen Zusammenhang.
- Werden die Honorare ins Verhältnis zur Bilanzsumme gesetzt, beobachten die Studien zumeist keinen Einfluss. FIRTH kann für das Verhältnis der Nichtprüfungshonorare zur Bilanzsumme einen signifikant negativen Einfluss beobachten.
- Um die Bedeutung eines Mandanten für die Prüfer untersuchen zu können, werden in Studien die Honorare eines Mandanten in das Verhältnis zu den Honoraren aus allen Mandanten des Prüfer gesetzt. Als Surrogat für das Verhältnis werden in Analysen teilweise die Umsatzerlöse herangezogen. Die Ergebnisse in den behandelten Studien zeigen keinen oder einen positiven Einfluss. Lediglich FIRTH beobachtet einen negativen Einfluss.

- Die vorgestellten Studien kommen bei der möglichen Gefährdung der Unabhängigkeit zu differenzierten Ergebnissen. Eine Vielzahl der Studien stammt aus dem US-amerikanischen Raum und hat kapitalmarktorientierte Unternehmen zum Gegenstand. Eine umfassende Studie zu privaten Unternehmen wird lediglich von HOPE/LANGLI vorgenommen. Für Deutschland ist nur die Studie von RATZINGER-SAKEL vorhanden. Deshalb wird im folgenden Kapitel eine empirische Analyse mit privaten Unternehmen in Deutschland durchgeführt.

Jahr	Autor(en)	Prüfungs-honorare	Nichtprüfungs-honorare	Gesamt-honorare	Nichtprüfungs-honorare/Prüfungs-honorare	Abnormale Prüfungs-honorare	Abnormale Nichtprüfungs-honorare	Abnormale Gesamt-honorare	Abnormale Nichtprüfungs-honorare/Gesamt-honorare	Operatives und finanzielles Ergebnis	Umsatzerlöse eines Mandanten/Umsatzerlöse aller Mandanten
1994	WINES	-	-	-	-	-	-	-	-	-	-
1999	CRASWELL	-	-	ns.	-	-	-	-	-	-	-
2001	SHARMA/SIDHU	-	-	-	-	-	-	-	-	-	-
2001	SHARMA	-	-	-	-	ns.	-	-	-	-	-
2002	CRASWELL/STOKES/LAUGHTON	-	-	-	-	-	-	-	-	-	-
2011	YE/CARSON/SIMNETT	-	-	-	-	-	-	-	-	-	-
2000	REYNOLDS/FRANCIS	-	-	-	-	-	-	-	-	-	pos.
2002	DEFOND/RAGHUNANDAN/SUBRAMANYAM	ns.	ns.	ns.	-	ns.	ns.	ns.	ns.	-	-
2003	GEIGER/RAMA	pos./ns.	ns.	-	ns.	-	-	-	-	-	-
2008	ROBINSON	ns.	pos./ns.	-	-	ns.	pos./ns.	-	pos./ns.	-	-
2008	LIM/TAN	-	pos./ns.	pos.	-	-	-	-	-	-	-
2009	LI	-	-	-	-	ns.	-	ns.	-	-	-
2009	CALLAGHAN/PARKASH/SINGHAL	ns.	ns.	ns.	-	ns.	ns.	ns.	ns.	-	-
2013	BLAY/GEIGER	ns.	neg.	ns.	-	-	-	-	-	-	-
2014	KAO/LI/ZHANG	-	-	-	-	-	-	-	-	-	-
1999	LENNOX	-	ns.	-	-	-	-	-	-	-	-
2002	FIRTH	-	-	-	-	-	-	-	-	-	-
2008	BASIOUDIS/PAPAKONSTANTINOU/GEIGER	pos.	neg.	-	ns.	-	-	-	-	-	ns.
2002	VANSTRAELEN	-	-	-	-	-	-	-	-	neg.	-
2010	HOPE/LANGLI	pos./ns.	pos./ns.	pos./ns.	-	ns.	ns.	ns.	-	-	-
2013	RATZINGER/SAKEL	ns.	pos./ns.	-	pos./ns.	-	-	-	-	-	-

pos. = Signifikant positiver Einfluss; neg. = Signifikant negativer Einfluss; ns. = Kein signifikanter Einfluss

Tabelle 37: Zusammenfassung der Studien zur Unabhängigkeit in Verbindung mit der GCM Teil 1.

Jahr	Autor(en)	Zukünftige Prüfungshonorare	Zukünftige Nichtprüfungshonorare	Zukünftige Gesamthonorare	Prüfungshonorare / Bilanzsumme	Nichtprüfungshonorare / Bilanzsumme	Gesamthonorare / Bilanzsumme	Prüfungshonorare / Gesamthonorare aller Mandanten in der Stichprobe	Nichtprüfungshonorare / Gesamthonorare aller Mandanten in der Stichprobe	Gesamthonorar / Gesamthonorare aller Mandanten in der Stichprobe	Prüfungshonorare / Prüfungshonorare aller Mandanten in der Stichprobe	Nichtprüfungshonorare / Nichtprüfungshonorare aller Mandanten in der Stichprobe
1994	WINES	-	-	-	-	-	-	-	-	-	-	-
1999	CRASWELL	-	-	-	-	-	-	-	-	-	-	-
2001	SHARMA/SIDHU	-	-	-	-	-	-	-	-	-	-	-
2001	SHARMA	-	-	-	ns.	-	ns.	-	-	-	-	-
2002	CRASWELL/STOKES/LAUGHTON	-	-	-	-	-	-	-	-	-	-	-
2011	YE/CARSON/SIMNETT	-	-	-	-	-	-	-	-	-	-	-
2000	REYNOLDS/FRANCIS	-	-	-	-	-	-	-	-	pos.	-	-
2002	DEFOND/RAGHUNANDAN/SUBRAMANYAM	-	-	-	-	-	-	ns.	ns.	ns.	-	-
2003	GEIGER/RAMA	-	-	-	-	-	-	-	-	-	-	-
2008	ROBINSON	-	-	-	-	-	-	-	-	-	-	-
2008	LIM/TAN	-	-	-	-	-	-	-	pos./ns.	-	-	-
2009	LI	-	-	-	-	-	-	pos./ns.	ns.	pos./ns.	pos./ns.	ns.
2009	CALLAGHAN/PARKASH/SINGHAL	-	-	-	-	-	-	-	-	-	-	-
2013	BLAY/GEIGER	ns.	ns.	ns./neg.	-	-	-	-	-	-	-	-
2014	KAO/LI/ZHANG	-	-	-	-	-	-	-	-	pos./ns.	-	-
1999	LENNOX	-	-	-	-	-	-	-	-	-	-	-
2002	FIRTH	-	-	-	ns.	neg.	-	-	-	ns./neg.	-	-
2008	BASIOUDIS/PAPAKONSTANTINOU/GEIGER	-	-	-	-	-	-	-	-	ns.	-	-
2002	VANSTRAELEN	-	-	-	-	-	-	-	-	-	-	-
2010	HOPE/LANGLI	-	-	-	-	-	-	-	-	-	-	-
2013	RATZINGER/SAKEL	-	-	-	-	-	-	-	-	-	-	-

pos. = Signifikant positiver Einfluss; neg. = Signifikant negativer Einfluss; ns. = Kein signifikanter Einfluss.

Tabelle 38: Zusammenfassung der Studien zur Unabhängigkeit in Verbindung mit der GCM Teil 2.

6 Empirische Analyse der Unabhängigkeit anhand der GCM

6.1 Herleitung der Hypothesen

Der Abschlussprüfer wird vom Mandanten bezahlt. Mit steigender Entlohnung kann für den Prüfer der Anreiz entstehen, der potentiellen Einflussnahme durch den Mandanten nachzugeben. Daraus kann eine Gefahr für die Unabhängigkeit entstehen.[1369] Theoretisch wird dies durch das Modell von DEANGELO betrachtet. Darin entstehen Quasirenten, die im Wettbewerb um Erstprüfungsmandate eingesetzt werden.[1370] Handelt der Prüfer nicht im Sinne der Unternehmensleitung, kann diese mit der Beendigung des Mandats und mit dem Entzug der zukünftigen Quasirenten drohen.[1371] Bei privaten Unternehmen kann die Unabhängigkeit zusätzlich aufgrund sozialer Beziehungen durch die lokale Verankerung oder familienähnlichen Beziehungen stärker gefährdet sein als bei kapitalmarktorientierten Unternehmen.[1372] Für deutsche private Unternehmen kann die Gefährdung zusätzlich erhöht sein, da keine interne oder externe Rotationspflicht besteht,[1373] diese Unternehmen nicht dem Enforcement unterliegen[1374] und die Umsatzgrenze, ab der keine Prüfung durchgeführt werden darf, höher als bei kapitalmarktorientierten Unternehmen ist.[1375]

Der Bestätigungsvermerk fällt unmittelbar in den Verantwortungsbereich des Prüfers und ist ein direktes Kommunikationsmittel mit den Abschlussadressaten. Er beinhaltet die Entscheidung des Prüfers und wird eindeutig beobachtet. Ist dieser nicht korrekt, kann direkt auf einen Fehler des Abschlussprüfers geschlossen werden.[1376] Da der Inhalt des Bestätigungsvermerks von der Formulierungsentscheidung des Prüfers abhängig ist, kann darüber insbesondere die Unabhängigkeit analysiert werden.[1377] DEANGELO definiert Prüfungsqualität als die vom Markt bewertete Wahrscheinlichkeit, dass der Prüfer einen Ver-

---

[1369] Vgl. *Tepalagul/Lin*, Review, 2015, S. 103.

[1370] Vgl. *DeAngelo*, Low-Balling, 1981, S. 120.

[1371] Vgl. *Ostrowski/Söder*, Beratungsaufträgen, 1999, S. 558; *Stefani*, Abschlussprüfung, 2002, S. 115.

[1372] Vgl. *Langli/Svanström*, Private, 2014, S. 149.

[1373] Für den betrachteten Zeitraum besteht für Unternehmen von öffentlichem Interesse nach § 319a (1) S. 1 Nr. 4 HGB i.d.F. vor AReG die Pflicht zum Wechsel. Prüfungsgesellschaften können dies mit interner Rotation erfüllen. Einzelprüfer müssen das Mandat beenden. Durch Art. 17 der EU-VO 537/2014 bzw. § 318 (1a) HGB wurde für Unternehmen von öffentlichem Interesse eine externe Rotationspflicht implementiert.

[1374] Vgl. § 342b (2) HGB.

[1375] Vgl. § 319 (3) Nr. 5 HGB, der für private Unternehmen relevant ist. Vgl. § 319a (1) S. 1 Nr. HGB i.d.F. vor AReG bzw. Art. 4 (3) EU-VO 537/2014.

[1376] Vgl. *Robinson*, Tax, 2008, S. 32; *DeFond/Raghunandan/Subramanyam*, Fees, 2002, S. 1248; *DeFond/Zhang*, Auditing, 2014, S. 287.

[1377] Vgl. *Maccari-Peukert*, Externe, 2011, S. 100; *DeFond/Zhang*, Auditing, 2014, S. 287.

stoß in der Rechnungslegung entdeckt und berichtet.[1378] Da die Wahrscheinlichkeit der Berichterstattung durch die kritische Grundhaltung und die Unabhängigkeit bestimmt wird, sinkt mit zunehmender Abhängigkeit die Wahrscheinlichkeit für eine GCM.[1379]

Das Haftungsrisiko und das Risiko eines Reputationsverlustes wirken der Unabhängigkeitsgefährdung entgegen.[1380] Von einer besonderen Gefährdung kann ausgegangen werden, wenn diese Schutzmechanismen vergleichsweise niedrig sind. Dies kann bei privaten Unternehmen in Deutschland der Fall sein.[1381] Zum einen ist in Deutschland das Haftungsrisiko für den Abschlussprüfer im Vergleich zu angelsächsischen Ländern geringer.[1382] Nach dem „Liability Standard Index" von LA PORTA/LOPEZ-DE-SILANES/SHLEIFER ist eine Klage gegen den Abschlussprüfer in Deutschland am schwierigsten.[1383] Zum anderen kann für den Prüfer von privaten Unternehmen im Vergleich zu kapitalmarktorientierten Unternehmen das Risiko eines Reputationsverlustes geringer sein.[1384] Dies kann durch die geringere Aufmerksamkeit, die privaten Unternehmen im Vergleich zu kapitalmarktorientierten Unternehmen zuteilwird, begründet werden.[1385] Als Folge können Fehler weniger stark bekannt werden.[1386] Daher kann für den Prüfer in Deutschland, im Gegensatz zu den Analysen mit kapitalmarktorientierten Unternehmen bzw. den Analysen aus dem angelsächsischen Raum, insbesondere bei diesen Unternehmen der Anreiz entstehen, seine Unabhängigkeit bei hohen Honoraren aufzugeben.[1387] Zu berücksichtigen ist jedoch, dass bei privaten Unternehmen die Höhe der erzielten Honorare zu gering sein kann, um eine Gefährdung der Unabhängigkeit zu begründen.[1388] Weiterhin kann nicht ausgeschlossen werden, dass die Effekte aus Haftung und Reputation dennoch ausreichend sind, um der Unabhängigkeitsgefährdung entgegenzuwirken.

Empirisch beobachtet RATZINGER-SAKEL für Deutschland bei Prüfungshonoraren keine Indizien für die Gefährdung der Unabhängigkeit.[1389] Auch bei privaten Unternehmen in Norwegen zeigen HOPE/LANGLI keine Unabhängigkeitsgefährdung. Die Autoren führen an, dass dies im Einklang mit der Integrität des Abschlussprüfers steht.[1390]

Alternativ kann das höhere Honorar einen steigenden Prüfungsaufwand abbilden.[1391] Sowohl nach dem nationalen Prüfungsstandard IDW PS 270 als auch international nach IAS 570 ist der Prüfer verpflichtet, die Annahme der Unternehmensfortführung zu beurteilen. Umstände, die Zweifel an der Unternehmensfortführung hervorrufen, sind bereits in

---

[1378] Vgl. *DeAngelo*, Size, 1981, S. 186.

[1379] Vgl. *Craswell*, Independence, 1999, S. 31f.; *Knechel/Krishnan/Pevzner et al.*, Quality, 2013, S. 388.

[1380] Vgl. *DeFond/Raghunandan/Subramanyam*, Fees, 2002, S. 1248 und Kapitel 3.3.5 bzw. 3.3.6.

[1381] Vgl. für die nachfolgende Argumentation *Hope/Langli*, Low Litigation, 2010, S. 577ff.

[1382] Vgl. *Quick/Warming-Rasmussen*, Provision, 2009, S. 143f.; *Ratzinger-Sakel*, Germany, 2013, S. 130; *Krauß/Pronobis/Zülch*, Abnormal, 2015, S. 51.

[1383] Vgl. *La Porta/Lopez-De-Silanes/Shleifer*, Laws, 2006, S. 16. *Ratzinger-Sakel*, Germany, 2013, S. 130 führt diese Analyse trotz ihres länger zurückliegenden Untersuchungszeitraums an.

[1384] Vgl. *Hope/Langli*, Low Litigation, 2010, S. 578.

[1385] Vgl. *Clatworthy/Peel*, Effect, 2007; S. 173.

[1386] Vgl. *Cano-Rodríguez*, Private, 2010, S. 137.

[1387] Vgl. *Hope/Langli*, Low Litigation, 2010, S. 577ff. für eine ähnliche Argumentation.

[1388] Vgl. *Langli/Svanström*, Private, 2014, S. 149.

[1389] Vgl. *Ratzinger-Sakel*, Germany, 2013, S. 130.

[1390] Vgl. *Hope/Langli*, Low Litigation, 2010, S. 598.

[1391] Vgl. *Ratzinger-Sakel*, Germany, 2013, S. 136f.

der Prüfungsplanung zu berücksichtigen.[1392] Entstehen Bedenken, sind weitere Prüfungshandlungen, wie die Analyse der Unternehmensplanung, erforderlich.[1393] Weiterhin ist die Einschätzung der gesetzlichen Vertreter zur Going-Concern-Annahme zu beurteilen.[1394] Einer positiven Fortbestehensprognose kann sich der Prüfer anschließen, wenn nachhaltige Gewinne erzielt werden, das Unternehmen einen leichten Zugang zu finanziellen Mitteln hat und keine Anzeichen für eine Überschuldung vorliegen.[1395] Sind die Voraussetzungen nicht erfüllt, sind weitere Prüfungshandlungen, wie die Beurteilung der Prognoseverfahren bzw. die Analyse der vorgenommenen Annahmen, erforderlich.[1396] Weiterhin wird argumentiert, dass aufgrund der geringeren Kompetenzen bei privaten Unternehmen im Bereich des Rechnungswesens mehr Änderungen und Anpassungen im Prüfungsprozess erforderlich sind als bei kapitalmarktorientierten Unternehmen.[1397] Empirisch beobachten PRATT/STICE, dass eine der bedeutsamsten Determinanten für den Prüfungsaufwand die finanzielle Lage des Mandanten ist.[1398] BELL/LANDSMAN/SHACKELFORD zeigen, dass der Abschlussprüfer bei einem hohen Geschäftsrisiko des Mandanten die Anzahl der Prüfungsstunden erhöht.[1399]

Für den Prüfer kann bei bestandsgefährdenden Risiken ein höherer Prüfungsaufwand entstehen, der zu höheren Prüfungshonoraren und damit zu einem positiven Zusammenhang mit der Wahrscheinlichkeit einer GCM führen kann.[1400] Auch GEIGER/RAMA und BASIOUDIS/PAPAKONSTANTINOU/GEIGER beobachten in einzelnen Varianten ihrer Analyse einen positiven Zusammenhang.[1401] Für private Unternehmen zeigen dies in Teilen HOPE/ LANGLI.[1402]

Aufgrund der gegenläufigen Effekte aus Unabhängigkeitsgefährdung auf der einen Seite und Prüfungsaufwand, Haftungsrisiko bzw. Risiko eines Reputationsverlustes auf der anderen Seite wird die folgende ungerichtete Hypothese in ihrer Null-Norm aufgestellt:

> H_1: *Die Höhe der Prüfungshonorare hat keinen Einfluss auf die Wahrscheinlichkeit einer GCM bei privaten Unternehmen in finanziellen Schwierigkeiten.*

Eine weitere Gefahr für die Unabhängigkeit kann von den Nichtprüfungshonoraren ausgehen. Als Begründung wird angeführt, dass diese die ökonomischen und sozialen Bindungen nochmals verstärken.[1403] ANTLE kommt zu dem Ergebnis, dass der Prüfer eine Nutzensteigerung erzielt, wenn er seine Unabhängigkeit aufgibt und Seitenzahlungen annimmt, falls dies vom Eigner nicht antizipiert wird. Die Seitenzahlungen können in Form von

---

[1392] Vgl. *IDW PS 270*, Fortführung, Rn. 15.

[1393] Vgl. *Knechel/Salterio/Ballou*, Risk, 2007, S. 637; *Groß*, Teil 2, 2004, S. 1435.

[1394] Vgl. *IDW PS 270*, Fortführung, Rn. 19.

[1395] Vgl. *Lilienbecker/Link/Rabenhorst*, Beurteilung, 2009, S. 263; *IDW PS 270*, Fortführung, Rn. 21.

[1396] Vgl. *IDW PS 270*, Fortführung, Rn. 19.

[1397] Vgl. *Svanström*, Quality, 2013, S. 338.

[1398] Vgl. *Pratt/Stice*, Client, 1994, S. 655.

[1399] Vgl. *Bell/Landsman/Shackelford*, Perceived, 2001, S. 43.

[1400] Vgl. *Ratzinger-Sakel*, Germany, 2013, S. 136f.

[1401] Vgl. *Geiger/Rama*, Stressed, 2003, S. 62; *Basioudis/Papakonstantinou/Geiger*, Kingdom, 2008, S. 299.

[1402] Vgl. *Hope/Langli*, Low Litigation, 2010, S. 590.

[1403] Vgl. *Svanström*, Quality, 2013, S. 340.

Nichtprüfungshonoraren erfolgen.[1404] Ausgehend von DEANGELO zeigen Modellerweiterungen, dass bei Nichtprüfungshonoraren grundsätzlich die Höhe der Quasirenten ansteigt.[1405] Durch die hohe Profitabilität von Nichtprüfungsleistungen kann der Anreiz entstehen, höhere Risiken im Bereich der Prüfung einzugehen[1406] und den Ansichten der Unternehmensleitung zu folgen.[1407] Zudem können die stärkeren sozialen Bindungen aufgrund des mit der Beratungstätigkeit einhergehenden zunehmenden Kontaktes eine Gefahr für die Unabhängigkeit sein.[1408] Auch ist der Umfang an zulässigen Beratungsleistungen bei privaten Unternehmen höher, da die zusätzlichen Ausschlusstatbestände nach § 319a HGB nicht zur Anwendung kommen.

Analog zu den Prüfungshonoraren können bei den Nichtprüfungshonoraren das im Vergleich zu kapitalmarktorientierten Unternehmen bzw. zum angelsächsischen Raum geringere Haftungsrisiko und das niedrigere Risiko eines Reputationsverlustes von privaten Unternehmen in Deutschland die Unabhängigkeitsgefährdung begünstigen.[1409] Dennoch besteht die Möglichkeit, dass die beiden Effekte ausreichend sind, um der Gefährdung entgegenzuwirken. Auch bei den Nichtprüfungsleistungen in privaten Unternehmen können die ökonomischen Anreize im Vergleich zu kapitalmarktorientierten Unternehmen aufgrund der niedrigeren Honorare geringer sein.[1410]

Empirisch zeigen BASIOUDIS/PAPAKONSTANTINOU/GEIGER und BLAY/GEIGER für kapitalmarktorientierte Unternehmen einen negativen Zusammenhang.[1411] Begründet durch das Haftungsrisiko und das Risiko eines Reputationsverlustes, finden GEIGER/RAMA und DEFOND/RAGHUNANDAN/SUBRAMANYAM keinen Zusammenhang.[1412] Auch RATZINGER-SAKEL beobachtet für Deutschland insgesamt keinen Einfluss.[1413]

Knowledge Spillovers können einen positiven Einfluss auf die Prüfungsqualität haben. Da Prüfung und Beratung ähnliche Informationen und Qualifikationen benötigen, können die Erkenntnisse aus den Nichtprüfungsleistungen eine wichtige Grundlage für die Prüfung sein und zu einer präziseren Einschätzung beitragen.[1414] Greift das Unternehmen bei der Früherkennung und der Bewältigung von Unternehmenskrisen auf die Erfahrungen des Abschlussprüfers zurück, kann dieser in die Lage versetzt werden, zielgerichteter die Risiken für die Unternehmensfortführung zu identifizieren.[1415] Aufgrund der schwächeren Regulierung von Nichtprüfungsleistungen bei privaten Unternehmen[1416] steht diesen Unternehmen eine größere Auswahl an Beratungsleistungen offen.

[1404] Vgl. *Antle*, Independence, 1984, S. 14ff.

[1405] Vgl. ausführlich Kapitel 3.2.4; Im Modell von *Beck/Frecka/Solomon*, Knowledge, 1988, gilt dies nicht in jedem Fall.

[1406] Vgl. *Beck/Frecka/Solomon*, Knowledge, 1988, S. 50.

[1407] Vgl. *Frankel/Johnson/Nelson*, Relation, 2002, S. 74.

[1408] Vgl. *Svanström*, Quality, 2013, S. 340.

[1409] Vgl. *Hope/Langli*, Low Litigation, 2010, S. 578; *Ratzinger-Sakel*, Germany, 2013, S. 130; *Krauß/Pronobis/Zülch*, Abnormal, 2015, S. 51.

[1410] Vgl. *Svanström*, Quality, 2013, S. 340.

[1411] Vgl. *Basioudis/Papakonstantinou/Geiger*, Kingdom, 2008, S. 299; *Blay/Geiger*, Independence, 2013, S. 597.

[1412] Vgl. *DeFond/Raghunandan/Subramanyam*, Fees, 2002, S. 1271f.; *Geiger/Rama*, Stressed, 2003, S. 66.

[1413] Vgl. *Ratzinger-Sakel*, Germany, 2013, S. 147 - 150.

[1414] Vgl. *Arrunada*, Provision, 1999, S. 514.

[1415] Vgl. *Emmerich*, Grundlage, 1988, S. 643.

[1416] Vgl. *Dedman/Kausar/Lennox*, Evidence, 2014, S. 21 und Kapitel 3.3.2.

SVANSTRÖM/SUNDGREN, die kleine und mittelgroße Unternehmen in Schweden befragen, zeigen, dass besonders prüfungsnahe Beratungsleistungen nachgefragt werden.[1417] Dies kann Knowledge Spillovers begünstigen.[1418] Weiterhin werden private Unternehmen aufgrund der geringeren Größe von kleineren Prüfungsteams betreut, sodass gewonnene Spilloverefekte aus der Beratung einfacher auf die Prüfung übertragen werden können.[1419]

ROBINSON beobachtet für kapitalmarktorientierte Unternehmen einen positiven Einfluss bei Steuerberatungsleistungen.[1420] Für private Unternehmen stellen HOPE/LANGLI in den Jahren 1997 - 2002 einen signifikant positiven Zusammenhang fest.[1421] Auch SVANSTRÖM beobachtet für private Unternehmen mit steigenden Nichtprüfungshonoraren eine höhere Prüfungsqualität, gemessen über die diskretionären Periodenabgrenzungen.[1422] Aufgrund der gegenläufigen Effekte aus Unabhängigkeitsgefährdung auf der einen Seite und Knowledge Spillovers, Haftungs- und Reputationsrisiko auf der anderen Seite lautet die Null-Hypothese:

> H_2: *Die Höhe der Nichtprüfungshonorare hat keinen Einfluss auf die Wahrscheinlichkeit einer GCM bei privaten Unternehmen in finanziellen Schwierigkeiten.*

ASHBAUGH/LAFOND/MAYHEW argumentieren, dass die Gesamthonorare am zutreffendsten die ökonomische Abhängigkeit im Einklang mit DEANGELO abbilden.[1423] Analog zu Prüfungs- und Nichtprüfungshonoraren können gegensätzliche Effekte vorhanden sein. Es wird die folgende ungerichtete Null-Hypothese formuliert:

> H_3: *Die Höhe der Gesamthonorare hat keinen Einfluss auf die Wahrscheinlichkeit einer GCM bei privaten Unternehmen in finanziellen Schwierigkeiten.*

Die Unabhängigkeit kann durch Honorare in ungewöhnlicher Höhe beeinflusst sein.[1424] Es wird argumentiert, dass die tatsächlichen Prüfungshonorare aus zwei Bestandteilen bestehen.[1425] Die normalen Honorare, die z.B. von der Größe, Komplexität oder dem Risiko determiniert werden, und die abnormalen Honorare, die von der spezifischen Prüfer-Mandanten-Beziehung bestimmt werden.[1426]

[1417] Vgl. *Svanström/Sundgren*, Demand, 2012, S. 63.

[1418] Vgl. *Svanström*, Quality, 2013, S. 337.

[1419] Vgl. *Svanström*, Quality, 2013, S. 338; *Langli/Svanström*, Private, 2014, S. 149.

[1420] Vgl. *Robinson*, Tax, 2008, S. 45f.

[1421] Vgl. *Hope/Langli*, Low Litigation, 2010, S. 590f. Für die Jahre 2001 - 2002 ist der Zusammenhang nicht signifikant.

[1422] Vgl. *Svanström*, Quality, 2013, S. 337.

[1423] Vgl. *Ashbaugh/LaFond/Mayhew*, Independence, 2003, S. 614.

[1424] Vgl. *DeFond/Raghunandan/Subramanyam*, Fees, 2002, S. 1264.

[1425] Vgl. *Eshleman/Guo*, Importance, 2014, S. 118, die anmerken, dass die Honorare korrekterweise aus den Bestandteilen normale Honorare, abnormales Honorar und Fehlerterm bestehen.

[1426] Vgl. *Choi/Kim/Zang*, Impair, 2010, S. 115f.

Für einen negativen Zusammenhang mit einer GCM wird angeführt, dass die abnormalen Prüfungshonorare eher Bestechungsversuche des Mandanten abbilden oder die mandantenspezifischen Quasirenten nach DEANGELO[1427] widerspiegeln.[1428] Sind die Prüfungshonorare abnormal hoch, kann die Gefahr entstehen, dass der Prüfer seine Unabhängigkeit aufgibt, da er den Nutzen aus dem Mandat höher einschätzt als die Kosten aus dem Klagerisiko bzw. dem Risiko eines Reputationsverlustes.[1429] CHOI/KIM/ZANG und ASTHANA/BOONE zeigen eine abnehmende Prüfungsqualität bei steigenden positiven abnormalen Prüfungshonoraren.[1430] Erzielt der Prüfer ein abnormal niedriges Honorar, überwiegt der Nutzen nicht die erwarteten Kosten und es kann angenommen werden, dass der Abschlussprüfer nicht bereit ist, seine Unabhängigkeit aufzugeben.[1431]

Ein positiver Zusammenhang von abnormalen Prüfungshonoraren und einer GCM kann aus dem Prüfungsaufwand abgeleitet werden. Bei der Ermittlung der abnormalen Prüfungshonorare wird teilweise der normale Prüfungsaufwand kontrolliert.[1432] Damit können in den abnormalen Prüfungshonoraren private Informationen über das Unternehmen enthalten sein[1433] und diese den über den unter normalen Verhältnissen zu erwartenden abnormalen Prüfungsaufwand widerspiegeln.[1434] Dies kann für die Analyse im Bereich der GCM von Bedeutung sein, da die Einschätzung eine der komplexesten Aufgaben des Abschlussprüfers ist.[1435] Sind die Prüfungshonorare abnormal niedrig, kann dies die Reaktion des Prüfers in Form eines geringeren Prüfungsaufwands, z.B. durch den Einsatz von weniger erfahrenem Personal, abbilden.[1436] Empirisch finden BLANKLEY/HURTT/MACGREGOR Hinweise für diesen Zusammenhang anhand der Wahrscheinlichkeit für zukünftige Restatements.[1437]

Eine alternative Interpretation von negativen abnormalen Prüfungshonoraren ist, dass diese eine starke Verhandlungsmacht auf Seiten des Mandanten anzeigen.[1438] BARNES beobachtet, dass mit steigender Verhandlungsmacht die Prüfungsqualität sinken kann.[1439] HATFIELD/AGOGLIA/SANCHEZ kommen zu dem Ergebnis, dass der Einfluss der Verhandlungsmacht von der Verhandlungsstrategie des Abschlussprüfers abhängig ist. Dabei sind Strategien vorhanden, die zu einer konservativeren Rechnungslegung führen.[1440] Daher

---

[1427] Vgl. *DeAngelo*, Low-Balling, 1981.
[1428] Vgl. *Kinney/Libby*, Discussion, 2002, S. 109f.; *Choi/Kim/Zang*, Impair, 2010, S. 118.
[1429] Vgl. *Krauß/Pronobis/Zülch*, Abnormal, 2015, S. 49.
[1430] Vgl. *Choi/Kim/Zang*, Impair, 2010, S. 137.
[1431] Vgl. *Krauß/Pronobis/Zülch*, Abnormal, 2015, S. 49.
[1432] Vgl. *Hope/Langli*, Low Litigation, 2010, S. 589.
[1433] Vgl. *Hribar/Kravet/Wilson*, Measure, 2014, S. 508.
[1434] Vgl. *Lobo/Zhao*, Effort, 2013, S. 1393.
[1435] Vgl. *Knechel/Salterio/Ballou*, Risk, 2007, S. 634.
[1436] Vgl. *Eshleman/Guo*, Importance, 2014, S. 120f.; *Blankley/Hurtt/MacGregor*, Abnormal, 2012, S. 82.
[1437] Vgl. *Blankley/Hurtt/MacGregor*, Abnormal, 2012, S. 93.
[1438] Vgl. *Asthana/Boone*, Quality, 2012, S. 4; *Krauß/Pronobis/Zülch*, Abnormal, 2015, S. 49f.
[1439] Vgl. *Barnes*, Mislead, 2004, S. 435 - 437.
[1440] Vgl. *Hatfield/Agoglia/Sanchez*, Client, 2008, S. 1183f.

kann der Effekt davon abhängig sein, ob es dem Prüfer gelingt, die höhere Verhandlungsmacht des Mandanten abzuschwächen.[1441] Empirisch beobachten ASTHANA/BOONE mit steigenden negativen abnormalen Prüfungshonoraren eine steigende Bilanzpolitik und eine höhere Wahrscheinlichkeit, die Erwartungen von Analysten zu erfüllen oder zu übertreffen.[1442]

Da sowohl Argumente für einen positiven als auch für einen negativen Zusammenhang vorhanden sind, ist der Einfluss von abnormalen Prüfungshonoraren auf die Wahrscheinlichkeit einer GCM eine empirische Fragestellung.[1443] Insgesamt wird in den Studien mit GCM kein signifikanter Zusammenhang festgestellt.[1444] Auch die Analyse von HOPE/LANGLI mit privaten Unternehmen und die Untersuchung von RATZINGER-SAKEL für Unternehmen in Deutschland beobachten keinen Zusammenhang.[1445] Es wird die folgende ungerichtete Hypothese (in Nullform) getestet:

H_4: *Die Höhe der abnormalen Prüfungshonorare hat keinen Einfluss auf die Wahrscheinlichkeit einer GCM bei privaten Unternehmen in finanziellen Schwierigkeiten.*

Für die abnormalen Nichtprüfungshonorare wird ein negativer Zusammenhang mit einer GCM daraus abgeleitet, dass diese eher die Quasirenten nach DEANGELO oder Bestechungsversuche abbilden.[1446] Unternehmen in finanziellen Schwierigkeiten können aufgrund ihrer Lage in höherem Umfang spezifische Nichtprüfungsleistungen nachfragen, die nicht durch das Modell für die Nichtprüfungshonorare erfasst werden. Resultieren dadurch positive Effekte auf die Prüfung, kann dies einen positiven Einfluss auf die Prüfungsqualität begründen.[1447] Wiederum können Haftungs- und Reputationsrisiken einer Gefährdung der Unabhängigkeit entgegenwirken. Dies ist auch in der Analyse von RUDDOCK/TAYLOR/TAYLOR die Erklärung für den fehlenden Einfluss der abnormalen Nichtprüfungshonorare.[1448] Für Deutschland findet RATZINGER-SAKEL bei kapitalmarktorientierten Unternehmen keinen Zusammenhang.[1449] Auch bei privaten Unternehmen sehen HOPE/LANGLI keinen signifikanten Einfluss.[1450] Empirisch wird die nachfolgende Null-Hypothese analysiert:

H_5: *Die Höhe der abnormalen Nichtprüfungshonorare hat keinen Einfluss auf die Wahrscheinlichkeit einer GCM bei privaten Unternehmen in finanziellen Schwierigkeiten.*

[1441] Vgl. *Asthana/Boone*, Quality, 2012, S. 3.

[1442] Vgl. *Asthana/Boone*, Quality, 2012, S. 2.

[1443] Vgl. *Asthana/Boone*, Quality, 2012, S. 3; *Eshleman/Guo*, Importance, 2014, S. 120.

[1444] Vgl. Kapitel 5.5.

[1445] Vgl. *Hope/Langli*, Low Litigation, 2010, S. 590f.; *Ratzinger-Sakel*, Germany, 2013, S. 151f.

[1446] Vgl. *Kinney/Libby*, Discussion, 2002, S. 109f. mit Ausführungen allgemein zur Prüfungsqualität.

[1447] Vgl. *Higgs/Skantz*, Market, 2006, S. 4.

[1448] Vgl. *Ruddock/Taylor/Taylor*, Nonaudit, 2006, S. 701.

[1449] Vgl. *Ratzinger-Sakel*, Germany, 2013, S. 152.

[1450] Vgl. *Hope/Langli*, Low Litigation, 2010, S. 590f.

In den abnormalen Gesamthonoraren sind die gegensätzlichen Effekte von abnormalen Prüfungs- und Nichtprüfungshonoraren enthalten. Daher wird als Null-Hypothese getestet:

H_6:   *Die Höhe der abnormalen Gesamthonorare hat keinen Einfluss auf die Wahrscheinlichkeit einer GCM bei privaten Unternehmen in finanziellen Schwierigkeiten.*

Gibt der Prüfer seine Unabhängigkeit auf, muss er den Erhalt eines Mandanten gegen den möglichen Verlust der anderen Mandanten abwägen. Andere Quasirenten wirken daher der Unabhängigkeitsgefährdung entgegen.[1451] Die Abhängigkeit des Prüfers von im Vergleich zu anderen Mandanten besonders bedeutsamen Unternehmen kann die Unabhängigkeit gefährden.[1452] REYNOLDS/FRANCIS zeigen jedoch mit steigender relativer Bedeutung eines Mandanten abnehmende diskretionäre Periodenabgrenzungen und eine steigende Wahrscheinlichkeit einer GCM. Sie erklären dies mit den höheren Reputations- und Klagerisiken bei großen Mandanten, die den Prüfer zu einem konservativeren Verhalten bewegen.[1453] Daher wird die folgende Null-Hypothese formuliert:

H_7:   *Die ökonomische Abhängigkeit des Abschlussprüfers von bedeutsamen Mandanten hat keinen Einfluss auf die Wahrscheinlichkeit einer GCM bei privaten Unternehmen in finanziellen Schwierigkeiten.*

Die Höhe des relativen Anteils der Nichtprüfungshonorare kann eine Gefahr für die Unabhängigkeit sein.[1454] Dies wird daraus abgeleitet, dass der Prüfer bei einem höheren Anteil an lukrativen Nichtprüfungshonoraren eher bereit ist, den Ansichten der Unternehmensführung zu folgen.[1455] Auch aus regulatorischer Sicht wird ein hoher Honoraranteil von bestimmten Nichtprüfungsleistungen als potentielle Gefahr gesehen.[1456] Das Verhältnis kann jedoch kritisch gesehen werden, da es nicht die ökonomische Bedeutung eines Mandanten für den Abschlussprüfer, sondern die Wahrnehmung der externen Adressaten abbildet.[1457] Die empirischen Ergebnisse sind differenziert. Während ein Teil der Studien einen signifikant negativen Zusammenhang beobachtet, findet der andere Teil keinen oder einen positiven Einfluss.[1458] Um die Vergleichbarkeit mit vorangehenden Arbeiten zu ermöglichen, betrachtet auch diese Analyse die relativen Nichtprüfungshonorare. Da eine

---

[1451] Vgl. *DeAngelo*, Size, 1981, S. 190ff.

[1452] Vgl. *Li*, Office, 2009, S. 207.

[1453] Vgl. *Reynolds/Francis*, Size, 2000, S. 394 - 397. Vgl. für private Unternehmen ausführlich Kapitel 3.3.5 und Kapitel 3.3.6.

[1454] Vgl. *Wines*, Note, 1994, S. 77; *DeFond/Raghunandan/Subramanyam*, Fees, 2002, S. 1249.

[1455] Vgl. *Basioudis/Papakonstantinou/Geiger*, Kingdom, 2008, S. 302.

[1456] Vgl. *EU*, 537/2014, Art. 4 (2). Die Regelung gilt nur für kapitalmarktorientierte Unternehmen; *Basioudis/ Papakonstantinou/Geiger*, Kingdom, 2008, S. 302.

[1457] Vgl. *Ashbaugh/LaFond/Mayhew*, Independence, 2003, S. 614.

[1458] Vgl. Kapitel 5.5.

konservativere Haltung des Prüfers aufgrund von Haftungs- und Reputationsrisiken nicht ausgeschlossen werden kann, wird die folgende Hypothese in ihrer Null-Form untersucht:

H_8: *Der relative Anteil der Nichtprüfungshonorare hat keinen Einfluss auf die Wahrscheinlichkeit einer GCM bei privaten Unternehmen in finanziellen Schwierigkeiten.*

6.2 Verwendete Datenquellen

Die Identifikation der GCM-Unternehmen erfolgt mit dem in Kapitel 4.3 beschriebenen Vorgehen. Informationen zu Prüfungs- und Nichtprüfungshonoraren liegen für deutsche private Unternehmen nicht in Datenbanken vor. Daher werden diese aus den Konzernabschlüssen der Unternehmen erhoben. Zudem werden der operative Cashflow und der Tag des Bestätigungsvermerkes aus den Abschlüssen ermittelt. Für die Analyse wird der Bestätigungsvermerk aus dem Vorjahr benötigt. Um sicher zu gehen, dass eine hohe Anzahl an modifizierten Bestätigungsvermerken erfasst und auch im Vorjahr eine zutreffende Abgrenzung der modifizierten Bestätigungsvermerke erfolgt, wird für jedes in die Analyse eingehende Unternehmen der Vorjahresabschluss ermittelt und der Bestätigungsvermerk durchgesehen. Alle weiteren Unternehmensinformationen stammen aus der Datenbank DAFNE.

6.3 Beschreibung von Grundgesamtheit, Untersuchungsgruppe und Kontrollgruppen

Das BilMoG verpflichtet alle Kapital- und Personengesellschaften i.S.von § 264a HGB zum Honorarausweis für nach dem 31.12.2008 beginnende (Rumpf-) Geschäftsjahre. Daher beginnt die Untersuchung ab 2009.[1459] Die Analyse endet aufgrund der mangelnden Datenverfügbarkeit zum Erhebungszeitpunkt im Jahr 2012. Es werden ausschließlich Konzernabschlüsse betrachtet. Die Herleitung der Stichprobe baut auf der in Kapitel 4.3 durchgeführten deskriptiven Analyse mit 763 GCM auf.[1460]

Für 33 Beobachtungen ist kein Konzernabschluss in DAFNE enthalten. Durch die Einschränkung auf private Unternehmen werden 158 Beobachtungen ausgeschlossen. Die Analyse wird auf inländische Kapitalgesellschaften und nach § 264a HGB gleichgestellte inländische Personenhandelsgesellschaften beschränkt, da nur für diese die Honorarausweispflicht besteht. Stiftungen, Vereine und gemeinnützige Gesellschaften werden nicht betrachtet. Dies führt zum Ausschluss von 27 Beobachtungen. Da eine manuelle Erhebung

---

[1459] Die Abgrenzung der Geschäftsjahre erfolgt nach der DAFNE-Datenbank. Wird der Abschluss auf den 31.03 eines Jahres aufgestellt, weist DAFNE als Geschäftsjahr das vorangehende Kalenderjahr aus. Endet das Geschäftsjahr nach dem 31.03., wird das aktuelle Kalenderjahr als Geschäftsjahr herangezogen.

[1460] Vgl. auch Kapitel 4.3 für herangezogene Kriterien, die für eine GCM vorliegen müssen.

	2009	2010	2011	2012	Summe
GC-Hinweise	210	176	180	183	749
+GC-Einschränkungen	1	0	2	1	4
+GC-Versagungen	3	3	4	0	10
=GCM	214	179	186	184	763
- kein Konzernabschluss in DAFNE vorhanden	9	11	9	4	33
- Einschränkung auf private Unternehmen	49	31	39	39	158
- Beschränkung auf inländische Kapitalgesellschaften und gleichgestellte inländische Personenhandelsgesellschaften sowie Ausschluss von Stiftungen, Vereinen und gemeinnützigen Gesellschaften	9	6	5	7	27
- ohne Bilanzsumme und Wirtschaftsprüfer im aktuellen und vorangegangenen Wirtschaftsjahr	53	45	28	38	164
- abweichende Länge des Wirtschaftsjahres	1	1	1	0	3
- Finanzdienstleister (SIC 6000 - 6999)	15	17	17	18	67
- keine Datenverfügbarkeit für die Modelle	27	16	15	8	66
=Untersuchungsgruppe mit GCM	51	52	72	70	245

Tabelle 39: Zusammensetzung der Untersuchungsgruppe mit GCM.

bestimmter Informationen aus den Abschlüssen erforderlich ist, werden 164 Beobachtungen ausgeschlossen, welche die Mindestanforderungen an die Datenverfügbarkeit, d.h. Bilanzsumme und Wirtschaftsprüfer im aktuellen und vorherigen Wirtschaftsjahr, nicht erfüllen. Auch gehen drei Beobachtungen mit abweichender Länge des Wirtschaftsjahres nicht in die Untersuchung ein.

Der Ausschluss bestimmter Branchen erfolgt anhand der SIC-Codes. Mit den ursprünglichen SIC-Codes aus der Datenbank zeigt sich, dass 108 Unternehmen (46,35% der Stichprobe) einen SIC-Code von 67 (Holdings und andere Investmentgesellschaften) und 17 Unternehmen (7,30% der Stichprobe) einen SIC-Code von 73 (Kommerzielle Dienstleistungen) aufweisen. Eine Durchsicht dieser Konzernabschlüsse ergibt, dass diese zumeist nicht die operative Branche des gesamten Konzerns sind. Um diese zu bestimmen, werden die SIC-Codes der Nebentätigkeiten aus der Datenbank herangezogen. Ist damit der operative Teil des Konzerns nicht zu ermitteln, wird für jedes Mutterunternehmen anhand der Tochterunternehmen die Branche mit den höchsten Umsatzerlösen bestimmt und deren SIC-Code verwendet. Sind keine Umsatzerlöse verfügbar, werden die Haupttätigkeiten der Tochterunternehmen auf Basis der Bilanzsummen ermittelt. Mit diesen SIC-Codes werden 67 Finanzdienstleister (SIC-Code 6.000 - 6999) von der Untersuchung ausgeschlossen, da sie nur eingeschränkt mit Industrieunternehmen vergleichbar sind.[1461] Zuletzt werden 66 Beobachtungen nicht berücksichtigt, da die Daten für die Modelle nicht vorliegen. Die Untersuchungsgruppe besteht aus 245 Beobachtungen, die sich mit 51 im Jahr 2009, 52 im Jahr 2010, 72 im Jahr 2011 und 70 im Jahr 2012 über den Untersuchungszeitraum verteilen und 153 unterschiedliche Unternehmen umfasst. Alle GCM in der Untersuchungsgruppe sind Hinweise. Kein Unternehmen erhält eine GCM mit Einschränkung oder Versagung.

[1461] Vgl. *Lim/Tan*, Auditor Specialization, 2008, S. 206; *Hope/Langli*, Low Litigation, 2010, S. 581.

RATZINGER-SAKEL verwendet für ihre erste Kontrollgruppe von Unternehmen in finanziellen Schwierigkeiten die von ADAM[1462] mit einer Umfrage ermittelten Kriterien.[1463] Auch die hier durchgeführte Analyse verwendet diese. Die Tabelle 40 zeigt die Herleitung der Kontrollgruppe (nachfolgend Kontrollgruppe nach RATZINGER-SAKEL genannt).

Ausgehend von den 9.397 verfügbaren Konzernabschlüssen in DAFNE, erfolgt durch den Ausschluss von 1.025 Unternehmen die Einschränkung auf 8.372 private Unternehmen. Analog zu den GCM-Unternehmen, wird die Kontrollgruppe auf inländische Kapitalgesellschaften und nach § 264a HGB gleichgestellte inländische Personenhandelsgesellschaften beschränkt. Stiftungen, Vereine bzw. gemeinnützige Gesellschaften werden ausgeschlossen (465 Unternehmen). Weiterhin müssen die Bilanzsumme und der Wirtschaftsprüfer im aktuellen und vorangehenden Wirtschaftsjahr verfügbar sein (Ausschluss von 3.864 Unternehmen). Bei 4.043 Unternehmen bzw. 12.044 Beobachtungen sind diese Anforderungen erfüllt. Anschließend werden 994 Beobachtungen mit modifizierten Vermerken aus der Kontrollgruppe ausgeschlossen.

	2009	2010	2011	2012	Gesamt
Unternehmen mit Konzernabschlüssen in DAFNE			9.397		
- Einschränkung auf private Unternehmen			1.025		
- Beschränkung auf inländische Kapitalgesellschaften und gleichgestellte inländische Personenhandelsgesellschaften sowie Ausschluss von Stiftungen, Vereinen und gemeinnützigen Gesellschaften			465		
- ohne Daten zur Bilanzsumme und zum Wirtschaftsprüfer im aktuellen und vorangegangenen Wirtschaftsjahr			3.864		
=Unternehmen mit Mindestanforderungen in DAFNE			4.043		
- Beobachtungen mit Mindestanforderungen in DAFNE	2.794	2.986	3.097	3.167	12.044
- modifizierte Vermerke	254	256	260	224	994
- ohne Daten zu Working Capital, Eigenkapital, EBIT des Vorjahres und Jahresüberschuss des Vorjahres	11	37	14	12	74
- keine finanziellen Schwierigkeiten	1.879	1.788	2.157	2.269	8.093
- abweichende Länge des Wirtschaftsjahres	2	2	1	2	7
- Finanzdienstleister (SIC 6.000 - 6.999)	99	157	114	102	472
- keine Datenverfügbarkeit für die Modelle	172	136	84	91	483
=Kontrollunternehmen nach RATZINGER-SAKEL	377	610	467	467	1.921

Tabelle 40: Herleitung der Kontrollgruppe nach RATZINGER-SAKEL.

[1462] Vgl. *Adam*, Prinzip, 2007. Vgl. *Ratzinger-Sakel*, Germany, 2013, S. 137, die sich auf die von *Adam* ermittelten Kriterien bezieht.

[1463] Vgl. *Ratzinger-Sakel*, Germany, 2013, S. 138. Die zweite Kontrollgruppe ist an die Kriterien von *Blay/Geiger*, Independence, 2013, S. 585 angelehnt.

Es werden nur Unternehmen in finanziellen Schwierigkeiten betrachtet. In Anlehnung an RATZINGER-SAKEL liegen diese vor, wenn eines der folgenden Merkmale erfüllt ist:[1464]

- negatives Eigenkapital,
- negatives Working Capital,
- negativer EBIT im Vorjahr oder
- negativer Konzernjahresüberschuss im Vorjahr.

RATZINGER-SAKEL berücksichtigt zusätzlich Unternehmen, die einen negativen operativen Cashflow besitzen. Aufgrund der mangelnden Datenverfügbarkeit wird dieses Kriterium nicht verwendet. Es liegen bei 74 Beobachtungen die Daten für die Abgrenzung der finanziellen Schwierigkeiten nicht vor. Insgesamt 8.093 Beobachtungen sind nicht in finanziellen Schwierigkeiten. Weiterhin werden sieben Beobachtungen mit einer abweichenden Länge des Wirtschaftsjahres ausgeschlossen.

Für die Ermittlung der Branchen resultiert das gleiche Problem wie bei den GCM-Unternehmen. Es weisen, bezogen auf die ursprünglich in DAFNE angegebenen SIC-Codes, 49,88% der Unternehmen einen SIC-Code von 67 und 8,58% der Unternehmen einen SIC-Code von 73 aus. Daher wird das bereits beschriebene Verfahren verwendet und auf dieser Basis 472 Beobachtungen ausgeschlossen.

In die Analyse gehen 483 Beobachtungen aufgrund von mangelnder Datenverfügbarkeit nicht ein. Die Kontrollunternehmen umfassen 1.921 Beobachtungen (377 für 2009, 610 für 2010, 467 für 2011 und 467 für 2012) von 1.129 unterschiedlichen Unternehmen.

Als zusätzliche Abgrenzung werden die Kriterien nach BLAY/GEIGER für Unternehmen in starken finanziellen Schwierigkeiten verwendet. Nach den Autoren werden mit dieser Vergleichsgruppe Unternehmen betrachtet, die mit hoher Wahrscheinlichkeit für eine GCM in Frage kommen, diese jedoch nicht erhalten haben.[1465] Auch RATZINGER-SAKEL nimmt in der Abgrenzung des „strikt control sample"[1466] auf die Kriterien nach BLAY/GEIGER Bezug. Die Tabelle 41 stellt die Herleitung der Kontrollunternehmen dar (nachfolgend Kontrollunternehmen nach BLAY/GEIGER genannt).

Analog erfolgt, ausgehend von allen Konzernabschlüssen in DAFNE (9.397 Unternehmen), die Einschränkung auf private Unternehmen und inländische Kapitalgesellschaften bzw. gleichgestellte inländische Personenhandelsgesellschaften nach § 264a HGB. Es werden dieselben Mindestanforderungen an die Datenverfügbarkeit gestellt wie bei der Kontrollgruppe nach RATZINGER-SAKEL und nur Unternehmen betrachtet, deren Bestätigungsvermerk ohne Modifikation ist. Dies führt zu insgesamt 11.050 Beobachtungen.

[1464] Vgl. *Ratzinger-Sakel*, Germany, 2013, S. 138.
[1465] Vgl. *Blay/Geiger*, Independence, 2013, S. 585f.
[1466] *Ratzinger-Sakel*, Germany, 2013, S. 138.

Unternehmen mit Konzernabschlüssen in DAFNE		9.397			
- Einschränkung auf private Unternehmen		1.025			
- Beschränkung auf inländische Kapitalgesellschaften und gleichgestellte inländische Personenhandelsgesellschaften sowie Ausschluss von Stiftungen, Vereinen und gemeinnützigen Gesellschaften		465			
- ohne Daten zur Bilanzsumme und zum Wirtschaftsprüfer im aktuellen und vorangegangenen Wirtschaftsjahr		3.864			
=Unternehmen mit Mindestanforderungen in DAFNE		4.043			
	2009	2010	2011	2012	Gesamt
Beobachtungen mit Mindestanforderungen in DAFNE	2.794	2.986	3.097	3.167	12.044
- modifizierte Vermerke	254	256	260	224	994
- keine Daten zum Jahresüberschuss	11	9	12	13	45
- Beschränkung auf negativen Jahresüberschuss	1.871	2.220	2.373	2.335	8.799
- kein Abschluss verfügbar	4	6	9	7	26
- keine Daten zum operativen Cashflow	13	12	3	4	32
- Beschränkung auf negativen operativen Cashflow	491	332	315	424	1.562
- abweichende Länge des Wirtschaftsjahres	0	1	0	0	1
- Finanzdienstleister (SIC 6.000 - 6.999)	18	25	24	23	90
- keine Datenverfügbarkeit für die Modelle	45	20	10	24	99
=Kontrollunternehmen nach BLAY/GEIGER	87	105	91	113	396

Tabelle 41: Herleitung der Kontrollgruppe nach BLAY/GEIGER.

Nach BLAY/GEIGER liegen starke finanzielle Schwierigkeiten vor, wenn die folgenden zwei Kriterien gemeinsam erfüllt sind:[1467]

- negativer Jahresüberschuss und
- negativer operativer Cashflow.

Informationen zum operativen Cashflow enthält die Datenbank nicht. Daher wird eine Abgrenzung anhand des Jahresüberschusses durchgeführt. Für 45 Beobachtungen liegen hierzu keine Informationen vor. Bei 8.799 Beobachtungen ist der Jahresüberschuss nicht negativ. Für die verbleibenden Beobachtungen wird der operative Cashflow händisch erhoben, wobei für 26 Beobachtungen kein Abschluss gefunden wird. In 32 Fällen enthält der Abschluss keine Informationen zum operativen Cashflow. Die Beschränkung auf Beobachtungen mit einem negativen operativen Cashflow reduziert die Anzahl der Beobachtungen um 1.562. In einem Fall ist die Länge des Wirtschaftsjahres abweichend.

Für die Ermittlung der Branchen besteht die beschriebene Problematik (48,00% der Unternehmen mit SIC-Code 67 und 8,03% der Unternehmen mit SIC-Code 73). Die SIC-Codes werden daher neu ermittelt. Auf dieser Basis werden 90 Beobachtungen ausgeschlossen. Weitere 99 Beobachtungen gehen wegen fehlender Daten nicht in die Analyse ein. Die Kontrollgruppe nach BLAY/GEIGER umfasst 396 Beobachtungen (87 für 2009, 105 für 2010, 91 für 2011 und 113 für 2012) von 321 differenzierten Unternehmen.

Die Tabelle 42 stellt, getrennt für die Unternehmen mit GCM, für die Kontrollgruppe nach RATZINGER-SAKEL und für die Kontrollgruppe nach BLAY/GEIGER die Branchenaufteilung dar.

[1467] Vgl. *Blay/Geiger*, Independence, 2013, S. 585.

Branche	Untersuchungsgruppe GCM	Kontrollgruppe nach Ratzinger-Sakel	Kontrollgruppe nach- Blay/Geiger
Verbrauchsgüter	20	148	32
Gebrauchsgüter	11	54	17
Herstellende Industrie	76	443	96
Chemie	0	4	0
Geschäftsausstattung	10	110	26
Telefon und Radio	0	10	1
Versorgungswirtschaft	41	440	90
Groß- und Einzelhandel	23	80	25
Gesundheitswesen	2	120	16
Sonstige	62	512	93

Tabelle 42: Verteilung der Beobachtungen nach Branchen.[1468]

Der höchste Anteil entfällt mit 31,02% für die GCM-Unternehmen und mit 24,24% für die Kontrollgruppe nach BLAY/GEIGER auf die herstellende Industrie. In der Kontrollgruppe nach RATZINGER-SAKEL ist die Branche Sonstige mit 26,65% am größten. Diese stellt für die GCM-Gruppe mit 25,31% bzw. mit 23,48% für die Kontrollgruppe nach BLAY/GEIGER die nächstgrößte Branche dar. An zweiter Stelle steht bei RATZINGER-SAKEL mit 23,06% die herstellende Industrie. Einheitlich auf dem dritten Rang ist mit 16,73% für die GCM-Unternehmen bzw. mit 22,90% für die Kontrollgruppe nach RATZINGER-SAKEL und mit 22,73% für die Kontrollgruppe nach BLAY/GEIGER die Versorgungswirtschaft. In allen Gruppen besitzen die Branchen Chemie bzw. Telefon und Radio den geringsten Anteil. Da für die GCM-Unternehmen die Anzahl der Beobachtungen, wie aus der Tabelle 42 ersichtlich, null beträgt, werden für die Regressionsmodelle die Beobachtungen der Kontrollgruppen der Branche Sonstige zugeordnet. So werden perfekte Vorhersagen im GCM-Modell vermieden und auch diese Beobachtungen berücksichtigt.

6.4 Modellbeschreibungen

6.4.1 Beschreibung des Going-Concern-Modells

Die im nachfolgenden GCM-Modell verwendeten Kontrollvariablen orientieren sich an den von HOPE/LANGLI verwendeten Determinanten bei privaten Unternehmen und den Modellen von RATZINGER-SAKEL und BLAY/GEIGER zu kapitalmarktorientierten Unternehmen.[1469]

[1468] Vgl. *Fama/French*, Industry, 2013 für die Klassifizierung.

[1469] Vgl. *Hope/Langli*, Low Litigation, 2010, S. 582. In Anlehnung an dieses Modell fließen 13 Variablen ein. Für die weiteren Variablen vgl. in Anlehnung *Ratzinger-Sakel*, Germany, 2013, S. 138f.; *Blay/Geiger*, Independence, 2013, S. 586f. Die Variable IFRS stammt aus den Überlegungen von *Maccari-Peukert*, Peer, 2011, S. 1136f.

$$
\begin{aligned}
GCM_{it} = b_0 \ &+ b_1 Size_{it} + b_2 Lev_{it} + b_3 ChLev_{it} + b_4 RoA_{it} + b_5 Cashflow_{it} \\
&+ b_6 Loss_{it} + b_7 Investments_{it} + b_8 ProbBankz_{it} + b_9 IncCap_{it} \\
&+ b_{10} NewDebt_{it} + b_{11} SellAssets_{it} + b_{12} Age_{it} + b_{13} IFRS_{it} + b_{14} Big4_{it} \\
&+ b_{15} Change_{it} + b_{16} ReportLag_{it} + b_{17} ModPY_{it} + \textbf{Variables of interest} \\
&+ Industry\text{-}specific\ effects + Year\ effects + \varepsilon_{it}
\end{aligned}
$$

Die abhängige Variable *GCM* ist eine Dichotome, die den Wert eins annimmt, wenn im Bestätigungsvermerk eine GCM enthalten ist. Experimentalvariablen sind unterschiedliche honorarbasierte Größen für die Unabhängigkeitsgefährdung. Die Analyse von H_1 erfolgt mit dem natürlichen Logarithmus, der im Konzernabschluss nach § 314 (1) Nr. 9 a) HGB ausgewiesenen Prüfungshonorare (*AuditFee*). Die mögliche Gefährdung der Unabhängigkeit durch die Nichtprüfungshonorare (H_2) wird durch den natürlichen Logarithmus der Nichtprüfungshonorare nach §§ 314 (1) Nr. 9 b) - d) HGB analysiert (*NonAudit*). Für die Hypothese H_3 wird der natürliche Logarithmus aus den Gesamthonoraren, d.h. die Summe der Honorare nach §§ 314 (1) Nr. 9 a) - d) HGB herangezogen (*TotFee*). Wie ausgeführt, wird bei den Variablen kein bestimmtes Vorzeichen erwartet.

Die Hypothesen H_4 - H_6 haben als Ursache für die Unabhängigkeitsgefährdung die abnormalen Prüfungs-, Nichtprüfungs- und Gesamthonorare zum Gegenstand. Dazu werden Honorarmodelle geschätzt und die Residuen im GCM-Modell verwendet (*AbnormAuditFee, AbnormNonAudit* und *AbnormTotFee*).[1470] Ein bestimmtes Vorzeichen wird nicht erwartet.

Die Hypothese H_7 beschäftigt sich mit der Abhängigkeit des Prüfers von besonders wichtigen Mandanten. In Anlehnung an LI wird das Verhältnis aus den Gesamthonoraren eines Mandanten zu den im jeweiligen Jahr erzielten Gesamthonoraren aus allen Mandanten in der Stichprobe gebildet (*InfluenceFee*).[1471] In einer weiteren Variation wird dem Vorgehen von REYNOLDS/FRANCIS gefolgt und das Verhältnis des natürlichen Logarithmus der Umsatzerlöse eines Mandanten zum natürlichen Logarithmus der Umsatzerlöse aus allen Mandanten des jeweiligen Abschlussprüfers gebildet (*InfluenceSale*).[1472] Für die Relation werden alle in der Datenbank enthaltenen Unternehmen mit Informationen zu den Umsatzerlösen und zum Abschlussprüfer genutzt.[1473] Weiterhin kann die Höhe des relativen Anteils der Nichtprüfungshonorare eine Gefahr für die Unabhängigkeit sein (H_8). Dies wird wie bei RATZINGER-SAKEL über das Verhältnis der Nichtprüfungshonorare (Summe aus den Honoraren nach §§ 314 (1) Nr. 9 b) - d) HGB) zu den Prüfungshonoraren nach § 314 (1) Nr. 9 a) HGB (*FeeRatio*) abgebildet.[1474]

[1470] Vgl. für das gleiche Vorgehen *Hope/Langli*, Low Litigation, 2010, S. 585.

[1471] Vgl. *Li*, Office, 2009, S. 207. Im Gegensatz zu der hier durchgeführten Analyse, verwendete die Studie Honorare auf Niederlassungsebene.

[1472] Vgl. *Reynolds/Francis*, Size, 2000, S. 381, die sich jedoch im Gegensatz zu oben auf die Niederlassungsebene beziehen.

[1473] Dies sind pro Jahr zwischen 3.557 und 3.841 Unternehmen.

[1474] Vgl. *Ratzinger-Sakel*, Germany, 2013, S. 139.

Variablen	Definition	Vz.
Abhängige Variable		
GCM	Dichotome belegt mit 1, wenn im Bestätigungsvermerk eine GCM enthalten ist.	
Experimentalvariablen (Variables of interest)		
AuditFee	Natürlicher Logarithmus der Prüfungshonorare.	+/-
NonAudit	Natürlicher Logarithmus der Nichtprüfungshonorare[a].	+/-
TotFee	Natürlicher Logarithmus der Gesamthonorare.	+/-
AbnormAuditFee	Abnormale Prüfungshonorare, berechnet über die Residuen aus dem Modell mit dem natürlichen Logarithmus der Prüfungshonorare als abhängige Variable.	+/-
AbnormNonAudit	Abnormale Nichtprüfungshonorare, berechnet über die Residuen aus dem Modell mit den Nichtprüfungshonoraren als abhängige Variable.	+/-
AbnormTotFee	Abnormale Gesamthonorare, berechnet über die Residuen aus dem Modell mit dem natürlichen Logarithmus des Gesamthonorars als abhängige Variable.	+/-
InfluenceFee	Gesamthonorare eines Mandanten dividiert durch die gesamten Honorare des Prüfers aus allen Mandanten in der Stichprobe.	+/-
InfluenceSale	Natürlicher Logarithmus der Umsatzerlöse eines Mandanten dividiert durch den natürlichen Logarithmus der Umsatzerlöse aller Mandanten mit verfügbaren Informationen in der Datenbank.	+/-
FeeRatio	Nichtprüfungshonorare dividiert durch Prüfungshonorare.	+/-
Unternehmensbezogene Kontrollvariablen		
Size	Natürlicher Logarithmus der Bilanzsumme.	+/-
Lev	Verbindlichkeiten dividiert durch die Bilanzsumme.	+
ChLev	Veränderung des Verschuldungsgrades $= Lev_{it} - Lev_{it-1}$.	+
RoA	Jahresüberschuss dividiert durch (Bilanzsumme$_t$ + Bilanzsumme$_{t-1}$)/2.	-
CashFlow	Operativer Cashflow dividiert durch (Bilanzsumme$_t$ + Bilanzsumme$_{t-1}$)/2.	-
Loss	Dichotome belegt mit 1, wenn das EBIT negativ ist.	+
Investments	(Zahlungsmittel und zahlungsmittelnahe Vermögensgegenstände) dividiert durch die Bilanzsumme.	-
ProbBankz	Insolvenzwahrscheinlichkeit nach dem Modell von ZMIJEWSKI.	+
IncCap	Dichotome belegt mit 1, wenn das Grundkapital von t-1 auf t um 10% oder mehr steigt.	-
NewDebt	Dichotome belegt mit 1, wenn das Fremdkapital von t-1 auf t um 10% oder mehr steigt.	-
SellAssets	Dichotome belegt mit 1, wenn das Anlagevermögen von t-1 auf t um 10% oder mehr sinkt.	+/-
Age	Natürlicher Logarithmus des Unternehmensalters.	-
IFRS	Dichotome belegt mit 1, wenn das Unternehmen nach IFRS bilanziert.	+/-
Abschlussprüferbezogene Variable		
Big4	Dichotome belegt mit 1, wenn der Abschlussprüfer eine Big 4 Gesellschaft ist.	+/-
Determinanten aus der Prüfer-Mandanten-Beziehung		
Change	Dichotome belegt mit 1, wenn ein Prüferwechsel vorliegt.	+/-
ReportLag	Anzahl der Tage zwischen Abschlussstichtag und Tag des Bestätigungsvermerkes.	+
ModPY	Dichotome belegt mit 1, wenn im Bestätigungsvermerk des Vorjahres eine Modifikation enthalten ist.	+
ε	Fehlerterm.	

[a] Die Nichtprüfungshonorare werden über ln($NonAudit_{it}$ +1) gemessen, um Unternehmen ohne Nichtprüfungsleistungen in der Analyse berücksichtigen zu können.[1475]

Tabelle 43: Definition der Variablen des Going-Concern-Modells.

[1475] Vgl. *Ratzinger-Sakel*, Germany, 2013, S. 139f.

Eine unternehmensbezogene Kontrollvariable ist die Größe (*Size*), die über den natürlichen Logarithmus der Bilanzsumme gemessen wird.[1476] Ein negativer Zusammenhang kann aus der mit der Unternehmensgröße steigenden finanziellen Belastbarkeit resultieren.[1477] Für ein positives Vorzeichen spricht das konservativere Verhalten des Prüfers aufgrund der für ihn steigenden Kosten bei der Insolvenz des Unternehmens.[1478] Internationale Studien mit kapitalmarktorientierten Unternehmen zeigen einen negativen Zusammenhang.[1479] Für Deutschland beobachtet RATZINGER-SAKEL in ausgewählten Regressionen einen signifikant positiven Einfluss.[1480] Aufgrund der gegenläufigen Effekte wird kein bestimmtes Vorzeichen des Koeffizienten erwartet.

Abgeleitet aus der höheren Insolvenzwahrscheinlichkeit, der geringeren Widerstandskraft bei Krisen, der steigenden Schwierigkeit bei der Aufnahme von Fremdkapital und der vermuteten höheren Gefahr für die Verletzung von Covenants in Kreditverträgen[1481] wird für den Anteil der Verbindlichkeiten an der Bilanzsumme (*Lev*) und dessen Veränderung (*ChLev*) ein positives Vorzeichen erwartet. HOPE/LANGLI stellen einen positiven Zusammenhang für den Verschuldungsgrad bei privaten Unternehmen fest. Bei der Veränderung des Verschuldungsgrades beobachten sie hingegen einen negativen oder keinen signifikanten Zusammenhang.[1482] LIM/TAN und BLAY/GEIGER stellen bei kapitalmarktorientierten Unternehmen für die Variable *Lev* einen positiven Einfluss fest.[1483]

Die operative Performance wird analog zu ROBINSON über die Gesamtkapitalrentabilität, gemessen über den Jahresüberschuss, dividiert durch die durchschnittliche Bilanzsumme (*RoA*), abgebildet.[1484] Eine weitere Performancegröße ist das Verhältnis von operativem Cashflow zur durchschnittlichen Bilanzsumme (*Cashflow*). Da der Abschlussprüfer bei rentablen Unternehmen mit höherer Wahrscheinlichkeit vom Fortbestand des Unternehmens ausgehen kann,[1485] wird bei beiden Variablen ein negativer Zusammenhang mit der GCM vermutet. Erzielt das Unternehmen im aktuellen Jahr ein negatives EBIT (*Loss*), wird eine höhere Wahrscheinlichkeit einer GCM erwartet. Empirisch beobachten HOPE/

[1476] Vgl. *Ratzinger-Sakel*, Germany, 2013, S. 139.

[1477] Vgl. *Carcello/Hermanson/Huss*, Temporal, 1995, S. 136; *Sharma/Sidhu*, Audit, 2001, S. 605f.; *Pryor/Terza*, Prophecy, 2002, S. 99.

[1478] Vgl. *Frost*, Future, 1994, S. 31; *Craswell/Stokes/Laughton*, Fee Dependence, 2002, S. 260f.

[1479] Vgl. *Lim/Tan*, Auditor Specialization, 2008, S. 216; *Basioudis/Papakonstantinou/Geiger*, Kingdom, 2008, S. 299; *Blay/Geiger*, Independence, 2013, S. 596.

[1480] Vgl. *Ratzinger-Sakel*, Germany, 2013, S. 149, 155ff.

[1481] Vgl. *Beneish/Press*, Costs, 1993, S. 238f.; *DeFond/Raghunandan/Subramanyam*, Fees, 2002, S. 1257; *Küting/Weber*, Bilanzanalyse, 2015, S. 139.

[1482] Vgl. *Hope/Langli*, Low Litigation, 2010, S. 590f.

[1483] Vgl. *Lim/Tan*, Auditor Specialization, 2008, S. 215; *Blay/Geiger*, Independence, 2013, S. 588.

[1484] Vgl. *Robinson*, Tax, 2008, S. 35.

[1485] Vgl. *Maccari-Peukert*, Externe, 2011, S. 156.

LANGLI bei privaten Unternehmen für alle drei Variablen die vermuteten Einflüsse.[1486] Für die Variable *Cashflow* stellen YE/CARSON/SIMNETT, LIM/TAN und BLAY/GEIGER bei kapitalmarktorientierten Unternehmen einen negativen Zusammenhang fest.[1487] Bei einem negativen Ergebnis findet FIRTH eine höhere Wahrscheinlichkeit für eine Modifikation.[1488]

Um das finanzielle Risiko und den Grad an Zahlungsfähigkeit zu berücksichtigen, werden Zahlungsmittel und zahlungsmittelnahe Vermögensgegenstände ins Verhältnis zur Bilanzsumme gesetzt (*Investments*). Mit steigenden Möglichkeiten des Unternehmens Zahlungsmittel zu generieren und mit höheren Ressourcen, um in Schwierigkeiten eine Insolvenz abzuwehren, wird eine sinkende Wahrscheinlichkeit für eine GCM erwartet.[1489] Empirisch beobachten HOPE/LANGLI für private Unternehmen nicht den erwarteten Einfluss.[1490] International stellen diesen jedoch BLAY/GEIGER, LIM/TAN, YE/CARSON/SIMNETT und DEFOND/RAGHUNANDAN/SUBRAMANYAM bei kapitalmarktorientierten Unternehmen fest.[1491]

Bei einer angespannten finanziellen Lage des Unternehmens kann das Risiko für den Prüfer höher sein. Daher kann er weniger bereit sein, den Vorgaben der Unternehmensführung zu folgen. Auch kann eine geringere Wahrscheinlichkeit für eine Trendwende resultieren.[1492] Daher wird ein positiver Zusammenhang mit der Situation des Unternehmens, analog zu BLAY/GEIGER[1493] über das Modell von ZMIJEWSKI[1494] (*ProbBankz*) approximiert, erwartet. Für Deutschland beobachtet RATZINGER-SAKEL eine steigende Wahrscheinlichkeit für eine GCM mit zunehmendem Insolvenzrisiko.[1495] International zeigen dies LIM/TAN.[1496]

Mitigierende Faktoren können der Bestandsgefährdung entgegenwirken und sind nach IDW PS 270 bei der Urteilsbildung zu berücksichtigen. Ist es dem Unternehmen möglich neues Eigen- oder Fremdkapital aufzunehmen, kann dies als Indikator für den Fortbestand gewertet werden.[1497] Deshalb werden die Indikatorvariablen *IncCap* und *NewDebt,* die eine Erhöhung des Grundkapitals bzw. des Fremdkapitals anzeigen, mit erwartetem negativem

---

[1486] Vgl. *Hope/Langli*, Low Litigation, 2010, S. 590f. Für die Jahre 2001 - 2002 ist der operative Cashflow nicht signifikant.

[1487] Vgl. *Ye/Carson/Simnett*, Impact, 2011, S. 142; *Lim/Tan*, Auditor Specialization, 2008, S. 215; *Blay/Geiger*, Independence, 2013, S. 596.

[1488] Vgl. *Firth*, Consultancy, 2002, S. 684.

[1489] Vgl. *DeFond/Raghunandan/Subramanyam*, Fees, 2002, S. 1258.

[1490] Vgl. *Hope/Langli*, Low Litigation, 2010, S. 590f.

[1491] Vgl. *DeFond/Raghunandan/Subramanyam*, Fees, 2002, S. 1263; *Ye/Carson/Simnett*, Impact, 2011, S. 142; *Blay/Geiger*, Independence, 2013, S. 596; *Lim/Tan*, Auditor Specialization, 2008, S. 216.

[1492] Vgl. *Knapp*, Conflict, 1985, S. 207; *Sharma/Sidhu*, Audit, 2001, S. 602.

[1493] Vgl. *Blay/Geiger*, Independence, 2013, S. 586.

[1494] Vgl. *Zmijewski*, Distress, 1984, S. 69. Es werden die Gewichte des Probit-Modells mit der 40:800 Stichprobe verwendet. Vgl. auch *Carcello/Neal*, Dismissals, 2003, S. 105.

[1495] Vgl. *Ratzinger-Sakel*, Germany, 2013, S. 147 - 161.

[1496] Vgl. *Lim/Tan*, Auditor Specialization, 2008, S. 215.

[1497] Vgl. *Behn/Kaplan/Krumwiede*, Plans, 2001, S. 16.

Vorzeichen aufgenommen.[1498] Bei privaten Unternehmen beobachten HOPE/LANGLI mit der Erhöhung des Grundkapitals einen negativen Zusammenhang. Für die Aufnahme von Fremdkapital ergibt sich keine Signifikanz.[1499] Im Bereich der kapitalmarktorientierten Unternehmen zeigen BLAY/GEIGER für die Eigenkapitalaufnahme einen negativen Zusammenhang. Nimmt das Unternehmen Fremdkapital auf, beobachtet ROBINSON einen negativen Koeffizienten.[1500] Werden nicht wesentliche Vermögensgegenstände veräußert, kann dies die Zahlungsfähigkeit erhöhen. Alternativ werden dadurch Zahlungsschwierigkeiten bekannt, woraus ein positiver Zusammenhang abgeleitet werden kann.[1501] Die Veräußerung wird über die Variable *SellAssets* approximiert, die eine Verringerung des Anlagevermögens anzeigt.[1502] Ein bestimmtes Vorzeichen wird nicht erwartet. Für eine kombinierte Indikatorvariable der drei Möglichkeiten beobachten BASIOUDIS/PAPAKONSTANTINOU/ GEIGER einen negativen Zusammenhang.[1503]

Mit steigendem Unternehmensalter (*Age*) kann die Wahrscheinlichkeit für Klagen sinken, da Anleger ein höheres Vertrauen in das Unternehmen besitzen und dieses seine Krisenfestigkeit bereits gezeigt hat. Daher wird für die Variable *Age* ein negatives Vorzeichen erwartet.[1504] Für private Unternehmen zeigen HOPE/LANGLI diesen Einfluss.[1505] Auch bei kapitalmarktorientierten Unternehmen finden BLAY/GEIGER Hinweise für einen negativen Zusammenhang.[1506]

Weiterhin wird, MACCARI-PEUKERT folgend, der mögliche Einfluss von differenzierten Rechnungslegungsmethoden auf die Abschlussdaten und auf den Informationszweck der Rechnungslegung über die Variable *IFRS* berücksichtigt. Ein bestimmtes Vorzeichen wird nicht erwartet. Empirisch stellt MACCARI-PEUKERT keinen signifikanten Einfluss fest.[1507]

Bei großen Prüfungsgesellschaften können eine höhere Kompetenz und größere Anreize einen positiven Zusammenhang begründen.[1508] Ein negatives Vorzeichen kann resultieren, wenn kleine Prüfer aufgrund geringerer Kompetenzen konservativer agieren oder große Prüfer weniger bereit sind, Unternehmen in finanziellen Schwierigkeiten als Mandanten anzunehmen.[1509] Im Modell wird die Größe über die dichotome Variable *Big4* abge-

---

[1498] Vgl. *Blay/Geiger*, Independence, 2013, S. 588. Analog zu den Autoren wird die Aufnahme von Eigen- bzw. Fremdkapital angenommen, wenn sich die entsprechende Bilanzposition im Vergleich zum Vorjahr um 10% oder mehr verändert. Im Gegensatz zur Variable *ChLev* wird bei einer hohen Veränderung des Fremdkapitals angenommen, dass die Fremdkapitalgeber den Fortbestand des Unternehmens erwarten, da sie sonst nicht bereit wären, dieses dem Unternehmen zu überlassen.

[1499] Vgl. *Hope/Langli*, Low Litigation, 2010, S. 590f.

[1500] Vgl. *Robinson*, Tax, 2008, S. 45.

[1501] Vgl. *Behn/Kaplan/Krumwiede*, Plans, 2001, S. 16f.

[1502] Vgl. *Blay/Geiger*, Independence, 2013, S. 588, wiederum wird analog zu den Autoren bei einer Veränderung von größer bzw. gleich 10% der Verkauf von Anlagevermögen vermutet.

[1503] Vgl. *Basioudis/Papakonstantinou/Geiger*, Kingdom, 2008, S. 299.

[1504] Vgl. *Firth*, Consultancy, 2002, S. 675.

[1505] Vgl. *Hope/Langli*, Low Litigation, 2010, S. 590f.

[1506] Vgl. *Blay/Geiger*, Independence, 2013, S. 596.

[1507] Vgl. *Maccari-Peukert*, Peer, 2011, S. 1136f.; *Maccari-Peukert*, Externe, 2011, S. 158.

[1508] Vgl. *DeAngelo*, Size, 1981, S. 188; *Behn/Kaplan/Krumwiede*, Plans, 2001, S. 20; *Knechel/Vanstraelen*, Implied, 2007, S. 119.

[1509] Vgl. *Craswell/Stokes/Laughton*, Fee Dependence, 2002, S. 261; *Kaplan/Williams*, Reporting, 2012, S. 322.

bildet. Während für private Unternehmen HOPE/LANGLI keinen signifikanten Einfluss beobachten, stellen DEFOND/RAGHUNANDAN/SUBRAMANYAM bei kapitalmarktorientierten Unternehmen einen signifikant positiven Zusammenhang fest.[1510]

Eine Determinante, welche die Prüfer-Mandanten-Beziehung abbildet, ist die Variable *Change*, die einen Prüferwechsel im aktuellen Jahr anzeigt. Liegt „Opinion Shopping" vor, d.h. es wird ein Prüfer gewählt, der keine Modifikation vornimmt, resultiert ein negatives Vorzeichen.[1511] Antizipiert der neue Prüfer dies, kann ein konservatives Verhalten die Folge sein.[1512] Dies begründet ein positives Vorzeichen. Aufgrund der differenzierten Effekte wird kein gerichteter Zusammenhang erwartet. Empirisch beobachten HOPE/LANGLI für private Unternehmen keine Signifikanz.[1513] Bei kapitalmarktorientierten Unternehmen finden DEFOND/LENNOX einen signifikant positiven Einfluss.[1514]

Mit steigendem Zeitraum zwischen Bilanzstichtag und Tag des Bestätigungsvermerks (*ReportLag*) wird eine höhere Wahrscheinlichkeit für eine GCM vermutet. Dies kann aus den intensiveren Prüfungshandlungen bei bestandsgefährdenden Risiken, z.B. nach IDW PS 270.27ff., resultieren. Im Einklang beobachten BLAY/GEIGER, DEFOND/RAGHUNANDAN/ SUBRAMANYAM und BASIOUDIS/PAPAKONSTANTINOU/GEIGER einen signifikant positiven Einfluss.[1515]

Da die Bestandsgefährdung über mehrere Jahre andauern kann und eine signifikante Verbesserung der Unternehmenssituation eintreten muss, bevor der Prüfer von einer GCM zu einem Vermerk ohne Modifikation wechselt,[1516] wird mit einer Modifikation im Vorjahr (*ModPY*) ein positiver Zusammenhang erwartet. Empirisch beobachten HOPE/LANGLI dies bei privaten Unternehmen.[1517] Für kapitalmarktorientierte Unternehmen stellen REYNOLDS/ FRANCIS einen positiven Einfluss fest.[1518]

Um allgemeine Veränderungen in der Wahrscheinlichkeit über die Zeit zu erfassen, werden Jahres-Dummys in das Modell aufgenommen. Unterschiede in der Wahrscheinlichkeit für eine GCM in Abhängigkeit der Branche bilden Branchen-Dummys ab.[1519] Um den Einfluss von Extremwerten zu vermindern, werden die stetigen Variablen am 1%- bzw. 99%-Perzentil winsorisiert.[1520] Wie bei BLAY/GEIGER werden Logit-Modelle mit clusterrobusten Standardfehlern auf Unternehmensebene verwendet.[1521]

[1510] Vgl. *DeFond/Raghunandan/Subramanyam*, Fees, 2002, S. 1263; *Hope/Langli*, Low Litigation, 2010, S. 591.

[1511] Vgl. *Chow/Rice*, Qualified, 1982, S. 327.

[1512] Vgl. *DeFond/Lennox*, Small, 2011, S. 39.

[1513] Vgl. *Hope/Langli*, Low Litigation, 2010, S. 591.

[1514] Vgl. *DeFond/Lennox*, Small, 2011, S. 36.

[1515] Vgl. *DeFond/Raghunandan/Subramanyam*, Fees, 2002, S. 1263; *Basioudis/Papakonstantinou/Geiger*, Kingdom, 2008, S. 299; *Blay/Geiger*, Auditor Independence, 2013, S. 596.

[1516] Vgl. *Nogler*, Opinions, 1995, S. 61f.

[1517] Vgl. *Hope/Langli*, Low Litigation, 2010, S. 590f.

[1518] Vgl. *Reynolds/Francis*, Size, 2000, S. 395.

[1519] Vgl. *Hope/Langli*, Low Litigation, 2010, S. 584.

[1520] Vgl. *DeFond/Raghunandan/Subramanyam*, Fees, 2002, S. 1258; *Hope/Langli*, Low Litigation, 2010, S. 586; *Blay/Geiger*, Independence, 2013, S. 589 für ein ähnliches bzw. gleiches Vorgehen.

[1521] Vgl. *Blay/Geiger*, Independence, 2013, S. 586. Vgl. auch dazu *Cameron/Trivedi*, Microeconometrics, 2010, S. 462.

6.4.2 Beschreibung der Honorarmodelle

Für die Bestimmung der abnormalen Prüfungs-, Nichtprüfungs- und Gesamthonorare werden die folgenden Modelle geschätzt. Diese orientierten sich an den im Rahmen der GCM-Analyse für Deutschland verwendeten Modelle von RATZINGER-SAKEL und der Untersuchung zu privaten Unternehmen von HOPE/LANGLI.[1522]

$$
\begin{aligned}
AuditFee_{it} = b_0 \ &+ b_1 Size_{it} + b_2 Subs_{it} + b_3 IncCap_{it} + b_4 DecCap_{it} + b_5 NewDebt_{it} \\
&+ b_6 InvRec_{it} + b_7 IFRS_{it} + b_8 RoA_{it} + b_9 Loss_{it} + b_{10} Lev_{it} + b_{11} CurRatio_{it} \\
&+ b_{12} PwC_{it} + b_{13} KPMG_{it} + b_{14} EY_{it} + b_{15} DT_{it} \\
&+ b_{16} Change_{it} + b_{17} ReportLag_{it} + b_{18} YearEnd_{it} \\
&+ Industry\text{-}specific\ effects + Year\ effects + \varepsilon_{it}
\end{aligned}
$$

$$
\begin{aligned}
AbsNonAudit_{it} = b_0 \ &+ b_1 Size_{it} + b_2 Employ_{it} + b_3 Subs_{it} + b_4 IncCap_{it} + b_5 DecCap_{it} \\
&+ b_6 NewDebt_{it} + b_7 InvRec_{it} + b_8 IFRS_{it} + b_9 RoA_{it} + b_{10} Loss_{it} + b_{11} Lev_{it} \\
&+ b_{12} CurRatio_{it} + b_{13} PwC_{it} + b_{14} KPMG_{it} + b_{15} EY_{it} + b_{16} DT_{it} \\
&+ b_{17} Change_{it} + Industry\text{-}specific\ effects + Year\ effects + \varepsilon_{it}
\end{aligned}
$$

$$
\begin{aligned}
TotFee_{it} = b_0 \ &+ b_1 Size_{it} + b_2 Employ_{it} + b_3 Subs_{it} + b_4 IncCap_{it} + b_5 DecCap_{it} \\
&+ b_6 NewDebt_{it} + b_7 InvRec_{it} + b_8 IFRS_{it} + b_9 RoA_{it} + b_{10} Loss_{it} + b_{11} Lev_{it} \\
&+ b_{12} CurRatio_{it} + b_{13} PwC_{it} + b_{14} KPMG_{it} + b_{15} EY_{it} + b_{16} DT_{it} \\
&+ b_{17} Change_{it} + b_{18} ReportLag_{it} + b_{19} YearEnd_{it} \\
&+ Industry\text{-}specific\ effects + Year\ effects + \varepsilon_{it}
\end{aligned}
$$

[1522] Vgl. *Hope/Langli*, Low Litigation, 2010, S. 585; *Ratzinger-Sakel*, Germany, 2013, S. 151.

Die Tabelle 44 gibt einen Überblick über die verwendeten Variablen. Die vorgenommene Kategorisierung lehnt sich an die Einteilung von HAY/KNECHEL/WONG für die Determinanten von Prüfungshonoraren an.[1523]

Variablen	Definition	Vz. PH	Vz. NPH	Vz. GH
Abhängige Variablen				
AuditFee	Natürlicher Logarithmus der Prüfungshonorare.			
AbsNonAudit	Summe der Nichtprüfungshonorare.			
TotFee	Natürlicher Logarithmus der Gesamthonorare.			
Größe und Komplexität				
Size	Natürlicher Logarithmus der Bilanzsumme.	+	+	+
Employ	Natürlicher Logarithmus der Anzahl der Mitarbeiter.		+	+
Subs	Natürlicher Logarithmus der Anzahl der Tochterunternehmen.	+	+	+
IncCap	Dichotome belegt mit 1, wenn das Grundkapital von t-1 auf t um 10% oder mehr steigt.	+	+	+
DecCap	Dichotome belegt mit 1, wenn das Grundkapital von t-1 auf t um 10% oder mehr sinkt.	+	+	+
NewDebt	Dichotome belegt mit 1, wenn das Fremdkapital von t-1 auf t um 10% oder mehr steigt.	+	+	+
Risiko				
InvRec	(Vorräte + Forderungen) dividiert durch die Bilanzsumme.	+	+	+
IFRS	Dichotome belegt mit 1, wenn der Abschluss nach IFRS aufgestellt wird.	+	+	+
RoA	Jahresüberschuss dividiert durch (Bilanzsumme$_t$ + Bilanzsumme$_{t-1}$)/2.	-	-	-
Loss	Dichotome belegt mit 1, wenn das EBIT negativ ist.	+	+	+
Leverage				
Lev	Verbindlichkeiten dividiert durch die Bilanzsumme.	+	+/-	+/-
CurRatio	Umlaufvermögen dividiert durch die kurzfristigen Verbindlichkeiten.	-	+/-	+/-
Prüfereigenschaften				
PwC	Dichotome belegt mit 1, wenn der Abschlussprüfer PwC ist.	+	+	+
KPMG	Dichotome belegt mit 1, wenn der Abschlussprüfer KPMG ist.	+	+	+
EY	Dichotome belegt mit 1, wenn der Abschlussprüfer EY ist.	+	+	+
DT	Dichotome belegt mit 1, wenn der Abschlussprüfer Deloitte ist.	+	+	+
Change	Dichotome belegt mit 1, wenn ein Prüferwechsel vorliegt.	-	+/-	+/-
Determinanten aus der Prüfer-Mandanten-Beziehung				
ReportLag	Anzahl der Tage zwischen Abschlussstichtag und Tag des Bestätigungsvermerkes.	+		+
YearEnd	Dichotome belegt mit 1, wenn das Geschäftsjahr am 31.12. endet.	+		+
ε	Fehlerterm.			

Tabelle 44: Variablendefinitionen zu den Honorarmodellen.

Das Modell für die Prüfungshonorare verwendet als abhängige Variable die nach § 314 (1) Nr. 9 a) HGB unter der Kategorie Abschlussprüfungsleistungen im Konzernabschluss ausgewiesenen Honorare. Im Einklang mit vorherigen Forschungsarbeiten werden diese logarithmiert (AuditFee).[1524]

[1523] Vgl. Hay/Knechel/Wong, Audit Fees, 2006, S. 158 - 163.
[1524] Vgl. Hay/Knechel/Wong, Audit Fees, 2006, S. 146.

Die Unternehmensgröße ist die bedeutendste Determinante für die Prüfungshonorare. Der Erklärungsgehalt übersteigt regelmäßig 70%, wobei er für kleine Unternehmen geringer ausfallen kann.[1525] Es wird ein positiver degressiver Zusammenhang erwartet. Der Verlauf wird daraus abgeleitet, dass nicht notwendigerweise die Anzahl der Prüffelder, sondern deren Umfang steigt und Skaleneffekte realisiert werden.[1526] Weitere Gründe können sich aus dem Einsatz von Mitarbeitern mit geringerer Qualifikation[1527] und den besseren internen Kontrollmechanismen großer Unternehmen ergeben.[1528] Im Einklang mit der Mehrheit der Prüfungsforschung[1529] wird in der Studie der natürliche Logarithmus der Bilanzsumme (*Size*) als Proxy für die Unternehmensgröße verwendet. Studien mit privaten Unternehmen finden einen signifikant positiven Zusammenhang.[1530] Dies gilt auch für die deutschen Studien zu privaten Unternehmen von JOHA und DOBLER[1531] bzw. für die Analysen mit kapitalmarktorientierten Unternehmen.[1532]

Für die Mandantenkomplexität wird ein positiver Zusammenhang erwartet, da bei komplexen Unternehmen zeit- und kostenintensivere Prüfungshandlungen erforderlich sind.[1533] Die am häufigsten verwendete Größe ist die Anzahl der Tochterunternehmen.[1534] Wie bei der Unternehmensgröße wird ein degressiver Verlauf erwartet und der Logarithmus verwendet (*Subs*).[1535] Analysen im Kontext der privaten Unternehmen zeigen den positiven Zusammenhang.[1536] JOHA beobachtet den Effekt für deutsche private Unternehmen.[1537] Auch Studien mit deutschen kapitalmarktorientierten Unternehmen stellen den positiven Zusammenhang fest.[1538] Als weitere Komplexitätsmaße[1539] werden mit positiver Vorzeichenerwartung analog zu HOPE/LANGLI Indikatorvariablen aufgenommen, welche die Aufnahme (*IncCap*) bzw. die Herabsetzung (*DecCap*) des Grundkapitals oder die Aufnahme von Fremdkapital (*NewDebt*) anzeigen.[1540] Empirisch beobachten Forschungsarbeiten bei privaten Unternehmen den positiven Zusammenhang für diese Variablen.[1541]

[1525] Vgl. *Hay/Knechel/Wong*, Audit Fees, 2006, S. 169.

[1526] Vgl. *Simunic*, Pricing, 1980, S. 172; *Cameran*, Premium, 2005, S. 134.

[1527] Vgl. *O'Keefe/Simunic/Stein*, Firm, 1994, S. 260.

[1528] Vgl. *Cameran*, Premium, 2005, S. 134.

[1529] Vgl. *Hay/Knechel/Wong*, Audit Fees, 2006, S. 158.

[1530] Vgl. *Clatworthy/Makepeace/Peel*, Bias, 2009, S. 150; *Hope/Langli*, Low Litigation, 2010, S. 588; *Hope/Langli/ Thomas*, Auditing, 2012, S. 512; *Sundgren/Svanström*, Size, 2013, S. 49.

[1531] Vgl. *Dobler*, Family, 2014, S. 443; *Joha*, Prüferwahl, 2016, S. 240.

[1532] Vgl. *Köhler/Marten/Ratzinger et al.*, Determinanten, 2010, S. 17; *Wild*, Premium, 2010, S. 523.

[1533] Vgl. *Simunic*, Pricing, 1980, S. 172; *Hay/Knechel/Wong*, Audit Fees, 2006, S. 169.

[1534] Vgl. *Hay/Knechel/Wong*, Audit Fees, 2006, S. 169.

[1535] Die Datenbank enthält lediglich einen konstanten Wert für die Anzahl der Tochterunternehmen. Daher kann nicht ausgeschlossen werden, dass die Ergebnisse für diese Variable von eingeschränkter Gültigkeit sind.

[1536] Vgl. *Hope/Langli*, Low Litigation, 2010, S. 588; *Hope/Langli/Thomas*, Auditing, 2012, S. 512.

[1537] Vgl. *Joha*, Prüferwahl, 2016, S. 240.

[1538] Vgl. *Wild*, Premium, 2010, S. 523.

[1539] Vgl. *Eshleman/Guo*, Importance, 2014, S. 122.

[1540] Vgl. *Hope/Langli*, Low Litigation, 2010, S. 585. Analog zu *Blay/Geiger*, Independence, 2013, S. 588 wird die Aufnahme von Eigen- bzw. Fremdkapital oder der Verkauf von Anlagevermögen angenommen, wenn sich die entsprechenden Bilanzpositionen im Vergleich zum Vorjahr um 10% oder mehr verändern.

[1541] Vgl. *Hope/Langli*, Low Litigation, 2010, S. 588; *Hope/Langli/Thomas*, Auditing, 2012, S. 512.

Mit steigendem inhärentem Risiko werden steigende Prüfungshonorare erwartet. Die Begründung ist, dass ein höheres Risiko für einen Fehler besteht und spezifischere Prüfungshandlungen erforderlich sind.[1542] Von Relevanz sind die Vorräte und die Forderungen, da in diesen beiden Positionen oft Verzerrungen sind.[1543] Nach HAY/KNECHEL/WONG zeigen 84% der Studien bei der Summe von Vorräten und Forderungen den positiven Zusammenhang, 47% bei den Vorräten und 65% bei den Forderungen.[1544] Studien zu privaten Unternehmen nehmen die Variablen entweder einzeln oder gemeinsam auf,[1545] wobei die Ergebnisse differenziert sind. Während HOPE/LANGLI einen signifikant positiven Zusammenhang beobachten, resultiert dieser in der Studie von SUNDGREN/SVANSTRÖM nicht.[1546] In der Analyse von JOHA sind die Forderungen signifikant positiv.[1547] Für kapitalmarktorientierte deutsche Unternehmen wird ein positiver Zusammenhang gezeigt.[1548] Das hier verwendete Modell nimmt Forderungen und Vorräte gemeinsam im Verhältnis zur Bilanzsumme ($InvRec$) auf.

Wird der Abschluss nach IFRS aufgestellt, entstehen für den Abschlussprüfer höhere Kosten im Vergleich zum HGB, wenn ein höherer Prüfungsaufwand notwendig ist. Dies kann der Fall sein, da die IFRS detaillierter ausgestaltet sind und die Anhangsangaben umfangreicher ausfallen können. Weiterhin kann das Klagerisiko aufgrund eines mit Fehlern behafteten Abschlusses nach IFRS größer sein. So orientieren sich die IFRS stärker am Fair Value, der von den Einschätzungen und Annahmen der Abschlussersteller abhängig sein kann.[1549] Daher wird ein positives Vorzeichen erwartet. Im Einklang beobachten HOPE/LANGLI für private Unternehmen mit einem komplexeren Rechnungslegungssystem höhere Prüfungshonorare.[1550]

Mit sinkender Profitabilität des Unternehmens wird ein steigendes Risiko für den Prüfer und steigende Prüfungshonorare erwartet. Die am häufigsten verwendeten Größen sind die Gesamtkapitalrentabilität und eine Dummy-Variable, die einen Verlust anzeigt. Bei erstgenannter Größe ist der erwartete Zusammenhang negativ und bei letzterer Größe positiv.[1551] Die Regression berücksichtigt die Profitabilität durch das Verhältnis von Jahresüberschuss zur durchschnittlichen Bilanzsumme (RoA) und einer Dummy-Variable, die ein negatives EBIT anzeigt ($Loss$). HOPE/LANGLI/THOMAS beobachten bei privaten Unternehmen den erwarteten Zusammenhang.[1552] Werden deutsche kapitalmarktorientierte Unternehmen betrachtet, zeigen Analysen einen negativen Zusammenhang mit der Gesamtkapitalrentabilität und einen positiven Einfluss bei einem Verlust.[1553]

[1542] Vgl. *Hay/Knechel/Wong*, Audit Fees, 2006, S. 169.

[1543] Vgl. *Loebbecke/Eining/Willingham*, Nature, 1989, S. 13; *Entwistle/Lindsay*, Cause, 1994, S. 280.

[1544] Vgl. *Hay/Knechel/Wong*, Audit Fees, 2006, S. 170.

[1545] Vgl. *Hope/Langli*, Low Litigation, 2010, S. 585; *Hope/Langli/Thomas*, Auditing, 2012, S. 507; *Joha*, Prüferwahl, 2016, S. 240.

[1546] Vgl. *Hope/Langli*, Low Litigation, 2010, S. 588; *Sundgren/Svanström*, Size, 2013, 49f.

[1547] Vgl. *Joha*, Prüferwahl, 2016, S. 240, 256, 266.

[1548] Vgl. *Wild*, Premium, 2010, S. 523.

[1549] Vgl. *De George/Ferguson/Spear*, IFRS, 2013, S. 432f.

[1550] Vgl. *Hope/Langli*, Low Litigation, 2010, S. 588.

[1551] Vgl. *Hay/Knechel/Wong*, Audit Fees, 2006, S. 170.

[1552] Vgl. *Hope/Langli/Thomas*, Auditing, 2012, S. 512.

[1553] Vgl. *Köhler/Marten/Ratzinger et al.*, Determinanten, 2010, S. 19f.; *Wild*, Premium, 2010, S. 523 nur im Pooled-OLS-Modell.

Mit steigendem Fremdfinanzierungsanteil kann das Risiko für den Ausfall des Mandanten ansteigen, wodurch ein höheres Risiko für den Abschlussprüfer resultiert.[1554] Zudem steigen mit dem Verschuldungsgrad die Agency-Konflikte zwischen Eigen- und Fremdkapitalgebern.[1555] Daher wird in das Modell der Anteil des Fremdkapitals am Gesamtkapital (*Lev*) aufgenommen. Den erwarteten positiven Zusammenhang zeigen in der Meta-Analyse von HAY/KNECHEL/WONG ca. 50% der Studien.[1556] Auch bei privaten Unternehmen wird dieser Einfluss beobachtet.[1557] Dies gilt auch für Analysen mit deutschen kapitalmarktorientierten Unternehmen.[1558] Eine weitere, häufig verwendete Einflussgröße ist das Verhältnis des Umlaufvermögens zu den kurzfristigen Verbindlichkeiten (*CurRatio*).[1559] Aus dem steigenden Risiko für den Abschlussprüfer aufgrund einer abweichenden Fristenkongruenz[1560] kann ein negatives Vorzeichen abgeleitet werden. Bei privaten Unternehmen sind die Ergebnisse differenziert. Während HOPE/LANGLI den negativen Zusammenhang teilweise beobachten, resultiert bei HOPE/LANGLI/THOMAS ein positiver Einfluss.[1561]

Ist das Unternehmen Mandant eines Big N Abschlussprüfers, wird ein Honoraraufschlag vermutet. Eine Erklärung ist die vermutete höhere Prüfungsqualität,[1562] die steigende Prüfungshonorare rechtfertigt.[1563] Eine andere Erklärung ist die monopolistische Marktstruktur.[1564] Ob dies für private Unternehmen gilt, kann fraglich sein, da in der in Kapitel 2 durchgeführten Analyse keine hohe absolute Konzentration, sondern eine hohe relative Konzentration festgestellt wurde.[1565] Studien mit privaten Unternehmen, die Big N Abschlussprüfer beinhalten, zeigen einen positiven Zusammenhang.[1566] Auch bei deutschen kapitalmarktorientierten Unternehmen wird eine Big N Prämie festgestellt.[1567]

JOHA unterscheidet zusätzlich mittelgroße Prüfungsgesellschaften. Auch für diese beobachtet er eine Honorarprämie. Zudem differenziert er zwischen den Big 4 Prüfungsgesellschaften PwC, KPMG, EY und Deloitte. Für PwC, KPMG und Deloitte resultiert die Honorarprämie in allen Modellvariationen. Für EY wird sie nur in der Pooled-OLS-Regression gefunden.[1568] Für kapitalmarktorientierte Unternehmen führt WILD die Differenzierung durch. In der Pooled-OLS-Regression beobachtet er für alle Gesellschaften einen signifikant

---

[1554] Vgl. *O'Keefe/Simunic/Stein*, Firm, 1994, S. 249.
[1555] Vgl. *Jensen/Meckling*, Theory, 1976, S. 344.
[1556] Vgl. *Hay/Knechel/Wong*, Audit Fees, 2006, S. 171.
[1557] Vgl. *Hope/Langli/Thomas*, Auditing, 2012, S. 512; *Joha*, Prüferwahl, 2016, S. 240.
[1558] Vgl. *Köhler/Marten/Ratzinger et al.*, Determinanten, 2010, S. 19f.; *Wild*, Premium, 2010, S. 523 im Pooled-OLS-Modell.
[1559] Vgl. *Hay/Knechel/Wong*, Audit Fees, 2006, S. 159.
[1560] Vgl. dazu *Coenenberg/Haller/Schultze*, Jahresabschluss, 2014, S. 1079f.
[1561] Vgl. *Hope/Langli*, Low Litigation, 2010, S. 588; *Hope/Langli/Thomas*, Auditing, 2012, S. 512.
[1562] Vgl. Kapitel 3.1.2.
[1563] Vgl. *Köhler/Marten/Ratzinger et al.*, Determinanten, 2010, S. 17.
[1564] Vgl. *Simunic*, Pricing, 1980, S. 161f.
[1565] Vgl. Kapitel 2.6.
[1566] Vgl. *Hope/Langli*, Low Litigation, 2010, S. 588. *Hope/Langli/Thomas*, Auditing, 2012, S. 512.
[1567] Vgl. *Köhler/Marten/Ratzinger et al.*, Determinanten, 2010, S. 19f.
[1568] Vgl. *Joha*, Prüferwahl, 2016, S. 240, 256, 266.

positiven Zusammenhang. Im Fixed-Effects-Modell besteht dieser nur für KPMG.[1569] In Anlehnung an diese Studien werden die Gesellschaften PwC, KPMG, EY und Deloitte (*PwC, KPMG, EY* und *DT*) getrennt betrachtet.

Findet ein Prüferwechsel statt, wird ein negativer Koeffizient vermutet. Dies kann mit dem Modell von DEANGELO begründet werden. Darin setzt der Prüfer seine Quasirenten im Wettbewerb um Erstprüfungsmandate ein und verlangt im ersten Jahr ein Honorar, das unter den Kosten liegt.[1570] Die Kostenstruktur des Prüfers ist öffentlich nicht zugänglich. Daher wird Fee Cutting analysiert. Dies resultiert, wenn das Honorar für Erstprüfungen unter dem Honorar für Folgeprüfungen liegt. Ein Rückschluss von Fee Cutting auf Low-Balling ist nicht möglich, da auch bei konstanten Prüfungshonoraren Low-Balling vorliegen kann.[1571] Geringere Honorare sind jedoch ein Indiz für einen Wettbewerbsmarkt.[1572] Ein anderer Grund kann der Wechsel zu einem Prüfer sein, der eine effizientere Prüfung anbietet und daraus geringere Honorare resultieren.[1573] Für private Unternehmen beobachten JOHA und HOPE/LANGLI/THOMAS bei einem Prüferwechsel einen negativen Koeffizienten.[1574] Auch bei kapitalmarktorientierten Unternehmen in Deutschland wird der negative Koeffizient gezeigt.[1575] Der Wechsel wird im Modell durch eine Dummy-Variable berücksichtigt, die bei einem Prüferwechsel im aktuellen Jahr den Wert eins annimmt (*Change*).

Mit steigender Anzahl der Tage zwischen Bilanzstichtag und Tag des Bestätigungsvermerks (*ReportLag*) werden höhere Prüfungshonorare erwartet, da mit dieser Variable zeitaufwendige komplexere Prüfungen oder Probleme im Rahmen der Prüfung abgebildet werden können.[1576] Empirisch zeigt JOHA für eine Indikatorvariable, die einen längeren Zeitraum als 365 Tage anzeigt, keinen signifikanten Zusammenhang.[1577] Bei kapitalmarktorientierten Unternehmen wird der Einfluss hingegen beobachtet.[1578]

Der Effekt der Busy-Season wird über die Variable *YE* abgebildet, die den Wert eins annimmt, wenn der Bilanzstichtag der 31.12. ist. Auf diesen Zeitpunkt entfällt für die Mehrzahl der Unternehmen das Ende des Geschäftsjahres. Abgeleitet aus dem höheren Arbeitsaufwand und den anfallenden Überstunden, wird bei den Prüfungshonoraren ein positiver Zusammenhang vermutet.[1579] Dies beobachten für private Unternehmen auch HOPE/LANGLI und HOPE/LANGLI/THOMAS.[1580] Nach HAY/KNECHEL/WONG zeigt die Mehrzahl der Studien zu kapitalmarktorientierten Unternehmen keinen signifikanten Einfluss.[1581]

[1569] Vgl. *Wild*, Premium, 2010, S. 523.
[1570] Vgl. Kapitel 3.2.4.
[1571] Vgl. *Francis*, Size, 1984, S. 138.
[1572] Vgl. *Köhler/Marten/Ratzinger et al.*, Determinanten, 2010, S. 17.
[1573] Vgl. *Hay/Knechel/Wong*, Audit Fees, 2006, S. 176.
[1574] Vgl. *Hope/Langli/Thomas*, Auditing, 2012, S. 512; *Joha*, Prüferwahl, 2016, S. 240, 256, 266.
[1575] Vgl. *Köhler/Marten/Ratzinger et al.*, Determinanten, 2010, S. 19f.
[1576] Vgl. *Hay/Knechel/Wong*, Audit Fees, 2006, S. 177.
[1577] Vgl. *Joha*, Prüferwahl, 2016, S. 240.
[1578] Vgl. *DeFond/Raghunandan/Subramanyam*, Fees, 2002, S. 1270.
[1579] Vgl. *Hay/Knechel/Wong*, Audit Fees, 2006, S. 177f.
[1580] Vgl. *Hope/Langli*, Low Litigation, 2010, S. 588f. *Hope/Langli/Thomas*, Auditing, 2012, S. 512.
[1581] Vgl. *Hay/Knechel/Wong*, Audit Fees, 2006, S. 177.

Das Nichtprüfungshonorarmodell nutzt als abhängige Variable die Summe der nach §§ 314 (1) Nr. 9 b) - d) ausgewiesenen Honorare für andere Bestätigungsleistungen, Steuerberatungsleistungen und sonstige Leistungen (*AbsNonAudit*).[1582] Hinsichtlich der Kontrollvariablen führen WHISENANT/SANKARAGURUSWAMY/RAGHUNANDAN an, dass die Prüfungs- und Nichtprüfungshonorare von gemeinsamen Faktoren bestimmt werden.[1583]

Mit steigender Größe des Mandanten, abgebildet über den natürlichen Logarithmus der Bilanzsumme (*Size*), wird ein positiver Einfluss auf die Höhe der Nichtprüfungshonorare vermutet. Dies wird durch den steigenden Beratungsbedarf, durch globalere Unternehmensaktivitäten oder die Bedeutung von Größeneffekten, die mithilfe der Beratung realisiert werden sollen, begründet.[1584] Im Einklang wird empirisch bei privaten Unternehmen ein positiver Einfluss beobachtet.[1585] Dies wird auch in Analysen mit kapitalmarktorientierten Unternehmen gezeigt.[1586] JOHA argumentiert, dass mit steigender Anzahl der Mitarbeiter ein zusätzlicher Beratungsbedarf bspw. im Bereich der Pensionsverpflichtungen[1587] oder der Unternehmensorganisation entstehen kann. Daher wird der natürliche Logarithmus der Mitarbeiteranzahl (*Employ*)[1588] mit positiver Vorzeichenerwartung in das Modell aufgenommen.[1589] Für private Unternehmen wird der positive Zusammenhang gezeigt.[1590] WHISENANT/SANKARAGURUSWAMY/RAGHUNANDAN beobachten dies für den Bereich der kapitalmarktorientierten Unternehmen.[1591] Als weiteres Maß für die Mandantenkomplexität und den entstehenden Bedarf an Beratungsleistungen wird, wie bei HOPE/LANGLI bzw. RATZINGER-SAKEL, der natürliche Logarithmus der Anzahl an Tochterunternehmen (*Subs*) aufgenommen.[1592] Empirisch zeigen HOPE/LANGLI und JOHA für private Unternehmen und YE/CARSON/SIMNETT für kapitalmarktorientierte Unternehmen einen signifikant positiven Zusammenhang.[1593]

[1582] Abweichend zu den Studien von *Hope/Langli*, Low Litigation, 2010, S. 588ff.; *Ratzinger-Sakel*, Germany, 2013, S. 151; *Blay/Geiger*, Independence, 2013, S. 599 wird der absolute Wert der Nichtprüfungshonorare genutzt, da mit dem natürlichen Logarithmus der Erklärungsgehalt der Modelle mit einem Adj-R^2 von 8,90% mit der Kontrollgruppe nach RATZINGER-SAKEL bzw. einem Adj-R^2 von 8,28% mit der Kontrollgruppe nach BLAY/GEIGER geringer sind als bei Nutzung der absoluten Werte. Wie bei *Hope/Langli*, Low Litigation, 2010, S. 585 wird ein Modell mit einem „reasonable fit" gesucht. Vgl. *Joha*, Prüferwahl, 2016, S. 250 zum Vorgehen.

[1583] Vgl. *Whisenant/Sankaraguruswamy/Raghunandan*, Joint, 2003, S. 742.

[1584] Vgl. *Firth*, Provision, 1997, S. 11.

[1585] Vgl. *Joha*, Prüferwahl, 2016, S. 256.

[1586] Vgl. *DeFond/Raghunandan/Subramanyam*, Fees, 2002, S. 1270; *Whisenant/Sankaraguruswamy/Raghunandan*, Joint, 2003, S. 738; *Ye/Carson/Simnett*, Impact, 2011, S. 136.

[1587] Vgl. *Raghunandan/Read/Whisenant*, Initial, 2003, S. 227.

[1588] Die Datenbank enthält lediglich einen konstanten Wert für die Mitarbeiteranzahl. Daher kann nicht ausgeschlossen werden, dass die Ergebnisse für diese Variable von eingeschränkter Gültigkeit sind.

[1589] Vgl. *Joha*, Prüferwahl, 2016, S. 254, der argumentiert, dass die Variable in das Modell für die Prüfungshonorare nicht aufgenommen werden muss, da sie auch ein zusätzliches Maß für die Unternehmensgröße ist. Diese wird über die Bilanzsumme abgebildet. Dem entgegen argumentiert *Abdel-Khalik*, Demand, 1993, S. 37f., dass über die Anzahl der Mitarbeiter der interne Kontrollverlust aus den zunehmenden Hierarchiestufen abgebildet werden kann. Dies beeinflusst die Nachfrage nach externer Abschlussprüfung.

[1590] Vgl. *Hope/Langli*, Low Litigation, 2010, S. 588; *Joha*, Prüferwahl, 2016, S. 256.

[1591] Vgl. *Whisenant/Sankaraguruswamy/Raghunandan*, Joint, 2003, S. 738.

[1592] Vgl. *Hope/Langli*, Low Litigation, 2010, S. 588; *Ratzinger-Sakel*, Germany, 2013, S. 151.

[1593] Vgl. *Hope/Langli*, Low Litigation, 2010, S. 588; *Ye/Carson/Simnett*, Impact, 2011, S. 136; *Joha*, Prüferwahl, 2016, S. 256.

In speziellen Situationen, wie der Ausgabe von Eigen- oder Fremdkapital, kann eine Nachfrage nach Beratungsleistungen entstehen.[1594] Dies wird in Anlehnung an HOPE/ LANGLI durch Indikatorvariablen abgebildet, die eine Kapitalerhöhung (*IncCap*), eine Kapitalherabsetzung (*DecCap*) oder die Aufnahme von größeren Fremdkapitalpositionen (*NewDebt*) anzeigen. Für diese Variablen beobachten die Autoren empirisch einen signifikant positiven Zusammenhang.[1595] DEFOND/RAGHUNANDAN/SUBRAMANYAM finden bei kapitalmarktorientierten Unternehmen einen positiven Einfluss, wenn das Unternehmen Eigen- oder Fremdkapital aufnimmt.[1596]

Mit steigenden Vorräten bzw. Forderungen kann eine höhere Nachfrage nach Beratungsleistungen, wie Supply Chain Management bzw. Beratung im Bereich des Forderungseinzugs, einhergehen.[1597] Diese Beratungsleistungen werden durch das Verhältnis der Summe aus Forderungen und Vorräten zur Bilanzsumme abgebildet (*InvRec*). HOPE/LANGLI beobachten einen positiven Zusammenhang bei privaten Unternehmen.[1598] Bei kapitalmarktorientierten Unternehmen stellen WHISENANT/SANKARAGURUSWAMY/RAGHUNANDAN keine Signifikanz fest.[1599]

Wird der Abschluss nach IFRS aufgestellt (*IFRS*), kann ein zusätzlicher Beratungsbedarf entstehen. Dies ist in vorbereitenden Maßnahmen bei der Einführung oder Änderung der Standards möglich. JERMAKOWICZ/GORNIK-TOMASZEWSKI beobachten, dass der Abschlussprüfer bei Fragestellungen bezüglich der IFRS herangezogen wird.[1600] In Anlehnung beobachten HOPE/LANGLI einen positiven Zusammenhang, wenn ein Unternehmen die regulären Rechnungslegungsstandards und nicht die möglichen Vereinfachungen für kleine private Unternehmen in Norwegen anwendet.[1601] Einschränkend sind in Deutschland die Vorschriften des § 319 (3) HGB zu beachten.

Ist die Profitabilität des Unternehmens schwach, kann der Anreiz entstehen, mit Hilfe von Beratungsleistungen diese zu erhöhen.[1602] Die Profitabilität wird durch das Verhältnis von Jahresüberschuss zur durchschnittlichen Bilanzsumme (*RoA*) und durch eine Indikatorvariable, die ein negatives EBIT im aktuellen Jahr anzeigt (*Loss*), abgebildet.[1603] Den negativen Einfluss der Gesamtkapitalrentabilität stellen bei privaten Unternehmen HOPE/ LANGLI fest.[1604] Für kapitalmarktorientierte Unternehmen beobachten diesen DEFOND/ RAGHUNANDAN/SUBRAMANYAM.[1605]

Aus der Aufnahme von Fremdkapital können Agency-Konflikte resultieren. Diese steigen mit zunehmendem Verschuldungsgrad.[1606] FIRTH argumentiert, dass Unternehmen mit

---

[1594] Vgl. *Firth*, Provision, 1997, S. 16; *Abbott/Parker/Peters et al.*, Empirical, 2003, S. 225.
[1595] Vgl. *Hope/Langli*, Low Litigation, 2010, S. 588.
[1596] Vgl. *DeFond/Raghunandan/Subramanyam*, Fees, 2002, S. 1266.
[1597] Vgl. *Antle/Gordon/Narayanamoorthy et al.*, Joint, 2006, S. 246; S. 115.
[1598] Vgl. *Hope/Langli*, Low Litigation, 2010, S. 588.
[1599] Vgl. *Whisenant/Sankaraguruswamy/Raghunandan*, Joint, 2003, S. 738.
[1600] Vgl. *Jermakowicz/Gornik-Tomaszewski*, IFRS, 2006, S. 67.
[1601] Vgl. *Hope/Langli*, Low Litigation, 2010, S. 588.
[1602] Vgl. *Firth*, Provision, 1997, S. 11.
[1603] Vgl. *Ratzinger-Sakel*, Germany, 2013, S. 151.
[1604] Vgl. *Hope/Langli*, Low Litigation, 2010, S. 588.
[1605] Vgl. *DeFond/Raghunandan/Subramanyam*, Fees, 2002, S. 1266.
[1606] Vgl. *Jensen/Meckling*, Theory, 1976, S. 344.

hohen Agency-Kosten eine größere Aufmerksamkeit auf die Unabhängigkeit des Prüfers legen und in geringerem Umfang Nichtprüfungsleistungen nachfragen.[1607] Ein positiver Zusammenhang kann resultieren, wenn die Unternehmen Beratungsleistungen in Anspruch nehmen, um den Verschuldungsgrad zu senken. Daher wird für den Anteil des Fremdkapitals an der Bilanzsumme (*Lev*) kein bestimmtes Vorzeichen erwartet. Empirisch zeigen WHISENANT/SANKARAGURUSWAMY/RAGHUNANDAN bei kapitalmarktorientierten Unternehmen einen negativen Einfluss.[1608] HOPE/LANGLI finden einen positiven Zusammenhang für die Veränderung des Verschuldungsgrads bei privaten Unternehmen.[1609] Wie bei HOPE/LANGLI wird das Verhältnis von Umlaufvermögen zu kurzfristigen Verbindlichkeiten (*CurRatio*) aufgenommen.[1610] Resultiert aus einer höheren Abweichung in der Fristenkongruenz ein steigender Beratungsbedarf, kann ein negatives Vorzeichen die Folge sein. Wird die Argumentation von FIRTH auf die kurzfristigen Verbindlichkeiten übertragen, kann ein positiver Zusammenhang abgeleitet werden. Insgesamt wird daher kein bestimmtes Vorzeichen erwartet.[1611] Empirisch finden WHISENANT/SANKARAGURUSWAMY/RAGHUNANDAN für kapitalmarktorientierte Unternehmen einen negativen Einfluss.[1612] HOPE/LANGLI beobachten bei privaten Unternehmen keine Signifikanz.[1613]

Big N Abschlussprüfer können die Möglichkeit besitzen, mehr Nichtprüfungsleistungen anzubieten. Zudem können sie in der Lage sein, einen Aufschlag bei den Beratungshonoraren zu erzielen.[1614] Analog zu den Prüfungshonoraren wird nach den Gesellschaften PwC, KPMG, EY und Deloitte (*PwC, KPMG, EY* und *DT*) differenziert. Für private Unternehmen stellt JOHA bei EY einen positiven Zusammenhang fest. Die anderen Prüfervariablen sind nicht signifikant.[1615] HOPE/LANGLI beobachten bei privaten und YE/CARSON/SIMNETT bzw. DEFOND/RAGHUNANDAN/SUBRAMANYAM finden bei kapitalmarktorientierten Unternehmen für Big N Abschlussprüfer einen positiven Zusammenhang.[1616]

Ein weiterer Einflussfaktor kann der Prüferwechsel (*Change*) sein. Ein positiver Einfluss resultiert, wenn der vorherige Abschlussprüfer die gewünschten Nichtprüfungsleistungen nicht erbringen konnte. Ist die Ursache für den Wechsel das geringere Honorar des neuen Prüfers, ist ein negativer Zusammenhang die Folge. Weiterhin können aufgrund der geringeren Erfahrungen mit dem neuen Prüfer niedrigere Nichtprüfungsleistungen zu Beginn der Prüfer-Mandanten-Beziehung nachgefragt werden.[1617] Aufgrund der gegenläufigen Effekte wird kein gerichtetes Vorzeichen erwartet. Empirisch beobachtet JOHA für private Unternehmen einen negativen Zusammenhang.[1618]

[1607] Vgl. *Firth*, Provision, 1997, S. 8.
[1608] Vgl. *Whisenant/Sankaraguruswamy/Raghunandan*, Joint, 2003, S. 738.
[1609] Vgl. *Hope/Langli*, Low Litigation, 2010, S. 588.
[1610] Vgl. *Hope/Langli*, Low Litigation, 2010, S. 588.
[1611] Vgl. *Whisenant/Sankaraguruswamy/Raghunandan*, Joint, 2003, S. 738.
[1612] Vgl. *Whisenant/Sankaraguruswamy/Raghunandan*, Joint, 2003, S. 738.
[1613] Vgl. *Hope/Langli*, Low Litigation, 2010, S. 588.
[1614] Vgl. *Frankel/Johnson/Nelson*, Relation, 2002, S. 100.
[1615] Vgl. *Joha*, Prüferwahl, 2016, S. 256.
[1616] Vgl. *DeFond/Raghunandan/Subramanyam*, Fees, 2002, S. 1266; *Hope/Langli*, Low Litigation, 2010, S. 588; *Ye/Carson/Simnett*, Impact, 2011, S. 136.
[1617] Vgl. *DeBerg/Kaplan/Pany*, Change, 1991, S. 20f.
[1618] Vgl. *Joha*, Prüferwahl, 2016, S. 256.

Die abhängige Variable für das Modell der Gesamthonorare ist der natürliche Logarithmus aus der Summe der in §§ 314 (1) Nr. 9 a) - d) ausgewiesenen Prüfungs- und Nichtprüfungshonorare (*TotFee*). Als Determinanten werden die Einflussfaktoren auf die Prüfungs- und Nichtprüfungshonorare verwendet.[1619] Da die Gesamthonorare aus Prüfungs- und Nichtprüfungshonoraren bestehen, ist der vermutete Zusammenhang eine Kombination der Einflüsse. Sind die erwarteten Zusammenhänge für Prüfungs- und Nichtprüfungshonorare unterschiedlich, kann für die Gesamthonorare keine Vermutung über die Richtung des Einflusses angegeben werden.

In allen Modellen werden Jahres- und Branchen-Dummys aufgenommen. Dies ermöglicht es, die Veränderungen über die Zeit bzw. zwischen den Branchen zu berücksichtigen.[1620] Auch die in diese Modelle eingehenden stetigen Variablen werden am 1%- bzw. 99%-Perzentil winsorisiert, um den Einfluss von extremen Beobachtungen zu berücksichtigen.[1621] Die Schätzung erfolgt mit clusterrobusten Standardfehlern auf Unternehmensebene.[1622]

6.5 Deskriptive Statistik

Das nachfolgende Kapitel beinhaltet die Verteilung der in der jeweiligen Analyse mit der Abgrenzung nach RATZINGER-SAKEL bzw. BLAY/GEIGER verwendeten Variablen, ein Vergleich von Mittelwert bzw. Median der Unternehmen mit bzw. ohne GCM und die Korrelationsmatrizen.

6.5.1 Variablenverteilung in der Abgrenzung nach RATZINGER-SAKEL

Die Tabelle 45 gibt die Verteilung der Variablen in der Abgrenzung nach RATZINGER-SAKEL an. Zusätzlich wird die absolute Höhe der Prüfungshonorare (*AbsAuditFee*), der Nichtprüfungshonorare (*AbsNonAudit*), der Gesamthonorare (*AbsTotFee*) und der Bilanzsumme (*AbsSize*) angegeben.

Die Prüfungshonorare (*AbsAuditFee*) liegen zwischen 0,011 Mio. € und 1,000 Mio. €. Der Vergleich von Mittelwert (0,148 Mio. €) und Median (0,094 Mio. €) zeigt, dass hohe Werte die Stichprobe verzerren. Die zugehörigen logarithmierten Werte (*AuditFee*) reichen von 9,306 bis 13,816 mit einem Mittelwert von 11,510 und einem Median von 11,451. Hinsichtlich der Nichtprüfungshonorare (*AbsNonAudit*) reicht die Spanne von null bis 1,026 Mio. €. In 575 Fällen fragen die Unternehmen keine Nichtprüfungsleistungen nach

---

[1619] Vgl. *DeFond/Raghunandan/Subramanyam*, Fees, 2002, S. 1266 für das gleiche Vorgehen.

[1620] Vgl. *Cho/Ki/Kwon*, Fees, 2017, S. 381.

[1621] Vgl. *DeFond/Raghunandan/Subramanyam*, Fees, 2002, S. 1258; *Hope/Langli*, Low Litigation, 2010, S. 586; *Blay/Geiger*, Independence, 2013, S. 589 für das Vorgehen.

[1622] Vgl. ausführlich *Petersen*, Errors, 2009; *Cameron/Trivedi*, Microeconometrics, 2010, S. 84f., 250. Hierdurch wird möglicher Heteroskedastizität und Autokorrelation begegnet. Heteroskedastizität ist vorhanden, wenn die Varianz der Residuen nicht konstant ist. Autokorrelation liegt vor, wenn die Annahme nicht korrelierter Residuen in der Grundgesamtheit verletzt ist. Von einer Normalverteilung der Residuen kann aufgrund der Stichprobengröße ausgegangen werden. Vgl. *Backhaus/Erichson/Plinke et al.*, Multivariate, 2016, S. 99 - 105.

(50 Beobachtungen mit GCM und 525 Beobachtungen ohne GCM).[1623] Es besteht eine Verzerrung durch Unternehmen, die in hohem Umfang Nichtprüfungsleistungen nachfragen (Mittelwert von 0,072 Mio. € und Median von 0,021 Mio. €). Für die korrespondierende Variable *NonAudit* reichen die Werte von null bis 13,842 (Mittelwert von 7,738 und Median von 9,952). Die Min-Max-Spanne für die gesamten Honorare (*AbsTotFee*) reicht von 0,015 Mio. € bis 1,915 Mio. €, mit einem Mittelwert von 0,224 Mio. € und einem Median von 0,129 Mio. €. Für die logarithmierte Größe (*TotFee*) liegen die Werte zwischen 9,616 und 14,465, mit einem arithmetischen Mittel von 11,824 und einem Median von 11,768.

Anhand der Variable *InfluenceFee* kommen durchschnittlich 30,3% der Gesamthonorare von einem Mandanten. Da der Median 5% beträgt, wird dieser Wert von Beobachtungen mit einem hohen Wert bestimmt. Insgesamt reichen die Werte von 0,1% bis zu 100%.[1624] Wird der Anteil über die Variable *InfluenceSale* betrachtet, fällt dieser mit durchschnittlich 14,8% geringer aus, wobei hohe Werte den Durchschnitt verzerren (Median ist 0,8%). Das Minimum beträgt 0,2%, das Maximum 100%.

Das Verhältnis von Nichtprüfungshonoraren zu den Prüfungshonoraren (*FeeRatio*) reicht von null bis 4,015. Im arithmetischen Mittel beträgt das Verhältnis 0,466, wobei der Median einen Wert von 0,220 einnimmt.

Die Bilanzsumme (*AbsSize*) variiert in den Grenzen von 10,478 Mio. € und 4.029,092 Mio. €. Aus dem Vergleich von Mittelwert (297,423 Mio. €) und dem Median (94,200 Mio. €) resultiert eine verzerrte Stichprobe. Die zugehörigen logarithmierten Werte (*Size*) reichen von 16,165 bis 22,117 mit einem Mittelwert von 18,552 und einem Median von 18,631.

Die Anzahl der Mitarbeiter liegt zwischen 25 und 17.103.[1625] Im arithmetischen Mittel nimmt die Variable *Employ* einen Wert von 6,504 an und besitzt einen Median von 6,423. Minimal wird ein Tochterunternehmen (*Subs*) konsolidiert. Maximal beträgt die Anzahl der konsolidierten Tochterunternehmen 70.[1626] Die Werte von 1,568 für das arithmetische Mittel und 1,609 für den Median sind ähnlich.

Der durchschnittliche Verschuldungsgrad (*Lev*) beträgt 0,568. Eine große Abweichung vom Median mit 0,582 liegt nicht vor. Die Min-Max-Grenze ist 0,086 bzw. 0,968. Die Veränderung des Verschuldungsgrades (*ChLev*) reicht von -0,301 bis 0,210, mit einem Mittelwert von -0,002 und einem Median von 0,002. Das Verhältnis von Umlaufvermögen zu den kurzfristigen Verbindlichkeiten (*CurRatio*) beträgt im Mittelwert 2,024, mit einem Median von 1,436. Minimal nimmt die Variable einen Wert von 0,271 und maximal einen Wert von 16,935 an.

[1623] Ist aus der Tabelle nicht ersichtlich.

[1624] Die hohen Werte resultieren aus dem Anteil an Kleinstprüfern, die wenige bzw. einen Mandanten in der Stichprobe betreuen.

[1625] Berechnung über: $e^{3,219}$ bzw. $e^{9,747}$.

[1626] Berechnung über: e^{0} bzw. $e^{4,249}$.

Variable	ø	σ	Min.	Q1	Med.	Q3	Max.
AbsAuditFee (in Mio. €)	0.148	0.164	0.011	0.057	0.094	0.170	1.000
AuditFee	11,510	0,854	9,306	10,951	11,451	12,044	13,816
AbsNonAudit (in Mio. €)	0,072	0,154	0,000	0,000	0,021	0,070	1,026
NonAudit	7,738	4,815	0,000	0,000	9,952	11,156	13,842
AbsTotFee (in Mio. €)	0,224	0,296	0,015	0,070	0,129	0,244	1,915
TotFee	11,824	0,951	9,616	11,156	11,768	12,405	14,465
InfluenceFee	0,303	0,400	0,001	0,009	0,050	0,596	1,000
InfluenceSale	0,148	0,275	0,002	0,002	0,008	0,145	1,000
FeeRatio	0,466	0,694	0,000	0,000	0,220	0,606	4,015
AbsSize (in Mio. €)	297,423	601,229	10,478	43,993	94,200	258,196	4.029,092
Size	18,552	1,277	16,165	17,600	18,361	19,369	22,117
Employ	6,504	1,211	3,219	5,756	6,423	7,241	9,747
Subs	1,568	0,988	0,000	0,693	1,609	2,197	4,249
Lev	0,568	0,218	0,086	0,402	0,582	0,738	0,968
ChLev	-0,002	0,076	-0,301	-0,031	0,002	0,035	0,210
CurRatio	2,024	2,153	0,271	0,999	1,436	2,228	16,935
RoA	-0,007	0,075	-0,287	-0,035	0,000	0,027	0,210
CashFlow	0,057	0,094	-0,226	0,006	0,052	0,103	0,392
Investments	0,093	0,108	0,001	0,022	0,056	0,122	0,580
ProbBankz	0,128	0,184	0,000	0,002	0,032	0,184	0,741
InvRec	0,294	0,200	0,009	0,124	0,270	0,444	0,806
Age	2,891	1,093	0,693	2,079	2,890	3,714	5,124
ReportLag	185,581	113,652	47,000	107,000	158,000	228,000	693,000
Loss	0,295	0,456	0,000	0,000	0,000	1,000	1,000
SellAssets	0,223	0,416	0,000	0,000	0,000	0,000	1,000
IncCap	0,101	0,301	0,000	0,000	0,000	0,000	1,000
DecCap	0,129	0,335	0,000	0,000	0,000	0,000	1,000
NewDebt	0,338	0,473	0,000	0,000	0,000	1,000	1,000
IFRS	0,082	0,274	0,000	0,000	0,000	0,000	1,000
Big4	0,440	0,496	0,000	0,000	0,000	1,000	1,000
PwC	0,138	0,345	0,000	0,000	0,000	0,000	1,000
KPMG	0,112	0,316	0,000	0,000	0,000	0,000	1,000
EY	0,129	0,335	0,000	0,000	0,000	0,000	1,000
DT	0,061	0,238	0,000	0,000	0,000	0,000	1,000
Change	0,084	0,277	0,000	0,000	0,000	0,000	1,000
ModPY	0,129	0,336	0,000	0,000	0,000	0,000	1,000
YearEnd	0,892	0,311	0,000	1,000	1,000	1,000	1,000

Anzahl der Beobachtungen: 2.166.

ø = arithmetisches Mittel
σ = Standardabweichung
Min = Minimum
Max = Maximum

Q1 = 25%-Perzentil
Med. = Median
Q3 = 75%-Perzentil

AbsAuditFee = Absoluter Wert der Prüfungshonorare; AuditFee = Natürlicher Logarithmus der Prüfungshonorare; AbsNonAudit = Absoluter Wert der Nichtprüfungshonorare; NonAudit = Natürlicher Logarithmus der Nichtprüfungshonorare; AbsTotFee = Absoluter Wert der Gesamthonorare; TotFee = Natürlicher Logarithmus der Gesamthonorare; InfluenceFee = Gesamthonorar eines Mandanten dividiert durch die gesamten Honorare des Prüfers aus allen Mandanten in der Stichprobe; InfluenceSale = Natürlicher Logarithmus der Umsatzerlöse eines Mandanten dividiert durch den natürlichen Logarithmus der Umsatzerlöse aller Mandanten mit verfügbaren Informationen in der Datenbank; FeeRatio = Nichtprüfungshonorare dividiert durch die Prüfungshonorare; AbsSize = Absoluter Wert der Bilanzsumme; Size = Natürlicher Logarithmus der Bilanzsumme; Employ = Natürlicher Logarithmus der Anzahl der Mitarbeiter; Subs = Natürlicher Logarithmus der Anzahl der Tochterunternehmen; Lev = Verbindlichkeiten dividiert durch die Bilanzsumme; ChLev = Veränderung des Verschuldungsgrades = $Lev_{it} - Lev_{it-1}$; CurRatio = Umlaufvermögen dividiert durch die kurzfristigen Verbindlichkeiten; RoA = Jahresüberschuss dividiert durch (Bilanzsumme$_t$ + Bilanzsumme$_{t-1}$)/2; CashFlow = Operativer Cashflow dividiert durch (Bilanzsumme$_t$ + Bilanzsumme$_{t-1}$)/2; Investments = (Zahlungsmittel und zahlungsmittelnahe Vermögensgegenstände) dividiert durch die Bilanzsumme; ProbBankz = Insolvenzwahrscheinlichkeit nach dem Modell von ZMIJEWSKI; InvRec = (Vorräte + Forderungen) dividiert durch die Bilanzsumme; Age = Natürlicher Logarithmus des Unternehmensalters; ReportLag = Anzahl der Tage zwischen Abschlussstichtag und Tag des Bestätigungsvermerkes; Loss = Dichotome belegt mit 1, wenn das EBIT negativ ist; SellAssets = Dichotome belegt mit 1, wenn das Anlagevermögen von t-1 auf t um 10% oder mehr sinkt; IncCap = Dichotome belegt mit 1, wenn das Grundkapital von t-1 auf t um 10% oder mehr steigt; DecCap = Dichotome belegt mit 1, wenn das Grundkapital von t-1 auf t um 10% oder mehr sinkt; NewDebt = Dichotome belegt mit 1, wenn das Fremdkapital von t-1 auf t um 10% oder mehr steigt; IFRS = Dichotome belegt mit 1, wenn das Unternehmen nach IFRS bilanziert; Big4 = Dichotome belegt mit 1, wenn der Abschlussprüfer eine Big 4 Gesellschaft ist; PwC = Dichotome belegt mit 1, wenn der Abschlussprüfer PwC ist; KPMG = Dichotome belegt mit 1, wenn der Abschlussprüfer KPMG ist; EY = Dichotome belegt mit 1, wenn der Abschlussprüfer EY ist; DT = Dichotome belegt mit 1, wenn der Abschlussprüfer Deloitte ist; Change = Dichotome belegt mit 1, wenn ein Prüferwechsel vorliegt; ModPY = Dichotome belegt mit 1, wenn im Bestätigungsvermerk des Vorjahres eine Modifikation enthalten ist; YearEnd = Dichotome belegt mit 1, wenn das Geschäftsjahr am 31.12. endet.

Tabelle 45: Verteilung der Variablen in der Untersuchung mit der Abgrenzung nach RATZINGER-SAKEL.

Der *RoA* besitzt im Durchschnitt einen Wert von -0,007 und einen Median von null. Er liegt in den Grenzen von -0,287 und 0,210. Beim Verhältnis von operativem Cashflow zur durchschnittlichen Bilanzsumme (*CashFlow*) liegen das arithmetische Mittel mit 0,057 und der Median mit 0,052 nah beieinander. Die Variable variiert zwischen -0,226 und 0,392. Der Anteil der Zahlungsmittel und zahlungsmittelnahen Vermögensgegenständen an der Bilanzsumme (*Investments*) beträgt durchschnittlich 9,3% (Median von 5,6%). Im Minimum ist der Anteil 0,1%, im Maximum 58%. Die Insolvenzwahrscheinlichkeit nach ZMIJEWSKI (*ProbBankz*) variiert zwischen Werten von kleiner 0,001 und 0,741. Im arithmetischen Mittel beträgt diese 0,128 (Median von 0,032). Der Anteil der Vorräte und Forderungen an der Bilanzsumme (*InvRec*) ist durchschnittlich 29,4% (Median 27%). Die Min-Max-Grenze ist 0,9% bzw. 80,6%.

Das jüngste Unternehmen (*Age*) hat ein Alter von 2 Jahren, das älteste besteht seit 168 Jahren.[1627] Das arithmetische Mittel bzw. der Median liegt bei 2,891 bzw. 2,890. Durchschnittlich beträgt die Differenz zwischen Abschlussstichtag und Tag des Bestätigungsvermerkes (*ReportLag*) 185,581 Tage (Median von 158 Tagen). Die geringste Differenz ist 47 Tage. Am längsten dauert die Ausstellung des Bestätigungsvermerkes 693 Tage.

Die Stichprobe enthält 639 Beobachtungen (29,5%) mit einem negativen EBIT (*Loss*). Das Anlagevermögen sinkt bei 483 Beobachtungen (22,3%) um 10% oder mehr (*SellAssets*). Eine Erhöhung bzw. Verringerung des Grundkapitals um 10% oder mehr bzw. weniger (*IncCap* bzw. *DecCap*) führen 219 bzw. 279 Beobachtungen (10,1% bzw. 12,9%) durch. Bei 732 Beobachtungen (33,8%) steigt das Fremdkapital um 10% oder mehr (*NewDebt*). Nach IFRS bilanzieren 178 Beobachtungen, d.h. 8,2% (*IFRS*). Die Abschlussprüfung wird bei 953 Beobachtungen (44%) von Big 4 Abschlussprüfern (*Big4*) durchgeführt. Auf PwC (*PwC*) entfallen 299 (13,8%), auf KPMG (*KPMG*) 243 (11,2%), auf EY (*EY*) 279 (12,9%) und auf Deloitte (*DT*) 132 (6,1%) Beobachtungen. Ein Prüferwechsel findet in 182 Fällen (8,4%) statt. Insgesamt besitzen 279 Beobachtungen (12,9%) eine Modifikation im Vorjahr (*ModPY*). Mit 1.932 Beobachtungen (89,2%) ist der Bilanzstichtag überwiegend der 31.12. (*YearEnd*).

6.5.2 Variablenverteilung in der Abgrenzung nach BLAY/GEIGER

Die Tabelle 46 zeigt die Verteilung der Variablen und der absoluten Werte der Prüfungs-, Nichtprüfungs- und Gesamthonorare bzw. der Bilanzsumme in der Abgrenzung der Kontrollgruppe nach den Kriterien von BLAY/GEIGER.

In dieser Abgrenzung variieren die absoluten Prüfungshonorare (*AbsAuditFee*) zwischen 0,015 Mio. € und 0,734 Mio. €. Arithmetisches Mittel und Median sind 0,134 Mio. € bzw. 0,094 Mio. €. Die entsprechenden logarithmierten Werte (*AuditFee*) liegen zwischen 9,616 und 13,506 mit einem arithmetischen Mittel von 11,478 und einem Median von 11,451. Wiederum sind Unternehmen vorhanden, die keine Nichtprüfungsleistungen (*AbsNonAudit*) nachfragen. Maximal werden Nichtprüfungshonorare i.H.v. 0,750 Mio. € erzielt. Das arithmetische Mittel beträgt 0,063 Mio. €, wobei dieser Wert durch Unternehmen mit hohen Nichtprüfungshonoraren beeinflusst wird (Median von 0,018 Mio. €).

[1627] Berechnung über: $e^{0,693}$ bzw. $e^{5,124}$.

Variable	ø	σ	Min.	Q1	Med.	Q3	Max.
AbsAuditFee (in Mio. €)	0.134	0.131	0.015	0.055	0.094	0.150	0.734
AuditFee	11,478	0,778	9,616	10,915	11,451	11,918	13,506
AbsNonAudit (in Mio. €)	0,063	0,124	0,000	0,000	0,018	0,071	0,750
NonAudit	7,481	4,915	0,000	0,000	9,798	11,170	13,528
AbsTotFee (in Mio. €)	0,200	0,230	0,015	0,070	0,128	0,231	1,452
TotFee	11,788	0,884	9,616	11,156	11,760	12,350	14,189
InfluenceFee	0,398	0,424	0,005	0,035	0,144	1,000	1,000
InfluenceSale	0,139	0,271	0,002	0,002	0,009	0,134	1,000
FeeRatio	0,488	0,820	0,000	0,000	0,197	0,590	4,882
AbsSize (in Mio. €)	204,262	396,962	7,644	37,746	75,673	176,341	2.850,477
Size	18,288	1,205	15,850	17,446	18,142	18,988	21,771
Employ	6,412	0,988	3,912	5,756	6,346	7,116	8,937
Subs	1,450	0,910	0,000	0,693	1,386	1,946	3,807
Lev	0,605	0,214	0,086	0,448	0,626	0,771	0,976
ChLev	0,023	0,085	-0,316	-0,015	0,025	0,066	0,246
CurRatio	2,115	3,869	0,256	0,950	1,355	2,073	36,246
RoA	-0,062	0,081	-0,359	-0,090	-0,043	-0,009	0,126
CashFlow	-0,033	0,085	-0,303	-0,069	-0,028	-0,003	0,235
Investments	0,069	0,083	0,001	0,016	0,040	0,085	0,424
ProbBankz	0,183	0,223	0,000	0,008	0,078	0,287	0,835
InvRec	0,354	0,210	0,011	0,172	0,351	0,504	0,821
Age	2,947	1,070	0,693	2,197	2,890	3,807	5,075
ReportLag	209,351	136,767	32,000	120,000	173,000	253,000	889,000
Loss	0,616	0,487	0,000	0,000	1,000	1,000	1,000
SellAssets	0,279	0,449	0,000	0,000	0,000	1,000	1,000
IncCap	0,117	0,322	0,000	0,000	0,000	0,000	1,000
DecCap	0,169	0,375	0,000	0,000	0,000	0,000	1,000
NewDebt	0,467	0,499	0,000	0,000	0,000	1,000	1,000
IFRS	0,067	0,250	0,000	0,000	0,000	0,000	1,000
Big4	0,432	0,496	0,000	0,000	0,000	1,000	1,000
PwC	0,119	0,324	0,000	0,000	0,000	0,000	1,000
KPMG	0,112	0,316	0,000	0,000	0,000	0,000	1,000
EY	0,139	0,346	0,000	0,000	0,000	0,000	1,000
DT	0,062	0,242	0,000	0,000	0,000	0,000	1,000
Change	0,080	0,271	0,000	0,000	0,000	0,000	1,000
ModPY	0,293	0,456	0,000	0,000	0,000	1,000	1,000
YearEnd	0,880	0,325	0,000	1,000	1,000	1,000	1,000

Anzahl der Beobachtungen: 641.

ø = arithmetisches Mittel   Q1 = 25%-Perzentil
σ = Standardabweichung   Med. = Median
Min = Minimum   Q3 = 75%-Perzentil
Max = Maximum

AbsAuditFee = Absoluter Wert der Prüfungshonorare; *AuditFee* = Natürlicher Logarithmus der Prüfungshonorare; *AbsNonAudit* = Absoluter Wert der Nichtprüfungshonorare; *NonAudit* = Natürlicher Logarithmus der Nichtprüfungshonorare; *AbsTotFee* = Absoluter Wert der Gesamthonorare; *TotFee* = Natürlicher Logarithmus der Gesamthonorare; *InfluenceFee* = Gesamthonorar eines Mandanten dividiert durch die gesamten Honorare des Prüfers aus allen Mandanten in der Stichprobe; *InfluenceSale* = Natürlicher Logarithmus der Umsatzerlöse eines Mandanten dividiert durch den natürlichen Logarithmus der Umsatzerlöse aller Mandanten mit verfügbaren Informationen in der Datenbank; *FeeRatio* = Nichtprüfungshonorare dividiert durch die Prüfungshonorare; *AbsSize* = Absoluter Wert der Bilanzsumme; *Size* = Natürlicher Logarithmus der Bilanzsumme; *Employ* = Natürlicher Logarithmus der Anzahl der Mitarbeiter; *Subs* = Natürlicher Logarithmus der Anzahl der Tochterunternehmen; *Lev* = Verbindlichkeiten dividiert durch die Bilanzsumme; *ChLev* = Veränderung des Verschuldungsgrades = Lev_{it} - Lev_{it-1}; *CurRatio* = Umlaufvermögen dividiert durch die kurzfristigen Verbindlichkeiten; *RoA* = Jahresüberschuss dividiert durch (Bilanzsumme$_t$ + Bilanzsumme$_{t-1}$)/2; *CashFlow* = Operativer Cashflow dividiert durch (Bilanzsumme$_t$ + Bilanzsumme$_{t-1}$)/2; *Investments* = (Zahlungsmittel und zahlungsmittelnahe Vermögensgegenstände) dividiert durch die Bilanzsumme; *ProbBankz* = Insolvenz-wahrscheinlichkeit nach dem Modell von ZMIJEWSKI; *InvRec* = (Vorräte + Forderungen) dividiert durch die Bilanzsumme; *Age* = Natürlicher Logarithmus des Unternehmensalters; *ReportLag* = Anzahl der Tage zwischen Abschlussstichtag und Tag des Bestätigungsvermerkes; *Loss* = Dichotome belegt mit 1, wenn das EBIT negativ ist; *SellAssets* = Dichotome belegt mit 1, wenn das Anlagevermögen von t-1 auf t um 10% oder mehr sinkt; *IncCap* = Dichotome belegt mit 1, wenn das Grundkapital von t-1 auf t um 10% oder mehr steigt; *DecCap* = Dichotome belegt mit 1, wenn das Grundkapital von t-1 auf t um 10% oder mehr sinkt; *NewDebt* = Dichotome belegt mit 1, wenn das Fremdkapital von t-1 auf t um 10% oder mehr steigt; *IFRS* = Dichotome belegt mit 1, wenn das Unternehmen nach IFRS bilanziert; *Big4* = Dichotome belegt mit 1, wenn der Abschlussprüfer eine Big 4 Gesellschaft ist; *PwC* = Dichotome belegt mit 1, wenn der Abschlussprüfer PwC ist; *KPMG* = Dichotome belegt mit 1, wenn der Abschlussprüfer KPMG ist; *EY* = Dichotome belegt mit 1, wenn der Abschlussprüfer EY ist; *DT* = Dichotome belegt mit 1, wenn der Abschlussprüfer Deloitte ist; *Change* = Dichotome belegt mit 1, wenn ein Prüferwechsel vorliegt; *ModPY* = Dichotome belegt mit 1, wenn im Bestätigungsvermerk des Vorjahres eine Modifikation enthalten ist; *YearEnd* = Dichotome belegt mit 1, wenn das Geschäftsjahr am 31.12. endet.

Tabelle 46: Verteilung der Variablen in der Untersuchung mit der Abgrenzung nach BLAY/GEIGER.

Die Variable NonAudit liegt zwischen null und 13,528 mit einem arithmetischen Mittel von 7,481 und einem Median von 9,798. Die absoluten Gesamthonorare (*AbsTotFee*) variieren zwischen 0,015 Mio. € und 1,452 Mio. €, mit durchschnittlich 0,200 Mio. € (Median von 0,128 Mio. €). Für die logarithmierte Größe (*TotFee*) resultiert eine Min-Max-Grenze von 9,616 bzw. 14,189, wobei das arithmetische Mittel bzw. der Median 11,788 bzw. 11,760 beträgt.

Der Anteil der Variable InfluenceFee ist mit einem arithmetischen Mittel von 39,8% und einem Median von 14,4% höher als bei der Abgrenzung nach Ratzinger-Sakel. Die Werte schwanken zwischen 0,5% und 100%. Gemessen über die Variable InfluenceSale werden mit einem arithmetischen Mittel von 13,9%, einem Median von 0,9% und einer Bandbreite von 0,2% bis 100% ähnliche Werte wie in der Abgrenzung nach Ratzinger-Sakel erzielt. Der Anteil der Nichtprüfungshonorare an den Prüfungshonoraren (*FeeRatio*) beträgt durchschnittlich 48,8% (Median von 19,7%). Werden keine Nichtprüfungsleistungen nachgefragt, ist der Wert null. Maximal hat die Variable einen Wert von 4,882.

Wie in der Abgrenzung nach RATZINGER-SAKEL ist die Stichprobe durch große Unternehmen (*AbsSize*) verzerrt (Mittelwert von 204,262 Mio. € und Median von 75,673 Mio. €). Das kleinste Unternehmen hat eine Bilanzsumme von 7,644 Mio. €, das größte eine von 2.850,477 Mio. €. Die entsprechende logarithmierte Größe (*Size*) variiert in den Grenzen von 15,850 und 21,771, mit einem arithmetischen Mittel von 18,288 und einem Median von 18,142. Die Anzahl der Mitarbeiter (*Employ*) schwankt zwischen 50 und 7.608.[1628] Die Variable hat einen Mittelwert bzw. einen Median von 6,412 bzw. 6,346. Die Anzahl der Tochterunternehmen (*Subs*) liegt zwischen eins und 45.[1629] Das arithmetische Mittel der Variable ist 1,450 und liegt über dem Median von 1,386.

Der durchschnittliche Anteil der Verbindlichkeiten an der Bilanzsumme (*Lev*) beträgt 60,5% (Median von 62,6%) und liegt in den Grenzen von 8,6% und 97,6%. Die durchschnittliche Veränderung des Verschuldungsgrades (*ChLev*) beträgt 0,023 (Median von 0,025). Die Min-Max-Grenze der Veränderung ist -0,316 bzw. 0,246. Das *CurRatio* besitzt einen Durchschnitt von 2,115, einen Median von 1,355 und schwankt zwischen 0,256 und 36,246.

Im Durchschnitt wird mit -0,062 (Median von -0,043) ein negativer *RoA* erwirtschaftet. Der geringste Wert ist -0,359, der höchste Wert 0,126. Der Anteil des operativen Cashflows an der Bilanzsumme (*CashFlow*) weist einen Durchschnitt von -0,033 und einen Median von -0,028 bzw. einen minimalen Wert von -0,303 aus. Der maximale Wert beträgt 0,235. Die Variable *Investments* variiert zwischen 0,001 und 0,424. Der Durchschnitt bzw. der Median beträgt 0,069 bzw. 0,040. Die Insolvenzwahrscheinlichkeit (*ProbBankz*) ist mit einem arithmetischen Mittel von 0,183 bzw. einem Median von 0,078 höher als in der Abgrenzung nach RATZINGER-SAKEL. Die Min-Max-Grenze beträgt <0,001 bzw. 0,835. Im Durchschnitt bzw. im Median ist der Anteil der Vorräte und Forderungen an der Bilanzsumme (*InvRec*) 35,4% bzw. 35,1%. Der Anteil schwankt zwischen 1,1% und 82,1%.

[1628] Berechnung über: $e^{3,912}$ bzw. $e^{8,937}$.

[1629] Berechnung über: e^{0} bzw. $e^{3,807}$.

Die Grenzen des Unternehmensalters betragen 2 Jahre und 160 Jahre.[1630] Die Variable *Age* hat einen Durchschnitt von 2,947 bzw. einen Median von 2,890. Der maximale Zeitraum zwischen Bilanzstichtag und Tag des Bestätigungsvermerks (*ReportLag*) beträgt 889 Tage, der minimale 32 Tage. Durchschnittlich vergehen 209 Tage bei einem Median von 173 Tagen.

Mit 61,6% (395 Beobachtungen) erzielen mehr Beobachtungen ein negatives EBIT (*Loss*) als in der Abgrenzung nach RATZINGER-SAKEL. Eine Reduktion des Anlagevermögens von 10% oder mehr (*SellAssets*) liegt bei 27,9% (179 Beobachtungen) vor. Bei 11,7% (75 Beobachtungen) wird das Grundkapital um 10% oder mehr erhöht (*IncCap*) und bei 16,9% (108 Beobachtungen) wird das Grundkapital um 10% oder mehr reduziert (*DecCap*). Mit 46,7% (299 Beobachtungen) steigt, bei einer größeren Anzahl als in der Abgrenzung nach RATZINGER-SAKEL, das Fremdkapital um 10% oder mehr (*NewDebt*). Bei 6,7% (43 Beobachtungen) erfolgt die Bilanzierung nach IFRS (*IFRS*). Ähnlich zur Abgrenzung nach RATZINGER-SAKEL ist der Anteil der Big 4 Gesellschaften (*Big4*) 43,2% (277 Beobachtungen). Den größten Anteil erzielt EY (*EY*) mit 13,9% (89 Beobachtungen). Danach folgen PwC (*PwC*) mit 11,9% (76 Beobachtungen), KPMG (*KPMG*) mit 11,2% (72 Beobachtungen) und Deloitte (*DT*) mit 6,2% (40 Beobachtungen). Ein Prüferwechsel (*Change*) erfolgt bei 8% (51 Beobachtungen). Eine Modifikation im Vorjahr (*ModPY*) liegt bei 29,3% (188 Beobachtungen) vor. Wie bei der Abgrenzung nach RATZINGER-SAKEL ist mit 88% (564 Beobachtungen) der häufigste Bilanzstichtag am 31.12. (*YearEnd*).

6.5.3 Mittelwert- und Medianvergleich in der Abgrenzung nach RATZINGER-SAKEL

Die Tabelle 47 stellt die Mittelwerte und die Mediane für die verwendeten Variablen getrennt für die 245 Beobachtungen mit GCM und die 1.921 Beobachtungen der Kontrollgruppe nach RATZINGER-SAKEL dar. Nachfolgend werden die Variablen beschrieben, die in das GCM-Modell eingehen. Der Mittelwerttest zeigt, dass die Variablen *AuditFee*, *NonAudit* und *TotFee* für die GCM-Unternehmen signifikant (p<0,05 bzw. p<0,01) größer sind. Für die den Variablen zugrunde liegenden absoluten Werte (*AbsAuditFee*, *AbsNonAudit* und *AbsTotFee*) resultiert kein signifikanter Unterschied. Weiterhin ist bei den GCM-Unternehmen der Anteil der Umsatzerlöse eines Mandanten im Verhältnis zu den Umsatzerlösen aller Mandanten in der Stichprobe (*InfluenceSale*) signifikant geringer (p<0,05). Bei den Variablen *InfluenceFee* und *FeeRatio* ist der Unterschied nicht signifikant.

Bezogen auf die unternehmensspezifischen Kontrollvariablen sind die GCM-Unternehmen im Durchschnitt signifikant kleiner (*AbsSize* und *Size* mit jeweils p<0,01) und besitzen im Einklang mit den Erwartungen einen höheren Verschuldungsgrad (*Lev*; p<0,01), dessen Veränderung durchschnittlich größer ausfällt (*ChLev*; p<0,01). Sie haben, gemessen über die Variablen *RoA* und *Cashflow,* eine signifikant (jeweils p<0,01) geringere operative Performance sowie im Durchschnitt häufiger ein negatives EBIT (*Loss*; p<0,01). Der Anteil an Zahlungsmitteln und zahlungsmittelnahen Vermögensgegenständen an der Bilanzsumme ist signifikant geringer (*Investments*; p<0,01) und die Insolvenzwahrscheinlichkeit höher

---

[1630] Berechnung über: $e^{0,693}$ bzw. $e^{5,075}$.

(*ProbBankz*; p<0,01). Bei den mitigierenden Faktoren ist wie vermutet der Anteil an Beobachtungen, denen es gelingt in größerem Umfang Fremdkapital aufzunehmen, bei den GCM-Unternehmen signifikant geringer (*NewDebt*; p<0,1). Entgegen der Erwartung ist der Anteil der Beobachtungen, bei der die Variable *IncCap* den Wert eins annimmt, in der GCM-Gruppe signifikant höher (p<0,1). Der Anteil an Beobachtungen, bei denen das Anlagevermögen um 10% oder mehr sinkt (*SellAssets*), ist in der GCM-Gruppe signifikant größer (p<0,01). Für das Unternehmensalter (*Age*) und die Art der Rechnungslegung (*IFRS*) resultieren keine signifikanten Unterschiede.

Bei der Variable *Big4* liegt keine signifikante Differenz zwischen den Gruppen vor. Auch hinsichtlich eines Prüferwechsels (*Change*) unterscheiden sich die Gruppen nicht signifikant. Erwartungsgemäß besitzen die GCM-Beobachtungen eine signifikant längere Differenz zwischen Abschlussstichtag und Tag des Bestätigungsvermerks (*ReportLag*; p<0,01) und einen höheren Anteil an Beobachtungen, die im Vorjahr eine Modifikation erhalten haben (*ModPY*; p<0,01).

Der Mediantest[1631] führt grundsätzlich zu den gleichen Ergebnissen. Zusätzlich sind die absoluten Werte der Prüfungs-, Nichtprüfungs- und Gesamthonorare (*AbsAuditFee*, *AbsNonAudit* und *AbsTotFee*) bei den GCM-Unternehmen signifikant (p<0,05) größer. Abweichend zum Mittelwerttest ist der Median für die GCM-Unternehmen bei der Variablen *FeeRatio* signifikant größer (p<0,1). Für die Variable *InfluenceSale* resultiert kein signifikanter Unterschied.

[1631] Der WILCOXON-MANN-WHITNEY-Test identifiziert, ob die Beobachtungen in beiden Gruppen aus Grundgesamtheiten mit unterschiedlichen Medianen stammen. Vgl. *Carcello/Neal*, Dismissals, 2003, S. 105.

	Mittelwert			Median		
Variablen	GCM-Unternehmen	Kontrollgruppe	Mittelwerttest[a]	GCM-Unternehmen	Kontrollgruppe	Mediantest[b]
AbsAuditFee (in Mio. €)	0.148	0.147	0.942	0.109	0.092	0.020**
AuditFee	11,609	11,497	0,029**	11,599	11,430	0,020**
AbsNonAudit (in Mio. €)	0,086	0,070	0,176	0,026	0,020	0,025**
NonAudit	8,434	7,649	0,011**	10,166	9,904	0,025**
AbsTotFee (in Mio. €)	0,241	0,222	0,364	0,152	0,127	0,010**
TotFee	11,962	11,806	0,009***	11,932	11,752	0,010**
InfluenceFee	0,299	0,303	0,892	0,054	0,050	0,864
InfluenceSale	0,134	0,150	0,043**	0,011	0,008	0,475
FeeRatio	0,543	0,456	0,103	0,265	0,211	0,051*
AbsSize (in Mio. €)	173,731	313,198	0,000***	73,747	97,952	0,000***
Size	18,203	18,597	0,000***	18,116	18,400	0,000***
Employ	6,469	6,508	0,580	6,495	6,417	0,730
Subs	1,349	1,595	0,000***	1,386	1,609	0,000***
Lev	0,685	0,553	0,000***	0,711	0,565	0,000***
ChLev	0,015	-0,004	0,001***	0,018	0,001	0,000***
CurRatio	1,517	2,089	0,000***	1,177	1,489	0,000***
RoA	-0,058	-0,001	0,000***	-0,044	0,002	0,000***
CashFlow	0,016	0,062	0,000***	0,017	0,056	0,000***
Investments	0,058	0,097	0,000***	0,036	0,059	0,000***
ProbBankz	0,252	0,112	0,000***	0,166	0,024	0,000***
InvRec	0,353	0,287	0,000***	0,326	0,258	0,000***
Age	2,933	2,886	0,491	2,890	2,890	0,617
ReportLag	235,882	179,166	0,000***	187,000	152,000	0,000***
Loss	0,559	0,261	0,000***	1,000	0,000	
SellAssets	0,322	0,210	0,000***	0,000	0,000	
IncCap	0,139	0,096	0,064*	0,000	0,000	
DecCap	0,278	0,110	0,000***	0,000	0,000	
NewDebt	0,290	0,344	0,084*	0,000	0,000	
IFRS	0,094	0,080	0,486	0,000	0,000	
Big4	0,441	0,439	0,966	0,000	0,000	
PwC	0,078	0,146	0,000***	0,000	0,000	
KPMG	0,127	0,110	0,472	0,000	0,000	
EY	0,180	0,122	0,027**	0,000	0,000	
DT	0,057	0,061	0,812	0,000	0,000	
Change	0,065	0,086	0,228	0,000	0,000	
ModPY	0,702	0,056	0,000***	1,000	0,000	
YearEnd	0,865	0,895	0,199	1,000	1,000	

*/**/*** = Signifikanz auf dem 10%/5%/1%-Niveau. Es werden zweiseitige Werte angegeben.
[a]Werte basieren auf dem t-Test unter Annahme von ungleichen Varianzen.
[b]Werte basieren auf dem WILCOXON-MANN-WHITNEY-Test.
Anzahl der Beobachtungen: 2.166.

$AbsAuditFee$ = Absoluter Wert der Prüfungshonorare; $AuditFee$ = Natürlicher Logarithmus der Prüfungshonorare; $AbsNonAudit$ = Absoluter Wert der Nichtprüfungshonorare; $NonAudit$ = Natürlicher Logarithmus der Nichtprüfungshonorare; $AbsTotFee$ = Absoluter Wert der Gesamthonorare; $TotFee$ = Natürlicher Logarithmus der Gesamthonorare; $InfluenceFee$ = Gesamthonorar eines Mandanten dividiert durch die gesamten Honorare des Prüfers aus allen Mandanten in der Stichprobe; $InfluenceSale$ = Natürlicher Logarithmus der Umsatzerlöse eines Mandanten dividiert durch den natürlichen Logarithmus der Umsatzerlöse aller Mandanten mit verfügbaren Informationen in der Datenbank; $FeeRatio$ = Nichtprüfungshonorare dividiert durch die Prüfungshonorare; $AbsSize$ = Absoluter Wert der Bilanzsumme; $Size$ = Natürlicher Logarithmus der Bilanzsumme; $Employ$ = Natürlicher Logarithmus der Anzahl der Mitarbeiter; $Subs$ = Natürlicher Logarithmus der Anzahl der Tochterunternehmen; Lev = Verbindlichkeiten dividiert durch die Bilanzsumme; $ChLev$ = Veränderung des Verschuldungsgrades = $Lev_{it} - Lev_{it-1}$; $CurRatio$ = Umlaufvermögen dividiert durch die kurzfristigen Verbindlichkeiten; RoA = Jahresüberschuss dividiert durch $(Bilanzsumme_t + Bilanzsumme_{t-1})/2$; $CashFlow$ = Operativer Cashflow dividiert durch $(Bilanzsumme_t + Bilanzsumme_{t-1})/2$; $Investments$ = (Zahlungsmittel und zahlungsmittelnahe Vermögensgegenstände) dividiert durch die Bilanzsumme; $ProbBankz$ = Insolvenzwahrscheinlichkeit nach dem Modell von ZMIJEWSKI; $InvRec$ = (Vorräte + Forderungen) dividiert durch die Bilanzsumme; Age = Natürlicher Logarithmus des Unternehmensalters; $ReportLag$ = Anzahl der Tage zwischen Abschlussstichtag und Tag des Bestätigungsvermerkes; $Loss$ = Dichotome belegt mit 1, wenn das EBIT negativ ist; $SellAssets$ = Dichotome belegt mit 1, wenn das Anlagevermögen von t-1 auf t um 10% oder mehr sinkt; $IncCap$ = Dichotome belegt mit 1, wenn das Grundkapital von t-1 auf t um 10% oder mehr steigt; $DecCap$ = Dichotome belegt mit 1, wenn das Grundkapital von t-1 auf t um 10% oder mehr sinkt; $NewDebt$ = Dichotome belegt mit 1, wenn das Fremdkapital von t-1 auf t um 10% oder mehr steigt; $IFRS$ = Dichotome belegt mit 1, wenn das Unternehmen nach IFRS bilanziert; $Big4$ = Dichotome belegt mit 1, wenn der Abschlussprüfer eine Big 4 Gesellschaft ist; PwC = Dichotome belegt mit 1, wenn der Abschlussprüfer PwC ist; $KPMG$ = Dichotome belegt mit 1, wenn der Abschlussprüfer KPMG ist; EY = Dichotome belegt mit 1, wenn der Abschlussprüfer EY ist; DT = Dichotome belegt mit 1, wenn der Abschlussprüfer Deloitte ist; $Change$ = Dichotome belegt mit 1, wenn ein Prüferwechsel vorliegt; $ModPY$ = Dichotome belegt mit 1, wenn im Bestätigungsvermerk des Vorjahres eine Modifikation enthalten ist; $YearEnd$ = Dichotome belegt mit 1, wenn das Geschäftsjahr am 31.12. endet.

Tabelle 47: Vergleich der GCM-Unternehmen mit der Kontrollgruppe nach RATZINGER-SAKEL.

6.5.4 Mittelwert- und Medianvergleich in der Abgrenzung nach BLAY/GEIGER

Für die honorarbasierten Variablen zeigt der Mittelwertvergleich (vgl. Tabelle 48) zwischen den 245 Beobachtungen mit GCM und den 396 Beobachtungen der Kontrollgruppe nach BLAY/GEIGER, dass die GCM-Beobachtungen durchschnittlich höhere Prüfungs-, Nichtprüfungs- und Gesamthonorare aufweisen ($AuditFee$, $NonAudit$ und $TotFee$ mit jeweils p<0,01). Bei den absoluten Werten resultieren bei den GCM-Unternehmen für die Prüfungshonorare und für die Gesamthonorare signifikant höhere Werte ($AbsAuditFee$ und $AbsTotFee$ mit p<0,1 bzw. p<0,01). Die absoluten Werte der Nichtprüfungshonorare ($AbsNonAudit$) sind nicht signifikant unterschiedlich. Auch bei den Variablen $InfluenceFee$ und $InfluenceSale$ ist kein signifikanter Unterschied vorhanden. Der Anteil der Nichtprüfungshonorare an den Prüfungshonoraren ist bei den GCM-Unternehmen signifikant höher ($FeeRatio$; p<0,1).

Wird die absolute Bilanzsumme betrachtet, sind die GCM-Beobachtungen im Durchschnitt signifikant kleiner ($AbsSize$; p<0,1). Für die Variable $Size$ resultiert kein signifikanter Unterschied. Weiterhin ist der Verschuldungsgrad erwartungsgemäß höher (Lev; p<0,01). Die Veränderung des Verschuldungsgrads ist signifikant geringer ($ChLev$; p<0,1). Für die operative Performance, gemessen über den RoA, sind keine signifikanten Unterschiede zu beobachten. Die Variable $CashFlow$ fällt für die GCM-Beobachtungen signifikant (p<0,01) höher aus. Dies gilt auch für den Anteil an Unternehmen mit einem negativen EBIT ($Loss$; p<0,05). Dies kann aus der strengeren Abgrenzung der Kontrollgruppe resultieren.

Erwartungsgemäß sind die GCM-Beobachtungen weniger liquide ($Investments$; p<0,01) und besitzen eine höhere Insolvenzwahrscheinlichkeit ($ProbBankz$; p<0,01). Der Anteil der Beobachtungen, die in größerem Umfang Fremdkapital aufnehmen, ist in der GCM-Gruppe geringer ($NewDebt$; p<0,01). Wird der Verkauf von Vermögensgegenständen betrachtet, ist der Anteil an Beobachtungen in der GCM-Gruppe höher ($SellAssets$; p<0,1). Für die Aufnahme von Eigenkapital ($IncCap$) und für das Unternehmensalter (Age) resultiert keine signifikante Differenz. Hinsichtlich der Rechnungslegung ist der Anteil der Unternehmen, der nach IFRS bilanziert, in der GCM-Gruppe höher ($IFRS$; p<0,05). Wie mit der Kontrollgruppe nach RATZINGER-SAKEL zeigen die Variablen $Big4$ und $Change$ keine signifikanten Unterschiede. Die GCM-Beobachtungen besitzen erwartungsgemäß einen längeren Report Lag ($ReportLag$; p<0,01) und weisen einen höheren Anteil an Beobachtungen aus, die im Vorjahr eine Modifikation erhalten haben ($ModPY$; p<0,01).

Anhand des Mediantests sind die Ergebnisse grundsätzlich ähnlich zum Mittelwerttest. Zusätzlich ist die Variable $AbsNonAudit$ in der GCM-Gruppe signifikant (p<0,01) größer. Die Variablen $AbsSize$ und $Investments$ sind, abweichend zum Mittelwerttest, insignifikant.

Variablen	Mittelwert			Median		
	GCM-Unternehmen	Kontrollgruppe	Mittelwerttest^a	GCM-Unternehmen	Kontrollgruppe	Mediantest^b
AbsAuditFee (in Mio. €)	0.146	0.126	0.066*	0.109	0.083	0,000***
AuditFee	11,607	11,399	0,001***	11,599	11,327	0,000***
AbsNonAudit (in Mio. €)	0,080	0,053	0,100	0,026	0,013	0,000***
NonAudit	8,427	6,895	0,000***	10,166	9,507	0,000***
AbsTotFee (in Mio. €)	0,233	0,180	0,008***	0,152	0,118	0,000***
TotFee	11,957	11,684	0,000***	11,932	11,674	0,000***
InfluenceFee	0,422	0,382	0,255	0,162	0,125	0,178
InfluenceSale	0,134	0,142	0,719	0,011	0,007	0,982
FeeRatio	0,560	0,444	0,090*	0,265	0,168	0,002***
AbsSize (in Mio. €)	168,872	226,158	0,050*	73,747	78,781	0,216
Size	18,196	18,345	0,125	18,116	18,182	0,216
Employ	6,478	6,372	0,186	6,495	6,284	0,048**
Subs	1,347	1,513	0,021**	1,386	1,386	0,068*
Lev	0,685	0,555	0,000***	0,711	0,566	0,000***
ChLev	0,015	0,028	0,075*	0,018	0,031	0,012**
CurRatio	1,675	2,387	0,018**	1,177	1,583	0,000***
RoA	-0,061	-0,062	0,881	-0,044	-0,041	0,180
CashFlow	0,014	-0,062	0,000***	0,017	-0,040	0,000***
Investments	0,058	0,076	0,003***	0,036	0,041	0,135
ProbBankz	0,256	0,137	0,000***	0,166	0,041	0,000***
InvRec	0,353	0,354	0,956	0,326	0,363	0,864
Age	2,932	2,956	0,775	2,890	2,944	0,649
ReportLag	240,384	190,152	0,000***	187,000	165,500	0,000***
Loss	0,559	0,652	0,021**	1,000	1,000	
SellAssets	0,322	0,253	0,060*	0,000	0,000	
IncCap	0,139	0,104	0,191	0,000	0,000	
DecCap	0,278	0,101	0,000***	0,000	0,000	
NewDebt	0,290	0,576	0,000***	0,000	1,000	
IFRS	0,094	0,051	0,046**	0,000	0,000	
Big4	0,441	0,427	0,728	0,000	0,000	
PwC	0,078	0,144	0,007***	0,000	0,000	
KPMG	0,127	0,104	0,381	0,000	0,000	
EY	0,180	0,114	0,025**	0,000	0,000	
DT	0,057	0,066	0,661	0,000	0,000	
Change	0,065	0,088	0,279	0,000	0,000	
ModPY	0,702	0,040	0,000***	1,000	0,000	
YearEnd	0,865	0,889	0,382	1,000	1,000	

*/**/*** = Signifikanz auf dem 10%/5%/1%-Niveau. Es werden zweiseitige Werte angegeben.
^{a}Werte basieren auf dem t-Test unter Annahme von ungleichen Varianzen.
^{b}Werte basieren auf dem WILCOXON-MANN-WHITNEY-Test.
Anzahl der Beobachtungen: 641.

AbsAuditFee = Absoluter Wert der Prüfungshonorare; AuditFee = Natürlicher Logarithmus der Prüfungshonorare; AbsNonAudit = Absoluter Wert der Nichtprüfungshonorare; NonAudit = Natürlicher Logarithmus der Nichtprüfungshonorare; AbsTotFee = Absoluter Wert der Gesamthonorare; TotFee = Natürlicher Logarithmus der Gesamthonorare; InfluenceFee = Gesamthonorar eines Mandanten dividiert durch das gesamten Honorare des Prüfers aus allen Mandanten in der Stichprobe; InfluenceSale = Natürlicher Logarithmus der Umsatzerlöse eines Mandanten dividiert durch den natürlichen Logarithmus der Umsatzerlöse aller Mandanten mit verfügbaren Informationen in der Datenbank; FeeRatio = Nichtprüfungshonorare dividiert durch die Prüfungshonorare; AbsSize = Absoluter Wert der Bilanzsumme; Size = Natürlicher Logarithmus der Bilanzsumme; Employ = Natürlicher Logarithmus der Anzahl der Mitarbeiter; Subs = Natürlicher Logarithmus der Anzahl der Tochterunternehmen; Lev = Verbindlichkeiten dividiert durch die Bilanzsumme; ChLev = Veränderung des Verschuldungsgrades = Lev_{it} - Lev_{it-1}; CurRatio = Umlaufvermögen dividiert durch die kurzfristigen Verbindlichkeiten; RoA = Jahresüberschuss dividiert durch (Bilanzsumme$_t$ + Bilanzsumme$_{t-1}$)/2; CashFlow = Operativer Cashflow dividiert durch (Bilanzsumme$_t$ + Bilanzsumme$_{t-1}$)/2; Investments = (Zahlungsmittel und zahlungsmittelnahe Vermögensgegenstände) dividiert durch die Bilanzsumme; ProbBankz = Insolvenzwahrscheinlichkeit nach dem Modell von ZMIJEWSKI; InvRec = (Vorräte + Forderungen) dividiert durch die Bilanzsumme; Age = Natürlicher Logarithmus des Unternehmensalters; ReportLag = Anzahl der Tage zwischen Abschlussstichtag und Tag des Bestätigungsvermerkes; Loss = Dichotome belegt mit 1, wenn das EBIT negativ ist; SellAssets = Dichotome belegt mit 1, wenn das Anlagevermögen von t-1 auf t um 10% oder mehr sinkt; IncCap = Dichotome belegt mit 1, wenn das Grundkapital von t-1 auf t um 10% oder mehr steigt; DecCap = Dichotome belegt mit 1, wenn das Grundkapital von t-1 auf t um 10% oder mehr sinkt; NewDebt = Dichotome belegt mit 1, wenn das Fremdkapital von t-1 auf t um 10% oder mehr steigt; IFRS = Dichotome belegt mit 1, wenn das Unternehmen nach IFRS bilanziert; Big4 = Dichotome belegt mit 1, wenn der Abschlussprüfer eine Big 4 Gesellschaft ist; PwC = Dichotome belegt mit 1, wenn der Abschlussprüfer PwC ist; KPMG = Dichotome belegt mit 1, wenn der Abschlussprüfer KPMG ist; EY = Dichotome belegt mit 1, wenn der Abschlussprüfer EY ist; DT = Dichotome belegt mit 1, wenn der Abschlussprüfer Deloitte ist; Change = Dichotome belegt mit 1, wenn ein Prüferwechsel vorliegt; ModPY = Dichotome belegt mit 1, wenn im Bestätigungsvermerk des Vorjahres eine Modifikation enthalten ist; YearEnd = Dichotome belegt mit 1, wenn das Geschäftsjahr am 31.12. endet.

Tabelle 48: Vergleich der GCM-Unternehmen mit der Kontrollgruppe nach BLAY/GEIGER.

6.5.5 Korrelationsmatrix in der Abgrenzung nach RATZINGER-SAKEL

Die Tabellen 49 und 50 stellen die Korrelationsmatrix nach PEARSON aller verwendeten Variablen für die Analyse mit der Kontrollgruppe nach RATZINGER-SAKEL dar. Die Ergebnisse können als ein erstes Indiz für einen linearen Zusammenhang zwischen den Variablen gesehen werden.[1632]

Mit der GCM (*GCM*) sind die Variablen *AuditFee*, *NonAudit* und *TotFee* signifikant positiv korreliert. Dies kann darauf hindeuten, dass eine GCM mit höheren Prüfungs-, Nichtprüfungs- und Gesamthonoraren in Verbindung steht. Auch für die Variable *FeeRatio* besteht eine signifikant positive Korrelation. Keine signifikante Korrelation liegt bei den Variablen *InfluenceFee* und *InfluenceSale* vor.

Bei den Kontrollvariablen ist die Unternehmensgröße (*Size*), die operative Performance (*RoA* und *Cashflow*), die Zahlungsfähigkeit (*Investments*) und die 10%ige oder höhere Aufnahme von Fremdkapital (*NewDebt*) signifikant negativ mit einer GCM korreliert. Für den Verschuldungsgrad (*Lev*) bzw. dessen Veränderung (*ChLev*), das Vorliegen eines negativen EBIT (*Loss*), die Insolvenzwahrscheinlichkeit (*ProbBankz*), die Verringerung des Anlagevermögens um 10% oder mehr (*SellAssets*), die Dauer zwischen Abschlussstichtag und Tag des Bestätigungsvermerks (*ReportLag*) und für das Vorliegen einer Modifikation im Vorjahr (*ModPY*) resultiert ein positiver Zusammenhang. Die Korrelationen können mit den beschriebenen Zusammenhängen erklärt werden. Entgegen der Vermutung besteht bei der Eigenkapitalaufnahme von 10% und mehr (*IncCap*) eine positive Korrelation. Die Variablen *Age*, *IFRS*, *Big4* und *Change* zeigen keinen Zusammenhang.

Die Prüfungshonorare (*AuditFee*) zeigen für die Größen- bzw. Komplexitätsvariablen *Size*, *Subs*, *IncCap* und *DecCap* eine signifikant positive Korrelation. Auch die Risikovariable *IFRS* ist signifikant positiv korreliert. Bei der Variable *CurRatio* bzw. dem *RoA* ist die Korrelation negativ. Bei den prüferbezogenen Variablen liegt für die Big 4 Abschlussprüfer (*PwC*, *KPMG*, *EY* und *DT*) eine positive und für den Prüferwechsel (*Change*) eine negative Korrelation vor. Diese Korrelationen können als erstes Indiz für die vermuteten Zusammenhänge gewertet werden. Entgegen der Annahme ist die Variable *InvRec* negativ korreliert. Kein signifikanter Zusammenhang resultiert bei den Variablen *NewDebt*, *Lev*, *Loss*, *ReportLag* und *YearEnd*.

Bei den Nichtprüfungshonoraren (*NonAudit*) besteht für *Size*, *Employ*, *Subs*, *Lev*, *IFRS* und *EY* eine positive Korrelation. Für den Prüferwechsel (*Change*) ist die Korrelation negativ. Diese Zusammenhänge können mit den obigen Ausführungen begründet werden. Die weiteren Variablen (*IncCap*, *DecCap*, *NewDebt*, *InvRec*, *RoA*, *Loss*, *CurRatio*, *PwC*, *KPMG* und *DT*) sind nicht signifikant.

Die Variablen *Size*, *Employ*, *Subs*, *IncCap*, *DecCap*, *IFRS*, *PwC*, *KPMG*, *EY* und *DT* sind mit den Gesamthonoraren (*TotFee*) signifikant positiv korreliert. Für *RoA*, *CurRatio* und *Change* ist die Korrelation signifikant negativ. Diese Korrelationen entsprechen den vermuteten Zusammenhängen. Entgegen den Erwartungen besteht für die Variable *ReportLag* eine signifikant negative Korrelation. Kein signifikanter Zusammenhang resultiert für die Variablen *NewDebt*, *Loss*, *Lev*, *InvRec* und *YearEnd*.

[1632] Vgl. *Umlauf*, Prüfung, 2013, S. 214.

Variable	(01)	(02)	(03)	(04)	(05)	(06)	(07)	(08)	(09)	(10)	(11)	(12)	(13)	(14)	(15)	(16)	(17)
(01) GCM	1,000																
(02) AuditFee	0,041*	1,000															
(03) NonAudit	0,052**	0,310***	1,000														
(04) TotFee	0,052**	0,926***	0,525***	1,000													
(05) InfluenceFee	-0,003	-0,307***	-0,134***	-0,301***	1,000												
(06) InfluenceSale	-0,018	-0,299***	-0,152***	-0,307***	0,774***	1,000											
(07) FeeRatio	0,040*	0,063***	0,545***	0,420***	-0,071***	-0,103***	1,000										
(08) Size	-0,098***	0,662***	0,240***	0,636***	-0,317***	-0,298***	0,101***	1,000									
(09) Employ	-0,010	0,586***	0,180**	0,563***	-0,209***	-0,191***	0,102***	0,624***	1,000								
(10) Subs	-0,079***	0,284***	0,087***	0,274***	0,001	0,001	0,042**	0,333***	0,281***	1,000							
(11) Lev	0,192***	-0,008	0,065***	0,017	0,054**	0,032	0,067***	-0,085***	-0,120***	-0,058***	1,000						
(12) ChLev	0,078***	-0,001	0,014	0,000	-0,014	-0,021	0,004	0,026	0,001	-0,003	0,174***	1,000					
(13) CurRatio	-0,084***	-0,051**	-0,014	-0,039*	0,000	0,018	0,010	0,001	0,007	-0,019	-0,277***	-0,045**	1,000				
(14) RoA	-0,245***	-0,038*	-0,012	-0,039*	0,083***	0,073***	-0,027	0,036*	-0,021	0,084***	-0,225***	-0,307***	0,090***	1,000			
(15) CashFlow	-0,155***	-0,072***	-0,018	-0,073***	0,089***	0,083***	-0,038*	-0,050**	-0,054**	0,010	-0,085***	-0,103***	0,001	0,375***	1,000		
(16) Investments	-0,115***	-0,097***	-0,050**	-0,091***	0,044**	0,061***	-0,007	-0,103***	-0,110***	0,006	-0,243***	-0,040*	0,176***	0,190***	0,222***	1,000	
(17) ProbBankz	0,242***	-0,005	0,029	0,018	-0,011	-0,021	0,069***	-0,052**	-0,101***	-0,058***	0,775***	0,228***	-0,247***	-0,446***	-0,160***	-0,160***	1,000
(18) InvRec	0,104***	-0,087***	-0,008	-0,072***	0,076***	0,074***	0,008	-0,332***	-0,163***	-0,109***	0,170***	-0,007	0,064***	0,001	-0,130***	-0,154***	0,059***
(19) Age	0,014	-0,061***	0,043**	-0,043**	0,122***	0,112***	0,010	-0,058***	-0,031	0,134***	-0,220***	-0,032	0,055**	0,136***	0,029	0,062***	-0,208***
(20) ReportLag	0,158***	-0,028	-0,095***	-0,042*	0,062***	0,064***	-0,026	-0,096***	-0,121***	-0,065***	0,067***	0,102***	-0,040*	-0,179***	-0,054***	-0,029	0,144***
(21) Loss	0,207***	-0,009	-0,030	-0,011	-0,100***	-0,070**	0,006	-0,036*	-0,013	-0,077***	0,061***	0,154***	-0,047**	-0,589***	-0,317***	-0,102***	0,235***
(22) SellAssets	0,086***	-0,033	-0,056***	-0,040*	-0,033	-0,018	-0,019	-0,151***	-0,109***	-0,133***	0,071***	-0,027	0,062***	-0,167***	-0,044**	0,070***	0,130***
(23) IncCap	0,045**	0,061***	0,018	0,053**	0,030	0,056***	0,011	0,016	0,021	-0,022	0,172***	-0,057***	-0,021	-0,098***	-0,052**	-0,036*	0,201***
(24) DecCap	0,159***	0,057***	-0,007	0,010	-0,036*	-0,005	0,015	-0,051**	0,024	-0,048**	0,226***	-0,030	-0,022	-0,107***	-0,043**	-0,022	0,291***
(25) NewDebt	-0,036*	0,008	-0,031	0,010	-0,069***	-0,039*	0,019	0,059***	-0,014	0,007	-0,116***	0,238***	0,090***	-0,023	-0,135***	0,107***	-0,045**
(26) IFRS	0,016	0,290***	0,103***	0,265***	-0,149***	-0,110***	0,001	0,279***	0,239***	0,041*	0,062***	-0,014	-0,070***	0,007	-0,003	-0,018	0,028
(27) Big4	0,001	0,406***	0,099***	0,391***	-0,639***	-0,468***	0,079***	0,369***	0,262***	-0,033	-0,007	0,006	-0,034	-0,076***	-0,033	-0,069***	0,032
(28) PwC	-0,063***	0,234***	0,023	0,214***	-0,291***	-0,212***	0,027	0,232***	0,168***	-0,008	-0,038*	0,014	-0,021	0,004	0,012	-0,014	-0,030
(29) KPMG	0,016	0,159***	-0,009	0,145***	-0,256***	-0,188***	0,013	0,146***	0,097***	-0,024	-0,021	0,003	-0,019	-0,046**	-0,016	-0,054**	0,004
(30) EY	0,054**	0,150***	0,119***	0,174***	-0,281***	-0,204***	0,091***	0,081***	0,095***	-0,027	0,052**	-0,010	-0,016	-0,058***	-0,024	-0,034	0,070***
(31) DT	-0,005	0,086***	0,017	0,068***	-0,176***	-0,133***	-0,021	0,125**	0,041*	0,014	-0,005	0,003	0,007	-0,021	-0,031	-0,006	0,007
(32) Change	-0,024	-0,085***	-0,113***	-0,102***	0,047*	0,079***	-0,053**	-0,002	-0,008	0,004	-0,072***	-0,002	0,032	-0,007	0,006	-0,003	-0,039*
(33) ModPY	0,610***	0,039*	0,024	0,038*	-0,015	-0,008	0,014	-0,092***	-0,010	-0,093***	0,172***	-0,009	-0,072***	-0,135***	-0,102***	-0,091***	0,195***
(34) YearEnd	-0,030	-0,001	-0,042*	-0,020	0,017	0,034	-0,040*	0,035	0,022	0,052**	-0,003	-0,022	-0,009	-0,045**	-0,023	-0,015	-0,006

Tabelle 49: Korrelationsmatrix der Analyse mit der Kontrollgruppe nach Ratzinger-Sakel Teil I.

Variable	(18)	(19)	(20)	(21)	(22)	(23)	(24)	(25)	(26)	(27)	(28)	(29)	(30)	(31)	(32)	(33)	(34)
(18) InvRec	1,000																
(19) Age	0,151***	1,000															
(20) ReportLag	0,007	-0,002	1,000														
(21) Loss	-0,014	-0,067***	0,138***	1,000													
(22) SellAssets	0,096***	-0,081***	0,114***	0,153***	1,000												
(23) IncCap	-0,031	-0,079***	0,008	0,066***	0,068***	1,000											
(24) DecCap	0,007	-0,025	0,090***	0,081***	0,122***	-0,129***	1,000										
(25) NewDebt	0,041*	0,028	0,053*	0,065***	-0,051**	-0,028	-0,041*	1,000									
(26) IFRS	-0,073***	-0,156***	-0,107***	-0,001	-0,038*	0,040*	0,046**	-0,003	1,000								
(27) Big4	-0,085***	-0,167***	-0,027	0,068***	0,074***	0,019	0,032	0,068***	0,194***	1,000							
(28) PwC	-0,104***	-0,069***	-0,023	0,002	0,056***	0,026	-0,006	0,037*	0,174***	0,452***	1,000						
(29) KPMG	-0,055**	-0,087***	-0,043**	0,040*	0,000	0,003	0,003	0,009	0,070***	0,401***	-0,142***	1,000					
(30) EY	0,051**	-0,061***	-0,028	0,014	0,056***	0,023	0,033	0,026	0,036*	0,434***	-0,154***	-0,137***	1,000				
(31) DT	-0,024	-0,047*	0,074***	0,065***	-0,005	-0,033	0,024	0,040*	0,009	0,287***	-0,102***	-0,090***	-0,098***	1,000			
(32) Change	-0,087***	-0,010	0,018	0,053**	0,007	0,049**	-0,027	-0,014	0,014	-0,022	0,010	0,004	-0,051**	0,007	1,000		
(33) ModPY	0,081***	-0,017	0,053**	0,137***	0,082***	0,068***	0,172***	-0,066**	0,026	0,025	-0,055**	0,029	0,066***	0,000	-0,012	1,000	
(34) YearEnd	-0,102***	0,005	0,036*	0,021	-0,042*	0,048**	-0,025	-0,012	-0,021	-0,032	0,041*	-0,064***	-0,012	-0,024	0,030	-0,051**	1,000

GCM = Dichotome belegt mit 1, wenn im Bestätigungsvermerk eine GCM enthalten ist; *AuditFee* = Natürlicher Logarithmus der Prüfungshonorare; *NonAudit* = Natürlicher Logarithmus der Nichtprüfungshonorare; *TotFee* = Natürlicher Logarithmus der Gesamthonorare; *InfluenceFee* = Gesamthonorar eines Mandanten dividiert durch die gesamten Honorare des Prüfers aus allen Mandanten in der Stichprobe; *InfluenceSale* = Natürlicher Logarithmus der Umsatzerlöse eines Mandanten dividiert durch den natürlichen Logarithmus der Umsatzerlöse aller Mandanten mit verfügbaren Informationen in der Datenbank; *FeeRatio* = Nichtprüfungshonorare dividiert durch die Prüfungshonorare; *Size* = Natürlicher Logarithmus der Bilanzsumme; *Employ* = Natürlicher Logarithmus der Anzahl der Mitarbeiter; *Subs* = Natürlicher Logarithmus der Anzahl der Tochterunternehmen; *Lev* = Verbindlichkeiten dividiert durch die Bilanzsumme; *ChLev* = Veränderung des Verschuldungsgrades = *Lev$_t$* - *Lev$_{t-1}$*; *CurRatio* = Umlaufvermögen dividiert durch die kurzfristigen Verbindlichkeiten; *RoA* = Jahresüberschuss dividiert durch (Bilanzsumme$_t$ + Bilanzsumme$_{t-1}$)/2; *CashFlow* = Operativer Cashflow dividiert durch (Bilanzsumme$_t$ + Bilanzsumme$_{t-1}$)/2; *Investments* = (Zahlungsmittel und zahlungsmittelnahe Vermögensgegenstände) dividiert durch die Bilanzsumme; *ProbBankz* = Insolvenzwahrscheinlichkeit nach dem Modell von ZMIJEWSKI; *InvRec* = (Vorräte + Forderungen) dividiert durch die Bilanzsumme; *Age* = Natürlicher Logarithmus des Unternehmensalters; *ReportLag* = Anzahl der Tage zwischen Abschlussstichtag und Tag des Bestätigungsvermerkes; *Loss* = Dichotome belegt mit 1, wenn das EBIT negativ ist; *SellAssets* = Dichotome belegt mit 1, wenn das Anlagevermögen von t-1 auf t um 10% oder mehr sinkt; *IncCap* = Dichotome belegt mit 1, wenn das Grundkapital von t-1 auf t um 10% oder mehr steigt; *DecCap* = Dichotome belegt mit 1, wenn das Grundkapital von t-1 auf t um 10% oder mehr sinkt; *NewDebt* = Dichotome belegt mit 1, wenn das Fremdkapital von t-1 auf t um 10% oder mehr steigt; *IFRS* = Dichotome belegt mit 1, wenn das Unternehmen nach IFRS bilanziert; *Big4* = Dichotome belegt mit 1, wenn der Abschlussprüfer eine Big 4 Gesellschaft ist; *PwC* = Dichotome belegt mit 1, wenn der Abschlussprüfer PwC ist; *KPMG* = Dichotome belegt mit 1, wenn der Abschlussprüfer KPMG ist; *EY* = Dichotome belegt mit 1, wenn der Abschlussprüfer EY ist; *DT* = Dichotome belegt mit 1, wenn der Abschlussprüfer Deloitte ist; *Change* = Dichotome belegt mit 1, wenn ein Prüferwechsel vorliegt; *ModPY* = Dichotome belegt mit 1, wenn im Bestätigungsvermerk des Vorjahres eine Modifikation enthalten ist; *YearEnd* = Dichotome belegt mit 1, wenn das Geschäftsjahr am 31,12, endet.

Tabelle 50: Korrelationsmatrix der Analyse mit der Kontrollgruppe nach RATZINGER-SAKEL Teil II.

Die Korrelationskoeffizienten, der in Kombination aufgenommenen unabhängigen Variablen, übersteigen nicht den Wert von $|0,7|$, sodass auf keinen starken bivariaten Zusammenhang geschlossen werden kann.[1633] Auf Basis der Korrelationsmatrix werden keine Indizien für die Verzerrung der Resultate durch Multikollinearität erkannt. Auch die Werte für den Varianzinflationsfaktor (VIF) sind in allen nachfolgenden Regressionen unter dem kritischen Wert von 10, der als Indiz für das Vorliegen von Multikollinearität gewertet werden kann.[1634]

6.5.6 Korrelationsmatrix in der Abgrenzung nach BLAY/GEIGER

Für die alternative Abgrenzung nach BLAY/GEIGER sind in den Tabellen 51 und 52 die Korrelationen nach PEARSON abgetragen. Bei der GCM (*GCM*) resultiert für die Untersuchungsvariablen *AuditFee*, *NonAudit*, *TotFee* und *FeeRatio* eine signifikant positive Korrelation. Die Variablen *InfluenceFee* und *InfluenceSale* sind ohne Signifikanz. Für die Kontrollvariablen besteht bei *Lev*, *ProbBankz*, *ReportLag*, *SellAssets*, *IFRS* und *ModPY* eine signifikant positive Korrelation, die jeweils im Einklang mit dem vermuteten Zusammenhang ist. Die positive Korrelation von *CashFlow* entspricht nicht der Erwartung. Wie angenommen, ist bei *Investments* bzw. *NewDebt* die Korrelation signifikant negativ. Die negative Korrelation der Variablen *Loss* bzw. *ChLev* steht im Gegensatz zu den vermuteten Einflüssen. Keine Signifikanz wird für die Variablen *Size*, *RoA*, *IncCap*, *Age*, *Big4* und *Change* beobachtet.

Bei den Prüfungshonoraren (*AuditFee*) werden für die Variablen *Size*, *Subs*, *IncCap*, *IFRS* und für die Prüfervariablen (*PwC*, *KPMG*, *EY* und *DT*), wie vermutet, eine positive Korrelation festgestellt. Die Variable *InvRec* ist entgegen der Erwartung negativ korreliert. Alle anderen Variablen (*DecCap*, *NewDebt*, *RoA*, *Loss*, *Lev*, *CurRatio*, *Change*, *ReportLag* und *YearEnd*) sind ohne Signifikanz. Die Variablen *Size*, *Employ*, *Subs*, *Lev* und *EY* sind mit den Nichtprüfungshonoraren (*NonAudit*) signifikant positiv korreliert. Dies entspricht den vermuteten Zusammenhängen. Die negative Korrelation von *NewDebt* und *Loss* steht den Vermutungen entgegen. Für die Variable *Change* kann die negative Korrelation begründet werden. Alle anderen Variablen (*CurRatio*, *RoA*, *InvRec*, *IncCap*, *DecCap*, *IFRS*, *PwC*, *KPMG* und *DT*) besitzen keine Signifikanz. Werden die Gesamthonorare (*TotFee*) betrachtet, ist eine signifikant positive Korrelation mit *Size*, *Employ*, *Subs*, *Lev* und *IFRS* sowie mit den Prüfervariablen (*PwC*, *KMPG*, *EY* und *DT*) vorhanden. Während die negative Korrelation von *Change* erwartetet werden kann, steht die von *InvRec* entgegen der Vermutung. Die Variablen *CurRatio*, *RoA*, *ReportLag*, *Loss*, *IncCap*, *DecCap*, *NewDebt* und *YearEnd* sind ohne Signifikanz.

Auch in dieser Abgrenzung übersteigen die Korrelationen der unabhängigen Variablen nicht den Wert von $|0,7|$.[1635] Die Überprüfung der Regressionsmodelle mit dem VIF zeigt Werte unter der kritischen Grenze von 10 an.[1636] Damit kann das Problem der Multikollinearität als gering angesehen werden.

[1633] Vgl. *De Villiers/Hay/Zhang*, Fee, 2014, S. 10.

[1634] Vgl. *Fox*, Regression, 1997, S. 338. Multikollinearität liegt vor, wenn die Streuung der unabhängigen Variablen sich überschneidet. Ist diese in hohem Maß vorhanden, erfolgt eine unzuverlässige Schätzung der Parameter. Vgl. *Backhaus/Erichson/Plinke et al.*, Multivariate, 2016, S. 107.

[1635] Vgl. *De Villiers/Hay/Zhang*, Fee, 2014, S. 10.

[1636] Vgl. *Fox*, Regression, 1997, S. 338.

Variable	(01)	(02)	(03)	(04)	(05)	(06)	(07)	(08)	(09)	(10)	(11)	(12)	(13)	(14)	(15)	(16)	(17)
(01) GCM	1,000																
(02) AuditFee	0,130***	1,000															
(03) NonAudit	0,152***	0,292***	1,000														
(04) TotFee	0,150**	0,901***	0,541***	1,000													
(05) InfluenceFee	0,045	-0,240***	-0,074*	-0,211***	1,000												
(06) InfluenceSale	-0,014	-0,233***	-0,110***	-0,225***	-0,044	1,000											
(07) FeeRatio	0,069*	0,013	0,512***	0,426***	0,005	-0,044	1,000										
(08) Size	-0,060	0,646***	0,211***	0,618***	-0,234***	-0,224***	0,104***	1,000									
(09) Employ	0,052	0,532***	0,149***	0,516***	-0,181***	-0,156***	0,110***	0,596***	1,000								
(10) Subs	-0,089**	0,253***	0,124***	0,262***	-0,024	-0,015	0,059	0,314***	0,155***	1,000							
(11) Lev	0,297***	0,064	0,148***	0,123***	-0,032	-0,021	0,131***	0,011	-0,079**	-0,017	1,000						
(12) ChLev	-0,069*	-0,033	0,019	-0,012	0,035	0,057	0,038	-0,035	0,017	-0,025	0,225***	1,000					
(13) CurRatio	-0,090**	-0,022	0,010	-0,032	0,055	0,040	-0,030	0,012	-0,037	-0,019	-0,070*	-0,046	1,000				
(14) RoA	0,007	-0,039	0,033	-0,051	0,118***	0,119***	-0,060	0,048	-0,052	0,048	-0,126***	-0,215***	-0,009	1,000			
(15) CashFlow	0,430***	0,061	0,084**	0,048	0,080**	0,057	-0,025	0,006	0,082**	-0,009	0,046	-0,078**	-0,007	0,308***	1,000		
(16) Investments	-0,109***	-0,049	-0,077*	-0,051	0,006	0,049	0,006	-0,166***	-0,097**	-0,027	-0,240***	-0,095**	0,068*	-0,036	-0,128***	1,000	
(17) ProbBankz	0,259***	0,045	0,101**	0,104***	-0,086**	-0,065*	0,143***	0,019	-0,017	-0,046	0,786***	0,232***	-0,193***	-0,448***	-0,071*	-0,124***	1,000
(18) InvRec	-0,002	-0,092**	0,015	-0,067*	0,080**	0,059	0,031	-0,339***	-0,225***	-0,075*	0,167***	0,116***	0,050	0,089**	-0,077*	-0,131***	0,011
(19) Age	-0,011	0,006	0,082**	0,058	0,119***	0,044	-0,025	-0,047	-0,069*	0,183***	-0,155***	-0,058	-0,012	0,086**	0,042	0,002	-0,165***
(20) ReportLag	0,179***	0,044	-0,027	-0,055	0,037	0,019	0,100***	-0,006	0,019	-0,064	0,140***	0,008	-0,056	-0,192***	0,007	0,050	0,177***
(21) Loss	-0,092**	-0,064	-0,104***	-0,007	-0,067*	-0,053	0,032	-0,054	0,057	-0,041	-0,049	0,111***	-0,020	-0,525***	-0,263***	0,037	0,158***
(22) SellAssets	0,076*	0,019	-0,060	0,049	-0,106***	-0,094**	-0,050	-0,086**	-0,070*	-0,122***	0,071*	-0,014	0,052	-0,235***	-0,086**	-0,029	0,141***
(23) IncCap	0,053	0,074*	0,009	0,012	-0,038	0,007	-0,042	0,064	-0,014	-0,010	0,181***	-0,151***	-0,042	-0,088**	-0,078**	0,019	0,220***
(24) DecCap	0,229***	-0,001	0,033	-0,004	0,010	0,088**	0,031	-0,090**	-0,022	0,013	0,312***	-0,001	-0,013	-0,171***	0,095**	0,012	0,383***
(25) NewDebt	-0,279***	0,013	-0,079**	0,192***	-0,011	0,019	-0,031	0,054	0,026	0,027	-0,068*	0,233***	-0,020	0,005	-0,302***	-0,019	-0,088**
(26) IFRS	0,084**	0,220***	0,019	0,359***	-0,124***	-0,082**	-0,010	0,193***	0,152***	-0,023	0,093**	0,036	-0,070*	-0,023	0,068*	-0,001	0,075*
(27) Big4	0,014	0,385***	0,080**	0,160***	-0,714***	-0,440***	0,050	0,323***	0,236***	0,024	0,063	-0,041	-0,092**	-0,071*	-0,025	0,032	0,098**
(28) PwC	-0,100**	0,206***	-0,024	0,133***	-0,305***	-0,185***	-0,027	0,212***	0,186***	0,047	0,006	0,032	-0,049	0,027	-0,033	-0,041	0,001
(29) KPMG	0,035	0,146***	0,023	0,135***	-0,291***	-0,179***	0,027	0,156***	0,163***	0,000	-0,051	-0,112***	-0,039	-0,072*	-0,026	-0,016	0,008
(30) EY	0,093**	0,112***	0,078**	0,154***	-0,341***	-0,203***	0,064	0,050	0,025	-0,057	0,097**	0,008	-0,024	-0,099**	-0,003	0,033	0,114***
(31) DT	-0,017	0,162***	0,054	-0,091**	-0,186***	-0,128***	0,012	0,104***	-0,012	0,069*	0,050	0,007	-0,036	0,055	0,032	-0,009	0,025
(32) Change	-0,041	-0,060	-0,108***	0,123***	0,012	0,073*	-0,066*	-0,009	0,020	0,029	-0,013	0,013	0,024	-0,018	0,029	-0,072*	0,006
(33) ModPY	0,706***	0,117***	0,082**	0,019	0,010	0,004	0,052	-0,059	0,043	-0,132***	0,246***	-0,136***	-0,095**	0,085**	0,290***	0,013	0,211***
(34) YearEnd	-0,035	0,037	-0,001	0,019	0,030	0,060	-0,008	0,077**	0,081**	0,008	-0,056	-0,050	0,039	-0,036	-0,044	0,013	-0,005

Tabelle 51: Korrelationsmatrix der Analyse mit der Kontrollgruppe nach Blay/Geiger Teil I.

Variable	(18)	(19)	(20)	(21)	(22)	(23)	(24)	(25)	(26)	(27)	(28)	(29)	(30)	(31)	(32)	(33)	(34)
(18) InvRec	1,000																
(19) Age	0,173***	1,000															
(20) ReportLag	0,007	0,011	1,000														
(21) Loss	-0,151***	-0,079**	0,114***	1,000													
(22) Sell/Assets	0,024	-0,031	0,129***	0,162***	1,000												
(23) IncCap	-0,098***	-0,089**	0,028	0,048	0,022	1,000											
(24) DecCap	0,008	0,057	0,113***	0,064	0,184***	-0,164***	1,000										
(25) NewDebt	0,142***	-0,040	-0,020	0,076*	-0,059	0,010	-0,154***	1,000									
(26) IFRS	-0,107***	-0,199***	-0,028	0,006	0,000	0,058	0,029	-0,026	1,000								
(27) Big4	-0,099**	-0,124***	-0,016	0,034	0,110***	0,074*	-0,006	0,030	0,169***	1,000							
(28) PwC	-0,094**	-0,058	-0,089**	-0,018	0,073*	0,077*	-0,088**	0,044	0,210***	0,420***	1,000						
(29) KPMG	-0,039	-0,103***	-0,047	0,017	0,009	0,009	-0,002	-0,065*	0,043	0,408***	-0,131***	1,000					
(30) EY	-0,033	-0,024	-0,006	0,066*	0,072*	0,036	0,072*	0,050	0,001	0,460***	-0,147***	-0,143***	1,000				
(31) DT	0,022	-0,006	0,156***	-0,022	0,012	-0,014	0,005	0,017	0,008	0,296***	-0,095*	-0,092**	-0,104***	1,000			
(32) Change	-0,093**	-0,038	-0,016	0,102**	-0,042	0,126***	-0,025	0,026	-0,033	-0,035	0,053	0,005	-0,051	-0,076*	1,000		
(33) ModPY	-0,003	0,029	0,095**	-0,098**	0,065	0,107***	0,223***	-0,225***	0,088**	0,068*	-0,109***	0,053	0,118***	0,046	-0,012	1,000	
(34) YearEnd	-0,124***	0,000	0,046	0,054	-0,059	0,060	0,013	0,009	-0,016	0,012	0,047	0,040	-0,046	-0,024	0,038	-0,047	1,000

GCM = Dichotome belegt mit 1, wenn im Bestätigungsvermerk eine GCM enthalten ist; $AuditFee$ = Natürlicher Logarithmus der Prüfungshonorare; $NonAudit$ = Natürlicher Logarithmus der Nichtprüfungshonorare; $TotFee$ = Natürlicher Logarithmus der Gesamthonorare; $InfluenceFee$ = Gesamthonorar eines Mandanten dividiert durch die gesamten Honorare des Prüfers aus allen Mandanten in der Stichprobe; $InfluenceSale$ = Natürlicher Logarithmus der Umsatzerlöse eines Mandanten dividiert durch den natürlichen Logarithmus der Umsatzerlöse aller Mandanten mit verfügbaren Informationen in der Datenbank; $FeeRatio$ = Nichtprüfungshonorare dividiert durch die Prüfungshonorare; $Size$ = Natürlicher Logarithmus der Bilanzsumme; $Employ$ = Natürlicher Logarithmus der Anzahl der Mitarbeiter; $Subs$ = Natürlicher Logarithmus der Anzahl der Tochterunternehmen; Lev = Verbindlichkeiten dividiert durch die Bilanzsumme; $ChLev$ = Veränderung des Verschuldungsgrades = Lev_t - Lev_{t-1}; $CurRatio$ = Umlaufvermögen dividiert durch die kurzfristigen Verbindlichkeiten; RoA = Jahresüberschuss dividiert durch (Bilanzsumme$_t$ + Bilanzsumme$_{t-1}$)/2; $CashFlow$ = Operativer Cashflow dividiert durch (Bilanzsumme$_t$ + Bilanzsumme$_{t-1}$)/2; $Investments$ = (Zahlungsmittel und zahlungsmittelnahe Vermögensgegenstände) dividiert durch die Bilanzsumme; $ProbBankz$ = Insolvenzwahrscheinlichkeit nach dem Modell von ZMIJEWSKI; $InvRec$ = (Vorräte + Forderungen) dividiert durch die Bilanzsumme; Age = Natürlicher Logarithmus des Unternehmensalters; $ReportLag$ = Anzahl der Tage zwischen Abschlussstichtag und Tag des Bestätigungsvermerkes; $Loss$ = Dichotome belegt mit 1, wenn das EBIT negativ ist; $Sell/Assets$ = Dichotome belegt mit 1, wenn das Anlagevermögen von t-1 auf t um 10% oder mehr sinkt; $IncCap$ = Dichotome belegt mit 1, wenn das Grundkapital von t-1 auf t um 10% oder mehr steigt; $DecCap$ = Dichotome belegt mit 1, wenn das Grundkapital von t-1 auf t um 10% oder mehr sinkt; $NewDebt$ = Dichotome belegt mit 1, wenn das Fremdkapital von t-1 auf t um 10% oder mehr steigt; $IFRS$ = Dichotome belegt mit 1, wenn das Unternehmen nach IFRS bilanziert; $Big4$ = Dichotome belegt mit 1, wenn der Abschlussprüfer eine Big 4 Gesellschaft ist; PwC = Dichotome belegt mit 1, wenn der Abschlussprüfer PwC ist; $KPMG$ = Dichotome belegt mit 1, wenn der Abschlussprüfer KPMG ist; EY = Dichotome belegt mit 1, wenn der Abschlussprüfer EY ist; DT = Dichotome belegt mit 1, wenn der Abschlussprüfer Deloitte ist; $Change$ = Dichotome belegt mit 1, wenn ein Prüferwechsel vorliegt; $ModPY$ = Dichotome belegt mit 1, wenn im Bestätigungsvermerk des Vorjahres eine Modifikation enthalten ist; $YearEnd$ = Dichotome belegt mit 1, wenn das Geschäftsjahr am 31,12, endet.

Tabelle 52: Korrelationsmatrix der Analyse mit der Kontrollgruppe nach BLAY/GEIGER Teil II.

6.6 Ergebnisse der Honorarmodelle

Die Darstellung der Ergebnisse für die Modelle der Prüfungs-, Nichtprüfungs- und Gesamthonorare erfolgt getrennt für die Kontrollgruppen nach RATZINGER-SAKEL und BLAY/GEIGER.

6.6.1 Abgrenzung nach RATZINGER-SAKEL

Das Modell für die Prüfungshonorare (vgl. Tabelle 53) hat ein adjustiertes R^2 von 53,20%[1637] und besitzt einen ähnlichen Erklärungsgehalt wie das Modell von HOPE/LANGLI mit 53,70% - 53,80%.[1638] Auf Basis der F-Statistik ist es mit p<0,0001 signifikant.[1639]

Für die Mandantengröße wurde ein positiver degressiver Verlauf erwartet. Dies wurde mit Skaleneffekten aufgrund der größeren Prüffelder oder den besseren Kontrollmechanismen in großen Unternehmen begründet. Im Modell besitzt die Unternehmensgröße, gemessen über den natürlichen Logarithmus der Bilanzsumme (Size), wie erwartet einen signifikant (p<0,01) positiven Koeffizienten von 0,400. Ein Anstieg der Bilanzsumme um 1% führt zu einer Erhöhung der Prüfungshonorare um 0,40%.[1640] Für die Anzahl der Tochterunternehmen wurde aufgrund der steigenden Komplexität und der damit verbundenen zeit- und kostenintensiveren Prüfung ein positiver Einfluss vermutet. Dieser resultiert anhand der Variable Subs mit einem Koeffizienten von 0,102 mit Signifikanz (p<0,01). Eine 1-prozentige Erhöhung der Anzahl der Tochterunternehmen steht mit einem 0,102-prozentigen Anstieg der Prüfungshonorare in Verbindung. Auch bei den weiteren Komplexitätsvariablen IncCap, DecCap und NewDebt wurde ein positiver Einfluss angenommen. Wird das Grundkapital um 10% oder mehr erhöht (IncCap), führt dies zu einem Anstieg der Prüfungshonorare um 19,96% (β_{IncCap} = 0,182; p<0,01).[1641] Wird das Grundkapital um 10% oder mehr vermindert (DecCap), steigen die Prüfungshonorare um 24,36% (β_{DecCap} = 0,218; p<0,01). Die Aufnahme von Fremdkapital (NewDebt) hat keinen signifikanten Einfluss.

[1637] Das adjustierte R^2 berücksichtigt die Variablenanzahl und die Anzahl an Beobachtungen. Damit wird adressiert, dass mit zunehmender Anzahl an Variablen das R^2 ansteigen bzw. konstant bleiben kann. Vgl. *Kohler/Kreuter*, Stata, 2012, S. 266f.

[1638] Vgl. *Hope/Langli*, Low Litigation, 2010, S. 588f.

[1639] Mit dem F-Wert wird die Gesamtsignifikanz des Regressionsmodells abgebildet. Vgl. *Wooldridge*, Econometrics, 2015, S. 135.

[1640] Die prozentuale Veränderung der Prüfungs- und Gesamthonorare bei Erhöhung der jeweiligen logarithmierten unabhängigen Variablen um 1% kann direkt aus den Koeffizienten abgelesen werden. Vgl. *Wooldridge*, Econometrics, 2015, S. 39.

[1641] Die Berechnung der prozentualen Effektstärke für die Dummy-Variablen in den Modellen für die Prüfungs- und Gesamthonorare erfolgt über: $100 \times (e^{\beta_{Variable}} - 1)$. Vgl. *Wooldridge*, Econometrics, 2015, S. 212.

Modell 1: $AuditFee_{it}$ = $b_0 + b_1 Size_{it} + b_2 Subs_{it} + b_3 Employ_{it} + b_4 DecCap_{it} + b_5 NewDebt_{it} + b_6 InvRec_{it} + b_7 IFRS_{it} + b_8 RoA_{it} + b_9 Loss_{it} + b_{10} Lev_{it} + b_{11} CurRatio_{it} + b_{12} PwC_{it} + b_{13} KPMG_{it} + b_{14} EY_{it} + b_{15} DT_{it} + b_{16} Change_{it} + b_{17} ReportLag_{it} + b_{18} YearEnd_{it} + \text{Industry-specific effects} + \text{Year effects} + \varepsilon_{it}$

Modell 2: $AbsNonAudit_{it}$ = $b_0 + b_1 Size_{it} + b_2 Employ_{it} + b_3 Subs_{it} + b_4 DecCap_{it} + b_5 NewDebt_{it} + b_6 InvRec_{it} + b_7 IFRS_{it} + b_8 RoA_{it} + b_9 Loss_{it} + b_{10} Lev_{it} + b_{11} CurRatio_{it} + b_{12} PwC_{it} + b_{13} KPMG_{it} + b_{14} EY_{it} + b_{15} DT_{it} + b_{16} Change_{it} + b_{17} ReportLag_{it} + b_{18} YearEnd_{it} + \text{Industry-specific effects} + \text{Year effects} + \varepsilon_{it}$

Modell 3: $TotFee_{it}$ = $b_0 + b_1 Size_{it} + b_2 Subs_{it} + b_3 DecCap_{it} + b_4 NewDebt_{it} + b_5 InvRec_{it} + b_6 IFRS_{it} + b_7 RoA_{it} + b_8 Loss_{it} + b_9 Lev_{it} + b_{10} Lev_{it} + b_{11} CurRatio_{it} + b_{12} PwC_{it} + b_{13} KPMG_{it} + b_{14} EY_{it} + b_{15} DT_{it} + b_{16} Change_{it} + b_{17} ReportLag_{it} + b_{18} YearEnd_{it} + \text{Industry-specific effects} + \text{Year effects} + \varepsilon_{it}$

Variable	Modell 1 Erw. Vorzeichen	Koeffizient	Standardfehler	p-Wert	Modell 2 Erw. Vorzeichen	Koeffizient	Standardfehler	p-Wert	Modell 3 Erw. Vorzeichen	Koeffizient	Standardfehler	p-Wert
Size	+	0,400	0,019	0,000***	+	28.350	5.029	0,000***	+	0,333	0,025	0,000***
Employ	+	0,102	0,020	0,000***	+	18.950	4.123	0,000***	+	0,176	0,023	0,000***
Subs	+	0,182	0,046	0,000***	+	9.115	4.913	0,032**	+	0,086	0,023	0,000***
IncCap	+				+	-293	11.225	0,510	+	0,161	0,051	0,001***
DecCap	+	0,218	0,045	0,000***	+	11.121	11.197	0,160	+	0,168	0,050	0,000***
NewDebt	+	-0,083	0,029	0,999	+	1.014	7.836	0,449	+	-0,048	0,035	0,918
InvRec	+	0,595	0,099	0,000***	+	35.559	22.090	0,054*	+	0,573	0,113	0,000***
IFRS	+	0,264	0,071	0,005***	+	28.227	22.409	0,104	+	0,179	0,075	0,009***
RoA	-	-0,638	0,247	0,932	-	-12.836	60.847	0,416	-	-0,434	0,284	0,063*
Loss	+	-0,071	0,047	0,967	+/-	-1.122	9.205	0,549	+/-	-0,058	0,053	0,863
Lev	+	-0,181	0,098	0,004***	+/-	32.938	19.420	0,090*	+/-	0,077	0,105	0,460
CurRatio	-	-0,020	0,007	0,000***	+	-258	956	0,788	+/-	-0,011	0,007	0,152
PwC	+	0,345	0,053	0,000***	+	29.037	15.794	0,033**	+	0,330	0,063	0,000***
KPMG	+	0,333	0,062	0,015**	+	24.624	16.003	0,062*	+	0,320	0,072	0,000***
EY	+	0,322	0,057	0,000***	+	53.938	15.276	0,000***	+	0,390	0,062	0,000***
DT	-	0,191	0,088	0,014**	+/-	-4.505	12.725	0,638	+/-	0,157	0,097	0,052*
Change	+	-0,207	0,048	0,623	+/-	-20.634	9.614	0,032**	+	-0,275	0,049	0,000***
ReportLag	+	<0,001	<0,001	0,000***					+	<0,001	<0,001	0,017**
YearEnd	+	-0,017	0,055						+	-0,078	0,062	0,900
Constant		3,804	0,349	0,000***		-616.754	93.390	0,000***		4,220	0,404	0,000***
Kontrolle für fixe Jahreseffekte		Ja				Ja				Ja		
Kontrolle für fixe Brancheneffekte		Ja				Ja				Ja		
Anzahl der Beobachtungen		2.166				2.166				2.166		
Prob > F		0.0000				0.0000				0.0000		
Adj-R²		53,20%				18,16%				52,00%		

*/**/*** = Signifikanz auf dem 10%/5%/1%-Niveau. Bei Variablen mit erwartetem Vorzeichen werden die p-Werte des einseitigen Tests angegeben, andernfalls erfolgt ein zweiseitiger Test. Alle p-Werte werden mit clusterrobusten Standardfehlern angegeben. Die Clusterung erfolgt auf Unternehmensebene.

AuditFee = Natürlicher Logarithmus der Prüfungshonorare; AbsNonAudit = Absoluter Wert der Nichtprüfungshonorare; TotFee = Natürlicher Logarithmus der Gesamthonorare; Size = Natürlicher Logarithmus der Bilanzsumme; Employ = Natürlicher Logarithmus der Anzahl der Mitarbeiter; Subs = Natürlicher Logarithmus der Anzahl der Tochterunternehmen; IncCap = Dichotome belegt mit 1, wenn das Grundkapital von t-1 auf t um 10% oder mehr steigt; DecCap = Dichotome belegt mit 1, wenn das Grundkapital von t-1 auf t um 10% oder mehr sinkt; NewDebt = Dichotome belegt mit 1, wenn das Fremdkapital von t-1 auf t um 10% oder mehr steigt; InvRec = (Vorräte + Forderungen) dividiert durch die Bilanzsumme; IFRS = Dichotome belegt mit 1, wenn das Unternehmen nach IFRS bilanziert; RoA = Jahresüberschuss dividiert durch Bilanzsumme; Loss = Dichotome belegt mit 1, wenn das EBIT negativ ist; Lev = Verbindlichkeiten dividiert durch die Bilanzsumme; CurRatio = Umlaufvermögen dividiert durch die kurzfristigen Verbindlichkeiten; PwC = Dichotome belegt mit 1, wenn der Abschlussprüfer PwC ist; KPMG = Dichotome belegt mit 1, wenn der Abschlussprüfer KPMG ist; EY = Dichotome belegt mit 1, wenn der Abschlussprüfer EY ist; DT = Dichotome belegt mit 1, wenn der Abschlussprüfer Deloitte ist; Change = Dichotome belegt mit 1, wenn ein Prüferwechsel vorliegt; ReportLag = Anzahl der Tage zwischen Abschlussstichtag und Tag des Bestätigungsvermerkes; YearEnd = Dichotome belegt mit 1, wenn das Geschäftsjahr am 31.12. endet; Constant = Konstante.

Tabelle 53: Ergebnis der Honorarmodelle mit der Kontrollgruppe nach RATZINGER-SAKEL.

Für das Verhältnis von Vorräten und Forderungen zur Bilanzsumme (*InvRec*) wurde aufgrund eines höheren Risikos für Fehler und Verzerrungen in diesen Positionen und den erforderlichen spezifischen Prüfungshandlungen ein positiver Einfluss vermutet. Dieser wird im Modell mit Signifikanz (p<0,01) beobachtet. Der Koeffizient hat einen Wert von 0,595. Die Erhöhung von *InvRec* vom 25%-Perzentil auf das 75%-Perzentil um 0,32 führt zu einer Steigerung der Prüfungshonorare um 19,04%.[1642] Bei einem Abschluss nach IFRS (*IFRS*) wurden höhere Prüfungshonorare erwartet. Begründet wurde dies durch den höheren Prüfungsaufwand aufgrund der detaillierteren und umfangreicheren Angaben bzw. des höheren Risikos für den Prüfer durch die stärkere Orientierung am Fair Value. Der vermutete Zusammenhang ist signifikant (β_{IFRS} = 0,264; p<0,01). Bilanziert das Unternehmen nach IFRS, sind die Prüfungshonorare um 30,21% höher. Mit steigender Profitabilität des Unternehmens (*RoA*) wurde ein geringeres Risiko für den Prüfer und sinkende Prüfungshonorare abgeleitet. Wie vermutet, sind diese bei rentablen Unternehmen geringer (β_{RoA} = -0,638; p<0,01). Steigt der *RoA* um einen Interquartilsabstand von 0,062, sinken die Prüfungshonorare um 3,96%. Die Risikovariable *Loss* ist nicht signifikant.

Mit dem Verschuldungsgrad (*Lev*) wurde aufgrund des höheren Risikos für den Prüfer durch die steigende Ausfallwahrscheinlichkeit des Unternehmens und den höheren Agency-Konflikten zwischen Eigen- und Fremdkapitalgebern ein positiver Zusammenhang vermutet. Im Modell ist dieser jedoch ohne Signifikanz.

Für das Verhältnis von Umlaufvermögen zu den kurzfristigen Verbindlichkeiten (*CurRatio*) wurde aufgrund des steigenden Risikos bei abweichender Fristenkongruenz ein negatives Vorzeichen begründet. Im Modell ist die Variable signifikant (p<0,01) und besitzt einen Koeffizienten von -0,020. Die Erhöhung um einen Interquartilsabstand von 1,229 führt zu einer Verminderung der Prüfungshonorare um 2,46%.

Bei den Big 4 Abschlussprüfern wurde aufgrund der höheren Qualitätsvermutung oder der monopolistischen Marktstruktur ein positiver Zusammenhang abgeleitet. Für alle Big 4 Prüfungsgesellschaften (*PwC*, *KPMG*, *EY* und *DT*) wird ein positiver Koeffizient (*PwC* mit 0,345, *KPMG* mit 0,333, *EY* mit 0,322 und *DT* mit 0,191) beobachtet. Dieser ist für *PwC*, *KPMG* und *EY* signifikant mit p<0,01 und für *DT* signifikant mit p<0,05. Die Honorarprämien betragen 41,20% für PwC, 39,51% für KPMG, 37,99% für EY und 21,05% für Deloitte.

Bei Erstprüfungen (*Change*) wurde ein negativer Zusammenhang vermutet. Im Modell resultiert dieser signifikant (p<0,01) mit einem Koeffizienten von -0,207. Bei einer Erstprüfung sind die Prüfungshonorare um 18,70% geringer. Die Ergebnisse sprechen für das Vorliegen von Fee Cutting. Sie können auch als ein Indiz für einen funktionierenden Preiswettbewerb auf dem Markt für private Prüfungsmandate interpretiert werden.[1643]

Mit steigendem Zeitraum zwischen Bilanzstichtag und Tag des Bestätigungsvermerks (*ReportLag*) wurden aufgrund der komplexeren Prüfungshandlungen oder der auftretenden Probleme bei der Prüfung höhere Honorare erwartet. Im Modell ist die Variable, wie vermutet, signifikant positiv ($\beta_{ReportLag}$ = <0,001; p<0,05). Eine Veränderung der Determinante *ReportLag* um einen Interquartilsabstand von 121 Tagen führt zu einer Erhöhung der

---

[1642] Die Berechnung der prozentualen Effektstärke für die unabhängigen Variablen, die zudem keine Dummy-Variablen sind, erfolgt in den Modellen für die Prüfungs- und Gesamthonorare über: (Interquartilsabstand, d.h. 75%-Perzentil - 25% Perzentil)×100×$\beta_{Variable}$. Vgl. *Wooldridge*, Econometrics, 2015, S. 39.

[1643] Vgl. *Köhler/Marten/Ratzinger et al.*, Determinanten, 2010, S. 5 für kapitalmarktorientierte Unternehmen.

Prüfungshonorare um 3,97%.[1644] Aus ökonomischer Sicht kann dies als gering angesehen werden. Fällt das Datum des Abschlusses auf den 31.12. (*YearEnd*), wurden aufgrund des steigenden Arbeitsaufwands und der anfallenden Überstunden während der Busy-Season steigende Prüfungshonorare erwartet. Im Modell zeigt sich jedoch kein signifikanter Einfluss dieser Variable.

Das Modell für die Nichtprüfungshonorare ist auf Basis der F-Statistik mit p<0,0001 signifikant. Es besitzt einen Erklärungsgehalt von 18,16%. Dieser liegt unter dem des Modells von HOPE/LANGLI mit 31,30%.[1645]

Die Unternehmensgröße (*Size*) hat einen signifikant (p<0,01) positiven Einfluss (β_{Size} = 28.350). Eine 1-prozentige Erhöhung der Unternehmensgröße führt zu einem Anstieg der Nichtprüfungshonorare um 284 €.[1646] Dies kann ein Indiz für den steigenden Beratungsbedarf aufgrund von globaleren Unternehmensaktivitäten oder der zunehmenden Bedeutung von Größeneffekten, die mit Hilfe der Beratung realisiert werden sollen, sein. Bei der Mitarbeiteranzahl (*Employ*) wurde ein positiver Zusammenhang aufgrund des Beratungsbedarfs im Bereich der Mitarbeitervorsorge oder der Unternehmensorganisation abgeleitet. Im Modell resultiert dieser mit Signifikanz (β_{Employ} = 18.950; p<0,01). Die Erhöhung der Anzahl an Mitarbeiter um 1% führt zu einer Erhöhung der Nichtprüfungshonorare um 190 €. Für die Anzahl der Tochterunternehmen (*Subs*) wurde aus der steigenden Komplexität ein steigender Beratungsbedarf abgeleitet. Der vermutete positive Einfluss besteht mit Signifikanz (β_{Subs} = 9.115; p<0,05). Eine 1-prozentige Erhöhung der Anzahl an Tochterunternehmen führt zu einem Anstieg der Nichtprüfungshonorare um 91 €. Ein signifikanter Einfluss von Kapitalerhöhungen (*IncCap*) bzw. Kapitalherabsetzungen (*DecCap*) oder der Aufnahme von zusätzlichem Fremdkapital (*NewDebt*) ist nicht vorhanden.

Für den Anteil der Vorräte und Forderungen an der Bilanzsumme (*InvRec*) besteht ein signifikant positiver Zusammenhang (β_{InvRec} = 35.559; p<0,1). Steigt das Verhältnis um einen Interquartilsabstand von 0,32, steigen die Nichtprüfungshonorare um 11.379 €.[1647] Dies kann auf einen erhöhten Beratungsbedarf im Bereich des Supply Chain Managements oder im Bereich des Forderungsmanagements hindeuten. Die weiteren Risikovariablen (*IFRS*, *RoA* und *Loss*) sind nicht signifikant.

Aufgrund der steigenden Agency-Kosten und der in Zusammenhang stehenden Fokussierung auf die Unabhängigkeit wurde für den Anteil der Verbindlichkeiten an der Bilanzsumme (*Lev*) ein negativer Einfluss abgeleitet. Ein positiver Zusammenhang kann resultieren, wenn die Unternehmen Beratungsleistungen nachfragen, um den Verschuldungsgrad zu senken. Im Modell ist die Variable *Lev* signifikant positiv (β_{Lev} = 32.938; p<0,1). Steigt der Verschuldungsgrad um einen Interquartilsabstand von 0,336, führt dies zu einer Erhöhung der Nichtprüfungshonorare um 11.067 €.

[1644] Die Ermittlung erfolgt mit $0,0003287 \times 121 \times 100$.

[1645] Vgl. *Hope/Langli*, Low Litigation, 2010, S. 588f.

[1646] Die Berechnung der Effektstärke für eine 1-prozentige Erhöhung der logarithmierten unabhängigen Variablen erfolgt über: $\frac{\beta_{Variable}}{100}$. Vgl. *Wooldridge*, Econometrics, 2015, S. 39.

[1647] Die Berechnung der Effektstärke für die nicht logarithmierten unabhängigen Variablen erfolgt über: (Interquartilsabstand, d.h. 75%-Perzentil - 25% Perzentil)$\times \beta_{Variable}$. Vgl. *Wooldridge*, Econometrics, 2015, S. 39.

Für das Verhältnis von Umlaufvermögen zu den kurzfristigen Verbindlichkeiten (*CurRatio*) wurde ein negatives Vorzeichen aus dem höheren Beratungsbedarf mit abweichender Fristenkongruenz begründet. Analog zum Verschuldungsgrad, können mit steigenden kurzfristigen Verbindlichkeiten erhöhte Agency-Kosten resultieren. Dies kann einen positiven Zusammenhang begründen. In der durchgeführten Regression resultiert jedoch keiner der beiden Einflüsse.

Die Prüfungsgesellschaften PwC (β_{PwC} = 29.037; p<0,05), KPMG (β_{KPMG} = 24.624; p<0,1) und EY (β_{EY} = 53.938; p<0,01) erzielen höhere Nichtprüfungshonorare. EY erwirtschaftet mit 53.938 €, gefolgt von PwC mit 29.037 und KPMG mit 24.624, den höchsten Aufschlag.[1648] Dies kann als Indiz dafür interpretiert werden, dass diese Gesellschaften in der Lage sind, in größerem Umfang Nichtprüfungsleistungen anzubieten oder einen Preisaufschlag zu erzielen. Für Deloitte (*DT*) ist der Zusammenhang nicht signifikant.

Liegt ein Prüferwechsel (*Change*) vor, kann ein negativer oder ein positiver Einfluss begründet werden. Im Ergebnis sind die Nichtprüfungshonorare signifikant geringer (β_{Change} = -20.634; p<0,05). Der Abschlag beträgt 20.634 €. Dies kann ein Hinweis dafür sein, dass der neue Prüfer einen niedrigeren Preis für die Nichtprüfungsleistungen erhebt oder die Mandanten aufgrund der geringeren Erfahrungen mit diesem Prüfer weniger Leistungen nachfragen.

Das Modell für die Gesamthonorare besitzt einen Erklärungsgehalt von 52,00% und ist auf Basis der F-Statistik mit p<0,0001 signifikant.[1649] Der Erklärungsgehalt ist vergleichbar mit den Modellen von HOPE/LANGLI mit 51,6% - 53,2%.[1650]

Bis auf die Variable *NewDebt* sind alle Determinanten aus dem Bereich der Größe und Komplexität (*Size, Employ, Subs, IncCap* und *DecCap*) mit dem erwarteten positiven Vorzeichen des Koeffizienten (β_{Size} = 0,333; β_{Employ} = 0,176; β_{Subs} = 0,086; β_{IncCap} = 0,161; β_{DecCap} = 0,168) signifikant (p<0,01). Ein 1-prozentiger Anstieg der Bilanzsumme, der Anzahl der Mitarbeiter bzw. der Anzahl der Tochterunternehmen führt zu einem Anstieg der Gesamthonorare um 39,51%, 19,24% bzw. 8,98%. Wird das Grundkapital um 10% oder mehr erhöht (*IncCap*) bzw. verringert (*DecCap*), steigen die Gesamthonorare um 17,47% bzw. 18,29%.

Auch bei den Risikovariablen ist die Mehrzahl der Determinanten mit dem erwarteten Vorzeichen signifikant. So steigen mit höherem Anteil von Forderungen und Vorräte an der Bilanzsumme (*InvRec*) die Gesamthonorare (β_{InvRec} = 0,573; p<0,01). Der Anstieg beträgt, bezogen auf einen Interquartilsabstand von 0,32, insgesamt 18,34%. Bei einer Rechnungslegung nach IFRS sind die Gesamthonorare um 19,60% höher (β_{IFRS} = 0,179; p<0,01). Die Variable *RoA* steht signifikant in einem negativen Verhältnis zu den Gesamthonoraren (β_{RoA} = -0,434; p<0,1). Eine Veränderung um einen Interquartilsabstand von 0,062 führt zu einer Verminderung der Gesamthonorare um 2,69%. Ein negatives EBIT (*Loss*), der Verschuldungsgrad (*Lev*) und die Variable *CurRatio* sind nicht signifikant. Alle Big 4 Prüfungsgesellschaften (*PwC, KPMG, EY* und *DT*) erzielen signifikant (für *PwC, KPMG* und *EY* mit

---

[1648] Für die dichotomen Variablen entsprechen die Veränderungen von null auf eins den Koeffizienten und können direkt der Tabelle entnommen werden. Vgl. *Wooldridge*, Econometrics, 2015, S. 39.

[1649] Es kann angenommen werden, dass die Ergebnisse von den Prüfungshonoraren bestimmt werden.

[1650] Vgl. *Hope/Langli*, Low Litigation, 2010, S. 589.

p<0,01 und für DT mit p<0,1) höhere Gesamthonorare (β_{PwC} = 0,330; β_{KPMG} = 0,320; β_{EY} = 0,390; β_{DT} = 0,157). Die Honorarprämie beträgt für PwC 39,10%, für KPMG 37,71%, für EY 47,70% und für Deloitte 17,00%.

Liegt ein Prüferwechsel vor ($Change$), werden signifikant geringere Gesamthonorare erzielt (β_{Change} = -0,275; p<0,01). Der Abschlag beträgt 24,04%. Mit zunehmendem Zeitraum zwischen Abschlussstichtag und Tag des Bestätigungsvermerks ($ReportLag$) steigen die Gesamthonorare ($\beta_{ReportLag}$ = <0,001; p<0,05). Der Anstieg beträgt für den Interquartilsabstand von 121 Tagen 4,01%.[1651] Ein Abschlussstichtag am 31.12. ($YearEnd$) hat keinen signifikanten Einfluss.

6.6.2 Abgrenzung nach BLAY/GEIGER

Der Erklärungsgehalt des Prüfungshonorarmodells ist mit dieser Abgrenzung der Kontrollgruppe mit 49,53% geringer als mit der Abgrenzung nach RATZINGER-SAKEL. Das Modell ist auf Basis der F-Statistik mit p<0,0001 signifikant.

Die Variablen für die Größe und Komplexität $Size$ bzw. $Subs$ sind signifikant positiv (β_{Size} = 0,391; β_{Subs} = 0,068 mit jeweils p<0,01). Steigt die Bilanzsumme bzw. die Anzahl der Tochterunternehmen um 1%, führt dies zu einem Anstieg der Prüfungshonorare um 0,39% bzw. 0,07%. Im Gegensatz zur Kontrollgruppenabgrenzung nach RATZINGER-SAKEL sind die Variablen $IncCap$ und $DecCap$ nicht signifikant. Die Variable $NewDebt$ bleibt insignifikant. Die Variablen $InvRec$ bzw. $IFRS$ sind signifikant positiv (β_{InvRec} = 0,452; β_{IFRS} = 0,254 mit p<0,01 bzw. p<0,05) und die Variable RoA ist signifikant negativ (β_{RoA} = -0,705; p<0,05). Steigt die Variable $InvRec$ um einen Interquartilsabstand von 0,332, führt dies zu einem Anstieg der Prüfungshonorare um 15,01%. Bei einer Rechnungslegung nach IFRS ($IFRS$) sind die Prüfungshonorare um 28,92% höher. Steigt die Profitabilität (RoA) um einen Interquartilsabstand von 0,081, sinken die Prüfungshonorare um 5,71%. Die Variable $Loss$ bleibt ohne signifikanten Einfluss. Auch für Lev und $CurRatio$ liegt kein signifikanter Einfluss vor.

Bei den Prüfervariablen (PwC, $KPMG$, EY und DT) bestätigt sich der signifikant positive Einfluss (β_{PwC} = 0,274; β_{KPMG} = 0,227; β_{EY} = 0,262; β_{DT} = 0,373 mit jeweils p<0,01). Die Honorarprämie beträgt für PwC 31,52%, für KPMG 25,48%, für EY 29,95% und für Deloitte 45,21%. Die restlichen Variablen ($Change$, $ReportLag$ und $YearEnd$) sind ohne Signifikanz.

Das Modell der Nichtprüfungshonorare hat mit 17,94% einen ähnlich hohen Erklärungsgehalt wie mit der Abgrenzung nach RATZINGER-SAKEL und ist auf Grundlage der F-Statistik mit p<0,0001 signifikant.

Signifikante Einflussfaktoren sind, wie mit der Abgrenzung nach RATZINGER-SAKEL, im Bereich der Größe und Komplexität die Variablen $Size$, $Employ$ und $Subs$ mit einem positiven Koeffizienten (β_{Size} = 19.554; β_{Employ} = 28.647 mit jeweils p<0,01 und β_{Subs} = 14.435 mit p<0,05). Eine 1-prozentige Erhöhung der Bilanzsumme, der Anzahl der Mitarbeiter bzw. der Anzahl an Tochterunternehmen führt zu einer Steigerung der Nichtprüfungshonorare um 196 €, 286 € bzw. 144 €. Die Variablen $IncCap$, $DecCap$ und $NewDebt$ sind ohne signifikanten Einfluss.

[1651] Berechnet über: 0,0003318×121.

Modell 1: $AuditFee_{it}$ = $b_0 + b_1Size_{it} + b_2Subs_{it} + b_3IncCap_{it} + b_4DecCap_{it} + b_5NewDebt_{it} + b_6InvRec_{it} + b_7IFRS_{it} + b_8RoA_{it} + b_9Loss_{it} + b_{10}Lev_{it} + b_{11}CurRatio_{it} + \varepsilon_{it}$
$+ b_{16}Change_{it} + b_{17}ReportLag_{it} + b_{18}YearEnd_{it} + Industry\text{-}specific\ effects + Year\ effects + \varepsilon_{it}$

Modell 2: $AbsNonAudit_{it}$ = $b_0 + b_1Size_{it} + b_2Employ_{it} + b_3Subs_{it} + b_4IncCap_{it} + b_5DecCap_{it} + b_6NewDebt_{it} + b_7InvRec_{it} + b_8IFRS_{it} + b_9RoA_{it} + b_{10}Loss_{it} + b_{11}Lev_{it} + b_{12}CurRatio_{it} + b_{13}PwC_{it} + b_{14}KPMG_{it} + b_{15}EY_{it}$
$+ b_{16}DT_{it} + b_{17}Change_{it} + Industry\text{-}specific\ effects + Year\ effects + \varepsilon_{it}$

Modell 3: $TotFee_{it}$ = $b_0 + b_1Size_{it} + b_2Employ_{it} + b_3Subs_{it} + b_4IncCap_{it} + b_5DecCap_{it} + b_6NewDebt_{it} + b_7InvRec_{it} + b_8IFRS_{it} + b_9RoA_{it} + b_{10}Loss_{it} + b_{11}Lev_{it} + b_{12}CurRatio_{it} + b_{13}PwC_{it} + b_{14}KPMG_{it} + b_{15}EY_{it}$
$+ b_{16}DT_{it} + b_{17}ReportLag_{it} + b_{18}YearEnd_{it} + Industry\text{-}specific\ effects + Year\ effects + \varepsilon_{it}$

	Modell 1				Modell 2				Modell 3			
Variable	Erwartetes Vorzeichen	Koeffizient	Standardfehler	p-Wert	Erwartetes Vorzeichen	Koeffizient	Standardfehler	p-Wert	Erwartetes Vorzeichen	Koeffizient	Standardfehler	p-Wert
Size	+	0,391	0,026	0,000***	+	19,554	7,056	0,003***	+	0,311	0,034	0,000***
Employ					+	28,647	8,123	0,000***	+	0,249	0,044	0,000***
Subs	+	0,068	0,028	0,007***	+	14,435	6,646	0,015**	+	0,088	0,034	0,005***
IncCap	+	0,072	0,083	0,194	+	-25,283	13,712	0,696	+	0,036	0,075	0,341
DecCap	+	0,069	0,070	0,162	+	-6,310	12,295	0,967	+	0,013	0,053	0,432
NewDebt	+	-0,048	0,046	0,851	+	-9,912	9,582	0,849	+	-0,075	0,185	0,924
InvRec	+	0,452	0,160	0,002***	+	44,414	32,400	0,086*	+	0,527	0,166	0,002***
IFRS	+	0,254	0,122	0,019**	+	39,574	33,995	0,122	+	0,208	0,185	0,105
RoA	-	-0,705	0,312	0,012**	-	-66,775	98,182	0,248	-	-0,630	0,394	0,055*
Loss	+	-0,083	0,057	0,926	+	312	12,808	0,490	+	-0,086	0,067	0,901
Lev	+	-0,158	0,142	0,867	+/-	63,207	24,885	0,011**	+/-	0,205	0,147	0,164
CurRatio	-	-0,004	0,007	0,287	+/-	-928	725	0,202	+/-	-0,004	0,007	0,576
PwC	+	0,274	0,091	0,001***	+	-9,150	20,124	0,675	+	0,112	0,101	0,134
KPMG	+	0,227	0,085	0,004***	+	497	21,536	0,491	+	0,138	0,104	0,094*
EY	+	0,262	0,081	0,001***	+	19,752	15,826	0,106	+	0,302	0,092	0,001***
DT	+	0,373	0,099	0,000***	+/-	11,041	21,826	0,307	+	0,388	0,103	0,000***
Change	-	-0,079	0,094	0,200	+/-	-29,473	12,089	0,008***	+/-	-0,178	0,087	0,041**
ReportLag	+	<0,001	<0,001	0,194					+	<0,001	<0,001	0,196
YearEnd	+	0,009	0,068	0,449					+	-0,017	0,081	0,582
Constant	+	3,998	0,489	0,000***		-556,176	127057	0,000***		4,014	0,539	0,000***
Kontrolle für fixe Jahreseffekte	Ja				Ja				Ja			
Kontrolle für fixe Brancheneffekte	Ja				Ja				Ja			
Anzahl der Beobachtungen	641				641				641			
Prob > F	0,000				0,000				0,000			
Adj-R²	49,53%				17,94%				50,19%			

*/**/*** = Signifikanz auf dem 10%/5%/1%-Niveau. Bei Variablen mit erwartetem Vorzeichen werden die p-Werte des einseitigen Tests angegeben, andernfalls erfolgt ein zweiseitiger Test. Alle p-Werte werden mit clusterrobusten Standardfehlern angegeben. Die Clusterung erfolgt auf Unternehmensebene.

AuditFee = Natürlicher Logarithmus der Prüfungshonorare; *NonAudit* = Absoluter Wert der Nichtprüfungshonorare; *TotFee* = Natürlicher Logarithmus der Gesamthonorare; *Size* = Natürlicher Logarithmus der Bilanzsumme; *Employ* = Natürlicher Logarithmus der Anzahl der Mitarbeiter; *Subs* = Natürlicher Logarithmus der Anzahl der Tochterunternehmen; *IncCap* = Dichotome belegt mit 1, wenn das Grundkapital von t-1 auf t um 10% oder mehr steigt; *DecCap* = Dichotome belegt mit 1, wenn das Grundkapital von t-1 auf t um 10% oder mehr sinkt; *NewDebt* = Dichotome belegt mit 1, wenn das Fremdkapital von t-1 auf t um 10% oder mehr steigt; *InvRec* = (Vorräte + Forderungen) dividiert durch die Bilanzsumme; *IFRS* = Dichotome belegt mit 1, wenn das Unternehmen nach IFRS bilanziert; *RoA* = Jahresüberschuss dividiert durch (Bilanzsumme + Bilanzsumme)/2; *Loss* = Dichotome belegt mit 1, wenn das EBIT negativ ist; *Lev* = Verbindlichkeiten dividiert durch die Bilanzsumme; *CurRatio* = Umlaufvermögen dividiert durch die kurzfristigen Verbindlichkeiten; *PwC* = Dichotome belegt mit 1, wenn der Abschlussprüfer PwC ist; *KPMG* = Dichotome belegt mit 1, wenn der Abschlussprüfer KPMG ist; *EY* = Dichotome belegt mit 1, wenn der Abschlussprüfer EY ist; *DT* = Dichotome belegt mit 1, wenn der Abschlussprüfer Deloitte ist; *Change* = Dichotome belegt mit 1, wenn ein Prüferwechsel vorliegt; *ReportLag* = Anzahl der Tage zwischen Abschlussstichtag und Tag des Bestätigungsvermerkes; *YearEnd* = Dichotome belegt mit 1, wenn das Geschäftsjahr am 31.12. endet; *Constant* = Konstante.

Tabelle 54: Ergebnis der Honorarmodelle mit der Kontrollgruppe nach BLAY/GEIGER.

Steigt das Verhältnis der Vorräte und Forderungen an der Bilanzsumme (*InvRec*), steigen die Nichtprüfungshonorare (β_{InvRec} = 44.414; p<0,1). Die Erhöhung beträgt für einen Interquartilsabstand von 0,332 insgesamt 14.745 €. Die Risikovariablen (*IFRS*, *RoA* und *Loss*) sind nicht signifikant. Der Verschuldungsgrad (*Lev*) steht signifikant positiv mit den Nichtprüfungshonoraren in Verbindung (β_{Lev} = 63.207; p<0,05). Erhöht sich dieser um einen Interquartilsabstand von 0,323, steigen die Nichtprüfungshonorare um 20.416 €. Die Variable *CurRatio* ist ohne Signifikanz. Im Gegensatz zur Abgrenzung nach RATZINGER-SAKEL resultiert nicht nur bei Deloitte, sondern bei allen Big 4 Prüfungsgesellschaften kein signifikanter Einfluss. Bei einem Prüferwechsel (*Change*) sinken die Nichtprüfungshonorare signifikant um 29.473 € (β_{Change} = -29.473; p<0,01).

Im Modell für die Gesamthonorare mit einem Erklärungsgehalt von 50,19% und einer F-Statistik von p<0,0001 sind im Bereich der Größe und Komplexität die Variablen *Size*, *Employ* und *Subs* mit dem vermuteten positiven Koeffizienten (β_{Size} = 0,311; β_{Employ} = 0,249; β_{Subs} = 0,088 mit jeweils p<0,01) signifikant. Die Erhöhung der Bilanzsumme, der Anzahl an Mitarbeiter und der Anzahl an Tochterunternehmen um 1% führt zu einer Erhöhung der Gesamthonorare um 0,31%, 0,25% bzw. 0,09%. *IncCap*, *DecCap* und *NewDebt* besitzen keinen signifikanten Einfluss. Bei den Risikovariablen ist *InvRec* signifikant positiv (β_{InvRec} = 0,527; p<0,01). Steigt die Variable um einen Interquartilsabstand von 0,332, steigen die Gesamthonorare um 17,50%. Auch der *RoA* besitzt mit einem Koeffizienten von -0,630 den erwarteten signifikant negativen Einfluss (p<0,1). Steigt der *RoA* um einen Interquartilsabstand von 0,081, sinken die Gesamthonorare um 5,10%. Die weiteren Variablen aus dem Bereich des Risikos und der Kapitalstruktur *IFRS*, *Loss*, *Lev* und *CurRatio* haben keinen signifikanten Einfluss.

Bei den Big 4 Prüfern besteht für KPMG, EY und Deloitte ein signifikant positiver Einfluss (β_{KPMG} = 0,138; β_{EY} = 0,302; β_{DT} = 0,388 mit p<0,01 für EY und DT und p<0,1 für KPMG). Ist KPMG, EY bzw. Deloitte der Prüfer, erzielen diese um 14,80%, 35,26% bzw. 47,40% höhere Gesamthonorare. Für PwC resultiert kein signifikanter Einfluss. Bei einem Prüferwechsel werden um 16,31% niedrigere Gesamthonorare realisiert (β_{Change} = -0,178; p<0,05). Für die Variablen *ReportLag* und *YearEnd* liegt keine Signifikanz vor.

Für die nachfolgenden Modelle zur GCM werden die aus den Honorarmodellen gewonnenen Residuen als abnormale Prüfungs-, Nichtprüfungs- und Gesamthonorare (*AbnormAuditFee*, *AbnormNonAudit* und *AbnormTotFee*) aufgenommen.[1652]

6.7 Ergebnisse der Going-Concern-Modelle

6.7.1 GCM bei Prüfungs-, Nichtprüfungs- und Gesamthonoraren

Nachfolgend wird der Einfluss der Prüfungs-, Nichtprüfungs- und Gesamthonorare auf die Wahrscheinlichkeit einer GCM (Hypothesen H_1 bis H_3), getrennt nach den Kontrollgruppen, dargestellt. Die Ergebnisse werden am Ende des Teilkapitels interpretiert.

[1652] Vgl. *Hope/Langli*, Low Litigation, 2010, S. 585.

6.7.1.1 Abgrenzung nach RATZINGER-SAKEL

Die Modelle besitzen ein adjustiertes Pseudo-R^2 nach MCFADDEN von 43,3% - 43,9%[1653] und sind mit p<0,0001 signifikant. Die prozentuale Höhe kann, im Vergleich mit anderen Studien, ein Indikator sein, ob die Modelle adäquat spezifiziert sind.[1654] HOPE/LANGLI erzielen bei privaten Unternehmen Pseudo-R^2-Werte von 39,4% - 39,8%.[1655]

Die Tabelle 55 zeigt die Ergebnisse der Modelle 1 - 4. Wie bei HOPE/LANGLI werden zunächst die Einflüsse der Prüfungs- und Nichtprüfungshonorare getrennt (Modell 1 bzw. Modell 2) und anschließend gemeinsam (Modell 3) analysiert.[1656] BASIOUDIS/PAPAKONSTANTINOU/GEIGER betonen die Bedeutung einer gemeinsamen Betrachtung von Prüfungs- und Nichtprüfungshonoraren, um die verschiedenen Effekte zielgerichtet zu erfassen.[1657] Die Analyse der Gesamthonorare erfolgt in Modell 4. Es werden die Koeffizienten, die Standardfehler und die p-Werte angegeben. Besteht eine Vermutung über den Zusammenhang, werden einseitige, sonst zweiseitige p-Werte ermittelt.

Bei isolierter Betrachtung der Prüfungshonorare (*AuditFee*) in Modell 1 resultiert ein signifikant positiver Zusammenhang ($\beta_{AuditFee}$ = 0,604; p<0,01). Steigt die Variable *AuditFee* um einen Interquartilsabstand von 1,093, steigt die Wahrscheinlichkeit[1658] für eine GCM von 9,64% um 3,49%-Punkte auf 13,13%.[1659] Der durchschnittliche marginale Effekt beträgt 3,17%.[1660] Auch bei gemeinsamer Betrachtung von Prüfungs- und Nichtprüfungshonoraren in Modell 3 ist der Zusammenhang signifikant positiv ($\beta_{AuditFee}$ = 0,537; p<0,01). Der Anstieg für den Interquartilsabstand von 1,093 beträgt ausgehend von 9,80% insgesamt 3,08%-Punkte auf 12,88%. Der durchschnittliche marginale Effekt ist 2,80%. Zusammenfassend kann aus den Ergebnissen H_1 mit p<0,01 abgelehnt werden.

[1653] Vgl. *Ben-Akiva/Lerman*, Discrete, 1985. Hierdurch wird adressiert, dass das R^2 mit zunehmender Anzahl an Variablen ansteigt. Vgl. *Hardin/Hilbe*, Linear, 2007, S. 60. Inhaltlich ist keine Aussage über den Anteil der erklärten Varianz möglich. Es kann lediglich festgestellt werden, dass ein höherer Wert besser ist. Vgl. *Kohler/Kreuter*, Stata, 2012, S. 347.

[1654] Vgl. *Long/Freese*, Categorical, 2014, S. 221.

[1655] Vgl. *Hope/Langli*, Low Litigation, 2010, S. 590f.

[1656] Vgl. *Hope/Langli*, Low Litigation, 2010, S. 590.

[1657] Vgl. *Basioudis/Papakonstantinou/Geiger*, Kingdom, 2008, S. 301.

[1658] Angegeben wird die Veränderung des durchschnittlichen marginalen Effekts, wenn die jeweilig genannte Variable um einen Interquartilsabstand variiert. Vgl. hierzu *Long/Freese*, Categorical, 2014, S. 169. Die marginalen Effekte hängen vom Niveau der weiteren unabhängigen Variablen ab. Bei den durchschnittlichen marginalen Effekten werden für diese alle Kovariatenmuster berechnet und der Durchschnitt gebildet. Vgl. *Kohler/Kreuter*, Stata, 2012, S. 345.

[1659] Es werden gerundete Werte angegeben, sodass eine genaue Addition der Werte nicht immer möglich ist.

[1660] Es werden für alle unabhängigen Variablen die Kovariatenmuster berechnet und der Durchschnitt ermittelt. Vgl. *Kohler/Kreuter*, Stata, 2012, S. 345. Eine weitere Variante sind Marginaleffekte mit Mittelwerten (Marginal Effect at the Mean). Hierbei werden für alle unabhängigen Variablen die Mittelwerte verwendet. Dies kann zu Nachteilen führen. Sind dichotome Variablen vorhanden, werden Werte verwendet, die für keine Beobachtung zutreffen. Bei logarithmierten Variablen ist es unklar, ob der Durchschnitt aus der logarithmierten Größe genutzt werden soll oder der Durchschnitt in den Logarithmus eingesetzt wird. Vgl. Wooldridge, Econometrics, 2015, S. 531f.

Modell 1: $GCM_{it} = b_0 + b_1Size_{it} + b_2Lev_{it} + b_3ChLev_{it} + b_4RoA_{it} + b_5Cashflow_{it} + b_6Loss_{it} + b_7Investments_{it} + b_8ProbBankz_{it} + b_9IncCap_{it} + b_{10}NewDebt_{it} + b_{11}SellAssets_{it} + b_{12}Age_{it} + b_{13}IFRS_{it} + b_{14}Big4_{it} + b_{15}Change_{it} + b_{16}ReportLag_{it} + b_{17}ModPY_{it} + \mathbf{b_{18}AuditFee_{it}} + Industry\text{-}specific\ effects + Year\ effects + \varepsilon_{it}$

Modell 2: $GCM_{it} = b_0 + b_1Size_{it} + b_2Lev_{it} + b_3ChLev_{it} + b_4RoA_{it} + b_5Cashflow_{it} + b_6Loss_{it} + b_7Investments_{it} + b_8ProbBankz_{it} + b_9IncCap_{it} + b_{10}NewDebt_{it} + b_{11}SellAssets_{it} + b_{12}Age_{it} + b_{13}IFRS_{it} + b_{14}Big4_{it} + b_{15}Change_{it} + b_{16}ReportLag_{it} + b_{17}ModPY_{it} + \mathbf{b_{18}NonAudit_{it}} + Industry\text{-}specific\ effects + Year\ effects + \varepsilon_{it}$

Modell 3: $GCM_{it} = b_0 + b_1Size_{it} + b_2Lev_{it} + b_3ChLev_{it} + b_4RoA_{it} + b_5Cashflow_{it} + b_6Loss_{it} + b_7Investments_{it} + b_8ProbBankz_{it} + b_9IncCap_{it} + b_{10}NewDebt_{it} + b_{11}SellAssets_{it} + b_{12}Age_{it} + b_{13}IFRS_{it} + b_{14}Big4_{it} + b_{15}Change_{it} + b_{16}ReportLag_{it} + b_{17}ModPY_{it} + \mathbf{b_{18}AuditFee_{it} + b_{19}NonAudit_{it}} + Industry\text{-}specific\ effects + Year\ effects + \varepsilon_{it}$

Modell 4: $GCM_{it} = b_0 + b_1Size_{it} + b_2Lev_{it} + b_3ChLev_{it} + b_4RoA_{it} + b_5Cashflow_{it} + b_6Loss_{it} + b_7Investments_{it} + b_8ProbBankz_{it} + b_9IncCap_{it} + b_{10}NewDebt_{it} + b_{11}SellAssets_{it} + b_{12}Age_{it} + b_{13}IFRS_{it} + b_{14}Big4_{it} + b_{15}Change_{it} + b_{16}ReportLag_{it} + b_{17}ModPY_{it} + \mathbf{b_{18}TotFee_{it}} + Industry\text{-}specific\ effects + Year\ effects + \varepsilon_{it}$

Variable	Erwartetes Vorzeichen	Modell 1			Modell 2			Modell 3			Modell 4		
		Koeffizient	Standardfehler	p-Wert	Koeffizient	Standardfehler	p-Wert	Koeffizient	Standardfehler	p-Wert	Koeffizient	Standardfehler	p-Wert
Size	+/-	-0,415	0,134	0,002***	-0,218	0,102	0,032**	-0,435	0,136	0,001***	-0,453	0,139	0,001***
Lev	+	2,624	1,045	0,006***	2,564	0,966	0,004***	2,532	1,042	0,008***	2,656	1,043	0,005***
ChLev	+	1,790	1,254	0,077*	1,694	1,319	0,099*	1,722	1,291	0,091*	1,695	1,282	0,093*
RoA	-	-4,553	1,791	0,011**	-5,001	1,787	0,003***	-4,551	1,779	0,005***	-4,741	1,779	0,004***
CashFlow	-	-2,269	1,174	0,027**	-2,302	1,179	0,025**	-2,230	1,171	0,028**	-2,106	1,190	0,038**
Loss	+	0,563	0,260	0,015**	0,535	0,257	0,019**	0,565	0,260	0,015**	0,556	0,260	0,016**
Investments	+	-3,553	1,517	0,009***	-3,032	1,452	0,018**	-3,552	1,533	0,010**	-3,522	1,548	0,011**
ProbBankz	+	-0,761	1,009	0,775	-0,971	0,960	0,844	-0,767	1,009	0,776	-0,889	1,006	0,812
IncCap	-	-0,372	0,294	0,103	-0,291	0,296	0,163	-0,365	0,302	0,113	-0,348	0,294	0,118
NewDebt	-	-0,169	0,227	0,228	-0,166	0,229	0,235	-0,118	0,232	0,305	-0,149	0,230	0,258
SellAssets	+/-	-0,094	0,229	0,682	-0,053	0,230	0,817	-0,080	0,231	0,729	-0,102	0,233	0,663
Age	-	0,217	0,092	0,991	0,219	0,092	0,991	0,204	0,092	0,987	0,204	0,092	0,987
IFRS	+/-	0,286	0,375	0,445	0,373	0,381	0,327	0,295	0,379	0,436	0,327	0,378	0,386
Big4	+/-	-0,212	0,243	0,382	-0,040	0,233	0,862	-0,194	0,243	0,423	-0,206	0,241	0,393
Change	+/-	-0,519	0,474	0,273	-0,499	0,461	0,279	-0,462	0,492	0,348	-0,457	0,476	0,337
ReportLag	+	0,004	0,001	0,000***	0,004	0,001	0,000***	0,004	0,001	0,000***	0,004	0,001	0,000***
ModPY	+	3,658	0,214	0,000***	3,703	0,213	0,000***	3,661	0,214	0,000***	3,673	0,215	0,000***
AuditFee	+/-	**0,604**	**0,189**	**0,001***				**0,537**	**0,189**	**0,004***			
NonAudit	+/-				**0,059**	**0,025**	**0,017**	**0,046**	**0,024**	**0,061**			
TotFee	+/-										**0,608**	**0,171**	**0,000***
Constant		-5,722	2,234	0,010**	-3,042	2,166	0,160	-4,938	2,304	0,032**	-5,316	2,221	0,017**
Kontrolle für fixe Jahreseffekte		Ja			Ja			Ja			Ja		
Kontrolle für fixe Brancheneffekte		Ja			Ja			Ja			Ja		
Anzahl der Beobachtungen		2.166			2.166			2.166			2.166		
Prob > Chi²		0,0000			0,0000			0,0000			0,0000		
Pseudo-R²		43,6%			43,3%			43,8%			43,9%		

*/**/*** = Signifikanz auf dem 10%/5%/1%-Niveau. Bei Variablen mit erwartetem Vorzeichen werden die p-Werte des einseitigen Tests angegeben, andernfalls erfolgt ein zweiseitiger Test.
Alle p-Werte werden mit clusterrobusten Standardfehlern angegeben. Die Clusterung erfolgt auf Unternehmensebene.

$AuditFee$ = Natürlicher Logarithmus der Prüfungshonorare; $NonAudit$ = Natürlicher Logarithmus der Nichtprüfungshonorare; $TotFee$ = Natürlicher Logarithmus der Gesamthonorare; $Size$ = Natürlicher Logarithmus der Bilanzsumme; Lev = Verbindlichkeiten dividiert durch die Bilanzsumme; $ChLev$ = Veränderung des Verschuldungsgrades = Lev_t - Lev_{t-1}; RoA = Jahresüberschuss dividiert durch (Bilanzsumme$_t$+Bilanzsumme$_{t-1}$)/2; $CashFlow$ = Operativer Cashflow dividiert durch (Bilanzsumme$_t$+Bilanzsumme$_{t-1}$)/2; $Loss$ = Dichotome belegt mit 1, wenn das EBIT negativ ist; $Investments$ = (Zahlungsmittel und zahlungsmittelnahe Vermögensgegenstände) dividiert durch die Bilanzsumme; $ProbBankz$ = Insolvenzwahrscheinlichkeit nach dem Modell von ZMIJEWSKI; $IncCap$ = Dichotome belegt mit 1, wenn das Grundkapital von t-1 auf t um 10% oder mehr steigt; $NewDebt$ = Dichotome belegt mit 1, wenn das Fremdkapital von t-1 auf t um 10% oder mehr steigt; $SellAssets$ = Dichotome belegt mit 1, wenn das Anlagevermögen von t-1 auf t um 10% oder mehr sinkt; Age = Natürlicher Logarithmus des Unternehmensalters; $IFRS$ = Dichotome belegt mit 1, wenn das Unternehmen nach IFRS bilanziert; $Big4$ = Dichotome belegt mit 1, wenn der Abschlussprüfer eine Big 4 Gesellschaft ist; $Change$ = Dichotome belegt mit 1, wenn ein Prüferwechsel vorliegt; $ReportLag$ = Anzahl der Tage zwischen Abschlussstichtag und Tag des Bestätigungsvermerkes; $ModPY$ = Dichotome belegt mit 1, wenn im Bestätigungsvermerk des Vorjahres eine Modifikation enthalten ist; $Constant$ = Konstante.

Tabelle 55: Ergebnisse des Going-Concern-Modells für die Prüfungs-, Nichtprüfungs- und Gesamthonorare mit der Kontrollgruppe nach RATZINGER-SAKEL.

Für den Einfluss der Nichtprüfungshonorare (*NonAudit*) sind Modell 2 und Modell 3 relevant. In beiden resultiert ein signifikant positiver Einfluss (in Modell 2 mit $\beta_{NonAudit} = 0,059$; p<0,05 und in Modell 3 mit $\beta_{NonAudit} = 0,046$; p<0,05). Der durchschnittliche marginale Effekt beträgt 0,31% in Modell 2 bzw. 0,24% in Modell 3. Bei Anstieg der Variable *NonAudit* um einen Interquartilsabstand von 11,156 beträgt die prozentuale Veränderung in Modell 2 ausgehend von 9,02% insgesamt 3,30%-Punkte auf 12,32%. In Modell 3 steigt die Wahrscheinlichkeit von 9,49% um 2,57%-Punkte auf 12,06%. H_2 kann mit p<0,05 abgelehnt werden.

Die Hypothese H_3 hat die Gesamthonorare (*TotFee*) zum Gegenstand. In Modell 4 wird ein signifikant positiver Einfluss auf die Wahrscheinlichkeit einer GCM beobachtet ($\beta_{TotFee} = 0,608$; p<0,01). Der durchschnittliche marginale Effekt ist 3,17%. Beträgt der natürliche Logarithmus der Gesamthonorare 11,156 (25%-Perzentil), ist die Wahrscheinlichkeit für eine GCM 9,33%. Steigt der natürliche Logarithmus der Gesamthonorare auf 12,405 (75%-Perzentil), erhöht sich die Wahrscheinlichkeit um 3,97%-Punkte auf 13,30%. Insgesamt kann H_3 mit p<0,01 verworfen werden.

Bei den Kontrollvariablen kann für die Unternehmensgröße (*Size*), abgeleitet aus einer steigenden finanziellen Belastbarkeit, ein negativer Koeffizient resultieren. Ein positives Vorzeichen kann sich aus den steigenden Kosten einer Unternehmensinsolvenz und dem in Verbindung stehenden konservativeren Verhalten ergeben. In jedem Modell ist der Einfluss signifikant negativ ($\beta_{Size} = -0,453$ bis $-0,218$; p<0,01 für Modell 1, 3 und 4 sowie p<0,05 für Modell 2). Die Wahrscheinlichkeit für eine GCM sinkt modellabhängig, ausgehend von 12,21% - 13,50% um 2,05%-Punkte bis 4,32%-Punkte auf 9,18% - 10,17%. Der durchschnittliche marginale Effekt liegt zwischen -2,36% und -1,15%.

Beim Verschuldungsgrad (*Lev*) und dessen Veränderung (*ChLev*) ist der vermutete positive Einfluss in allen Modellen signifikant. Für die Variable *Lev* liegt der Koeffizient zwischen 2,532 und 2,656 (mit p<0,01). Die Veränderung beim Anstieg des Verschuldungsgrades von 0,402 auf 0,738 (Interquartilsabstand) liegt zwischen 4,41%-Punkte und 4,59%-Punkte. Der durchschnittliche marginale Effekt beträgt 13,21 bis 13,86%. Für *ChLev* ($\beta_{ChLev} = 1,694 - 1,790$; p<0,1) resultiert bei einer Erhöhung um einen Interquartilsabstand von 0,066 eine Veränderung um 0,58%-Punkte bis 0,62%-Punkte. Beim 25%-Perzentil beträgt die Wahrscheinlichkeit 10,93% - 10,95% und beim 75%-Perzentil 11,53% - 11,55%. Es resultiert ein durchschnittlicher marginaler Effekt von 8,85% - 9,39%. Die Ergebnisse können ein Indiz für die höhere Wahrscheinlichkeit einer GCM sein, wenn aus dem Verschuldungsgrad bzw. aus dessen Veränderung eine höhere Insolvenzwahrscheinlichkeit entsteht, das Unternehmen weniger Widerstandskraft gegen Krisen besitzt oder die Aufnahme von Fremdkapital schwieriger bzw. die Gefahr einer Verletzung von Covenants höher ist.

Für die Profitabilität wurde, abgeleitet aus der höheren Wahrscheinlichkeit für den Unternehmensfortbestand, ein negativer Einfluss mit der GCM vermutet. Dieser negative Zusammenhang resultiert signifikant über die Messung anhand der Variablen *RoA* ($\beta_{RoA} = -5,001$ bis $-4,551$; p<0,01 bzw. p<0,05) und anhand der Variablen *Cashflow* mit einem Koeffizienten zwischen -2,302 und -2,106 (p<0,05). Die Wahrscheinlichkeit für eine GCM beträgt beim 25%-Perzentil des *RoA* 11,30% - 11,31%. Die Verringerung der Wahrscheinlichkeit bei Erhöhung des *RoA* auf das 75%-Perzentil ist 1,46%-Punkte bis 1,61%-

Punkte, wobei der durchschnittliche marginale Effekt zwischen -23,74% und -26,29% variiert. Steigt die Variable *Cashflow* um einen Interquartilsabstand von 0,097, sinkt die Wahrscheinlichkeit für eine GCM, ausgehend von 11,64% - 11,67% um 1,06%-Punkte bis 1,17%-Punkte auf 10,50% - 10,58%. Der durchschnittliche marginale Effekt liegt zwischen -10,99% und -12,10%. Ist im aktuellen Geschäftsjahr das EBIT negativ (*Loss*), ist die Wahrscheinlichkeit für eine GCM in allen Modellen signifikant größer (β_{Loss} = 0,535 - 0,565; p<0,05). Die Wahrscheinlichkeit steigt von 10,04% - 10,09% um 2,91%-Punkte bis 3,22%-Punkte auf 13,00% - 13,10%, wobei der durchschnittliche marginale Effekt 2,82% bis 2,95% beträgt.

Für die Variable *Investments* liegt ein signifikant negativer Zusammenhang vor ($\beta_{Investments}$ = -3,553 bis -3,032; p<0,01 bzw. p<0,05). Beim 25%-Perzentil liegt die Wahrscheinlichkeit für eine GCM zwischen 12,07% und 12,19%. Diese sinkt um 1,86%-Punkte bis 1,60%-Punkte auf 10,32% bis 10,47%, wenn die Variable auf das 75%-Perzentil ansteigt. Es wird ein durchschnittlicher marginaler Effekt von -18,63% bis -15,94% beobachtet. Das Ergebnis deutet darauf hin, dass bei geringerem finanziellen Risiko bzw. höherer Zahlungsfähigkeit und mehr Ressourcen für die Abwehr einer Insolvenz die Unternehmen mit geringerer Wahrscheinlichkeit eine GCM erhalten.

Mit zunehmendem Zeitraum zwischen Abschlussstichtag und Tag des Bestätigungsvermerkes (*ReportLag*) wurde, abgeleitet aus den intensiveren Prüfungshandlungen, eine höhere Wahrscheinlichkeit für eine GCM vermutet. In den Modellen zeigt sich dieser Zusammenhang mit Signifikanz ($\beta_{ReportLag}$ = 0,004; p<0,01). Bei einem Report Lag von 107 Tagen (25%-Perzentil) liegt die Wahrscheinlichkeit für eine GCM bei 9,41% bis 9,52%. Steigt die Variable *ReportLag* auf 228 Tage (75%-Perzentil), erhöht sich die Wahrscheinlichkeit um 2,20%-Punkte bis 2,38%-Punkte auf 11,72% - 11,79% mit einem durchschnittlichen marginalen Effekt von 0,02%.

In den Modellen besteht ein signifikant positiver Zusammenhang, wenn das Unternehmen im Vorjahr eine Modifikation erhalten hat (*ModPY*). Der Koeffizient liegt zwischen 3,658 und 3,703 mit p<0,01. Liegt keine Modifikation im Vorjahr vor, ist die Wahrscheinlichkeit für eine GCM 4,40% - 4,46%. Sie steigt um 41,37%-Punkte bis 43,10%-Punkte bei einer Modifikation im Vorjahr auf 45,83% bis 47,49%, mit einem durchschnittlichen marginalen Effekt von 19,10% - 19,47%. Das Ergebnis kann als Indiz interpretiert werden, dass die finanziellen Schwierigkeiten über mehrere Perioden anhalten bzw. eine signifikante Verbesserung in der Unternehmenssituation eintreten muss, bis der Abschlussprüfer ein Testat ohne Modifikation erteilt.

Eine finanziell angespannte Situation, approximiert über die Insolvenzwahrscheinlichkeit nach ZMIJEWSKI (*ProbBankz*), mitigierende Faktoren (*IncCap*, *NewDebt* und *SellAssets*), das Unternehmensalter (*Age*), eine Rechnungslegung nach IFRS (*IFRS*), die Prüfung durch einen Big 4 Abschlussprüfer (*Big4*) und ein Prüferwechsel (*Change*) haben keinen signifikanten Einfluss auf die Wahrscheinlichkeit einer GCM. Aus den Ergebnissen können daher keine Indizien für die vermutete höhere Prüfungsqualität von Big 4 Abschlussprüfern abgeleitet werden.

6.7.1.2 Abgrenzung nach BLAY/GEIGER

In der Abgrenzung nach BLAY/GEIGER besitzen die Modelle ein Pseudo-R^2 von 53,1% (Modell 2) bis 53,8% (Modell 3). Alle Modelle sind mit p<0,0001 signifikant. In Modell 1 bzw. in Modell 3 resultiert für die Prüfungshonorare (*AuditFee*) ein signifikant positiver Zusammenhang ($\beta_{AuditFee}$ = 0,909 bzw. 0,761 mit p<0,01 bzw. p<0,05). Hypothese H_1 kann mit p<0,01 bzw. p<0,05 verworfen werden. Der durchschnittliche marginale Effekt ist 7,29% bzw. 5,97%. Für die Veränderung um einen Interquartilsabstand beträgt in Modell 1 bzw. Modell 3, ausgehend von 34,30% bzw. 34,95%, der Anstieg 7,29%-Punkte bzw. 5,98%-Punkte auf 41,59% bzw. 40,93%.

Auch für die Nichtprüfungshonorare (*NonAudit*) ist in Modell 2 und Modell 3 der Einfluss signifikant positiv ($\beta_{NonAudit}$ = 0,107 bzw. 0,088 mit p<0,01 bzw. p<0,05). H_2 kann mit p<0,01 für Modell 2 bzw. mit p<0,05 für Modell 3 verworfen werden. Der durchschnittliche marginale Effekt beträgt 0,85% in Modell 2 und 0,69% in Modell 3. Aus der Veränderung um einen Interquartilsabstand resultiert in Modell 2, ausgehend von 32,21%, ein Anstieg um 9,12%-Punkte auf 41,33%. In Modell 3 erhöht sich die Wahrscheinlichkeit, ausgehend von 33,27%, um 7,43%-Punkte auf 40,70%.

Für die Gesamthonorare (*TotFee*) kann in Modell 3 die Hypothese H_3 mit p<0,01 abgelehnt werden. Es zeigt sich ein signifikant positiver Zusammenhang (β_{TotFee} = 0,913; p<0,01) mit einem durchschnittlichen marginalen Effekt von 7,24%. Bei Erhöhung um einen Interquartilsabstand steigt die Wahrscheinlichkeit, ausgehend von 33,89%, um 8,65%-Punkte auf 42,54%.

Grundsätzlich besteht für die Unternehmensgröße (*Size*) ein signifikant negativer Zusammenhang (β_{Size} = -0,521 bis -0,477 mit p<0,05 bzw. p<0,01). In Modell 2 wird kein signifikanter Einfluss beobachtet. Für den Verschuldungsgrad (*Lev*) wird mit dem signifikant positiven Zusammenhang in allen Modellen das Ergebnis mit der Abgrenzung nach RATZINGER-SAKEL repliziert (β_{Lev} = 2,690 - 3,121 mit p<0,05). Für die Profitabilität (*RoA*) wird mit β_{RoA} = -5,393 bis -4,233 und p<0,05 bzw. p<0,1 der vermutete negative Zusammenhang mit Signifikanz beobachtet.

In allen Modellen resultiert mit zunehmendem Zeitraum zwischen Bilanzstichtag und Tag des Bestätigungsvermerks (*ReportLag*) eine steigende Wahrscheinlichkeit für eine GCM ($\beta_{ReportLag}$= 0,003 - 0,004 mit p<0,05). Wird der Interquartilsabstand von 133 Tagen betrachtet, steigt die Wahrscheinlichkeit von 35,59% - 35,82% um 3,43%-Punkte bis 3,86%-Punkte auf 39,25% - 39,45%. Der durchschnittliche marginale Effekt beträgt in allen Modellen 0,03%. Auch für die Variable *ModPY* zeigt sich ein positiver Zusammenhang (β_{ModPY} = 4,345 - 4,473 mit p<0,01). Liegt eine Modifikation vor, erhöht sich die Wahrscheinlichkeit, ausgehend von 22,82% - 23,68%, um 56,25%-Punkte bis 58,78%-Punkte auf 79,93% - 81,59%, mit einem durchschnittlichen marginalen Effekt von 34,57% - 35,79%.

Mit den weiteren unternehmensbezogenen Kontrollvariablen und den abschlussprüferbezogenen Variablen wird kein signifikanter Einfluss beobachtet (*ChLev, CashFlow, Loss, Investments, ProbBankz, IncCap, NewDebt, SellAssets, Age, IFRS, Big4* und *Change*).

Modell 1: $GCM_{it} = b_0 + b_1 Size_{it} + b_2 Lev_{it} + b_3 ChLev_{it} + b_4 RoA_{it} + b_5 CashFlow_{it} + b_6 Loss_{it} + b_7 Investments_{it} + b_8 ProbBankz_{it} + b_9 IncCap_{it} + b_{10} NewDebt_{it} + b_{11} SellAssets_{it} + b_{12} Age_{it} + b_{13} IFRS_{it} + b_{14} Big4_{it} + b_{15} Change_{it} + b_{16} ReportLag_{it} + b_{17} ModPY_{it} + \mathbf{b_{18} AuditFee_{it}} + Industry\text{-}specific\ effects + Year\ effects + \varepsilon_{it}$

Modell 2: $GCM_{it} = b_0 + b_1 Size_{it} + b_2 Lev_{it} + b_3 ChLev_{it} + b_4 RoA_{it} + b_5 CashFlow_{it} + b_6 Loss_{it} + b_7 Investments_{it} + b_8 ProbBankz_{it} + b_9 IncCap_{it} + b_{10} NewDebt_{it} + b_{11} SellAssets_{it} + b_{12} Age_{it} + b_{13} IFRS_{it} + b_{14} Big4_{it} + b_{15} Change_{it} + b_{16} ReportLag_{it} + b_{17} ModPY_{it} + \mathbf{b_{18} NonAudit_{it}} + Industry\text{-}specific\ effects + Year\ effects + \varepsilon_{it}$

Modell 3: $GCM_{it} = b_0 + b_1 Size_{it} + b_2 Lev_{it} + b_3 ChLev_{it} + b_4 RoA_{it} + b_5 CashFlow_{it} + b_6 Loss_{it} + b_7 Investments_{it} + b_8 ProbBankz_{it} + b_9 IncCap_{it} + b_{10} NewDebt_{it} + b_{11} SellAssets_{it} + b_{12} Age_{it} + b_{13} IFRS_{it} + b_{14} Big4_{it} + b_{15} Change_{it} + b_{16} ReportLag_{it} + b_{17} ModPY_{it} + \mathbf{b_{18} NonAudit_{it} + b_{19} AuditFee_{it}} + Industry\text{-}specific\ effects + Year\ effects + \varepsilon_{it}$

Modell 4: $GCM_{it} = b_0 + b_1 Size_{it} + b_2 Lev_{it} + b_3 ChLev_{it} + b_4 RoA_{it} + b_5 CashFlow_{it} + b_6 Loss_{it} + b_7 Investments_{it} + b_8 ProbBankz_{it} + b_9 IncCap_{it} + b_{10} NewDebt_{it} + b_{11} SellAssets_{it} + b_{12} Age_{it} + b_{13} IFRS_{it} + b_{14} Big4_{it} + b_{15} Change_{it} + b_{16} ReportLag_{it} + b_{17} ModPY_{it} + \mathbf{b_{18} TotFee_{it}} + Industry\text{-}specific\ effects + Year\ effects + \varepsilon_{it}$

Variable	Erwartetes Vorzeichen	Modell 1 Koeffizient	Modell 1 Standardfehler	Modell 1 p-Wert	Modell 2 Koeffizient	Modell 2 Standardfehler	Modell 2 p-Wert	Modell 3 Koeffizient	Modell 3 Standardfehler	Modell 3 p-Wert	Modell 4 Koeffizient	Modell 4 Standardfehler	Modell 4 p-Wert
Size	+/-	-0,477	0,190	0,012**	-0,198	0,137	0,149	-0,491	0,185	0,008***	-0,521	0,198	0,009***
Lev	+	3,121	1,447	0,016**	2,690	1,371	0,025**	2,817	1,485	0,029**	2,895	1,487	0,026**
ChLev	+	-1,833	2,216	0,796	-1,865	2,209	0,801	-2,152	2,219	0,868	-2,149	2,269	0,828
RoA	-	-5,091	3,244	0,058*	-5,393	3,225	0,047**	-4,520	3,254	0,082*	-4,233	3,181	0,092*
CashFlow	-	18,810	3,101	>0,999	19,425	2,910	>0,999	19,185	3,017	>0,999	18,961	2,878	0,999
Loss	+	-0,096	0,344	0,609	-0,075	0,342	0,587	-0,031	0,344	0,536	-0,043	0,340	0,550
Investments	-	-2,170	2,231	0,165	-1,723	1,966	0,190	-2,202	2,197	0,158	-2,545	2,183	0,122
ProbBankz	+	0,625	1,382	0,326	0,489	1,318	0,355	0,822	1,412	0,280	0,675	1,377	0,312
IncCap	-	-0,122	0,470	0,398	-0,096	0,409	0,408	-0,096	0,453	0,416	-0,101	0,458	0,412
NewDebt	-	-0,372	0,305	0,111	-0,261	0,300	0,193	-0,316	0,307	0,152	-0,375	0,305	0,109
SellAssets	+/-	0,218	0,381	0,567	0,352	0,385	0,360	0,317	0,392	0,418	0,331	0,378	0,381
Age	-	-0,089	0,133	0,252	-0,080	0,133	0,273	-0,107	0,132	0,208	-0,095	0,135	0,241
IFRS	+/-	-0,191	0,616	0,756	0,127	0,585	0,828	-0,122	0,653	0,852	-0,102	0,632	0,872
Big4	+/-	-0,167	0,375	0,656	0,057	0,360	0,874	-0,114	0,381	0,765	-0,146	0,363	0,688
Change	+/-	-0,965	0,687	0,160	-0,977	0,690	0,157	-0,945	0,713	0,185	-0,973	0,698	0,163
ReportLag	+	0,003	0,001	0,013**	0,004	0,002	0,010***	0,004	0,002	0,011**	0,004	0,002	0,011**
ModPY	+	4,345	0,464	0,000***	4,473	0,477	0,000***	4,411	0,476	0,000***	4,396	0,483	0,000***
AuditFee	+/-	**0,909**	**0,298**	**0,002*****				**0,761**	**0,305**	**0,012****			
NonAudit	+/-				**0,107**	**0,036**	**0,003*****	**0,088**	**0,036**	**0,014****			
TotFee	+/-										**0,913**	**0,284**	**0,001*****
Constant		-5,180	3,054	0,090*	-0,868	2,870	0,762	-4,015	3,270	0,220	-4,657	3,076	0,130
Kontrolle für fixe Jahreseffekte		Ja			Ja			Ja			Ja		
Kontrolle für fixe Brancheneffekte		Ja			Ja			Ja			Ja		
Anzahl der Beobachtungen		641			641			641			641		
Prob > Chi²		0,0000			0,0000			0,0000			0,0000		
Pseudo-R²		53,2%			53,1%			53,8%			53,7%		

*/**/*** = Signifikanz auf dem 10%/5%/1%-Niveau. Bei Variablen mit erwartetem Vorzeichen werden die p-Werte des einseitigen Tests angegeben, andernfalls erfolgt ein zweiseitiger Test. Alle p-Werte werden mit clusterrobusten Standardfehlern angegeben. Die Clusterung erfolgt auf Unternehmensebene.

$AuditFee$ = Honorar für Prüfungsleistungen; $NonAudit$ = Natürlicher Logarithmus der Nichtprüfungshonorare; $TotFee$ = Natürlicher Logarithmus der Gesamthonorare; $Size$ = Natürlicher Logarithmus der Bilanzsumme; Lev = Verbindlichkeiten dividiert durch die Bilanzsumme; $ChLev$ = Veränderung des Verschuldungsgrades = $Lev_{it} - Lev_{t-1}$; RoA = Jahresüberschuss dividiert durch (Bilanzsumme$_t$+Bilanzsumme$_{t-1}$)/2; $CashFlow$ = Operativer Cashflow dividiert durch (Bilanzsumme$_t$+Bilanzsumme$_{t-1}$)/2; $Loss$ = Dichotome belegt mit 1, wenn das EBIT negativ ist; $Investments$ = (Zahlungsmittel und zahlungsmittelnahe Vermögensgegenstände) dividiert durch die Bilanzsumme; $ProbBankz$ = Insolvenzwahrscheinlichkeit nach dem Modell von ZMIJEWSKI; $IncCap$ = Dichotome belegt mit 1, wenn das Grundkapital von t-1 auf t um 10% oder mehr steigt; $NewDebt$ = Dichotome belegt mit 1, wenn das Fremdkapital von t-1 auf t um 10% oder mehr steigt; $SellAssets$ = Dichotome belegt mit 1, wenn das Anlagevermögen von t-1 auf t um 10% oder mehr sinkt; Age = Natürlicher Logarithmus des Unternehmensalters; $IFRS$ = Dichotome belegt mit 1, wenn das Unternehmen aus IFRS bilanziert; $Big4$ = Dichotome belegt mit 1, wenn der Abschlussprüfer eine Big 4 Gesellschaft ist; $Change$ = Dichotome belegt mit 1, wenn ein Prüferwechsel vorliegt; $ReportLag$ = Anzahl der Tage zwischen Abschlussstichtag und Tag des Bestätigungsvermerkes; $ModPY$ = Dichotome belegt mit 1, wenn im Bestätigungsvermerk des Vorjahres eine Modifikation enthalten ist; $Constant$ = Konstante.

Tabelle 56: Ergebnisse des Going-Concern-Modells für die Prüfungs-, Nichtprüfungs- und Gesamthonorare mit der Kontrollgruppe nach BLAY/GEIGER.

6.7.1.3 Interpretation der Ergebnisse der Honorarvariablen

Für die Höhe der Prüfungshonorare (Hypothese H_1) wird mit der Kontrollgruppe nach RATZINGER-SAKEL und mit der Kontrollgruppe nach BLAY/GEIGER ein signifikant (mit p<0,01 bis p<0,05) positiver Zusammenhang beobachtet. Im gemeinsamen Modell mit den Nichtprüfungshonoraren (Modell 3) resultiert bei einer Veränderung um einen Interquartilsabstand ein durchschnittlicher marginaler Effekt von 2,80% - 7,29% bzw. eine Erhöhung der Wahrscheinlichkeit um 3,08%-Punkte bis 7,29%-Punkte. Dieser Einfluss kann als ökonomisch relevant angesehen werden. Das Ergebnis deutet darauf hin, dass dem Prüfer durch die GCM ein höherer Prüfungsaufwand entsteht, der zu höheren Prüfungshonoraren führt.[1661] Dieser kann aus den erforderlichen weiteren Prüfungshandlungen bei Zweifel an der Unternehmensfortführung und dem zusätzlichen Aufwand aus der Beurteilung der Einschätzung der gesetzlichen Vertreter resultieren. Das Ergebnis steht im Einklang mit denen von GEIGER/RAMA und BASIOUDIS/PAPAKONSTANTINOU/GEIGER, die für kapitalmarktorientierte Unternehmen aus den USA und Großbritannien einen positiven Zusammenhang beobachten.[1662] Es unterstützt das Ergebnis von PRATT/STICE, welche die finanzielle Lage als eine bedeutende Determinante für den Prüfungsaufwand identifizieren und die Analyse von BELL/LANDSMAN/SHACKELFORD, die zeigen, dass mit steigendem Geschäftsrisiko des Mandanten der Abschlussprüfer die Anzahl der Stunden erhöht.[1663] Obwohl das Haftungs- und Reputationsrisiko des Abschlussprüfers bei privaten Unternehmen in Deutschland geringer ist als in angelsächsischen Studien mit kapitalmarktorientierten Unternehmen, können die Effekte aus diesen Risiken alternative Erklärungen sein.

Hypothese H_2 hat den Einfluss der Nichtprüfungshonorare zum Gegenstand. Mit beiden Kontrollgruppen besteht ein signifikant (p<0,01 bis p<0,05) positiver Zusammenhang. Für das Modell, zusammen mit den Prüfungshonoraren (Modell 3), beträgt der durchschnittliche marginale Effekt 0,24% (RATZINGER-SAKEL) bzw. 0,69% (BLAY/GEIGER). Bei der Erhöhung um einen Interquartilsabstand steigt die Wahrscheinlichkeit um 2,57%-Punkte (RATZINGER-SAKEL) bzw. 7,43%-Punkte (BLAY/GEIGER). Dies kann durch die möglichen Knowledge Spillovers begründet werden. Das Ergebnis kann einen Hinweis darauf geben, dass der Prüfer durch die Erkenntnisse in der Beratung zielgerichteter die Risiken der Unternehmensfortführung identifizieren kann.[1664] Für diese Erklärung spricht auch, dass private Unternehmen zumeist kleiner als kapitalmarktorientierte Unternehmen sind und daher auch von kleineren Prüfungsteams betreut werden, welche das Entstehen dieser Effekte begünstigen können.[1665] Auch ROBINSON, die bei US-amerikanischen kapitalmarktorientierten Unternehmen einen positiven Einfluss bei Steuerberatungsleistungen beobachtet, führt ihr Ergebnis auf die Knowledge Spillovers zurück.[1666] Das Ergebnis unterstützt zudem

---

[1661] Die Effekte einer möglichen Endogenität werden in Kapitel 6.8.4 adressiert.

[1662] Vgl. *Geiger/Rama*, Stressed, 2003, S. 62; *Basioudis/Papakonstantinou/Geiger*, Kingdom, 2008, S. 299.

[1663] Vgl. *Pratt/Stice*, Client, 1994, S. 655; *Bell/Landsman/Shackelford*, Perceived, 2001, S. 43.

[1664] Die Effekte einer möglichen Endogenität werden in Kapitel 6.8.4 adressiert.

[1665] Vgl. hierzu ausführlich die Ausführungen zu Hypothese und *Svanström*, Quality, 2013, S. 338; *Langli/Svanström*, Private, 2014, S. 149.

[1666] Vgl. *Robinson*, Tax, 2008, S. 52.

das Resultat von SVANSTRÖM, der mit steigenden Nichtprüfungshonoraren bei privaten Unternehmen in Schweden eine höhere Prüfungsqualität beobachtet.[1667]

Einschränkend ist anzumerken, dass die Effekte aus dem Haftungs- und Reputationsrisiko als alternative Erklärungen nicht ausgeschlossen werden können. Wird eine niedrige Prüfungsqualität bekannt, besteht die Gefahr, dass zusätzliche Quasirenten entfallen. Daher besitzt der Prüfer einen erhöhten Anreiz, eine hohe Prüfungsqualität zu erbringen. Auch bei einem größeren Haftungsrisiko kann der Prüfer durch den Schadensersatz einen Anreiz für eine höhere Prüfungsqualität besitzen. Allerdings kann argumentiert werden, dass beide Effekte bei privaten Unternehmen in Deutschland im Vergleich zu kapitalmarktorientierten Unternehmen bzw. zu angelsächsischen Ländern geringer sind.[1668] Weiterhin kann die ökonomische Relevanz aufgrund der niedrigen durchschnittlichen marginalen Effekte als gering angesehen werden.

Die mögliche Gefährdung der Unabhängigkeit durch die Gesamthonorare, im Einklang mit der Argumentation von ASHBAUGH/LAFOND/MAYHEW,[1669] ist Bestandteil von Hypothese H_3. In beiden Kontrollgruppen liegt ein signifikant (mit p<0,01) positiver Einfluss vor. Der durchschnittliche marginale Effekt beträgt mit der Kontrollgruppe nach RATZINGER-SAKEL 3,17% und mit der Kontrollgruppe nach BLAY/GEIGER 7,24%. Bei einer Erhöhung um einen Interquartilsabstand beträgt die Steigerung 3,97%-Punkte (RATZINGER-SAKEL) bzw. 8,65%-Punkte (BLAY/GEIGER). Die Effekthöhe kann als ökonomisch relevant angesehen werden. Daraus resultiert ein Hinweis auf eine steigende Prüfungsqualität mit höheren Gesamthonoraren. Da die Gesamthonorare die Summe aus den Prüfungs- und Nichtprüfungshonoraren sind, können die genannten Gründe ursächlich sein.

[1667] Vgl. *Svanström*, Quality, 2013, S. 337.
[1668] Vgl. ausführlich Kapitel 3.3.5 und Kapitel 3.3.6.
[1669] Vgl. *Ashbaugh/LaFond/Mayhew*, Independence, 2003, S. 614.

6.7.2 GCM bei abnormalen Prüfungs-, Nichtprüfungs- und Gesamthonoraren

Nachfolgend werden die Ergebnisse aus der Analyse der abnormalen Prüfungs-, Nichtprüfungs- und Gesamthonorare (Hypothesen H_4 bis H_6), getrennt nach den Kontrollgruppen, dargestellt. Die Interpretation der Ergebnisse findet am Ende des Kapitels statt.

6.7.2.1 Abgrenzung nach RATZINGER-SAKEL

Die Tabelle 57 zeigt die Regressionsergebnisse für die Kontrollgruppenabgrenzung nach RATZINGER-SAKEL. Es werden in den Modellen Pseudo-R^2 von 43,1% bis 43,6% erzielt. Alle Modelle sind mit p<0,0001 signifikant.

Die Hypothese H_4 hat den Einfluss der abnormalen Prüfungshonorare (*AbnormAuditFee*) auf eine GCM zum Gegenstand. Werden die Modelle 5 und 7 betrachtet, kann H_4 mit p<0,01 verworfen werden. In beiden Modellen resultiert ein signifikant positiver Zusammenhang ($\beta_{AbnormAuditFee}$ = 0,543 bzw. 0,496; p<0,01). Der durchschnittliche marginale Effekt ist 2,86% (Modell 5) bzw. 2,61% (Modell 7). In Modell 5 ist die Veränderung bei der Erhöhung um einen Interquartilsabstand, ausgehend von 11,19%, insgesamt 2,05%-Punkte auf 13,24%. In Modell 7 steigt die Wahrscheinlichkeit von 10,28% um 1,87%-Punkte auf 12,15%.

Bei den abnormalen Nichtprüfungshonoraren (*AbnormNonAudit*) sind die Ergebnisse uneinheitlich. Auf Basis von Modell 6 wird die Hypothese H_5 mit p<0,05 verworfen. Es ist ein signifikant positiver Einfluss vorhanden ($\beta_{AbnormNonAudit}$ = <0,001; p<0,05). Der durchschnittliche marginale Effekt und die prozentuale Veränderung bei einer Erhöhung um einen Interquartilsabstand sind kleiner als 0,001% und damit von untergeordneter ökonomischen Relevanz. In Modell 7 liegt keine Signifikanz vor.

Bei den abnormalen Gesamthonoraren (*AbnormTotFee*) resultiert in Modell 8 ein signifikant positiver Zusammenhang ($\beta_{AbnormTotFee}$ = 0,523; p<0,01). H_6 kann mit p<0,01 abgelehnt werden. Der durchschnittliche marginale Effekt ist 2,74%. Bei Erhöhung um einen Interquartilsabstand steigt die Wahrscheinlichkeit von 10,07% um 2,20%-Punkte auf 12,27%.

Hinsichtlich der Kontrollvariablen weichen die Signifikanzen grundsätzlich geringfügig gegenüber der Betrachtung der normalen Prüfungs-, Nichtprüfungs- und Gesamthonorare ab. Abweichend sind die Variable *Size* im Modell 5 und die Variable *ChLev* in den Modellen 6 - 8 nicht signifikant. Alle anderen Variablen sind ähnlich signifikant wie in den Ausgangsmodellen.

Modell 5: $GCM_{it} = b_0 + b_1 Size_{it} + b_2 Lev_{it} + b_3 ChLev_{it} + b_4 RoA_{it} + b_5 CashFlow_{it} + b_6 Loss_{it} + b_7 Investments_{it} + b_8 ProbBankz_{it} + b_9 IncCap_{it} + b_{10} NewDebt_{it} + b_{11} SellAssets_{it} + b_{12} Age_{it} + b_{13} IFRS_{it} + b_{14} Big4_{it} + b_{15} Change_{it} + b_{16} ReportLag_{it} + b_{17} ModPY_{it} + b_{18}\mathbf{AbnormAuditFee}_{it} + \text{Industry-specific effects} + \text{Year effects} + \varepsilon_{it}$

Modell 6: $GCM_{it} = b_0 + b_1 Size_{it} + b_2 Lev_{it} + b_3 ChLev_{it} + b_4 RoA_{it} + b_5 CashFlow_{it} + b_6 Loss_{it} + b_7 Investments_{it} + b_8 ProbBankz_{it} + b_9 IncCap_{it} + b_{10} NewDebt_{it} + b_{11} SellAssets_{it} + b_{12} Age_{it} + b_{13} IFRS_{it} + b_{14} Big4_{it} + b_{15} Change_{it} + b_{16} ReportLag_{it} + b_{17} ModPY_{it} + b_{18}\mathbf{AbnormNonAudit}_{it} + \text{Industry-specific effects} + \text{Year effects} + \varepsilon_{it}$

Modell 7: $GCM_{it} = b_0 + b_1 Size_{it} + b_2 Lev_{it} + b_3 ChLev_{it} + b_4 RoA_{it} + b_5 CashFlow_{it} + b_6 Loss_{it} + b_7 Investments_{it} + b_8 ProbBankz_{it} + b_9 IncCap_{it} + b_{10} NewDebt_{it} + b_{11} SellAssets_{it} + b_{12} Age_{it} + b_{13} IFRS_{it} + b_{14} Big4_{it} + b_{15} Change_{it} + b_{16} ReportLag_{it} + b_{17} ModPY_{it} + b_{18}\mathbf{AbnormAuditFee}_{it} + b_{19}\mathbf{AbnormNonAudit}_{it} + \text{Industry-specific effects} + \text{Year effects} + \varepsilon_{it}$

Modell 8: $GCM_{it} = b_0 + b_1 Size_{it} + b_2 Lev_{it} + b_3 ChLev_{it} + b_4 RoA_{it} + b_5 CashFlow_{it} + b_6 Loss_{it} + b_7 Investments_{it} + b_8 ProbBankz_{it} + b_9 IncCap_{it} + b_{10} NewDebt_{it} + b_{11} SellAssets_{it} + b_{12} Age_{it} + b_{13} IFRS_{it} + b_{14} Big4_{it} + b_{15} Change_{it} + b_{16} ReportLag_{it} + b_{17} ModPY_{it} + b_{18}\mathbf{AbnormTotFee}_{it} + \text{Industry-specific effects} + \text{Year effects} + \varepsilon_{it}$

Variable	Erwartetes Vorzeichen	Modell 5			Modell 6			Modell 7			Modell 8		
		Koeffizient	Standardfehler	p-Wert	Koeffizient	Standardfehler	p-Wert	Koeffizient	Standardfehler	p-Wert	Koeffizient	Standardfehler	p-Wert
Size	+/-	-0,174	0,096	0,070	-0,168	0,097	0,082*	-0,182	0,099	0,066*	-0,192	0,098	0,049**
Lev	+	2,584	1,018	0,006***	2,862	0,954	0,001***	2,703	1,017	0,004***	2,684	0,997	0,004***
ChLev	+	1,661	1,251	0,092*	1,662	1,305	0,101	1,596	1,274	0,105	1,605	1,294	0,107
RoA	-	-4,961	1,792	0,003***	-5,297	1,795	0,002***	-5,112	1,795	0,002***	-5,150	1,806	0,002***
CashFlow	+	-2,343	1,180	0,024**	-2,322	1,193	0,026**	-2,324	1,185	0,025**	-2,261	1,183	0,028**
Loss	+	0,507	0,258	0,025**	0,518	0,256	0,022**	0,501	0,257	0,026**	0,504	0,257	0,025**
Investments	-	-3,495	1,490	0,009***	-3,043	1,447	0,018**	-3,507	1,504	0,010**	-3,399	1,503	0,012**
ProbBankz	+	-0,694	0,996	0,757	-1,154	0,954	0,887	-0,818	1,001	0,793	-0,873	0,976	0,814
IncCap	-	-0,309	0,289	0,143	-0,277	0,286	0,166	-0,303	0,289	0,147	-0,288	0,289	0,159
NewDebt	-	-0,219	0,224	0,164	-0,222	0,225	0,162	-0,208	0,226	0,179	-0,196	0,227	0,194
SellAssets	+/-	-0,099	0,229	0,666	-0,089	0,230	0,698	-0,109	0,231	0,637	-0,108	0,233	0,642
Age	-	0,240	0,093	0,995	0,227	0,092	0,993	0,233	0,093	0,994	0,226	0,092	0,993
IFRS	+/-	0,453	0,383	0,237	0,372	0,369	0,313	0,444	0,378	0,241	0,449	0,385	0,243
Big4	+/-	-0,042	0,235	0,858	-0,019	0,235	0,936	-0,028	0,236	0,906	-0,022	0,235	0,925
Change	+/-	-0,650	0,470	0,167	-0,580	0,443	0,191	-0,641	0,471	0,174	-0,634	0,468	0,175
ReportLag	+	0,004	0,001	0,000***	0,004	0,001	0,000***	0,004	0,001	0,000***	0,004	0,001	0,000***
ModPY	+	3,668	0,213	0,000***	3,709	0,215	0,000***	3,676	0,215	0,000***	3,682	0,215	0,000***
AbnormAuditFee	+/-	**0,543**	**0,190**	**0,004***				**0,496**	**0,191**	**0,009***			
AbnormNonAudit	+/-				**<0,000**	**<0,000**	**0,039**	**<0,000**	**<0,000**	**0,148**			
AbnormTotFee	+/-										**0,523**	**0,176**	**0,003***
Constant		-3,326	2,160	0,124	-3,577	2,139	0,094*	-3,231	2,184	0,139	-3,021	2,160	0,162
Kontrolle für fixe Jahreseffekte		Ja			Ja			Ja			Ja		
Kontrolle für fixe Brancheneffekte		Ja			Ja			Ja			Ja		
Anzahl der Beobachtungen		2.166			2.166			2.166			2.166		
Prob > Chi2		0,0000			0,0000			0,0000			0,0000		
Pseudo-R²		43,4%			43,1%			43,4%			43,6%		

*/**/*** = Signifikanz auf dem 10%/5%/1%-Niveau. Bei Variablen mit erwartetem Vorzeichen werden die p-Werte des einseitigen Tests angegeben, andernfalls erfolgt ein zweiseitiger Test.

Alle p-Werte werden mit clusterrobusten Standardfehlern angegeben. Die Clusterung erfolgt auf Unternehmensebene.

AbnormAuditFee = Abnormale Prüfungshonorare, berechnet über die Residuen aus dem Modell mit dem natürlichen Logarithmus der Prüfungshonorare als abhängige Variable; *AbnormNonAudit* = Abnormale Nichtprüfungshonorare, berechnet über die Residuen aus dem Modell mit den Nichtprüfungshonoraren als abhängige Variable; *AbnormTotFee* = Abnormale Gesamthonorare, berechnet über die Residuen aus dem Modell mit dem natürlichen Logarithmus des Gesamthonorars als abhängige Variable; *Size* = Natürlicher Logarithmus der Bilanzsumme; *Lev* = Verbindlichkeiten dividiert durch die Bilanzsumme; *ChLev* = Veränderung des Verschuldungsgrades = $Lev_{it} - Lev_{it-1}$; *RoA* = Jahresüberschuss dividiert durch (Bilanzsumme$_{it}$ + Bilanzsumme$_{it-1}$)/2; *CashFlow* = Operativer Cashflow dividiert durch (Bilanzsumme$_{it}$ + Bilanzsumme$_{it-1}$)/2; *Loss* = Dichotome belegt mit 1, wenn das EBIT negativ ist; *Investments* = (Zahlungsmittel und zahlungsmittelnahe Vermögensgegenstände) dividiert durch die Bilanzsumme; *ProbBankz* = Insolvenzwahrscheinlichkeit nach dem Modell von ZMIJEWSKI; *IncCap* = Dichotome belegt mit 1, wenn das Grundkapital von t-1 auf t um 10% oder mehr steigt; *NewDebt* = Dichotome belegt mit 1, wenn das Fremdkapital von t-1 auf t um 10% oder mehr steigt; *SellAssets* = Dichotome belegt mit 1, wenn das Anlagevermögen von t-1 auf t um 10% oder mehr sinkt; *Age* = Natürlicher Logarithmus des Unternehmensalters; *IFRS* = Dichotome belegt mit 1, wenn das Unternehmen nach IFRS bilanziert; *Big4* = Dichotome belegt mit 1, wenn der Abschlussprüfer eine Big 4 Gesellschaft ist; *Change* = Dichotome belegt mit 1, wenn ein Prüferwechsel vorliegt; *ReportLag* = Anzahl der Tage zwischen Abschlussstichtag und Tag des Bestätigungsvermerkes; *ModPY* = Dichotome belegt mit 1, wenn im Bestätigungsvermerk des Vorjahres eine Modifikation enthalten ist; *Constant* = Konstante.

Tabelle 57: Ergebnisse des Going-Concern-Models für die abnormalen Prüfungs-, Nichtprüfungs- und Gesamthonorare mit der Kontrollgruppe nach RATZINGER-SAKEL.

6.7.2.2 Abgrenzung nach BLAY/GEIGER

In der Abgrenzung nach BLAY/GEIGER (vgl. Tabelle 58) besitzen die Modelle 5 - 8 ein Pseudo-R^2 von 51,9% - 53,7% und sind mit p<0,0001 signifikant. Für die abnormalen Prüfungshonorare (*AbnormAuditFee*) kann aus Modell 5 und Modell 7 die Hypothese H_4 mit p<0,01 verworfen werden. Die Analyse zeigt einen signifikant positiven Zusammenhang ($\beta_{AbnormAuditFee}$ = 0,944 bzw. 0,922; p<0,01). Bei der Veränderung um einen Interquartilsabstand steigt die Wahrscheinlichkeit für eine GCM in Modell 5 bzw. Modell 6 von 35,74% bzw. 35,80% um 5,51% bzw. 5,38% auf 41,25% bzw. 41,18%, mit einem durchschnittlichen marginalen Effekt von 7,58% bzw. 7,39%.

Für die abnormalen Nichtprüfungshonorare (*AbnormNonAudit*) resultiert weder bei der alleinigen Betrachtung in Modell 6 noch bei der gemeinsamen Analyse mit den abnormalen Prüfungshonoraren in Modell 7 ein signifikanter Zusammenhang. Daher kann H_5 auf Basis dieser Analyse nicht verworfen werden.

Modell 8 zeigt für die abnormalen Gesamthonorare (*AbnormTotFee*) einen mit p<0,01 signifikant positiven Koeffizienten von 0,983, sodass H_6 mit p<0,01 verworfen werden kann. Der durchschnittliche marginale Effekt ist 7,80%. Bei einer Erhöhung um einen Interquartilsabstand steigt die Wahrscheinlichkeit, ausgehend von 35,50%, um 6,01% auf 41,51%.

Hinsichtlich der Kontrollvariablen ist die Unternehmensgröße (*Size*), abweichend zu RATZINGER-SAKEL, in keinem der Modelle signifikant. Für die weiteren Variablen ergeben sich ähnliche Signifikanzen wie in den Ausgangsmodellen.

$\text{Modell 5: } GCM_{it} = b_0 + b_1Size_{it} + b_2Lev_{it} + b_3ChLev_{it} + b_4RoA_{it} + b_5CashFlow_{it} + b_6Loss_{it} + b_7Investments_{it} + b_8ProbBankz_{it} + b_9IncCap_{it} + b_{10}NewDebt_{it} + b_{11}SellAssets_{it} + b_{12}Age_{it} + b_{13}IFRS_{it} + b_{14}Big4_{it} + b_{15}Change_{it} + b_{16}ReportLag_{it} + b_{17}ModPY_{it} + \textbf{b}_{18}\textbf{AbnormAuditFee}_{it} + Industry\text{-}specific\ effects + Year\ effects + \varepsilon_{it}$

$\text{Modell 6: } GCM_{it} = b_0 + b_1Size_{it} + b_2Lev_{it} + b_3ChLev_{it} + b_4RoA_{it} + b_5CashFlow_{it} + b_6Loss_{it} + b_7Investments_{it} + b_8ProbBankz_{it} + b_9IncCap_{it} + b_{10}NewDebt_{it} + b_{11}SellAssets_{it} + b_{12}Age_{it} + b_{13}IFRS_{it} + b_{14}Big4_{it} + b_{15}Change_{it} + b_{16}ReportLag_{it} + b_{17}ModPY_{it} + \textbf{b}_{18}\textbf{AbnormNonAudit}_{it} + Industry\text{-}specific\ effects + Year\ effects + \varepsilon_{it}$

$\text{Modell 7: } GCM_{it} = b_0 + b_1Size_{it} + b_2Lev_{it} + b_3ChLev_{it} + b_4RoA_{it} + b_5CashFlow_{it} + b_6Loss_{it} + b_7Investments_{it} + b_8ProbBankz_{it} + b_9IncCap_{it} + b_{10}NewDebt_{it} + b_{11}SellAssets_{it} + b_{12}Age_{it} + b_{13}IFRS_{it} + b_{14}Big4_{it} + b_{15}Change_{it} + b_{16}ReportLag_{it} + b_{17}ModPY_{it} + \textbf{b}_{18}\textbf{AbnormNonAudit}_{it} + \textbf{b}_{19}\textbf{AbnormAuditFee}_{it} + Industry\text{-}specific\ effects + Year\ effects + \varepsilon_{it}$

$\text{Modell 8: } GCM_{it} = b_0 + b_1Size_{it} + b_2Lev_{it} + b_3ChLev_{it} + b_4RoA_{it} + b_5CashFlow_{it} + b_6Loss_{it} + b_7Investments_{it} + b_8ProbBankz_{it} + b_9IncCap_{it} + b_{10}NewDebt_{it} + b_{11}SellAssets_{it} + b_{12}Age_{it} + b_{13}IFRS_{it} + b_{14}Big4_{it} + b_{15}Change_{it} + b_{16}ReportLag_{it} + b_{17}ModPY_{it} + \textbf{b}_{18}\textbf{TotFee}_{it} + Industry\text{-}specific\ effects + Year\ effects + \varepsilon_{it}$

Variable	Erwartetes Vorzeichen	Modell 5 Koeffizient	Standardfehler	p-Wert	Modell 6 Koeffizient	Standardfehler	p-Wert	Modell 7 Koeffizient	Standardfehler	p-Wert	Modell 8 Koeffizient	Standardfehler	p-Wert
Size	+/-	-0,127	0,135	0,350	-0,093	0,127	0,465	-0,123	0,135	0,359	-0,128	0,133	0,337
Lev	+	3,057	1,449	0,017**	3,074	1,313	0,010**	3,051	1,453	0,018**	2,828	1,394	0,021**
ChLev	+	-1,851	2,254	0,794	-1,502	2,286	0,745	-1,945	2,309	0,800	-1,955	2,293	0,803
RoA	-	-5,547	3,262	0,045**	-6,014	3,233	0,031**	-5,357	3,267	0,051*	-4,840	3,174	0,064*
CashFlow	-	18,844	3,099	>0,999	18,890	2,855	>0,999	18,802	3,065	>0,999	19,447	2,782	>0,999
Loss	+	-0,172	0,340	0,694	-0,163	0,335	0,687	-0,164	0,338	0,686	-0,101	0,338	0,617
Investments	-	-2,254	2,197	0,152	-1,596	1,967	0,209	-2,320	2,183	0,144	-2,538	2,074	0,111
ProbBankz	+	0,693	1,391	0,309	0,243	1,252	0,423	0,733	1,388	0,299	0,840	1,331	0,264
IncCap	-	-0,092	0,469	0,422	-0,169	0,428	0,347	-0,113	0,478	0,407	-0,141	0,460	0,380
NewDebt	-	-0,391	0,307	0,101	-0,311	0,307	0,156	-0,393	0,308	0,101	-0,395	0,310	0,101
SellAssets	+/-	0,201	0,379	0,595	0,259	0,377	0,492	0,223	0,385	0,562	0,338	0,374	0,367
Age	-	-0,061	0,133	0,325	-0,045	0,135	0,369	-0,062	0,134	0,322	-0,067	0,133	0,306
IFRS	+/-	0,024	0,609	0,968	0,111	0,546	0,839	0,037	0,626	0,953	0,082	0,614	0,894
Big4	+/-	0,083	0,357	0,815	0,017	0,359	0,962	0,074	0,356	0,835	0,062	0,352	0,861
Change	+/-	-1,076	0,694	0,121	-1,046	0,669	0,118	-1,092	0,708	0,123	-1,161	0,733	0,113
ReportLag	+	0,003	0,001	0,010**	0,003	0,002	0,017**	0,004	0,002	0,012**	0,004	0,002	0,010**
ModPY	+	4,330	0,465	0,000***	4,383	0,465	0,000***	4,320	0,463	0,000***	4,423	0,490	0,000***
AbnormAuditFee	+/-	**0,944**	**0,303**	**0,002*****				**0,922**	**0,302**	**0,002*****			
AbnormNonAudit	+/-				**<0,000**	**<0,000**	**0,457**	**<0,000**	**<0,000**	**0,676**			
AbnormTotFee	+/-										**0,983**	**0,300**	**0,001*****
Constant		-1,334	2,920	0,648	-1,930	2,721	0,478	-1,381	2,911	0,635	-1,288	2,887	0,655
Kontrolle für fixe Jahreseffekte		Ja			Ja			Ja			Ja		
Kontrolle für fixe Brancheneffekte		Ja			Ja			Ja			Ja		
Anzahl der Beobachtungen		641			641			641			641		
Prob > Chi²		0,0000			0,0000			0,0000			0,0000		
Pseudo-R²		53,2%			51,9%			53,0%			53,7%		

*/**/*** = Signifikanz auf dem 10%/5%/1%-Niveau. Bei Variablen mit erwartetem Vorzeichen werden die p-Werte des einseitigen Tests angegeben, andernfalls erfolgt ein zweiseitiger Test. Alle p-Werte werden mit clusterrobusten Standardfehlern angegeben. Die Clusterung erfolgt auf Unternehmensebene.

AbnormAuditFee = Abnormale Prüfungshonorare, berechnet über die Residuen aus dem Modell mit den natürlichen Logarithmus der Prüfungshonorare als abhängige Variable; *AbnormNonAudit* = Abnormale Nichtprüfungshonorare, berechnet über die Residuen aus dem Modell mit den Nichtprüfungshonoraren als abhängige Variable; *AbnormTotFee* = Abnormale Gesamthonorare, berechnet über die Residuen aus dem Modell mit dem natürlichen Logarithmus des Gesamthonorars als abhängige Variable; *Size* = Natürlicher Logarithmus der Bilanzsumme; *Lev* = Verbindlichkeiten dividiert durch die Bilanzsumme; *ChLev* = Veränderung des Verschuldungsgrades = Lev$_{it}$ - Lev$_{it-1}$; *RoA* = Jahresüberschuss dividiert durch (Bilanzsumme$_t$ + Bilanzsumme$_{t-1}$)/2; *CashFlow* = Operativer Cashflow dividiert durch (Bilanzsumme$_t$ + Bilanzsumme$_{t-1}$)/2; *Loss* = Dichotome belegt mit 1, wenn das EBIT negativ ist; *Investments* = (Zahlungsmittel und zahlungsmittelnahe Vermögensgegenstände) dividiert durch die Bilanzsumme; *ProbBankz* = Insolvenzwahrscheinlichkeit nach dem Modell von ZMIJEWSKI; *IncCap* = Dichotome belegt mit 1, wenn das Grundkapital von t-1 auf t um 10% oder mehr steigt; *NewDebt* = Dichotome belegt mit 1, wenn das Fremdkapital von t-1 auf t um 10% oder mehr steigt; *SellAssets* = Dichotome belegt mit 1, wenn das Anlagevermögen von t-1 auf t um 10% oder mehr sinkt; *Age* = Natürlicher Logarithmus des Unternehmensalters; *IFRS* = Dichotome belegt mit 1, wenn das Unternehmen nach IFRS bilanziert; *Big4* = Dichotome belegt mit 1, wenn der Abschlussprüfer eine Big 4 Gesellschaft ist; *Change* = Dichotome belegt mit 1, wenn ein Prüferwechsel vorliegt; *ReportLag* = Anzahl der Tage zwischen Abschlussstichtag und Tag des Bestätigungsvermerkes; *ModPY* = Dichotome belegt mit 1, wenn im Bestätigungsvermerk des Vorjahres eine Modifikation enthalten ist; *Constant* = Konstante.

Tabelle 58: Ergebnisse des Going-Concern-Modells für die abnormalen Prüfungs-, Nichtprüfungs- und Gesamthonorare mit der Kontrollgruppe nach BLAY/GEIGER.

6.7.2.3 Interpretation der Ergebnisse der Honorarvariablen

Für die abnormalen Prüfungshonorare wird mit beiden Kontrollgruppen in allen Modellen ein signifikant (p<0,01) positiver Zusammenhang beobachtet. Für die Abgrenzung nach RATZINGER-SAKEL bzw. BLAY/GEIGER beträgt der durchschnittliche marginale Effekt im Modell 7 mit den abnormalen Nichtprüfungshonoraren 2,61% bzw. 7,39%. Die Erhöhung beträgt 1,87%-Punkte bzw. 5,38%-Punkte bei Veränderung um einen Interquartilsabstand. Dies kann als ökonomisch relevant angesehen werden. Eine mögliche Erklärung kann der erhöhte Prüfungsaufwand sein. Durch die Verwendung von abnormalen Prüfungshonoraren wird für den normalen Prüfungsaufwand kontrolliert. Da die Einschätzung über die Unternehmensfortführung jedoch zu den komplexesten Aufgaben des Abschlussprüfers gehört, geben die Ergebnisse einen Hinweis darauf, dass der Prüfer bei dieser Bewertung Prüfungshandlungen durchführt, die über den normalen Aufwand hinausgehen. Trotz des geringeren Haftungs- und Reputationsrisikos im Vergleich zu angelsächsischen Studien mit kapitalmarktorientierten Unternehmen kann nicht ausgeschlossen werden, dass alternativ die beiden Effekte die mögliche Gefährdung der Unabhängigkeit überkompensieren und den Prüfer zu einem konservativeren Verhalten anhalten.[1670]

Bei den abnormalen Nichtprüfungshonoraren wird nur bei Betrachtung ohne die abnormalen Prüfungshonorare (Modell 6) in der Kontrollgruppe nach RATZINGER-SAKEL ein signifikant (p<0,05) positiver Zusammenhang beobachtet. Dabei wird nicht der Effekt der abnormalen Prüfungshonorare berücksichtigt. Weiterhin beträgt die Veränderung für die Erhöhung der abnormalen Nichtprüfungshonorare um einen Interquartilsabstand und der durchschnittliche marginale Effekt weniger als 0,001%. Eine Erklärung für den positiven Zusammenhang können spezifische Nichtprüfungsleistungen sein, die nicht durch das Nichtprüfungshonorarmodell erfasst werden. Das Haftungsrisiko und das Risiko eines Reputationsverlustes sind für private Unternehmen in Deutschland geringer als für kapitalmarktorientierte Unternehmen und für den angelsächsischen Raum. Dennoch können die beiden Effekte eine alternative Erklärung für die Ergebnisse sein.[1671] Zu beachten ist, dass bei Aufnahme der abnormalen Prüfungshonorare in das Modell der Effekt nicht vorhanden ist. Daher können die Ergebnisse zu den abnormalen Nichtprüfungshonoraren von eingeschränkter Bedeutung sein.

Hinsichtlich der abnormalen Gesamthonorare wird mit beiden Kontrollgruppen ein signifikant (p<0,01) positiver Zusammenhang beobachtet. Dieser kann mit einem durchschnittlichen marginalen Effekt von 2,74% (RATZINGER-SAKEL) und 7,80% (BLAY/GEIGER) bzw. einem Anstieg der Wahrscheinlichkeit für eine GCM bei Erhöhung der abnormalen Gesamthonorare um einen Interquartilsabstand um 2,20%-Punkte (RATZINGER-SAKEL) bzw. 6,01%-Punkte (BLAY/GEIGER) als ökonomisch relevant angesehen werden. Da die abnormalen Gesamthonorare aus den abnormalen Prüfungs- und Nichtprüfungshonoraren bestehen, kann sich der positive Zusammenhang aus dem Prüfungsaufwand oder der spezifischen Nachfrage nach Nichtprüfungsleistungen mit positiver Auswirkung auf die Prüfung

---

[1670] Eine getrennte Analyse für positive und negative abnormale Prüfungshonorare führt zu keinen signifikanten Ergebnissen. Indizien für die Verhandlungsmacht des Mandanten können damit nicht gefunden werden.

[1671] Vgl. *Reynolds/Francis*, Size, 2000, S. 396f.; *DeFond/Raghunandan/Subramanyam*, Fees, 2002, S. 1272, die ihre Ergebnisse gleichlautend begründen.

zusammensetzen, wobei davon ausgegangen werden kann, dass der Effekt aus den Prüfungshonoraren im Vordergrund steht. Zudem kann nicht ausgeschlossen werden, dass das Reputations- und das Haftungsrisiko die Ergebnisse begründen.

6.7.3 GCM bei relativen Honorarmaßen

Für die relativen Honorarmaße (Hypothesen H_7 - H_9) werden nachfolgend die Ergebnisse, getrennt nach den Kontrollgruppen, dargestellt und am Ende des Kapitels diskutiert.

6.7.3.1 Abgrenzung nach RATZINGER-SAKEL

Die Tabelle 59 zeigt in Modell 9 das Ergebnis der Analyse der Unabhängigkeitsgefährdung durch die relative Abhängigkeit von einem Mandanten, approximiert durch die Gesamthonorare eines Mandanten dividiert durch die gesamten Honorare des Prüfers in der Stichprobe (*InfluenceFee*). Das Pseudo-R² beträgt 42,8% und das Modell ist mit p<0,0001 signifikant. Aus der Analyse resultiert ein negativer Koeffizient von -0,033, der mit einem p-Wert von 0,916 nicht signifikant ist. Daher kann H_7 nicht verworfen werden.

In Modell 10 wird die relative Mandantenabhängigkeit durch den natürlichen Logarithmus der Umsatzerlöse eines Mandanten im Verhältnis zur Summe aus den logarithmierten Umsatzerlösen aller Mandanten mit verfügbaren Daten in DAFNE approximiert (*InfluenceSale*). Das Modell ist mit p<0,0001 signifikant und weist ein Pseudo-R² von 42,9% aus. Mit einem p-Wert von 0,285 ($\beta_{InfluenceSale}$ = -0,400) ist die Variable nicht signifikant. Die Hypothese H_8 kann nicht abgelehnt werden.

Die Gefährdung der Unabhängigkeit durch ein hohes Verhältnis der Prüfungshonorare zu den Nichtprüfungshonoraren (*FeeRatio*) ist Gegenstand von Modell 11 (Pseudo-R² von 43,0% und Signifikanz mit p<0,0001). Für die Variable wird kein signifikanter Zusammenhang beobachtet ($\beta_{FeeRatio}$ = 0,208; p = 0,156). Die Hypothese H_9 kann nicht abgelehnt werden. Bei den Kontrollvariablen resultieren keine größeren Abweichungen der Signifikanzen im Vergleich zu den Ausgangsmodellen.

Modell 9: $GCM_{it} = b_0 + b_1 Size_{it} + b_2 Lev_{it} + b_3 ChLev_{it} + b_4 RoA_{it} + b_5 CashFlow_{it} + b_6 Loss_{it} + b_7 Investments_{it} + b_8 ProbBankz_{it} + b_9 IncCap_{it} + b_{10}NewDebt_{it} + b_{11}SellAssets_{it} + b_{12}Age_{it} + b_{13}IFRS_{it} + b_{14}Big4_{it} + b_{15}Change_{it} + b_{16}ReportLag_{it} + b_{17}ModPY_{it} + \mathbf{b_{18}InfluenceFee_{it}} + \text{Industry-specific effects} + \text{Year effects} + \varepsilon_{it}$

Modell 10: $GCM_{it} = b_0 + b_1 Size_{it} + b_2 Lev_{it} + b_3 ChLev_{it} + b_4 RoA_{it} + b_5 CashFlow_{it} + b_6 Loss_{it} + b_7 Investments_{it} + b_8 ProbBankz_{it} + b_9 IncCap_{it} + b_{10}NewDebt_{it} + b_{11}SellAssets_{it} + b_{12}Age_{it} + b_{13}IFRS_{it} + b_{14}Big4_{it} + b_{15}Change_{it} + b_{16}ReportLag_{it} + b_{17}ModPY_{it} + \mathbf{b_{18}InfluenceSale_{it}} + \text{Industry-specific effects} + \text{Year effects} + \varepsilon_{it}$

Modell 11: $GCM_{it} = b_0 + b_1 Size_{it} + b_2 Lev_{it} + b_3 ChLev_{it} + b_4 RoA_{it} + b_5 CashFlow_{it} + b_6 Loss_{it} + b_7 Investments_{it} + b_8 ProbBankz_{it} + b_9 IncCap_{it} + b_{10}NewDebt_{it} + b_{11}SellAssets_{it} + b_{12}Age_{it} + b_{13}IFRS_{it} + b_{14}Big4_{it} + b_{15}Change_{it} + b_{16}ReportLag_{it} + b_{17}ModPY_{it} + \mathbf{b_{18}FeeRatio_{it}} + \text{Industry-specific effects} + \text{Year effects} + \varepsilon_{it}$

Variable	Erwartetes Vorzeichen	Modell 9 Koeffizient	Standardfehler	p-Wert	Modell 10 Koeffizient	Standardfehler	p-Wert	Modell 11 Koeffizient	Standardfehler	p-Wert
Size	+/-	-0,156	0,093	0,092*	-0,165	0,093	0,077*	-0,176	0,096	0,068*
Lev	+	2,730	0,951	0,002***	2,771	0,953	0,002***	2,725	0,951	0,002***
ChLev	+	1,758	1,277	0,084*	1,766	1,280	0,084*	1,724	1,292	0,091*
RoA	-	-5,118	1,797	0,002***	-5,081	1,796	0,002***	-5,206	1,802	0,002***
CashFlow	-	-2,337	1,187	0,025**	-2,304	1,193	0,027**	-2,233	1,202	0,031**
Loss	+	0,526	0,257	0,020**	0,517	0,256	0,022**	0,525	0,257	0,021**
Investments	-	-2,961	1,418	0,018**	-2,885	1,420	0,021**	-2,954	1,438	0,020**
ProbBankz	+	-1,028	0,945	0,862	-1,042	0,948	0,864	-1,104	0,953	0,877
IncCap	-	-0,284	0,286	0,160	-0,277	0,289	0,169	-0,270	0,288	0,174
NewDebt	+/-	-0,236	0,223	0,145	-0,235	0,223	0,145	-0,230	0,224	0,152
SellAssets	+/-	-0,073	0,229	0,751	-0,070	0,228	0,758	-0,071	0,229	0,756
Age	-	0,239	0,093	0,995	0,244	0,092	0,996	0,231	0,092	0,994
IFRS	+/-	0,374	0,374	0,317	0,368	0,374	0,325	0,401	0,375	0,285
Big4	+/-	-0,053	0,279	0,850	-0,132	0,249	0,597	-0,040	0,233	0,865
Change	+/-	-0,576	0,437	0,187	-0,536	0,443	0,226	-0,549	0,435	0,207
ReportLag	+	0,004	0,001	0,000***	0,004	0,001	0,000***	0,004	0,001	0,000***
ModPY	+	3,703	0,212	0,000***	3,714	0,213	0,000***	3,713	0,215	0,000***
InfluenceFee	+/-	**-0,033**	**0,314**	**0,916**						
InfluenceSale	+/-				**-0,400**	**0,374**	**0,285**			
FeeRatio	+/-							**0,208**	**0,147**	**0,156**
Constant		-3,746	2,100	0,074*	-3,571	2,105	0,090	-3,500	2,127	0,100
Kontrolle für fixe Jahreseffekte		Ja			Ja			Ja		
Kontrolle für fixe Brancheneffekte		Ja			Ja			Ja		
Anzahl der Beobachtungen		2.166			2.166			2.166		
Prob > Chi²		0,0000			0,0000			0,0000		
Pseudo-R²		42,8%			42,9%			43,0%		

*/**/*** = Signifikanz auf dem 10%/5%/1%-Niveau. Bei Variablen mit erwartetem Vorzeichen werden die p-Werte des einseitigen Tests angegeben, andernfalls erfolgt ein zweiseitiger Test. Alle p-Werte werden mit clusterrobusten Standardfehlern angegeben. Die Clusterung erfolgt auf Unternehmensebene.

$InfluenceFee$ = Gesamthonorar eines Mandanten dividiert durch die gesamten Honorare des Prüfers aus allen Mandanten in der Stichprobe; $InfluenceSale$ = Natürlicher Logarithmus der Umsatzerlöse eines Mandanten dividiert durch den natürlichen Logarithmus der Umsatzerlöse aller Mandanten mit verfügbaren Informationen in der Datenbank; $FeeRatio$ = Nichtprüfungshonorare dividiert durch Prüfungshonorare; $Size$ = Natürlicher Logarithmus der Bilanzsumme; Lev = Verbindlichkeiten dividiert durch die Bilanzsumme; $ChLev$ = Veränderung des Verschuldungsgrades = $Lev_{it} - Lev_{it-1}$; RoA = Jahresüberschuss dividiert durch (Bilanzsumme$_{it}$ + Bilanzsumme$_{it-1}$)/2; $CashFlow$ = Operativer Cashflow dividiert durch (Bilanzsumme$_{it}$ + Bilanzsumme$_{it-1}$)/2; $Loss$ = Dichotome belegt mit 1, wenn das EBIT negativ ist; $Investments$ = (Zahlungsmittel und zahlungsmittelnahe Vermögensgegenstände) dividiert durch die Bilanzsumme; $ProbBankz$ = Insolvenzwahrscheinlichkeit nach dem Modell von ZMIJEWSKI; $IncCap$ = Dichotome belegt mit 1, wenn das Grundkapital von t-1 auf t um 10% oder mehr steigt; $NewDebt$ = Dichotome belegt mit 1, wenn das Fremdkapital von t-1 auf t um 10% oder mehr steigt; $SellAssets$ = Dichotome belegt mit 1, wenn das Anlagevermögen von t-1 auf t um 10% oder mehr sinkt; Age = Natürlicher Logarithmus des Unternehmensalters; $IFRS$ = Dichotome belegt mit 1, wenn das Unternehmen nach IFRS bilanziert; $Big4$ = Dichotome belegt mit 1, wenn der Abschlussprüfer eine Big 4 Gesellschaft ist; $Change$ = Dichotome belegt mit 1, wenn ein Prüferwechsel vorliegt; $ReportLag$ = Anzahl der Tage zwischen Abschlussstichtag und Tag des Bestätigungsvermerkes; $ModPY$ = Dichotome belegt mit 1, wenn im Bestätigungsvermerk des Vorjahres eine Modifikation enthalten ist; $Constant$ = Konstante.

Tabelle 59: Ergebnisse des Going-Concern-Modells für die relativen Abhängigkeitsmaße mit der Kontrollgruppe nach RATZINGER-SAKEL.

6.7.3.2 Abgrenzung nach BLAY/GEIGER

Die Tabelle 60 stellt die Ergebnisse für die Variablen *InfluenceFee*, *InfluenceSale* und *FeeRatio* in der Abgrenzung nach BLAY/GEIGER dar. Die Modelle besitzen ein Pseudo-R^2 von 51,9% - 52,0% und sind mit p<0,0001 signifikant. Für die Variablen *InfluenceFee* ($\beta_{InfluenceFee}$ = 0,460; p = 0,322), *InfluenceSale* ($\beta_{InfluenceSale}$ = -0,871; p = 0,148) und *FeeRatio* ($\beta_{FeeRatio}$ = 0,251; p = 0,289) wird in keinem der Modelle ein signifikanter Zusammenhang beobachtet. Auf Basis dieser Analyse können die Hypothesen H_7, H_8 und H_9 nicht verworfen werden. Abweichend zu den Ausgangsmodellen ist in keiner der Varianten die Variable *Size* signifikant. Für die weiteren Kontrollvariablen resultieren keine größeren Differenzen in den Signifikanzen.

6.7.3.3 Interpretation der Ergebnisse der Honorarvariablen

Zusammenfassend wird kein signifikanter Einfluss der relativen Honorarmaße gefunden. Auch BASIOUDIS/PAPAKONSTANTINOU/GEIGER finden für die Variable *InfluenceSale* keine Signifikanz.[1672] GEIGER/RAMA kommen zu dem Ergebnis, dass für den Anteil der Nichtprüfungshonorare an den Prüfungshonoraren (*FeeRatio*) kein signifikanter Zusammenhang besteht.[1673]

Insgesamt finden sich mit beiden Stichproben keine Indizien dafür, dass mit steigender Mandantenabhängigkeit (approximiert durch *InfluenceFee* oder *InfluenceSale*) die Unabhängigkeit sinkt. Gefahren für die Unabhängigkeit können daher aus diesen Ergebnissen nicht abgeleitet werden.

[1672] Vgl. *Basioudis/Papakonstantinou/Geiger*, Kingdom, 2008, S. 302f.
[1673] Vgl. *Geiger/Rama*, Stressed, 2003, S. 65.

Modell 9: GCM_{it} $= b_0 + b_1 Size_{it} + b_2 Lev_{it} + b_3 ChLev_{it} + b_4 RoA_{it} + b_5 CashFlow_{it} + b_6 Investments_{it} + b_7 ProbBankz_{it} + b_8 Loss_{it} + b_9 IncCap_{it} + b_{10} NewDebt_{it} + b_{11} SellAssets_{it} + b_{12} Age_{it} + b_{13} IFRS_{it} + b_{14} Big4_{it}$
$+ b_{15} Change_{it} + b_{16} ReportLag_{it} + b_{17} ModPY_{it} + \mathbf{b_{18} InfluenceFee_{it}} + Industry\text{-}specific\ effects + Year\ effects + \varepsilon_{it}$

Modell 10: GCM_{it} $= b_0 + b_1 Size_{it} + b_2 Lev_{it} + b_3 ChLev_{it} + b_4 RoA_{it} + b_5 CashFlow_{it} + b_6 Investments_{it} + b_7 ProbBankz_{it} + b_8 Loss_{it} + b_9 IncCap_{it} + b_{10} NewDebt_{it} + b_{11} SellAssets_{it} + b_{12} Age_{it} + b_{13} IFRS_{it} + b_{14} Big4_{it}$
$+ b_{15} Change_{it} + b_{16} ReportLag_{it} + b_{17} ModPY_{it} + \mathbf{b_{18} InfluenceSale_{it}} + Industry\text{-}specific\ effects + Year\ effects + \varepsilon_{it}$

Modell 11: GCM_{it} $= b_0 + b_1 Size_{it} + b_2 Lev_{it} + b_3 ChLev_{it} + b_4 RoA_{it} + b_5 CashFlow_{it} + b_6 Investments_{it} + b_7 ProbBankz_{it} + b_8 Loss_{it} + b_9 IncCap_{it} + b_{10} NewDebt_{it} + b_{11} SellAssets_{it} + b_{12} Age_{it} + b_{13} IFRS_{it} + b_{14} Big4_{it}$
$+ b_{15} Change_{it} + b_{16} ReportLag_{it} + b_{17} ModPY_{it} + \mathbf{b_{18} FeeRatio_{it}} + Industry\text{-}specific\ effects + Year\ effects + \varepsilon_{it}$

Variable	Erwartetes Vorzeichen	Modell 9			Modell 10			Modell 11		
		Koeffizient	Standardfehler	p-Wert	Koeffizient	Standardfehler	p-Wert	Koeffizient	Standardfehler	p-Wert
Size	+/-	-0,087	0,128	0,494	-0,113	0,125	0,366	-0,119	0,130	0,359
Lev	+	3,127	1,277	0,007***	3,175	1,338	0,009***	2,987	1,321	0,012**
ChLev	+	-1,334	2,229	0,725	-1,380	2,238	0,731	-1,443	2,260	0,738
RoA	-	-6,705	3,152	0,017**	-5,927	3,207	0,032**	-5,886	3,191	0,033**
CashFlow	+	18,875	2,899	>0,999	19,143	2,910	>0,999	19,029	2,789	>0,999
Loss	+	-0,206	0,338	0,729	-0,146	0,336	0,668	-0,165	0,335	0,689
Investments	-	-1,263	1,919	0,255	-1,418	1,956	0,234	-1,751	1,987	0,190
ProbBankz	+	0,119	1,229	0,461	0,149	1,264	0,453	0,135	1,248	0,457
IncCap	-	-0,146	0,423	0,365	-0,141	0,421	0,369	-0,138	0,420	0,371
NewDebt	-	-0,327	0,307	0,143	-0,276	0,307	0,184	-0,312	0,307	0,155
SellAssets	+/-	0,242	0,364	0,507	0,224	0,366	0,540	0,289	0,375	0,442
Age	-	-0,044	0,133	0,370	-0,047	0,133	0,361	-0,046	0,135	0,367
IFRS	+/-	0,106	0,529	0,841	0,072	0,514	0,888	0,164	0,528	0,757
Big4	+/-	0,297	0,448	0,507	-0,143	0,381	0,707	0,030	0,356	0,933
Change	+/-	-0,999	0,664	0,132	-0,968	0,645	0,133	-1,051	0,672	0,118
ReportLag	+	0,003	0,001	0,015**	0,003	0,001	0,011**	0,003	0,002	0,015**
ModPY	+	4,398	0,469	0,000***	4,446	0,477	0,000***	4,424	0,482	0,000***
InfluenceFee	+/-	**0,460**	**0,464**	**0,322**						
FeeRatio	+/-							**0,251**	**0,237**	**0,289**
InfluenceSale	+/-				**-0,871**	**0,601**	**0,148**			
Constant		-2,340	2,713	0,388	-1,491	2,653	0,574	-1,517	2,812	0,590
Kontrolle für fixe Jahreseffekte		Ja			Ja			Ja		
Kontrolle für fixe Brancheneffekte		Ja			Ja			Ja		
Anzahl der Beobachtungen		641			641			641		
Prob > Chi²		0,0000			0,0000			0,0000		
Pseudo-R²		51,9%			52,0%			52,0%		

*/**/*** = Signifikanz auf dem 10%/5%/1%-Niveau. Bei Variablen mit erwartetem Vorzeichen werden die p-Werte des einseitigen Tests angegeben, andernfalls erfolgt ein zweiseitiger Test.

Alle p-Werte werden mit clusterrobusten Standardfehlern angegeben. Die Clusterung erfolgt auf Unternehmensebene.

InfluenceFee = Gesamthonorar eines Mandanten dividiert durch die gesamten Honorare des Prüfers aus allen Mandanten in der Stichprobe; *InfluenceSale* = Natürlicher Logarithmus der Umsatzerlöse eines Mandanten dividiert durch den natürlichen Logarithmus der Umsatzerlöse aller Mandanten mit verfügbaren Informationen in der Datenbank; *FeeRatio* = Nichtprüfungshonorare dividiert durch Prüfungshonorare; *Size* = Natürlicher Logarithmus der Bilanzsumme; *Lev* = Verbindlichkeiten dividiert durch die Bilanzsumme; *ChLev* = Veränderung des Verschuldungsgrades = $Lev_{it} - Lev_{it-1}$; *RoA* = Jahresüberschuss dividiert durch (Bilanzsumme$_t$ + Bilanzsumme$_{t-1}$)/2; *CashFlow* = Operativer Cashflow dividiert durch (Bilanzsumme$_t$ + Bilanzsumme$_{t-1}$)/2; *Loss* = Dichotome belegt mit 1, wenn das EBIT negativ ist; *Investments* = (Zahlungsmittel und zahlungsmittelnahe Vermögensgegenstände) dividiert durch die Bilanzsumme; *ProbBankz* = Insolvenzwahrscheinlichkeit nach dem Modell von ZMIJEWSKI; *IncCap* = Dichotome belegt mit 1, wenn das Grundkapital von t-1 auf t um 10% oder mehr steigt; *NewDebt* = Dichotome belegt mit 1, wenn das Fremdkapital von t-1 auf t um 10% oder mehr steigt; *SellAssets* = Dichotome belegt mit 1, wenn das Anlagevermögen von t-1 auf t um 10% oder mehr sinkt; *Age* = Natürlicher Logarithmus des Unternehmensalters; *IFRS* = Dichotome belegt mit 1, wenn das Unternehmen nach IFRS bilanziert; *Big4* = Dichotome belegt mit 1, wenn der Abschlussprüfer eine Big 4 Gesellschaft ist; *Change* = Dichotome belegt mit 1, wenn ein Prüferwechsel vorliegt; *ReportLag* = Anzahl der Tage zwischen Abschlussstichtag und Tag des Bestätigungsvermerkes; *ModPY* = Dichotome belegt mit 1, wenn im Bestätigungsvermerk des Vorjahres eine Modifikation enthalten ist; *Constant* = Konstante.

Tabelle 60: Ergebnisse des Going-Concern-Modells für die relativen Abhängigkeitsmaße mit der Kontrollgruppe nach BLAY/GEIGER.

6.8 Sensitivitätsanalysen

6.8.1 Beschränkung auf Unternehmen mit erstmaliger GCM

DeFond/Raghunandan/Subramanyam, Geiger/Rama und Li beschränken ihre Analyse auf Unternehmen, die erstmalig eine GCM erhalten.[1674] Dies wird damit begründet, dass vom Prüfer bei Erteilung einer erstmaligen GCM ein wahrgenommenes besonderes Risiko besteht, einen dadurch unzufriedenen Mandanten zu verlieren. Bei folgenden Modifikationen kann dieses geringer sein und ein differenzierter Entscheidungsprozess zugrunde liegen.[1675] Wie bei Carcello/Neal und DeFond/Raghunandan/Subramanyam werden, ausgehend von der ermittelten Untersuchungsgruppe und den beiden Kontrollgruppen, Beobachtungen mit einer Modifikation im Vorjahr ausgeschlossen.[1676]

	2009	2010	2011	2012	Summe
Untersuchungsgruppe mit GCM	51	52	72	70	245
- Modifikation im Vorjahr	36	38	47	51	172
Untersuchungsgruppe mit erstmaliger GCM	**15**	**14**	**25**	**19**	**73**
Kontrollunternehmen nach Ratzinger-Sakel	377	610	467	467	1.921
- Modifikation im Vorjahr	31	35	22	20	108
Neue Kontrollgruppe nach Ratzinger-Sakel	**346**	**575**	**445**	**447**	**1.813**
Kontrollunternehmen nach Blay/Geiger	87	105	91	113	396
- Modifikation im Vorjahr	3	8	3	2	16
Neue Kontrollgruppe nach Blay/Geiger	**84**	**97**	**88**	**111**	**380**

Tabelle 61: Herleitung der Untersuchungsgruppe und der Kontrollgruppe bei erstmaliger GCM.

Dies betrifft für die Untersuchungsgruppe 172 Beobachtungen, für die Kontrollgruppe nach Ratzinger-Sakel 108 Beobachtungen und für die Kontrollgruppe nach Blay/Geiger 16 Beobachtungen. Die Untersuchungsgruppe besteht aus 73 Beobachtungen, die Kontrollgruppe nach Ratzinger-Sakel aus 1.813 Beobachtungen und die Kontrollgruppe nach Blay/Geiger aus 380 Beobachtungen.

Anschließend werden die Regressionsmodelle 1 - 11 für die beiden Gruppen geschätzt. Die verwendeten Variablen sind identisch. Die Variable *ModPY,* die eine Modifikation im Vorjahr anzeigt, entfällt. Die Tabelle 62 stellt die Ergebnisse dar.

[1674] Vgl. *DeFond/Raghunandan/Subramanyam*, Fees, 2002, S. 1255; *Geiger/Rama*, Stressed, 2003, S. 59; *Li*, Office, 2009, S. 208.
[1675] Vgl. *Geiger/Rama*, Stressed, 2003, S. 59; *Robinson*, Tax, 2008, S. 50.
[1676] Vgl. *DeFond/Raghunandan/Subramanyam*, Fees, 2002, S. 1255; *Carcello/Neal*, Dismissals, 2003, S. 96.

Modell		RATZINGER-SAKEL			BLAY/GEIGER		
		Koeffizient	Standardfehler	p-Wert	Koeffizient	Standardfehler	p-Wert
Modell 1	(*AuditFee*)	0,585	0,258	0,023**	1,262	0,473	0,008***
Modell 2	(*NonAudit*)	0,114	0,039	0,004***	0,166	0,049	0,001***
Modell 3	(*AuditFee*)	0,468	0,263	0,075*	1,046	0,058	0,039**
Modell 3	(*NonAudit*)	0,104	0,039	0,007***	0,143	0,048	0,003***
Modell 4	(*TotFee*)	0,769	0,239	0,001***	1,500	0,506	0,003***
Modell 5	(*AbnormAuditFee*)	0,489	0,257	0,057*	1,436	0,502	0,004***
Modell 6	(*AbnormNonAudit*)	<0,000	<0,000	0,009***	<0,000	<0,000	0,180
Modell 7	(*AbnormAuditFee*)	0,407	0,262	0,120	1,418	0,522	0,007***
Modell 7	(*AbnormNonAudit*)	<0,000	<0,000	0,024**	<0,000	<0,000	0,217
Modell 8	(*AbnormTotFee*)	0,719	0,239	0,003***	1,603	0,511	0,002***
Modell 9	(*InfluenceFee*)	-0,246	0,382	0,521	0,596	0,544	0,274
Modell 10	(*InfluenceSale*)	-0,920	0,614	0,134	-1,385	0,733	0,059*
Modell 11	(*FeeRatio*)	0,404	0,164	0,014**	0,531	0,240	0,027**
Kontrolle für fixe Jahreseffekte		Ja			Ja		
Kontrolle für fixe Brancheneffekte		Ja			Ja		
Anzahl der Beobachtungen		1.886			453		
Prob > Chi²		0,0000			0,0000		
Pseudo-R²		17,0% - 19,1%			27,3% - 32,5%		

*/**/*** = Signifikanz auf dem 10%/5%/1%-Niveau. Es werden die p-Werte eines zweiseitigen Tests angegeben.
Alle p-Werte werden mit clusterrobusten Standardfehlern angegeben. Die Clusterung erfolgt auf Unternehmensebene.
AuditFee = Natürlicher Logarithmus der Prüfungshonorare; *NonAudit* = Natürlicher Logarithmus der Nichtprüfungshonorare; *TotFee* = Natürlicher Logarithmus der Gesamthonorare; *AbnormAuditFee* = Abnormale Prüfungshonorare, berechnet über die Residuen aus dem Modell mit dem natürlichen Logarithmus der Prüfungshonorare als abhängige Variable; *AbnormNonAudit* = Abnormale Nichtprüfungshonorare, berechnet über die Residuen aus dem Modell mit den Nichtprüfungshonoraren als abhängige Variable; *AbnormTotFee* = Abnormale Gesamthonorare, berechnet über die Residuen aus dem Modell mit dem natürlichen Logarithmus des Gesamthonorars als abhängige Variable; *InfluenceFee* = Gesamthonorar eines Mandanten dividiert durch die gesamten Honorare des Prüfers aus allen Mandanten in der Stichprobe; *InfluenceSale* = Natürlicher Logarithmus der Umsatzerlöse eines Mandanten dividiert durch den natürlichen Logarithmus der Umsatzerlöse aller Mandanten mit verfügbaren Informationen in der Datenbank; *FeeRatio* = Nichtprüfungshonorare dividiert durch Prüfungshonorare.

Tabelle 62: Ergebnisse der Modelle bei erstmaliger GCM.

Mit beiden Kontrollgruppen sind die Prüfungshonorare (*AuditFee*), die Nichtprüfungshonorare (*NonAudit*) und die Gesamthonorare (*TotFee*) in allen Modellvarianten signifikant positiv. Dies entspricht den Ergebnissen der Grundmodelle.

Bei den abnormalen Honoraren sind die Ergebnisse in der neuen Abgrenzung nach RATZINGER-SAKEL in Teilen abweichend von denen der Ausgangsmodelle. Die abnormalen Prüfungshonorare (*AbnormAuditFee*) sind nur dann signifikant, wenn sie getrennt von den abnormalen Nichtprüfungshonoraren (*AbnormNonAudit*) betrachtet werden. Im Unterschied zu den Grundmodellen sind die abnormalen Nichtprüfungshonorare (*AbnormNonAudit*) in allen Modellen signifikant positiv. Die abnormalen Gesamthonorare (*AbnormTotFee*) sind analog zum Grundmodell signifikant positiv. In der neuen Abgrenzung nach BLAY/GEIGER entsprechen die Ergebnisse für die abnormalen Honorare denen der Ursprungsanalyse. Die abnormalen Prüfungshonorare (*AbnormAuditFee*) und die abnormalen Gesamthonorare (*AbnormTotFee*) sind signifikant positiv. Bei den abnormalen Nichtprüfungshonoraren (*AbnormNonAudit*) resultiert keine Signifikanz.

Bei den relativen Honorarmaßen ist die Variable *InfluenceFee* wie in der Ursprungsanalyse mit beiden Kontrollgruppen nicht signifikant. Bei der Variable *InfluenceSale* sind die Ergebnisse je nach Kontrollgruppe unterschiedlich. In der Abgrenzung nach RATZINGER-SAKEL wird wie in der Ursprungsanalyse keine Signifikanz beobachtet. In der nach BLAY/GEIGER besteht ein signifikant negativer Zusammenhang. Aus diesem Ergebnis können Indizien für die Gefährdung der Unabhängigkeit mit steigender Mandantenabhängigkeit abgeleitet werden. Aufgrund der insignifikanten Resultate für diese Variable in der Ausgangsanalyse und der Insignifikanz der Variable *InfluenceFee*, die mit einer alternativen Messung die Mandantenabhängigkeit abbildet, kann die Aussagekraft dieses Ergebnisses eingeschränkt sein.

Abweichend zur Ausgangsanalyse besteht für das Verhältnis der Nichtprüfungshonorare zu den Prüfungshonoraren (*FeeRatio*) ein signifikant positiver Zusammenhang. Die Ergebnisse können darauf hindeuten, dass die Prüfer bei einer erstmaligen GCM mit steigendem Anteil der kritisch gesehenen Nichtprüfungshonorare konservativer agieren, um den möglichen Bedenken über die Gefährdung entgegenzuwirken. Eine alternative Erklärung können Knowledge Spillovers sein, die es dem Prüfer ermöglichen, die Risiken für die Unternehmensfortführung zielgerichteter zu beurteilen.

6.8.2 Beschränkung auf Unternehmen in finanziellen Schwierigkeiten

Die Studien von REYNOLDS/FRANCIS, DEFOND/RAGHUNANDAN/SUBRAMANYAM, LIM/TAN und LI beschränken die Analyse auf Unternehmen, die nach bestimmten Kriterien in finanziellen Schwierigkeiten sind.[1677] Es werden, ausgehend von den 245 GCM, im einen Fall 54 Beobachtungen, welche die Kriterien nach RATZINGER-SAKEL und im anderen Fall 158 Beobachtungen, welche die Kriterien nach BLAY/GEIGER nicht erfüllen, ausgeschlossen. Die Untersuchungsgruppe besteht aus 191 bzw. 87 Beobachtungen.

	2009	*2010*	*2011*	*2012*	*Summe*
Untersuchungsgruppe mit GCM	51	52	72	70	245
- Ohne finanzielle Schwierigkeiten nach RATZINGER-SAKEL	9	8	22	15	54
Neue Untersuchungsgruppe nach RATZINGER-SAKEL	**42**	**44**	**50**	**55**	**191**
Untersuchungsgruppe mit GCM	51	51	72	71	245
- Ohne finanzielle Schwierigkeiten nach BLAY/GEIGER	33	36	46	43	158
Neue Untersuchungsgruppe nach BLAY/GEIGER	**18**	**15**	**26**	**28**	**87**

Tabelle 63: Herleitung der Untersuchungsgruppen in finanziellen Schwierigkeiten.

Die Modelle 1 - 11 werden mit den beiden neuen Untersuchungsgruppen geschätzt. Die Tabelle 64 stellt die Ergebnisse für die Variablen, getrennt nach den beiden Gruppen, dar. Mit der Untersuchungsgruppe nach RATZINGER-SAKEL resultiert in Einklang mit der Grundanalyse in allen Modellvarianten für die Prüfungshonorare (*AuditFee*), die Gesamthonorare (*TotFee*), die abnormalen Prüfungshonorare (*AbnormAuditFee*) und die abnormalen Gesamthonorare (*AbnormTotFee*) ein signifikant positiver Zusammenhang. Die Nichtprüfungshonorare (*NonAudit*) sind abweichend zur Grundanalyse nur bei alleiniger Analyse ohne die Prüfungshonorare signifikant. Für die abnormalen Nichtprüfungshonorare (*AbnormNonAudit*) zeigt sich keine Signifikanz. Wie in der Ausgangsanalyse wird für die relativen Honorarmaße (*InfluenceFee*, *InfluenceSale* und *FeeRatio*) kein signifikanter Einfluss beobachtet.

[1677] Vgl. *Reynolds/Francis*, Size, 2000, S. 390; *DeFond/Raghunandan/Subramanyam*, Fees, 2002, S. 1255; *Lim/Tan*, Auditor Specialization, 2008, S. 206; *Li*, Office, 2009, S. 208.

Modell		RATZINGER-SAKEL			BLAY/GEIGER		
		Koeffizient	Standardfehler	p-Wert	Koeffizient	Standardfehler	p-Wert
Modell 1	(AuditFee)	0,427	0,205	0,037**	0,622	0,333	0,062*
Modell 2	(NonAudit)	0,054	0,029	0,062*	0,088	0,054	0,102
Modell 3	(AuditFee)	0,359	0,203	0,077*	0,530	0,322	0,099*
Modell 3	(NonAudit)	0,045	0,029	0,114	0,077	0,056	0,165
Modell 4	(TotFee)	0,503	0,190	0,008***	0,527	0,322	0,102
Modell 5	(AbnormAuditFee)	0,375	0,204	0,067*	0,690	0,360	0,055*
Modell 6	(AbnormNonAudit)	<0,000	<0,000	0,193	<0,000	<0,000	0,791
Modell 7	(AbnormAuditFee)	0,337	0,205	0,099*	0,694	0,361	0,055*
Modell 7	(AbnormNonAudit)	<0,000	<0,000	0,338	<0,000	<0,000	0,786
Modell 8	(AbnormTotFee)	0,358	0,196	0,068**	0,501	0,348	0,150
Modell 9	(InfluenceFee)	-0,107	0,361	0,768	0,238	0,612	0,697
Modell 10	(InfluenceSale)	-0,667	0,445	0,134	-0,186	0,880	0,035**
Modell 11	(FeeRatio)	0,231	0,165	0,163	0,003	0,265	0,991
Kontrolle für fixe Jahreseffekte		Ja			Ja		
Kontrolle für fixe Brancheneffekte		Ja			Ja		
Anzahl der Beobachtungen		1.992			467		
Prob > Chi²		0,0000			0,0000		
Pseudo-R²		45,8% - 46,5%			45,4% - 46,3%		

*/**/*** = Signifikanz auf dem 10%/5%/1%-Niveau. Es werden die p-Werte eines zweiseitigen Tests angegeben. Alle p-Werte werden mit clusterrobusten Standardfehlern angegeben. Die Clusterung erfolgt auf Unternehmensebene.

AuditFee = Natürlicher Logarithmus der Prüfungshonorare; *NonAudit* = Natürlicher Logarithmus der Nichtprüfungshonorare; *TotFee* = Natürlicher Logarithmus der Gesamthonorare; *AbnormAuditFee* = Abnormale Prüfungshonorare, berechnet über die Residuen aus dem Modell mit dem natürlichen Logarithmus der Prüfungshonorare als abhängige Variable; *AbnormNonAudit* = Abnormale Nichtprüfungshonorare, berechnet über die Residuen aus dem Modell mit den Nichtprüfungshonoraren als abhängige Variable; *AbnormTotFee* = Abnormale Gesamthonorare, berechnet über die Residuen aus dem Modell mit dem natürlichen Logarithmus des Gesamthonorars als abhängige Variable; *InfluenceFee* = Gesamthonorar eines Mandanten dividiert durch die gesamten Honorare des Prüfers aus allen Mandanten in der Stichprobe; *InfluenceSale* = Natürlicher Logarithmus der Umsatzerlöse eines Mandanten dividiert durch den natürlichen Logarithmus der Umsatzerlöse aller Mandanten mit verfügbaren Informationen in der Datenbank; *FeeRatio* = Nichtprüfungshonorare dividiert durch Prüfungshonorare.

Tabelle 64: Ergebnisse der Modelle bei Beschränkung auf finanzielle Schwierigkeiten.

In der Gruppe nach BLAY/GEIGER sind die Prüfungshonorare (*AuditFee*) und die abnormalen Prüfungshonorare (*AbnormAuditFee*) signifikant positiv. Für die weiteren normalen und abnormalen Honorare (*NonAudit*, *TotFee*, *AbnormNonAudit* und *AbnormTotFee*) bestehen, abweichend zu den Grundmodellen, keine Signifikanzen. Die Insignifikanzen gelten auch für die relativen Honorarmaße *InfluenceFee* und *FeeRatio*. Die Variable *InfluenceSale* zeigt einen signifikant negativen Zusammenhang. Das Ergebnis zeigt eine geringere Wahrscheinlichkeit für eine GCM mit steigender Mandantenabhängigkeit und damit Indizien für eine Gefährdung der Unabhängigkeit. Da wiederum die Variable *InfluenceFee* nicht signifikant ist und auch in der Ausgangsanalyse insignifikante Ergebnisse vorhanden sind, kann das Ergebnis kritisch gesehen werden bzw. von spezifischen Abgrenzungen abhängig sein.

6.8.3 Verwendung der ursprünglichen Branchenklassifizierung

Wie beschrieben, wurden in Teilen für die Unternehmen abweichende SIC-Codes ermittelt. Hierdurch sollte der operative Teil des Gesamtkonzerns ermittelt werden. Um die Abhängigkeit der Ergebnisse von diesem Vorgehen zu überprüfen, wird als weiterer Robustheitstest die vorherige Analyse mit den ursprünglichen SIC-Codes der Mutterunternehmen durchgeführt.

	2009	2010	2011	2012	Summe
Vorläufige Untersuchungsgruppe mit GCM	93	85	104	96	378
- Finanzdienstleister nach den ursprünglichen SIC-Codes (6000 - 6999)	45	49	54	49	197
- keine Datenverfügbarkeit für die Modelle	18	10	11	5	44
Neue Untersuchungsgruppe mit GCM	**30**	**26**	**39**	**42**	**137**
Vorläufige Kontrollunternehmen nach RATZINGER-SAKEL	648	903	665	660	2.876
- Finanzdienstleister nach den ursprünglichen SIC-Codes (6000 - 6999)	369	505	383	376	1.633
- keine Datenverfügbarkeit für die Modelle	103	96	47	50	296
Neue Kontrollgruppe nach RATZINGER-SAKEL	**176**	**302**	**235**	**234**	**947**
Vorläufige Kontrollunternehmen nach BLAY/GEIGER	150	150	125	160	585
- Finanzdienstleister nach ursprünglichen SIC-Codes (6000 - 6999)	85	81	73	81	320
- keine Datenverfügbarkeit für die Modelle	27	17	5	18	67
Neue Kontrollgruppe nach BLAY/GEIGER	**38**	**52**	**47**	**61**	**198**

Tabelle 65: Herleitung der Stichprobenabgrenzung mit der ursprünglichen Branchenklassifikation.

Mit den ursprünglichen Branchenklassifikationen steigt die Anzahl der ausgeschlossenen Beobachtungen von Finanzdienstleistern in der Untersuchungsgruppe auf 197 (vorher 67), in der Kontrollgruppe nach RATZINGER-SAKEL auf 1.633 (vorher 472) und in der Kontrollgruppe nach BLAY/GEIGER auf 320 (vorher 90). Beobachtungen ohne die erforderlichen Daten können nicht berücksichtigt werden. Die Untersuchungsgruppe besteht aus 137 Beobachtungen, die Kontrollgruppe nach RATZINGER-SAKEL aus 947 Beobachtungen und die Kontrollgruppe nach BLAY/GEIGER aus 198 Beobachtungen.

Analog zur Ausgangsanalyse sind mit beiden Kontrollgruppen die Prüfungshonorare (*AuditFee*) und die Gesamthonorare (*TotFee*) signifikant positiv (vgl. Tabelle 66). Die Nichtprüfungshonorare (*NonAudit*) sind in der Abgrenzung nach RATZINGER-SAKEL nicht signifikant. Mit der Kontrollgruppe nach BLAY/GEIGER besteht in der Analyse, ohne die Prüfungshonorare, eine Signifikanz für die Variable *NonAudit*. Für die abnormalen Honorarkomponenten besteht in beiden Kontrollgruppen bei den abnormalen Prüfungshonoraren (*AbnormAuditFee*) und bei den abnormalen Gesamthonoraren (*AbnormTotFee*) ein signifikant positiver Einfluss. Für die abnormalen Nichtprüfungshonorare (*AbnormNonAudit*) resultiert in der Abgrenzung nach RATZINGER-SAKEL kein signifikanter Einfluss. Für die Abgrenzung nach BLAY/GEIGER sind diese bei gemeinsamer Analyse mit den abnormalen Prüfungshonoraren signifikant positiv. Die relativen Honorarmaße (*InfluenceFee*, *InfluenceSale* und *FeeRatio*) sind, in der Abgrenzung nach RATZINGER-SAKEL und der Abgrenzung nach BLAY/GEIGER, wie in der Grundanalyse nicht signifikant.

Modell		RATZINGER-SAKEL			BLAY/GEIGER		
		Koeffizient	Standardfehler	p-Wert	Koeffizient	Standardfehler	p-Wert
Modell 1	(AuditFee)	1,164	0,315	0,000***	1,588	0,495	0,001***
Modell 2	(NonAudit)	0,028	0,035	0,426	0,097	0,048	0,042**
Modell 3	(AuditFee)	1,204	0,314	0,000***	1,449	0,516	0,005***
Modell 3	(NonAudit)	-0,016	0,037	0,668	0,040	0,486	0,408
Modell 4	(TotFee)	0,839	0,261	0,001***	1,247	0,418	0,003***
Modell 5	(AbnormAuditFee)	1,026	0,306	0,001***	1,658	0,511	0,001***
Modell 6	(AbnormNonAudit)	<0,000	<0,000	0,153	<0,000	<0,000	0,824
Modell 7	(AbnormAuditFee)	0,986	0,305	0,001***	1,666	0,507	0,001***
Modell 7	(AbnormNonAudit)	<0,000	<0,000	0,537	<0,000	<0,000	0,001***
Modell 8	(AbnormTotFee)	0,630	0,258	0,015**	1,040	0,406	0,010**
Modell 9	(InfluenceFee)	0,325	0,413	0,431	0,798	0,743	0,283
Modell 10	(InfluenceSale)	-0,345	0,517	0,505	-0,527	0,803	0,511
Modell 11	(FeeRatio)	0,018	0,253	0,942	0,163	0,343	0,636
Kontrolle für fixe Jahreseffekte		Ja			Ja		
Kontrolle für fixe Brancheneffekte		Ja			Ja		
Anzahl der Beobachtungen		1.084			335		
Prob > Chi²		0,0000			0,0000		
Pseudo-R²		45,9% - 48,2%			47,9% - 51,1%		

*/**/*** = Signifikanz auf dem 10%/5%/1%-Niveau. Es werden die p-Werte eines zweiseitigen Tests angegeben. Alle p-Werte werden mit clusterrobusten Standardfehlern angegeben. Die Clusterung erfolgt auf Unternehmensebene. *AuditFee* = Natürlicher Logarithmus der Prüfungshonorare; *NonAudit* = Natürlicher Logarithmus der Nichtprüfungshonorare; *TotFee* = Natürlicher Logarithmus der Gesamthonorare; *AbnormAuditFee* = Abnormale Prüfungshonorare, berechnet über die Residuen aus dem Modell mit dem natürlichen Logarithmus der Prüfungshonorare als abhängige Variable; *AbnormNonAudit* = Abnormale Nichtprüfungshonorare, berechnet über die Residuen aus dem Modell mit den Nichtprüfungshonoraren als abhängige Variable; *AbnormTotFee* = Abnormale Gesamthonorare, berechnet über die Residuen aus dem Modell mit dem natürlichen Logarithmus des Gesamthonorars als abhängige Variable; *InfluenceFee* = Gesamthonorar eines Mandanten dividiert durch die gesamten Honorare des Prüfers aus allen Mandanten in der Stichprobe; *InfluenceSale* = Natürlicher Logarithmus der Umsatzerlöse eines Mandanten dividiert durch den natürlichen Logarithmus der Umsatzerlöse aller Mandanten mit verfügbaren Informationen in der Datenbank; *FeeRatio* = Nichtprüfungshonorare dividiert durch Prüfungshonorare.

Tabelle 66: Ergebnisse der GCM-Modelle mit der ursprünglichen Branchenklassifikation.

6.8.4 Endogenität

Vorangehende Forschungsarbeiten finden Hinweise auf die mögliche Endogenität von Prüfungshonoraren, Nichtprüfungshonoraren und GCM.[1678] Um diese zu adressieren, wird analog zu vorherigen Analysen dem Vorgehen von WOOLDRIDGE gefolgt und für die möglichen endogen determinierten Variablen ein Gleichungssystem bestimmt.[1679] In das Modell für die GCM werden, neben den Kontrollvariablen als endogene Variablen, der natürliche Logarithmus der Prüfungs- bzw. Nichtprüfungshonorare (*AuditFee* bzw. *NonAudit*) aufgenommen. Das Modell für die Prüfungshonorare enthält, neben den Kontrollvariablen, die endogenen Variablen *GCM* und *NonAudit*. Analog dazu enthält das Modell für die Nichtprüfungshonorare die endogenen Variablen *AuditFee* und *GCM*.[1680]

[1678] Vgl. *DeFond/Raghunandan/Subramanyam*, Fees, 2002, S. 1270; *Blay/Geiger*, Independence, 2013, S. 599; *Ratzinger-Sakel*, Germany, 2013, S. 152.

[1679] Vgl. *Blay/Geiger*, Independence, 2013, S. 599; *Ratzinger-Sakel*, Germany, 2013, S. 152; *Wooldridge*, Econometrics, 2015, S. 510.

[1680] Vgl. *Ratzinger-Sakel*, Germany, 2013, S. 152 für ein analoges Vorgehen.

Auf erster Stufe werden für die drei endogenen Variablen die Modelle in reduzierter Form[1681] geschätzt und die Variablen HAT_GCM, $HAT\_AuditFee$ und $HAT\_NonAudit$ ermittelt. Anschließend wird ein DURBIN-WU-HAUSMAN Test auf Endogenität durchgeführt.[1682] Für die Abgrenzung nach RATZINGER-SAKEL sind im Modell für die Prüfungshonorare HAT_GCM mit p<0,1 und $HAT\_NonAudit$ mit p<0,01 signifikant. Im Modell für die Nichtprüfungshonorare zeigt HAT_GCM einen p-Wert von 0,45 und $HAT\_AuditFee$ einen p-Wert von <0,01. Im GCM-Modell ist die Variable $HAT\_AuditFee$ mit p<0,5 signifikant. Die Variable $HAT\_NonAudit$ besitzt einen p-Wert von 0,14.

In der Abgrenzung nach BLAY/GEIGER sind im Prüfungshonorarmodell die Variablen HAT_GCM mit p<0,05 und $HAT\_NonAudit$ mit p<0,01 signifikant. Im Nichtprüfungshonorarmodell besitzt HAT_GCM einen p-Wert von 0,98. Die Variable $HAT\_AuditFee$ ist signifikant mit p<0,01. Im GCM-Modell resultiert für $HAT\_NonAudit$ ein p-Wert von 0,66 und für $HAT\_AuditFee$ eine Signifikanz mit p<0,01.[1683]

Unter Berücksichtigung dieser Ergebnisse werden die Variablen $HAT\_AuditFee$ und $HAT\_NonAudit$ in das Modell 3 aufgenommen und die Regression durchgeführt. Die Tabelle 67 zeigt die Ergebnisse mit den beiden Kontrollgruppen.

Variable	RATZINGER-SAKEL			BLAY/GEIGER		
	Koeffizient	Standardfehler	p-Wert	Koeffizient	Standardfehler	p-Wert
$HAT\_AuditFee$	0,447	0,195	0,022**	0,855	0,300	0,004***
$HAT\_NonAudit$	<0,000	<0,000	0,135	<0,000	<0,000	0,658
Kontrolle für fixe Jahreseffekte		Ja			Ja	
Kontrolle für fixe Branchenef-fekte		Ja			Ja	
Anzahl der Beobachtungen		2.166			641	
Prob > Chi^2		0,0000			0,0000	
Pseudo-R^2		43,3%			52,7%	

*/**/*** = Signifikanz auf dem 10%/5%/1%-Niveau. Es werden die p-Werte eines zweiseitigen Tests angegeben. Alle p-Werte werden mit clusterrobusten Standardfehlern angegeben. Die Clusterung erfolgt auf Unternehmensebene. $HAT\_AuditFee$ = Geschätzter Wert der Prüfungshonorare; $HAT\_NonAudit$ = Geschätzter Wert der Nichtprüfungshonorare.

Tabelle 67: Ergebnisse der GCM-Modelle unter Berücksichtigung von möglicher Endogenität.

In der Abgrenzung nach RATZINGER-SAKEL nimmt der Koeffizient für $HAT\_AuditFee$, unter Berücksichtigung von möglicher Endogenität, einen Wert von 0,447 mit einem p-Wert von 0,022 an. Die Variable $HAT\_NonAudit$ ist nicht signifikant. In der Abgrenzung nach BLAY/GEIGER ist $HAT\_AuditFee$ signifikant (p<0,01) positiv mit einem Koeffizienten von 0,855. Für $HAT\_NonAudit$ resultiert keine Signifikanz. Insgesamt resultiert der positive Zusammenhang für die Prüfungshonorare auch nach der Kontrolle auf mögliche Endogenität mit beiden Abgrenzungen signifikant.

[1681] Vgl. *Wooldridge*, Econometrics, 2015, S. 507 für ein Beispiel einer Modellspezifikation in reduzierter Form.
[1682] Vgl. *Durbin*, Errors, 1954; *Wu*, Tests, 1973; *Hausman*, Specification, 1978.
[1683] Vgl. *DeFond/Raghunandan/Subramanyam*, Fees, 2002, S. 1270, die auch teilweise Hinweise auf Endogenität finden.

6.8.5 Big 4 versus Non Big 4

MYERS/SCHMIDT/WILKINS führen an, dass das Vorgehen der Non Big 4 Abschlussprüfer einem „better safe than sorry"[1684] Ansatz folgen kann. Da ein konservativeres Vorgehen zu höheren Honoraren führen kann,[1685] besteht der positive Zusammenhang zwischen den Honoraren und der GCM möglicherweise insbesondere bei Non Big 4 Abschlussprüfern. Daher wird im Folgenden eine differenzierte Analyse für Big 4 und Non Big 4 Abschlussprüfer durchgeführt.

Die GCM-Gruppe teilt sich in 108 Beobachtungen von Big 4 Abschlussprüfern und 137 Beobachtungen von Non Big 4 Abschlussprüfern. Die Kontrollgruppe nach RATZINGER-SAKEL bzw. nach BLAY/GEIGER besteht aus 844 bzw. 169 Beobachtungen mit einem Big 4 Abschlussprüfer und 1.077 bzw. 227 Beobachtungen mit einem Non Big 4 Abschlussprüfer.

Modell		Big4			Non Big4		
		Koeffizient	Standardfehler	p-Wert	Koeffizient	Standardfehler	p-Wert
Modell 1	(AuditFee)	0,285	0,312	0,362	0,934	0,284	0,001***
Modell 2	(NonAudit)	0,020	0,132	0,524	0,094	0,037	0,012**
Modell 3	(AuditFee)	0,258	0,312	0,408	0,867	0,291	0,003***
Modell 3	(NonAudit)	0,013	0,032	0,694	0,079	0,037	0,031**
Modell 4	(TotFee)	0,225	0,261	0,390	1,013	0,251	0,000***
Modell 5	(AbnormAuditFee)	0,150	0,288	0,604	0,885	0,293	0,003***
Modell 6	(AbnormNonAudit)	<0,000	<0,000	0,405	<0,000	<0,000	0,017**
Modell 7	(AbnormAuditFee)	0,106	0,296	0,720	0,819	0,294	0,005***
Modell 7	(AbnormNonAudit)	<0,000	<0,000	0,477	<0,000	<0,000	0,059*
Modell 8	(AbnormTotFee)	0,077	0,254	0,763	0,945	0,254	0,000***
Modell 9	(InfluenceFee)	9,202	8,628	0,286	0,002	0,329	0,995
Modell 10	(InfluenceSale)	-167,957	214,983	0,435	-0,437	0,396	0,270
Modell 11	(FeeRatio)	0,071	0,224	0,753	0,348	0,202	0,085*
Kontrolle für fixe Jahreseffekte		Ja			Ja		
Kontrolle für fixe Brancheneffekte		Ja			Ja		
Anzahl der Beobachtungen		952			1.214		
Prob > Chi^2		0,0000			0,0000		
Pseudo-R^2		41,9% - 42,3%			40,6% - 43,2%		

*/**/*** = Signifikanz auf dem 10%/5%/1%-Niveau. Es werden die p-Werte eines zweiseitigen Tests angegeben. Alle p-Werte werden mit clusterrobusten Standardfehlern angegeben. Die Clusterung erfolgt auf Unternehmensebene.

AuditFee = Natürlicher Logarithmus der Prüfungshonorare; *NonAudit* = Natürlicher Logarithmus der Nichtprüfungshonorare; *TotFee* = Natürlicher Logarithmus der Gesamthonorare; *AbnormAuditFee* = Abnormale Prüfungshonorare, berechnet über die Residuen aus dem Modell mit dem natürlichen Logarithmus der Prüfungshonorare als abhängige Variable; *AbnormNonAudit* = Abnormale Nichtprüfungshonorare, berechnet über die Residuen aus dem Modell mit den Nichtprüfungshonoraren als abhängige Variable; *AbnormTotFee* = Abnormale Gesamthonorare, berechnet über die Residuen aus dem Modell mit dem natürlichen Logarithmus des Gesamthonorars als abhängige Variable; *InfluenceFee* = Gesamthonorar eines Mandanten dividiert durch die gesamten Honorare des Prüfers aus allen Mandanten in der Stichprobe; *InfluenceSale* = Natürlicher Logarithmus der Umsatzerlöse eines Mandanten dividiert durch den natürlichen Logarithmus der Umsatzerlöse aller Mandanten mit verfügbaren Informationen in der Datenbank; *FeeRatio* = Nichtprüfungshonorare dividiert durch Prüfungshonorare.

Tabelle 68: Big 4 versus Non Big 4 in der Untersuchung nach RATZINGER-SAKEL.

Mit der Abgrenzung nach RATZINGER-SAKEL ist in der Teilgruppe der Big 4 Abschlussprüfer keine der Variablen signifikant. Demgegenüber bestehen in der Teilgruppe der Non Big 4 Abschlussprüfer sowohl für die normalen (*AuditFee*, *NonAudit* und *TotFee*) als auch für die abnormalen Prüfungs-, Nichtprüfungs- und Gesamthonorare (*AbnormAuditFee*,

---

1684 *Myers/Schmidt/Wilkins*, Recent, 2014, S. 159.
1685 Vgl. *DeFond/Zhang*, Auditing, 2014, S. 278.

AbnormNonAudit und *AbnormTotFee*) ein signifikant positiver Zusammenhang. Die relativen Honorarmaße *InfluenceFee* und *InfluenceSale* sind nicht signifikant. Für die Variable *FeeRatio* besteht ein signifikant positiver Einfluss.

Modell		Big4			Non Big4		
		Koeffizient	Standardfehler	p-Wert	Koeffizient	Standardfehler	p-Wert
Modell 1	(*AuditFee*)	0,507	0,396	0,201	1,589	0,457	0,001***
Modell 2	(*NonAudit*)	0,123	0,052	0,019**	0,116	0,049	0,018**
Modell 3	(*AuditFee*)	0,341	0,428	0,426	1,488	0,464	0,001***
Modell 3	(*NonAudit*)	0,116	0,053	0,028**	0,093	0,049	0,056*
Modell 4	(*TotFee*)	0,531	0,402	0,187	1,556	0,450	0,001***
Modell 5	(*AbnormAuditFee*)	0,634	0,369	0,086*	1,573	0,477	0,001***
Modell 6	(*AbnormNonAudit*)	<0,000	<0,000	0,723	<0,000	<0,000	0,291
Modell 7	(*AbnormAuditFee*)	0,623	0,384	0,105	1,544	0,493	0,002***
Modell 7	(*AbnormNonAudit*)	<0,000	<0,000	0,885	<0,000	<0,000	0,471
Modell 8	(*AbnormTotFee*)	0,631	0,387	0,103	1,517	0,459	0,001***
Modell 9	(*InfluenceFee*)	3,066	6,320	0,628	0,585	0,453	0,197
Modell 10	(*InfluenceSale*)	-1369,537	488,757	0,005***	-0,943	0,603	0,118
Modell 11	(*FeeRatio*)	0,095	0,316	0,764	0,522	0,324	0,108
Kontrolle für fixe Jahreseffekte		Ja			Ja		
Kontrolle für fixe Brancheneffekte		Ja			Ja		
Anzahl der Beobachtungen		277			364		
Prob > Chi^2		0,0000			0,0000		
Pseudo-R^2		46,9% - 50,6%			48,6% - 52,8%		

*/**/*** = Signifikanz auf dem 10%/5%/1%-Niveau. Es werden die p-Werte eines zweiseitigen Tests angegeben. Alle p-Werte werden mit clusterrobusten Standardfehlern angegeben. Die Clusterung erfolgt auf Unternehmensebene.
AuditFee = Natürlicher Logarithmus der Prüfungshonorare; *NonAudit* = Natürlicher Logarithmus der Nichtprüfungshonorare; *TotFee* = Natürlicher Logarithmus der Gesamthonorare; *AbnormAuditFee* = Abnormale Prüfungshonorare, berechnet über die Residuen aus dem Modell mit dem natürlichen Logarithmus der Prüfungshonorare als abhängige Variable; *AbnormNonAudit* = Abnormale Nichtprüfungshonorare, berechnet über die Residuen aus dem Modell mit den Nichtprüfungshonoraren als abhängige Variable; *AbnormTotFee* = Abnormale Gesamthonorare, berechnet über die Residuen aus dem Modell mit dem natürlichen Logarithmus des Gesamthonorars als abhängige Variable; *InfluenceFee* = Gesamthonorar eines Mandanten dividiert durch die gesamten Honorare des Prüfers aus allen Mandanten in der Stichprobe; *InfluenceSale* = Natürlicher Logarithmus der Umsatzerlöse eines Mandanten dividiert durch den natürlichen Logarithmus der Umsatzerlöse aller Mandanten mit verfügbaren Informationen in der Datenbank; *FeeRatio* = Nichtprüfungshonorare dividiert durch Prüfungshonorare.

Tabelle 69: Big 4 versus Non Big 4 in der Untersuchung nach BLAY/GEIGER.

Auch nach BLAY/GEIGER besteht für die Gruppe der Big 4 Abschlussprüfer überwiegend keine Signifikanz. In Teilen sind die Nichtprüfungshonorare (*NonAudit*) und die abnormalen Prüfungshonorare (*AbnormAuditFee*) signifikant positiv. Für die Variable *InfluenceSale* resultiert ein signifikant negativer Einfluss. Für die Teilgruppe der Non Big 4 Prüfer besteht für die Prüfungs-, Nichtprüfungs- und Gesamthonorare (*AuditFee*, *NonAudit* und *TotFee*) ein signifikant positiver Zusammenhang. Dies gilt auch für die abnormalen Prüfungshonorare (*AbnormAuditFee*) und die abnormalen Gesamthonorare (*AbnormTotFee*). Die abnormalen Nichtprüfungshonorare (*AbnormNonAudit*) und die relativen Honorarmaße (*InfluenceFee*, *InfluenceSale* und *FeeRatio*) sind ohne Signifikanz.

Insgesamt resultieren mit beiden Kontrollgruppen die positiven Zusammenhänge für die Non Big 4 Abschlussprüfer. Dies kann ein Hinweis sein, dass insbesondere bei diesen Prüfern ein höherer (abnormaler) Prüfungsaufwand entsteht, der zu höheren Prüfungshonoraren führt. Die Einschätzung über die Unternehmensfortführung gehört zu einer der komplexesten Aufgaben im Bereich der Abschlussprüfung. Der höhere Prüfungsaufwand kann besonders bei Non Big 4 Abschlussprüfern entstehen, da bei diesen im Vergleich zu den Big 4 Abschlussprüfern eine geringere Kompetenz vermutet wird.[1686] Bezogen auf die Nichtprüfungsleistungen kann eine mögliche Erklärung für den positiven Zusammenhang bei den Non Big 4 Prüfungsgesellschaften sein, dass die Knowledge Spillovers aufgrund der kleineren Teams besonders in diesen Gesellschaften entstehen.[1687]

Alternativ kann das Risiko eines Reputationsverlustes eine Ursache sein. Werden jedoch Non Big 4 Abschlussprüfer betrachtet, ist dieses nochmals geringer.[1688] Bezüglich des Haftungsrisikos kann angeführt werden, dass bei Non Big 4 Abschlussprüfern, die in der Literatur angeführten „Deep Pockets" der Big 4 Abschlussprüfer[1689] nicht vorhanden sind. Dies kann das Risiko von Klagen verringern. Auf der anderen Seite können die Folgen einer Klage bei kleinen Prüfern schwerwiegender sein, wenn der Umfang an finanziellen Mitteln geringer ist. Trotz des insgesamt geringeren Haftungsrisikos in Deutschland, kann dies eine Ursache für ein konservativeres Verhalten sein.

6.8.6 Verwendung aller Modifikationen

Bei der Identifikation der Bestätigungsvermerke mit GCM wurden bestimmte Anforderungen an die Formulierungen gestellt. Als weiterer Robustheitstest wird die Analyse mit allen verfügbaren Modifikationen durchgeführt.

	2009	2010	2011	2012	Summe
Untersuchungsgruppe mit GCM	51	52	72	70	245
+ weitere Modifikationen	97	127	110	92	426
Untersuchungsgruppe mit allen Modifikationen	**148**	**179**	**182**	**162**	**671**

Tabelle 70: Herleitung der Untersuchungsgruppe mit allen Modifikationen.

Ausgehend von den 245 bisher als GCM klassifizierten Bestätigungsvermerken, werden weitere 426 Modifikationen von privaten inländischen Kapitalgesellschaften bzw. gleichgestellten inländischen Personenhandelsgesellschaften, die keine Stiftungen, keine Vereine oder gemeinnützige Gesellschaften darstellen, kein abweichendes Wirtschaftsjahr aufweisen, keine Finanzdienstleister sind und die erforderlichen Daten besitzen, herangezogen. Die neue Untersuchungsgruppe umfasst 671 Beobachtungen.

Die Prüfungshonorare (*AuditFee*) und die Gesamthonorare (*TotFee*) stehen nach RATZINGER-SAKEL analog zur Ausgangsanalyse in einem signifikant positiven Zusammenhang. Für die Nichtprüfungshonorare (*NonAudit*) wird keine Signifikanz beobachtet. Die abnormalen Honorare (*AbnormAuditFee, AbnormNonAudit* bzw. *AbnormTotFee)* und die relativen Honorarmaße (*InfluenceFee, InfluenceSale* und *FeeRatio*) sind nicht signifikant.

[1686] Vgl. *Sundgren/Svanström*, Size, 2013, S. 37.
[1687] Vgl. *Svanström*, Quality, 2013, S. 338; *Langli/Svanström*, Private, 2014, S. 149.
[1688] Vgl. *DeAngelo*, Size, 1981, S. 193.
[1689] Vgl. *Stice*, Lawsuits, 1991, S. 519.

Modell		RATZINGER-SAKEL			BLAY/GEIGER		
		Koeffizient	Standardfehler	p-Wert	Koeffizient	Standardfehler	p-Wert
Modell 1	(AuditFee)	0,274	0,114	0,017**	0,375	0,204	0,066*
Modell 2	(NonAudit)	0,007	0,016	0,664	0,060	0,025	0,016**
Modell 3	(AuditFee)	0,273	0,116	0,019**	0,303	0,210	0,148
Modell 3	(NonAudit)	<0,000	0,016	0,986	0,055	0,025	0,030**
Modell 4	(TotFee)	0,254	0,107	0,018**	0,445	0,204	0,029**
Modell 5	(AbnormAuditFee)	0,169	0,116	0,147	0,325	0,206	0,116
Modell 6	(AbnormNonAudit)	<0,000	<0,000	0,878	<0,000	<0,000	0,772
Modell 7	(AbnormAuditFee)	0,170	0,117	0,146	0,319	0,208	0,125
Modell 7	(AbnormNonAudit)	<0,000	<0,000	0,952	<0,000	<0,000	0,915
Modell 8	(AbnormTotFee)	0,097	0,111	0,383	0,380	0,208	0,068*
Modell 9	(InfluenceFee)	0,169	0,218	0,439	0,333	0,344	0,333
Modell 10	(InfluenceSale)	-0,093	0,274	0,735	-0,165	0,467	0,723
Modell 11	(FeeRatio)	0,093	0,115	0,419	0,179	0,188	0,339
Kontrolle für fixe Jahreseffekte		Ja			Ja		
Kontrolle für fixe Brancheneffekte		Ja			Ja		
Anzahl der Beobachtungen		2.592			1,067		
Prob > Chi²		0,0000			0,0000		
Pseudo-R²		48,7% - 48,9%			60,1% - 60,5%		

*/**/*** = Signifikanz auf dem 10%/5%/1%-Niveau. Es werden die p-Werte eines zweiseitigen Tests angegeben.
Alle p-Werte werden mit clusterrobusten Standardfehlern angegeben. Die Clusterung erfolgt auf Unternehmensebene.
AuditFee = Natürlicher Logarithmus der Prüfungshonorare; *NonAudit* = Natürlicher Logarithmus der Nichtprüfungshonorare; *TotFee* = Natürlicher Logarithmus der Gesamthonorare; *AbnormAuditFee* = Abnormale Prüfungshonorare, berechnet über die Residuen aus dem Modell mit dem natürlichen Logarithmus der Prüfungshonorare als abhängige Variable; *AbnormNonAudit* = Abnormale Nichtprüfungshonorare, berechnet über die Residuen aus dem Modell mit den Nichtprüfungshonoraren als abhängige Variable; *AbnormTotFee* = Abnormale Gesamthonorare, berechnet über die Residuen aus dem Modell mit dem natürlichen Logarithmus des Gesamthonorars als abhängige Variable; *InfluenceFee* = Gesamthonorar eines Mandanten dividiert durch die gesamten Honorare des Prüfers aus allen Mandanten in der Stichprobe; *InfluenceSale* = Natürlicher Logarithmus der Umsatzerlöse eines Mandanten dividiert durch den natürlichen Logarithmus der Umsatzerlöse aller Mandanten mit verfügbaren Informationen in der Datenbank; *FeeRatio* = Nichtprüfungshonorare dividiert durch Prüfungshonorare.

Tabelle 71: Ergebnisse der GCM-Modelle unter Berücksichtigung aller Modifikationen.

Nach BLAY/GEIGER sind die Prüfungshonorare (*AuditFee*) bei getrennter Analyse, ohne die Nichtprüfungshonorare, signifikant. Die Nichtprüfungshonorare (*NonAudit*) und die Gesamthonorare (*TotFee*) sind signifikant positiv. Die abnormalen Gesamthonorare (*AbnormTotFee*) zeigen einen signifikant positiven Einfluss. Die abnormalen Prüfungs- und Nichtprüfungshonorare (*AbnormAuditFee* und *AbnormNonAudit*) bzw. die relativen Honorarmaße (*InfluenceFee*, *InfluenceSale* und *FeeRatio*) bleiben ohne Signifikanz.

Einschränkend ist anzumerken, dass die Ergebnisse dieses Robustheitstests unter Vorbehalt zu sehen sind. Bei der Betrachtung aller Modifikationen werden nicht mehr Unternehmen, die eine Modifikation erhalten haben, mit Unternehmen, die für eine Modifikation in Frage kommen, jedoch keine erhalten haben, verglichen.[1690]

[1690] Vgl. *Craswell*, Independence, 1999, S. 38, der dieses Problem für seine Analyse beschreibt.

6.8.7 Panel-Daten-Modelle

Es besteht die Möglichkeit, dass nicht beobachtbare Determinanten mit den erklärenden Variablen und der abhängigen Variable korrelieren. Dies kann zu verzerrten und inkonsistenten Schätzern führen. Mit Fixed-Effects-Schätzern kann dieses Problem teilweise adressiert werden.[1691] Allerdings werden im Fixed-Effects-Modell Unternehmen, für die im Zeitraum nur eine Beobachtung vorliegt, nicht berücksichtigt. Weiterhin gehen Unternehmen, die im gesamten Zeitraum eine GCM erhalten haben und Unternehmen, für die in allen Jahren uneingeschränkte Bestätigungsvermerke vorliegen, nicht in die Regression ein. Dies kann problematisch sein, da diese Beobachtungen sachlogisch in die Gegenüberstellung von Unternehmen mit GCM und Unternehmen in finanziellen Schwierigkeiten ohne GCM gehören. Zudem wird der Einfluss von zeitinvarianten Determinanten nicht berücksichtigt.[1692] Insgesamt sinkt die Anzahl an Beobachtungen in der Abgrenzung nach RATZINGER-SAKEL auf 159. In der Abgrenzung nach BLAY/GEIGER ist aufgrund der geringen Variation kein Fixed-Effects-Modell möglich. Insgesamt werden aufgrund der Einschränkungen Fixed-Effects-Regressionen nicht durchgeführt.

Eine weitere Möglichkeit ist eine Random-Effects-Schätzung. Eine Voraussetzung ist, dass keine Korrelation zwischen den nicht beobachtbaren Einflussgrößen und jeder erklärenden Variablen besteht.[1693] Die Random-Effects-Schätzungen werden daher nur als zusätzlicher Robustheitstest durchgeführt. Auch WOOLDRIDGE empfiehlt eine Berechnung zu informativen Zwecken.[1694] Die Tabelle 72 stellt die Ergebnisse dar.

In der Abgrenzung nach RATZINGER-SAKEL sind, bis auf die abnormalen Nichtprüfungshonorare (*AbnormNonAudit*), bei gemeinsamer Analyse mit den abnormalen Prüfungshonoraren alle normalen und abnormalen Honorargrößen (*AuditFee*, *NonAudit*, *TotFee*, *AbnormAuditFee* und *AbnormTotFee*) signifikant positiv. Die relativen Größen (*InfluenceFee*, *InfluenceSale* und *FeeRatio*) sind nicht signifikant. Insgesamt entsprechen die Ergebnisse den Resultaten aus den Grundmodellen.

In der Abgrenzung nach BLAY/GEIGER sind alle Honorare (*AuditFee*, *NonAudit* und *TotFee*) signifikant positiv. Auch für die abnormalen Prüfungshonorare (*AbnormAuditFee*) und die abnormalen Gesamthonorare (*AbnormTotFee*) besteht ein signifikant positiver Einfluss. Die abnormalen Nichtprüfungshonorare (*AbnormNonAudit*) sind ohne Signifikanz. Für die relativen Größen (*InfluenceFee*, *InfluenceSale* und *FeeRatio*) resultiert kein signifikanter Einfluss. Auch diese Ergebnisse entsprechen denen der Ausgangsanalyse.

[1691] Vgl. *Cameron/Trivedi*, Microeconometrics, 2010, S. 238, 623. Für eine Beschreibung des Problems bei Pooled-OLS-Regressionen vgl. *Wild*, Premium, 2010, S. 515.

[1692] Vgl. *Cameron/Trivedi*, Microeconometrics, 2010, S. 258.

[1693] Vgl. *Wooldridge*, Econometrics, 2015, S. 441.

[1694] Vgl. *Wooldridge*, Econometrics, 2015, S. 443.

Modell		RATZINGER-SAKEL			BLAY/GEIGER		
		Koeffizient	Standardfehler	p-Wert	Koeffizient	Standardfehler	p-Wert
Modell 1	(AuditFee)	0,770	0,232	0,001***	1,030	0,336	0,002***
Modell 2	(NonAudit)	0,070	0,028	0,011**	0,109	0,035	0,002***
Modell 3	(AuditFee)	0,687	0,234	0,003***	0,849	0,333	0,011**
Modell 3	(NonAudit)	0,054	0,028	0,052*	0,092	0,037	0,012**
Modell 4	(TotFee)	0,758	0,197	0,000***	0,977	0,272	0,000***
Modell 5	(AbnormAuditFee)	0,722	0,236	0,002***	1,060	0,340	0,002***
Modell 6	(AbnormNonAudit)	<0,000	<0,000	0,032**	<0,000	<0,000	0,302
Modell 7	(AbnormAuditFee)	0,659	0,240	0,006***	1,034	0,341	0,002***
Modell 7	(AbnormNonAudit)	<0,000	<0,000	0,134	<0,000	<0,000	0,579
Modell 8	(AbnormTotFee)	0,694	0,203	0,001***	1,022	0,290	0,000***
Modell 9	(InfluenceFee)	-0,084	0,386	0,827	0,498	0,538	0,354
Modell 10	(InfluenceSale)	-0,532	0,501	0,288	-0,921	0,700	0,189
Modell 11	(FeeRatio)	0,241	0,159	0,129	0,251	0,183	0,171
Kontrolle für fixe Jahreseffekte			Ja			Ja	
Kontrolle für fixe Brancheneffekte			Ja			Ja	
Anzahl der Beobachtungen			2.166			641	
Anzahl an Gruppen			1.223			454	
Durchschnitt pro Gruppe			1,8			1,4	
Prob > Chi²			0,0000			0,0000	

*/**/*** = Signifikanz auf dem 10%/5%/1%-Niveau. Es werden die p-Werte eines zweiseitigen Tests angegeben.
Alle p-Werte werden mit clusterrobusten Standardfehlern angegeben. Die Clusterung erfolgt auf Unternehmensebene.
AuditFee = Natürlicher Logarithmus der Prüfungshonorare; *NonAudit* = Natürlicher Logarithmus der Nichtprüfungshonorare; *TotFee* = Natürlicher Logarithmus der Gesamthonorare; *AbnormAuditFee* = Abnormale Prüfungshonorare, berechnet über die Residuen aus dem Modell mit dem natürlichen Logarithmus der Prüfungshonorare als abhängige Variable; *AbnormNonAudit* = Abnormale Nichtprüfungshonorare, berechnet über die Residuen aus dem Modell mit den Nichtprüfungshonoraren als abhängige Variable; *AbnormTotFee* = Abnormale Gesamthonorare, berechnet über die Residuen aus dem Modell mit dem natürlichen Logarithmus des Gesamthonorars als abhängige Variable; *InfluenceFee* = Gesamthonorar eines Mandanten dividiert durch die gesamten Honorare des Prüfers aus allen Mandanten in der Stichprobe; *InfluenceSale* = Natürlicher Logarithmus der Umsatzerlöse eines Mandanten dividiert durch den natürlichen Logarithmus der Umsatzerlöse aller Mandanten mit verfügbaren Informationen in der Datenbank; *FeeRatio* = Nichtprüfungshonorare dividiert durch Prüfungshonorare.

Tabelle 72: Ergebnisse der GCM-Modelle bei Radom-Effects-Schätzungen.

6.8.8 Weitere Analysen

Weiterführend werden, wie bei LI, das Verhältnis der Prüfungshonorare eines Mandanten zu den gesamten Prüfungshonoraren aller Mandanten in der Stichprobe (*InfluenceAuditFee*) und die Relation aus den Nichtprüfungshonoraren eines Mandanten zu den gesamten Nichtprüfungshonoraren aus allen Mandanten in der Stichprobe (*InfluenceNonAudit*) betrachtet.[1695] In der Abgrenzung nach RATZINGER-SAKEL ist keine der Variablen signifikant. Nach BLAY/GEIGER besteht bei *InfluenceNonAudit* ein signifikant positiver Zusammenhang ($\beta_{InfluenceNonAudit}$ = 0,871; p<0,05). Die Variable *InfluenceAuditFee* ist insignifikant.

FRANCIS führt an, dass besonders Steuerberatungsleistungen einen positiven Einfluss auf die Prüfung haben können.[1696] Im Einklang damit stellt ROBINSON einen positiven Zusammenhang zwischen Steuerberatungshonoraren und einer GCM fest. Sie führt den Effekt auf die Knowledge Spillovers zurück.[1697] Analog dazu werden die Nichtprüfungshonorare, getrennt nach den Steuerberatungshonoraren und den weiteren Honoraren, analysiert. Wie bei ROBINSON wird der natürliche Logarithmus aus den Steuerberatungshonoraren

---

[1695] Vgl. *Li*, Office, 2009, S. 224f.
[1696] Vgl. *Francis*, Quality, 2004, S. 363.
[1697] Vgl. *Robinson*, Tax, 2008, S. 51f.

(*TaxFee*), der natürliche Logarithmus der weiteren Nichtprüfungshonorare nach den §§ 314 (1) Nr. 9 b) und d) HGB (*NonTaxRatio*), das Verhältnis der Steuerberatungshonorare zu den Gesamthonoraren (*TaxRatio*) und das Verhältnis der weiteren Nichtprüfungshonorare zu den Gesamthonoraren gebildet (*NonTaxRatio*).[1698]

Mit beiden Abgrenzungen sind die Variablen *NonTaxFee* und *TaxRatio* nicht signifikant. Mit der Abgrenzung nach RATZINGER-SAKEL ist die Variable *TaxFee* insignifikant. Für *NonTaxRatio* resultiert ein signifikant positiver Zusammenhang mit einem Koeffizienten von 1,746. In der Abgrenzung nach BLAY/GEIGER besteht für die Variablen *TaxFee* und *NonTaxRatio* ein signifikant positiver Einfluss (β_{TaxFee} = 0,701 und $\beta_{NonTaxRatio}$ = 1,828 mit jeweils p<0,05). Insgesamt zeigt sich für einzelne Variablen ein positiver Zusammenhang, der im Einklang mit den Ergebnissen der Hauptanalysen steht.

Die Ergebnisse können durch die Auswirkungen der Finanzmarktkrise in 2009 verzerrt sein.[1699] Nach dem Ausschluss des Jahres 2009 werden grundsätzlich die gleichen Ergebnisse erzielt wie in der Grundanalyse. Abweichend werden in der Abgrenzung nach RATZINGER-SAKEL für die Variable *AbnormNonAudit* in Modell 6 keine Signifikanz und für die Variable *FeeRatio* ein signifikant positiver Einfluss beobachtet. Die Variable *InfluenceSale* ist abweichend signifikant negativ und die Variable *FeeRatio* signifikant positiv in der Abgrenzung nach BLAY/GEIGER.

6.9 Zusammenfassung der Erkenntnisse aus Kapitel 6

In Kapitel 6 wurde eine für Deutschland erstmalige empirische Analyse bei privaten Unternehmen über den Einfluss von Honoraren für Prüfungs- und Nichtprüfungsleistungen auf die Wahrscheinlichkeit einer GCM durchgeführt. Hierzu wurden für verschiedene Einflussfaktoren Hypothesen gebildet. Anschließend wurden der Untersuchungsgruppe mit GCM zwei differenzierte Kontrollgruppen an Unternehmen in finanziellen Schwierigkeiten gegenübergestellt. Da als Untersuchungsvariablen auch abnormale Honorare verwendet wurden, folgte die Beschreibung der Honorarmodelle und anschließend die Darstellung der Modelle für die Analyse der GCM. Darauf aufbauend wurde die deskriptive Statistik und die Ergebnisse der Honorarmodelle differenziert nach der jeweiligen Kontrollgruppe vorgestellt. Es folgte die empirische Untersuchung der Hypothesen hinsichtlich der Wahrscheinlichkeit einer GCM durch multivariate logistische Regressionsmodelle. Verschiedene Sensitivitätsanalysen bildeten den Abschluss des Kapitels.

- Die GCM ist für die Analyse der Unabhängigkeit besonders geeignet, da der Inhalt des Vermerks von der Entscheidung des Abschlussprüfers abhängig ist. Zudem liegt dieser ausschließlich in seinem Verantwortungsbereich und ist relativ eindeutig zu beobachten. Die Wahrscheinlichkeit einer Berichterstattung über Gefahren

---

[1698] Vgl. *Robinson*, Tax, 2008, S. 36.
[1699] Vgl. *Ruhnke/Frey*, Finanzkrise, 2015, S. 328 - 332. Die Autoren zeigen für Deutschland keine zusätzliche Neigung der Prüfer eine GCM zu erteilen.

für den Unternehmensfortbestand hängt von der Unabhängigkeit und der kritischen Grundhaltung ab. Daher sinkt c.p. mit zunehmender Abhängigkeit die Wahrscheinlichkeit für eine GCM.

- Die Untersuchungsgruppe besteht im Grundmodell aus 245 Beobachtungen mit GCM von 153 differenzierten Unternehmen. Dieser werden zwei Kontrollgruppen an Unternehmen in finanziellen Schwierigkeiten gegenübergestellt. Die Kontrollgruppe nach RATZINGER-SAKEL besteht aus 1.921 Beobachtungen (1.129 Unternehmen), die eines der folgenden Kriterien erfüllen: negatives Eigenkapital, negatives Working Capital, negatives EBIT im Vorjahr, negativer Jahresüberschuss im Vorjahr. Die Kontrollgruppe nach BLAY/GEIGER beinhaltet 396 Beobachtungen (321 Unternehmen), die einen negativen Jahresüberschuss und einen negativen operativen Cashflow ausweisen. Die Analyse erstreckt sich über den Zeitraum 2009 bis 2012.

- Das Haftungsrisiko und das Risiko eines Reputationsverlustes wirken der Unabhängigkeitsgefährdung entgegen. Es kann argumentiert werden, dass diese Schutzmechanismen bei privaten Unternehmen in Deutschland im Vergleich zu kapitalmarktorientierten Unternehmen bzw. zum angelsächsischen Raum geringer ausfallen. Daher kann insbesondere bei diesen Unternehmen die Unabhängigkeit gefährdet sein.

- Die Modelle für die Prüfungs-, Nichtprüfungs- und Gesamthonorare wurden aus der Untersuchung von RATZINGER-SAKEL zu Deutschland und der Analyse von HOPE/LANGLI zu privaten Unternehmen abgeleitet. Die Modelle enthalten Variablen für die Größe, Komplexität, Risiko, Kapital- bzw. Vermögensstruktur, Prüfereigenschaften und Determinanten aus der Prüfer-Mandanten-Beziehung. In den Modellen der Prüfungs- und Gesamthonorare wurde für eine Vielzahl an Variablen der vermutete Zusammenhang mit Signifikanz beobachtet. Im Modell für die Nichtprüfungshonorare sind vornehmlich Variablen aus dem Bereich der Größe und Komplexität signifikant. Der Erklärungsgehalt der Modelle entspricht grundsätzlich dem von vorangehenden Analysen im Bereich privater Unternehmen.

- Die Hypothese H_1 (Analyse in Modell 1 und Modell 3) hat den Einfluss der Prüfungshonorare auf die Wahrscheinlichkeit einer GCM zum Gegenstand. Theoretisch wird ein negativer oder ein positiver Einfluss begründet. Ein negativer Zusammenhang kann aus der ökonomischen Abhängigkeit entstehen. Die gegenüber kapitalmarktorientierten Unternehmen engeren sozialen Bindungen und familienähnlichen Beziehungen, die nicht vorhandene interne und externe Rotationspflicht und das fehlende Enforcement können in privaten Unternehmen die Gefährdung der Unabhängigkeit verstärken. Im Ergebnis besteht mit beiden Kontrollgruppen ein signifikant positiver Einfluss auf die Wahrscheinlichkeit einer GCM. Dies kann auf den höheren Prüfungsaufwand durch die zusätzlichen Prüfungshandlungen bei einer Bestandsgefährdung zurückzuführen sein. Der positive Zusammenhang bestätigt sich grundsätzlich[1700] mit beiden Gruppen bei erstmaliger GCM, bei einer differenzierten Abgrenzung der Untersuchungsgruppe, bei der Verwendung von

---

[1700] Die Analyse nach Big 4 und Non Big 4 Prüfern wird getrennt vorgestellt.

alternativen Branchenabgrenzungen, wenn mögliche Endogenität berücksichtigt wird und mit Random-Effects-Schätzern. Werden alle Modifikationen betrachtet, resultiert mit der Kontrollgruppe nach BLAY/GEIGER in Modell 3 kein signifikanter Zusammenhang. Mit der Kontrollgruppe nach RATZINGER-SAKEL ist der Einfluss signifikant positiv.

- Die Hypothese H_2 (Analyse in Modell 2 und Modell 3) beschäftigt sich mit dem Zusammenhang von Nichtprüfungshonoraren und der Wahrscheinlichkeit einer GCM. Auch hier bestehen Effekte, die einen negativen oder einen positiven Einfluss erklären. Negativ ist der Einfluss, wenn die ökonomischen und sozialen Verbindungen nochmals verstärkt werden. Dieser Zusammenhang wird begünstigt, da die Ausschlusstatbestände nach § 319a HGB nicht zur Anwendung kommen. Im Grundmodell resultiert mit beiden Kontrollgruppen ein signifikant positiver Zusammenhang, wobei die Effektstärke als ökonomisch untergeordnet relevant angesehen werden kann. Dieser kann aus den Knowledge Spillovers resultieren, durch die der Prüfer in der Lage ist, zielgerichteter die Risiken der Unternehmensfortführung zu identifizieren. Diese können insbesondere bei privaten Unternehmen vorliegen, da der Umfang an zulässigen Beratungsleistungen höher ist. Auch werden die Knowledge Spillovers begünstigt, da die zumeist kleineren Unternehmen auch von kleineren Prüfungsteams betreut werden. In den Sensitivitätsanalysen resultiert der positive Zusammenhang mit beiden Kontrollgruppen bei erstmaligen GCM und mit Random-Effects-Schätzern. Zusätzlich zeigt sich der Einfluss mit der Kontrollgruppe nach BLAY/GEIGER, wenn alle Modifikationen betrachtet werden. In den weiteren Sensitivitätsanalysen sind die Nichtprüfungshonorare nicht uneingeschränkt signifikant. Daher können die Ergebnisse von den Spezifikationen abhängig sein.

- Die Hypothese H_3 (Analyse in Modell 4) beinhaltet den Einfluss der Gesamthonorare. Es kann argumentiert werden, dass diese am zutreffendsten die ökonomische Abhängigkeit im Sinne von DEANGELO abbilden. Mit beiden Kontrollgruppen resultiert grundsätzlich im Grundmodell und in den Sensitivitätsanalysen ein signifikant positiver Zusammenhang. Kein Zusammenhang besteht mit der Kontrollgruppe nach BLAY/GEIGER, wenn die Untersuchungsgruppe alternativ abgegrenzt wird. Da die Gesamthonorare die Summe aus Prüfungs- und Nichtprüfungshonoraren sind, können ein erhöhter Prüfungsaufwand und Knowledge Spillovers mögliche Erklärungen sein.

- Abnormale Prüfungshonorare können einen Einfluss auf die Wahrscheinlichkeit einer GCM haben (Hypothese H_4, Analyse in Modell 5 und Modell 7). Diese können die spezifische Prüfer-Mandanten-Beziehung abbilden, wobei daraus ein negativer oder ein positiver Einfluss abgeleitet werden kann. Spiegeln die abnormalen Prüfungshonorare die mandantenspezifischen Quasirenten nach DEANGELO oder Bestechungsversuche des Mandanten wider, kann ein negativer Zusammenhang erwartet werden. Im Ergebnis besteht mit beiden Kontrollgruppen ein signifikant positiver Zusammenhang. Da Prüfungshandlungen im Zusammenhang mit der Unternehmensfortführung zu den komplexesten Aufgaben des Prüfers gehören, kann der Einfluss aus dem unter normalen Verhältnissen nicht zu erwartenden außerordentlichen Prüfungsaufwand resultieren. Mit beiden Kontrollgruppen ist der Einfluss grundsätzlich auch in der Sensitivitätsanalyse vorhanden. Mit der Kontrollgruppe nach RATZINGER-SAKEL besteht abweichend nur eingeschränkt ein Zusammenhang, wenn erstmalige GCM betrachtet werden. Kein Einfluss liegt mit beiden Kontrollgruppen vor, wenn alle Modifikationen betrachtet werden. Eine mögliche Erklärung ist, dass hier Modifikationen einfließen, bei denen eine Beurteilung leichter und daher der abnormale Prüfungsaufwand nur eingeschränkt vorhanden ist.

- Abnormale Nichtprüfungshonorare können die Wahrscheinlichkeit einer GCM negativ oder positiv beeinflussen (Hypothese H_5, Analyse in Modell 6 und Modell 7). Ein negativer Zusammenhang besteht, wenn diese die mandantenspezifischen Quasirenten nach DEANGELO oder mögliche Bestechungsversuche abbilden. Uneingeschränkt resultiert ein positiver Einfluss nur mit der Kontrollgruppe nach RATZINGER-SAKEL, wenn erstmalige GCM betrachtet werden. Eine mögliche Erklärung können durch das Unternehmen aufgrund der Bestandsgefährdung nachgefragte spezifische Nichtprüfungsleistungen sein, die durch das Modell der Nichtprüfungshonorare nicht erfasst werden und einen positiven Effekt auf die Prüfung haben. In den weiteren Analysen besteht der positive Zusammenhang nur in Teilen. Daher können die Ergebnisse von eingeschränkter Aussagekraft sein.

- Auch die abnormalen Gesamthonorare können die Wahrscheinlichkeit einer GCM beeinflussen, da diese die Effekte aus abnormalen Prüfungs- und Nichtprüfungshonoraren beinhalten (Hypothese H_6, Analyse in Modell 8). Mit beiden Kontrollgruppen liegt im Grundmodell und grundsätzlich auch in den Sensitivitätsanalysen ein signifikant positiver Zusammenhang vor. Als Erklärungen können der außergewöhnliche Prüfungsaufwand und die spezifischen Nichtprüfungsleistungen mit positiven Knowledge Spillovers angeführt werden. Mit der Kontrollgruppe nach BLAY/GEIGER, bei Betrachtung einer alternativen Abgrenzung der Untersuchungsgruppe und mit der Kontrollgruppe nach RATZINGER-SAKEL bei Betrachtung aller Modifikationen resultiert kein signifikanter Zusammenhang.

- Ist ein Mandant für den Prüfer im Vergleich zu anderen Mandanten besonders bedeutsam, kann dies die Unabhängigkeit gefährden (Hypothese H_7, Analyse in Modell 9 und Modell 10). Das relative Honorarmaß *InfluenceFee*, d.h. die Gesamthonorare eines Mandanten dividiert durch die gesamten Honorare des Prüfers in der Stichprobe, ist mit beiden Kontrollgruppen in keiner Regression signifikant. Für die Variable *InfluenceSale*, d.h. die logarithmierten Umsatzerlöse eines Mandanten dividiert durch die Summe der logarithmierten Umsatzerlöse aller Mandanten mit verfügbaren Informationen in der Datenbank, wird mit der Kontrollgruppe nach RATZINGER-SAKEL in keiner Modellvariante ein signifikanter Einfluss beobachtet. Mit der Abgrenzung nach BLAY/GEIGER besteht in zwei Modellvarianten ein signifikant negativer Einfluss. Da die beiden Variablen *InfluenceFee* und *InfluenceSale* denselben Sachverhalt abbilden sollen, aber differenzierte Ergebnisse anzeigen und somit insgesamt kein einheitlicher Einfluss besteht, können die Ergebnisse von eingeschränkter Aussagekraft sein. Aus einer Gesamtbeurteilung der

Ergebnisse für diese Surrogate können keine Hinweise gefunden werden, dass mit steigender Mandantenabhängigkeit die Unabhängigkeit und damit die Prüfungsqualität sinkt.

- Mit steigendem Anteil der lukrativeren Nichtprüfungshonorare kann eine Gefahr für die Unabhängigkeit entstehen (Hypothese H_8, Analyse in Modell 11). Im Ergebnis resultiert im Grundmodell kein signifikanter Zusammenhang. Bei erstmaligen GCM zeigt sich mit beiden Kontrollgruppen ein signifikant positiver Einfluss. Dies kann für ein konservativeres Verhalten der Prüfer sprechen. In den weiteren Sensitivitätsanalysen zeigt sich kein positiver Zusammenhang.

- Non Big 4 Abschlussprüfer können einem „better safe than sorry" Ansatz folgen, der aufgrund des konservativeren Verhaltens zu höheren Prüfungshonoraren führen kann. Im Ergebnis zeigt sich, dass die dargestellten Zusammenhänge vor allem bei den Non Big 4 Abschlussprüfern vorhanden sind. Dies kann ein Hinweis für diesen Ansatz sein. Bei den Nichtprüfungshonoraren können eine Erklärung die besonders bei kleinen Prüfern auftretenden Knowledge Spillovers sein. Indizien für die vermutete höhere Prüfungsqualität bei Big 4 Abschlussprüfern können den Ergebnissen nicht entnommen werden. Weitere Analysen zeigen in Teilen für eine alternative Abgrenzung der Mandantenwichtigkeit und für Variablen, die den Einfluss von Steuerberatungshonoraren messen, einen positiven Einfluss. Bei Ausschluss des Jahres 2009 aufgrund der Finanzmarktkrise werden grundsätzlich dieselben Ergebnisse erzielt.

- Einschränkend ist anzumerken, dass in allen Analysen trotz des geringeren Haftungs- und Reputationsrisikos von privaten Unternehmen in Deutschland im Vergleich zu kapitalmarktorientierten Unternehmen bzw. zum angelsächsischen Raum diese Effekte als alternative Erklärung für die positiven Zusammenhänge nicht ausgeschlossen werden können.

	Modell 1 AuditFee	Modell 2 NonAudit	Modell 3 AuditFee	Modell 3 NonAudit	Modell 4 TotFee	Modell 5 AbnormAuditFee	Modell 6 AbnormNonAudit	Modell 7 AbnormAuditFee	Modell 7 AbnormNonAudit	Modell 8 AbnormTotFee	Modell 9 InfluenceFee	Modell 10 InfluenceSale	Modell 11 FeeRatio
Abgrenzung nach Ratzinger-Sakel													
Grundmodell	pos.	pos.	pos.	pos.	pos.	pos.	pos.	pos.	ns.	pos.	ns.	ns.	ns.
Erstmalige GCM	pos.	pos.	pos.	pos.	pos.	pos.	pos.	ns.	pos.	pos.	ns.	ns.	pos
Finanzielle Schwierigkeiten	pos.	pos.	pos.	ns.	pos.	pos.	ns.	pos.	ns.	pos.	ns.	ns.	ns.
Ursprüngliche Branchen	pos.	ns.	pos.	ns.	pos.	pos.	ns.	pos.	ns.	pos.	ns.	ns.	ns.
Endogenität	pos.		pos.	ns.									
Big4	ns.	ns.	ns.	ns.	ns.	ns.	ns.	ns.	ns.	ns.	ns.	ns.	ns.
Non Big4	pos.	pos.	pos.	pos.	pos.	pos.	pos.	pos.	pos.	pos.	ns.	ns.	pos.
Alle Modifikationen	pos.	ns.	pos.	ns.	pos.	ns.	ns.	ns.	ns.	ns.	ns.	ns.	ns.
Random-Effects-Schätzer	pos.	pos.	pos.	pos.	pos.	pos.	pos.	pos.	ns.	pos.	ns.	ns.	ns.
Abgrenzung nach Blay/Geiger													
Grundmodell	pos.	pos.	pos.	pos.	pos.	pos.	ns.	pos.	ns.	pos.	ns.	ns.	ns.
Erstmalige GCM	pos.	pos.	pos.	pos.	pos.	pos.	ns.	pos.	ns.	pos.	ns.	neg.	pos.
Finanzielle Schwierigkeiten	pos.	ns.	pos.	ns.	ns.	pos.	ns.	pos.	ns.	ns.	ns.	neg.	ns.
Ursprüngliche Branchen	pos.	pos.	pos.	ns.	pos.	pos.	ns.	pos.	pos.	pos.	ns.	ns.	ns.
Endogenität	pos.		pos.	ns.									
Big4	ns.	pos.	ns.	pos.	ns.	pos.	ns.	ns.	ns.	ns.	ns.	neg.	ns.
Non Big4	pos.	pos.	pos.	pos.	pos.	pos.	ns.	pos.	ns.	pos.	ns.	ns.	ns.
Alle Modifikationen	pos.	pos.	ns.	pos.	pos.	ns.	ns.	ns.	ns.	pos.	ns.	ns.	ns.
Random-Effects-Schätzer	pos.	pos.	pos.	pos.	pos.	pos.	ns.	pos.	ns.	pos.	ns.	ns.	ns.

Pos. = Signifikant positiver Einfluss; Neg = Signifikant negativer Einfluss; Ns. = Kein signifikanter Einfluss.

AuditFee = Natürlicher Logarithmus der Prüfungshonorare; *NonAudit* = Natürlicher Logarithmus der Nichtprüfungshonorare; *TotFee* = Natürlicher Logarithmus des Gesamthonorars; *AbnormAuditFee* = Abnormale Prüfungshonorare, berechnet als die Residuen aus dem Modell der Prüfungshonorare.; *AbnormNonAudit* = Abnormale Nichtprüfungshonorare, berechnet als die Residuen aus dem Modell der Nichtprüfungshonorare; *AbnormTotFee* = Abnormale Gesamthonorare, berechnet als die Residuen aus dem Modell der Gesamthonorare; *InfluenceFee* = Gesamthonorar eines Mandanten dividiert durch die gesamten Honorare des Prüfers in der Stichprobe; *InfluenceSale* = Umsatzerlöse eines Mandanten dividiert durch die Umsatzerlöse aller Mandanten mit verfügbaren Informationen in der Datenbank; *FeeRatio* = Nichtprüfungshonorare dividiert durch Prüfungshonorare.

Tabelle 73: Zusammenfassung der Erkenntnisse aus Kapitel 6.

7 Zusammenfassung und Fazit

Ziel der Arbeit war es, die Frage der Unabhängigkeit des Abschlussprüfers bei privaten Unternehmen in Deutschland im Kontext von Prüfungs- und Nichtprüfungshonoraren empirisch zu analysieren. Die Unabhängigkeit ist von anhaltender Relevanz, da sie für die Abschlussadressaten von entscheidender Bedeutung ist, um sich auf die Informationen in den Finanzberichten stützen zu können. Auch vonseiten des Berufsstands und von institutioneller Seite wird die zentrale Bedeutung herausgestellt. Dennoch steht die Unabhängigkeit immer wieder in Frage und umfangreiche regulatorische Maßnahmen wurden eingeleitet, um diese zu sichern. Die Relevanz der Analyse von privaten Unternehmen resultiert aus dem hohen Anteil an den Gesamtunternehmen und der starken wirtschaftlichen Bedeutung. Dennoch ist der Kenntnisstand in der empirischen Forschung über diese Unternehmen gering. Auch die regulatorischen Maßnahmen zur Stärkung der Unabhängigkeit zielen zumeist auf Unternehmen von öffentlichem Interesse. Es kann jedoch argumentiert werden, dass bei privaten Unternehmen in Deutschland die Unabhängigkeit besonders gefährdet sein kann. So kann argumentiert werden, dass in Deutschland das Haftungsrisiko im Vergleich zum angelsächsischen Raum geringer ist. Zudem kann bei privaten Unternehmen das Risiko eines Reputationsverlustes im Vergleich zu kapitalmarktorientierten Unternehmen niedriger sein. Diese Rahmenbedingungen erlauben daher die empirische Untersuchung in einem Umfeld, das von hoher Bedeutung ist und in dem zugleich die Unabhängigkeit besonders gefährdet sein kann.

Um einen ersten Überblick über den Untersuchungsgegenstand private Unternehmen zu geben, wurden diese zunächst definiert und anhand verschiedener Kriterien von kapitalmarktorientierten Unternehmen abgegrenzt. Private Unternehmen liegen per Definition dieser Arbeit vor, wenn sie keine Eigenkapital- oder Schuldtitel an einer öffentlichen Börse handeln. Kapitalmarktorientierte Unternehmen sind die Unternehmen nach § 264d HGB, Unternehmen, die nach § 3 (2) AktG börsennotiert sind oder die im Freiverkehr gemäß § 48 BörsG vertreten sind. Es wurde dargestellt, dass aus den spezifischen Eigentümer- und Finanzierungsstrukturen differenzierte Agency-Konflikte resultieren, die im Vergleich zu kapitalmarktorientierten Unternehmen höher oder geringer ausfallen können. Mit der Rechnungslegung wurde ein Instrument vorgestellt, an dem Maßnahmen, die den Agency-Konflikten entgegenwirken, anknüpfen können, wenn die Qualität hinreichend hoch ist.

Anschließend wurden die privaten Unternehmen in den Kontext der Abschlussprüfung eingeordnet. In Deutschland sind schätzungsweise 30.000 - 45.000 private Unternehmen prüfungspflichtig. Zusätzlich sind freiwillige Abschlussprüfungen vorhanden. Auch kann eine Nachfrage nach hoher Prüfungsqualität bestehen. Teile der Literatur wenden ein, dass die Abschlussprüfung bei privaten Unternehmen von untergeordneter Bedeutung ist. Dem entgegen können empirische Untersuchungen einen positiven Effekt feststellen. Fortführend wurden die verschiedenen Gruppen der Anbieter von Abschlussprüfungsleistungen vorgestellt. Von den in 2012 vorhandenen 13.197 Prüferpraxen sind lediglich 30% zur Durchführung von Abschlussprüfungen berechtigt.

Die Nachfrager und die Anbieter bilden den Markt für Abschlussprüfungen. Da bisher noch keine umfassende Analyse für private Unternehmen in Deutschland vorhanden ist, wurde eine Konzentrationsanalyse durchgeführt. Für Deutschland sind die Honorare dieser Unternehmen nicht in Datenbanken verfügbar. Deshalb wurde auf die in der Literatur entwickelten Surrogate zurückgegriffen. Als Maßgrößen wurden die Konzentrationsraten, der Hirschmann-Herfindahl-Index und der Gini-Koeffizient verwendet. Die Stichprobe enthält 20.492 Beobachtungen von privaten Konzernabschlüssen im Zeitraum 2007 - 2012. Insgesamt wurde in der Mehrzahl der Ergebnisse keine hohe absolute Konzentration beobachtet. Weiterhin sinkt die absolute Konzentration von 2007 auf 2012. Im Gegensatz dazu besteht mit allen Surrogaten eine hohe relative Konzentration, die von 2007 auf 2012 weiter ansteigt. Hinsichtlich der Auswirkungen einer hohen Konzentration auf die Prüfungsqualität finden sich in der Literatur differenzierte Ansichten.

Im nächsten Kapitel wurde der zweite Untersuchungsgegenstand, die Unabhängigkeit bei Prüfungs- und Nichtprüfungshonoraren, aus theoretischer und empirischer Sicht beleuchtet. Dazu wurden zunächst allgemeine Definitionen für die Prüfungsqualität und mögliche Surrogate für diese vorgestellt. Ein Teil der Prüfungsqualität ist die Unabhängigkeit. Bei dieser wird zwischen tatsächlicher und wahrgenommener Unabhängigkeit differenziert. Werden Prüfung und Beratung gleichzeitig erbracht, können differenzierte Risiken entstehen. Vorteile können geringere Transaktionskosten und Synergieeffekte durch Knowledge Spillovers sein. Mit dem Modell von ANTLE wurde die Unabhängigkeitsgefährdung aus Sicht der Agency-Theorie beleuchtet. Im Modell können Konstellationen entstehen, bei denen der Prüfer eine Nutzensteigerung erzielen kann, wenn er Zahlungen vom Management annimmt. Diese können in Form von Nichtprüfungshonoraren erfolgen. Eine weitere theoretische Analyse erfolgte durch das Modell von DEANGELO. Abgeleitet aus diesem kann die Unternehmensleitung bei Folgeprüfungen mit dem Entzug der im Modell entstehenden Quasirenten drohen. Dadurch kann eine Gefahr für die Unabhängigkeit entstehen. Durch die Beratungsleistungen können die Quasirenten und damit das Drohpotenzial für die Unternehmensleitung ansteigen.[1701] Nach der Darstellung der Einschränkungen des Modells wurden differenzierte Maßnahmen vorgestellt, die zur Stärkung der Unabhängigkeit vorhanden sind. Insgesamt fallen für private Unternehmen diese geringer aus, da Mechanismen, wie eine Rotationspflicht oder ein Enforcement, nicht zur Anwendung kommen. Auch ist die Umsatzgrenze, ab welcher der Prüfer ausgeschlossen ist, höher und es sind mehr Beratungsleistungen als bei kapitalmarktorientierten Unternehmen zulässig. Zudem wurde argumentiert, dass für den Prüfer ein geringeres Risiko eines Reputationsverlustes besteht. Abschließend wurden empirische Studien zur wahrgenommenen und zur tatsächlichen Unabhängigkeit in Deutschland vorgestellt. Für die wahrgenommene Unabhängigkeit wird in den Analysen überwiegend ein negativer Einfluss beobachtet. Bei empirischen Untersuchungen zur tatsächlichen Unabhängigkeit sind die Ergebnisse nicht einheitlich. Alle Studien beziehen sich auf kapitalmarktorientierte Unternehmen und verwenden überwiegend die in der Literatur kritisch betrachtete Bilanzpolitik.

Als Surrogat für die Prüfungsqualität wurde die GCM verwendet. Aus Sicht der Forschung besitzt diese den Vorteil, dass der Bestätigungsvermerk unmittelbar in den Verant-

---

[1701] Vgl. *Beck/Frecka/Solomon*, Knowledge, 1988, S. 58. In ihrem Modell gilt dies nicht in jedem Fall.

wortungsbereich des Abschlussprüfers fällt, seine Entscheidung abbildet und relativ eindeutig zu beobachten ist. Der Inhalt ist von der Formulierungsentscheidung des Abschlussprüfers abhängig, sodass insbesondere die Unabhängigkeit analysiert werden kann. Für einen umfassenden Überblick über die GCM wurde diese aus Sicht der Abschlusserstellers, des Abschlussprüfers und aus Sicht der Forschung vorgestellt. Für die Abschlussersteller stellt das in § 252 (1) Nr. 2 HGB kodifizierte GC-Prinzip eines der zentralen Grundsätze ordnungsmäßiger Buchführung und Bilanzierung dar. Es muss von ihnen beurteilt werden, ob tatsächliche oder rechtliche Gegebenheiten diesem entgegenstehen. Die Berichterstattung erfolgt im Anhang und im Lagebericht. Der Abschlussprüfer hat Prüfungshandlungen zur Risikobeurteilung durchzuführen und die Einschätzung der gesetzlichen Vertreter zu beurteilen. Bei Hinweisen für bestandsgefährdende Risiken sind zusätzliche Prüfungshandlungen erforderlich. Für den Abschlussprüfer ist die Einschätzung der Unternehmensfortführung eine der komplexesten Aufgaben. Es resultieren für den Prüfer Berichterstattungspflichten im Prüfungsbericht und im Bestätigungsvermerk. Letzterer kann mit einem Hinweis versehen, eingeschränkt oder versagt werden.

Für einen Überblick über diese Möglichkeiten erfolgte eine deskriptive Untersuchung der Bestätigungsvermerke. Um modifizierte Bestätigungsvermerke zu identifizieren, wurde die GENIOS-Datenbank nach den Formulierungen aus den Anlagen der WPK-Berichte durchsucht. Es wurden im Zeitraum von 2009 bis 2012 insgesamt 1.002 Hinweise, 673 Einschränkungen und 16 Versagungen gefunden. Auf private Unternehmen entfallen 733 Hinweise, 628 Einschränkungen und acht Versagungen. Anschließend wurden nach bestimmten Kriterien GCM abgegrenzt. Dies führt zu 749 GC-Hinweisen, vier GC-Einschränkungen und 10 GC-Versagungen. Von diesen liegen 565 GC-Hinweise, vier GC-Einschränkungen und vier GC-Versagungen bei privaten Unternehmen vor.

Anschließend erfolgte die Darstellung der GCM aus Sicht der Forschung. Studien mit GCM verwenden zumeist Unternehmen in finanziellen Schwierigkeiten, wobei diese differenziert abgegrenzt werden. Die in vorausgehenden Forschungsarbeiten identifizierten Determinanten für die Wahrscheinlichkeit einer GCM wurden nach verschiedenen Kriterien geordnet dargestellt. Das Kapitel schloss mit der Beschreibung des Nutzens einer GCM für die Adressaten und den Abschlussprüfer bzw. den Kosten einer GCM für das geprüfte Unternehmen und den Prüfer. Die Mehrzahl der ausgewerteten Literatur zeigt einen Nutzen für die Adressaten. Für die „Self-Fulfilling Prophecy", das „Opinion Shopping" und die schützende Wirkung der GCM für den Abschlussprüfer werden uneinheitliche Ergebnisse erzielt.

Darauf aufbauend wurden für den Untersuchungsgegenstand Unabhängigkeit empirische Studien in Verbindung mit GCM vorgestellt. Studien, welche die Unabhängigkeit des Abschlussprüfers bei Honoraren analysieren, erzielen für unterschiedliche honorarbasierte Einflussgrößen differenzierte Ergebnisse. Die Resultate reichen von einem negativen über keinen bis hin zu einem signifikant positiven Zusammenhang. Die überwiegende Anzahl der Studien beobachtet jedoch keine Gefährdung der Unabhängigkeit. Die Studien stammen mehrheitlich aus dem US-amerikanischen Raum und haben kapitalmarktorientierte Unternehmen zum Gegenstand. Für Deutschland ist lediglich die Studie von RATZINGER-SAKEL vorhanden. Private Unternehmen werden nur von HOPE/LANGLI betrachtet.

Nachdem der bisherige Forschungsstand aufgearbeitet wurde, erfolgte eine empirische Analyse der Unabhängigkeit in Verbindung mit Honoraren für Prüfung und Beratung bei privaten Unternehmen. Die Untersuchungsgruppe besteht aus 245 Beobachtungen von 153 unterschiedlichen Unternehmen, die im Zeitraum 2009 - 2012 eine GCM erhalten haben. In der Gruppe sind ausschließlich GC-Hinweise enthalten. Diesen wurde als Erstes die 1.921 Beobachtungen der Kontrollgruppe nach den Kriterien von RATZINGER-SAKEL gegenübergestellt (bei den Beobachtungen muss eines der folgenden Merkmale vorliegen: negatives Eigenkapital, negatives Working Capital, negatives EBIT im Vorjahr, negativer Jahresüberschuss im Vorjahr). Als weitere Kontrollgruppe wurden die Kriterien von BLAY/GEIGER (negativer Jahresüberschuss und negativer operativer Cashflow) verwendet. Hiermit sollen Beobachtungen betrachtete werden, die mit hoher Wahrscheinlichkeit für eine GCM in Frage kommen, diese jedoch nicht erhalten haben.

In die Untersuchung fließen die Prüfungs-, Nichtprüfungs- und Gesamthonorare ein. Weiterhin wurden die abnormalen Prüfungs-, Nichtprüfungs- und Gesamthonorare verwendet. Die relativen Größen sind: das Verhältnis der Gesamthonorare eines Mandanten zu den Gesamthonoraren des Prüfers aus allen Mandanten in der Stichprobe, die Relation des natürlichen Logarithmus der Umsatzerlöse eines Mandanten zu der Summe aus den Umsatzerlösen aller Mandanten in logarithmierter Form und das Verhältnis der Nichtprüfungshonorare zu den Prüfungshonoraren. Zur Ermittlung der abnormalen Honorare wurden Modelle geschätzt und deren Residuen verwendet. Die Ergebnisse für die Prüfungs- und Gesamthonorare zeigen für eine Vielzahl von Variablen die erwarteten Einflüsse. Im Modell der Nichtprüfungshonorare sind insbesondere die Variablen aus den Bereichen Größe und Komplexität signifikant.

Anschließend wurden die Ergebnisse der GCM-Modelle dargestellt. Für die Prüfungshonorare wurde mit beiden Kontrollgruppen ein signifikant positiver Zusammenhang beobachtet. Dieser wurde auf den höheren Prüfungsaufwand durch die zusätzlichen Prüfungshandlungen bei einer GCM zurückgeführt. Auch in den Sensitivitätsanalysen zeigte sich grundsätzlich dieser Zusammenhang. Lediglich in einer Modellvariante wurde kein Einfluss beobachtet. Auch für die Nichtprüfungshonorare resultiert mit beiden Kontrollgruppen ein signifikant positiver Zusammenhang. Als Erklärung wurden Knowledge Spillovers angeführt, durch die der Prüfer in der Lage ist, zielgerichteter die Risiken der Unternehmensfortführung zu identifizieren. Diese können besonders bei privaten Unternehmen vorliegen, da der Umfang an zulässigen Beratungsleistungen höher und die regelmäßig kleineren Unternehmen auch von kleineren Prüfungsteams betreut werden, die das Auftreten dieser Effekte begünstigen können. Die Sensitivitätsanalysen zeigen jedoch einschränkend, dass die Ergebnisse von den Spezifikationen abhängig sein können. Auch bei den Gesamthonoraren wurden positive Effekte ermittelt. Da die Gesamthonorare die Summe aus Prüfungs- und Nichtprüfungshonoraren sind, können mögliche Erklärungen der Prüfungsaufwand und die Knowledge Spillovers sein.

Die abnormalen Prüfungshonorare können die spezifischen Prüfer-Mandaten-Beziehungen abbilden. Im Modell wurde ein signifikant positiver Zusammenhang mit der Wahrscheinlichkeit einer GCM gefunden. Da die Beurteilung der Unternehmensfortführung eine der komplexesten Aufgaben im Bereich der Abschlussprüfung ist, kann der positive Einfluss mit dem außergewöhnlichen Prüfungsaufwand, der über den zu erwartenden hinausgeht, erklärt werden. Der positive Einfluss besteht auch überwiegend in den Sensitivitätsanalysen. Für die abnormalen Nichtprüfungshonorare wurde ein uneingeschränkt positiver Einfluss nur in einer Variante der Sensitivitätsanalyse mit der Abgrenzung nach RATZINGER-SAKEL beobachtet. Eine mögliche Erklärung können spezifische Nichtprüfungsleistungen sein, die aufgrund der Bestandsgefährdung nachgefragt werden und einen positiven Effekt auf die Prüfung haben. Da der Einfluss jedoch nur teilweise besteht, sind die Ergebnisse unter Vorbehalt zu sehen. Für die abnormalen Gesamthonorare wurde mit beiden Kontrollgruppen ein signifikant positiver Einfluss beobachtet, der auch überwiegend in den Sensitivitätsanalysen vorhanden ist. Erklärungen können der außergewöhnliche Prüfungsaufwand und mögliche spezifische Nichtprüfungsleistungen mit positiven Effekten auf die Prüfung sein. Mit den relativen Honoraren wurden überwiegend insignifikante oder widersprüchliche Resultate gefunden.

Ein weiterer Beitrag dieser Studie ist, dass für eine Vielzahl an bisher zumeist bei kapitalmarktorientierten Unternehmen identifizierten Determinanten für die Wahrscheinlichkeit einer GCM auch bei privaten Unternehmen ein signifikanter Zusammenhang gezeigt wurde. Da insbesondere die Mehrzahl der US-amerikanischen Studien kapitalmarktorientierte Unternehmen verwenden, deren Informationen aus bestimmten Datenbanken stammen, adressiert dies die von CARSON/FARGHER/GEIGER ET AL. aufgeworfene Fragestellung, die hierzu ausführen: „it remains an empirical issue whether the results [...] carry over to smaller public companies and private companies."[1702]

Die Untersuchung unterliegt Einschränkungen. An empirische Studien können die Anforderungen der internen Gültigkeit, der Konstrukt-Validität, der externen Gültigkeit und der statistischen Schlussfolgerungsgültigkeit gestellt werden.[1703] Von interner Gültigkeit kann ausgegangen werden, wenn alternative Erklärungen nicht überzeugend sind, die Ergebnisse durch die unabhängigen Variablen bestimmt werden und damit weitere Gründe für den Zusammenhang ausgeschlossen werden.[1704] Trotz der Vielzahl an verwendeten Kontrollvariablen kann nicht ausgeschlossen werden, dass Einflussfaktoren nicht berücksichtigt wurden, die einen Einfluss auf die Wahrscheinlichkeit einer GCM haben.[1705] Die Analyse erfolgt in einem Umfeld mit niedrigeren Reputations- und Haftungsrisiken für den Abschlussprüfer als in angelsächsischen Analysen mit kapitalmarktorientierten Unternehmen. Dennoch kann nicht ausgeschlossen werden, dass diese Effekte die mögliche Gefährdung der Unabhängigkeit überkompensieren und den Prüfer zu einem konservativeren Verhalten anhalten. Für die Konstrukt-Validität ist es erforderlich, dass die verwendeten theoretischen Begriffe zutreffend operationalisiert werden.[1706] Kritisch an der GCM kann sein, dass eine höhere Wahrscheinlichkeit für eine GCM mit einer höheren Unabhängigkeit in Verbindung steht. Es kann jedoch nicht ausgeschlossen werden, dass vom Abschlussprüfer unverhältnismäßig viele GCM ausgestellt werden. Weiterhin stellen GCM größere Einschränkungen dar, sodass subtile Variationen in der Unabhängigkeit nicht abgebildet werden können.[1707] Ein weiteres Problem von GCM als Maß können Ungenauigkeiten in Form

---

[1702] *Carson/Fargher/Geiger et al.*, Research Synthesis, 2013, S. 373.
[1703] Vgl. *Cook/Campbell*, Quasi, 1979, S. 39; *Elschen*, Probleme, 1982, S. 159; *Lenz*, Anforderungen, 2002, Sp. 629f.
[1704] Vgl. *Elschen*, Probleme, 1982, S. 171; *Lenz*, Anforderungen, 2002, Sp. 630.
[1705] Vgl. *Hope/Langli*, Low Litigation, 2010, S. 599.
[1706] Vgl. *Cook/Campbell*, Quasi, 1979, S. 55, 59; *Lenz*, Anforderungen, 2002, Sp. 630.
[1707] Vgl. *DeFond/Zhang*, Auditing, 2014, S. 287.

von Typ I- und Typ II-Fehlern sein.[1708] Externe Gültigkeit liegt vor, wenn die Ergebnisse unter „Bedingungen einer außerexperimentellen Realität"[1709] repliziert werden können. Die Analyse betrachtet Unternehmen in finanziellen Schwierigkeiten, sodass eine allgemeine Übertragbarkeit auf alle Unternehmen fraglich sein kann.[1710] Weiterhin wird nur ein bestimmter Zeitraum betrachtet, sodass nicht auf Kausalität geschlossen werden kann.[1711] Können mit zutreffenden statistischen Verfahren die Einflüsse in systematische und zufällige getrennt werden, liegt statistische Validität vor.[1712] Wie beschrieben, liegt der Untersuchung ein Auswahlprozess zu Grunde.[1713] Die für statistische Verfahren erforderliche Zufallsauswahl kann verletzt sein, sodass die Erkenntnisse von eingeschränkter Gültigkeit sein können.

Aus den empirischen Ergebnissen kann weiterer Forschungsbedarf abgeleitet werden. Trotz eines Umfeldes mit vergleichsweise geringen Haftungs- und Reputationsrisiken können die beiden Effekte als alternative Erklärung nicht ausgeschlossen werden. Weitere Forschungsarbeiten, die Zugang zu internen Daten für den Prüfungsaufwand besitzen, können hier ansetzen und die Effekte differenzierter betrachten. FRANCIS führt aus, dass „replication is at the heart of science, and a single study proves little by itself without independent verification by other studies."[1714] Daher können Studien mit anderen Zeiträumen und einem differenzierten Untersuchungsdesign die Ergebnisse dieser Studie hinterfragen. Abseits von privaten Unternehmen kann weiterer Forschungsbedarf aus dem neuen Bestätigungsvermerk bei Unternehmen von öffentlichem Interesse resultieren. Zukünftige Arbeiten können die Anwendung und den Inhalt des neuen Bestätigungsvermerks, der ausführlicher ausfällt als der bisherige, auswerten.

[1708] Vgl. *Maccari-Peukert*, Externe, 2011, S. 102.
[1709] Vgl. *Bortz/Döring*, Methoden, 2016, S. 99.
[1710] Vgl. *DeFond/Zhang*, Auditing, 2014, S. 287.
[1711] Vgl. *Ye/Carson/Simnett*, Impact, 2011, S. 145.
[1712] Vgl. *Lenz*, Anforderungen, 2002, Sp. 631.
[1713] Vgl. *Dyckman/Zeff*, Research, 2014, S. 701, die ausführen, dass „random samples are simply not possible in our discipline".
[1714] *Francis*, Nonaudit, 2006, S. 752.

Anhang

Beispiele zu Formulierungen, die als GCM gewertet werden

Formulierung	Unternehmen	Jahr
(…) auch für die Gesellschaft entsprechende Risiken bestehen und die Unternehmensfortführung gefährdet. (…)	Dobler Metallbau GmbH	2011
(…)Wir weisen ausdrücklich darauf hin, dass der Fortbestand der Metabo Gruppe davon abhängt, dass die eingeleiteten Maßnahmen weiter umgesetzt werden, die Zahlungsfähigkeit, insbesondere (…)	Metabo Aktiengesellschaft	2010
(…) eine wesentliche Voraussetzung für den Fortbestand der Gesellschaft ist, dass die Bedingungen des Gesellschaftsvertrags (Erreichen der Milestones) zukünftig eingehalten werden und der Gesellschaft die notwendige Liquidität zufließt. (…)	Odelo GmbH	2009
(…) die damit verbundene positive Fortbestehensprognose der Gesellschaft und des Konzerns entscheidend vom Erreichen der angestrebten Umsatz-, Kosten- und Liquiditätsziele abhängig; im Falle des Verfehlens der Ziele ist die Fortführung der Unternehmenstätigkeit gefährdet und hängt von einer weiteren finanziellen Unterstützung durch Kreditinstitute oder Investoren ab. (…)	Kunert AG	2011
(…) werden können. Bestandsgefährdende Risiken bestehen insbesondere darin, dass sich die positive Entwicklung der operativen Geschäftstätigkeit nicht als nachhaltig erweisen oder (…)	Klenk Holz AG	2012
(…) Liquiditätslage des Windreich-Konzerns als sehr angespannt zu betrachten ist. Der Fortbestand des Konzerns ist entscheidend davon abhängig, dass die eingeleiteten Finanzierungsmaßnahmen der Windreich-Gruppe erfolgreich (…)	Windreich AG	2011
(…) die Geschäftstätigkeit des Konzerns für das Jahr 2012 und darüber hinaus sicherzustellen. Dies setzt voraus, dass der Kapital- und Liquiditätsverzehr des Konzerns weiter reduziert werden kann, wie dies in der Konzernplanung vorgesehen ist. Werden die der Konzernplanung zugrunde liegenden Annahmen nicht erfüllt, ist die Zahlungsfähigkeit der Gesellschaft nicht gesichert. (…)	MyHammer Holding AG	2011
(…) Finanzierungsrisiken des Konzerns verwiesen. Der Fortbestand des Konzerns hängt davon ab, dass der Finanzbedarf gesichert und die derzeitige Unternehmensplanung realisiert werden kann. (…)	Navigon AG	2010
(…) weiterer Veritätsrisiken der Fortbestand der Konzerngesellschaften aufgrund angespannter Liquidität bedroht ist. Die Gesellschafter haben zuletzt am 8. April 2010 ihren unbedingten Fortführungswillen hinsichtlich ihres Engagements bei der Adi GmbH bestätigt. (…)	Adi GmbH	2009
(…) dass der Bestand der Konzerngesellschaften durch Risiken bedroht ist, die in Abschnitt „Chancen und Risiken und Risiken der künftigen Entwicklung" des Konzernlageberichtes dargestellt sind. (…)	Neschen AG	2010
(…) weisen wir auf die Ausführungen im Abschnitt „Unternehmensfortführung" im Konzernlagebericht hin. Dort ist ausgeführt, dass der Fortbestand der Agennix AG gefährdet ist, da auf Basis des Zahlungsmittelbestandes der Gesellschaft zum 31. Dezember 2011 sowie des anhaltenden negativen Cashflow aus operativer Geschäftstätigkeit (…)	Agennix AG	2011
(…) Konzernlagebericht hin. Dort ist ausgeführt, dass der Fortbestand des Konzerns kurzfristig gefährdet ist, falls entgegen der Erwartung weder Kapitalzuflüsse durch eine Auslizenzierung oder Partnerschaft erzielt werden noch eine Kapitalaufnahme über den Kapitalmarkt gelingen sollte. (…)	Wilex AG	2010

Anhang 1: Beispiele zu Formulierungen, die als GCM gewertet werden.

Beispiele zu Formulierungen, die nicht als GCM gewertet werden

Formulierung	Unternehmen	Jahr
(…) weisen wir auf die Erläuterungen der Gesellschaft im Lagebericht zu den Chancen und Risiken der künftigen Entwicklung hin. Dort wird ausgeführt, dass im Geschäftsjahr 2012 erstmals Entwicklungskosten für verschiedene Projekte im Bereich des elektronischen Zahlungsverkehrs mit insgesamt TEUR 607 aktiviert wurden, (…)	ICP Company GmbH	2012
(…) Erläuterungen der Geschäftsführung im Lagebericht hin. Dort wird ausgeführt, dass die Gesellschafter ihre Patronatserklärungen bis zum 31. März 2012 verlängert haben und dass insofern gesicherte Finanzierungsbedingungen für die Weiterentwicklung des Konzerns bestehen. Zudem (…)	Trocellen GmbH	2010
(…) und daher das künftige Finanzierungskonzept der Gesellschaft noch nicht abschließend verhandelt ist. (…)	EUROPART Holding GmbH	2010
(…) Ohne diese Beurteilung einzuschränken, weisen wir auf die Ausführungen im Lagebericht im Abschnitt Nachtragsbericht zur Liquiditätslage hin. (…)	MASA GmbH	2011
(…) die Ausführungen zu den Verbindlichkeiten gegenüber Kreditinstituten im Konzernanhang und im Konzernlagebericht hin. Dort ist erläutert, dass der Konzern zum 30. September 2009 die vereinbarten Finanzkennzahlen des abgeschlossenen Rahmenkreditvertrages nicht eingehalten hat. Zum derzeitigen Datum liegt keine Vertragsanpassung bzw. kein neuer Vertrag vor. Nach Auskunft der Geschäftsführung beabsichtigen die Banken keine Kündigung der Darlehensvereinbarung. (…)	Schwinn Holding GmbH	2009
(…) wir auf die negative kurzfristige Liquiditätslage des Konzerns und die entsprechenden Ausführungen im Lagebericht bezüglich der Unwägbarkeiten in der Prognose der künftigen Cash-Flows. (…)	Cartonplast Group GmbH	2011
(…) Ausgang ungewiss und noch nicht abgeschlossen. Im Falle eines negativen Ausgangs des Verfahrens ist für den Illies Konzern, Hamburg, mit einer erheblichen finanziellen Belastung zu rechnen. (…)	C. Illies & Co	2012
(…) Ohne unsere Beurteilung einschränken zu wollen, weisen wir auf die Ausführungen der Geschäftsführung im Lagebericht zur angespannten bilanziellen und finanziellen Gesamtsituation des Konzerns hin. (…)	Ernst Becker GmbH & Co. KG	2011
(…) bezüglich der noch nicht abgeschlossenen Finanzierungsverhandlungen hin. Dort wird ausgeführt, dass es für den Konzern ggf. zu erheblichen Liquiditätsrisiken führen könnte, wenn die laufenden Verhandlungen wider Erwarten nicht erfolgreich abgeschlossen (…)	KMH Partners GmbH	2009
(…) Ohne diese Beurteilung einzuschränken, weisen wir auf die Ausführungen im Lagebericht zur Finanzierung hin. (…)	Veritas AG	2009
(…) Ohne diese Beurteilung einzuschränken, weisen wir auf die Ausführungen der Geschäftsführung im Lagebericht bezüglich der in 2013 erfolgten Refinanzierung des Konzerns hin. (…)	REGE Holding GmbH	2011
(…) Ohne unsere Beurteilung einzuschränken, weisen wir auf die Ausführungen im Lagebericht hin. Dort ist im Abschnitt IV. ausgeführt, dass die Gesellschaft über die Refinanzierung von 2 Mio. Euro in Verhandlungen steht, die zum 30. Juni 2011 (…)	KARE Design GmbH	2010

Anhang 2: Beispiele zu Formulierungen, die nicht als GCM gewertet werden.

Literaturverzeichnis

A

Abbott, L. J./Parker, S./Peters, G. F. et al. (Empirical): An Empirical Investigation of Audit Fees, Nonaudit Fees, and Audit Committees, in: Contemporary Accounting Research, Vol. 20(2), 2003, S. 215 - 234.

Abdel-Khalik, A. R. (Demand): Why Do Private Companies Demand Auditing? A Case for Organizational Loss of Control, in: Journal of Accounting, Auditing & Finance, 1993, Vol. 8(1), S. 31 - 52.

Adam, S. (Prinzip): Das Going-Concern-Prinzip in der Jahresabschlussprüfung, Wiesbaden 2007.

Adam, S./Quick, R. (Prinzip): Das Going-Concern-Prinzip - Konzeption und praktische Implikationen, in: Betriebswirtschaftliche Forschung und Praxis, Vol. 62(3), 2010, S. 243 - 258.

Adelman, M. A. (Comment): Comment on the "H" Concentration Measure as a Numbers-Equivalent, in: The Review of Economics and Statistics, Vol. 51(1), 1969, S. 99 - 101.

ADS (Kommentar): Rechnungslegung und Prüfung der Unternehmen - Kommentar zum HGB, AktG, GmbHG, PublG nach den Vorschriften des Bilanzrichtlinien-Gesetzes, 6. Auflage, Stuttgart 1995, 2000.

Agacer, G. M./Doupnik, T. S. (Independence): Perception of Auditor Independence: A Cross-cultural Study, in: The International Journal of Accounting, Vol. 26, 1991, S. 220 - 237.

Ahmed, A. S./Neel, M./Wang, D. (Mandatory): Does Mandatory Adoption of IFRS Improve Accounting Quality? Preliminary Evidence, in: Contemporary Accounting Research, Vol. 30(4), 2013, S. 1344 - 1372.

Ajona, L. A./Dallo, F. L./Alegría, S. S. (Failing): Discretionary Accruals and Auditor Behaviour in Code-Law Contexts: An Application to Failing Spanish Firms, in: European Accounting Review, Vol. 17(4), 2008, S. 641 - 666.

Altman, E. I. (Bankruptcy): Financial Ratios, Discriminant Analysis and the Prediction of Corporate Bankruptcy, in: The Journal of Finance, Vol. 23(4), 1968, S. 589 - 609.

Amin, K./Krishnan, J./Yang, J. S. (Equity): Going Concern Opinion and Cost of Equity, in: Auditing: A Journal of Practice & Theory, Vol. 33(4), 2014, S. 1 - 39.

Antle, R. (Economic Agent): The Auditor as an Economic Agent, in: Journal of Accounting Research, Vol. 20(2), 1982, S. 503 - 527.

Antle, R. (Independence): Auditor Independence, in: Journal of Accounting Research, Vol. 22(1), 1984, S. 1 - 20.

Antle, R./Gordon, E./Narayanamoorthy, G. et al. (Joint): The Joint Determination of Audit Fees, Non-Audit Fees, and Abnormal Accruals, in: Review of Quantitative Finance and Accounting, Vol. 27(3), 2006, S. 235 - 266.

Arrunada, B. (Provision): The Provision of Non-Audit Services by Auditors: Let the Market Evolve and Decide, in: International Review of Law and Economics, Vol. 19(4), 1999, S. 513 - 531.

Ashbaugh, H./LaFond, R./Mayhew, B. W. (Independence): Do Nonaudit Services Compromise Auditor Independence? Further Evidence, in: The Accounting Review, Vol. 78(3), 2003, S. 611 - 639.

Asthana, S. C./Boone, J. P. (Quality): Abnormal Audit Fee and Audit Quality, in: Auditing: A Journal of Practice & Theory, Vol. 31(3), 2012, S. 1 - 22.

B

Backhaus, K./Erichson, B./Plinke, W. et al. (Multivariate): Multivariate Analysemethoden, 14. Auflage, Berlin 2016.

Baetge, J./Kirsch, H.-J./Thiele, S. (Bilanzen): Bilanzen, 13. Auflage, Düsseldorf 2014.

Baetge, J./Kirsch, H.-J./Thiele, S. (Konzern): Konzernbilanzen, 11. Auflage, Düsseldorf 2015.

Baetge, J./Thiele, S. (HdR): Kommentierung zu § 318 HGB Bestellung und Abberufung des Abschlussprüfers, in: Küting, K./Weber, C. (Hrsg.): Handbuch der Rechnungslegung, 5. Auflage, Stuttgart 2010.

Balachandran, B. V./Nagarajan, N. J. (Imperfect): Imperfect Information, Insurance, and Auditors' Legal Liability, in: Contemporary Accounting Research, Vol. 3(2), 1987, S. 281 - 301.

Ball, R./Shivakumar, L. (Accruals): The Role of Accruals in Asymmetrically Timely Gain and Loss Recognition, in: Journal of Accounting Research, Vol. 44(2), 2006, S. 207 - 242.

Ball, R./Shivakumar, L. (Quality): Earnings Quality in UK Private Firms: Comparative Loss Recognition Timeliness, in: Journal of Accounting and Economics, Vol. 39(1), 2005, S. 83 - 128.

Ballwieser, W. (Ergebnisse): Ergebnisse der Informationsökonomie zur Informationsfunktion der Rechnungslegung, in: *Stöppler, S.* (Hrsg.): Information und Produktion, Festschrift zum 60. Geburtstag von Prof. Dr. Waldemar Wittmann, Stuttgart 1985, S. 21 - 40.

Ballwieser, W. (MüKommHGB): Kommentierung zu § 252 HGB, in: *Schmidt, K.* (Hrsg.): Münchener Kommentar zum HGB, 3. Auflage, München 2013.

Barber, B. M./Lyon, J. D. (Detecting): Detecting Abnormal Operating Performance: The Empirical Power and Specification of Test Statistics, in: Journal of Financial Economics, Vol. 41(3), 1996, S. 359 - 399.

Barkess, L./Simnett, R. (Other Services): The Provision of Other Services by Auditors: Independence and Pricing Issues, in: Accounting & Business Research, Vol. 24(94), 1994, S. 99 - 108.

Barnes, P. (Mislead): The Auditor's Going Concern Decision and Types I and II Errors: The Coase Theorem, Transaction Costs, Bargaining Power and Attempts to Mislead, in: Journal of Accounting and Public Policy, Vol. 23(6), 2004, S. 415 - 440.

Bar-Yosef, S./Livnat, J. (Selection): Auditor Selection: An Incentive-Signalling Approach, in: Accounting and Business Research, Vol. 14(56), 1984, S. 301 - 309.

Basioudis, I. G./Papakonstantinou, E./Geiger, M. A. (Kingdom): Audit Fees, Non-Audit Fees and Auditor Going-Concern Reporting Decisions in the United Kingdom, in: Abacus, Vol. 44(3), 2008, S. 284 - 309.

Bauer, M. (Unabhängigkeit): Die Unabhängigkeit des Abschlussprüfers im Zusammenhang mit dem gleichzeitigen Angebot von Beratungsleistungen beim Prüfungsmandanten - Eine empirische Analyse, Dissertation Julius-Maximilians-Universität Würzburg, 2004.

Beatty, A. L./Ke, B./Petroni, K. R. (Banks): Earnings Management to Avoid Earnings Declines across Publicly and Privately Held Banks, in: The Accounting Review, Vol. 77(3), 2002, S. 547 - 570.

Becht, M./Böhmer, E. (Voting): Voting Control in German Corporations, in: International Review of Law and Economics, Vol. 23(1), 2003, S. 1 - 29.

Beck, A. K./Fuller, R. M./Muriel, L. et al. (Perception): Audit Fees and Investor Perceptions of Audit Characteristics, in: Behavioral Research in Accounting, Vol. 25(2), 2013, S. 71 - 95.

Beck, P. J./Frecka, T. J./Solomon, I. (Knowledge): A Model of the Market for MAS and Audit Services: Knowledge Spillovers and Auditor-Auditee Bonding, in: Journal of Accounting Literature, Vol. 7(1), 1988, S. 50 - 64.

Behn, B. K./Kaplan, S. E./Krumwiede, K. R. (Plans): Further Evidence on the Auditor's Going-Concern Report: The Influence of Management Plans, in: Auditing: A Journal of Practice & Theory, Vol. 20(1), 2001, S. 13 - 28.

Bell, T. B./Bedard, J. C./Johnstone, K. M. et al. (Risk): KRisk^{SM}: A Computerized Decision Aid for Client Acceptance and Continuance Risk Assessments, in: Auditing: A Journal of Practice & Theory, Vol. 21(2), 2002, S. 97 - 113.

Bell, T. B./Landsman, W. R./Shackelford, D. A. (Perceived): Auditors' Perceived Business Risk and Audit Fees: Analysis and Evidence, in: Journal of Accounting Research, 2001, Vol. 39(1), S. 35 - 43.

Ben-Akiva, M./Lerman, S. R. (Discrete): Discrete Choice Analysis: Theory and Application to Travel Demand, Cambridge 1985.

Beneish, M. D./Press, E. (Costs): Costs of Technical Violation of Accounting-Based Debt Covenants, in: The Accounting Review, Vol. 68(2), 1993, S. 233 - 257.

BGH (IX ZR 123/04): Urteil vom 24.5.2005 - IX ZR 123/04, in: Zeitschrift für Bank- und Kapitalmarktrecht, 2006, S. 15 - 19.

Bigus, J. (Reputation): Reputation und Wirtschaftsprüferhaftung, in: Betriebswirtschaftliche Forschung und Praxis, Vol. 58(1), 2006, S. 22 - 41.

Bigus, J. (Sorgfalt): Die Sorgfaltsanreize des Wirtschaftsprüfers bei beschränkter Haftung, in: Schmalenbachs Zeitschrift für betriebswirtschaftliche Forschung, Vol. 59(1), 2007, S. 61 - 86.

Bigus, J./Zimmermann, R. (German): Non-Audit Fees, Market Leaders and Concentration in the German Audit Market: A Descriptive Analysis, in: International Journal of Auditing, Vol. 12(3), 2008, S. 159 - 179.

Bischof, S. (Honorare): Anhangangaben zu den Honoraren für Leistungen des Abschlussprüfers, in: Die Wirtschaftsprüfung, 2006, Vol. 59(11), S. 705 - 712.

Blackwell, D. W./Noland, T. R./Winters, D. B. (Value): The Value of Auditor Assurance: Evidence from Loan Pricing, in: Journal of Accounting Research, 1998, Vol. 36(1), S. 57 - 70.

Blacconiere, W. G./DeFond, M. L. (Investigation): An Investigation of Independent Audit Opinions and Subsequent Independent Auditor Litigation of Publicly-Traded Failed Savings and Loans, in: Journal of Accounting and Public Policy, Vol. 16(4), 1997, S. 415 - 454.

Blankley, A.I./Hurtt, D. N./MacGregor, J. E. (Abnormal): Abnormal Audit Fees and Restatements, in: Auditing: A Journal of Practice & Theory, Vol. 31(1), 2012, S. 79 - 96.

Blay, A. D./Geiger, M. A. (Expectations): Market Expectations for First-Time Going-Concern Recipients, in: Journal of Accounting, Auditing & Finance, Vol. 16(3), 2001, S. 209 - 226.

Blay, A. D./Geiger, M. A. (Independence): Auditor Fees and Auditor Independence: Evidence from Going Concern Reporting Decisions, in: Contemporary Accounting Research, Vol. 30(2), 2013, S. 579 - 606.

Blay, A. D./Geiger, M. A./North, D. S. (Risk): The Auditor's Going-Concern Opinion as a Communication of Risk, in: Auditing: A Journal of Practice & Theory, Vol. 30(2), 2011, S. 77 - 102.

Bleymüller, J./Gehlert, G. (Konzentrationsmessung): Konzentrationsmessung, in: Wirtschaftswissenschaftliches Studium, Vol. 9, 1989, S. 379 - 284.

Böcking, H./Gros, M./Worret, D. (Enforcement): Enforcement of Accounting Standards: How Effective is the German Two-Tier System in Detecting Earnings Management? in: Review of Managerial Science, Vol. 9(3), 2015, S. 431 - 485.

Bormann, M. (Aufgabe): Unabhängigkeit des Abschlussprüfers: Aufgabe und Chance für den Berufsstand, in: Betriebs-Berater, Vol. 57(4), 2002, S. 190 - 197.

Bortz, J./Döring, N. (Methoden): Forschungsmethoden und Evaluation in den Sozial- und Humanwissenschaften, 5. Auflage, Berlin 2016.

Boubaker, S./Labégorre, F. (Analyst): Ownership Structure Corporate Governance and Analyst Following: A Study of French Listed Firms, in: Journal of Banking & Finance. Vol. 32(6), 2008, S. 961 - 976.

Brav, O. (Access): Access to Capital, Capital Structure, and the Funding of the Firm, in: The Journal of Finance, Vol. 64(1), 2009, S. 263 - 308.

Butler, M./Leone, A. J./Willenborg, M. (Abnormal): An Empirical Analysis of Auditor Reporting and its Association with Abnormal Accruals, in: Journal of Accounting and Economics, Vol. 37(2), 2004, S. 139 - 165.

Butterworth, S./Houghton, K. A. (Switching): Auditor Switching: The Pricing of Audit Services, in: Journal of Business Finance & Accounting, Vol. 22(3), 1995, S. 323 - 344.

Burgstahler, D. C./Hail, L./Leuz, C. (Importance): The Importance of Reporting Incentives: Earnings Management in European Private and Public Firms, in: The Accounting Review, 2006, Vol. 81(5), S. 983 - 1016.

Busse von Colbe, W. (Informationsinstrument): Die Entwicklung des Jahresabschlusses als Informationsinstrument, in: Schmalenbachs Zeitschrift für betriebswirtschaftliche Forschung, Sonderheft Vol. 32, 1993, S. 11 - 29.

Bußhardt, H. (*KommInsO*): Kommentierung zu § 17 InsO, in: *Braun, E.* (Hrsg.): Insolvenzordnung, 6. Auflage, München 2014.

C

Callaghan, J./Parkash, M./Singhal, R. (Bankrupt): Going-Concern Audit Opinions and the Provision of Nonaudit Services: Implications for Auditor Independence of Bankrupt Firms, in: Auditing: A Journal of Practice & Theory, Vol. 28(1), 2009, S. 153 - 169.

Cameran, M. (Premium): Audit Fees and the Large Auditor Premium in the Italian Market, in: International Journal of Auditing, Vol. 9(2), 2005, S. 129 - 146.

Cameran, M./Francis, J. R./Marra, A. et al. (Evidence): Are There Adverse Consequences of Mandatory Auditor Rotation? Evidence from the Italian Experience, in: Auditing: A Journal of Practice & Theory, Vol. 34(1), 2015, S. 1 - 24.

Cameran, M./Prencipe, A./Trombetta, M. (Mandatory): Mandatory Audit Firm Rotation and Audit Quality, in: European Accounting Review, Vol. 25(1), 2016, S. 35 - 58.

Cameron, A. C./Trivedi, P. K. (Microeconometrics): Microeconometrics Using Stata, College Station 2010.

Cano-Rodríguez, M. (Private): Big Auditors, Private Firms and Accounting Conservatism: Spanish Evidence, in: European Accounting Review, Vol. 19(1), 2010, S. 131 - 159.

Carcello, J. V./Hermanson, D. R./Huss, H. F. (Plans): Going-Concern Opinions: The Effects of Partner Compensation Plans and Client Size, in: Auditing: A Journal of Practice & Theory, Vol. 19(1), 2000, S. 67 - 77.

Carcello, J. V./Hermanson, D. R./Huss, H. F. (Temporal): Temporal Changes in Bankruptcy-Related Reporting, in: Auditing: A Journal of Practice & Theory, Vol. 14(2), 1995, S. 133 - 143.

Carcello, J. V./Hermanson, D. R./Huss, H. F. (Transition): The Effect of SAS No. 59: How Treatment of the Transition Period Influences Results, in: Auditing: A Journal of Practice & Theory, Vol. 16(1), 1997, S. 114 - 123.

Carcello, J. V./Hollingsworth, C./Mastrolia, S. A. (Inspections): The effect of PCAOB inspections on Big 4 audit quality, in: Research in Accounting Regulation, Vol. 23(2), 2011, S. 85 - 96.

Carcello, J. V./Neal, T. L. (Committee): Audit Committee Composition and Auditor Reporting, in: The Accounting Review, Vol. 75(4), 2000, S. 453 - 467.

Carcello, J. V./Neal, T. L. (Dismissals): Audit Committee Characteristics and Auditor Dismissals following "New" Going-Concern Reports, in: The Accounting Review, Vol. 78(1), 2003, S. 95 - 117.

Carcello, J. V./Palmrose, Z.-V. (Litigation): Auditor Litigation and Modified Reporting on Bankrupt Clients, in: Journal of Accounting Research, Vol. 32(3), 1994, S. 1 - 30.

Carcello, J. V./Vanstraelen, A./Willenborg, M. (Rules): Rules Rather than Discretion in Audit Standards: Going-Concern Opinions in Belgium, in: The Accounting Review, Vol. 84(5), 2009, S. 1395 - 1428.

Carey, P. J./Geiger, M. A./O'Connell, B. T. (Costs): Costs Associated With Going-Concern-Modified Audit Opinions: An Analysis of the Australian Audit Market, in: Abacus, Vol. 44(1), 2008, S. 61 - 81.

Carey, P. J./Simnett, R./Tanewski, G. (Voluntary): Voluntary Demand for Internal and External Auditing by Family Businesses, in: Auditing: A Journal of Practice & Theory, 2000, Vol. 19(1), Supplement, S. 37 - 51.

Carson, E./Fargher, N. L./Geiger, M. A. et al. (Research Synthesis): Audit Reporting for Going-Concern Uncertainty: A Research Synthesis, in: Auditing: A Journal of Practice & Theory, Vol. 32(Supplement 1), 2013, S. 353 - 384.

Casterella, J. R./Jensen, K. L./Knechel, W. R. (Peer): Is Self-Regulated Peer Review Effective at Signaling Audit Quality?, in: The Accounting Review, Vol. 84(3), 2009, S. 713 - 735.

Catanach, A. H./Walker, P. L. (Framework): The International Debate Over Mandatory Auditor Rotation: A Conceptual Research Framework, in: Journal of International Accounting, Auditing & Taxation, Vol. 8(1), 1999, S. 43 - 66.

Chan, D. K./Pae, S. (Rule): An Analysis of the Economic Consequences of the Proportionate Liability Rule, in: Contemporary Accounting Research, Vol. 15(4), 1998, S. 457 - 480.

Chan, K. H./Lin, K. Z./Mo, P. L. (Reporting): A Political–Economic Analysis of Auditor Reporting and Auditor Switches, in: Review of Accounting Studies, Vol. 11(1), 2006, S. 21 - 48.

Chaney, P. K./Philipich, K. L. (Shredded): Shredded Reputation: The Cost of Audit Failure, in: Journal of Accounting Research, Vol. 40(4), 2002, S. 1221 - 1245.

Chaney, P. K./Jeter, D. C./Shivakumar, L. (Selection): Self-Selection of Auditors and Audit Pricing in Private Firms, in: The Accounting Review, Vol. 79(1), 2004, S. 51 - 72.

Chen, K. C. W./Church, B. K. (Debt): Default on Debt Obligations and the Issuance of Going-Concern Opinions, in: Auditing: A Journal of Practice & Theory, Vol. 11(2), 1992, S. 30 - 49.

Cho, M./Ki, E./Kwon, S. Y. (Fees): The Effects of Accruals Quality on Audit Hours and Audit Fees, in: Journal of Accounting, Auditing & Finance, Vol. 32(3), 2017, S. 372 - 400.

Choi, J./Kim, J./Zang, Y. (Impair): Do Abnormally High Audit Fees Impair Audit Quality?, in: Auditing: A Journal of Practice & Theory, Vol. 29(2), 2010, S. 115 - 140.

Chow, C. W. (Demand): The Demand for External Auditing: Size, Debt and Ownership Influences, in: The Accounting Review, 1982, Vol. 57(2), S. 272 - 291.

Chow, C. W./Rice, S. J. (Qualified): Qualified Audit Opinions and Auditor Switching, in: The Accounting Review, Vol. 57(2), 1982, S. 326 - 335.

Citron, D. B./Taffler, R. J. (Behaviour): Ethical Behaviour in the U.K. Audit Profession: The Case of the Self-Fulfilling Prophecy Under Going-Concern Uncertainties, in: Journal of Business Ethics, Vol. 29(4), 2001, S. 353 - 363.

Citron, D. B./Taffler, R. J. (Empirical): The Audit Report under Going Concern Uncertainties: An Empirical Analysis, in: Accounting & Business Research, Vol. 22(88), 1992, S. 337 - 345.

Claessens, S./Tzioumis, K. (Ownership): Ownership and Financing Structures of Listed and Large Non-listed Corporations, in: Corporate Governance, Vol. 14(4), 2006, S. 266 - 276.

Clatworthy, M. A./Makepeace, G. H./Peel, M. J. (Bias): Selection Bias and the Big Four Premium: New Evidence Using Heckman and Matching Models, in: Accounting & Business Research, Vol. 39(2), 2009, S. 139 - 166.

Clatworthy, M. A./Peel, M. J. (Effect): The Effect of Corporate Status on External Audit Fees: Evidence From the UK, in: Journal of Business Finance & Accounting, Vol. 34(1 - 2), 2007, S. 169 - 201.

Coenenberg, A. G./Haller, A./Schultze, W. (Jahresabschluss): Jahresabschluss und Jahresabschlussanalyse, 23. Auflage, Stuttgart 2014.

Cook, T. D./Campbell, D. T. (Quasi): Quasi-experimentation: Design and Analysis Issues of Field Settings, Chicago 1979.

Copley, P. A./Doucet, M. S. (Impact): The Impact of Competition on the Quality of Governmental Audits, in: Auditing: A Journal of Practice & Theory, Vol. 12(1), 1993, S. 88 - 98.

Craswell, A. T. (Independence): Does the Provision of Non-Audit Services Impair Auditor Independence?, in: International Journal of Auditing, Vol. 3(1), 1999, S. 29 - 40.

Craswell, A. T./Stokes, D. J./Laughton, J. (Fee Dependence): Auditor Independence and Fee Dependence, in: Journal of Accounting and Economics, Vol. 33(2), 2002, S. 253 - 275.

D

Daily, C. M./Dollinger, M. J. (Empirical): An Empirical Examination of Ownership Structure in Family and Professionally Managed Firms, in: Family Business Review, Vol. 5(2), 1992, S. 117 - 136.

Datar, S./Alles, M. (Formation): The Formation and Role of Reputation and Litigation in the Auditor-Manager, in: Journal of Accounting, Auditing & Finance, Vol. 14(4), 1999, S. 401 - 428.

Davis, R. R. (Empirical): An Empirical Evaluation of Auditors' 'Subject-To' Opinions, in: Auditing: A Journal of Practice and Theory, Vol. 2(1), 1982, S. 13 - 32.

De George, E. T./Ferguson, C. B./Spear, N. A. (IFRS): How Much Does IFRS Cost? IFRS Adoption and Audit Fees, in: The Accounting Review, Vol. 88(2), 2013, S. 429 - 462.

De Villiers, C./Hay, D./Zhang, Z. J. (Fee): Audit Fee Stickiness, in: Managerial Auditing Journal, Vol. 29(1), 2014, S. 2 - 26.

DeAngelo, L. E. (Numbers): Accounting Numbers as Market Valuation Substitutes: A Study of Management Buyouts of Public Stockholders, in: The Accounting Review, Vol. 61(3), 1986, S. 400 - 420.

DeAngelo, L. E. (Low-Balling): Auditor Independence, Low Balling and Disclosure Regulation, in: Journal of Accounting and Economics, Vol. 3(2), 1981, S. 113 - 127.

DeAngelo, L. E. (Size): Auditor Size and Audit Quality, in: Journal of Accounting and Economics, Vol. 3(3), 1981, S. 183 - 199.

DeBerg, C. L./Kaplan, S. E./Pany, K. (Change): An Examination of Some Relationships Between Non-Audit Services and Auditor Change, in: Accounting Horizons, Vol. 5(1), 1991, S. 17 - 28.

Dechow, P. M./Dichev, I. D. (Quality): The Quality of Accruals and Earnings: The Role of Accrual Estimation Errors, in: The Accounting Review, Vol. 77(4), 2002, S. 35 - 59.

Dechow, P. M./Ge, W./Larson, C. R. et al. (Accounting): Predicting Material Accounting Misstatements, Vol. 28(1), 2011, S. 17 - 82.

Dechow, P. M./Richardson, S. A./Tuna, I. (Examination): Why Are Earnings Kinky? An Examination of the Earnings Management Explanation, in: Review of Accounting Studies, Vol. 8(2 - 3), 2003, S. 355 - 384.

Dechow, P. M./Sloan, R. G./Sweeney, A. P. (Causes): Causes and Consequences of Earnings Manipulation: An Analysis of Firms Subject to Enforcement Actions by the SEC, in: Contemporary Accounting Research, Vol. 13(1), 1996, S. 1 - 36.

Dechow, P. M./Sloan, R. G./Sweeney, A. P. (Detecting): Detecting Earnings Management, in: The Accounting Review, Vol. 70(2), 1995, S. 193 - 225.

Dedman, E./Kausar, A./Lennox, C. (Evidence): The Demand for Audit in Private Firms: Recent Large-Sample Evidence from the UK, in: European Accounting Review, Vol. 23(1), 2014, S. 1 - 23.

DeFond, M. L./Lennox, C. S. (Small): The Effect of SOX on Small Auditor Exits and Audit Quality, in: Journal of Accounting and Economics, Vol. 52(1), 2011, S. 21 - 40.

DeFond, M. L./Raghunandan, K./Subramanyam, K. R. (Fees): Do Non-Audit Service Fees Impair Auditor Independence? Evidence from Going Concern Audit Opinions, in: Journal of Accounting Research, Vol. 40(4), 2002, S. 1247 - 1274.

DeFond, M. L./Zhang, J. (Auditing): A Review of Archival Auditing Research, in: Journal of Accounting and Economics, Vol. 58(2 - 3), 2014, S. 275 - 326.

Deutscher Bundestag (APAReG): Gesetz zur Umsetzung der aufsichts- und berufsrechtlichen Regelungen der Richtlinie 2014/56/EU sowie zur Ausführung der entsprechenden Vorgaben der Verordnung (EU) Nr. 537/2014 im Hinblick auf die Abschlussprüfung bei Unternehmen von öffentlichem Interesse (Abschlussprüferaufsichtsreformgesetz - APAReG), abrufbar unter: URL: http://www.bgbl.de/xaver/bgbl/text.xav? SID=&tf=xaver.component.Text_0&tocf=&qmf=&hlf=xaver.component.Hitlist_0& bk=bgbl&start=%2F%2F*[%40node_id%3D%271281514%27]&skin=pdf&tlevel=-2& nohist=1, Stand: 05.04.2016, Informationsabruf: 10.02.2017.

Deutscher Bundestag (AReG): Gesetz zur Umsetzung der prüfungsbezogenen Regelungen der Richtlinie 2014/56/EU sowie zur Ausführung der entsprechenden Vorgaben der Verordnung (EU) Nr. 537/2014 im Hinblick auf die Abschlussprüfung bei Unternehmen von öffentlichem Interesse (Abschlussprüfungsreformgesetz-AReG), abrufbar unter: URL: http://www.bgbl.de/xaver/bgbl/text.xav?SID=&tf=xaver. component.Text_0&tocf=&qmf=&hlf=xaver.component.Hitlist_0&bk= bgbl&start=%2F%2F*[%40node_id%3D%271303225%27]&skin=pdf&tlevel=- 2&nohist=1, Stand: 17.05.2012, Informationsabruf: 10.02.2017.

Deutscher Bundestag (Entwurf BilKoG): Gesetzentwurf der Bundesregierung. Entwurf eines Gesetzes zur Kontrolle von Unternehmensabschlüssen (Bilanzkontrollgesetz – BilKoG), abrufbar unter: URL: http://dip21.bundestag.de/dip21/btd/15/034/ 1503421.pdf, Stand: 24.06.2004, Informationsabruf: 27.10.2016.

Deutscher Bundestag (BilMoG): Gesetzentwurf der Bundesregierung. Entwurf eines Gesetzes zur Modernisierung des Bilanzrechts (Bilanzrechtsmodernisierungsgesetz – BilMoG), abrufbar unter: URL: http://dip21.bundestag.de/dip21/btd/16/100/ 1610067.pdf, Stand: 30.07.2008, Informationsabruf: 26.10.2016.

Deutscher Bundestag (BilRUG): Gesetz zur Umsetzung der Richtlinie 2013/34/EU des Europäischen Parlaments und des Rates vom 26. Juni 2013 über den Jahresabschluss, den konsolidierten Abschluss und damit verbundene Bericht von Unternehmen bestimmter Rechtsformen und zur Änderung der Richtlinie 2006/43/EG des Europäischen Parlaments und des Rates und zur Aufhebung der Richtlinien 78/660/EWG und 83/349/EWG des Rates (Bilanzrichtlinie-Umsetzungsgesetz- BilRUG), abrufbar unter: URL: http://www.bgbl.de/xaver/bgbl/start.xav? startbk=Bundesanzeiger_BGBl&start=//*%5b@attr_id=%2527bgbl115s1245.pdf% 2527%5d#__bgbl__%2F%2F*%5B%40attr_id%3D%27bgbl115s1245.pdf%27%5D_ _1479915332232, Stand: 22.07.2015, Informationsabruf: 23.11.2016.

Deutscher Bundestag (Beschlussempfehlung BilReG): Beschlussempfehlung und Bericht des Rechtsausschusses (6. Ausschuss) zu dem Gesetzentwurf der Bundesregierung - Drucksache 15/3419 - Entwurf eines Gesetzes zur Einführung internationaler Rechnungslegungsstandards und zur Sicherung der Qualität der Abschlussprüfung (Bilanzrechtsreformgesetz - BilReG), abrufbar unter: URL: http:// dip.bundestag.de/ btd/15/040/1504054.pdf, Stand: 27.10.2004, Informationsabruf: 10.08.2016.

Deutscher Bundestag (Entwurf KonTraG): Gesetzentwurf der Bundesregierung - Entwurf eines Gesetzes zur Kontrolle und Transparenz im Unternehmensbereich (KonTraG), abrufbar unter: URL: http://dipbt.bundestag.de/doc/btd/13/097/ 1309712.pdf, Stand: 28.01.98, Informationsabruf: 26.10.2016.

Deutscher Bundestag (Gesetzentwurf BilReG): Entwurf eines Gesetzes zur Einführung internationaler Rechnungslegungsstandards und zur Sicherung der Qualität der Abschlussprüfung (Bilanzrechtsreformgesetz – BilReG), abrufbar unter: URL: http://dip21.bundestag.de/dip21/btd/15/034/1503419.pdf, Stand: 24.06.2004, Informationsabruf: 26.10.2016.

Ding, Y./Hope, O.-K./Jeanjean, T. et al. (Differences): Differences Between Domestic Accounting Standards and IAS: Measurement, Determinants and Implications, in: Journal of Accounting and Public Policy, Vol. 26(1), 2007, S. 1 - 38.

Dobler, M. (Family): Auditor-provided non-audit services in listed and private family firms, in: Managerial Auditing Journal, Vol. 29(5), 2014, S. 427 - 454.

Dobler, M./Fichtl, N. (Familienunternehmen): Leistungen und Konzentration von Abschlussprüfern deutscher Familienunternehmen: Eine empirische Untersuchung, in: Betriebswirtschaftliche Forschung und Praxis, Vol. 2, 2013, S. 158 - 175.

Dodd, P./Dopuch, N./Holthausen, R. et al. (Content): Qualified Audit Opinions and Stock Prices - Information Content, Announcement Dates, and Concurrent Disclosures, in: Journal of Accounting and Economics, Vol. 6(1), 1984, S. 3 - 38.

Dopuch, N./Holthausen, R. W./Leftwich, R. W. (Media): Abnormal Stock Returns Associated with Media Disclosures of 'Subject to' Qualified Audit Opinions, in: Journal of Accounting and Economics, Vol. 8(2), 1986, S. 93 - 117.

Dopuch, N./Holthausen, R. W./Leftwich, R. W. (Predicting): Predicting Audit Qualifications with Financial and Market Variables, in: The Accounting Review, Vol. 62(3), 1987, S. 431 - 454.

Dörner, D. (Anforderungen): Ändert das KonTraG die Anforderungen an den Abschlussprüfer?, in: Der Betrieb, Vol. 1 - 2, 1998, S. 1 - 8.

DPR (Tätigkeitsbericht): Tätigkeitsbericht 2015, abrufbar unter: URL: http://www. frep.info/docs/jahresberichte/2015/2015_tb.pdf, Stand: 28.01.2016, Informationsabruf: 27.10.2016.

Drukarczyk, J. (MüKommInsO): Kommentierung zu § 18 InsO, in: *Kirchhof, H.-P./ Eidenmüller, H./Stürner, R.* (Hrsg.): Münchener Kommentar zur Insolvenzordnung, 3. Auflage, München 2013.

Durbin, J. (Errors): Errors in Variables, in: Review of the International Statical Institute, Vol. 22(1/3), 1954, S. 23 - 32.

Dye, R. A. (Incorporation): Incorporation and the Audit Market, in: Journal of Accounting and Economics, Vol. 19(1), 1995, S. 75 - 114.

Dye, R. A. (Wealth): Auditing Standards, Legal Liability, and Auditor Wealth, in: Journal of Political Economy, Vol. 101(5), 1993, S. 887 - 914.

Dyckman, T. R./Zeff, S. A. (Research): Some Methodological Deficiencies in Empirical Research Articles in Accounting, in: Accounting Horizons, 2014, Vol. 28(3), S. 695 - 712.

Dykxhoorn, H. J./Sinning, K. E. (Perceptions): Perceptions of Auditor Independence: Its Perceived Effect on the Loan and Investment Decisions of German Financial Statement Users, in: Accounting, Organizations and Society, Vol. 7(4), 1982, S. 337 - 347.

Dykxhoorn, H. J./Sinning, K. E. (Wirtschaftsprüfer): Wirtschaftsprüfer Perception of Auditor Independence, in: The Accounting Review, Vol. 56(1), 1981, S. 97 - 107.

Dykxhoorn, H. J./Sinning, K. E./Wiese, M. (Banken): Wie deutsche Banken die Qualität von Prüfungsberichten beurteilen, in: Betriebs-Berater, Vol. 51, 1996, S. 2031 - 2034.

E

Ebke, W. F. (MüKommHGB): Kommentierung zu § 316 HGB, in: *Schmidt, K.* (Hrsg.): Münchener Kommentar zum HGB, 3. Auflage, München 2013.

Ebke, W. F. (MüKommHGB): Kommentierung zu § 318 HGB, in: *Schmidt, K.* (Hrsg.): Münchener Kommentar zum HGB, 3. Auflage, München 2013.

Ebke, W. F. (MüKommHGB): Kommentierung zu § 323 HGB, in: *Schmidt, K.* (Hrsg.): Münchener Kommentar zum HGB, 3. Auflage, München 2013.

Eckey, H./Kosfeld, R./Türck, M. (Statistik): Deskriptive Statistik, 5. Auflage, Wiesbaden 2008.

Eilenberger, G. (MüKommInsO): Kommentierung zu § 17 InsO, in: *Kirchhof, H.-P./ Eidenmüller, H./Stürner, R.* (Hrsg.): Münchener Kommentar zur Insolvenzordnung, 3. Auflage, München 2013.

Elliott, J. A. (Subject): "Subject to" Audit Opinions and Abnormal Security Returns - Outcomes and Ambiguities, in: Journal of Accounting Research, Vol. 20(2), 1982, S. 617 - 638.

Elschen, R. (Probleme): Betriebswirtschaftslehre und Verhaltenswissenschaften. Probleme einer Erkenntnisübernahme am Beispiel des Risikoverhaltens bei Gruppenentscheidungen, Frankfurt 1982.

Entwistle, G./Lindsay, D. (Cause): An Archival Study of the Existence, Cause, and Discovery of Income-Affecting Financial Statement Misstatements, in: Contemporary Accounting Research, Vol. 11(1), 1994, S. 271 - 296.

Eshleman, J. D./Guo, P. (Importance): The Importance of Considering Managerial Incentives in Tests of Earnings Management, in: Auditing: A Journal of Practice & Theory, Vol. 33(1), 2014, S. 117 - 138.

Ettredge, M./Scholz, S./Smith, K. R. et al. (Begin): How Do Restatements Begin? Evidence of Earnings Management Preceding Restated Financial Reports, in: Journal of Business Finance & Accounting, Vol. 37(3 - 4), 2010, S. 332 - 355.

EU (Unabhängigkeit): Empfehlung der Kommission vom 16. Mai 2002 Unabhängigkeit des Abschlussprüfers in der EU - Grundprinzipien, abrufbar unter: URL: http:// eur-lex.europa.eu/legal-content/DE/TXT/PDF/?uri=CELEX:32002H0590 &from=HR, Stand: 16.05.2002, Informationsabruf: 24.11.2015.

EU (Grünbuch): Grünbuch: Weiteres Vorgehen im Bereich der Abschlussprüfung: Lehren aus der Krise, abrufbar unter: URL: http://eur-lex.europa.eu/LexUriServ/LexUri Serv.do?uri=COM:2010:0561:FIN:DE:PDF, Stand: 13.10.2010, Informationsabruf: 18.03.2015.

EU (Anwendung 1606/2002): Verordnung (EG) Nr. 1606/2002 des Europäischen Parlaments und des Rates vom 19. Juli 2002 betreffend die Anwendung internationaler Rechnungslegungsstandards, abrufbar unter: URL: http://eur-lex.europa.eu/LexUri Serv/LexUriServ.do?uri=OJ:L:2002:243:0001:0004:de:PDF, Stand: 11.09.2002, Informationsabruf: 04.06.2016.

EU (2157/2001): Verordnung (EG) Nr. 2157/2001 vom 8. Oktober 2001 über das Statut der Europäischen Gesellschaft (SE), abrufbar unter: URL: http://eur-lex. europa.eu/legal-content/DE/TXT/PDF/?uri=CELEX:32001R2157&from=DE, Stand: 08.10.2001, Informationsabruf: 26.10.2016.

EU (2014/56/EU): Richtlinie 2014/56/EU des Europäischen Parlaments und des Rates vom 16.04.2014 zur Änderung der Richtlinie 2006/43/EG über Abschlussprüfungen von Jahresabschlüssen und konsolidierten Abschlüssen, abrufbar unter: URL: http:// eur-lex.europa.eu/legal-content/DE/TXT/PDF/?uri=CELEX:32014L0056 &from=DE, Stand: 27.05.2014, Informationsabruf: 18.03.2015.

EU (537/2014): Verordnung (EU) Nr. 537/2014 des Europäischen Parlaments und des Rates vom 16.04.2014 über die spezifischen Anforderungen an die Abschlussprüfung bei Unternehmen von öffentlichem Interesse und zur Aufhebung des Beschlusses 2005/909/EG der Kommission, abrufbar unter: URL: http://eur-lex.europa.eu/legal-content/DE/TXT/PDF/?uri=CELEX:32014R0537&from=DE, Stand: 27.05.2014, Informationsabruf: 26.10.2016.

EU (2002/590/EG): Empfehlung der Kommission vom 16.05.2002: Unabhängigkeit des Abschlussprüfers in der EU - Grundprinzipien, abrufbar unter: URL: http://eur-lex.europa.eu/legal-content/DE/TXT/PDF/?uri=CELEX:32002H0590&from=DE, Stand: 19.07.2002, Informationsabruf: 26.10.2016.

Ewert, R./Wagenhofer, A. (Unabhängigkeit): Aspekte ökonomischer Forschung in der Rechnungslegung und Anwendung auf Ausschüttungsbemessung und Unabhängigkeit des Prüfers, in: Betriebswirtschaftliche Forschung und Praxis, Vol. 55(6), 2003, S. 603 - 622.

Ewert, R. (Wirtschaftsprüfung): Wirtschaftsprüfung und asymmetrische Information, Heidelberg 1990.

Ewert, R. (Grünbuch): Grünbuch und Struktur des Prüfungsmarkts, in: Österreichische Zeitschrift für Recht und Rechnungswesen, Vol. 57(7 - 8), 2011, S. 204 - 211.

Ewert, R./Feess, E./Nell, M. (Dritthaftung): Prüfungsqualität, Dritthaftung und Versicherung, in: Betriebswirtschaftliche Forschung und Praxis, Vol. 52(6), 2000, S. 572 - 593.

Ewert, R./Stefani, U. (Wirtschaftsprüfung): Wirtschaftsprüfung, in: *Jost, P.* (Hrsg.): Die Prinzipal-Agenten-Theorie in der Betriebswirtschaftslehre, Stuttgart 2001, S. 147 - 182.

Edmans, A./Manso, G. (Governance): Governance Through Trading and Intervention: A Theory of Multiple Blockholders, in: The Review of Financial Studies, Vol. 24(7), 2011, S. 2395 - 2428.

Ellul, A./Guntay, L./Lel, U. (Agency): External Governance and Debt Agency Costs of Family Firms, in: International Finance Discussion Papers, Vol. 908, 2007, S. 1 - 58.

Emmerich, G. (Grundlage): Die Beratung auf der Grundlage der Abschlussprüfung, in: Die Wirtschaftsprüfung, Vol. 41(22), 1988, S. 637 - 645.

Ernstberger, J./Stich, M./Vogler, O. (Economic): Economic Consequences of Accounting Enforcement Reforms: The Case of Germany, in: European Accounting Review, Vol. 21(2), 2012, S. 217 - 251.

F

Fama, E. F./K. R. French, (Industry): 12 Industry Portfolios, abrufbar unter: URL: http://mba.tuck.dartmouth.edu/pages/faculty/ken.french/data_library.html, Stand: 2013, Informationsabruf 20.07.2013.

Fargher, N. L./Jiang, L. (Changes): Changes in the Audit Environment and Auditors' Propensity to Issue Going-Concern Opinions, in: Auditing: A Journal of Practice & Theory, Vol. 27(2), 2008, S. 55 - 77.

Farr, M. (Neuerungen): APAReG: Neuerungen bei der externen Qualitätssicherung von WP-Praxen, in: Die Wirtschaftsprüfung, Vol. 69(4), 2016, S. 188 - 194.

Feldmann, D. A./Read, W. J. (Conservatism): Auditor Conservatism after Enron, in: Auditing: A Journal of Practice & Theory, Vol. 29(1), 2010, S. 267 - 278.

Financial Reporting Council (Promoting): Promoting Audit Quality, abrufbar unter: URL: https://www.frc.org.uk/Our-Work/Publications/FRC-Board/Discussion-Paper-Prom oting-Audit-Quality.pdf, Stand: November 2006, Informationsabruf: 15.10.2014.

Firth, M. (Consultancy): Auditor-Provided Consultancy Services and their Associations with Audit Fees and Audit Opinions, in: Journal of Business Finance & Accounting, Vol. 29(5 - 6), 2002, S. 661 - 693.

Firth, M. (Impact): Qualified Audit Reports: Their Impact on Investment Decisions, in: The Accounting Review, Vol. 53(3), 1978, S. 642 - 650.

Firth, M. (Provision): The Provision of Nonaudit Services by Accounting Firms to their Audit Clients, in: Contemporary Accounting Research, Vol. 14(2), 1997, S. 1 - 21.

Firth, M./Mo, P. L. L./Wong, R. M. K. (China): Auditors' Organizational Form, Legal Liability, and Reporting Conservatism: Evidence from China, in: Contemporary Accounting Research, Vol. 29(1), 2012, S. 57 - 93.

Firth, M./Rui, O. M./Wu, X. (Rotation): How Do Various Forms of Auditor Rotation Affect Audit Quality? Evidence from China, in: The International Journal of Accounting, Vol. 47(1), 2012, S. 109 - 138.

Fischer, M. (Agency): Agency-Theorie, in: Wirtschaftswissenschaftliches Studium, Vol. 24(6), 1995, S. 320 - 322.

Fischer, P. E./Stocken, P. S. (Investor): Effect of Investor Speculation on Earnings Management, in: Journal of Accounting Research, Vol. 42(5), 2004, S. 843 - 870.

Fischer, T. M./Klöpfer, E. (Bilanzpolitik): Bilanzpolitik nach IFRS: Sind die IFRS objektiver als das HGB?, in: Zeitschrift für kapitalmarktorientierte Rechnungslegung, Vol. 12, 2006, S. 709 - 719.

Fleak, S. K./Wilson, E. R. (Incremental): The Incremental Information Content of the Going-Concern Audit Opinion, in: Journal of Accounting, Auditing & Finance, Vol. 9(1), 1994, S. 149 - 166.

Fleischer, H. (Doppelmandat): Das Doppelmandat des Abschlussprüfers - Grenzen der Vereinbarkeit von Abschlussprüfung und Steuerberatung, in: Deutsches Steuer-recht, Vol. 34(19), 1996, S. 758 - 764.

Fleischer, R./Göttsche, M. (Size): Size Effects and Audit Pricing: Evidence from Germany, in: Journal of International Accounting, Auditing and Taxation, Vol. 21(2), 2012, S. 156 - 168.

Fox, J. (Regression): Applied Regression Analysis, Linear Models, and Related Methods, Thousand Oaks 1997.

Francis, J. R. (Auditors): Are Auditors Compromised by Nonaudit Services? Assessing the Evidence, in: Contemporary Accounting Research, Vol. 23(3), 2006, S. 747 - 760.

Francis, J. R. (Framework): A Framework for Understanding and Researching Audit Quality, in: Auditing: A Journal of Practice & Theory, Vol. 30(2), 2011, S. 125 - 152.

Francis, J. R. (Quality): What do we know about Audit Quality?, in: The British Accounting Review, Vol. 36(4), 2004, S. 345 - 368.

Francis, J. R. (Size): The Effect of Audit Firm Size on Audit Prices: A Study of the Australian Market, in: Journal of Accounting and Economics, Vol. 6(2), 1984, S. 133 - 151.

Francis, J. R./Ke, B. (Disclosure): Disclosure of Fees Paid to Auditors and the Market Valuation of Earnings Surprises, in: Review of Accounting Studies, Vol. 11(4), 2006, S. 495 - 523.

Francis, J. R./Khurana, I. K./Martin, X. et al. (Importance): The Relative Importance of Firm Incentives versus Country Factors in the Demand for Assurance Services by Private Entities, in: Contemporary Accounting Research, Vol. 28(2), 2011, S. 487 - 516.

Frankel, R. M./Johnson, M. F./Nelson, K. K. (Relation): The Relation between Auditors' Fees for Nonaudit Services and Earnings Management, in: The Accounting Review, Vol. 77(4), 2002, S. 71 - 105.

Frankel, R./Li, X. (Information): Characteristics of a Firm's Information Environment and the Information Asymmetry Between Insiders and Outsiders, in: Journal of Accounting and Economics, Vol. 37(2), 2004, S. 229 - 259.

Frost, C. A. (Future): Uncertainty-Modified Audit Reports and Future Earnings, in: Auditing: A Journal of Practice & Theory, Vol. 13(1), 1994, S. 22 - 35.

Fülbier, R. U./Kuschel, P./Selchert, F. (HdR): Kommentierung zu § 252 HGB, in: *Küting, K./Pfitzer, N./Weber, C.-P.* (Hrsg.): Handbuch der Rechnungslegung - Einzelabschluss, Kommentar zur Bilanzierung und Prüfung, 5. Auflage, Stuttgart 2010.

Fülbier, R. U./Pellens, B. (MüKommHGB): Kommentierung zu § 315 HGB, in: *Schmidt, K.* (Hrsg.): Münchener Kommentar zum HGB, 3. Auflage, München 2013.

G

Gaeremynck, A./Willekens, M. (Endogenous): The Endogenous Relationship Between Audit-Report Type and Business Termination: Evidence on Private Firms in a Non-Litigious Environment, in: Accounting & Business Research, Vol. 33(1), 2003, S. 65 - 79.

Garsombke, H. P./Choi, S. (Failures): The Association between Auditors' Uncertainty Opinions and Business Failures, in: Advances in Accounting, Vol. 10, 1992, S. 45 - 60.

Gassen, J./Skaife, H. A. (Information): Can Audit Reforms Affect the Information Role of Audits? Evidence from the German Market, in: Contemporary Accounting Research, Vol. 26(3), 2009, S. 867 - 898.

Gaynor, L. M./Kelton, A. S./Mercer, M. et al. (Understanding): Understanding the Relation between Financial Reporting Quality and Audit Quality, in: Auditing: A Journal of Practice & Theory, Vol. 35(4), 2016, S. 1 - 22.

Geiger, M. A./Raghunandan, K. (Bankruptcies): Bankruptcies, Audit Reports, and the Reform Act, in: Auditing: A Journal of Practice & Theory, Vol. 20(1), 2001, S. 187 - 195.

Geiger, M. A./Raghunandan, K. (New): Going-Concern Opinions in the "New" Legal Environment, in: Accounting Horizons, Vol. 16(1), 2002, S. 17 - 26.

Geiger, M. A./Raghunandan, K./Rama, D. V. (Litigation): Auditor Decision-Making in Different Litigation Environments: The Private Securities Litigation Reform Act, Audit Reports and Audit Firm Size, in: Journal of Accounting and Public Policy, Vol. 25(3), 2006, S. 332 - 353.

Geiger, M. A./Rama, D. V. (Stressed): Audit Fees, Nonaudit Fees, and Auditor Reporting on Stressed Companies, in: Auditing: A Journal of Practice & Theory, Vol. 22(2), 2003, S. 53 - 69.

Giannetti, M. (Mitigate): Do Better Institutions Mitigate Agency Problems? Evidence from Corporate Finance Choices, in: Journal of Financial and Quantitative Analysis, Vol. 38(1), 2003, S. 185 - 212.

Givoly, D./Hayn, C. K./Katz, S. P. (Ownership): Does Public Ownership of Equity Improve Earnings Quality?, in: The Accounting Review, Vol. 85(1), 2010, S. 195 - 225.

Giroux, G./Deis, D./Bryan, B. (Effect): The Effect of Peer Review on Audit Economies, in: Research in Accounting Regulation, Vol. 9(1), 1995, S. 63 - 82.

Göbel, E. (Institutionenökonomik): Neue Institutionenökonomik: Konzeptionen und betriebswirtschaftliche Anwendungen, Stuttgart 2002.

Gotti, G./Han, S./Higgs, J. L. et al. (Stock): Managerial Stock Ownership, Analyst Coverage, and Audit Fee, in: Journal of Accounting, Auditing & Finance, Vol. 27(3), 2012, S. 412 - 437.

Government Accounting Office (Public Accounting): Public Accounting Firms Required Study on the Potential Effects of Mandatory Audit Firm Rotation, abrufbar unter: URL: http://www.gao.gov/new.items/d04216.pdf, Stand: November 2003, Informationsabruf: 13.10.2014.

Goyal, V. K./Nova, A./Zanetti, L. (Capital): Capital Market Access and Financing of Private Firms, in: International Review of Finance, Vol. 11(2), 2011, S. 155 - 179.

Gramling, A. A./Krishnan, J./Zhang, Y. (Change): Are PCAOB-Identified Audit Deficiencies Associated with a Change in Reporting Decisions of Triennially Inspected Audit Firms?, in: Auditing: A Journal of Practice & Theory, Vol. 30(3), 2011, S. 59 - 79.

Grant, J./Bricker, R./Shiptsova, R. (Dilemma): Audit Quality and Professional Self-Regulation: A Social Dilemma Perspective and Laboratory Investigation, in: Auditing: A Journal of Practice & Theory, Vol. 15(1), 1996, S. 142 - 156.

Green, R. C. (Incentives): Investment Incentives, Debt, and Warrants, in: Journal of Financial Economics, Vol. 13(1), 1984, S. 115 - 136.

Groß, P. J. (Teil 1): Die Wahrung, Einschätzung und Beurteilung des „Going-Concern" in den Pflichten- und Verantwortungsrahmen von Unternehmensführung und Abschlussprüfung (Teil 1), in: Die Wirtschaftsprüfung, Vol. 57(23), 2004, S. 1357 - 1374.

Groß, P. J. (Teil 2): Die Wahrung, Einschätzung und Beurteilung des „Going-Concern" in den Pflichten- und Verantwortungsrahmen von Unternehmensführung und Abschlussprüfung (Teil 2), in: Die Wirtschaftsprüfung, Vol. 57(24), 2004, S. 1433 - 1450.

Groß, W. (Kapitalmarktrecht): Kommentierung zu § 48 BörsG, in: *Groß, W.* (Hrsg.): Kapitalmarktrecht, 6. Auflage, München 2016.

Grothe, J. (Branche): Branchenspezialisierungen von Wirtschaftsprüfungsgesellschaften im Rahmen der Jahresabschlussprüfung: Ergebnisse einer empirischen Untersuchung des deutschen Prüfungsmarktes, Düsseldorf 2005.

Grottel, B. (BeckKommHGB): Kommentierung zu § 284 HGB, in: *Grottel, B./Schmidt, S./Schubert, W. J. et al.* (Hrsg.): Beck´scher Bilanzkommentar, 10. Auflage, München 2016.

Grottel, B. (BeckKommHGB): Kommentierung zu § 315 HGB, in: *Grottel, B./Schmidt, S./Schubert, W. J. et al.* (Hrsg.): Beck´scher Bilanzkommentar, 10. Auflage, München 2016.

Grottel, B. (BeckKommHGB): Kommentierung zu § 325 HGB, in: *Grottel, B./Schmidt, S./Schubert, W. J. et al.* (Hrsg.): Beck´scher Bilanzkommentar, 10. Auflage, München 2016.

Grottel, B. (BeckKommHGB): Kommentierung zu § 326 HGB, in: *Grottel, B./Schmidt, S./Schubert, W. J. et al.* (Hrsg.): Beck´scher Bilanzkommentar, 10. Auflage, München 2016.

Grottel, B. (BeckKommHGB): Kommentierung zu § 342b HGB, in: *Grottel, B./Schmidt, S./Schubert, W. J. et al.* (Hrsg.): Beck´scher Bilanzkommentar, 10. Auflage, München 2016.

Grottel, B./Hoffmann, H. (BeckKommHGB): Kommentierung zu § 332 HGB, in: *Grottel, B./Schmidt, S./Schubert, W. J. et al.* (Hrsg.): Beck´scher Bilanzkommentar, 10. Auflage, München 2016.

H

Häni, P. K. (Messung): Die Messung der Unternehmenskonzentration: Eine theoretische und empirische Evaluation von Konzentrationsmassen, Grüsch 1987.

Hardin, J. W./Hilbe, J. M. (Linear): Generalized Linear Models and Extensions, College Station 2007.

Hartmann-Wendels, T. (Rechnungslegung): Rechnungslegung der Unternehmen und Kapitalmarkt aus informationsökonomischer Sicht, Heidelberg 1991.

Hatfield, R. C./Agoglia, C. P./Sanchez, M. H. (Client): Client Characteristics and the Negotiation Tactics of Auditors: Implications for Financial Reporting, in: Journal of Accounting Research, Vol. 46(5), 2008, S. 1183 - 1207.

Hausman, J. A. (Specification): Specification Tests in Econometrics, in: Econometrica, Vol. 46(6), 1978, S. 1251 - 1271.

Hay, D. C./Knechel, W. R./Wong, N. (Audit Fees): Audit Fees: A Meta-analysis of the Effect of Supply and Demand Attributes, in: Contemporary Accounting Research, Vol. 23(1), 2006, S. 141 - 191.

Healy, P. M. (Bonus): The Effect of Bonus Schemes on Accounting Decisions, in: Journal of Accounting and Economics, Vol. 7(1 - 3), 1985, S. 85 - 107.

Healy, P. M./Wahlen, J. M. (Review): A Review of the Earnings Management Literature and its Implications for Standard Setting, in: Accounting Horizons, Vol. 13(4), 1999, S. 365 - 383.

Helmenstein, C. (Markt): Anbieterkonzentration auf dem Markt für Jahresabschlussprüfungen, in: Die Betriebswirtschaft, Vol. 56(1), 1996, S. 389 - 401.

Herbohn, K./Ragunathan, V./Garsden, R. (Revisiting): The Horse has Bolted: Revisiting the Market Reaction to Going Concern Modifications of Audit Reports, Vol. 47(3), 2007, S. 473 - 493.

Herzig, N./Watrin, C. (Rotation): Obligatorische Rotation des Wirtschaftsprüfers - ein Weg zur Verbesserung der externen Unternehmenskontrolle?, in: Schmalenbachs Zeitschrift für betriebswirtschaftliche Forschung, Vol. 47(9), 1995, S. 775 - 804.

Higgs, J. L./Skantz, T. R. (Market): Audit and Nonaudit Fees and the Market's Reaction to Earnings Announcements, in: Auditing: A Journal of Practice & Theory, Vol. 25(1), 2006, S. 1 - 26.

Holder-Webb, L. M./Wilkins, M. S. (Incremental): The Incremental Information Content of SAS No. 59 Going-Concern Opinions, in: Journal of Accounting Research, Vol. 38(1), 2000, S. 209 - 219.

Hoffmann-Becking, M. (Anreizsysteme): Gestaltungsmöglichkeiten bei Anreizsystemen in: *Bühler, W./Siegert, T.* (Hrsg.): Unternehmenssteuerung und Anreizsysteme, Stuttgart 1999, S. 109 - 128.

Holmström, B./Tirole, J. (Liquidity): Market Liquidity and Performance Monitoring, in: The Journal of Political Economy, Vol. 101(4), 1993, S. 678 - 709.

Hope, O. (Disclosure): Disclosure Practices, Enforcement of Accounting Standards, and Analysts' Forecast Accuracy: An International Study, in: Journal of Accounting Research, Vol. 41(2), 2003, S. 235 - 272.

Hope, O./Langli, J. C. (Low Litigation): Auditor Independence in a Private Firm and Low Litigation Risk Setting, in: The Accounting Review, 2010, Vol. 85(2), S. 573 - 605.

Hope, O./Langli, J. C./Thomas, W. B. (Auditing): Agency Conflicts and Auditing in Private Firms, Vol. 37, 2012, S. 500 - 517.

Hope, O./Thomas, W. B./Vyas, D. (Credibility): Financial Credibility, Ownership, and Financing Constraints in Private Firms, Vol. 42(7), 2011, S. 935 - 957.

Hope, O./Thomas, W. B./Vyas, D. (Quality): Financial Reporting Quality of U.S. Private and Public Firms, in: The Accounting Review, Vol. 88(5), 2013, S. 1715 - 1742.

Hopwood, W./McKeown, J. C./Mutchler, J. F. (Reexamination): A Reexamination of Auditor versus Model Accuracy within the Context of the Going-Concern Opinion Decision, in: Contemporary Accounting Research, Vol. 10(2), 1994, S. 409 - 431.

Hribar, P./Kravet, T./Wilson, R. (Measure): A New Measure of Accounting Quality, in: Review of Accounting Studies, Vol. 19(1), 2014, S. 506 - 538.

Huang, T./Chang, H./Chiou, J. (Concentration): Audit Market Concentration, Audit Fees, and Audit Quality, in: Auditing: A Journal of Practice & Theory, Vol. 35(2), 2016, S. 121 - 145.

Hutzschenreuter, T. (Betriebswirtschaftslehre): Allgemeine Betriebswirtschaftslehre, 6. Auflage, Wiesbaden 2015.

I

IDW (Kontrolle): IDW Stellungnahme: Referentenentwurf eines Gesetzes zur Kontrolle von Unternehmensabschlüssen (Bilanzkontrollgesetz - BilKoG), in: Die Wirtschaftsprüfung, Vol. 57(4), 2004, S. 138 - 151.

IFAC (Ethics): Handbook of the Code of Ethics for Professional Accountants, New York 2015.

IDW PH 9.200.2 (Pflichten): Pflichten des Abschlussprüfers eines Tochter- oder Gemeinschaftsunternehmens und des Konzernabschlussprüfers im Zusammenhang mit § 285 Nr. 17 HGB, 19.06.2013.

IDW PS 203 (Ereignisse): Ereignisse nach dem Abschlussstichtag, 09.09.2009.

IDW PS 220 (Beauftragung): Beauftragung des Abschlussprüfers, 09.09.2009.

IDW PS 261 (Risiko): Feststellung und Beurteilung von Fehlerrisiken und Reaktionen des Abschlussprüfers auf die beurteilten Fehlerrisiken, 13.03.2013.

IDW PS 270 (Fortführung): Die Beurteilung der Fortführung der Unternehmenstätigkeit im Rahmen der Abschlussprüfung, 09.09.2010.

IDW PS 320 n.F. (Konzern): Besondere Grundsätze für die Durchführung von Konzernabschlussprüfungen (einschließlich der Verwertung der Tätigkeit von Teilbereichsprüfern), 10.07.2014.

IDW PS 400 (Grundsätze): Grundsätze für die ordnungsmäßige Erteilung von Bestätigungsvermerken bei Abschlussprüfungen, 28.11.2014.

IDW PS 450 (Berichterstattung): Grundsätze ordnungsmäßiger Berichterstattung bei Abschlussprüfungen, 01.03.2012.

IDW RH HFA 1.006 (Anhangsangaben): Anhangangabe nach § 285 Satz 1 Nr. 17 HGB bzw. § 314 Abs. 1 Nr. 9 HGB über das Abschlussprüferhonorar, 18.10.2005.

IDW RS HFA 36 (Anhangsangaben): Anhangangaben nach §§ 285 Nr. 17, 314 Abs. 1 Nr. 9 HGB über das Abschlussprüferhonorar, 11.03.2010.

IDW RS HFA 36 n.F. (Anhangsangaben): Anhangangaben nach §§ 285 Nr. 17, 314 Abs. 1 Nr. 9 HGB über das Abschlussprüferhonorar, 08.09.2016.

IDW S 6 (Anforderungen): Anforderungen an die Erstellung von Sanierungskonzepte, 20.08.2012.

International Organization of Securities Commissions (Consultation): Transparency of Firms the Audit Public Companies Consultation Report, abrufbar unter: URL: https://www.iosco.org/library/pubdocs/pdf/IOSCOPD302.pdf, Stand: September 2009, Informationsabruf: 15.10.2014.

ISA 570 (Going): Going Concern, 15.12.2009.

J

Jany, J. (Qualität): Die Qualität von Abschlussprüfungen im Kontext der Haftung, Größe und Spezialisierung von Prüfungsgesellschaften, Lohmar 2011.

Jensen, M. C./Meckling, W. H. (Theory): Theory of the Firm: Managerial Behavior, Agency Costs and Ownership Structure, Vol. 3(4), 1976, S. 305 - 360.

Jermakowicz, E. K./Gornik-Tomaszewski, S. (IFRS): Implementing IFRS from the Perspective of EU Publicly Traded Companies, in: Journal of International Accounting, Auditing and Taxation, Vol. 15(2), 2006, S. 170 - 196.

Joe, J. R. (Press): Why Press Coverage of a Client Influences the Audit Opinion, in: Journal of Accounting Research, Vol. 41(1), 2003, S. 109 - 133.

Joha, P. (Prüferwahl): Prüfungshonorare und Prüferwahl großer, nicht börsennotierter Unternehmen, Dissertation Julius-Maximilians-Universität Würzburg, 2016.

Johannisson, B./Huse, M. (Recruiting): Recruiting Outside Board Members in the Small Family Business: An Ideological Challenge, in: Entrepreneurship & Regional Development, Vol. 12(4), 2000, S. 353 - 378.

Johnstone, K. M./Bedard, J. C. (Acceptance): Risk Management in Client Acceptance Decisions, in: The Accounting Review, Vol. 78(4), 2003, S. 1003 - 1025.

Johnstone, K. M./Bedard, J. C. (Portfolio): Audit Firm Portfolio Management Decisions, in: Journal of Accounting Research, Vol. 42(4), 2004, S. 659 - 690.

Johnstone, K. M./Gramling, A. A./Rittenberg, L. E. (Risk): Auditing: A Risk-Based-Approach to Conducting a Quality Audit, 9. Auflage, Mason 2014.

Jones, F. L. (Evaluation): The Information Content of the Auditor's Going Concern Evaluation, in: Journal of Accounting and Public Policy, Vol. 15(1), 1996, S. 1 - 27.

Jones, J. J. (Management): Earnings Management During Import Relief Investigations, in: Journal of Accounting Research, Vol. 29(2), 1991, S. 193 - 228.

K

Kaiser, T. (Crux): Die Crux mit dem Going Concern - Einige Gedanken zu § 252 Abs. 1 Nr. 2 HGB, in: Zeitschrift für Wirtschaftsrecht, 2012, Vol. 51 - 52, S. 2478 - 2489.

Kao, J. L./Li, Y./Zhang, W. (SOX Influence): Did SOX Influence the Association between Fee Dependence and Auditors' Propensity to Issue Going-Concern Opinions?, in: Auditing: A Journal of Practice & Theory, Vol. 33(2), 2014, S. 165 - 185.

Kaplan, S. E./Williams, D. D. (Equations): Do Going Concern Audit Reports Protect Auditors from Litigation? A Simultaneous Equations Approach, in: The Accounting Review, Vol. 88(1), 2013, S. 199 - 232.

Kaplan, S. E./Williams, D. D. (Reporting): The Changing Relationship Between Audit Firm Size and Going Concern Reporting, in: Accounting, Organizations and Society, Vol. 37(5), 2012, S. 322 - 341.

Karjalainen, J. (Cost): Audit Quality and Cost of Debt Capital for Private Firms: Evidence from Finland, in: International Journal of Auditing, 2011, Vol. 15(1), S. 88 - 108.

Kelm, D./Schneiß, U./Schmitz-Herkendell, A. (Gesetz): Abschlussprüferaufsichtsreformgesetz, in: Die Wirtschaftsprüfung, Vol. 69(2), 2016, S. 60 - 67.

Kida, T. (Judgments): An Investigation into Auditors' Continuity and Related Qualification Judgments, in: Journal of Accounting Research, Vol. 18(2), 1980, S. 506 - 523.

Kim, J./Simunic, D. A./Stein, M. T. et al. (Korean): Voluntary Audits and the Cost of Debt Capital for Privately Held Firms: Korean Evidence, in: Contemporary Accounting Research, Vol. 28(2), 2011, S. 585 - 615.

Kim, J./Yi, C. H. (Korea): Does Auditor Designation by the Regulatory Authority Improve Audit Quality? Evidence from Korea, in: Journal of Accounting and Public Policy, Vol. 28(3), 2009, S. 207 - 230.

Kinney, W. R./Libby, R. (Discussion): Discussion of The Relation between Auditors' Fees for Nonaudit Services and Earnings Management, in: The Accounting Review, Vol. 77(S-1), 2002, S. 107 - 114.

Kinney, W. R./McDaniel, L. S. (Firms): Characteristics of Firms Correcting Previously Reported Quarterly Earnings, in: Journal of Accounting and Economics, Vol. 11(1), 1989, S. 71 - 93.

Kinney, W. R./Palmrose, Z./Scholz, S. (Restatements): Auditor Independence, Non-Audit Services, and Restatements: Was the U.S. Government Right?, in: Journal of Accounting Research, Vol. 42(3), 2004, S. 561 - 588.

Kitschler, R. (Interessenkonflikt): Abschlussprüfung, Interessenkonflikt und Reputation - Eine ökonomische Analyse, 1. Auflage, Wiesbaden 2005.

Kling, A. (Anhangangaben): Anhangangaben zur Honorierung des Abschlussprüfers nach dem BilMoG, in: Die Wirtschaftsprüfung, Vol. 64(5), 2011, S. 209 - 218.

Knapp, M. C. (Conflict): Audit Conflict: An Empirical Study of the Perceived Ability of Auditors to Resist Management Pressure, in: The Accounting Review, Vol. 60(2), 1985, S. 202 - 211.

Knechel, W. R./Krishnan, G. V./Pevzner, M. et al. (Quality): Audit Quality: Insights from the Academic Literature, in: Auditing: A Journal of Practice & Theory, 2013, Vol. 32(Supplement 1), S. 385 - 421.

Knechel, W. R./Niemi, L./Sundgren, S. (Small): Determinants of Auditor Choice: Evidence from a Small Client Market, in: International Journal of Auditing, 2008, Vol. 12(1), S. 65 - 88.

Knechel, W. R./Salterio, S. E./Ballou, B. (Risk): Auditing Assurance & Risk, 3. Auflage, Mason 2007.

Knechel, W. R./Vanstraelen, A. (Implied): The Relationship between Auditor Tenure and Audit Quality Implied by Going Concern Opinions, in: Auditing: A Journal of Practice & Theory, Vol. 26(1), 2007, S. 113 - 131.

Koecke, A. E. (Bedeutung): Die Bedeutung mittelständischer Wirtschaftsprüfungsgesellschaften in Deutschland - eine empirische Untersuchung, Düsseldorf 2006.

Köhler, A. G./Marten, K./Ratzinger, N. V. S. et al. (Determinanten): Prüfungshonorare in Deutschland - Determinanten und Implikationen, in: Zeitschrift für Betriebswirtschaft, Vol. 80(1), 2010, S. 5 - 29.

Köhler, A. G./Marten, K./Ratzinger, N. V. S. et al. (Replik): Replik auf Stellungnahme zu „Prüfungshonorare in Deutschland - Determinanten und Implikationen", in: Zeitschrift für Betriebswirtschaft, Vol. 81(9), 2011, S. 1031 - 1034.

Kohler, U./Kreuter, F. (Stata): Datenanalyse mit Stata, 4. Auflage, München 2012.

Kompenhans, H. (Pflichten): Pflichten nach Erteilung des Bestätigungsvermerks, in: *IDW* (Hrsg.): WP Handbuch 2017 - Wirtschaftsprüfung und Rechnungslegung, 15. Auflage, Düsseldorf 2017, S. 2073 - 2101.

Kothari, S. P./Leone, A. J./Wasley, C. E. (Performance): Performance Matched Discretionary Accrual Measures, in: Journal of Accounting and Economics, Vol. 39(1), 2005, S. 163 - 197.

Krauß, P./Pronobis, P./Zülch, H. (Abnormal): Abnormal Audit Fees and Audit Quality: Initial Evidence from the German Audit Market, in: Journal of Business Economics, Vol. 85(1), 2015, S. 45 - 84.

Krauß, P./Quosigk, B. M./Zülch, H. (Quality): Effects of Initial Audit Fee Discounts on Audit Quality: Evidence from Germany, in: International Journal of Auditing, Vol. 18(1), 2014, S. 40 - 56.

Krishnan, J./Schauer, P. C. (Sector): The Differentiation of Quality among Auditors: Evidence from the Not-for-Profit Sector, in: Auditing: A Journal of Practice & Theory, Vol. 19(2), 2000, S. 9 - 25.

Krishnan, J./Stephens, R. G. (Evidence): Evidence on Opinion Shopping from Audit Opinion Conservatism, in: Journal of Accounting and Public Policy, Vol. 14(3), 1995, S. 179 - 201.

Kubis, D. (MüKommAktG): Kommentierung zu Art. 52 VO 2157/2001, in: *Goette, W./Habersack, M./Kalss, S.* (Hrsg.): Münchener Kommentar zum Aktiengesetz, 3. Auflage, München 2012.

Kuthe, T./Zipperle, M. (Emission): Die Emission von Anleihen und anderen Debt Produkten, 1. Auflage, Wiesbaden 2014.

Küting, P./Weber, C. (Bilanzanalyse): Die Bilanzanalyse: Beurteilung von Abschlüssen nach HGB und IFRS, 11. Auflage, Stuttgart 2015.

L

La Porta, R./Lopez-De-Silanes, F./Shleifer, A. (Laws): What Works in Securities Laws?, in: The Journal of Finance, Vol. 61(1), 2006, S. 1 - 32.

Laeven, L./Levine, R. (Ownership): Complex Ownership Structure and Corporate Valuations, in: The Review of Financial Studies, Vol. 21(2), 2008, S. 579 - 604.

Lange, S. (Beratung): Die Kompatibilität von Abschlussprüfung und Beratung, Frankfurt am Main 1994.

Langli, J. C./Svanström, T. (Private): Audits of Private Companies, in: *Hay, D./Knechel, W. R./Willekens, M.* (Hrsg.): The Routledge Companion to Auditing, 1. Auflage, New York 2014, S. 148 - 158.

Larcker, D. F./Richardson, S. A. (Choices): Fees Paid to Audit Firms, Accrual Choices, and Corporate Governance, in: Journal of Accounting Research, Vol. 42(3), 2004, S. 625 - 658.

Lee, H./Mande, V./Son, M. (Litigation Reform): The Effect of the Private Securities Litigation Reform Act of 1995 on the Cost of Equity Capital, in: Quarterly Journal of Finance and Accounting, Vol. 48(2), 2009, S. 85 - 106.

Leffson, U. (Wirtschaftsprüfung): Wirtschaftsprüfung, 4. Auflage, Wiesbaden 1988.

Lehmann, C. M./Norman, C. S. (Effects): The Effects of Experience on Complex Problem Representation and Judgment In Auditing: An Experimental Investigation, in: Behavioral Research in Accounting, Vol. 18(1), 2006, S. 65 - 83.

Leidner, J. J./Lenz, H. (Kreditinstitute): Kreditinstitute und die Konzentration des deutschen Marktes für Abschlussprüferleistungen, in: Die Betriebswirtschaft, Vol. 73(5), 2013, S. 379 - 400.

Leithaus, R. (KommInsO): Kommentierung zu § 18 InsO, in: *Andres, D./Leithaus, R./Dahl, M.*(Hrsg.): Insolvenzordnung, 3. Auflage, München 2014.

Lennox, C. S. (Affiliations): Audit Quality and Executive Officers' Affiliations with CPA Firms, in: Journal of Accounting and Economics, Vol. 39(2), 2005, S. 201 - 231.

Lennox, C. S. (Auditor): Auditor Tenure and Rotation, in: *Hay, D./Knechel, W. R./Willekens, M.* (Hrsg.): The Routledge Companion to Auditing, 1. Auflage, New York 2014, S. 89 - 106.

Lennox, C. S. (Disclosure): Non-Audit Fees, Disclosure and Audit Quality, in: European Accounting Review, Vol. 8(2), 1999, S. 239 - 252.

Lennox, C. S. (Engage): Do Companies Successfully Engage in Opinion-Shopping? Evidence from the UK, in: Journal of Accounting and Economics, Vol. 29(3), 2000, S. 321 - 337.

Lennox, C. S. (Ownership): Management Ownership and Audit Firm Size, in: Contemporary Accounting Research, Vol. 22(1), 2005, S. 205 - 227.

Lennox, C. S./Li, B. (Liability): The Consequences of Protecting Audit Partners' Personal Assets from the Threat of Liability, in: Journal of Accounting and Economics, Vol. 54(2 - 3), 2012, S. 154 - 173.

Lennox, C. S./Pittman, J. A. (Voluntary): Voluntary Audits versus Mandatory Audits, in: The Accounting Review, Vol. 86(5), 2011, S. 1655 - 1678.

Lenz, H. (Abschied): Sarbanes-Oxley Act of 2002 - Abschied von der Selbstregulierung der Wirtschaftsprüfer in den USA, in: Betriebs-Berater, Vol. 57(14), 2002, S. 2270 - 2275.

Lenz, H. (Anforderungen): Empirische Forschung in der Prüfung, in: *Ballwieser, W./Coenenberg, A./Wysocki, K.* (Hrsg.): Handwörterbuch der Rechnungslegung und Prüfung, 3. Auflage, Stuttgart 2002, Sp. 628 - 646.

Lenz, H. (Anmerkung): Eine wissenschaftsethische Anmerkung zum Beitrag „Beeinträchtigen Beratungsleistungen die Urteilsfreiheit des Abschlussprüfers? Zum Einfluss von Beratungshonoraren auf diskretionäre Periodenabgrenzungen", in: Schmalenbachs Zeitschrift für betriebswirtschaftliche Forschung, Vol. 64(3), 2012, S. 262 - 270.

Lenz, H. (Beschränkung): Beschränkung von Beratungstätigkeiten durch Abschlussprüfer: Mangelhafter Umgehungsschutz im Entwurf des BilReG, in: Betriebs-Berater, Vol. 59(13), 2004, S. 707 - 712.

Lenz, H. (Haftungsregelungen): Haftungsregelungen bei Abschlussprüfern - ein Plädoyer für mehr Markt, in: Betriebs-Berater, Vol. 65(46), 2010, S. I.

Lenz, H. (Honorare): Honorare für Abschlussprüfungs- und Nichtprüfungsleistungen bei Unternehmen von öffentlichem Interesse - Analyse der Regelungen der EU-Verordnung und des Abschlussprüfungsreformgesetzes, in: Der Betrieb, Vol. 69(44), 2016, S. 2555 - 2560.

Lenz, H. (Low-Balling): Der Low-balling-Effekt und die Unabhängigkeit des handelsrechtlichen Abschlussprüfers, in: Wirtschaftswissenschaftliches Studium, Vol. 20(2), 1991, S. 181 - 184.

Lenz, H. (Organisation): Organisation und Aufgaben der Abschlussprüferaufsichtsstelle beim Bundesamt für Wirtschaft und Ausfuhrkontrolle - Abschied von der Selbstverwaltung in der Wirtschaftsprüfung, in: WP Praxis, Vol. 9, 2015, S. 213 - 218.

Lenz, H. (Prüfung): Abschlussprüfungsaufsichtsreformgesetz: Die Prüfung der Prüfer, in: Der Betrieb, Vol. 69(15), 2016, S. 875 - 881.

Lenz, H. (Regional): Mit anderen regional vernetzen, in: DATEV-Magazin, Vol. 3, 2016, S. 25 - 27.

Lenz, H. (Scandals): Accounting Scandals in Germany, in: *Jones, M. J.* (Hrsg.): Creative Accounting, Fraud and International Accounting Scandals, Chichester 2015, S. 185-210.

Lenz, H. (Spaltung): Spaltung des Berufsstands der Wirtschaftsprüfer in Deutschland?, in: Zeitschrift für kapitalmarktorientierte Rechnungslegung, 2014, Vol. 14(6), S. 313 - 323.

Lenz, H. (Struktur): Die Struktur des Marktes für Abschlußprüfungsmandate bei deutschen Aktiengesellschaften (Teil I), in: Die Wirtschaftsprüfung, Vol. 49(7), 1996, S. 269 - 279.

Lenz, H. (Struktur II): Die Struktur des Marktes für Abschlußprüfungsmandate bei deutschen Aktiengesellschaften (Teil II), in: Die Wirtschaftsprüfung, Vol. 49(7), 1996, S. 313 - 318.

Lenz, H. (Vermerk): Neuer Bestätigungsvermerk des Abschlussprüfers - Beispiel für den deutschen Irrweg in der ISA-Umsetzung, in: Betriebs-Berater, Vol. 72(37), 2017, S. I.

Lenz, H. (Wahl): Die Wahl des handelsrechtlichen Abschlussprüfers - Eine theoretische und empirische Analyse, Habilitationsschrift Freie Universität Berlin, 1993.

Lenz, H./Baldauf, J./Steller, M. (Grünbuch): Das EU-Grünbuch zur Abschlussprüfung: eine kritische Bewertung aus Sicht der empirischen Prüfungsforschung, in: *Institut Österreichischer Wirtschaftsprüfer* (Hrsg.): Wirtschaftsprüfer Jahrbuch, 2012, S. 11-39.

Lenz, H./Bauer, M./Auerbacher, C. (Unabhängigkeit): Die Unabhängigkeit des Abschlussprüfers aus der Perspektive der ökonomischen und verhaltenswissenschaftlichen Prüfungstheorie, in: *Meeh, G.* (Hrsg.): Unternehmensbewertung, Rechnungslegung und Prüfung: Festschrift für Prof. Dr. Wolf Fischer-Winkelmann, Hamburg, 2006, S. 175-230.

Lenz, H./Diehm, J. (Einfluss): Einfluss der Finanz- und Wirtschaftskrise auf die Risikoberichterstattung im SDAX, in: Zeitschrift für kapitalmarktorientierte Rechnungslegung, Vol. 10(7 - 8), 2010, S. 385 - 394.

Lenz, H./Möller, M./Höhn, B. (Abschlussprüferleistungen): Offenlegung der Honorare für Abschlussprüferleistungen im Geschäftsjahr 2005 bei DAX-Unternehmen, in: Betriebs-Berater, Vol. 61(33), 2006, S. 1787 - 1793.

Lenz, H./Ostrowski, M. (Markt): Der Markt für Abschlussprüfung bei börsennotierten Aktiengesellschaften, in: Die Betriebswirtschaft, Vol. 59(3), 1999, S. 397 - 411.

Levitt, A. (Renewing): Speech by SEC Chairman: Renewing the Covenant with Investors, abrufbar unter: URL: https://www.sec.gov/news/speech/spch370.htm, Stand: 10.05.2000, Informationsabruf: 15.10.2016.

Li, C. (Office): Does Client Importance Affect Auditor Independence at the Office Level? Empirical Evidence from Going-Concern Opinions, in: Contemporary Accounting Research, Vol. 26(1), 2009, S. 201 - 230.

Lilienbecker, T./Link, R./Rabenhorst, D. (Beurteilung): Beurteilung der Going-Concern-Prämisse durch den Abschlussprüfer bei Unternehmen in der Krise, in: Betriebs-Berater, Vol. 64(6), 2009, S. 262 - 266.

Lilienfeld-Toal, U./Ruenzi, S. (CEO Ownership): CEO Ownership, Stock Market Performance, and Managerial Discretion, in: The Journal of Finance, Vol. 69(3), 2014, S. 1013 - 1050.

Lim, C./Tan, H. (Auditor Specialization): Non-audit Service Fees and Audit Quality: The Impact of Auditor Specialization, in: Journal of Accounting Research, Vol. 46(1), 2008, S. 199 - 246.

Lobo, G. J./Zhao, Y. (Effort): Relation between Audit Effort and Financial Report Misstatements: Evidence from Quarterly and Annual Restatements, in: The Accounting Review, Vol. 88(4), 2013, S. 1385 - 1412.

Loebbecke, J. K./Eining, M. M./Willingham, J. J. (Nature): Auditors' Experience with Material Irregularities: Frequency, Nature, and Detectability, in: Auditing: A Journal of Practice & Theory, Vol. 9(1), 1989, S. 1 - 28.

Long, J. S. (Regression): Regression Models for Categorical and Limited Dependent Variables, 1. Auflage, Thousand Oaks 1997.

Long, J. S./Freese, J. (Categorical): Regression Models for Categorical Dependent Variables Using Stata, 3. Auflage, College Station 2014.

Lopatta, K./Kaspereit, T./Canitz, F. et al. (Abhängigkeit): Abschlussprüfung und Honorarabhängigkeit - Eine empirische Untersuchung der Auswirkungen auf die Unabhängigkeit des Abschlussprüfers, in: Betriebswirtschaftliche Forschung und Praxis, Vol. 67(5), 2015, S. 562 - 591.

Louwers, T. J./Messina, F. M./Richard, M. D. (Survival): The Auditor's Going-Concern Disclosure as a Self-Fulfilling Prophecy: A Discrete-Time Survival Analysis, in: Decision Sciences, Vol. 30(3), 1999, S. 805 - 824.

Loy, T. (Audit): An Audit is an Audit? Evidence from the German Private Firm Sector, in: Die Betriebswirtschaft, Vol. 73(4), 2013, S. 325 - 353.

Lück, W. (Fortführung): Das Going-Concern-Prinzip in Rechnungslegung und Jahresabschlussprüfung, in: Der Betrieb, Vol. 54(37), 2001, S. 1945 - 1949.

Lünendonk (Führend): Führende Wirtschaftsprüfungs- und Steuerberatungs-Gesellschaften in Deutschland 2013, abrufbar unter: URL: http://www.luenendonk-shop.de/out/pictures/0/lue_wp_liste_pi_f300614(1)_fl.pdf, Stand: 2013, Informationsabruf: 20.03.2015.

Lyandres, E./Zhdanov, A. (Convertible): Convertible Debt and Investment Timing, in: Journal of Corporate Finance, Vol. 24, 2014, S. 21 - 37.

Lys, T./Watts, R. L. (Lawsuits): Lawsuits against Auditors, in: Journal of Accounting Research, Vol. 32(Suppl.), 1994, S. 65 - 93.

M

Maccari-Peukert, D. (Externe): Externe Qualitätssicherung: Eine empirische Analyse des Einflusses der externen Qualitätskontrollen und der anlassunabhängigen Son-der-untersuchungen auf die Prüfungsqualität in Deutschland, Düsseldorf 2011.

Maccari-Peukert, D. (Peer): Peer Reviews, Inspektionen und Prüfungsqualität in Deutschland - Eine empirische Analyse, in: Die Wirtschaftsprüfung, Vol. 64(23), 2011, S. 1129 - 1139.

McKeown, J. C./Mutchler, J. F./Hopwood, W. (Towards): Towards an Explanation of Auditor Failure to Modify the Audit Opinions of Bankrupt Companies, in: Auditing: A Journal of Practice & Theory, Vol. 10(Suppl.), 1991, S. 1 - 13.

Marten, K./Schultze, W. (Prüfungsmarkt): Konzentrationsentwicklungen auf dem deutschen und europäischen Prüfungsmarkt, in: Schmalenbachs Zeitschrift für betriebswirtschaftliche Forschung, Vol. 50(4), 1998, S. 360 - 386.

Mande, V./Son, M. (Restatements): Do Financial Restatements Lead to Auditor Changes?, in: Auditing: A Journal of Practice & Theory, Vol. 32(2), 2013, S. 119 - 145.

Mandler, U. (Theorie): Theorie internationaler Wirtschaftsprüfungsorganisationen: Qualitätskonstanz und Reputation, in: Die Betriebswirtschaft, Vol. 55(1), 1995, S. 31 - 44.

Marten, K. (Wechsel): Der Wechsel des Abschlussprüfers - Ergebnisse einer empirischen Untersuchung des Prüfungsmarktes, Dissertation Universität Augsburg 1993.

Marten, K./Quick, R./Ruhnke, K. (Wirtschaftsprüfung): Wirtschaftsprüfung - Grundlagen des betriebswirtschaftlichen Prüfungswesens nach nationalen und internationalen Normen, 5. Auflage, Stuttgart 2015.

Maury, B. (Family): Family Ownership and Firm Performance: Empirical Evidence from Western European Corporations, in: Journal of Corporate Finance, Vol. 12(2), 2006, S. 321 - 341.

Mautz, R. K./Sharaf, H. A. (Philosophy): The Philosophy of Auditing, in: American Accounting Association, Monograph Vol. 6, Sarasota, Florida 1961.

Mednick, R. (Chair): Chair's corner, in: The CPA Letter, 1997, S. 10.

Melancon, B. (Proposed): The Proposed SEC Rule on Auditor Independence and its Consequences, in: Journal of Accountancy, Vol. 4, 2000, S. 26 - 28.

Menon, K./Schwartz, K. B. (Presence): An Empirical Investigation of Audit Qualification Decisions in the Presence of Going Concern Uncertainties, in: Contemporary Accounting Research, Vol. 3(2), 1987, S. 302 - 315.

Menon, K./Williams, D. D. (Reaction): Investor Reaction to Going Concern Audit Reports, in: The Accounting Review, Vol. 85(6), 2010, S. 2075 - 2105.

Merkl, G. (Faktoren): Einflussfaktoren der Prüfungshonorare - Anmerkungen zu den Beiträgen „Quasirentenmodell und Honorare für Abschlussprüfungen in Deutschland - Eine empirische Analyse" und „Prüfungshonorare in Deutschland - Determinanten und Implikationen", in: Zeitschrift für Betriebswirtschaft, Vol. 81(9), 2011, S. 1003 - 1019.

Meuwissen, R./Quick, R. (Beratung): Abschlussprüfung und Beratung - Eine experimentelle Analyse der Auswirkungen auf Unabhängigkeitswahrnehmungen deutscher Aufsichtsräte, in: Schmalenbachs Zeitschrift für betriebswirtschaftliche Forschung, Vol. 61(4), 2009, S. 382 - 415.

Minnis, M. (Value): The Value of Financial Statement Verification in Debt Financing: Evidence from Private U.S. Firms, in: Journal of Accounting Research, Vol. 49(2), 2011, S. 457 - 506.

Minutti-Meza, M. (Improve): Does Auditor Industry Specialization Improve Audit Quality?, in: Journal of Accounting Research, Vol. 51(4), 2013, S. 779 - 817.

Modigliani, F./Miller, M. H. (Cost): The Cost of Capital, Corporation Finance and the Theory of Investment, in: The American Economic Review, Vol. 48(3), 1958, S. 261 - 297.

Moizer, P. (Auditor): Auditor Reputation: The International Empirical Evidence, in: International Journal of Auditing, Vol. 1(1), 1997, S. 61 - 74.

Moizer, P./Turley, S. (Surrogates): Surrogates for Audit Fees in Concentration Studies, in: Auditing: A Journal of Practice & Theory, Vol. 7(1), 1987, S. 118 - 123.

Möller, M./ Höllbacher, A. (Markt): Die deutsche Börsen- und Indexlandschaft und der Markt für Abschlussprüfungen: Eine empirische Studie zu langfristigen Konzentrationstendenzen auf dem Wirtschaftsprüfermarkt, in: Die Betriebswirtschaft, Vol. 69(6), 2009, S. 647 - 678.

Monroe, G. S./Teh, S. T. (Predicting): Predicting Uncertainty Audit Qualifications in Australia using Publicly Available Information, in: Accounting and Finance, Vol. 33(2), 1993, S. 79 - 106.

Morck, R./Shleifer, A./Vishny, R. W. (Management): Management Ownership and Market Valuation An Empirical Analysis, in: Journal of Financial Economics, Vol. 20(1-2), 1988, S. 293 - 315.

Müller, S./Kreipl, M. (Neuregelung): Rechnungslegungserleichterungen für Kleinstkapitalgesellschaften und Tochterunternehmen ausländischer Konzernmütter durch das MicroBilG, in: Der Betrieb, Vol. 3, 2013, S. 73 - 76.

Mutchler, J. F. (Empirical): Empirical Evidence Regarding the Auditor's Going-Concern Opinion Decision, in: Auditing: A Journal of Practice & Theory, Vol. 6(1), 1986, S. 148 - 163.

Mutchler, J. F. (Multivariate): A Multivariate Analysis of the Auditor's Going-Concern Opinion Decision, in: Journal of Accounting Research, Vol. 23(2), 1985, S. 668 - 682.

Mutchler, J. F./Hopwood, W./McKeown, J. M. (Contrary): The Influence of Contrary Information and Mitigating Factors on Audit Opinion Decisions on Bankrupt Companies, in: Journal of Accounting Research, Vol. 35(2), 1997, S. 295 - 310.

Myers, L. A./Schmidt, J./Wilkins, M. (Recent): An Investigation of Recent Changes in Going Concern Reporting Decisions Among Big N and Non-Big N Auditors, in: Review of Quantitative Finance and Accounting, Vol. 43(1), 2014, S. 155 - 172.

Myers, S. C./Majluf, N. S. (Corporate): Corporate Financing and Investment Decisions when Firms have Information that Investors do not have, in: Journal of Financial Economics, Vol. 13(2), 1984, S. 187 - 221.

N

Narayanan, V. G. (Liability): An Analysis of Auditor Liability Rules, in: Journal of Accounting Research, Vol. 32(3), 1994, S. 39 - 59.

Naumann, K. P. (Wirtschaftsprüfer): Beruf und Dienstleistungen des Wirtschaftsprüfers, in: *IDW* (Hrsg.): WP Handbuch 2017 - Wirtschaftsprüfung und Rechnungslegung, 15. Auflage, Düsseldorf 2017, S. 1 - 182.

Neal, T. L./Riley, R. R. (Specialist): Auditor Industry Specialist Research Design, in: Auditing: A Journal of Practice & Theory, Vol. 23(2), 2004, S. 169 - 177.

Nguyen, T. (Sicht): Jahresabschlussprüfung aus spieltheoretischer Sicht, in: Die Wirtschaftsprüfung, Vol. 58(1-2), 2005, S. 11 - 19.

Niskanen, M./Karjalainen, J./Niskanen, J. (Demand): Demand for Audit Quality in Private Firms: Evidence on Ownership Effects, in: International Journal of Auditing, Vol. 15(1), 2011, S. 43 - 65.

Niskanen, M./Karjalainen, J./Niskanen, J. (Family): The Role of Auditing in Small, Private Family Firms: Is it about Quality and Credibility?, in: Family Business Review, Vol. 23(3), 2010, S. 230 - 245.

Nobes, C. (Researching): On Researching into the Use of IFRS by Private Entities in Europe, in: Accounting in Europe, Vol. 7(2), 2010, S. 213 - 226.

Nogler, G. E. (CPA): Going Concern Modifications, CPA Firm Size, and the Enron Effect, in: Managerial Auditing Journal, Vol. 23(1), 2008, S. 51 - 67.

Nogler, G. E. (Opinions): The Resolution of Auditor Going Concern Opinions, in: Auditing: A Journal of Practice & Theory, Vol. 14(2), 1995, S. 54 - 73.

Norton, E. C./Wang, H./Ai, C. (Computing): Computing Interaction Effects and Standard Errors in Logit and Probit Models, in: The Stata Journal, Vol. 4(2), 2004, S. 154 - 167.

Numan, W./Willekens, M. (Competitive): Competitive Pressure, Audit Quality and Industry Specialization, abrufbar unter: URL: https://www.ou.edu/dam/price/accounting/files/quality_competition_Oklahoma_May2012.pdf, Stand: April 2012, Informationsabruf: 24.11.2016.

O

Offermanns, M./Vanstraelen, A. (Inspection): Oversight and Inspection of Auditing, in: Hay, D./Knechel, W. R./Willekens, M. (Hrsg.): The Routledge Companion to Auditing, 1. Auflage, New York 2014, S. 179 - 187.

Ohlson, J. A. (Ratios): Financial Ratios and the Probabilistic Prediction of Bankruptcy, in: Journal of Accounting Research, Vol. 18(1), 1980, S. 109 - 131.

O'Keefe, T. B./Simunic, D. A./Stein, M. T. (Firm): The Production of Audit Services: Evidence from a Major Public Accounting Firm, in: Journal of Accounting Research, Vol. 32(2), 1994, S. 241 - 261.

Olten, R. (Wettbewerbstheorie): Wettbewerbstheorie und Wettbewerbspolitik, 1. Auflage, München 1995.

Ostrowski, M./Söder, B. H. (Beratungsaufträgen): Der Einfluss von Beratungsaufträgen auf die Unabhängigkeit des Jahresabschlussprüfers, in: Betriebswirtschaftliche Forschung und Praxis, Vol. 51(5), 1999, S. 554 - 564.

P

Pae, J. (Accrual): Expected Accrual Models: The Impact of Operating Cash Flows and Reversals of Accruals, in: Review of Quantitative Finance and Accounting, Vol. 24(1), 2005, S. 5 - 22.

Pagano, M./Panetta, F./Zingales, L. (Public): Why Do Companies Go Public? An Empirical Analysis, in: The Journal of Finance, Vol. 53(1), 1998, S. 27 - 64.

Palmrose, Z. (Litigation): An Analysis of Auditor Litigation and Audit Service Quality, in: The Accounting Review, Vol. 63(1), 1988, S. 55 - 73.

Pellens, B./Fülbier, R. W./Gassen, J. et al. (Internationale): Internationale Rechnungslegung, 8. Auflage, Stuttgart 2011.

Petersen, M. A. (Errors): Estimating Standard Errors in Finance Panel Data Sets: Comparing Approaches, in: Review of Financial Studies, Vol. 22(1), 2009, S. 435 - 480.

Plendl, M. (Prüfungsergebnis): Berichterstattung über die Abschlussprüfung, in: *IDW* (Hrsg.): WP Handbuch 2017 - Wirtschaftsprüfung und Rechnungslegung, 15. Auflage, Düsseldorf 2017, S. 1807 - 2072.

Pfitzer, N./Orth, C./Hettich, N. (Stärkung): Stärkung der Unabhängigkeit des Abschlussprüfers? Kritische Würdigung des Referentenentwurfs zum Bilanz-rechtsreformgesetz, in: Deutsches Steuerrecht, Vol. 42(8), 2004, S. 328 - 336.

Poelzig, D. (MüKommHGB): Kommentierung zu § 314 HGB, in: *Schmidt, K.* (Hrsg.): Münchener Kommentar zum HGB, 3. Auflage, München 2013.

Pott, C./Mock, T. J./Watrin, C. (Review): Review of Empirical Research on Rotation and Non-Audit Services: Auditor Independence in Fact vs. Appearance, in: Journal für Betriebswirtschaft, Vol. 58(4), 2009, S. 209 - 239.

Pratt, J./Stice, J. D. (Client): The Effects of Client Characteristics on Auditor Litigation Risk Judgments, Required Audit Evidence, and Recommended Audit Fees, in: The Accounting Review, Vol. 69(4), 1994, S. 639 - 656.

Pryor, C./Terza, J. V. (Prophecy): Are Going-Concern Audit Opinions a Self-Fulfilling Prophecy?, in: Advances in Quantitative Analysis of Finance and Accounting, Vol. 10, 2002, S. 89 - 116.

Q

Quick, R. (Abschlussprüfung): Abschlussprüfung und Beratung - Zur Vereinbarkeit mit der Forderung nach Urteilsfreiheit, in: Die Betriebswirtschaft, Vol. 62(6), 2002, S. 622 - 643.

Quick, R. (Haftungsrisiken): Nationale und internationale Haftungsrisiken deutscher Abschlussprüfer, in: Die Betriebswirtschaft, Vol. 60(1), 2000, S. 60 - 77.

Quick, R. (Prüfung): Prüfung, Beratung und Unabhängigkeit des Abschlussprüfers - Eine Analyse der neuen Unabhängigkeitsnormen des HGB im Lichte empirischer Forschungsergebnisse, in: Betriebswirtschaftliche Forschung und Praxis, Vol. 58(1), 2006, S. 42 - 61.

Quick, R. (Würdigung): Abschlussprüfungsreformgesetz (AReG) - Kritische Würdigung zentraler Neuregelungen, in: Der Betrieb, Vol. 69(21), 2016, S. 1205 - 1213.

Quick, R./Sattler, M. (Agency Kosten): Zum Einfluss von Agency-Kosten auf die Nachfrage von Beratungsleistungen beim Abschlussprüfer, in: Die Unternehmung, Vol. 63(2), 2009, S. 212 - 250.

Quick, R./Sattler, M. (Beratungsleistungen): Beeinträchtigen Beratungsleistungen die Urteilsfreiheit des Abschlussprüfers? Zum Einfluss von Beratungshonoraren auf diskretionäre Periodenabgrenzungen, in: Zeitschrift für betriebswirtschaftliche Forschung, Vol. 63(4), 2011, S. 310 - 343.

Quick, R./Solmecke, H. (Implikationen): Gestaltung der Abschlussprüferhaftung - Implikationen theoretischer Modelle, in: Journal für Betriebswirtschaft, Vol. 57(3), 2007, S. 137 - 182.

Quick, R./Warming-Rasmussen, B. (Provision): Auditor Independence and the Provision of Non-Audit Services: Perceptions by German Investors, in: International Journal of Auditing, Vol. 13(2), 2009, S. 141 - 162.

Quick, R./Warming-Rasmussen, B. (Unabhängigkeit): Unabhängigkeit des Abschluss-prüfers - Zum Einfluss von Beratungsleistungen auf Unabhängigkeitswahr-nehmungen von Aktionären, in: Zeitschrift für Betriebswirtschaft, Vol. 77(10), 2007, S. 1007 - 1033.

Quick, R./Warming-Rasmussen, B. (Union): An Experimental Analysis of the Effects of Non-audit Services on Auditor Independence in Appearance in the European Union: Evidence from Germany, in: Journal of International Financial Management & Accounting, Vol. 26(2), 2015, S. 150 - 187.

R

Raghunandan, K./Read, W. J./Whisenant, J. S. (Initial): Initial Evidence on the Association between Nonaudit Fees and Restated Financial Statements, in: Accounting Horizons, Vol. 17(3), 2003, S. 223 - 234.

Raghunandan, K./Rama, D. V. (Before): Audit Reports for Companies in Financial Distress: Before and After SAS No. 59, in: Auditing: A Journal of Practice & Theory, Vol. 14(1), 1995, S. 50 - 63.

Ratzinger-Sakel, N. V. S. (Germany): Auditor Fees and Auditor Independence - Evidence from Going Concern Reporting Decisions in Germany, in: Auditing: A Journal of Practice & Theory, Vol. 32(4), 2013, S. 129 - 168.

Reichelt, K. J./Wang, D. (National): National and Office-Specific Measures of Auditor Industry Expertise and Effects on Audit Quality, in: Journal of Accounting Research, Vol. 48(3), 2010, S. 647 - 686.

Reynolds, J. K./Francis, J. R. (Size): Does Size Matter? The Influence of Large Clients on Office-Level Auditor Reporting Decisions, in: Journal of Accounting and Economics, Vol. 30(3), 2000, S. 375 - 400.

Richter, M. (Inkompatibilität): Die Inkompatibilität von Jahresabschlussprüfung und Unternehmensberatungen durch Wirtschaftsprüfer, in: Journal für Betriebswirtschaft, Vol. 27(1), 1977, S. 21 - 42.

Robertson, J. C./Houston, R. W. (Credibility): Investors' Expectations of the Improvement in the Credibility of Audit Opinions following PCAOB Inspection Reports with Identified Deficiencies, in: Accounting and the Public Interest, Vol. 10(1), 2010, S. 36 - 56.

Robichek, A. A./Myers, S. C. (Problem): Problems in the Theory of Optimal Capital Structure, in: Journal of Finance & Quantitative Analysis, Vol. 1(2), 1966, S. 1 - 35.

Robinson, D. (Tax): Auditor Independence and Auditor-Provided Tax Service: Evidence from Going-Concern Audit Opinions Prior to Bankruptcy Filings, in: Auditing: A Journal of Practice & Theory, Vol. 27(2), 2008, S. 31 - 54.

Röhricht, V. (Unabhängigkeit): Unabhängigkeit des Abschlussprüfers, in: Die Wirt-schaftsprüfung, Sonderheft 2001, S. S80 - S90.

Ross, S. A. (Structure): The Determination of Financial Structure: The Incentive-Signalling Approach, in: The Bell Journal of Economics, Vol. 8(1), 1977, S. 23 - 40.

Ruddock, C./Taylor, S. J./Taylor, S. L. (Nonaudit): Nonaudit Services and Earnings Conservatism: Is Auditor Independence Impaired?, in: Contemporary Accounting Research, Vol. 23(3), 2006, S. 701 - 746.

Ruhnke, K. (Audits): Business Risk Audits: State of the Art und Entwicklungsperspektiven, in: Journal für Betriebswirtschaft, Vol. 56(4), 2006, S. 189 - 218.

Ruhnke, K. (Nutzen): Nutzen von Abschlussprüfungen: Bezugsrahmen und Einordnung empirischer Studien, in: Schmalenbachs Zeitschrift für betriebswirtschaftliche Forschung, Vol. 55(3), 2003, S. 250 - 280.

Ruhnke, K. (Risiko): Geschäftsrisikoorientierte Abschlussprüfung - Revolution im Prüfungswesen oder Weiterentwicklung des risikoorientierten Prüfungsansatzes?, in: Der Betrieb, Vol. 55(9), 2002, S. 437 - 443.

Ruhnke, K./Frey, F. (Finanzkrise): Einfluss der Finanzkrise auf das Going-Concern-Berichterstattungsverhalten des Abschlussprüfers, in: Betriebswirtschaftliche Forschung und Praxis, Vol. 3, 2015, S. 328 - 349.

Ruhnke, K./Pronobis, P./Michel, M. (Bankenvertreter): Entscheidungsnützlichkeit von Wesentlichkeitsinformationen im Rahmen von Kreditvergabeentscheidungen -Ergebnisse einer Befragung deutscher Bankenvertreter, in: Die Wirtschaftsprüfung, Vol. 66(22), 2013, S. 1076 - 1083.

Ruiz-Barbadillo, E./Gómez-Aguilar, N./Carrera, N. (Spain): Does Mandatory Audit Firm Rotation Enhance Auditor Independence? Evidence from Spain, in: Auditing: A Journal of Practice & Theory, Vol. 28(1), 2009, S. 113 - 135.

S

SAS 600 (Reports): Auditor' Reports on Financial Statements, 01.10.2006.

Sattler, M. (Vereinbarkeit): Vereinbarkeit von Abschlussprüfung und Beratung, Wiesbaden 2011.

Scheiner, J. H. (Client): An Empirical Assessment of the Impact of SEC Nonaudit Service Disclosure Requirements on Independent Auditors and Their Clients, in: Journal of Accounting Research, Vol. 22(2), 1984, S. 789 - 797.

Schindler, J. (Prüfungstechnik): Prüfungstechnik, in: *IDW* (Hrsg.): WP Handbuch 2012 - Wirtschaftsprüfung, Rechnungslegung, Beratung, Band 1, 14. Auflage, Düsseldorf 2012, S. 2399 - 2664.

Schmidt, S./Feldmüller, C. (BeckKommHGB): Kommentierung zu § 323 HGB, in: *Grottel, B./Schmidt, S./Schubert, W. J. et al.* (Hrsg.): Beck'scher Bilanzkommentar, 10. Auflage, München 2016.

Schmidt, S./Heinz, S. (BeckKommHGB): Kommentierung zu § 318 HGB, in: *Grottel, B./Schmidt, S./Schubert, W. J. et al.* (Hrsg.): Beck'scher Bilanzkommentar, 10. Auflage, München 2016.

Schmidt, S./Hoffmann, K. (BeckKommHGB): Kommentierung zu § 264d HGB, in: *Grottel, B./Schmidt, S./Schubert, W. J. et al.* (Hrsg.): Beck'scher Bilanzkommentar, 10. Auflage, München 2016.

Schmidt, S./Küster, T. (BeckKommHGB): Kommentierung zu § 322 HGB, in: *Grottel, B./Schmidt, S./Schubert, W. J. et al.* (Hrsg.): Beck'scher Bilanzkommentar, 10. Auflage, München 2016.

Schmidt, S./Nagel, T. (BeckKommHGB): Kommentierung zu § 319 HGB, in: *Grottel, B./Schmidt, S./Schubert, W. J. et al.* (Hrsg.): Beck'scher Bilanzkommentar, 10. Auflage, München 2016.

Schmidt, S./Poullie, M. (BeckKommHGB): Kommentierung zu § 321 HGB, in: *Grottel, B./Schmidt, S./Schubert, W. J. et al.* (Hrsg.): Beck'scher Bilanzkommentar, 10. Auflage, München 2016.

Schneider, A./Church, B. K./Ely, K. M. (Non-Audit): Non-Audit Services and Auditor Independence: A Review of Literature, in: Journal of Accounting Literature, Vol. 25, 2006, S. 169 - 211.

Schneider, A./Ramsay, J. R. (Quality): Assessing the Value Added by Peer and Quality Reviews of CPA Firms, in: Research in Accounting Regulation, Vol. 14(1), 2000, S. 23 - 28.

Schruff, L. (Marktstrukturuntersuchung): Der Wirtschaftsprüfer und seine Pflicht-prüfungsmandate - Eine Marktstrukturuntersuchung, in: Schriftenreihe des Instituts für Revisionswesen der Westfälischen Wilhelms-Universität Münster, Vol. 8, Düsseldorf 1973.

SEC (Final Rule): Final Rule: Revision of the Commission's Auditor Independence Requirements, abrufbar unter: URL: https://www.sec.gov/rules/final/33-7919.htm, Stand: 10.12.2001, Informationsabruf: 15.09.2015.

Senger, T. /Brune, W. (MüKommBR): Kommentierung zu § 315 HGB, in: *Hennrichs, J./Kleindiek, D./Watrin, C.* (Hrsg.): Münchener Kommentar zum Bilanzrecht, 1. Auflage, München 2013.

Sharma, D. S. (Independence): Non-Audit Services and Auditor Independence, in: *Hay, D./Knechel, W. R./Willekens, M.* (Hrsg.): The Routledge Companion to Auditing, 1. Auflage, New York 2014, S. 67 - 88.

Sharma, D. S. (Propensity): The Association between Non-Audit Services and the Propensity of Going Concern Qualifications: Implications for Audit Independence, in: Asia-Pacific Journal of Accounting & Economics, Vol. 8(2), 2001, S. 143 - 155.

Sharma, D. S./Sidhu, J. (Audit): Professionalism vs Commercialism: The Association between Non-Audit Services (NAS) and Audit Independence, in: Journal of Business Finance & Accounting, Vol. 28(5 - 6), 2001, S. 563 - 594.

Shleifer, A./Vishny, R. W. (Corporate): A Survey of Corporate Governance, in: The Journal of Finance, Vol. 52(2), 1997, S. 737 - 783.

Short, H./Keasey, K. (Evidence): Managerial Ownership and the Performance of Firms: Evidence from the UK, in: Journal of Corporate Finance, Vol. 5(1), 1999, S. 79 - 101.

Simunic, D. A. (Pricing): The Pricing of Audit Services: Theory and Evidence, in: Journal of Accounting Research, Vol. 18(1), 1980, S. 161 - 190.

Smith, D. B. (Changes): Auditor "Subject To" Opinions, Disclaimers, and Auditor Changes, in: Auditing: A Journal of Practice & Theory, Vol. 6(1), 1986, S. 95 - 108.

Solveen, D. (KommAktG): Kommentierung zu § 3 AktG, in: *Hölters, W.* (Hrsg.): Aktiengesetz, 2. Auflage, München 2014.

Spremann, K. (Information): Asymmetrische Information, in: Zeitschrift für Betriebswirtschaft, Vol. 60 (5/6), 1990, S. 561 - 586.

Stanley, J. D./DeZoort, F. T. (Effects): Audit Firm Tenure and Financial Restatements: An Analysis of Industry Specialization and Fee Effects, in: Journal of Accounting and Public Policy, Vol. 26(2), 2007, S. 131 - 159.

Statistisches Bundesamt (Unternehmensregister): Unternehmensregister, abrufbar unter: URL: https://www.destatis.de/DE/ZahlenFakten/GesamtwirtschaftUmwelt/Unter nehmenHandwerk/Unternehmensregister/Tabellen/UnternehmenBeschaeftigten groessenklassenWZ08.html, Stand: 31.05.2014, Informationsabruf: 18.11.2014.

Stefani, U. (Abschlussprüfung): Abschlussprüfung, Unabhängigkeit und strategische Interdependenzen, Stuttgart 2002.

Stefani, U. (Prüfung): Vorgehen und Probleme bei Anwendung formalanalytischer Forschungsmethoden im Prüfungswesen, in: *Richter, M.* (Hrsg.): Theorie und Praxis der Wirtschaftsprüfung III, Berlin 2002, S. 209 - 246.

Stefani, U. (Schweizer): Anbieterkonzentration bei Prüfungsmandaten börsennotierter Schweizer Aktiengesellschaften, in: Die Betriebswirtschaft, Vol. 66(2), 2006, S. 121 - 145.

Steiner, B. (Controller): Der Abschlussprüfer als externer Controller, in: Die Wirtschaftsprüfung, Vol. 44(16), 1991, S. 470 - 482.

Stice, J. D. (Lawsuits): Using Financial and Market Information to Identify Pre-Engagement Factors Associated with Lawsuits against Auditors, in: The Accounting Review, Vol. 66(3), 1991, S. 516 - 533.

Strickmann, M. (Umbruch): Wirtschaftsprüfung im Umbruch: Eine empirische Untersuchung zur Konzentration und Honorargestaltung im deutschen Prüfungswesen, Berlin 2000.

Strohmenger, M. (Releases): Enforcement Releases, Firm Characteristics, and Earnings Quality: Insights from Germany's Two-tiered Enforcement System, in: Journal of International Financial Management & Accounting, Vol. 25(3), 2014, S. 271 - 304.

Sunderdiek, B. (Regulierung): Effiziente Regulierung der Wirtschaftsprüfung - Eine rechtsökonomische Analyse unter der besonderen Berücksichtigung der zivilrechtlichen Haftung des Wirtschaftsprüfers und des Peer Review, Hamburg 2006.

Sundgren, S./Svanström, T. (Size): Audit Office Size, Audit Quality and Audit Pricing: Evidence from Small - and Medium-Sized Enterprises, in: Accounting and Business Research, Vol. 43(1), 2013, S. 31 - 55.

Svanström, T. (Quality): Non-Audit Services and Audit Quality: Evidence from Private Firms, in: European Accounting Review, Vol. 22(2), 2013, S. 337 - 366.

Svanström, T./Sundgren, S. (Demand): The Demand for Non-Audit Services and Auditor-Client Relationships: Evidence from Swedish Small and Medium-Sized Enterprises, in: International Journal of Auditing, Vol. 16(1), 2012, S. 54 - 78.

Szczesny, A. (Bilanzpolitik): Der Zusammenhang zwischen Bilanzpolitik und Rechnungslegungsstandards - Meßmethoden und empirische Evidenz, in: Betriebswirtschaftliche Forschung und Praxis, Vol. 59(2), 2007, S. 101 - 122.

T

Tan, H.-T. (Prior): Effects of Expectations, Prior Involvement, and Review Awareness on Memory for Audit Evidence and Judgment, in: Journal of Accounting Research, Vol. 33(1), 1995, S. 113 - 135.

Teoh, S. H./Wong, T. J./Roa, G. R. (Offerings): Are Accruals during Initial Public Offerings Opportunistic?, in: Review of Accounting Studies, Vol. 3(1 - 2), 1998, S. 175 - 208.

Tepalagul, N./Lin, L. (Review): Auditor Independence and Audit Quality: A Literature Review, in: Journal of Accounting, Auditing & Finance, Vol. 30(1), 2015, S. 101 - 121.

Tiedchen, S. (MüKommBR): Kommentierung zu § 252 HGB, in: *Hennrichs, J./Kleindiek, D./Watrin, C.* (Hrsg.): Münchener Kommentar zum Bilanzrecht, 1. Auflage, München 2013.

Turner, L. E. (Speech): Speech by SEC Staff: 20th Century Myths, abrufbar unter: URL: https://www.sec.gov/news/speech/speecharchive/1999/spch323.html, Stand: 15.11.1999, Informationsabruf: 25.10.2015.

U

Umlauf, S. J. (Prüfung): Prüfungs- und Beratungshonorare von Konzernabschluss-prüfern - Honorardeterminanten und Unabhängigkeitswahrnehmung auf dem deutschen Kapitalmarkt, Hamburg 2013.

V

Vander Bauwhede, H./Willekens, M. (Lack): Evidence on (the Lack of) Audit-Quality Differentiation in the Private Client Segment of the Belgian Audit Market, in: European Accounting Review, Vol. 13(3), 2004, S. 501 - 522.

Vanstraelen, A. (Belgium): Going-Concern Opinions, Auditor Switching, and the Self-Fulfilling Prophecy Effect Examined in the Regulatory Context of Belgium, in: Journal of Accounting, Auditing & Finance, Vol. 18(2), 2003, S. 231 - 253.

Vanstraelen, A. (Economic): Auditor Economic Incentives and Going-Concern Opinions in a Limited Litigious Continental European Business Environment: Empirical Evidence from Belgium, in: Accounting & Business Research, Vol. 32(3), 2002, S. 171 - 186.

Venkataraman, R./Weber, J. P./Willenborg, M. (Litigation): Litigation Risk, Audit Quality, and Audit Fees: Evidence from Initial Public Offerings, in: The Accounting Review, Vol. 83(5), 2008, S. 1315 - 1345.

Villalonga, B./Amit, R./Trujillo, M. et al. (Family): Governance of Family Firms, in: Annual Review of Financial Economics, Vol. 7, 2015, S. 635 - 654.

Volk, S. K. (Eigentümerstruktur): Einfluss der Eigentümerstruktur auf Finanzierungs- und Investitionsentscheidungen in privaten und börsennotierten Unternehmen, Dissertation Technische Universität München 2013.

Völker, U. G. (Markt): Der Markt für Abschlussprüfungsleistungen bei Versicherungsunternehmen in Deutschland - eine Analyse auf Ebene der Wirtschaftsprüfungsgesellschaften und testierenden Wirtschaftsprüfer, in: Zeitschrift für kapitalmarktorientierte Rechnungslegung, Vol. 3, 2017, S. 129 - 138.

W

Wagenhofer, A./Ewert, R. (Externe): Externe Unternehmensrechnung, 3. Auflage, Berlin 2015.

Wallace, W. A. (Role): The Economic Role of the Audit in Free and Regulated Markets, New York 1980.

Watkins, A. L./Hillison, W./Morecroft, S. E. (Quality): Audit Quality: A Synthesis of Theory and Empirical Evidence, in: Journal of Accounting Literature, Vol. 23, 2004, S. 153 - 193.

Watts, R. L. (Conservatism Part I): Conservatism in Accounting Part I: Explanations and Implications, in: Accounting Horizons, Vol. 17(3), 2003, S. 207 - 221.

Watts, R. L. (Conservatism Part II): Conservatism in Accounting Part II: Evidence and Research Opportunities, in: Accounting Horizons, Vol. 17(4), 2003, S. 287 - 301.

Watts, R. L./Zimmermann, J. L. (Positive): Positive Accounting Theory, Edgewood Cliffs 1986.

Weber, J./Willenborg, M./Zhang, J. (Germany): Does Auditor Reputation Matter? The Case of KPMG Germany and ComROAD AG, in: Journal of Accounting Research, Vol. 46(4), 2008, S. 941 - 972.

Whisenant, S./Sankaraguruswamy, S./Raghunandan, K. (Joint): Evidence on the Joint Determination of Audit and Non-Audit Fees, in: Journal of Accounting Research, Vol. 41(4), 2003, S. 721 - 744.

Wiedmann, H. (Modell): Der risikoorientierte Prüfungsansatz, in: Die Wirtschaftsprüfung, Vol. 46(1 - 2), 1993, S. 13 - 25.

Wiemann, D. (Prüfungsqualität): Prüfungsqualität des Abschlussprüfers - Einfluss der Mandatsdauer auf die Bilanzpolitik beim Mandanten, Wiesbaden 2011.

Wild, A. (Premium): Fee Cutting and Fee Premium of German Auditors, in: Die Betriebswirtschaft, Vol. 70(6), 2010, S. 513 - 527.

Wild, A./Scheithauer, E. (Einflüsse): Die Entwicklung der Konzentration auf dem Markt für Abschlussprüfungen unter Berücksichtigung externer Einflüsse, in: Die Wirtschaftsprüfung, Vol. 65(4), 2012, S. 186 - 197.

Wines, G. (Note): Auditor Independence, Audit Qualifications and the Provision of Non-Audit Services: A Note, in: Accounting and Finance, Vol. 34(1), 1994, S. 75 - 86.

Winkeljohann, N./Büssow, T. (BeckKommHGB): Kommentierung zu § 252 HGB, in: *Grottel, B./Schmidt, S./Schubert, W. J. et al.* (Hrsg.): Beck´scher Bilanzkommentar, 10. Auflage, München 2016.

Wollmert, P./Oser, P./Graupe, F. (Anhangsangaben): Anhangangaben zu den Abschlussprüferhonoraren und zu marktunüblichen Geschäften nach BilMoG: Praxisrelevante Anwendungsfragen bei Aufstellung und Prüfung, in: Unternehmensteuern und Bilanzen, Vol. 4, 2010, S. 123 - 130.

Wooldridge, J. M. (Econometrics): Introductory Econometrics - A Modern Approach, 6. Auflage, Boston 2016.

WPK (Anlage 2013): Anlage: Zusammenstellung der eingeschränkten oder ergänzten Bestätigungsvermerke, abrufbar unter: URL: http://www.wpk.de/uploads/tx_templavoila/WPK_Berufsaufsicht_2013_Bestaetigungsvermerke.pdf, Stand: 07.04.2014, Informationsabruf: 22.10.2014.

WPK (Anlage 2012): Anlage: Zusammenstellung der eingeschränkten oder ergänzten Bestätigungsvermerke, abrufbar unter: URL: http://www.wpk.de/uploads/tx_templavoila/WPK_Berufsaufsicht_2012_Bestaetigungsvermerke.pdf, Stand: 13.03.2013, Informationsabruf: 22.10.2014.

WPK (Anlage 2011): Anlage: Zusammenstellung der eingeschränkten oder ergänzten Bestätigungsvermerke, abrufbar unter: URL: http://www.wpk.de/uploads/tx_templavoila/WPK_Berufsaufsicht_2011_Bestaetigungsvermerke.pdf, Stand: 08.03.2012, Informationsabruf: 22.10.2014.

WPK (Anlage 2010): Anlage: Zusammenstellung der eingeschränkten oder ergänzten Bestätigungsvermerke, abrufbar unter: URL: http://www.wpk.de/uploads/tx_templavoila/WPK_Berufsaufsicht_2010_Bestaetigungsvermerke.pdf, Stand: 15.03.2011, Informationsabruf: 22.10.2014.

WPK (Anlage 2009): Anlage: Zusammenstellung der eingeschränkten oder ergänzten Bestätigungsvermerke, abrufbar unter: URL: http://www.wpk.de/uploads/tx_templavoila/WPK_Berufsaufsicht_2009_Bestaetigungsvermerke.pdf, Stand: 18.03.2010, Informationsabruf: 22.10.2014.

WPK (Anlage 2008): Anlage: Zusammenstellung der eingeschränkten oder ergänzten Bestätigungsvermerke, abrufbar unter: URL: http://www.wpk.de/uploads/tx_templavoila/WPK_Berufsaufsicht_2008_Bestaetigungsvermerke.pdf, Stand: 2009, Informationsabruf: 22.10.2014.

WPK (Anlage 2007): Anlage: Zusammenstellung der eingeschränkten oder ergänzten Bestätigungsvermerke, abrufbar unter: URL: http://www.wpk.de/uploads/tx_templavoila/WPK-Abschlussdurchsicht_2007_Bestaetigungsvermerke.pdf, Stand: 18.03.2008, Informationsabruf: 22.10.2014.

WPK (Anlage 2006): Anlage: Zusammenstellung der eingeschränkten oder ergänzten Bestätigungsvermerke, abrufbar unter: URL: http://www.wpk.de/uploads/tx_templavoila/WPK-Abschlussdurchsicht_2006_Bestaetigungsvermerke.pdf, Stand: 14.06.2007, Informationsabruf: 22.10.2014.

WPK (Anlage 2005): Anlage: Zusammenstellung der eingeschränkten oder ergänzten Bestätigungsvermerke, abrufbar unter: URL: http://www.wpk.de/uploads/tx_templavoila/WPK-Abschlussdurchsicht_2005_Bestaetigungsvermerke.pdf, Stand: 11.08.2006, Informationsabruf: 22.10.2014.

WPK (Anlage 2004): Anlage: Zusammenstellung der eingeschränkten oder ergänzten Bestätigungsvermerke, abrufbar unter: URL: http://www.wpk.de/uploads/tx_templavoila/WPK-Abschlussdurchsicht_2004_Bestaetigungsvermerke.pdf, Stand: 2005, Informationsabruf: 22.10.2014.

WPK (Anlage 2003): Anlage: Zusammenstellung der eingeschränkten oder ergänzten Bestätigungsvermerke, abrufbar unter: URL: http://www.wpk.de/uploads/tx_templavoila/wpk-abschlussdurchsicht_2003_bestaetigungsvermerke.pdf, Stand: 2004, Informationsabruf: 22.10.2014.

WPK (Bericht): Bericht der Berufsaufsicht 2012 über Wirtschaftsprüfer und vereidigte Buchprüfer, abrufbar unter: URL: http://www.wpk.de/uploads/tx_templavoila/WPK_Berufsaufsicht_2012.pdf, Stand: 2013, Informationsabruf: 20.06.2014.

WPK (Marktstruktur 2013): Marktstrukturanalyse 2013 der WPK in: WPK Magazin, Vol. 4, 2014.

WPK (Qualitätskontrolle): Tätigkeitsbericht der Kommission für Qualitätskontrolle der Wirtschaftsprüferkammer für 2012, abrufbar unter: URL: http://www.wpk.de/uploads/tx_templavoila/Taetigkeitsbericht-KfQK-2012.pdf, Stand: 21.03.2013, Informationsabruf: 20.06.2016.

WPK (Anforderungen): Gemeinsame Stellungnahme der WPK und des IDW: Anforderungen an die Qualitätssicherung in der Wirtschaftsprüferpraxis (VO 1/2006), abrufbar unter: URL: http://www.wpk.de/uploads/tx_templavoila/VO_1 - 2006.pdf, Stand: 27.03.2006, Informationsabruf: 20.06.2016.

WPK (Stellungnahme): Stellungnahme der Wirtschaftsprüferkammer zum Vorschlag der Europäischen Kommission, abrufbar unter: URL: http://www.wpk.de/uploads/ tx_news/WPK-Stellungnahme_27 - 01 - 2012_02.pdf, Stand: 27.01.2012, Informationsabruf: 20.06.2016.

Wu, D. (Tests): Alternative Tests of Independence between Stochastic Regressors and Disturbances, in: Econometrica, Vol. 41(4), 1973, S. 733 - 750.

Y

Ye, P./Carson, E./Simnett, R. (Impact): Threats to Auditor Independence: The Impact of Relationship and Economic Bonds, in: Auditing: A Journal of Practice & Theory, Vol. 30(1), 2011, S. 121 - 148.

Z

Zapf, M. (Dienstleistungsangebot): Das Dienstleistungsangebot einer Wirtschaftsprüfungsgesellschaft - Bedeutung für deren Auswahl als Abschlussprüfer und Bewertung ihrer Leistungsfähigkeit bei Nicht-Prüfungsleistungen, Dissertation Universität Ulm 2004.

Zimmermann, R. (Bilanzpolitik): Abschlussprüfer und Bilanzpolitik der Mandanten - Eine empirische Analyse des deutschen Prüfungsmarktes, Wiesbaden 2008.

Zimmermann, R. (Gestaltungsspielräume): Gestaltungsspielräume bei Veröffentlichung von Abschlussprüferhonoraren im Rahmen des BilReG, in: Zeitschrift für kapitalmarktorientierte Rechnungslegung, Vol. 4, 2006, S. 273 - 275.

Zmijewski, M. E. (Distress): Methodological Issues Related to the Estimation of Financial Distress Prediction Models, in: Journal of Accounting Research, Vol. 22(Suppl.), 1984, S. 59 - 82.

Studien zu Rechnungslegung, Steuerlehre und Controlling
Studies in financial, managerial and tax accounting

Herausgeber
Michael Ebert, Dirk Kiesewetter, Urska Kosi, Hansrudi Lenz, Caren Sureth-Sloane und
Andrea Szczesny

ISSN 2627-1281 (print), 2627-129X (online)

Band 1: Beck, Kilian: Hebesatzpolitik und Beitragsplanung. Empirische Befunde zu den Steuern und Beiträgen auf lokaler Ebene. Würzburg, 2019. XXV, 298 Seiten. ISBN 978-3-95826-084-9.
Online verfügbar unter https://doi.org/10.25972/WUP-978-3-95826-085-6

Band 2: Stier, Matthias: Der Einfluss des EuGH auf die ökonomische Effizienz der ertragsteuerlichen Behandlung grenzüberschreitender Investitionen. Würzburg, 2020. X, 288 Seiten. ISBN 978-3-95826-132-7
Online verfügbar unter: https://doi.org/10.25972/WUP-978-3-95826-133-4